F. P. Koenig

Die Lage der englischen Landwirtschaft unter dem Drucke der

internationalen Konkurrenz

der Gegenwart und Mittel und Wege zur Besserung derselben

F. P. Koenig

Die Lage der englischen Landwirtschaft unter dem Drucke der internationalen Konkurrenz
der Gegenwart und Mittel und Wege zur Besserung derselben

ISBN/EAN: 9783743425880

Hergestellt in Europa, USA, Kanada, Australien, Japan

Cover: Foto ©Suzi / pixelio.de

Manufactured and distributed by brebook publishing software (www.brebook.com)

F. P. Koenig

Die Lage der englischen Landwirtschaft unter dem Drucke der internationalen Konkurrenz

Sammlung

nationalökonomischer und statistischer

Abhandlungen

des

staatswissenschaftlichen Seminars zu Halle a. d. S.

herausgegeben

von

Dr. Joh. Conrad,

Professor der Staatswissenschaften zu Halle.

Neunter Band. Zweites Heft.

— ◆ ·· ◆ —

Jena,

Verlag von Gustav Fischer.

1896.

DIE LAGE

DER

ENGLISCHEN LANDWIRTSCHAFT

UNTER DEM DRUCKE DER

INTERNATIONALEN KONKURRENZ DER GEGENWART
UND MITTEL UND WEGE ZUR BESSERUNG DERSELBEN,

VON

Dr. F. Ph. KOENIG.

JENA.
VERLAG VON GUSTAV FISCHER.
1896.

To my dear father

this book is dedicated

in gratitude

and

in affectionate acknowledgement

of the many years of his counsel.

Vorwort.

Wie sich England im Laufe dieses Jahrhunderts zum bedeutendsten Industriestaat emporgeschwungen hat, ist allbekannte Thatsache. Ebenso bekannt ist, daſs dieses Aufblühen in der letzten Zeit auf Kosten der englischen Landwirtschaft stattgefunden hat. Die Folgen des Freihandels blieben nicht aus; die englischen Konsumenten leben um mehrere Millionen Mark billiger als früher; dabei ging aber die früher blühende Landwirtschaft in der Rentabilität zurück, die Landbevölkerung schwindet, die Bevölkerung der Industriestädte wächst, der Ackerbau nimmt ab und die Weidewirtschaft zu. Groſsbritannien gerät naturgemäſs immer mehr in gröſsere Abhängigkeit vom Ausland, da längst der Grund und Boden nicht mehr den Bedarf an Nahrungsmitteln decken kann.

Von allen Ländern, welche die landwirtschaftliche Krisis empfunden haben, hat England unzweifelhaft am ehesten und am intensivsten leiden müssen. Auf dem Weltmarkte Londons konkurriert die ganze landwirtschaftliche Welt auf Kosten des englischen Farmers. Mit der Aufschlieſsung neuer Produktionsländer und jungfräulichen Bodens und bei stets billiger werdenden Transportkosten der landwirtschaftlichen Produkte wurde diese Konkurrenz für die englische Landwirtschaft zu einer immer gröſseren Gefahr. Durch die Einwirkung der landwirtschaftlichen Krisis haben sich die englischen Landwirte genötigt gesehen, Stellung zur Milderung der Notlage zu nehmen und womöglich durch Betriebsänderung und Einfluſs auf die Gesetzgebung der Krisis abzuhelfen.

Die Aufgabe dieser Arbeit soll die Schilderung der heutigen englischen Landwirtschaft sein, und ferner soll dieselbe zeigen, welche Wege der englische Farmer eingeschlagen hat, um sich aus der Not zu helfen.

Hierbei hat man sich davor zu hüten, die landwirtschaftlichen Verhältnisse Englands schlechtweg zu generalisieren, da die in Betracht kommenden Erscheinungen viel zu kompliziert und vielseitig sind, als daſs

man durch ein rein deduktives Verfahren richtige Ergebnisse gewinnen
könnte! Vielmehr wird man streng zu unterscheiden haben, und zwar
erstens zwischen den Betrieben mit Weidewirtschaft in den sog.
„Grazing counties" und zweitens den Wirtschaften mit Acker-
baubetrieb in den sog. „Corn counties". Diese Betriebe sind so
sehr von einander verschieden, dafs eine Generalisierung unmöglich
ist. Es wird sich daher empfehlen, die verschiedenen landwirtschaftlichen Betriebe einer speziellen Betrachtung zu unterwerfen, um
so auf indirektem Wege schliefslich zu einem Gesamturteil über die
englische Landwirtschaft zu gelangen. Und zwar sollen im ersten
und im zweiten Teile unserer Arbeit einzelne Grafschaften Englands
und Schottlands vom rein landwirtschaftlichen Standpunkte betrachtet
werden, während wir im dritten Teile den allgemeinen volkswirtschaft-
lichen Fragen innerhalb der Landwirtschaft unsere Aufmerksamkeit
zuwenden wollen. Die im ersten Teile getroffene Auswahl rechtfertigt
sich durch die Erkenntnis, dafs die besprochenen Grafschaften die
Wirkungen der landwirtschaftlichen Krisis sowie die zu ihrer Abhilfe
eingeschlagenen Mittel in typischer Weise zum Ausdruck bringen.

Eine zehnjährige landwirtschaftliche Thätigkeit teils auf der einheimischen Scholle in England, teils in Deutschland, den Vereinigten
Staaten von Nordamerika und Kanada setzt mich in die Lage, bei
Gelegenheit auch Vergleiche unter diesen Ländern anzustellen. Die
amerikanischen Verhältnisse insbesondere lernte ich durch einen
längeren Aufenthalt in Kalifornien, Michigan, Illinois, Wisconsin,
Texas, Missisippi und den östlichen Staaten kennen.

1894 erhielt ich durch Lord Spencer, s. Zt. ersten Lord der
Admiralität, von dem Generalgouverneur von Kanada Lord Aberdeen
den Auftrag, seine 21 000 Morgen grofse Begüterung im fernen Westen
(Br. Columbia) zu besichtigen und darüber Bericht zu erstatten; hierdurch war es mir möglich, auch die kanadische Landwirtschaft näher
kennen zu lernen.

Ich möchte an dieser Stelle den zahlreichen Berufsgenossen, die
mir während meiner Untersuchungen in der zuvorkommendsten Weise
entgegengekommen sind, verbindlichst danken.

Schliefslich sei mir vergönnt, Lord Spencer und Lord Aberdeen,
sowie Herrn Geh. Reg.-Rat Prof. Dr. J. Conrad meinen aufrichtigsten
Dank für ihr lebhaftes Interesse an der Arbeit und ihre liebenswürdige
Unterstützung auszudrücken.

Halle a. S., April 1896.

Dr. F. Ph. Koenig.

Inhaltsverzeichnis.

Erster Teil.

—

I. Verteilung des Ackerbaues in England.

———

Statistik des lebenden Viehes. — Erträge der Kulturpflanzen. — Verteilung der Kulturfläche, des Ackerlandes, der permanenten Weide in England. — Getreidepreise in England.

Wenden wir uns zunächst zu der landwirtschaftlichen Statistik der englischen Landwirtschaft, wie wir sie heute in Grofsbritannien finden. An der Hand dieser Statistik wollen wir die Verteilung des Anbaues des Ackerlandes, ferner die Zahl des lebenden Viehes, die Ernten der verschiedenen Kulturpflanzen und schliefslich noch kurz die inländischen Preise für Getreide besprechen. Wir benutzen die Statistik wie sie in den Tabellen der „Agricultural Returns for Great Britain" für 1894 erschienen ist.[1]) Ehe wir zum ersten Kapitel übergehen, wollen wir ein paar Bemerkungen vorausschicken. In England waren die Angaben der „Agricultural Returns" in 97 % der Fälle willkürliche seitens der Besitzer oder Pächter; im ganzen fehlten die Angaben über 5,32 % der gesamten Fläche, und für diese Fläche wurden genaue Schätzungen amtlich vorgenommen. In Wales fehlten nur 1 % der Angaben, die durch das Amt verlangt wurden, und in Schottland war der Fehlbetrag auch kleiner als in England, nämlich unter 2 %.

———

[1]) Board of Agriculture. Agricultural Returns for Great Britain for 1894. London 1895.

Für ganz Grofsbritannien fehlten nur 4,36 % der gesamten Flächen-angaben und diese mufsten amtlich geschätzt werden. Die Unter-suchung, wieviel Acker von dem Eigentümer und wieviel vom Pächter bewirtschaftet wird, ergab folgendes Resultat: Von Ackerfläche, Weide oder Gras und Brache wurden von den 32 630 000 acres 4 643 000 acres im Jahre 1893 oder nur 14 %, durch die Eigen-tümer selbst bewirtschaftet. Vergleicht man diese Zahlen mit den-jenigen des Jahres 1893, so findet man, dafs in diesem Jahre 4 672 000 acres von den Eigentümern bewirtschaftet wurden, also eine Abnahme der von Eigentümern selbst bewirtschafteten Güter und eine Zunahme der in Pacht abgegebenen Güter, was in England für ein gutes Zeichen allgemein angesehen wird.

In England und Schottland haben die Verpachtungen durchweg an Zahl zugenommen. Nur in Wales haben wir eine Zunahme der von Eigentümern selbst bewirtschafteten Güter zu ver-zeichnen; diese Thatsache ist jedoch zum Teil darauf zurückzuführen, dafs die Farmer und Pächter in Wales teilweise die Güter von ihren Pachtherren abgekauft haben, was auch als günstig zu verzeichnen ist. In gewissen Teilen des Nordens von England, in Wales und in Schottland, namentlich in letzterem Lande, existieren grofse Berg-weideflächen, teils Heideflächen, die zwar als Schafweide benutzt werden, aber nicht zur Gesamtkulturfläche Grofsbritanniens gerechnet werden. Diese Bergweiden machen eine Fläche von 12 451 000 acres aus, die zu ³⁄₄ in Schottland liegen. Wald besitzt Grofsbritannien nach Angabe der letzten Schätzung von 1891 2 695 000 acres. Gehen wir nun zum ersten Kapitel über, zur Verteilung des Anbaues. Die Kulturfläche Grofsbritanniens betrug 1894 im ganzen 32 630 000 acres. Die Verteilung der Fläche auf Ackerfläche, Brache und Gras zeigt uns die Tafel. Im Jahre 1893 war diese Fläche im ganzen um 14 000 acres gröfser, was aber keine Rolle spielt, da Variationen dieser Gröfse leicht vorkommen können durch die möglicherweise verschiedenartigen Angaben der jeweiligen Pächter oder Besitzer, die manche Fläche als aufser Kulturfläche angeben und sie als Bergweide bezeichnen. Daher dürfen wir dieser kleinen Reduk-tion der Kulturfläche keinen grofsen Wert beilegen. In Wales und Schottland ist die Ackerfläche gröfser und die permanente Weide-fläche kleiner geworden, während in England selbst die Ackerfläche eine abnehmende Tendenz hat, und das nicht allein durch Anlage von Weide, sondern auch durch Benutzung der Ackerfläche zu Bau-zwecken und Waldung.

Areal der verschiedenen Kulturen in Grofsbritannien; ferner die Anzahl des lebenden Viehs in den Jahren

		1874	1884	1894
		acres	acres	acres
Summa des Areals aller Kulturen Brache und Gras		31 266 919	32 465 861	32 629 855
Summa des Areals an permanenter Weide		13 178 012	15 290 820	16 465 069
„ „ „ Ackerland		18 088 907	17 175 041	16 164 786
Getreide	Weizen	3 630 300	2 677 038	1 927 962
	Gerste	2 287 987	2 168 820	2 095 771
	Hafer	2 506 384	2 915 363	3 253 401
	Roggen	47 228	47 040	90 617
	Bohnen	559 041	446 824	241 180
	Erbsen	310 547	229 645	243 043
	Summa	9 431 490	8 484 730	7 851 974
Futterpflanzen	Kartoffel	520 430	565 018	501 454
	Turnips und Swedes	2 133 336	2 027 610	1 956 573
	Runkeln	322 614	327 864	353 698
	Kohl, Kohlrabi, Raps	169 285	146 946	177 394
	Wicken	300 438	260 183	187 117
	Grünfutter	135 167	160 552	121 633
	Summa	3 581 270	3 487 703	3 300 769
Klee, Esparsette und Rotationsgräser		4 340 742	4 381 404	4 503 632
Flachs		9 394	2 217	1 760
Hopfen		65 805	69 258	59 535
Kleinobst		—	—	68 415
Unbebante Ackerfläche		660 206	719 699	875 701
Obstbäume		150 526	194 723	214 187
Gärtnereien		87 907	52 975	88 210
Gemüsegärten		11 743	12 502	12 716
		Anzahl	Anzahl	Anzahl
Pferde	Nur landw. benutzt	944 463	990 490	1 004 291
	Roh	367 276	{ 370 092	454 095
	Zuchtstuten		53 795	71 075
	Summa	1 311 739	1 414 377	1 529 461
Rindvieh	Kühe und Kalbinnen in Milch und tragend	2 273 797	2 390 863	2 460 066
	Andres Vieh: 2 jährig	1 509 624	1 396 333	1 516 672
	„ „ : 1 j. u. unter 2 j.	2 342 070	2 491 945	{ 1 217 145
	„ „ : unter 1 jähr.			1 153 210
	Summa	6 125 491	6 289 141	6 347 113
Schafe	Andere Schafe: 1 jähr. u. darüber	19 448 730	16 384 963	{ 9 668 002
				6 342 730
	Unter 1 jähr.	10 865 211	9 683 401	9 850 768
	Summa	30 313 941	26 068 364	25 861 500
Schweine	Andere Schweine	2 422 832	2 584 391	{ 851 119
				2 038 907
	Summa	2 422 832	2 584 391	2 890 026

Werfen wir nun einen Blick auf die historische Einteilung und Entwickelung der Kulturfläche des letzten Vierteljahrhunderts, so zeigt uns die folgende kleine Übersicht die Einteilung nach je 5 Jahren seit 1869 in Acres.

Jahrgang	Ackerfläche	Weidefläche	Summe der Kulturfläche
1869	17 603 000	12 736 000	30 339 000
1874	18 089 000	13 178 000	31 267 000
1879	17 809 000	14 167 000	31 976 000
1884	17 175 000	15 291 000	32 466 000
1889	16 867 000	15 866 000	32 733 000
1894	16 165 000	16 465 000	32 630 000

Aus diesen Zahlen ersehen wir, daß die Weidefläche von 12 736 000 auf 16 465 000 gestiegen ist. Wir sehen aber auch, daß dementsprechend die Ackerfläche auch abgenommen hat, daß die Gesamtkulturfläche dagegen beträchtlich zugenommen hat. Hier ist es nötig zu erklären, was man bei der Kulturfläche unter Weidefläche in England versteht. Das englische Wort „Pasture" bedeutet im allgemeinen etwas ganz anderes als das, was der Deutsche unter Weide versteht. „Pasture" in England gehört zu dem wertvollsten Teile der Kulturfläche, die etwa identisch ist mit den fetten holsteinischen Marschweiden; sonst stellt sich im allgemeinen der deutsche Landwirt unter Weide, namentlich unter Schafweide, etwas ganz Schlechtes vor, und vielfach existiert in Deutschland die Meinung, daß die Viehweiden in England in der Weise entstanden sind, daß man den abgeernteten Acker hat liegen lassen und es der Natur überlassen hat, das Land mit solchen natürlichen Gräsern zu bestocken als der Zufall gerade wollte. Nichts kann irrtümlicher sein. Der englische Farmer verwendet die größte Sorgfalt in der Anlage seiner „Pasture", der Acker wird in möglichst guten Zustand gebracht, und der Farmer spart keine Kosten an Saat noch Arbeit, um sich eine gute „Pasture" zu sichern, denn er weiß ganz gut, daß sich seine Anlagen reichlich bezahlt machen, und er schätzt in den meisten Fällen seine Weide höher als seinen Acker! Allerdings kommen Fälle vor, wo es sich nicht lohnt eine „Pasture" aus einem Acker zu machen, und dann wäre es doch weggeworfenes Geld, wollte man da sich noch in die so kolossale Ausgabe, die mit der Anlage einer guten „Pasture" verbunden ist, stürzen. Teilweise freiwillig, teilweise gezwungen hat der englische Farmer sich veranlaßt gesehen, eine Änderung im Betriebe zu machen; teils rentierte der Getreidebau nicht mehr und so war er gezwungen zur Weidewirtschaft überzugehen;

teils fand er in der Viehzucht, namentlich in der Hochzucht, gröfsere
Rente für das angewandte Kapital. Der englische Farmer hat
schwerere Zeiten durchmachen müssen, als die Landwirte anderer
Nationen, weil die ganze Weltkonkurrenz sich in den englischen
Märkten abspielt und thatsächlich hat er sich leicht, wenn auch mit
Opfern in seine neue Lage gefunden; ohne jede Staatshilfe hat er zu-
sehen müssen, wie er sich selbst am besten Hilfe verschafft.

Die Verteilung der Ackerfläche und Weidefläche ist in England,
Wales und Schottland wie folgt verschieden gewesen:

Fläche	Jahr	England	Wales	Schott-land	Grofs Britannien
		Acres	Acres	Acres	Acres
Kultur-fläche	Durchschnitt 1871—5	23 913 000	2 652 000	4 561 000	31 126 000
	„ 1881—5	24 784 000	2 801 000	4 799 000	32 384 000
	„ 1894	24 881 000	2 857 000	4 892 000	32 630 000
Acker-fläche	„ 1871—5	13 696 000	1 071 000	3 476 000	18 243 000
	„ 1881—5	12 806 000	942 000	3 604 000	17 352 000
	„ 1894	11 753 000	874 000	3 538 000	16 165 000
Per-manente Weide	„ 1871—5	10 217 000	1 581 000	1 085 000	12 883 000
	„ 1881—5	11 978 000	1 859 000	1 195 000	15 032 000
	„ 1894	13 128 000	1 983 000	1 354 000	16 465 000

Wir beobachten eine weniger grofse Zunahme der Weidefläche
in Wales und Schottland als gerade in England und keine korrespon-
dierend weniger grofse Abnahme der Ackerfläche.

Betrachten wir nun die Periode von 20 Jahren von 1874—1894
und fassen wir die Unterschiede ins Auge, die in dieser Zeit stattgefunden haben in Beziehung auf Verteilung des Grund und Bodens,
teils unterm Pflug und teils als Weide angelegt, so werden wir zu
folgendem Resultat für Grofsbritannien kommen: Im Vergleich zur
Fläche vor 20 Jahren hat sich der Prozentsatz der Ackerfläche von
58 % der gesamten Kulturfläche auf 50 %, während der letzten
20 Jahre reduziert. Allein, nehmen wir die östlichen Provinzen Englands allein für sich, so finden wir, dafs die Ackerfläche heute noch
69 % der gesamten Kulturfläche bildet; allerdings hat auch in den
östlichen Provinzen eine Reduktion stattgefunden; 1874 bildete die
Ackerfläche der östlichen Provinzen noch 75 % der gesamten Kulturfläche. In den nördlichen und westlichen Provinzen Englands finden
wir, dafs die Ackerfläche jetzt nur noch 33 % der gesamten Kulturfläche bildet, und dafs seit 1874 ein Rückgang gegen damals von 39 %

der Ackerfläche stattgefunden hat. Betrachten wir Wales für sich, so finden wir, dafs die Verhältnisse den westlichen Provinzen Englands im Ackerbau ähnlich sind; wir finden, dafs der Prozentsatz der Ackerfläche von 39°/₀ im Jahre 1874 auf 31°/₀ der gesamten Kulturfläche gefallen ist. In Schottland, wo zum Teil die klimatischen Verhältnisse mehr den östlichen Provinzen Englands ähnlich sind, finden wir, dafs der Pflug weniger zur Ruhe gesetzt worden ist. Hier ergiebt die Untersuchung, dafs im Jahre 1874 76 °/₀ der gesamten Kulturfläche Ackerland waren, was gegen das Jahr 1894 immer noch 72°/₀ sind. Berechnet man die östlichen Provinzen Schottlands für sich, so ergiebt sich, dafs dort die Ackerfläche immer noch 81 °/₀ der gesamten Kulturfläche bildet. Es existieren hierüber ausführliche Zahlen der Abnahme der Ackerfläche für jede einzelne Grafschaft Grofsbritanniens, allein es ist für uns hier von geringerem Interesse.

(Siehe nebenstehende Tabelle.)

Im allgemeinen teilt man in England die Grafschaften ein je nach ihrer Lage in „Grazing und Corn counties", d. h. Weide- und Getreidegrafschaften, je nachdem sie sich mehr für die eine oder andere Kultur eignen. Im allgemeinen kann man sagen, der nördliche, westliche und südwestliche Teil Englands gehört zu den bevorzugten „Grazing counties" und der südöstliche und der ganz östliche Teil gehört den weniger bevorzugten „Corn counties". Wir geben hier eine Zusammenstellung der Grafschaften Englands in „Grazing" und „Corn counties" eingeteilt und darunter die Acrezahl der verschiedenen Kulturen und den Prozentsatz der einzelnen Kulturen zu der gesamten Fläche der betreffenden „Grazing" und „Corn counties".

Wir werden aus der Tabelle Seite 8 sehen, dafs die Grazing counties 63,7 °/₀ Weide besitzen, während die Corn counties nur 40 °/₀ ihrer Fläche in Weide haben.

Die Weidegruppe oder Grafschaften im Westen sind folgende: Chester, Cornwall, Cumberland, Derby, Devon, Dorset, Durham, Gloucester, Hereford, Lancaster, Leicester, Monmouth, Northumberland, Salop, Somerset, Stafford, Westmorland, Wilts, Worcester, York (North Riding), und York (West Riding).

Die Getreidegruppe oder östlichen Grafschaften sind folgende: Bedford, Berks, Bucks, Cambridge, Essex, Hants, Hertford, Huntingdon, Kent, Lincoln, London, Middlesex, Norfolk, Northampton, Nottingham, Oxford, Rutland, Suffolk, Surrey, Sussex, Warwick und York (East Riding).

Areal aller Kulturen Englands in „Grazing counties" und „Corn counties" eingeteilt, sowie der Prozentsatz der Totalsumme der Fläche Englands in den „Grazing" und „Corn counties" für das Jahr 1894.

Distribution of Crops	In Grazing counties		In Corn counties	
	Acreage	Prozentsatz der Totalfläche	Acreage	Prozentsatz der Totalfläche
	acres	°/₀	acres	°/₀
Totalfläche alle Arten Kulturen inkl. Brache und Gras . . . . }	13 394 125	53,8	11 486 592	46,2
Totalfläche der permanenten Weide für Heu bestimmt	2 565 054	61,4	1 613 666	38,6
Totalfläche der permanenten Weide nicht für Heu bestimmt	5 963 228	66,6	2 985 840	33,4
Totalfläche der Ackerfläche	4 865 843	41,4	6 887 086	58,6
Areal von:				
Weizen	553 475	30,3	1 273 151	69,7
Gerste	556 725	31,5	1 209 417	68,5
Hafer	1 028 897	52,0	949 415	48,0
Roggen	31 307	38,5	49 932	61,5
Bohnen	50 572	22,1	178 322	77,9
Erbsen	41 867	17,4	198 786	82,6
Totalsumme der obg. Kulturen	2 262 843	37,0	3 859 023	63,0
Kartoffel	172 547	50,7	168 010	49,3
Turnips und Swedes	627 156	44,8	773 328	55,2
Runkelrüben	101 004	29,3	243 409	70,7
Kohl, Kohlrabi und Raps . . .	64 851	39,2	100 556	60,8
Wicken	54 888	31,6	118 670	68,4
Andere Grünpflanzen	19 785	16,8	98 234	83,2
Klee und andere } für Heu	778 474	49,9	780 325	50,1
Rotationsgräser } nicht für Heu	653 247	62,4	392 849	37,6
Totalsumme der obg. Pflanzen und des Rotationsgrases }	2 471 952	48,0	2 675 401	52,0
Flachs	692	39,5	1 058	60,5
Hopfen	11 552	19,4	47 983	80,6
Small fruit (Beerenobst)	18 596	29,8	43 861	70,2
Brache	100 208	27,8	259 760	72,2
Obgärten und Gärtnereien . . .	173 798	60,0	116 080	40,0
Baumschulgärten	4 539	40,8	6 597	59,2
Hölzer und Sträucher	828 000	51,3	785 849	48,7

Description of Crops	In Grazing Counties.		In Corn Counties.		Alle Grafschaften.	
	Acreage	Per cent	Acreage	Per cent	Acreage	Per cent
	acres	%	acres	%	acres	%
Getreide	2 262 843	16,9	3 859 023	33,6	6 121 866	24,6
Futterpflanzen . . .	1 040 231	7,8	1 502 207	13,1	2 542 438	10,2
Klee und Rotations- gräser . . . . }	1 431 721	10,7	1 173 194	10,2	2 604 915	10,5
Flachs	692	0,0	1 058	0,0	1 750	0,0
Hopfen	11 552	0,1	47 983	0,4	59 535	0,2
Beerenobst.	18 596	0,1	43 861	0,4	62 457	0,3
Brache	100 208	0,7	259 760	2,3	359 968	1,4
Summa der Kultur- fläche. . . . }	4 865 843	36,3	6 887 086	60,0	11 752 929	47,2
Summa der perma- nenten Weide . }	8 528 282	63,7	4 599 506	40,0	13 127 788	52,8
Summa	13 394 125	100,0	11 486 592	100,0	24 880 717	100,0

Wenden wir uns nun der Betrachtung der Getreidefläche in Grofsbritannien für das Jahr 1894 zu und vergleichen wir sie mit der Getreidefläche von 1893, so fällt uns gleich auf, dafs die Fläche in Grofsbritannien um ca. 30000 acres in diesem Jahre zugenommen hat; diese Thatsache bedarf einer näheren Erläuterung. 1893 ergab eine Abnahme von 322000 acres gegen 1892, folglich hat das Jahr 1894 nur den zehnten acre zur Weizenkultur wiederum herangezogen. Die Zunahme im Jahre 1894 war auch sehr beeinflufst durch die ungewöhnlich günstige Saatzeit und zum Teil durch die ungewöhnlich grofse Brachfläche, welche die Dürre von 1893 hervorgerufen hatte und wahrscheinlich auch infolge des frühen Umpflügens der Kleeschläge und Grasrotationen, die infolge der fast regenlosen Jahreszeit in schlechten Zustand geraten waren. Schliefslich war durch die Dürre von 1893 ein grofser Mangel an Stroh entstanden, und gröfserer Bedarf und mangelndes Angebot erhöhten die Weizenstrohpreise und ermunterten die Farmer, ihren Weizenbau „pro tempore" auszudehnen.

Es ist aber bemerkenswert, dafs die Weizenflächenausdehnung im Jahre 1894 durchaus nicht gleichmäfsig war; die Zunahme hat stattgefunden, trotzdem in der Grafschaft Norfolk, einer „Corn county par excellence" Englands, die Weizenfläche um 17 000 acres vermindert wurde und an deren Stelle Gerste angebaut wurde. Auch in Suffolk, wo ähnliche Verhältnisse sind wie in Norfolk, hat die

Weizenfläche um 5000 acres abgenommen; aufserdem hatten Verminderungen der Weizenfläche in den Grafschaften Wilts, Salop, Hampshire, Cambridge, Gloucester und Dorset stattgefunden. Die Zunahmen, die diese Abnahmen überflügelt haben, fanden in den verschiedensten Teilen Englands statt.

Der gröfste Zuwachs in der Weizenfläche einer einzelnen Grafschaft fand im „North Riding of Yorkshire" statt, wo fast 6000 acres zu den 22 500 acres im Jahre 1893 zugesetzt wurden. Durham baute 1894 3000 acres mehr als im vorgehenden Jahr, in dem sie nur 133000 Acres baute. Schliefslich baute Northumberland 2000 acres mehr, mit einer Fläche von 6564 Acres im Jahre 1893. In Essex, wo die Brache vor 1893 ungewöhnlich grofs war, baute man 6400 acres mehr an als im Jahre 1893; in Kent nahm die Fläche um 6000 acres und in Redford nahm sie um 4000 acres zu. In Schottland zeichneten sich Perth und Forfar durch ausgedehnten Weizenbau aus.

Ähnlich dem Weizen wurde 1894 auch mehr Gerste in Grofsbritannien gebaut als 1893, wohl auch hauptsächlich aus den für die Zunahme des Weizenbaues angegebenen Gründen; allein mit Ausnahme der „Corn counties" und besonders Norfolk, Suffolk und Lincoln, war die Zunahme in den übrigen Grafschaften nicht grofs; es waren viele Grafschaften, die eine Abnahme im Gerstenbau zu verzeichnen hatten. Die Totalzunahme für England im Jahre 1894 an Gerste war 14 500 acres oder weniger als 1 $^0/_0$. In Schottland war die Zunahme bei einer nur $^1/_0$ so grofsen Fläche nur 3 $^0/_0$ oder 6000 acres.

Bei Hafer verzeichnen wir in der Fläche eine Zunahme, die zu erwarten war. In demselben Verhältnis als der Weizenbau sich einschränkte, ist meist der Hafer in gröserem Mafse angebaut worden, da derselbe sich besser rentiert als der Weizen, und Haferstroh auch gern verfüttert wird. Die Haferzunahme für 1894 war jedoch nicht so grofs als in den Jahren 1892 und 1893; die Zunahme ist jedoch um die Hälfte gröfser als die Weizen- und Gerstenflächenzunahme zusammengerechnet. Die Totalfläche für Hafer ist für 1894 3 252 000 acres, die gröfste Fläche, die bis jetzt an Hafer jemals angebaut wurde!

Sowohl England als auch Wales und Schottland haben zusammen zur grofsen Zunahme der Haferfläche des letzten Jahres beigetragen, allein wenn wir nun das letzte Jahrzehnt seit 1884 in Betracht ziehen, so finden wir, dafs England allein in der Haferfläche erheblich zugenommen hat, während Schottland nur wenig in dieser Periode seine

Haferfläche ausgedehnt hat, und endlich Wales ungefähr dieselbe Fläche Hafer anbaut als vor 10 Jahren.

Roggen ist in Grofsbritannien nie viel angebaut worden, hat aber im Jahre 1894 eine grofse Ausdehnung erfahren und zwar eine Zunahme von 34 688 acres oder fast 62 %. Die Ursache in dieser phänomenalen Zunahme liegt in einem gröfseren Bedarf dieser Strohart wegen der Dürre vom Jahre 1893.

Die Bohnenfläche Grofsbritanniens hat ähnlich dem Weizen während der letzten Jahre zur gleichmäfsigen Abnahme der Anbaufläche geneigt, was auch im Jahre 1894 geschah, obgleich in diesem Jahre dieselbe nicht beträchtlich ist. Dagegen finden wir bei Untersuchung der Statistik für Erbsen, dass die Anbaufläche um 15 % zugenommen hat, und zwar um 32 564 acres mehr im Jahre 1894 gegenüber 1893. Die Grafschaften Lincoln, Norfolk, Essex, Suffolk und Cambridge, also Getreidegrafschaften, waren es, die diese Zunahme im Erbsenbau verursachten.

Fassen wir nun die Kartoffelfläche ins Auge, so finden wir, dafs Grofsbritannien um 23 367 acres weniger an dieser Hackfrucht als im Jahre 1893 gebaut hat. Fast alle schottischen Grafschaften verzeichnen eine kleinere Anbaufläche, alle Grafschaften in Wales haben im Kartoffelbau nachgelassen, und in England haben nur 10 aus den 43 Grafschaften eine Zunahme des Kartoffelbaues zu verzeichnen. Vom Jahre 1890—1893 finden wir, dafs die Kartoffelanbaufläche ungefähr dieselbe blieb. Vor 1890 wurden mehr Kartoffeln angebaut als im Jahre 1894, und wir sehen, dafs die Kartoffelanbaufläche für 1894 kleiner ist als in allen Jahrgängen seit 1876. Der geringere Ertrag, verbunden mit der geringeren Anbaufläche bewirkte einen beträchtlichen Einflufs auf das Angebot und verursachte eine erhöhte Einfuhr.

Der alljährlich stattfindende Wechsel in der Acrezahl des Anbaues von Rüben und Futterpflanzen ist von keiner bemerkenswerten Bedeutung in Grofsbritannien; eine 13 %ige Zunahme finden wir unter Kohl, Kohlrabi und Raps, und zwar zeigen die Grafschaften Hampshire, Devonshire und Wiltshire die gröfste Zunahme. 1893 hatte die Wickenfläche bedeutend abgenommen, allein 1894 wurden wieder mehr acres dieser Futterpflanze angebaut, wenn auch die Zunahme gering war; aber wir bemerken hier die interessante Thatsache, dafs es wiederum die Getreidegrafschaften Norfolk, Suffolk, Lincoln und Essex waren, die ihren Wickenbau ausgedehnt haben, wiederum ein Beweis für die Richtung des Betriebs, die diese Grafschaften genommen haben, dafs sie nämlich, indem sie

ihre Getreidefläche möglichst reduzierten, mehr Futtergewächse
bauten, um sich mehr und mehr dem Molkereibetrieb zu nähern
und um weniger von den schlechten Getreidepreisen abhängig zu sein.
Die als Grünfutter bezeichneten Flächen haben 1894 beträchtlich
zugenommen. Luzerne, wovon die Hälfte der Anbaufläche in zwei
Grafschaften allein, Essex und Kent, angebaut wurde, stieg von
17 955 acres auf 21 854 acres, wieder ein Beweis der vom englischen
Farmer angenommenen Betriebsrichtung. Durchweg findet man,
daß der Anbau der Futterpflanzen aller Art zugenommen hat, und
ganz hervorragend groß ist diese Zunahme in den „Corn-" oder Getreidegrafschaften der östlichen Küste, die ihre verringerte Weizenflächen nicht so gut in üppige Weiden umwandeln konnten, wie es
ihre klimatisch günstiger gelegenen Nachbarn der westlichen, nördlichen und südwestlichen Küstenländer thaten.

Was die Ausdehnung der Brache betrifft, so waren in den
letzten Jahren besondere Umstände mit derselben verbunden. 1893
war ein ungemein dürres Jahr und folglich hatte die Brachfläche beträchtlich zugenommen. Die Abnahme dieser ungewöhnlich großen
Brachfläche war mit der Rückkehr normaler klimatischer Verhältnisse
zu erwarten. Gehen wir weiter in unserer Vergleichung der Zahlen,
so finden wir, daß das Jahr 1894 nicht nur die Brachfläche von 1893 auf
die normale Zahl reduziert hat, sondern daß die Brachfläche für 1894
weit geringer ist als im Jahre 1893; für 1894 sind nur 375 701 acres
als Brache angegeben. Diese Zahl ist um 53 000 acres kleiner als
die für das Jahr 1891 angegebene Brachfläche, welch' letztere die
geringste Brachfläche bis dato gewesen ist. Die Abnahme in der
Brachfläche ist nicht nur in einzelnen Gegenden vorhanden, sondern in 41 unter den 43 Grafschaften in England, und wir finden die
größte Abnahme in den Grafschaften Essex, Lincoln und Kent.
Zwischen 1892 und 1893 nahmen die Brachflächen Englands — wo
96 % der Brachfläche sich befindet — um 56 000 acres zu oder um
13 %. Zwischen 1893—1894 verminderte sich die Brachfläche um
138 000 acres oder um mehr als 27 %. Diese Zahlen bedürfen wohl
keiner weiteren Erläuterung; sie zeigen deutlich, daß eine Re-
aktion in der Landwirtschaft im Anzug ist, daß der englische
Farmer auf bessere Zeiten rechnet und sich nicht scheut, die
nötigen Kapitalien anzulegen, um eine Brache umzubrechen
und in Kultur zu nehmen.

Wenden wir uns nun der Untersuchung der Statistik über die
sogenannten Grasflächen zu. Zu diesen gehören Klee, Sainfoin oder

Esparsette und Gräser in der Rotation und endlich auch permanente Weide, sei es zur Heubereitung oder zu Weidezwecken. Diese Flächen fassen wir zusammen unter „Grasflächen" und finden, dafs die Fläche für 1894 etwas geringer als die für 1893 ausfällt. 1894 betrug sie nur 20 969 000 acres gegenüber 21 062 000 acres im Jahre 1893, allein wir werden sehen, dafs die Grasfläche, die zu Heuzwecken gemäht wurde, bedeutend zugenommen hat. Obige Zahlen gelten für Grofsbritannien. Die Zunahme der zu Heuzwecken benutzten Fläche im Jahre 1894 war eine natürliche Folge der ungewöhnlich grofsen Dürre im vorhergehenden Jahre 1893, in welchem Jahre ungewöhnlich wenig Heu geerntet wurde! Die folgende kleine Tabelle giebt uns eine Übersicht der Grasflächen während der letzten fünf Jahre in Grofsbritannien:

Jahrgang	Klee, Sainfoin, Rotationsgräser und permanente Weide		Summa
	Zu Heuzwecken	Nicht zu Heuzwecken	
	acres	acres	acres
1890	7 071 000	13 755 000	20 826 000
1891	6 633 000	14 517 000	21 150 000
1892	6 625 000	14 406 000	21 031 000
1893	6 317 000	14 745 000	21 062 000
1894	6 974 000	13 994 000	20 969 000

Obige Zahlen zeigen uns, dafs die Grasfläche zu Heuzwecken 1894 fast diejenige von 1890 erreicht hat, welche, mit Ausnahme des Jahres 1889, in welchem wir 7 464 000 acres finden, die gröfste Fläche des letzten Jahrzehnts war. Vergleichen wir das Jahr 1894 mit der Grasfläche zu Heuzwecken für das Jahr 1885, so finden wir eine Zunahme von fast 800 000 acres.

Es ist eine merkwürdige Thatsache, dafs die Zunahme der Fläche an Klee und Rotationsgräsern, die in England zu Heuzwecken gebraucht wurde, nur 4% beträgt oder 62 000 acres, und es giebt einige Grafschaften, wie z. B. Norfolk, Northampton und Surrey, in denen sogar scheinbar weniger Klee geschnitten wurde. Dagegen finden wir die interessante Thatsache, dafs die Fläche der permanenten Weide, die zu Heuzwecken gebraucht wurde, in England um 572 000 acres oder fast 16% zugenommen hat. Diese Zunahme übertrifft die Abnahme des vorhergehenden Jahres in den englischen Grafschaften, welche 228 000 acres betrug, und wir finden,

dafs im Jahre 1894 mehr permanente Weide zu Heuzwecken geschnitten wurde als in irgend einem Jahre seit 1889.

Wenden wir uns nun zum Flachsbau, so ergiebt eine Untersuchung der Statistik, dafs, obgleich derselbe nicht ausgedehnt in
Grofsbritannien gebaut wird, die Anbaufläche im Jahre 1894 eine
ungewöhnliche Ausdehnung erfuhr, trotzdem seit einigen Jahren
eine gleichmäfsig abnehmende Tendenz in der Anbaufläche wahrzu-
nehmen ist. Die Zunahme erfolgte im grofsen und ganzen eigentlich
nur in 4 Grafschaften. Die Grafschaften von East Riding of York,
Essex, Somerset und Kent bauten 494 acres aus den zugenommenen
ca. 500 acres auf einer vorhergehenden Fläche von 1258 acres. Die
Totalfläche für 1894, also 1760 Acres an Flachs ist jedoch bedeutend
geringer als im Jahre 1887, das 3702 zu verzeichnen hat, und auch
geringer als im Jahre 1890, das 2465 acres noch nachzuweisen hat.
Greifen wir noch weiter zurück in der Statistik, so finden wir in den
5 Jahren von 1876—80 eine Flachsfläche für Grofsbritannien von
7685 acres; in den 5 vorhergehenden Jahren war der Durchschnitt
sogar 12711 acres. Wir bemerken hier auch, dafs für das Jahr
1894 eine Zunahme der Anbaufläche im Flachsbau in Irland stattfand. Wir finden in Irland im Jahre 1894 eine Flachsfläche von 101000
acres angegeben gegenüber dem Jahre 1893 mit nur 67000 acres
Dafs der Flachsbau schon lange nicht mehr sehr rentiert, ist allbekannte Thatsache. Derselbe wird jetzt in Grofsbritannien von
kleinen Leuten betrieben, die in der Familie dann unter sich ihre
Beschäftigung in der Bearbeitung des Flachses verwerten können.

Wir wollen nun einen Blick auf die Statistik über Hopfenbau werfen. Die Hopfenfläche für das Jahr 1894 wird auf 59535
acres angegeben. Diese Fläche übertrifft die Fläche des Jahres 1893
um 1971 acres. Diese Zunahme stellt die Fläche des Hopfenbaues
auf eine gröfsere Höhe als jemals, mit Ausnahme von 1887, in
welchem Jahre die Fläche 63706 acres betrug, aber im darauffolgenden Jahre 1888 plötzlich wieder auf 58494 acres zurückging.
Dieses Neuaufblühen im Hopfenbau ist als ein günstiges
Zeichen zu betrachten und weist uns darauf hin, dafs, trotzdem die
Konkurrenz im Londoner Hopfenmarkt von Jahr zu Jahr empfindlicher
wird und jetzt sogar aus dem fernen Westen Kanadas, aus Britisch-
Kolumbia, der feinste Hopfen nach London versandt wird und dort
die höchsten Preise erzielt, der britische Farmer sich doch veranlafst
fühlt, sein Hopfenareal auszudehnen. Von dem ausgedehnten
Hopfenbau in Britisch-Kolumbia hatte ich 1894 selbst Ge-

legenheit, mich zu überzeugen, als ich längere Zeit auf dem Besitz des Generalgouverneurs Lord Aberdeen verbrachte. Derselbe interessiert sich sehr für die Landwirtschaft Kanadas, trotzdem er 40 000 £ jährliche Revenuen aus der schottischen Begüterung in Aberdeen bezieht. Er besitzt ca. 21 000 Morgen in Britisch-Kolumbia und treibt Vieh- und Pferdezucht mit aller Energie, besonders Hopfenbau mit großem Erfolg. Die Produktion ist billig, da die Ernte von Indianern ausgeführt wird, die eine Bagatelle an Lohn erhalten; außerdem betreibt er mit größtem Erfolg Obstbau und errichtete eine große Konservenfabrik auf dem Besitze.

Der Obstbau in Großbritannien nimmt in den letzten Jahren sehr zu. Betrachten wir erst den Anbau von sog. Small fruits, d. h. Stachelbeeren, Erdbeeren, Johannisbeeren und anderem kleinem Obst in England, so finden wir, daß die Fläche hierfür immer größere Dimensionen annimmt. 1894 fand eine Zunahme von 2928 acres statt. Der Obstbau stellt sich auf 68 415 acres, wovon aber 20 817 acres allein sich in der Grafschaft Kent befinden. Keine andere Grafschaft besitzt eine derartige Obstfläche. Middlesex kommt an zweiter Stelle mit 3978 acres und dann kommen der Reihe nach Worcester, Cambridge, Norfolk und Lancaster mit je 2508 acres, 2493 acres, 2411 acres und 2396 acres. Es existieren ausführliche Tabellen über die Ausdehnung dieser „Small fruits"-Flächen für alle Grafschaften Englands, Schottlands und Wales, allein erst seit 1888. Nehmen wir dieses Jahr zum Vergleich, so finden wir, daß damals nur 36 724 acres von dieser Kultur existierten, während im Jahre 1894 68 415 acres allein mit kleinem Obst angebaut sind. Diese Thatsache ist uns wiederum ein auffallender Fingerzeig, in welcher Richtung der englische Farmer sich gezwungen sah seine Nebeneinnahmen zu erhöhen, und zwar in dem Maße, als seine Haupteinnahmen durch niedrig gewordene Fleisch- und Getreidepreise geringer wurden.

Betrachten wir nun den eigentlichen Obstbau. Derselbe ist auch in größerer Ausdehnung begriffen; die Totalsumme der Obstgärten für das Jahr 1894 wird auf ca. 214 000 acres angegeben, eine Zunahme von 2523 acres im Vergleich zum Jahre 1893. Die sechs Grafschaften Devon, Hereford, Somerset, Kent, Worcester und Gloucester unter sich besitzen 137 000 acres oder fast $\frac{2}{3}$ der Obstgärten von Großbritannien. Folgende Tabelle zeigt uns die Fläche an Obstgärten am 4. Juni 1894 in Großbritannien:

Obstgärten	1894	1893
England	208 821 acres	206 314 acres
Wales	3 509 „	3 429 „
Schottland	1 857 „	1 921 „
Grofsbritannien	214 187 acres	211 664 acres

Folgende kleine Zusammenstellung giebt uns eine Übersicht der Fläche an „Small fruits" in Grofsbritannien am 4. Juni 1894:

Smal fruits in	1894	1893
England	62 457 acres	59 694 acres
Wales	1 076 „	1 004 „
Schottland	4 882 „	4 789 „
	68 415 acres	65 487 acres

Schliefslich noch eine kleine Übersicht der Statistik über die Fläche der „Market gardens" oder Gärtnereien, die in England eine grofse Rolle spielen; darunter verstehen wir die Gemüse- und sonstige Produktion allerlei Gartenprodukte. Die Grafschaft Kent nimmt hier wieder die erste Stelle ein mit 10 780 acres allein an Gärtnereien, Middlesex hat 9 124 acres, Bedford wiederum 7 187 acres, Worcester 5263 acres, York 4900 acres, Surrey hat 3420 acres, die Grafschaft Hants besitzt 2677 acres, Norfolk 2472 acres, die Grafschaft Sussex 2403 acres, ca. 10 weitere Grafschaften besitzen über 1000 acres Gärtnereifläche und die meisten übrigen einige Hundert acres. Die Produkte der Gärtnerei haben den englischen Farmer vielfach bei der Zahlung seiner Pacht aus der Not geholfen, und es ist äufserst interessant, wie wir später sehen werden, zu beobachten, wie sehr sich der Farmer durch diese Nebeneinnahmen seines Betriebes oft in sehr schweren Zeiten über Wasser gehalten hat. Schliefslich möge eine übersichtliche Zusammenstellung der Gärtnereiflächen Grofsbritanniens folgen:

„Market gardens":	1894	1893
England	81 057 acres	80 631 Acres
Wales	1 367 „	1 396 „
Schottland	5 786 „	5 533 „
Grofsbritannien	88 210 acres	87 560 acres

Gehen wir nun zu einem neuen Kapitel über, nämlich zur Statistik der lebenden Tiere" in Grofsbritannien. Wir wollen an der statistischen Untersuchung nur das Wichtigste und Bemerkenswerteste hier erwähnen.

Fassen wir zuerst die Pferde ins Auge, so fällt uns in der Statistik die Thatsache auf, dafs für das Jahr 1894 die Zahl der in der Landwirtschaft benutzten Pferde eine weitere Verminderung um 8576 erfahren hat. Wenn diese Zahl für England und Wales allein gelten würde, wäre sie verhältnismäfsig viel gröfser und namentlich wäre dies der Fall für die Grafschaften Essex, Norfolk, Lincoln und Kent, wenn nicht diese Abnahme vermindert worden wäre durch eine entsprechende Zunahme der in der Landwirtschaft benutzten Pferde in Schottland, wo die Grafschaften Aberdeen, Ayr und Perth die Zahl ihrer Arbeitspferde erheblich vermehrt haben. Die Ursache dieser Abnahme der Arbeitspferde in England und Wales liegt zum Teil darin, dafs der englische Farmer eben allmählich im Laufe der Jahre seinen Acker vermindert und seine Viehweide vermehrt hat. Aufserdem werden viele Zuchtstuten, die früher zur Arbeit verwendet und als Arbeitspferde angegeben wurden, jetzt als Zuchtstuten wohl in der Statistik erscheinen.

Rohe unangelernte Pferde und Stuten, die nur zur Zucht verwandt werden, nehmen andrerseits gleichmäfsig von Jahr zu Jahr zu. Folgende Tabelle zeigt uns die übersichtliche Statistik über Pferde:

	Nur landw. benutzte Arbeitspferde	Rohe Pferde	Stuten nur zur Zucht
Jahrgänge	Anzahl	Anzahl	Anzahl
1890	981 000	394 000	57 000
1891	1 023 000	401 000	64 000
1892	1 027 000	424 000	87 000
1893	1 013 000	442 000	70 000
1894	1 004 000	454 000	71 000

Vergleichen wir die Jahrgänge 1874, 1884, 1894 der Pferdestatistik für Grofsbritannien, so stellen sich die Zahlen wie folgt:

	1874	1884	1894
Landw. benutzte Pferde . .	944 463	990 400	1 004 291
Rohe Pferde	367 276	370 092	454 095
Zuchtstuten		53 795	71 075
	1 311 739	1 414 377	1 529 461

Obige Zahlen zeigen uns eine bedeutende Zunahme in der Zahl der Pferde und die Entwickelung einer ausgedehnten Pferdezucht, die in England ganz bedeutend geworden ist.

Blicken wir nun auf die Viehstatistik, so fällt uns gleich auf, daſs 1894 eine bedeutende Abnahme des Viehstandes stattfand, dieselbe war jedoch verursacht worden durch die ungewöhnliche Dürre des Jahres 1893, in welchem Jahre es an jedem Futter fehlte und es einfach den Farmern unmöglich war ihr Vieh zu behalten. Es wird allgemein in England bedauert, daſs diese ungeheuere Abnahme von 354000 Stück meist wertvollen Viehes stattfinden muſste, und zwar hat die Abnahme in allen Viehklassen stattgefunden, bei den Kühen sowie bei den Kalbinnen (in Milch oder tragend) betrug der Verlust 3,7 %. In der Klasse des 1—2jährigen Viehes betrug der Verlust 10,1 %. Der Totalverlust für ganz England und Wales war 6 % des Viehstandes; in Schottland steigerte sich dieser Verlust auf 7¹⁄₂ %. Für Kühe im Jahre 1894 zeigen nur drei Grafschaften eine Zunahme in der Zahl ihres Viehes; es sind diese: Cumberland, Westmoreland und Durham und die am nördlichsten von England gelegenen „Grazing counties", die meist ein sehr feuchtes Klima haben. Im Dürrjahr 1893 scheinen diese auch am günstigsten davongekommen zu sein.

Die gröſsten Viehverluste erlitten natürlich im Dürrjahre die trockensten Gegenden der Getreidegrafschaften, d. h. Lincoln, Kent, Somerset, Leicester und Warwick.

Jede Grafschaft in Wales zeigt eine Abnahme der Zahl an Kühen, und auch Schottland hat im ganzen an der Zahl seiner Kühe eingebüſst, trotzdem Ayrshire, Wigtown und einige andere Distrikte, wo eine Ausdehnung des Molkereibetriebes sehr stark in Angriff genommen ist, ihren Bestand an Kühen vermehrt haben.

Was aber das 2jährige Vieh betrifft, so macht Schottland eine Ausnahme in der allgemeinen Abnahme der Zahl dieser Kategorie des Viehes. Schottland hat eine Nettozunahme von 3700 Stück 2jährigen Viehes im Jahre 1894 aufzuweisen. Eine Gruppe der schottischen Grafschaften Forfar, Kincardine und Aberdeen hat ihre Herden um 8000 Stück 2jährigen Viehes in demselben Jahre vergröſsert. Diese groſse Zunahme ist der Ausdehnung des Mästens dieses Viehes in diesen Distrikten entsprechend. 18 der anderen Grafschaften Schottlands zeigen uns eine mehr oder weniger groſse Verminderung ihrer Viehzahl. Auch in England finden wir einige nennenswerte Ausnahmen der sonst allgemeinen Abnahme; es sind hier besonders die Grafschaften Leicester und Northampton, die es möglich gefunden haben mehr Vieh auf ihre Weiden zu bringen, trotzdem sie im letzten Jahre so sehr gelitten haben. Die schlimmsten

IX. 2.

2

Verluste haben die Grafschaften Essex, Norfolk, Suffolk und Gloucester zu verzeichnen, wo zusammen eine Verminderung des 2jährigen Viehes um über 19000 Stück stattfand. Ähnlich hoch stellen sich in Wales die Verluste älteren Viehes.

In den jüngeren Viehklassen finden wir die schwersten Verluste in England, d. h. über 12 %; dann in zweiter Linie kommt Wales mit 9 %; am wenigsten, wenn auch noch sehr beträchtlich, hat Schottland gelitten mit etwas unter 5 % Verlust an Jungvieh. Bemerkenswert ist jedoch, dafs nicht einer einzigen Grafschaft weder in England noch in Wales es möglich war eine Zunahme des Jungviehes nachzuweisen und dafs nur vier Grafschaften Schottlands Zunahmen im Jahre 1894 gegenüber dem Jahre 1893 aufzuweisen haben. Die Viehzahl des unter einem Jahr alten Viehes fiel von 1211000 auf 1153000. Diese Zahlen, die vor 1893 nicht einzeln verzeichnet sind, zeigen uns, dafs die Zahl des Jungviehes unter 12 Monaten in Grofsbritannien nur 46,8 % der Gesamtzahl an Kühen und Kalbinnen in Milch oder tragend ausmacht, also einen kleineren Prozentsatz als im vorhergehenden Sommer, in welchem sie 47,4 % ausmachte! Diese neue Art der Viehzählung in England durch Spezifizierung des Jungviehes unter 12 Monaten wird in der Zukunft alljährlich manches Interessante bieten in Bezug auf die verschiedenen landwirtschaftlichen Betriebe betreffs der Viehzucht und Aufzucht von Jungvieh. Stellen wir nun Vergleiche zwischen der Zahl der Milchkühe und anderen Viehgattungen aller Art an mit der Bevölkerung Grofsbritanniens während der 4—5jährigen Perioden vor 1890 und während der letzten 4 Jahre seit 1894, so ergiebt sich folgende Tabelle:

Periode	Bevölkerung Grofsbritanniens	Milchkühe	Anderes Vieh	Kuhzahl auf 1000 Einwohner	Anderes Vieh auf 1000 Einwohner
1871—75	26 854 217	2 204 000	3 609 000	82	134
1876—80	28 666 150	2 228 000	3 582 000	78	125
1881—85	30 429 380	2 353 000	3 756 000	77	123
1886—90	32 083 604	2 499 000	3 854 000	78	120
1891	33 115 765	2 657 000	4 196 000	80	127
1892	33 468 506	2 651 000	4 294 000	79	128
1893	33 825 069	2 555 000	4 146 000	76	123
1894	34 185 454	2 460 000	3 887 000	72	114

Die obige Tabelle zeigt deutlich, wie die Viehzahl pro 1000 Einwohner nicht mit der zunehmenden Bevölkerung Schritt gehalten hat und erklärt somit die entsprechende notwendige Zunahme der Fleischeinfuhr und Einfuhr von Molkereiprodukten.

Vergleichen wir die Zahlen, die uns die Viehstatistik bietet, für die Jahre 1874 und 1884 und 1894, so ergiebt sich folgende Tabelle:

Vieh:	1874	1884	1894
Kühe, Kalbinnen in Milch oder tragend	2273797	2390863	2460086
Anderes Vieh: 2 Jahre u. darüber	1509624	1386333	1516672
do. 1 Jahr alt und unter 2 Jahre	2342070	2491945	1217145
do. unter 1 Jahr alt			1153210
	6125491	6269141	6347113

Auch diese Zusammenstellung zeigt uns im ganzen eine Zunahme des Viehes, die aber, wie wir oben schon gezeigt haben, nicht mit der Zunahme der Bevölkerung Schritt hielt und folglich einen vergröfserten Import an Viehprodukten, Fleisch u. s. w. erforderte, der auch thatsächlich eintrat.

Wenden wir nun unsere Aufmerksamkeit auf die Schaf- und Lämmerstatistik in Grofsbritannien. Wir finden, dafs im Jahre 1893 eine Abnahme von 1455000 Schafen aller Klassen gegenüber 1892 stattgefunden hatte. Diese Abnahme in den Schafherden hat sich 1894 fortgesetzt. Die Statistik für 1894 weist uns hin auf eine weitere ähnliche Abnahme in der Zahl der Schafe von 1419000, also eine Abnahme von 5 % berechnet auf die schon stark abgenommenen Herden von 1893 auf. Die Zahl der so reduzierten Schafe zeigt uns, dafs sie im ganzen genommen für Grofsbritannien den Jahren 1885 bis 1889 nur ganz wenig überlegen ist. Wir dürfen aber nicht vergessen, dafs die Zahl der Schafe stets eine sehr verschiedene gewesen ist, wenn wir auch konstatieren müssen, dafs die für das Jahr 1894 angeführten 25862000 Schafe um 4½ bis 5 Millionen den Jahren 1874 und 1868 nachstehen, so können die Schafzüchter sich damit trösten, dafs die Schafherden jetzt gröfser sind als diejenigen des Jahres 1882 und zwar um mehr als 1½ Millionen Schafe.

In der folgenden Tabelle vergleichen wir die Jahre 1874, 1884 und 1894 und die obengenannte Abnahme wird uns noch deutlicher erscheinen:

2*

13*

		1874	1884	1894
Mutterschafe zur Zucht	⎫			⎧ 9 668 002
Andere Schafe, 2 Jahre u.	⎬	19 448 730	16 384 863	
darüber	⎭			⎩ 6 342 730
do. unt. 1 Jahr		10 865 211	9 683 491	9 850 768
		30 313 941	26 068 354	25 861 500

Vergleichen wir nun das Jahr 1894 mit den unmittelbar vorangehenden Jahrgängen und mit den Durchschnittszahlen vergangener 5 jähriger Perioden in Grofsbritannien, so erhalten wir folgende interessante Zahlen:

	Periode	Schafe	Lämmer	Schafe und Lämmer
Durchschnitt	1871—75	18 507 000	10 283 000	28 790 000
„	1876—80	17 963 000	9 942 000	27 905 000
„	1881—85	16 118 000	9 197 000	25 315 000
„	1886—90	16 134 000	9 794 000	25 928 000
	1891	17 787 000	10 946 000	28 733 000
	1892	17 957 000	10 778 000	28 735 000
	1893	17 040 000	10 240 000	27 280 000
	1894	16 011 000	9 851 000	25 862 000

Dieser Vergleich zeigt uns, dafs, obgleich die Schafzahl im ganzen enorm abgenommen hat, wie wir schon oben erwähnten, doch sogar jetzt noch die Totalsumme höher steht, als sie im Jahrzehnt 1881—1890 war, wobei sie aber auch jetzt niedriger steht als im Jahrzent 1871—1880. Endlich bemerken wir, dafs die Schafherden an Zahl ihren Höhepunkt in der Periode 1871—1875 erreichten. Im Jahre 1894 waren die Verluste an Zuchtschafen (die jetzt statistisch getrennt angegeben werden) und auch anderen Schafen über ein Jahr alt ganz allgemein in England, und zwar sind nur ganz wenige Grafschaften von diesem Verluste verschont geblieben.

In Schottland und Wales waren die Verluste weniger gleichmäfsig verteilt, allein im ganzen sind Verluste auch hier unvermeidlich gewesen.

Was die Lämmer betrifft, so ist die Abnahme mit Ausnahme gröfserer Zahlen aus Wales und auch aus England in den Grafschaften Cumberland, Westmoreland, Lancaster, Durham und The West Riding of York eine ganz allgemeine gewesen. In Schottland sind die Zunahmen und Abnahmen ziemlich gleichmäfsig verteilt. 16 Grafschaften zeigen Zunahmen und 17 Grafschaften Verluste an Lämmern; im ganzen ist, wie gesagt, ein Rückgang zu verzeichnen.

Wenden wir uns nun schliefslich der Statistik über Schweine

zu, so haben wir im Jahre 1894 eine Zunahme der Gesamtzahl im Vergleich zu den Jahren 1892 und 1893, und zwar haben nur zwei englische und zwei schottische Grafschaften Abnahmen in ihren Zahlen zu verzeichnen; es sind dies Shetland, Clackmannan, Huntingdon und Hertford. Diese 4 Grafschaften zusammen zeigen eine Abnahme von 600 Stück. Das Jahr 1894 zeigt also im ganzen eine allgemeine Zunahme von über 276 000 Stück oder über 13 %, die Zahl beläuft sich jetzt im ganzen auf 2 390 000. Allein wir finden, dafs die Jahre 1889, 1890, 1891 der Zahl nach dem Jahre 1894 sehr überlegen waren; diese waren aber aufsergewöhnliche Jahrgänge. Folgende kleine Zusammenstellung zeigt uns die Statistik der Schweine für verschiedene Perioden, und wir werden sehen, dafs die Zahl für 1894 im Durchschnitt der Jahre nicht sehr zurücksteht.

	1871—75	1876—80	1881—85	1894
Schweine:	2 484 872	2 273 599	2 432 804	2 390 000.

Als sehr günstig ist die Thatsache hervorzuheben, dafs die Zahl der Zuchtsauen erheblich zugenommen hat: die Zahl betrug

1893	308 722, dagegen im Jahre
1894	351 119.

Bis jetzt haben wir nur die Statistiken ins Auge gefafst, wie sie für Grofsbritannien gegeben werden. Betrachten wir nun gleichzeitig die Statistik des ganzen Königreichs, indem wir die „Irish Returns" und „Returns for the Isle of Man" und „Channel Isles" ins Auge fassen, so können wir einen Überblick der ganzen Lage der Statistik für Vieh und Erzeugnisse für das Vereinigte Königreich gewinnen.

Es würde uns zu weit führen, wollten wir noch in die Details eingehen. Wir wollen möglichst kurz verfahren und die Resultate unserer Untersuchung kurz zusammenfassen: Die irischen Getreideflächen zeigen eine stets gleichmäfsige Zunahme in der Anbaufläche des Hafers und eine gleichmäfsige Abnahme der Weizen- und Gerstenflächen. Die Kleefläche und Rotationsgrasfläche zeigen eine Zunahme, während eine ganz geringe Abnahme der permanenten Weide stattgefunden hat. Der Flachsbau, den wir schon erwähnt haben, hat in Irland sowohl, als auch in Grofsbritannien etwas zugenommen. Wir finden eine Abnahme der angebauten Kartoffelfläche in Irland, eine Thatsache, welche die Abnahme, die wir in Grofsbritannien schon verzeichneten, die Gesamtabnahme für das Vereinigte Königreich vergröfsert. Dagegen hat die Schweinezucht in Irland um 20 % zugenommen, was die gesamte prozentische Zunahme des Königreichs erhöht. Die so sehr zu bedauernde Abnahme des Viehes, die wir in Grofsbritannien konstatieren mufsten, hat auch in Irland stattgefunden, obgleich die Zahl der Kühe in Irland etwas zugenommen hat. Indem wir alle Zahlen zusammenfassen, bekommen wir die folgende Übersicht der Jahre 1892—1894 für das Vereinigte Königreich:

Fläche des vereinigten Königreichs	1892	1893	1894
	acres	acres	acres
Gesamtfläche	47 977 903	47 979 698	47 919 830
Permanente Weide	27 533 326	27 700 381	27 578 400
Ackerland	20 444 577	20 279 317	20 341 430
Getreide	9 328 701	9 171 180	9 365 877
Futterpflanzen	4 467 115	4 462 755	4 486 092
Klee und Rotationsgräser	5 973 456	5 916 349	5 862 754
Flachs	72 065	68 715	102 622
Hopfen	56 259	57 565	59 535
Beerenobst	62 547	65 845	68 868
Brache	484 434	536 908	395 682
Lebendes Vieh.	Stück	Stück	Stück
Pferde	2 067 549	2 079 587	2 092 290
Rindvieh	11 519 417	11 207 554	10 780 796
Schafe	33 642 808	31 774 824	30 037 818
Schweine	3 265 898	3 278 030	3 794 043

Wir wollen nun an der Hand der „Agricultural Returns for Great Britain" für 1894 Feldbauprodukte statistisch verfolgen, um durch Vergleichungen die Entwickelung und Betriebsrichtungen des englischen Ackerbaues kennen zu lernen.

Während die Viehstatistik und die Angaben der Flächen der verschiedenen Kulturen alljährlich hauptsächlich durch freiwillige Angaben geschehen, so ist insofern die Statistik über landwirtschaftliche Erzeugnisse des Grund und Bodens verläfslicher, als wenn aufser den freiwilligen Angaben noch amtlich angestellte Agenten und Schätzungskommissionen, die von den „Collectors of Inland Revenue" gewählt werden, zu der Statistik verwandt würden. Diese Kommissionen, die 1894 ihre Untersuchungen in 13 334 Gemeinden Grofsbritanniens machten, haben dem „Board of Agriculture" ihre Angaben über Ernten von Weizen, Gerste, Hafer, Erbsen, Kartoffeln, Turnips, Runkeln, Heu und Hopfen im Jahre

1894 eingesandt und die Resultate dieser Angaben sind in der Statistik den „Agricultural Returns" für jede Grafschaft Grofsbritanniens separat angegeben. Schliefslich sind die Statistiken auch für Irland angegeben, wie sie vom „Registrar General for Ireland" gezeigt wurden.

Wenden wir uns nun den Erzeugnissen der Cerealien in dem Vereinigten Königreich zu. Wir wollen hier die britischen und irischen Ergebnisse zusammenfassen und in einer kleinen Tabelle eine Übersicht der geernteten Gerste, des Weizens, Hafers, der Bohnen und Erbsen geben und zwar für die drei letzten Jahrgänge:

Erzeugnisse	1892 Qrs.	1893 Qrs.	1894 Qrs.
Hafer	21 022 650	21 073 515	23 857 839
Gerste	9 617 392	8 218 249	9 825 079
Weizen	7 596 906	6 364 106	7 589 048
Bohnen	881 784	607 881	899 714
Erbsen	628 562	594 556	778 637

Hafer und Gerste haben am meisten ergeben. Die Bohnen und Erbsen zeigen auch Zunahme. Man kann annehmen, dafs das günstige Jahr 1894 wohl Ursache dieser grofsen Ernten ist.

Die Höhe der Zahl der Bushels pro acre im Jahre 1894 im Vergleich zu dem vorhergehenden Jahre zeigt uns, wie gut die Ernten im Jahre 1894 gewesen sein müssen, resp. wie schlecht das Jahr 1893 durch die Dürre gewesen sein mufs:

Erzeugnisse pro acre	1892 Bushels	1893 Bushels	1894 Bushels
Hafer	39,82	38,14	42,34
Gerste	34,78	29,30	34.77
Weizen	26,48	26,08	30,70

Obige Zahlen verstehen sich für das Vereinigte Königreich.

In ähnlicher Weise wollen wir eine kleine Tabelle hier angeben für die Produktion an Kartoffeln, Rüben und Heu für das Vereinigte Königreich während derselben Jahrgänge:

Erzeugnisse	1892 tons	1893 tons	1894 tons
Kartoffeln	5 634 000	6 541 000	4 662 000
Turnips u. Swedes (Rüben)	31 419 000	31 110 000	30 678 000
Runkelrüben	7 428 000	5 225 000	7 310 000
Heu	11 516 000	9 082 000	15 699 000

Obige Zahlen zeigen deutlich die abnehmende Produktion der Kartoffeln im Vereinigten Königreich und die ungeheuere Zunahme der Heuernte seit 1892. Zu berücksichtigen ist stets bei der Statistik, dafs 1893 ein Dürrjahr war.

Bei den Kartoffeln wollen wir hier bemerken, dafs die Tonnenzahl im Jahre 1894 auf einer kleineren Fläche geerntet wurde sowohl in Grofsbritannien als auch in Irland. Die Turnipsfläche war 1894 etwas kleiner als im Jahre 1893 und die Runkelrübenfläche etwas gröfser. Die kolossale Dürre des Jahres 1893 verursachte eine gröfsere Ausdehnung des zu mähenden Heues im Jahre 1894. Folglich, obgleich die Qualität des Heues viel zu wünschen übrig liefs, war doch die Quantität, die im Jahre 1894 im Vereinigten Königreich geerntet wurde, eine so grofse, dafs, anstatt dafs die Durchschnittsernte wie im Jahre 1893 weit unter einer Normalernte ausfiel, sich die Ernte 1894 weit über die Durchschnittsernte stellte und zwar um ca. 2 700 000 tons. Dieser kolossale Vorrat an Heu ist für das allgemeine Wohl der Landwirtschaft nicht zu unterschätzen.

Die Statistik für Grofsbritannien giebt uns sehr interessante Tabellen über 10 jährige Durchschnittsernten. Wir wollen hier eine Übersicht der letzten 10 Jahre von 1885—1894 geben. Es wird angenommen, dafs die Zahl 100 die Durchschnittsernte der 10 Jahre repräsentiert. Auf dieser Basis wird die Verhältniszahl ausgerechnet, je nach dem Jahrgang oder nach der besseren oder schlechteren Ernte und Jahrgang eine höhere oder niedere Zahl. Die Zahlen sind nur für Grofsbritannien und zwar für Weizen, Gerste, Hafer, Kartoffeln, Heu (d. h. Klee etc.) und Heu aus permanenten Grasflächen:

Jahrgang	Weizen	Gerste	Hafer	Kartoffeln	Heu, Klee etc.	Heu aus perm. Gras
1885	107	106	96	100	—	—
1886	92	97	99	98	104	109
1887	109	95	91	109	97	87
1888	96	99	97	89	99	118
1889	102	96	103	106	119	122
1890	105	106	108	91	108	112
1891	107	103	101	98	101	98
1892	90	105	102	100	90	80
1893	89	93	93	113	66	53
1894	105	104	109	95	115	120

In Bushels pro acre ausgerechnet, ist der Durchschnitt der 10 Jahre 1885—1894 für obige Ergebnisse wie folgt:

Weizen	Gerste	Hafer	Kartoffel	Kleeheu etc.	Grasheu etc.
29,32	33,02	38,21	5,82	28,22	23,86
Bushels pro acre			tons pro acre	Cwts. pro acre	Cwts. pro acre

Eine solche Tabelle zeigt uns nicht nur sehr übersichtlich die guten und schlechten Jahrgänge, sondern ist auch von technisch landwirtschaftlicher Seite interessant, indem die Erfahrung der Kartoffelproduzenten gegenüber den übrigen Produzenten zu Tage tritt. Aufserdem zeigt uns die Tabelle die niedrigen Erntezahlen vom Jahre 1893 mit Ausnahme der Kartoffel und die entgegengesetzte Thatsache für das Jahr 1894. Diese Art der Schätzung, indem man die Zahl 100 als Durchschnittszahl annimmt und diese Zahl je nach dem Jahrgang erhöht oder erniedrigt, ist in England nur kurze Zeit (seit 10 Jahren) im Gebrauch. Gleichzeitig hat man in England die alte Methode der Schätzung nach Maassen pro acre beibehalten, und es ist nun vom statistischen Standpunkt äufserst interessant zu beobachten, inwiefern die alten und die neuen Berechnungsmethoden übereinstimmen. Es ergiebt sich, dafs nur in einem Fall, beim Weizen, die Durchschnittsernte der neuen Methode die alte übertrifft; 28,80 Bushels pro acre ergab die alte Methode und die neue Methode 29,32 Bushels. Bei Gerste finden wir nach alter Methode eine Angabe von 34,02 gegenüber der neuen Angabe von 33,02 Bushels pro acre; bei Hafer nach alter Methode 39,04 und nach neuer Methode 38,21. Bei Bohnen und Erbsen ist die Differenz eine gröfsere, 26,04 und 25,20 Bushels pro acre nach neuer Methode gegenüber 30,36 und 28,48 Bushels pro acre nach alter Methode. Bei Kartoffeln finden wir nach alter Methode 6,11 tons und nach neuer Methode 5,82 tons pro acre. — Noch einige Erzeugnisse fassen wir unten zusammen wie folgt:

	Alte Methode	Neue Methode
Turnips	15,27 tons pro acre	13,09 tons pro acre
Mangold (Runkeln)	19,81 „ „ „	17,45 „ „ „
Hopfen	7,84 Cwts. pro acre	7,71 Cwts. pro acre

Die Hopfenzahlen scheinen von allen Erzeugnissen am besten übereinzustimmen.

Untersuchen wir nun die Weizenernte Grofsbritanniens im Jahre 1894 nach den „Agricultural Returns"-Statistiken, so finden wir, dafs die Fläche und Ernte im Vergleich zu dem Dürrjahr 1893 einen Zuwachs aufzuweisen hat. Die Ernte im Jahre 1894 war in ihrer Quantität günstiger als die des Jahres 1893, allein die ungünstige Witterung beim Einfahren verminderte den Wert derselben merklich.

auch war der Durchschnittsertrag in Grofsbritannien sehr verschieden je nach der Lage der Gegend. Die Ausdehnung der Weizenfläche in Grofsbritannien im Jahre 1894 und die Thatsache, dafs der Ertrag pro acre im Jahre 1894 auch gröfser war als im Jahre 1893, haben dazu beigetragen, den Gesamtertrag um ¹/₅ gegen das Jahr 1893 zu erhöhen. Die Verteilung des Ertrages unter den von den „Agricultural Returns" eingeteilten „Divisions" können wir am besten durch eine kleine Zusammenstellung zeigen. Dieser Tabelle wollen wir eine Zusammenstellung der Totalsummen für Grofsbritannien vorangehen lassen und die zwei Jahrgänge 1894 und 1893 vergleichen:

	1894 Bushels	1893 Bushels	Zunahme Bushels	Zunahme %
England	56 087 603	46 429 407	9 658 196	20,80
Wales	1 420 082	1 205 006	215 076	17,85
Schottland	1 665 116	1 612 884	52 232	3,24
Grofsbritannien	59 172 801	49 247 297	9 925 504	20,15

(Siehe nebenstehende Tabelle.)

Die obige Tabelle zeigt uns die Verteilung der Zunahme des Weizenertrags in den 4 Abteilungen. Divisions I und II gehören zu den von uns schon erwähnten „Corn counties" oder „Getreidegrafschaften", und wir sehen, dafs in diesen hauptsächlich die Zunahme zu bemerken ist. Divisions III und IV gehören zu den von uns auch schon besprochenen „Grazing counties" oder „Weidegrafschaften", wo die klimatischen Verhältnisse, wie wir auseinandergesetzt haben, die Entwickelung von üppigen Weiden gestatten und daher günstig auf die Entwickelung der Viehzucht gewirkt haben. Hier finden wir auch eine beträchtliche Zunahme des Ertrags, wenn auch geringer als in den „Corn counties". Endlich zeigt uns die Tabelle, dafs mehr Weizen in allen Teilen Englands produziert worden ist. Die Grafschaften Norfolk, Lincoln und The East Riding of York, die doch auch zu den „Corn counties" gehören, weisen nur geringe Zunahme auf. Diese Thatsache ist dadurch zu erklären, dafs diese Grafschaften derartig den Mut zum Weizenbau verloren hatten, dafs sie womöglich an dessen Stelle Gerste bauten; sie zeigen zusammen daher nur eine Zunahme von 2¹/₂ %, während andere „Corn counties" bis 30 % Zunahme nachweisen. Die Grafschaften Kent, Surrey, Sussex, Hants und Berks weisen sogar eine Zunahme von 37 % im Vergleich zu 1893. Bei Norfolk spielt auch die Thatsache eine Rolle, dafs die Weizenfläche im Jahre 1894 bedeutend reduziert

Divisions	1894	1893	Zunahme	Zunahme %
England in Divisions:				
Division 1 { (a.) ...	14 321 925	10 872 688	3 449 237	31,72
Division 1 { (b.) ...	11 797 785	11 506 858	290 927	2,53
Division 2 { (a.) ...	7 483 828	5 455 301	2 028 527	37,18
Division 2 { (b.) ...	7 225 914	5 720 314	1 505 600	26,32
Division 3 { (a.) ...	6 445 678	5 433 897	1 011 781	18,62
Division 3 { (b.) ...	3 640 133	3 138 804	501 329	15,97
Division 4 { (a.) ...	2 895 809	2 445 780	450 029	18,40
Division 4 { (b.) ...	2 276 431	1 855 765	420 766	22,67

Division 1 und 2 „Corn counties". Division 3 und 4 „Grazing counties".

Division I. Containing (a.) eight Eastern & (b.) three North-Eastern Counties.	Division II. Containing (a.) five South-Eastern and (b.) seven East-Midland Counties.	Division III. Containing (a.) six West-Midland and (b.) four South-Western Counties.	Division IV. Containing (a.) four Northern & (b.) six North-Western Counties.
(a.) Cambridge. Hunts. Beds. Herts. Middlesex. London. Essex. Suffolk.	(a.) Kent. Surrey. Sussex. Hants. Berks.	(a.) Shropshire. Worcester. Hereford. Gloucester. Wilts. Monmouth.	(a.) Northumberland. Durham. York, N.R. York, W.R.
(b.) Norfolk. Lincoln. York, E.R.	(b.) Notts. Leicester. Rutland. Northampton. Warwick. Oxford. Bucks.	(b.) Somerset. Dorset. Devon. Cornwall.	(b.) Cumberland. Westmoreland. Lancashire. Cheshire. Derby. Stafford.

und, wie oben gesagt, durch Gerste ersetzt wurde, während die Grafschaft East Riding of York durch Zufall im Jahre 1893 einen sehr grofsen Ertrag an Weizen zu verzeichnen hatte.

Ziehen wir nun den Ertrag pro acre an Weizen in Betracht, so werden wir finden, dafs der Ertrag pro acre im Jahre 1894 um 28 % gröfser war als im Jahre 1893 in den östlichen, mittleren und südöstlichen Grafschaften Englands, da im Jahre 1893 gerade in diesen Distrikten die volle nachteilige Wirkung der Dürre zu Tage tritt; im nördlicheren Teil des östlichen Distrikts betrug die Zunahme des Ertrags pro acre nur 17%, in Wales nur 14 %, nur 5 % in den nördlichen und nordwestlichen Teilen Englands und nicht ganz 2 °/₀ in Schottland, wo die schrecklichen Folgen der Dürre des Jahres 1893 kaum merklich waren. Diese Zahlen beweisen sehr deutlich, wie sehr verschieden die Erträge der verschiedenen Teile Grofsbritanniens sind und wie falsch es wäre, bei einer Besprechung der englischen landwirtschaftlichen Verhältnisse eine einzelne Gegend als Exempel für das ganze Land herauszugreifen und danach die ganze Landwirtschaft Englands beurteilen zu wollen! Nirgends in den sog. „Corn counties" war der Ertrag pro acre so grofs, als es im Jahre 1894 im Norden von England und in Schottland der Fall war. Die Grafschaft Northumberland erntete 34 Bushels pro acre, die Grafschaft Ross sogar 44 Bushels und die Grafschaft Midlothian fast 45 Bushels pro acre. Es sind dies alles Flächen, wo der Weizenbau auf ganz kleinen, dazu ausgewählten, nur vorzüglichen und zum Weizen besonders geeigneten Arealen getrieben wird. Andererseits ist in der Grafschaft Cambridge, obgleich der Ertrag von 32 Bushels pro acre den Ertrag von 26 Bushels pro acre im Jahre 1893 übersteigt, dieser Ertrag für 1894 doch unter dem 10jährigen Durchschnitt und noch weit unter dem Ertrage pro acre, den die Grafschaft im Jahre 1885 zu verzeichnen hatte. Viele der Voraussetzungen und Voranschläge in Bezug auf die Ernte von 1894 waren nicht richtig und trafen nicht ein, da heftige Regen die Ernte erschwerten. Die Berichte der englischen Taxatoren lauteten dahin, dafs die geschätzte Quantität der Ernte in Bushel trughaft wäre, da die Qualität in der Ernte sehr gelitten hatte, sodafs die marktfähige Weizenware schliefslich sich zum Teil schwer und nur zu niederen Preisen verkaufen liefs.

Wir wollen nun den Ertrag des Gerstenbaues Grofsbritanniens betrachten. Die Statistik giebt uns auch hierüber nähere Auskunft. Nach den Schätzungen des Jahres 1894 ergab die Gerste einen Durchschnittsertrag von 34,5 Bushels pro acre in Grofsbritannien, d. h. also um 20 °/₀ höher der Quantität nach als im Jahre 1893. In den südöstlichen und Ost Midland-Grafschaften Englands, die im Jahre 1893 durch Dürre am meisten zu leiden gehabt hatten, finden wir vergleichsweise die gröfsten Zunahmen in den Gersteuerträgen bis 38 °/₀, während im Norden von England die Zunahme des Gerstenertrags im Jahre 1894 im Vergleich zu 1893 kaum 2 °/₀ betrug. In Schottland finden wir sogar einen verminderten Gerstenertrag pro acre im Jahre 1894. Im ganzen genommen war der Gerstenertrag im Jahre 1894 nur um ¹/₂ Bushel pro acre über den Durchschnittsertrag und nur 1¹/₂ Bushels höher als der 10jährige Durchschnittsertrag von 1885—1894. Die Erfahrungen der verschiedenen Grafschaften im Gerstenbau variieren eben sehr, wie auch beim Weizen, und es stellte sich in mehreren Fällen heraus, wie in den Grafschaften Kent, Suffolk und Cambridge, dafs die Gersteuerträge sich sogar nur als unter dem Durchschnitt erwiesen.

Hafer wurde, wie wir schon gezeigt haben, in Grofsbritannien auf einer gröfseren Anbaufläche angesät und es stellt sich heraus, dafs der Ertrag um 17 °/₀ im Jahre 1894 besser ist als im vorhergehenden Jahre 1893. In den südöstlichen und östlichen Midland-Grafschaften, wo im Jahre 1893 die Dürre grofse Verluste an Hafer verursachte, finden wir eine Besserung des Ertrags von 56 °/₀ und im Südwesten ist die Zunahme 41 °/₀. Im Osten Englands war die Zunahme weniger merklich, und wenn wir den Haferertrag des Jahres 1894 mit dem Ertrag vom Jahre 1885 dieses Distrikts vergleichen, so finden wir einen Minderertrag von 1¹/₂ Bushels pro acre. Vergleichen wir aber das Jahr 1894 mit dem Durchschnittsertrag der letzten 10 Jahrgänge, so finden wir, dafs im Osten Englands der Ertrag von 49 Bushels im Jahre 1894 obigen 10jährigen Durchschnitt um 2 Bushels übertraf. In der Grafschaft Cambridge scheint der Ertrag pro acre kleiner zu sein als in irgend einem vorangegangenen Jahr, mit Ausnahme von 1893.

In den „Agricultural Returns" finden wir detaillierte Tabellen für jede Grafschaft über die Erträge der sämtlichen Cerealien und wir haben es nun versucht, hier das wichtigste hervorzuheben. Wir wollen hier noch einen kurzen Blick in die Statistik des Anbaues von Bohnen, Erbsen, Kartoffeln, Rüben und Heu in Grofsbritannien thun, um zu zeigen, dafs die Kultur Grofsbritanniens nicht, wie es vielfach in Deutschland gedacht wird, zurückgegangen ist, und um zu zeigen, dafs wir in England gar keine Absicht haben, „das flache Land in einen Friedhof umzuwandeln", noch gedenken, unser schönes Land dermafsen zu verunstalten, dafs man „bald meilenweit gehen kann, ohne Baum oder steinerne Mauer zu erblicken", und wir hoffen, dafs unser Land, auf das jeder Engländer stolz sein kann, sich recht lange erhalten wird, ohne uns vor einer gewissen kühnen deutschen Prophezeiung zu fürchten, die dahin lautet, dafs „eine gewaltige Revolution das morsche Staatsgebäude ins Wanken bringen wird!" Doch dies nur nebenbei.

Was die Bohnen und Erbsenerträge betrifft, so finden wir in Grofsbritannien im Jahre 1894 einen Ertrag von 29 Bushels Bohnen pro acre d. h. um 10 Bushels höher als im Jahre 1893 und ungefähr 3 Bushels über dem 10jährigen Durchschnittsertrag von

1885—1894. Bei Erbsen finden wir für das Jahr 1894 auch etwas über den Durchschnittsertrag, nämlich einen Ertrag von 25,6 Bushels pro acre.

Was die Kartoffelernte Grofsbritanniens im Jahre 1894 betrifft, so finden wir, dafs im Durchschnitt der Ertrag um 1 ton geringer gewesen ist als im Jahre 1893. Wir finden bei den Kartoffeln einen merklichen Kontrast den anderen Früchten gegenüber. Für das Jahr 1893 finden wir einen Durchschnittsertrag für Grofsbritannien von 6,59 tons, dagegen im Jahre 1894 einen Durchschnittsertrag von nur 5,53 Tons. Der Ertrag für 1894 ist um 6 Cwts. geringer, als der Durchschnittsertrag des letzten Jahrzehnts. Der Minderertrag verbreitete sich durchaus über Grofsbritannien; das Areal im ganzen war für das Jahr 1894 etwas geringer und die Berichte der Taxatoren gehen darauf aus, dafs die geringere Ernte durch Frost-, Peronospora infestans-Schaden und ungünstige Witterung verursacht sei.

Bei den Turnips war der Ertrag im Jahre 1894 etwas höher als der 10jährige Durchschnittsertrag von 13 tons pro acre.

Die Runkelrübenernte betrug 18½ tons pro acre im Durchschnitt des Jahres 1884 und war um die Hülfte gröfser als im Jahre 1893; der Mehrertrag über dem 10jährigen Durchschnittsertrag beträgt 1 ton per acre.

Der Hopfen ergab einen höheren Durchschnittsertrag als jemals, mit Ausnahme eines einzigen Jahres, nämlich 1886. Der Ertrag betrug 1894 10,7 Cwts. pro acre gegenüber dem 10jährigen Durchschnittsertrag von nur 7,7 Cwts. pro acre.

Was die Heuerträge im Jahre 1894 betrifft, so finden wir einen grofsen Kontrast gegen das Jahr 1893. Das Jahr 1894 brachte genügend Feuchtigkeit und ein günstiges frühzeitiges Frühjahr, es war also auf einen günstigen Ertrag zu rechnen, und obgleich das Mähen und das Ernten in dem Jahre durch Nässe oft unterbrochen werden mufste, verbunden mit dem nicht zu vermeidenden Schaden der Qualität des Heues, so war doch der Ertrag im Jahre 1894 ein ungewöhnlich grofser. Nur einmal, seitdem überhaupt eine landwirtschaftliche Statistik existiert, hat England einen gröfseren Ertrag erlebt. 1894 ergab einen Durchschnittsertrag von 32,5 Cwts. pro acre an Kleeheu und einen Durchschnittsertrag von 28,6 Cwts. pro acre an Wiesenheu.

Der 10jährige Durchschnitt des Weizenheuertrags ist 23,86 Cwts. gewesen und des Kleeheues 28,22 Cwts. pro acre. Die günstige Heuernte im Jahre 1894 hat viel dazu beigetragen, den durch das

Dürrjahr 1893 schwer betroffenen südlichen Grafschaften Englands wieder aufzuhelfen. Die folgende Tabelle zeigt uns die Heuernte in Grofsbritannien während der 3 Jahre 1892, 1893 und 1894, und es ist ganz interessant, dieselbe zu vergleichen, da 1892 dem 10jährigen Durchschnittsertrag nahe kommt, 1893 ein Dürrjahr war und 1894 eine ungewöhnlich grofse Ernte ergab. Die Tabelle giebt auch die Verteilung auf England, Wales, Schottland und für die 4 „Divisions" Englands, die unten nach Grafschaften angegeben sind:

Divisions	1892	1893	1894	Increase in 1894 over 1893
	Cwts.	Cwts.	Cwts.	Cwts.
Great Britain	140 306 061	91 976 022	207 800 377	115 824 355
England	111 177 871	68 729 702	172 903 462	104 173 760
Wales	12 068 687	7 878 402	16 045 250	8 166 848
Schottland	17 058 503	15 367 918	18 851 665	3 483 747
England in Divisions:				
Division 1 { (a.) . . .	10 790 061	5 775 307	16 871 630	11 096 323
{ (b.) . . .	11 267 566	5 797 542	13 053 345	7 255 803
Division 2 { (a.) . . .	9 957 887	5 162 573	21 559 525	16 396 952
{ (b.) . . .	11 523 102	4 974 066	19 852 516	14 878 450
Division 3 { (a.) . . .	12 129 426	7 600 494	25 031 409	17 430 915
{ (b.) . . .	9 054 700	5 514 940	20 502 096	14 987 156
Division 4 { (a.) . . .	18 388 382	14 264 900	22 184 607	7 919 707
{ (b.) . . .	28 066 747	19 639 880	33 848 334	14 208 454

Division 1 und 2 „Corn counties". Division 3 und 4 „Grazing counties".

Division I. (a.) 8 Eastern (b.) 3 North-Eastern.	Division II. (a.) 5 South-Eastern. (b.) 7 East-Midland.	Division III. (a.) 6 West-Midland (b.) 4 South-Western.	Division IV. (a.) 4 Northern (b.) 6 North-Western.
(a.) Cambridge. Hunts. Beds. Herts. Middlesex. London. Essex. Suffolk.	(a.) Kent. Surrey. Sussex. Hants. Berks.	(a.) Shropshire. Worcester. Hereford. Gloucester. Wilts. Monmouth.	(a.) Northumberland. Durham. York, N.R. York, W.R.
(b.) Norfolk. Lincoln. York, E.R.	(b.) Notts. Leicester. Rutland. Northampton. Warwick. Oxford. Bucks.	(b.) Somerset. Dorset. Devon. Cornwall.	(b.) Cumberland. Westmoreland. Lancashire. Cheshire. Derby. Stafford.

Obige Zahlen zeigen deutlich, dafs nicht nur die Zahlen vom
Jahre 1893 verdoppelt wurden, sondern dafs auch in einzelnen Gegenden
Englands die Erträge im Jahre 1894 sogar die Erträge des Jahres
1892, das als ein normales Jahr zu bezeichnen ist, doppelt überstiegen.

Zum Teil wurde diese Thatsache verursacht durch die grofse
Ausdehnung der Fläche der permanenten Weide, die für die Mäh-
maschine aufbewahrt wurde. Allein trotzdem ist es interessant zu
bemerken, dafs wir in den südöstlichen Grafschaften der „Division 2",
d. h. Kent, Surrey, Sussex, Hants und Berkshire, in welchen die Heuerträge des Jahres 1893 kaum die Hälfte des Ertrages des Jahres
1892 betrugen, im Jahre 1894 eine Vervierfachung des Ertrages
der 93er Ernte vorfinden. Schliefslich möchten wir auf eine interessante Tabelle verweisen, die uns England in „Divisions" vorführt
und zwar der Acrezahl nach an Kulturfläche, Ackerfläche und „Per-
manent Pasture"; auch finden wir die Zahlen angegeben für die
Durchschnittsperioden 1871—1875 und 1881—1885 und noch das
Jahr 1894:

Fläche	Jahre	England in Divisions			
		I	II	III	IV
		acres	acres	acres	acres
Kultur-fläche	Durchschnitt 1871—5	6 162 000	5 577 000	5 985 000	6 189 000
	" 1881—5	6 296 000	5 708 000	6 323 000	6 457 000
	1894	6 281 000	5 679 000	6 400 000	6 521 000
Acker-land	" 1871—5	4 670 000	3 340 000	3 170 000	2 516 000
	" 1881—5	4 584 000	3 054 000	2 880 000	2 288 000
	1894	4 346 000	2 665 000	2 603 000	2 139 000
Per-manente Weide	" 1871—5	1 492 000	2 237 000	2 815 000	3 673 000
	" 1881—5	1 712 000	2 654 000	3 443 000	4 169 000
	1894	1 935 000	3 014 000	3 797 000	4 382 000

Wir beobachten an dieser interessanten Tabelle, dafs die Kulturfläche in allen Divisionen beträchtlich während der letzten
25 Jahre zugenommen hat. Wir beobachten auch eine Abnahme der Fläche des Ackerlandes; die Fläche der permanenten Weide hat aber dementsprechend zugenommen und
zwar auch in allen Divisionen, ein Beweis dafür, dafs die englischen
Farmer womöglich den Ackerbau zu gunsten der kapital-
intensiveren Viehweidewirtschaft verdrängt haben.

Statt so vieler Getreidefelder sieht man in England eben **mehr Vieh**
auf üppigster Weide, aber noch lange keinen Fried-
hof!!

Wir wollen nun einen Blick werfen auf die **Getreidepreise.**
Folgende Tafel zeigt uns ganz deutlich den historischen Lauf der Getreidepreise in England während des letzten ¹/₂ Jahrhunderts und
zwar vom Jahre 1845—1895.

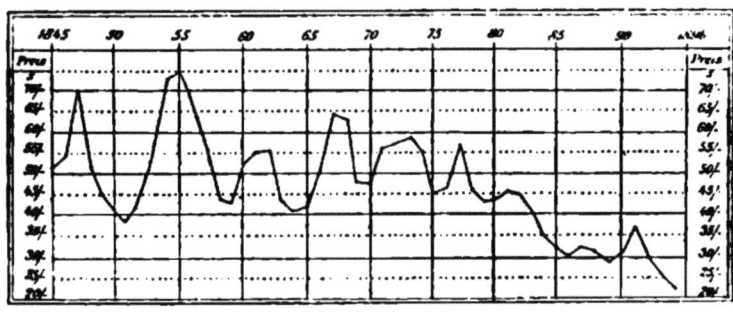

Eine Untersuchung dieser Tafel zeigt uns, dafs die Getreidepreise
alle 4 Jahre einem Fallen und Steigen unterworfen waren, allein seit
1880 scheint diese Thatsache zu fehlen. Auch eine Untersuchung
der Getreidepreise der letzten 25 Jahre ergiebt, dafs eine gleichmäfsige periodische Steigerung und dann ein korrespondierendes
Sinken stets stattgefunden hat. Seit 1880 hat nur die fallende Tendenz Platz gegriffen; 1880 betrug der Preis noch 44 s 4 d pro Quarter
und in 5 Jahren fiel der Preis auf 32 s 10 d; in der folgenden
5 jährigen Periode war der Preis ziemlich gleichmäfsig auf 31 s, 32 s
6 d, 31 s 10 d, 29 s 9 d und 31 s 11 d geblieben, dann fand eine
Steigerung statt. 1891 haben wir einen Getreidepreis von 37 s und
dann im Jahre 1890 wiederum ein Rückgang auf 30 s 3 d und
schliefslich im Jahre 1894 22 s 10 d. Der höchste Durchschnittspreis war im Jahre 1855 während der letzten 50 Jahre und zwar
74 s 9 d und der niedrigste Durchschnittspreis war 22 s 10 d im
Jahre 1894. Hätten wir eine Statistik der letzten 100 Jahre vorge-
führt, so hätten wir einen höchsten Durchschnittspreis im Jahre 1812
mit 126 s 6 d zu verzeichnen. Interessant ist die Thatsache, dafs

IX. 2.

3

14

die Preise keinen merklichen Unterschied aufweisen im Jahre 1846, als die „Repeal of the Corn Laws" in England stattfand, d. h. die Abschaffung des Getreidezolles; auch finden wir nicht den zu erwartenden Einfluß auf den Preis, als im Jahre 1849 die „Corn Laws" endgültig abgeschafft wurden.

Betrachten wir die Weizenpreise für englisches Getreide für das Jahr 1894: Das Jahr 1894 charakterisierte sich durch einen weiteren Rückgang der Weizenpreise. Beim Weizen finden wir einen Rückgang von 3 s 6 d pro Quarter. Der Durchschnittspreis für 1894 ist nur 22 s 10 d gegenüber einem Durchschnittspreis von 26 s 4 d für 1893. Der obige Weizenpreis für 1894 ist der niedrigste während der letzten 124 Jahre, seitdem die Statistik existiert. Nur in 2 Jahren, den Jahrgängen 1889 und 1893, war der Weizenpreis unter 30 s pro Quarter. Die ausnahmsweise niedrigen Preise waren teils verursacht durch die ganz schlechte Qualität des geernteten Weizens während des nassen Herbstes 1894. Die Durchschnittspreise der 34 Wochen vor der Ernte 1894, obgleich sie niedriger waren als im Jahre 1893, hätten einen Durchschnitt von 25 s pro Quarter ergeben, während die Monate nach der Ernte, September, Oktober und November, nur 19 s und 2 d ergaben und der Durchschnittspreis für Oktober allein noch niedriger war und der niedrigste Preis von 17 s 6 d am 20. Oktober erreicht wurde. Der niedrigste wöchentliche Weizenpreis eines englischen Marktes war sogar 14 s 4 d pro Quarter.

Betrachten wir nun die Gerstenpreise. Wir finden einen Durchschnittspreis von 24 s 6 d im Jahre 1894, zum ersten Mal höher als der Weizen und trotzdem niedriger als alle Angaben seit dem Jahre 1850, welches einen Gerstenpreis von 23 s 5 d aufweist. 1893 finden wir einen Durchschnittspreis von 25 s 7 d pro Quarter oder 1 s 1 d höher als im Jahre 1894. Der höchste Preis des Jahres 1894 war am 20. Januar 29 s 2 d und der niedrigste am 18. August mit nur 16 s 5 d, also Schwankungen von 12 s 9 d für 1894, während die Schwankungen 1893 nur 9 s 3 d ausmachten. Während 40 Wochen hat der Gerstenpreis den Weizenpreis übertroffen. Am 2. Juni 1894 standen Gerste und Weizen gleich hoch, d. h. 23 s 11 d pro Quarter und während 11 Wochen war der Gerstenpreis niedriger als der Weizenpreis. Bei der Gerste müssen wir sehr weit zurückgreifen um niedrige Preise zu finden; es sind diese im Jahre 1822, 1788 und in der Periode 1776—1782 zu finden.

Wenden wir uns nun dem Hafer zu, so giebt uns die Statistik einen Durchschnittspreis von 17 s 1 d pro Quarter für 1894 oder 1 s 8 d niedriger als im Jahre 1893. Obgleich dieser Preis niedriger ist als die Preise seit 1889, so finden wir in den Jahren 1887 und 1888 noch niedrigere Preise, nämlich 16 s 9 d und 16 s 3 d, ein niedriger Stand, den die Statistik seit 1849—1850 nicht aufzuweisen vermag. Der höchste Preis war am 28. Juli mit 20 s 5 d und der niedrigste, am 27. Oktober mit 13 s 3 d pro Quarter, also eine Schwankung von 7 s 2 d gegenüber einer Schwankung von nur 6 s 1 d im Jahre 1893. Auffallend ist, dafs die Preisschwankungen durchweg im Jahre 1894 gröfser waren als im Jahre 1893, und wir bemerken auch, dafs die Preise und Durchschnittspreise vor der Ernte stets höhere waren als nach erfolgter Ernte.

Folgende kurze Zusammenstellung giebt uns eine Übersicht über den allgemeinen Verlauf der Getreidepreise während der letzten 25 Jahre; sie nennt die Getreidepreise alle fünf Jahre von 1869—1894.

Jahrgang	Weizen pro Quarter	Gerste pro Quarter	Hafer pro Quarter
1869	48 s 2 d	39 s 5 d	26 s 0 d
1874	55 „ 9 „	44 „ 11 „	28 „ 10 „
1879	43 „ 10 „	34 „ 0 „	21 „ 9 „
1884	35 „ 8 „	30 „ 8 „	20 „ 3 „
1889	29 „ 9 „	25 „ 10 „	17 „ 9 „
1894	22 „ 10 „	24 „ 6 „	17 „ 1 „

Den Gang der Getreidepreise der letzten 10 Jahre geben wir in der folgenden Tabelle an:

Jahrgang	Weizen pro Quarter	Gerste pro Quarter	Hafer pro Quarter
1885	32 s 10 d	30 s 2 d	20 s 7 d
1886	31 „ 1 „	26 „ 7 „	19 „ 0 „
1887	32 „ 6 „	25 „ 4 „	16 „ 3 ,
1888	31 „ 10 „	27 „ 10 „	16 „ 9 ,
1889	29 „ 9 „	25 „ 10 „	17 „ 9 „
1890	31 „ 11 „	28 „ 8 „	18 „ 7 „
1891	37 „ 0 „	28 „ 2 „	20 „ 0 „
1892	30 „ 3 „	26 „ 2 „	19 „ 10 „
1893	26 „ 4 „	25 „ 7 „	18 „ 9 „
1894	22 „ 10 „	24 „ 6 „	17 „ 1 „
1894 Höchster Preis	26 „ 4 „	29 „ 2 „	20 „ 5 „
1894 Niedrigster „	17 „ 6 „	16 „ 5 „	13 „ 3 „

„Grazing county".

II. Die Landwirtschaft in Wiltshire.

---

a) Beschreibung der zu untersuchenden Gegend. b) Die Landwirtschaft der Gegend im Jahre 1881. c) Die Niederlage der Landwirtschaft seit 1881 und die Ursache derselben. d) Folgen der Niederlage der Landwirtschaft; Pachtnachlässe; Verkaufswert des Grund und Bodens; Pächterwechsel; Bevölkerung. e) Beziehungen der Verpächter und Pächter zu einander; „The Agricultural Holdings Act". f) Beziehungen der Farmer zu ihren Arbeitern. — Arbeitslöhne; Arbeitsstunden; Arbeiterwohnungen; Parzellenbesitz; allgemeine Lage des Arbeiters. g) Grofse Farmen gegenüber kleinen Farmen. h) Klagen und Vorschläge zur Milderung der Notlage: α) Gegenstand der Abhilfe durch die Gesetzgebung: 1. betreffend die Landwirte im allgemeinen, 2. betreffend gewisse Klassen von Landwirten; β) Gegenstände aufser dem Bereich der Gesetzgebung. i) Schlufsbemerkungen über die allgemeine Lage.

Die englische Grafschaft Wiltshire (kurz Wilts genannt), deren Landwirtschaft wir nun einer Untersuchung unterwerfen wollen, kann man in 2 Teile teilen: North Wilts (der nördliche Distrikt) und South Wilts (der südliche Distrikt); die beiden Distrikte sind durch das Pewsey Thal getrennt. Landwirtschaftlich und geologisch sind die 2 Teile verschieden. Unsere Untersuchung wird sich hauptsächlich auf den südlichen Teil der Grafschaft beschränken. Wir werden im grofsen und ganzen folgende Hauptkapitel besprechen und behandeln:

I. Beschreibung der zu untersuchenden Gegend.

II. Die Lage der Landwirtschaft der Gegend im Jahre 1881.

III. Die Niederlage der Landwirtschaft seit 1881 und die Ursachen derselben.

IV. Folgen der Niederlage der Landwirtschaft.
V. Beziehungen der Verpächter zu den Pächtern.
VI. Beziehungen der Pächter zu den Arbeitern.
VII. Die grofsen Farmen gegenüber den kleinen.
VIII. Klagen und Vorschläge zur Milderung der Notlage.
IX. Schlüsse der Untersuchung und allgemeine Eindrücke.

————————

I. Eine ausführliche Beschreibung der zu untersuchenden Gegend
würde uns zu weit führen. Wir werden hier nur einen kurzen Überblick der Gegend geben können. Was die geologische Gestaltung
betrifft, so liegt die ganze Gegend auf Kalkunterlage; die ganzen ausgedehnten „Downs" der Gegend liegen alle auf Kalk. Der Kalk
fängt schon in Hampshire an und dehnt sich westlich aus gegen
Warminster, Heytesbury und Mere, dann nördlich nach dem Pewsey
Thal und endlich südwestlich nach Dorsetshire. Die kalkhaltigen
Böden sind meist nicht sehr tiefgründig und ziemlich leichter Beschaffenheit; nur in einzelnen Teilen trifft man schwereren Lehm, der
zu einem Thonboden übergeht.

Oben auf den „Downs" findet man viel seichten, leichten Boden,
der als „Downland" bezeichnet wird. In erster Linie ist vorwiegend
kalkhaltiger Lehmboden vorhanden, dann „Downland", ferner noch etwas
schwerer Lehm- bis Thonboden und endlich $\frac{1}{8}$ Teil sandiger Lehmboden. Das allgemeine Aussehen der Gegend ist ein grofses Kalk-
plateau, von Thälern und Flüssen durchschnitten, an deren Ufern die
Dörfer liegen. Die Mitte der Thäler liegt als Wiese da und aufserhalb der Wiesen fangen die Felder der Farmen an, die dann bergauf
auf die „Downs" hinaufreichen. Im allgemeinen sind die Farmen so eingeteilt, dafs sie parallel dem Strom bergaufwärts steigen und im
rechten Winkel zum Thal sich ausdehnen; also unten prima Weizen,
etwas weiter oben gutes Ackerland und auf den „Downs" oben der
seichte kalkhaltige Boden. Die Farmgebäude befinden sich meist im
Thal an einem Ende des Guts und vielleicht nahe dem Dorfe, wo
denn auch die Arbeiterwohnungen zerstreut liegen. Die Gegend besteht meist aus grofsen Besitzungen; der Earl of Pembroke besitzt
hier 47000 acres und die Marques of Bath ca. 40000 acres, wovon
aber ein Teil aufserhalb liegt; aufserdem sind in der Gegend einige
Besitzungen von 6000 und 7000 acres. Die typische Farm der Gegend
ist grofs und zwar zwischen 500 und 700 acres im Durchschnitt;
aber man trifft oft Güter von 1000, 1500 und 2000 acres. Es sind

sogar ein paar Farmer, die 3000 acres gepachtet haben, allein das
ist eine Ausnahme. Das gröfste vereinzelte Pachtgut beträgt
14 000 acres in einer Hand, ist aber nicht mafsgebend für die Gegend.
Die Farm eines dortigen „Estates" oder Besitzung beträgt je 1700
acres, 1300 acres, 1100 acres, 2 zu 1000 acres, 700 acres und 500
acres, so dafs zusammen das ganze Estate aus 7 Farmen besteht mit
durchschnittlich je 1000 acres.

Es würde uns zu weit führen, auf die Statistik der angebauten
Fläche hier genau einzugehen: wir werden nur die Resultate unserer
Untersuchung jener Statistik hier angeben. Wir haben aus der
Statistik konstatiert, dafs 57 % der Kulturfläche der Gegend unter
dem Pfluge ist. Der Weizen bildet jetzt weniger als ¹/₅ der Getreidefläche; seit 1893 überwiegt der Gerstenbau. Hafer wird ebenso
ausgedehnt angebaut als Weizen und Hafer und Weizen machen ungefähr dieselbe Anbaufläche aus, während die Anbaufläche der Gerste
etwas gröfser ist. Betrachtet man Wiltshire im ganzen, so findet man,
dafs seit 1881 der Haferbau sich sehr verbreitet hat, während Weizen
und Gerste in der Anbaufläche seit 1881 um 25 % abgenommen
haben. Die Zahlen deuten ohne Zweifel auf eine gleichmäfsige, bedeutende Zunahme der permanenten Weidefläche und noch aufserdem
auf die Ausdehnung des Kleegrasanbaues auf dem Acker in der
Rotation. Bemerkenswert ist schliefslich auch die Ausdehnung der
Obstanlagen.

Was das lebende Vieh betrifft, so ist das Auffallendste an der
Statistik die Abnahme der Schafherden; teilweise ist diese durch die
klimatischen Verhältnisse des Jahres 1893 verursacht gewesen. Die
Zahl des Rindviehs ist zwar teilweise auch zurückgegangen und
namentlich ist das in einigen Gegenden bei den Kühen und dem
Jungvieh der Fall, allein im ganzen genommen hat die Zahl des
Rindviehs zugenommen, was auch mit der Ausdehnung des Molkerei-
betriebs zusammenhängt. Mit der Zunahme des Molkereiwesens hat
auch die Zahl der in Wiltshire gehaltenen Schweine zugenommen.
Folgende Zahlen führen wir aus der Statistik an:

		1881	1893
Schafe[1]):	1 jährig und mehr	363 891	348 726
	unter 1 Jahr	239 452	238 024
		603 343	586 750

[1]) Board of trade Agricultural Returns 1895.

	1881	1893
Rindvieh:[1]) **Kühe und Kalbinnen, in Milch**		
oder tragend	48 208	59 506
andere Kühe, 2jährig u. darüber	14 094	16 846
unter 2 Jahre	24 687	29 823
	86 989	106 175
Schweine:	51 805	56 260
	acres	acres
Obstanlagen und Gärten		3 485
Gärtnereien		362
Summe der Kulturfläche	757 402	758 244
Summe der Getreidefläche	203 365	165 359
Summe des Hackfruchtbaues	99 687	89 160
Permanente Weide	355 925	415 511
Brache	22 134	11 723

Obige Zahlen gelten für die ganze Grafschaft Wiltshire, einzelne Gegenden zeigen natürlich andere Resultate, aber im ganzen giebt uns die Statistik die Richtung an, welche die englische Landwirtschaft eingeschlagen hat, um sich aus der Not zu helfen. Während früher der Getreidebau und die Schafzucht die Hauptbetriebszweige der dortigen Landwirtschaft waren, so ist es heute anders geworden und diese Betriebszweige treten immer mehr zurück und machen der Weidewirtschaft und den Molkereibetrieben immer mehr Platz. Weizen und Gerste gedeihen von den Getreidearten am besten auf dem Wiltshireboden, allein die Tendenz der Ausdehnung des Haferbaues scheint um sich zu greifen. In guten günstigen Jahrgängen kann eine gute Braugerste gebaut werden. Die 4 feldrige Fruchtwechselwirtschaft ist vorwiegend vorhanden in der zu besprechenden Gegend, im allgemeinen wird Gerste nach Weizen gesät und bringt man nach Gerste Klee oder irgend eine Futterpflanze und zwar 2 Jahre hintereinander. Folgende Variationen der Rotationen fanden wir vor:

A. 1) Weizen. 2) Gerste. 3) Kleegras. 4) Kleegras.

B. 1) Weizen. 2) Gerste. 3) ½ Klee, ½ Wicken. 4) Swedes und Runkeln.

C. 1) Weizen. 2) Gerste. 3) Klee oder Wicken. 4) Runkelrüben.

---

[1]) Board of trade Agricultural Returns.

D. 1) Weizen. 2) Gerste. 3) Kleegras. 4) Rüben.

Auf dem „Down"boden ist es oft üblich bei manchen Farmern, abwechselnd Hafer und Rüben zu bauen, allein noch öfter trifft man eine 4—5 jährige Rotation. Ausgedehnt findet man den Anbau von Esparsette, der für die Schafe als Futter sehr geschätzt ist. In dieser Gegend hält die Esparsette (Sainfoin) 10—12 Jahre aus, allein es ist die Erfahrung gemacht worden, dafs dasselbe Land dann nach 12 Jahren müde ist und danach jahrelang hindurch keine Esparsette mehr trägt. Die Farmer sind sehr stolz auf ihre Schafe und mit Recht, denn die besten Schafe des Vereinigten Königreiches werden auf diesen Downs in Wiltshire gezogen. Fast durchweg werden hier Hampshire Downs gezüchtet. Die Herden sind grofs und betragen oft bis zu 1000 Mutterschafe. Die Art der Schafhaltung verlangt natürlich einen grofsen Anbau von Grünfutter. Die Schafe werden oft tagsüber auf den Rieselwiesen gehütet und kommen dann nachts in den Pferch auf den Acker. Das Rindvieh der Gegend gehört hauptsächlich der Shorthornrasse an und wird zum grofsen Teil zu Molkereizwecken gehalten, aber aufserdem wird beim ausgedehnten Weidegang viel Vieh gemästet und zwar auf den reichen Thalländereien auf möglichst üppigen Weiden. Die Schweine der Gegend sind meist Berkshire. Die landwirtschaftlich benutzten Pferde gehören einer nützlichen Rasse an, die durch Benutzung von Shirehengsten in den letzten Jahren erheblich gebessert worden sind. Zum Teil werden noch Ochsen zum Pflügen benutzt. Eine typische Farm der Gegend ist wie folgt eingeteilt:

Ackerland	420 acres	Zusammen ca. 760 acres. Das Gut zahlt eine jährliche Pacht und ist nur auf ein Jahr gepachtet. Die Zehentel-Abgaben des Gutes (145 £) zahlt der Verpächter. Von 1892—1893 betrug die Steuer 67 £ 11 s 10 d.
Weideland	47 „	
Downweide	218 „	
Rieselwiese	51 „	
Holz	7 „	
Obstgarten	1 „	
Hof, Wege etc.	9 „	

Der Pachtkontrakt ist kein strenger zu nennen. Die Farm hat eine angenehme Lage, die Rieselwiesen sind fast die schönsten der Gegend, gleich vor dem Wohnhaus im Thale ist der Hof am Fusse der Downs gelegen, wo die Äcker langsam steigend liegen. Der Acker ist gut und leicht zu bearbeiten und liefert gute Ernten an Gerste. Die Vierfelderwirtschaft ist eingeführt, also zwei Getreideernten und zwei Futterernten. Die Zahl der Schafe betrug 470 Mutterschafe,

220 güste Schafe, alle „Hampshire Downs". Aufserdem befanden sich 60 Stück Shorthornvieh, wovon 22 Kühe und die übrigen Jungvieh waren. Die ganze Milch wird versandt. Ca. 50 Schweine werden z. Z. gehalten. Aufser den Pferden werden Ochsen auf dem Gute gehalten, die auf dem Felde auch mit arbeiten. Ca. 60 £ pro Jahr wird für künstliche Düngemittel ausgegeben, das meist aus Superphosphat besteht. Die im Handel viel gerühmten gemischten Dünger werden garnicht verwandt. Ca. 30 acres wurden im letzten Jahr zu permanenter Weide niedergelegt. Die Gebäude sind alle in tadellosem Zustande, desgleichen des Pächters Wohnhaus.

In der genannten Gegend werden die berühmtesten „Hampshire Down"-Böcke gezogen, und bilden die Verkaufs- und Vermietungspreise der Böcke einen beträchtlichen Teil der ganzen Einnahmen. Im Jahre 1893 verkaufte ein „Hampshire Down" Bockzüchter 60 Bockjährlinge auf der Auktion mit einem Durchschnitt von 8 £ 16 s 6 d. Ein anderer Bockzüchter verkaufte auf seiner Auktion 100 Jährlingsböcke für einen Durchschnittspreis von 9 £ und noch ein weiterer Bockzüchter erlangte für 15 Jährlingsböcke sogar 9 £ 9 s. Solche Preise für Jährlinge werden jedoch nur von bekannten Züchtern erlangt. Es erfordert aber grofse Kapitalauslagen in der Bildung der Herde, Züchterkenntnis und Benutzung des besten Materials; es sei denn, dafs der Verkaufspreis hoch genug ist, sonst wird in vielen Fällen die Bockschäferei eher mit Verlust als mit Gewinn verbunden sein, da das Risiko grofs und die Konkurrenz eine bedeutende ist, so dafs nur die besten Züchter etwas verdienen. An Durchschnittsböcken ist stets Überproduktion vorhanden und die Züchter derselben erlangen selten über 5 £ 6 s pro Stück.

II. Die landwirtschaftliche Lage im Jahre 1881.[1])

Im Jahre 1881 wurde von Mr. Little für die „Royal Commission of Agriculture" über die damalige Niederlage der Landwirtschaft berichtet; er sagte damals schon folgendes: „Es thut mir sehr leid, bestätigen zu müssen, dafs die Notlage in Wiltshire eine grofse und tief eingreifende ist. In Devizes findet man die klarsten Beweise der ländlichen Notlage, wo mehrere Güter von mehreren 100 acres natürlich fruchtbaren Bodens ohne Pächter und unbebaut brach liegen. Ein Teil dieser Farmen liegt seit 1878, also schon seit 5 Jahren brach. Es möge hervorgehoben werden, dafs diese Thatsache kein

[1]) Mr. W. C. Little Royal Com. on Agriculture 1881.

direkter Beweis für die Notlage ist, allein es zeigt deutlich die Richtung,
welche die heutige englische Landwirtschaft einschlägt, ein Mangel des
Vertrauens zur Zukunft der Landwirtschaft und ein Mangel an Nachfrage
nach Gütern, die vor wenigen Jahren von Farmern gern gepachtet wurden."

„Ich habe früher schon von dem Pewseythal gesprochen als eines der
fruchtbarsten Thäler der Gegend. Es wurde mir sogar vor nicht sehr
langer Zeit gesagt, dafs ein Pächter sich glücklich schätzen könne,
wenn er den Zuschlag bei der Pacht eines solchen Gutes bekam. Die
Farmer dieser Gegend hatten den Spitznamen „the squires of Pewsey"!
Viele der Güter sind sehr grofs, bis zu 2000 acres. 1881 war ich in
der Gegend und da hätte ich irgend eine dieser Farmen auf Verlangen
antreten können, da die Pächter ihre Pachtkontrakte gerne auflösen
wollten! Es ist auch eine unwiderlegliche Thatsache, dafs viele dieser
Farmen ohne Pächter sind und brach liegen. Die Pächter, die geblieben sind, haben 50 % Ermäfsigung ihrer Pacht erhalten."
Mr. Little sagte z. Z., er kenne keine Gegend, die so deutlich die
Notlage der Landwirtschaft zeige als gerade das Pewseythal und
dessen Umgegend. Er behauptete ferner, dafs er Fälle kennt, wo
Farmer ihr Vermögen eingebüfst haben und zwar während der vorhergehenden 5—6 Jahre. Es ist klar, dafs diese Bemerkungen des
Mr. Little nur auf die Gegend des Pewseythals und Devizes Bezug
haben, allein Mr. Little fügt noch hinzu, dafs, obgleich gerade hier die
Notlage am deutlichsten zu beobachten sei, die Notlage thatsächlich
in der ganzen Umgegend ebenso grofs sei, wenn sie auch nicht so
klar vor Augen läge. Die Niederlage der Landwirtschaft habe, wie
überall, auch hier nicht nur dem Farmer, sondern auch den „Landlord" oder Besitzer erheblich geschadet. Ein Beispiel des Verlustes,
den die Farmer dortiger Gegend manchmal erlitten, können wir hier
angeben: Ein dortiger Farmer, der 4000 acres gepachtet hatte, verlor
4000 £ seines Vermögens in einem Jahr.

III. Der Niedergang der Landwirtschaft seit 1881 und die Ursachen derselben.

Diese Untersuchung in Wiltshire ergab ganz interessante Resultate. Die „South Wilts Chamber of Agriculture" war ganz einig
darüber, dafs niedrige Preise die primäre und Hauptursache der
heutigen Notlage sei. In einer öffentlichen Versammlung war dieselbe Meinung einstimmig vertreten. Viele waren der Ansicht, dafs
die Notlage der Gegend hauptsächlich auf den niedrigen Preisen für
Getreide, Schafe und Wolle beruhe. Dafs die Molkereiprodukte auch

im Wert gefallen sind, ist festgestellt. Ein Beispiel der Gegend giebt uns den traurigen Beweis dafür. Ein grofser Farmer dortiger Gegend, Mr. S. W. Farmer, der 14000 acres bewirtschaftet und zwar im östlichen Distrikt der Grafschaft, hat festgestellt, dafs die Bruttoeinnahme des Gutes für Milch allein geringer ist als vor 6—8 Jahren und zwar um die Totalsumme seiner jährlichen Pacht.

Die folgende kleine Zusammenstellung zeigt uns den Preis des am Warminster Markt verkauften Getreides in dortiger Gegend für die Jahre 1880, 1888 und 1893:

Jahr	Weizen pro Qr.	Gerste pro Qr.	Hafer pro Qr.
1880	39 s 10 d	32 s 6 d	22 s 0 d
1888	33 s 1 d	30 s 5 d	16 s 11 d
1893	26 s 6 d	25 s 11 d	18 s 8 d

Hieraus ersehen wir, dafs Weizen seit 1880 in Wiltshire um 33,3 %, Gerste um 20,3 % und Hafer um 15,6 % gefallen ist. Betrachten wir die Preise auf den Getreidemärkten in Wiltshire, so erhalten wir ein ähnliches trauriges Resultat. Nur der Haferpreis scheint in einzelnen Teilen von Wiltshire gestiegen zu sein, z. B. am Salisbury- und Devizesmarkt, allein diese Steigerung des Haferpreises steht in keinem Verhältnis zum Weizen- und Gerstenpreisrückgang. Ein grofser Farmer im südlichen Teil des Distrikts legte seine Bücher vor; dieselben datierten vom Jahre 1854. Das Gut, das sein Vater schon in Pacht gehabt hatte und vor ihm dessen Vater, das also von der dritten Generation bewirtschaftet wurde, zeigte deutlich die Preise, die für Getreide seit den letzten 40 Jahren erzielt worden waren.

Die folgende Übersicht giebt die Durchschnittspreise pro Quarter für Weizen und Gerste in den 5 jährigen Perioden während der letzten 40 Jahre [1]:

Jahrgänge	Weizen			Gerste		
1854—1858	3 £ 2 s 5 d			1 £ 9 s 10 d		
1859—1863	2	11	4	1	8	7
1864—1868	2	13	5	2	2	3
1869—1873	2	14	7	2	1	10
1874—1878	2	7	3	1	18	1
1879—1883	2	2	9	1	8	1
1884—1888	1	12	6	1	9	0
1889—1893	1	11	0	1	7	5

[1] R. Henry Rew The Salisbury Plain District. p. 47. London 1895.

Auch an dieser Zusammenstellung können wir beobachten, dafs der Rückgang des Weizenpreises viel bedeutender ist als der der Gerste. Allerdings mufs berücksichtigt werden, dafs die Gegend ausgezeichnete Braugerste produziert. Aufserdem mufs in Betracht gezogen werden, dafs die Durchschnittspreise nur die verkaufte Quantität repräsentieren. Was die Gerste betrifft, können obige Zahlen nicht gelten bei der Berechnung des Ertrages pro acre. Die Käufer von englischer Braugerste stellen von Jahr zu Jahr höhere Anforderungen an die Qualität derselben. Mit anderen Worten bedeutet das, dafs alljährlich ein kleinerer Bruchteil des ganzen Gerstenertrages eines Feldes zum Verkauf kommt, denn in der Regel wird in England nur Braugerste verkauft, die übrige, das zu Brauzwecken in der Qualität nicht gut genug ist, wird auf dem Gute in der Mästung verbraucht. Den Durchschnittshaferpreis geben wir nicht an, da nur wenig verkauft wurde, ja in manchen Jahren sogar überhaupt kein Hafer verkauft wurde. Was die Wolle betrifft, so wurde dieselbe auch nicht regelmäfsig verkauft, so dafs die Zahlen keinen genügend sicheren Anhaltspunkt gaben. Allein 1881 wurde die Wolle noch mit 1 s 2½ d pro Lb., ja sogar im Jahre 1863 für 2 s pro Lb. verkauft. Während der letzten 13 Jahre betrug der Preis niemals mehr als 1 s pro Lb., und im Jahre 1892 fiel der Preis sogar auf 9¼ d für Mutterwolle und 7¼ d für Lammwolle. Auf einem Gute, wo 1200 oder 1300 Schafe jährlich geschoren werden, ist leicht zu berechnen, welch grofser Ausfall an Einnahmen stattfindet bei einem Preisrückgang von 3 d oder 4 d pro Lb. der Wolle. Eine Untersuchung der Ausgaben vom Jahre 1854 — 1892 ergab aufserordentlich lehrreiche Resultate. Die Zahlen repräsentieren Pacht, Steuer, Arbeitslohn, Samen und Kuchen, Düngemittel auf demselben Gute.

Die folgenden Zahlen sind pro acre berechnet, da der Vergleichung wegen sich dies als nötig erwies, weil in der Zeit die Kulturfläche sich geändert hatte; sie zeigen die 5jährigen Durchschnitte bis 1888 und dann noch einen 4jährigen Durchschnitt bis 1892 [1]):

Jahrgänge	Pacht, Abgaben und Steuer	Arbeitslohn	Saat und Futtermittel	Düngemittel
1854—58	1 £ 5 s 5 d	1 £ 4 s 10¾ d	0 £ 7 s 11¼ d	5 s 5¼ d
1859 - 63	1 7 7	1 4 11	0 16 ¾	5 10

---

[1]) R. H. Rew The Salisbury Plain District p. 49. London 1895.

Jahr-gänge	Pacht, Abgaben und Steuer	Arbeitslohn	Saat und Futtermittel	Dünge-mittel
1864—68	1 £ 5 s 4 d	1 £ 7 s 2¹/₂ d	1 £ 5 s 3 d	7 s 4³/₄ d
1969—73	1 5 6	1 3 5	0 19 9¹/₂	6 ³/₄
1874—78	1 1 2	1 8 5¹/₂	1 5 10	6 6³/₄
1879—83	1 6 ¹/₄	1 5 1¹/₄	1 0 2¹/₄	3 1¹/₄
1884—88	0 18 8³/₄	1 2 0	1 5 2	3 10¹/₂
1889—92	0 12 2¹/₂	0 18 9¹/₄	0 16 9¹/₄	2 4

Aus dieser Zusammenstellung ist ersichtlich, dafs durch Vergleichung der Periode 1854—58 mit der Periode 1889—92, die Ausgaben pro acre unter den obigen Einteilungen um 22 % zurückgegangen sind. Beim Vergleich mit der Periode 1870—83 finden wir einen Rückgang von 28 %. Andrerseits war der Rückgang der Preise wie folgt:

Rückgang der Preise in der Periode 1889/93
im Vergleich mit

	1854—58	1879—83
Weizen pro Quarter	51 %	28 %
Gerste „ „	9 %	3 %
Wolle pro Lb.	38 %	33 %

In Bezug auf den Preis der Schafe in der Gegend ergab sich, dafs eine Steigerung der Preise stattgefunden hat im Vergleich mit den fünfziger Jahren, allein durch Vergleich mit der Periode 1879 bis 1883 ergiebt sich ein enormer Rückgang der Schafpreise. Ein grofser Farmer vergleicht die Preise für Futtermittel des Jahres 1881 mit den heutigen Preisen und wir geben seine Zahlen hier an:

	1881 pro ton	Heutiger Durchschnittspreis pro ton
Leinsamenkuchen	12 £ 0 s 0 d	9 £ 0 s 0 d
Geschälte Baumwollsamen-kuchen	8 15 0	7 0 0
Ungeschälte Baumwoll-samenkuchen	6 10 0	5 0 0
Mais	1 16 0	1 0 0

Von einem anderen Farmer haben wir Daten über die Produktionskosten pro acre bei verschiedenen Kulturen [1]:

---

[1] R. H. Rew. The Salisbury Plain District p. 8. London 1895.

Kultur	Pacht		Abgaben und Steuern		Saat		Dünger			Arbeit:						Summa		
										Pferde Arbeit			Männer Lohn					
	s	d	s	d	s	d	£	s	d	£	s	d	£	s	d	£	s	d
Rüben	12	6	1	9	2	0	1	0	0	3	5	0	0	9	0	5	10	3
Klee	12	6	1	9	10	0		—		0	10	0	0	15	0	2	9	3
Weizen ⎫ Hafer ⎭	12	6	1	9	7	0	0	5	0	2	17	0	0	17	0	6	0	3
Gerste	12	6	1	9	10	6		--		2	2	0	1	0	0	4	6	9

Aufser der Hauptursache des Rückganges der Preise wurden in Wiltshire auch andere Ursachen angegeben, die wesentlich dazu beigetragen haben, die landwirtschaftliche Krisis fühlbar zu machen. Ein grofser Farmer bestätigte, dafs die Ernten heute nicht mehr so gut seien als in den 60er und 70er Jahrgängen. Merkwürdig ist seine Beobachtung, dafs jetzt in der Gegend häufige Sommerfröste existieren, die früher gar nicht bekannt waren. Er war auch der Meinung, dafs jetzt doppelt soviel Kraftfutter auf den Gütern verbraucht würde als früher; ferner meinte er, dafs, obgleich die heutige Generation von Farmern viel intensiver füttern als ihre Vorgänger, der Erfolg auf dem Felde nicht merkbar sei. Es ist das eine unerklärliche Thatsache, die aber von anderen Farmern bestätigt wurde, dafs trotz der intensiveren Fütterung die Ernten nicht quantitativ und qualitativ besser geworden sind. Die praktischen Farmer sind der Ansicht, dafs die Wirtschaftsweise des Grund und Bodens nicht weniger intensiv ist, allein dafs die Thatsache auf veränderten klimatischen Verhältnissen beruhe, aufserdem schreiben es viele Farmer dem Gebrauch von künstlichen Düngemitteln zu, der übermäfsigen Ausnutzung des Bodens mit Chilisalpeter etc. Vor 20—30 Jahren brauchte man viel weniger oder fast gar keine künstlichen Düngemittel und die Erträge waren quantitativ und qualitativ nicht geringer. Vielleicht ist eine Ursache in der Arbeitskraft zu finden, da vor 20—20 Jahren die ländlichen Arbeiter sehr viel besser waren als heute. Nach allgemeiner Ansicht schreibt man die landwirtschaftliche Krisis vier Ursachen zu:

1) dem Freihandel.
2) Ungünstige Jahrgängen.
3) Preferential-Eisenbahntarifen.
4) Ausbeutungen des Vermittlers und Zwischenhändlers auf den Märkten.

Das vergangene Jahrzehnt ist schlechter als sonst mit schlechten Jahrgängen versehen gewesen; es hat an Dürre und Nässe nicht gefehlt; vorzügliche Aussichten einer guten Getreide- und Heuernte sind oft genug durch extreme Witterungsverhältnisse vereitelt worden und wie oft sind nicht die jungen Saaten durch Dürre oder Spätfröste vernichtet worden. Ungünstige Jahrgänge in Verbindung mit niedrigen Preisen haben manchen Farmer ruiniert. Ein größerer Farmer antwortete auf die Frage nach den Ursachen der Notlage folgendes: In erster Linie ist es der Preisrückgang aller landwirtschaftlichen Produkte, namentlich von Getreide, Schafen und Wolle; außerdem spielen eine Hauptrolle die unnormalen Witterungsverhältnisse der letzten Jahre.

Die durchschnittliche Regenmenge der 10 Jahre 1882—1892 betrug für die Grafschaft Wiltshire 29,46 Zoll pro Jahr. Im Jahre 1873 fiel in Wiltshire nur 25,72 Zoll Regen [1]). In verschiedenen Teilen der Grafschaft scheint die Regenmenge ganz verschieden zu sein; auf den westlichen Berghängen fiel natürlich viel mehr Regen als auf den östlichen Berghängen und die Differenz betrug oft bis zu 8 Zoll Regen pro Jahr. Auch muß man berücksichtigen, daß auf den leichten Kalkböden einige Wochen ununterbrochener Dürre sehr schaden. Dieser Schaden kann oft nicht mehr gut gemacht werden und wenn auch nachträglich noch soviel Regen fällt. Nun bedeutet eine Dürre, wie sie die Farmer im Jahre 1893 erlebten, eine ungemein große Auslage von Futtermitteln, um die ausgedehnten Vieh- und Schafherden vor dem Verhungern zu schützen. Eine Verbilligung alles Fleisches war die Folge der übertriebenen Zufuhr an Vieh auf die Märkte durch notgezwungene Farmer, die nicht die Kapitalien besaßen um genügende Futtermittel zu kaufen. Im Jahre 1893 verloren viele Farmer eine Summe, die ihrer ganzen Pacht gleich stand. Das Jahr 1893 war durchweg bei allen Farmern mit Verlust verbunden. Wie groß die Dürre des Jahres 1893 war, bestätigt die Aussage eines Farmers von 750 acres, der nicht genug Gerste erntete für die Aussaat des darauffolgenden Jahres!

Eine Statistik der ganzen Ernten der Grafschaft Wiltshire giebt uns einen Anhalt über die Größe der Dürre des Jahres 1893. Die Summe der drei Hauptgetreidefrüchte betrug im Jahre 1892 1 444 224 Bushels [1]), dagegen im Jahre 1893 nur 1 106 411 Bushels, also ein Fehlbetrag von ca. 24 %. Daß außerdem ein Manko bei der Vieh-

---

[1]) R. H. Rew The Salisbury Plain District p. 42. London 1895.

haltung sich ergab, ist selbstredend. Man kann annehmen, daſs die Viehhaltung im Jahre 1893 durchweg mit Verlust verbunden war.

Es wird von manchen Farmern hervorgehoben, daſs die Farmer vor 1893 mit Vieh übertrieben versehen waren und daſs dadurch der Futtermangel noch fühlbarer gemacht wurde. Ein Schafmäster behauptete, daſs die Viehhaltung „per se" allein niemals rentiere, es sei denn durch Hochzucht und Molkerei. Bei anderer Betriebsweise müſste das Feld einen Teil des Fehlbetrages der Viehhaltung tragen, da der Dünger Geld koste und dem Felde zu Gute komme. Er hebt hervor, daſs vor 1893 zu viel Vieh gehalten wurde und daſs, wenn sich die Farmer weniger auf Viehzucht geworfen hätten, sie im Jahre 1893 weniger gelitten hätten. Unmöglich war es in England ohne Vieh zu wirtschaften, allein sehr verkehrt ist es, zuviel Vieh halten zu wollen.

IV. Folgen des Darniederliegens der Landwirtschaft.

Eine Untersuchung der Pachtnachlässe in Wiltshire ergab folgendes Resultat [1]:

1) Earl of Pembroke's Agent: 10 % im Jahre 1881—1892 seit 1892 weitere 20 %.

2) Lord Heytesbury's Agent: durchschnittlich 60 %.

3) Mr. W. H. Long's Agent: 50 % seit 1879.

4) Mr. H. Green, Salterton: 30—70 %.

5) Mr. James Flower, Chilmark: 30—50 %.

6) Mr. C. Penruddocke, Compton Park: 10—25 % je nach dem Jahrgang.

7) Mr. J. Carpenter, Burcombe: 30—40 %.

8) Mr. Cary Coles, Winterbournestoke: 30—60 %.

9) Mr. J. E. Rawlence, Salisbury: 20—40 %.

10) Mr. S. W. Farmer, Little Bedwyn: 50 %.

Im Durchschnitt der Angaben von Pächtern kann man wohl 30—50 % als maſsgebend annehmen. Hieraus können wir sehen, wie groſs die Opfer gewesen sind, welche die Landaristokratie und andere Gutsbesitzer gebracht haben, ohne diese Opfer hätten sich die Pächter niemals halten können.

Die folgende Tabelle zeigt den Rückgang der Pacht auf einzelnen Gütern [1]:

---

[1] R. H. Rew The Salisbury Plain District p. 10. London 1895.

Gröfse des Gutes	Pacht 1881	Pacht jetzt	Abnahme %	Bemerkungen
1600 acres	1000 £	600 £	40	Pacht 1890 800 £.
1000	800	360	55	Pächter hat gekündigt.
1020	570	300	48	{ Verpächter legte 1000 £ aus für Bauten und Zäune.
555	470	270	43	{ Neugebaut, früher ¹/₃ Acker, jetzt ganz Weide.
400	550	300	46	{ Früher 200 acres Acker, jetzt nur 40 acres Acker.
430	400	220	45	
1730	1300	700	46	1883 1100 £, 1890 900 £.
470	400	200	50	
1000	1100	570	48	

Zusammengerechnet finden wir, dafs diese Güter 1881 eine Pachtermäfsigung von 47 % erlitten haben. Sie repräsentieren hauptsächlich Farmen, auf denen Schafe gezogen und Getreide gebaut wird. Alle Farmen haben selbstredend nicht in diesem Mafse an Wert verloren; es sind die Hügel- oder „Downfarmen", die am meisten gelitten haben und die also auf Schafzucht und teils Getreidebau angewiesen waren. In den Thälern finden wir hauptsächlich Farmen, die weniger Pachtermäfsigung erhalten haben, da hier die Viehzucht und Molkereibetrieb mehr auf Fettviehweiden gegründet ist.

Es sind aber die sogenannten „Down pasture" und „Down arable farms", die am meisten gelitten haben, also Hügelland, sei es Weide oder Acker. Eine Firma von bekannten „Land Agents" veröffentlichte eine Liste der Pachtermäfsigung auf 46 Farmen, die sie zu beaufsichtigen hatte; die meisten sind im südlichen und östlichen Teil des Distrikts gelegen.

Die Summe der ganzen Pacht für 7463 acres betrug im Jahre 1881 9901 £ und im Jahre 1893 nur noch 7085 £ 15 s 6 d, also eine Totalabnahme von 28¹/₂ %.[1] Auf den gröfseren Gütern stellt sich die prozentische Abnahme der Pacht noch höher als 28¹/₂ %. Zwei „estates" oder Güterkomplexe, bestehend aus 13 und 23 Farmen weisen eine Reduktion von resp. 18,98 % und 17,89 % seit 1881 auf (aufserdem haben sie während der letzten 2 Jahre ausnahmsweise Ermäfsigung erhalten, abgesehen von den oben erwähnten). Nach Angabe dieser „Agents" ist der annehmbare Durchschnitt der Pachtermäfsigung seit

[1] R. H. Rew The Salisbury Plain District p. 49. London 1895.

1881 für die ganze Grafschaft Wiltshire als 31,78—55,68 %, anzunehmen. Ein Fall ist bekannt, wo ein Gut von 1260 acres, welches im Jahre 1874 für 1350 £ verpachtet war, jetzt für 500 £ gepachtet worden ist, also eine Differenz von 75 %. Das Gut hat sogar 80 acres Rieselwiesen und liegt zwei engl. Meilen von der Bahnstation und gilt als kein schlechtes Gut.

Einen Anhalt des relativen Wertes des Grund und Bodens in verschiedenen Zeitperioden giebt uns der steuerpflichtige Wert der verschiedenen Gemeinden. Es ist kein genauer Anhaltspunkt, da in vielen Gemeinden Besitz irgend welcher Art mit eingerechnet ist, der nicht rein landwirtschaftlicher Besitz ist. Eine Bahn, die durch eine Gegend führt, ändert selbstredend den Wert, auch giebt es Häuser in den Dörfern, die nicht landwirtschaftlich benutzt werden. Andrerseits sind die Zahlen des steuerpflichtigen Wertes ziemlich gleichmäfsig und geben einen, wenn auch nicht ganz genauen Anhaltspunkt. Hierüber existiert Statistik genug. Eine Untersuchung der Statistik des „Salisbury Plain District“ mit Auslassung der Stadt Warminster ergiebt folgende Zahlen [1]):

Totalwert nach Schätzung der Kommission	1881	1893
	205 564 £	155 830 £

Diese Zahlen ergeben eine Reduktion von 25 %.

In verschiedenen Gemeinden variieren die Zahlen ungemein, in einigen Gemeinden ist die Abnahme eine geringe, in anderen ist die Abnahme sogar bis auf 49 % gestiegen. In der „Warminster“ Gemeinde mit Ausschliefsung der Stadt beträgt die Reduktion 32,9 %. In derselben Gemeinde sollen die Güter über 100 acres grofs durchschnittlich um 51 % in der Pacht zurückgegangen sein und zwar in der Periode von 1879—1893. Der Rückgang des steuerpflichtigen Wertes des Grund und Bodens der „Amesbury Union“ im ganzen war 39,4 %. Die heutige Pacht wird hier nicht als Basis genommen, sondern die Kommission hielt sich an eine Schätzung vor 25 Jahren, wovon alljährlich Abzüge gemacht worden sind, die im ganzen 40 % betrugen. In diesem Falle stimmt die steuerpflichtige Wertschätzung mit dem thatsächlichen Werte überein, allein vielfach sind die Schätzungen noch zu hoch im Vergleich zur thatsächlich gezahlten Pacht. Die Kommission verteidigt sich damit, dafs sie sagt, sie könne sich an die Pacht nicht genau halten, da manche Verpächter liberaler

---

[1]) R. H. Rew The Salisbury Plain District p. 43. London 1895.

gesonnen sind als andere; auch pachten manche Pächter billiger als andere und die Pacht gewährt aus diesem Grunde allein keine Sicherheit für die Wertschätzung. Diese Aussage gilt, so lange behauptet werden kann, daſs die Pachten nicht zeitgemäſs sind; allein jetzt sind sie es gewiſs und die Pacht müſste maſsgebend für die Steuer sein.

Einige Angaben über die heutige Höhe der Pacht pro acre könnten hier am Platze sein [1]):

Südliche Gegend: 1) 12 s. 2) 20 s pro acre. 3) Groſse Komplexe nur 5 s 9 d pro acre. Bestes Thalland 40 s pro acre. 4) 8—15 s pro acre.

Östliche Gegend: Hügelfarmen 5—10 s pro acre; wo Rieselwiesen existieren etwas teurer.

Nördliche Gegend: 1) 5—15 s pro acre. 2) 12—20 s pro acre. 3) 7 s 6 d bis 15 s pro acre.

Westliche Gegend: Der Durchschnitt beträgt 9 s 10 d pro acre. „Hill"farmen: 5—6 s pro acre. Gröſsere „Down"farmen von ca. 500 acres kosten nicht mehr als 5 s pro acre. Von 21 Gütern in der Gröſse von 400—1730 acres beträgt die Pacht pro acre 2 s 8 d bis 16 s 3 d. 12 Güter zahlen weniger als 10 s. 5 Güter zahlen 10 s pro acre und 4 Farmen zahlen über 10 s pro acre.

Im allgemeinen ist die Ansicht unter den Farmern vertreten, daſs die Verpächter durchweg ihr Möglichstes gethan haben, um sich ihre Pächter zu erhalten, dieselben womöglich zu unterstützen durch Pachtnachlässe und sogar oft durch Geldvorschüsse, wenn sie in der Not waren. Aber vielfach war die Meinung verbreitet, daſs dies nicht immer der Fall gewesen ist in betreff der kleineren Farmer. Der Farmer eines mittelgroſsen Gutes hätte in der Regel vom Verpächter mehr erlangt als die kleineren Pächter. Die Pachtnachlässe waren nötig und gerecht, allein damit ist noch nicht gesagt, daſs dieselben groſs genug waren und die meisten Farmer meinten, die Pachten müſsten noch fernerhin mehr heruntergesetzt werden. Pessimisten in der Landwirtschaft giebt es genug und ein Farmer stellte sogar die kühne Behauptung auf, daſs, wenn auch heute die ganze volle Pacht nachgelassen werden würde, die Farmer in manchen Gegenden doch ihrem Ruin entgegengehen würden. Diese Thatsache ist wohl richtig, wenn man ein Jahr wie das Jahr 1893 annimmt, allein glücklicherweise bilden dieselben nur Ausnahmen und gehören nicht zur Regel. Daſs von allen an der englischen Landwirtschaft Beteiligten die Besitzer

---

[1]) R. H. Rew The Salisbury Plain District p. 11. London 1895.

4*

15*

des Grund und Bodens am meisten leiden, wird niemand bestreiten. Zur Begründung dieser Behauptung wollen wir hier nur ein paar Beispiele anführen: Ein Farmer, Mr. W. S. Farmer, bestätigte, er habe sieben oder acht verschiedene Pachtherren in verschiedenen Teilen der Grafschaft, so dafs er zur Überzeugung gekommen sei, dafs die Pachtgelder, die er an diese bezahlt, vollständig in der Unterhaltung der Güter verbraucht werden; er meinte somit, dafs der Verpächter, wenn er auch Pachtgelder erhalte, dieselben zur Unterhaltung der „Estates" wieder ausgeben müsse und dadurch für seine eigene Person gar nichts oder nur wenig übrig blieb. Ein weiteres Beispiel haben wir an einem Gute von 800 acres, auf dem ein Wohnhaus im Werte von 40000 Mk. steht, weitere Gebäude von einem ähnlichen Werte, aufserdem 11 Arbeiterwohnungen und 1 Windmühle. Für das Gut erhält der Verpächter 400 £ Pacht und hat hiervon alle Gebäude in Stand zu halten und aufserdem alle Abgaben, Steuern und Auslagen für Unterhaltung der Dächer auszulegen. Was von dem Pachtgeld noch übrig bleibt, ist herzlich wenig. Ein ähnliches Beispiel ist folgendes: Ein Farmer zahlt 600 £ Pacht oder ca. 7 s 6 d pro acre. Hiervon zahlt der Verpächter 75 £ Steuern, 100 £ Zehentabgaben, Maurer- und Handwerkerlohn 50 £, Versicherung der Gebäude 5 £, Einkommensteuer 15 £, also zusammen 245 £ oder fast die Hälfte der Bruttoeinnahme an Pacht. Die Gebäude sind hier mit 4800 £ versichert und diese Summe würde zum Neuaufbau nicht genügen.

Die folgende Tabelle giebt uns für 4 Jahre den genauen Prozentsatz der Ausgaben auf zwei der gröfsten „Estates" in Wiltshire. Die Angaben sind den Büchern der betreffenden zwei Begüterungen entnommen.[1])

Diese Zahlen zeigen uns, dafs heutzutage die Besitzer von grofsen englischen „Estates" möglicherweise oft nicht mehr als 40 bis 50 % der Bruttopachteinnahme thatsächlich übrig behalten, nachdem sie die Unterhaltung des Gutes und auch noch die Abgaben und Steuern bezahlt haben. Ja oft finden wir, dafs der „Landlord" nur 20—30 % und sogar unter besonderen Verhältnissen gar nichts übrig behält!

In Bezug auf den „Estate Nr. 2" fand die ausgedehnte Verbesserung desselben während der Bevormundung eines Minorennen statt, dessen Vorgänger die Begüterung vernachlässigt hatte oder vielmehr

---

¹) R. H. Rew The Salisbury Plain District p. 12. London 1895.

	Estate Nr. 1				Estate Nr. 2			
	1890	1891	1892	1893	1890	1891	1892	1893
1. Grundsteuer . . . ⎫					6,8	6,8	6,6	7,1
2. Gemeindeabgaben . ⎬	11,1	10,2	12,6	12,2	,9	,7	,8	,9
3. Zehentabgaben . . ⎭					2.7	2,6	2,7	1.6
4. Regelmäfsige alljährige Auslagen . . .	2,3	,1	2,0	2,1	2.4	2.5	2,8	2,6
5. Feuerversicherung . .	.2	,2	,2	.2	—	—	—	—
6. Allgemeine Reparaturen und Unterhaltung	13,3	16,2	18,2	17,5	22,5	20,9	29.5	36.0
7. Holzkonto	4,7	4,9	5,5	4,6	2,1	2,3	2,5	2,5
8. Regiekosten inkl. gerichtsfachmännischer Kosten	4,6	4,6	4.6	4,7	3,8	3,9	4.7	5.0
9. Erlasse an Pächter .	.2	,5	6.4	11,0	6,6	5.5	12.3	20,9
10. Verschiedene Auslagen	1,3	1,3	2.3	1.3	1,0	2,0	1.0	1,1
11. Meliorationsausgaben .	—	—	—	—	20.2	20,9	16.6	18,6
12. Erbschaftssteuern . .	—	—	—	—	1,0	1,2	1.0	1.0
	37.7	40,0	51,8	53,5	70.0	69,3	80,5	97.3
Saldo des übrig bleibenden Einkommens nach Abzug der Auslagen . ⎰	62,3	60,0	48,2	46.5	30,0	30,7	19.5	2.7
	100,0	100,0	100,0	100,0	100,0	100,0	100,0	100,0

nicht richtig unterhalten hatte; aufserdem mufsten viele Schulden ausgezahlt werden.

Was nun den Zustand der gröfseren Güter betrifft, so kann man sagen, dafs die Gebäude als genügend und ziemlich gut beurteilt werden können. In vielen Fällen sind sie in jeder Beziehung tadellos; andrerseits giebt es viele Güter, wo die Gebäude nur mittelmäfsig sind. Allmählich werden die alten, mit Stroh bedeckten Gebäude ersetzt und zwar durch ganz neue Gebäude. Die Strohdächer waren vielfach mangelhaft und durch den Mangel an Stroh im Jahre 1893 waren die Ausbesserungen ausgefallen. Arbeiterwohnungen sind verschieden gut; wo sie schlecht sind, findet man meist, dafs das „Estate" vorübergehend in einer Hand liegt, wo der Betreffende möglichst wenig zur Verbesserung des Gutes anwenden will, um für seine Kinder oder für seine Angehörigen und sich möglichst viel verdienen zu können. Auch findet man die Gebäude manchmal schlecht auf kleinen Begüterungen. Je gröfser im allgemeinen das Estate in einer Hand ist, um so gröfser sind die verfügbaren Mittel und um so mehr wird für die Unterhaltung der Gebäude gethan.

In Bezug auf den Verkaufswert des Grund und Bodens geben uns einigermafsen einen Anhalt die Auktionen von Gütern, die in der Gegend stattgefunden haben[1]):

1) Ein Gut von 295 acres (wovon ³/₄ Acker), mit gutem Wohnhaus und Wirtschaftsgebäuden und fünf Arbeiterwohnungen, nahe der Bahn gelegen und 6 englische Meilen vom nächsten Markt entfernt, mit einer Zehntelabgabe von 79 £ 9 s 10 d wurde kürzlich für 3500 £ (oder 11 £ 17 s pro acre) verkauft.

2) Ein ferneres Gut in derselben Gemeinde, aus 194 acres bestehend (wovon ¹/₂ Acker), mit den nötigen Gebäuden und zwei Arbeiterwohnungen ohne Wohnhaus mit einer Zehntelabgabe von 8 £ 6 s 6 d pro Jahr wurde für 1075 £ (oder 5 £ 11 s 10 d pro acre) verkauft.

Es wurde mitgeteilt, dafs für diese zwei eben beschriebenen Güter zusammen und 40 acres noch dazu vor 10 Jahren 12000 £ (240000 Mk.) geboten und dieselben doch nicht abgegeben wurden.

3) Ferner wurde ein Gut von 169 acres aus „Hill"boden bestehend (Acker und „Down"weide), ohne Haus und Gebäude mit einer jährlichen Zehntelabgabe von 19 £ 7 s 2 d bei der Subhastation für 660 £ (oder 3 £ 18 s 2 d pro acre) verkauft. Gleichzeitig wurden das Wohnhaus und Gebäude und 41 acres Land (³/₄ Acker) in der Mitte des Dorfes für 1240 £ verkauft.

4) Ein weiteres Gut von 365 acres (190 Acker) mit Wohnhaus, Gebäude und vier Arbeiterwohnungen mit einer Zehntelabgabe von jährlich 55 £ 10 s wurde für 2000 £ (oder 5 £ 9 s 7 d pro acre) verkauft.

5) Schliefslich wurde noch ein kleines Gut von 39 acres (alles Acker) mit einer Zehntelabgabe von jährlich 24 £ für 400 £ (oder 10 £ 5 s 1 d pro acre) verkauft.

Ein Farmer der Gegend bestätigte, dafs er ein Gebot von 10 £ pro acre annehmen würde. Sein Gut bestand aus 1500 acres meist leichten Hügellandes und einigen Wiesen. Der Preis verstand sich inklusive Gebäude und Arbeiterwohnungen. 2 Jahre lang hatte er das Gut schon ausgeschrieben, allein ohne Erfolg.

---

[1]) R. H. Rew The Salisbury Plain District p. 13. London 1895.

Wenn wir auch früher gezeigt haben, daſs die gröſsten Verluste der englischen Landwirtschaft von der Landaristokratie getragen worden sind, so unterliegt es keinem Zweifel, daſs auch die Pächter einen Teil des Verlustes auf ihre Schulter nehmen muſsten. Auf den gröſseren Gütern ist der landwirtschaftliche Betrieb mit der Anlage ziemlich groſser Kapitalien verbunden. In früheren Zeiten, den sog. „good old times", wurde und konnte von den Groſspächtern Geld verdient werden, und wenigstens, wenn die Pächter auch keine Reichtümer ansammelten, verdienten sie doch gute Zinsen ihres Anlagekapitals und vielleicht auſserdem noch einen schönen Unternehmergewinn.

Früher passierte es oft, daſs, wenn ein Pächter 20 Jahre Pächter auf einem groſsen Gute gewesen war, er sich genug erspart hatte, um sich ein eigenes Gut zu kaufen. Fälle sind bekannt, wo die Pächter nach 18—20 Jahren ihren Verpächtern das gepachtete Gut abkauften. Von solchen haben viele wieder ihr ganzes Vermögen eingebüſst, andere muſsten zur Subhastation greifen und nur wenige solcher Farmer sind Besitzer geblieben. In der That wurden solche Güter nur zum Teil in bar ausbezahlt, das übrige Geld wurde zu hohem Zinsfuſs geborgt und der Farmer hat schlieſslich nur für den Hypothekenbesitzer arbeiten müssen, wie es in Deutschland so vielfach der Fall ist, daſs so ein groſser Rittergutsbesitzer ganz arm sein kann und nur von den Gläubigern gehalten wird. In der Regel ist der englische Pächter viel besser im Schoſse der Landaristokratie aufgehoben als in den Krallen des Hypothekenbesitzers. Es scheint nicht, daſs die Zahl der Farmer, die bankrott geworden sind, erheblich gestiegen ist, allein hierüber existiert keine ganz genaue Statistik. Vielfach wurde aber behauptet, es würden viele Farmer nur noch von ihren Verpächtern, Bankiers und Gläubigern im Sattel gehalten. Ein Agent meinte, es würden nicht viele Farmer bankrott werden, allein ihr finanziell eingeengter Zustand zeigt sich im Mangel an Betriebskapital. Ein junger energischer Farmer von 800 acres, dessen Familie und Ahnen über ein Jahrhundert das Gut in Pacht gehabt hatten, hatte dasselbe aufgegeben, um noch etwas Geld übrig zu behalten. Andrerseits findet man oft Farmer, die ihr Leben fristen und sich wohl dabei finden. Ein Farmer aus Devonshire teilte mit, daſs er seit 18 Jahren in Wiltshire sei und 1100 acres bewirtschafte; er meinte, er habe sich genug erspart, um leben zu können und ginge nun ab, weil er unter den heutigen Umständen höhere Zinsen erhalte durch sonstige Anlage seiner Ersparnisse, als es in der Landwirtschaft möglich sei. Ein anderer Farmer, der 1700 acres bewirtschaftet und dessen Pacht von 1300 £ auf 700 £ reduziert worden ist, meinte, dass er bis 1878 gute Geschäfte gemacht hätte und Geld erspart und zwar am meisten Verdienst gehabt hätte, als er die höchste Pacht zahlte. Ein Farmer sagte, er habe bei der Bewirtschaftung von 2000 acres während der letzten 2 Jahre 200 £ verloren.

Die Untersuchung der Bilanz eines Farmers, der 700 acres in Pacht hatte, zeigte für das Jahr 1892—1893 einen Verlust von 13 £ 11 s 10 d bei Ausschluss von Zinsen auf Kapital und Unternehmerlohn. Es handelte sich um ein gutes Getreide- und Schäfereigut mit vorzüglichen Rieselwiesen und günstigster Lage. Man sagt, dafs der Farmer aufserordentlich tüchtig war, alles was Erfahrung und Kenntnis leisten konnte, das leistete er und trotzdem konnte er im Jahre 1892 auf 1893 nichts verdienen.

Wir geben an dieser Stelle die Bilanzen aus den Büchern eines Gutes während 26 Jahre und zwar vom Jahre 1868—1893.[1]) Es handelt sich um eine Farm von zusammen 827 acres; während der Periode variierte die Fläche zwischen 806—840 acres. Das Gut ist von demselben Pächter während der obigen ganzen Zeit gepachtet gewesen. Zuvor hatte der Pächter 18 Jahre bei seinem Vater Erfahrungen gesammelt, der das Gut während 40 Jahre bewirtschaftet hatte. Von seinem Bruder hatte er das Gut übernommen, der es wiederum s. Z. 11 Jahre zuvor bewirtschaftet hatte. Hieraus ist ersichtlich, dafs das Gut 77 Jahre lang in derselben Familie in Pacht gewesen ist. In Bezug auf die Zahlen machte der Pächter folgende Bemerkungen: „Wäre es nicht der Fall, dafs ich aufser dem Gute noch eigene Mittel besitze, so könnte mich das Gut heute nicht ernähren. Meine ersten 7 Jahre waren gut, da sie die gute Zeit während des französisch-deutschen Feldzuges 1870—1871 enthalten. Die zweiten 7 Jahre enthalten das ausnahmsweise schlechte Jahr 1879, in welchem alle Ernten fehlschlugen und grofse Ausgaben in Futtermitteln nötig waren. Nach 1880 fingen die Pachten an zurückzugehen, allein ungenügend, obgleich die Schafpreise noch gut und die Getreidepreise schlecht waren. Nach 1888 endigte meine Pachtperiode und ich wollte sie nicht erneuern, es sei den mit 50 % Nachlafs.

Das Resultat der letzten 5 Jahre zeigt einen Verlust von 58 £ pro Jahr, nachdem ich mir 350 £ als Zinsen von 7000 £ Betriebskapital gutgeschrieben habe.

---

[1]) R. H. Rew The Salisbury Plain District p. 50—56. London 1895.

Jahrgang	Gewinn			Verlust			5jähr. Gewinn od. Verlust. Durchschnitt
	£	s	d	£	s	d	
1868	—	—	—	176	8	11	
1869	338	19	1	—	—	—	Gewinn: 1718 £ 1 s 6 d
1870	363	1	5	—	—	—	
1871	596	2	11	—	—	—	Durchsch. 343 12 3
1872	596	7	0	—	—	—	
1873	326	10	8	—	—	—	
1874	248	12	6	—	—	—	Gewinn: 1123 £ 7 s 1 d
1875	62	7	10	—	—	—	
1876	199	9	10	—	—	—	Durchsch. 224 13 5
1877	286	6	3	—	—	—	
1878	—	—	—	175	17	0	
1879	—	—	—	1791	1	11	Verlust: 1514 £ 18 s 0 d
1880	—	—	—	229	11	1	
1881	—	—	—	362	2	5	Durchsch. 302 19 7
1882	1043	14	5	—	—	—	
1883	256	16	2	—	—	—	
1884	—	—	—	551	2	1	Gewinn: 544 £ 16 s 9 d
1885	515	7	7	114	1	7	
1886	467	16	8	—	—	—	Durchsch. 108 19 4
1887				—	—	—	
1888	—	—	—	303	2	0	
1889	1148	0	11	—	—	—	Verlust: 283 £ 12 s 1 d
1890	—	—	—	306	19	1	
1891	—	—	—	860	5	4	Durchsch. 56 14 5
1892	43	13	5	—	—	—	
1893	—	—	—	303	18	8	
	6493	6	8	5209	10	1	

Aus diesen Zahlen ist ersichtlich, dafs aus den 26 Jahren 15 Jahre einen Gewinn von 43 £ 13 s 5 d bis 1140 £ 0 s 11 d ergeben haben und dafs die übrigen 11 Jahre einen Verlust ergaben, und zwar von 144 £ 1 s 7 d bis 1791 £ 1 s 11 d; im ganzen genommen ergiebt sich ein Gewinn von 1283 £ 16 s 7 d, der im Durchschnitt pro Jahr 49 £ 7 s 6 d betragen würde. Bei Berechnung der 5jährigen Perioden ergiebt sich, dafs zwischen 1868—72 ein durchschnittlicher Gewinn von 343 £ 12 s 3 d pro Jahr erzielt wurde; von 1873—77 war der Gewinn 224 £ 13 s 5 d pro Jahr. Dann fing die Notlage der Landwirtschaft an. Die Periode von 1878—81 ergiebt einen Durchschnittsverlust von 302 £ 19 s 7 d pro Jahr. 1883—87 ergab wiederum einen Gewinn von 108 £ 19 s 4 d, während die letzte Periode einen Verlust von 56 £ 14 s 5 d aufzuweisen hat. Im Jahre 1893 ergab sich der schwere Verlust von 303 £ 18 s 8 d. Wir sehen, dafs die Zahlen in den einzelnen Jahren sehr variieren, zweifellos infolge der Schwankungen im Preise des Viehes und der Produkte. In Bezug auf die Taxation war eine solche beim Vieh jedes Jahr gemacht worden, während bei den Geräten die neuen Maschinen ein-

fach die alten ersetzten. Das Resultat der Taxation ergab, dass das
Vieh 1893 300 £ mehr wert war als im Jahre 1867, allerdings ist die
Ausnahmsperiode des Dürrjahres 1893 nicht berechnet. Im letzteren
Fall würde sich ein Manko von 500 £ ergeben haben, das aber seit-
dem durch den erhöhten Viehwert ausgeglichen werden könnte. Der
Farmer, der diese Bilanzen vorlegte, war ein aufserordentlich tüchtiger
Geschäftsmann und ganz besonders erfahrener Landwirt. Diese
Zahlen können also angenommen werden als mafsgebend für die
meisten Pächter ähnlicher Güter in Wiltshire. Im obengenannten
Betrieb steckte ein Betriebskapital von 8 £ 7 s pro acre.
8 £ pro acre ist wohl die durchschnittliche Höhe des Betriebskapitals
der Gegend; 5—8 £ wurden auch angegeben als Betriebskapital pro
acre. Betriebskapital ist heute nicht in der Höhe nötig als früher
vor 15 Jahren, da das stehende Betriebskapital lebend und tot billiger
geworden ist. Die Höhe des Betriebskapitals ist jedoch verschieden,
je nach der Antrittsperiode. Andererseits leihen die Banken dem
Farmer weniger leicht Kapitalien als früher, da die Sicherheit eine
geringere geworden ist.

Die Zahl der Wechsel der Pächter auf den verschiedenen
Gütern ist verschieden, je nach der Gegend und den Verhältnissen
des Distrikts. Aus dem Wechsel allein darf man keinen Schlufs auf
die Notlage der Farmer ziehen. Auf vielen Farmen sind die Pächter
von ihren wohlwollenden Verpächtern gehalten worden. Nur in einem
Teil von Wiltshire, „Amesbury Union", findet man Güter ohne Pächter;
im südlichen Teil der Grafschaft sind wenig Wechsel vorgekommen,
allein die Verpächter haben teilweise die Güter selbst in Regie übernehmen müssen. Im nordöstlichen Teile der Grafschaft sollen die
Hälfte der Pächter in den letzten 13 Jahren gewechselt haben. Ein
Gut von 600 acres soll in 20 Jahren 6 Pächter gehabt haben; dasselbe befindet sich bei Wylye. Die Pacht war um 40—45 % erlassen
worden und beträgt jetzt 10 s pro acre, und der Verpächter hatte
für Gebäude viel ausgegeben. Von den Pächtern hat einer in 4 Jahren
2000 £ zugesetzt und alle haben mehr oder weniger verloren. Ein
sehr guter Beweis für die Notlage der Landwirtschaft ist der, dafs
auf den Gütern das schlechteste Land, das höchst gelegene Land auf
den Downs nicht mehr die Kultur lohnt. Während früher ein grofser
Teil des hochgelegenen Downbodens vom Pflug bearbeitet wurde, ist
derselbe jetzt zur permanenten Weide niedergelegt; damit ist nicht
gesagt, dafs es wüst darniederliegt und nicht mehr benutzt wird, wie
manche glauben, das ist unrichtig. In den 60er Jahren wurde viel

Downland gepflügt und zum Getreidebau benutzt. Zwischen den 30er und 70er Jahren scheint es üblich oder rentabel gewesen zu sein, möglichst viel Downland umzubrechen.

Seit den 70er Jahren ist das meiste dieses Downlandes wieder zur Weide angelegt worden; es wurden dann die „Blackfaced mountain sheep" zur Ausnützung der hochgelegenen Downweiden eingeführt. Ferner wurden Cheviotschafe zum selben Zweck eingeführt. Auf einem Gute von 300 acres waren 200 acres für „Blackfaced" Schafe reserviert. Sie sind beliebt wegen der guten Ausnutzung der Weide und ihrer Genügsamkeit und sie brauchen weniger sorgfältige Haltung als die „Hampshire Downs" auf geringerem Boden. Leicht läfst sich auf diesen Downs eine Rasenfläche nicht bilden. Es hat Jahrhunderte gedauert, den üppigen Rasen zu bilden; es läfst sich ein solcher in kurzer Zeit nicht leicht herstellen. Die Farmer, die nicht warten können auf die Bildung dieses Rasens, behalten ihre Downs unter dem Pflug als Acker und bauen 2—3jährigen Klee in der Rotation, den sie je nach Bedürfnis umpflügen oder liegen lassen können!

Die Farmer der Market Lavington-Gegend in South Wiltshire sind der Meinung, dafs, wenn die heutigen Getreidepreise anhalten, die ganze Grafschaft mit der Zeit zur Weidewirtschaft übergehen würde. Im Mere Distrikt ist dies schon geschehen; hier findet man schon, dafs der ganze Acker zu Gras wieder angelegt ist und in die Weidewirtschaft ganz und gar eingeführt ist. Ein Beispiel eines Gutes, das zur Grasweidewirtschaft umgewandelt worden ist, möchten wir hier angeben. Es handelt sich um ein Gut von 732 acres, wovon vor 20 Jahren 550 acres Ackerland bildeten. Das ganze Gut ist jetzt zur Weidewirtschaft eingerichtet und bietet jetzt Weide für eine Herde von „Blackfaced-" und „Cheviot-"Schafen. Folgende kurze Übersicht zeigt uns deutlich die Ausgaben des Gutes für das Jahr 1893 im Vergleich zum Jahre 1874, die vom Pächter angegeben werden:

	1874	1893
Pacht	650 £	160 £
Arbeitslohn	700	110
Zehntabgaben	105	75
Gemeindeabgaben	90	25
Steuern	15	10
Dünger, künstl. etc. und Handwerker	250	20
Haus	100	—
Diverse	100	—
	2010 £	400 £

Auf dem Gute sind 8 Arbeiterwohnungen, die früher alle gebraucht wurden; jetzt sind nur noch 2 bewohnt, in denen der Schäfer
und sein Gehilfe hausen; diese sind die einzigen Arbeiter auf dem
Gute zur Zeit. Auch haben wir gesehen, dafs die Auslagen für Arbeitslohn von 700 £ auf 110 £ gefallen sind. Der Pächter hat
noch ein Nachbargut in Pacht und wohnt dort; er würde das oben
besprochene Gut wahrscheinlich aufgegeben haben, wenn er dasselbe
nicht als Vorwerk mit bewirtschaften könnte. Die Konvertierung des
Ackerlandes in Weideland hat auf die ganze Gegend eine durchgreifende Wirkung; in solchen Gegenden ist natürlich auffallend die
rapide Abnahme der Zahl der landwirtschaftlichen Arbeiter. Bei unserem oben beschriebenen Beispiel sehen wir, wie grofs die Abnahme
der auf einem Gute beschäftigten Arbeiter sein kann. Bei der Einrichtung einer Viehweidewirtschaft mit Molkereibetrieb statt Schäferei
ist die Abnahme der notwendig zu beschäftigenden Arbeiter geringer,
wenn auch eine Abnahme gegenüber einer Fruchtwechselwirtschaft
stattfinden mufs. Wir ziehen also den Schlufs, dafs infolge der veränderten Wirtschaftsweise der englischen Landwirtschaft das Bedürfnis für ländliche Arbeiter ein kleineres geworden ist und ein
Teil der früher landwirtschaftlich beschäftigten Arbeiter sich gezwungen gesehen hat, das Land zu verlassen und anderswo Arbeit
zu suchen.

Es ist nicht möglich, genau festzustellen, inwiefern die Notlage
der Landwirtschaft auf die Wanderung der Arbeiter vom Lande in
die Stadt eingewirkt hat. Es existieren zwar Statistiken über Zahl
der Häuser, Familien und Einwohner für Wiltshire für die Jahre
1871, 1881 und 1891, die wir hier für den Salisbury Plain Distrikt
(exklusive der Stadt Salisbury) anführen möchten: Seit 1881 zeigt
die Statistik eine Abnahme der ländlichen Bevölkerung von 2402 oder
8 % und seit 1871 bemerken wir im ganzen eine Abnahme der ländlichen Bevölkerung von 5204 oder 16 %. Die einzige erklärliche
Ursache dieser Abnahme ist die landwirtschaftliche Notlage und der
hierdurch verursachte Betriebswechsel. Im grossen ist die ganze Bevölkerung in Wiltshire von dem Ackerbau irgendwie abhängig, obgleich die Notlage mehr auf die auf dem Lande beschäftigten Arbeiter ihren Einflufs durch Auswanderung ausgeübt hat. Dies ist
auch durch die Thatsache erwiesen, dafs in rein landwirtschaftlichen
Gemeinden die Abnahme der Bevölkerung am auffallendsten zu beobachten ist. Wir führen hier einige Gemeinden aus Wiltshire auf,

aus einer Statistik entnommen [1]), die uns die Abnahme von 1881 bis 1891 zeigt:

	Population in		Total Abnahme	Per Cent der Abnahme
	1881	1891		
Allington	84	70	14	17
Baverstock	122	64	58	48
Brixton Deverell . . .	162	112	50	31
Chitterne St. Mary . . .	198	154	44	22
Codford St. Peter . . .	319	260	59	19
Durnford	449	380	69	16
Hill Deverell	136	111	25	19
Idmiston	583	457	126	22
Imber	339	292	47	14
Knook	160	106	54	36
Little Langford . . .	82	62	20	25
Longbridge Deverell . .	914	730	184	20
Maddington	402	343	59	15
Norton Bavant . . .	264	163	101	39
Shrewton	677	548	129	20
Tilshead	473	393	80	17
Upton Scudamore . .	312	256	56	18
Winterborne Stoke . .	299	249	50	17

Ziehen wir sämtliche Gemeinden in Betracht, so werden wir sehen, dafs die meisten eine Abnahme der Bevölkerung erlitten haben. Von 68 Gemeinden im ganzen zeigen 53 eine Abnahme der Bevölkerung im Jahre 1891 im Vergleich zum Jahre 1881. Bei den oben angegebenen Gemeinden kann man entschieden schon von einer Entvölkerung sprechen und wir führen dieselbe lediglich auf die Einrichtung der Weidewirtschaft zurück.

Die ländlichen Arbeiter klagen darüber, dafs der englische Farmer heutzutage möglichst viel spart und behaupten, dafs durch die Arbeitsersparnis die Güter teilweise gelitten hätten. Dieser Schlufs ist jedoch ganz falsch, denn ich sah Güter, die auf der sparsamsten Weise bewirtschaftet wurden und doch durchaus nicht heruntergewirtschaftet aussahen. Die ländlichen Arbeiter haben natürlich ungern die Entwickelung der Weidewirtschaft mit angesehen; abgesehen davon, dafs die Betriebsweise weniger Arbeitslohn kostet, mufs man ferner bestätigen, dafs der Farmer sparsamer in der Einteilung seiner Arbeitskräfte und des von ihm ausgezahlten Lohnes geworden ist. Im

---

[1]) Census Returns for the Salisbury Plain district.

ganzen sind keine Beweise dafür vorhanden, dafs die Produktion pro
acre abgenommen hätte oder infolge der sparsameren Arbeitseinteilung
die Güter irgendwie gelitten hätten. Fälle giebt es ja, wo durch die
ungenügende Arbeitsverwendung der Acker verunkrautet und nicht
rein genug gehalten worden ist; die Niederlage der Getreidepreise
hat die Tendenz des weniger sorgfältigen Wirtschaftens hervorgebracht,
allein nach allgemeiner Erfahrung ist es heute noch wahr, dafs gute
Pächter auch heute ebenso intensiv wirtschaften, wenn auch in einer
anderen Richtung als früher, und dafs schlechte, nachlässige
Farmer ebensowenig anwenden als früher.

Andrerseits unterliegt es gar keinem Zweifel, dafs die Viehzucht und Viehhaltung während der letzten Jahre ganz ungemein verbessert und ausgedehnt worden ist. In Wiltshire ist dies besonders der Fall bei den Herden von Hampshire Down Vollblut-
schafen und beschränkt sich diese Verbesserung der Herden nicht
nur auf die Hochzucht, sondern auch auf alle Schafherden der Gegend.
Aufserdem haben wir eine grofse Zunahme der Milchkühe zu verzeichnen, da die Milchproduktion und die Molkereiprodukte die Haupteinnahmen der Farmer geworden sind. Die Zunahme der Anzahl
der Milchkühe und die erhöhte Nachfrage nach denselben hat
auch ihre Zucht verbessert; während diese früher mehr auf Fleisch
gerichtet war, richten jetzt die Züchter ihr Hauptaugenmerk auf
die Milchfähigkeit. Ein fernerer Beweis für die intensivere Viehhaltung existiert in der Thatsache, dafs heute enorm viel mehr Futtermittel und Kuchen zur Verfütterung gelangen als früher. Wir haben
also gesehen, dafs die Betriebsänderung sich in der Einrichtung
von Weidewirtschaften und in einer Ausdehnung des
Molkereiwesens gekennzeichnet hat. Während vor 15 Jahren noch
in Wiltshire die Schafzucht und der Getreidebau fast die ausschliefs-
lichen Beschäftigungen des Distrikts waren, so finden wir jetzt, dafs
Vieh und Getreide zu gunsten der Molkereiprodukte stets mehr und
mehr zurücktreten. Diese Tendenz ist die natürliche Folge der Konvertierung des Ackers in Weideland. Aber auch auf dem
noch übrig gebliebenen Ackerland besteht die Tendenz, weniger Weizen
und mehr Gerste und Hafer zu bauen. Aufserdem werden mehr
Hackfrüchte und Grünfutter aller Art gebaut. Die Kleegrasschläge
bleiben länger zur Weide liegen und mehr und mehr greift der
Zwischenfruchtbau um sich.

Sainfoin (Esparsette), stets eine beliebte Pflanze, wird jetzt ungemein viel angebaut, und man sieht mehr Luzerne auf allen Gütern

als früher. Seit 1881 wird sehr viel Kohl im grofsen gebaut, der in
ausgedehntem Mafse für die Schafe zu Futterzwecken dient. Der Kohl
ist eins der beliebtesten Futter für Schafe geworden; er gedeiht aufserordentlich gut auf den „Downs" und ausgesetzten Hügelländern und
ist im Winter höchst widerstandsfähig.

Ein aufserordentlich günstiges Moment möchte ich an
dieser Stelle hervorheben. In der letzten Zeit scheint eine gröfsere
Nachfrage nach Gütern entstanden zu sein. Diese Thatsache
existiert trotz der schlechten Erfahrungen im betreffenden Distrikt
während des Jahres 1893. Die Farmer waren vielfach hier der
Meinung, dafs Pächter und Preise jetzt ihren niedrigsten
Stand in England erreicht hätten! Sie meinten, die Preise für
landwirtschaftliche Erzeugnisse würden bald steigen. Inwieweit diese
Meinung richtig ist, wird sich erst erweisen müssen, allein es zeigt
doch, dafs selbst unter englischen Farmern die Hoffnung auf
bessere Zeiten existiert und dafs sie mit Ruhe in die Zukunft schauen!

V. Beziehungen der Verpächter und Pächter zu einander.

Sämtliche Farmer, die Pächter sind, sind der Meinung, dafs die
Landaristokratie und Verpächter ihr möglichstes gethan haben, um
ihren Pächtern zu helfen und dafs sie ihren Teil des Verlustes durch
die eingetretene Notlage getragen haben. In einigen Fällen stellte sich
heraus, dafs die Pachten nicht schnell genug gefallen seien, namentlich zu anfang der Notlage. Diese Verzögerung seitens mancher Verpächter im Nachlassen ihrer Pacht hat sich insofern gerächt, als die
betreffenden Güter vernachlässigt wurden und jetzt schwerer zu verpachten sind.

Ferner wurde geklagt, dafs manche Thalgüter unverhältnismäfsig
teuer seien, allein trotzdem wurde zugestanden, dafs, wenn sie heute
frisch verpachtet werden würden, sich Bewerber genug einstellen würden. Was nun die Pachtbedingungen anbelangt, so waren die meisten
Farmer der Ansicht, dafs ein antretender Pächter heutzutage in der
Lage sei, seine eigenen Bedingungen zu stellen. Jährliche Pachten
sind fast ausschliefslich Sitte, obgleich es noch Pächter giebt, die gern
auf 2 Jahre pachten. Früher waren längere Pachten Mode und sind an
einigen Orten noch beibehalten worden, allein man trifft jetzt selten
Farmer, die eine längere Pacht unterschreiben und dann nur unter ganz
besonders günstigen Bedingungen. Es scheint, dafs viele von früher
her noch laufende Pachtverträge einfach vernichtet wurden, da sie

unmöglich durchzuführen waren. Nach allgemeiner Erfahrung ist eine längere Pachtperiode für den Verpächter, ebenso aber für den Pächter bei stets fallenden Preisen gleich verwerfbar. Der Pächter scheut es, sich an eine Pacht zu binden, die, wenn auch z. Z. niedrig, in ein paar Jahren hoch erscheinen mag, und der Verpächter weiß auch ganz gut, daß, wenn die Preise im Fallen begriffen sind, er unmöglich auf die Zahlung der Pacht dringen kann. In fast allen Fällen existiert ein unterschriebener Pachtkontrakt zwischen Verpächter und Pächter. Ein auf einer der größeren Besitzungen üblicher Pachtkontrakt enthält unter andrem folgende spezifizierte Bedingungen [1]:

Heu, Stroh und Grünfutter dürfen ohne Erlaubnis des Verpächters nicht verkauft werden. Das Heu, welches in dem letzten Pachtjahr produziert wurde, wird zu einem Marktpreis angenommen. Alle Jagdrechte sind dem Verpächter vorbehalten. Nicht mehr als 2 Jahre hintereinander darf Getreide gebaut werden und die Getreideernten müssen verschiedener Gattung sein. Das Fünffeldersystem ist einzuhalten. Der Pächter liefert das Stroh und die Hälfte des Arbeitslohnes für die Unterhaltung der Dächer, die Hälfte des Arbeitslohnes für sonstige Reparaturen. Reparaturen an Glas, Blei, Fenstern trägt der Pächter, desgleichen Reparaturen der Einzäunungen und er ist verpflichtet, bei Neubauten das Material des Verpächters zu fahren. Eine ganz genaue Entschädigung ist festgestellt für die Verwendung von Knochenmehl und künstlichen Düngemitteln auf dem Felde, auch für Kuchen und andere Futtermittel, die in dem letzten Pachtjahr verwandt wurden; auch wird das Kalken und die Drainage des Feldes, die mit Einverständnis des Verpächters geschieht, entschädigt. Rieselanlagen auf den Wiesen, die der Pächter ausführt, werden zu derselben Höhe als die Drainage entschädigt. Die oben erwähnte Entschädigung wird nur bezahlt, wenn der Pächter einen Monat vor Ende der Pachtzeit dieselbe reklamiert, auch darf der Verpächter bei der Bezahlung der Entschädigung etwaige Rückstände des Pächters abziehen; auch darf Verpächter Abzüge machen für einen etwaigen vernachlässigten Zustand des Feldes, falls ein dazu bestimmter Unparteiischer sein Urteil dahin fällt, daß der Zustand der Felder ein unbefriedigender oder ein schlechterer ist als zu Anfang der Pachtübernahme.

Die Übernahme geschieht am Michaelisfest. Der Verpächter oder Pächter ist zur Übernahme des Achtels der Ackerfläche an gutem

---

[1] R. H. Rew The Salisbury Plain District p. 57, 58. London 1895.

Boden mit Rüben verpflichtet, die am 1. März vor Ablauf der Pachtzeit bestellt sind, wovon die Hälfte mit Roggen, Wicken, Trifolium oder Winterhafer bestellt sein darf, das zu Futterzwecken für Schafe auf dem Lande bestimmt ist, und zwar muß dasselbe bis zum 18. Juli geschehen sein. Ferner hat Verpächter oder Pächter das Recht, ein weiteres Viertel der Ackerfläche am 30. Juni mit Weizen zu bestellen mit Ausnahme des Teiles, der mit Turnips und Raps bestellt sein mag. Der aufziehende Pächter erhält zur Benutzung die Hälfte des Wohnhauses vom 30. Juni ab und die Stallungen für Pferde nach dem 1. März. Pächter hat auch das Recht, Gräser zu säen statt Johannisroggen im letzten Jahre. Der abziehende Pächter besorgt das Walzen der jungen Narbe und der aufziehende Pächter hat den Nutzen.

Der abziehende Pächter hat das nötige Stroh für den aufziehenden Pächter zum Bedecken der Feimen und Streu zu besorgen und er muß die Felder, die am 1. März abzugeben sind, vom 1. Januar brach liegen lassen. Der Verpächter oder aufziehende Pächter übernimmt nach Taxe alles unter 4jährigem Esparsetteheu oder Rübenvorrat und bezahlt ebenfalls alle Feldarbeiten, die im Winter zu seinem Vorteil geschehen sind.

Ferner sind Bedingungen vorgeschrieben für die Entschädigung von angewandten künstlichen Düngemitteln und allerlei Futtermitteln.

Bei der Untersuchung unter den Farmern, ob die Pachtbedingungen stets streng durchgeführt würden, war die Meinung vertreten, daß, solange ein Pächter den Zustand des Gutes nicht verschlechtert, er heutzutage wirtschaften dürfe wie er wolle; nur während der letzten Jahre der Pacht würden die Pachtbedingungen strengstens beobachtet werden müssen.

Ein großer Farmer zeigte seinen Pachtvertrag, der ziemlich streng gehalten war; allein zum Schluß war ein Satz eingeschoben worden, der dem Pächter die Erlaubnis erteilte, ganz frei zu wirtschaften, bis der Verpächter ihm das Gegenteil mitteilen würde. Also solange er gut und intensiv wirtschaftete, durfte er säen und bauen was er wollte, sowie er aber das Gut nach Gutdünken des Verpächters aussauge, würde ihm sofort die freie Wirtschaft verboten werden können!

Folgendes ist einem Pachtkontrakt eines Gutes von 800 acres entnommen: Hiermit wird dem Pächter die freie Wirtschaft nach Gutdünken gestattet, bis er vom Verpächter das Gegenteil erfährt oder bis vom Verpächter oder Pächter eine Kündigung beabsichtigt ist. Sobald die Kündigung erfolgt ist, ist das Gut streng nach abgemachtem Kontrakt zu bebauen und zu behandeln. Ferner darf der Pächter mit Ausnahme des letzten Pachtjahres jedes Jahr 80 tons Stroh, 40 tons Heu und 20 tons Rüben oder Grünfutter veräußern, allein mit der Bedingung, daß der Pächter den Düngerwert der so verkauften Produkte während desselben Wirtschaftsjahres durch tierischen und künstlichen Dünger, Kuchen oder sonstige Futtermittel ersetzt; letztere sind auf dem Gute zu verfüttern. Die nötigen Belege über Kauf oder Verkauf sind dem Verpächter vorzulegen und die Verfütterung der Futtermittel und Anwendung der künstlichen Düngemittel nachzuweisen.

Was nun den Einfluß der „Agricultural Holdings Act" in England speziell in Wiltshire betrifft, so ist ihr Einfluß bemerkbar gewesen, wenn auch thatsächlich vom Gesetz selbst nicht viel Gebrauch gemacht worden ist. Ein Taxator teilte mit, daß das Gesetz nicht praktisch genug sei; es sei jedoch insofern gut, als die Pächter sich jetzt vor schlechten rücksichtslosen Verpächtern schützen könnten. Er meinte, daß kluge Pächter sich selbst bessere Bedingungen verschaffen könnten bei den heutigen schlechten Zeiten als ihnen das Gesetz gewährt; ferner, daß viele Farmer beim Antritt der Pacht gar nichts bezahlen wollen, sich jedoch Zahlungen beim Abgang reservieren; ferner wären oft die großen Zahlungen für zu übernehmendes Heu und anderen Vorrat nicht berechtigt.

Ein „Landagent" meinte, daß das Gesetz günstige Folgen gehabt habe: „Es ist klar", sagte er, „daß es nicht gut wäre, wenn nur der abziehende Pächter begünstigt wäre; ferner ist es klar, daß man niemals ein intensives Wirtschaften bewirken wird, wenn der abziehende Pächter nicht für etwaigen Raubbau oder schlechte Bewirtschaftung bestraft werden kann, daß die Ausführungsmethode des Gesetzes zu umständlich und daß die Art und Weise des Taxierens zu teuer sei. Es wäre angezeigt, das Gesetz zu vereinfachen, indem der Pächter eine Entschädigung für Meliorationen erhält, die durch lokale bestimmte Taxatoren sachverständig festgestellt wird." Allgemein war die Ansicht in Wiltshire vertreten, daß das Gesetz der Vereinfachung bedarf, und daß dem abziehenden Pächter noch mehr Sicherheit gewährt werde für angelegte Kapitalien, sei es in Meliorationen oder sonstwie. Es ist natürlich, daß der abziehende Pächter mehr berücksichtigt werde als der aufziehende, da im ersteren Falle die meisten Differenzen mit dem Verpächter vorkommen. Das Gesetz soll dem abziehenden Pächter Entschädigung gewähren für alle

Meliorationen, die er nicht voll und ganz ausgenutzt hat und die dem folgenden Pächter zu gute kommen.

Wir finden in den Verhandlungen der Landwirtschaftskammer in Wiltshire die Ansicht des Mr. Blake [1]): „Das Gesetz mufs vereinfacht werden. Verpächter und Pächter müssen bei Reklamationen gleichberechtigt sein und Nachreklamieren soll verboten sein und ferner ist die Entscheidung eines Unparteiischen endgültig entscheidend.“ Diese Ansicht fand allgemeine Zustimmung. Auch wurde hervorgehoben, dafs gekaufte Futtermittel für Arbeitspferde ebenso entschädigt werden müfsten als bei Rindvieh oder Schafen; jedoch war diese Ansicht nicht allgemein, da die Pferde doch einen anderen Zweck haben als das Nutzvieh.

Ein Mr. J. N. Parham [2]) äufserte sich in der Landwirtschaftskammer von Wiltshire über die „Agricultural Holdings Act“, und weil seine Ansicht mit der seiner Kollegen nicht übereinstimmte, geben wir sie hier wie folgt an:

1) Heu, welches an Stelle von Getreide gebaut wird, müfste ebenso gut wie das Getreide als Verkaufsware angesehen werden und müfste zum Marktwert veranschlagt sein oder der Farmer müfste berechtigt sein, dasselbe ebenso zu verkaufen als das Getreide. Der zweite Heuschnitt könnte eventuell als unverkäuflich angesehen werden, als Kompensation für das nicht gebaute Getreidestroh.

2) Getreide oder Heu, welches an Pferde verfüttert wird, müfste ebenso vergütet werden als jedes andere Futtermittel; denn für das Gut ist der Pferdedünger ebenso gut als der Durchschnittsmist auf der Düngerstätte.

3) Getreide oder Heu, welches sonst verkauft werden würde und als Futtermittel dient, müfste so gut wie jedes andere Futtermittel vergütet werden. Z. B. giebt es doch Farmen, die 10 engl. Meilen von einer Bahnstation liegen. Die Pächter dieser Farmen würden genötigt sein, unter den heutigen Umständen ihr Getreide auf die Bahn zu bringen und dafür bei der grofsen Entfernung wieder Futtermittel an der Bahn abzuholen. In vielen Fällen würde es sich besser rentieren, wenn sie unter den heutigen Weizenpreisen dasselbe gleich am Platze verfütterten, statt noch Futtermittel zu kaufen. Die Verfrachtung des Getreides kommt nur den Bahngesellschaften zu gute und der Ankauf von Futtermitteln kommt nur den Händlern zu gute. Forscht

---

[1]) The South Wiltshire Chamber of Agriculture, Mr. Blake's report.
[2]) Report of the South Wiltshire Chamber of Agriculture.

man nach dem Grunde dieser scheinbar verkehrten Einrichtung, so sagen einem die Agenten, daſs die Verpächter sich nicht immer auf die Angaben der Farmer verlassen könnten, allein jetzt, wo doch das meiste Getreide von gemieteten Dreschmaschinen gedroschen wird, würde doch dieselben einen Anhalt geben über das Dreschergebnis des Gutes und auſserdem wäre leicht zu konstatieren, wieviel verkauft würde. Die Differenz würde das verfütterte Quantum ergeben.

Schlieſslich geben wir hier noch einige Ansichten von verschiedenen Farmern über das „Agricultural Holdings Act"-Gesetz. Ein Farmer meinte, er wüſste von keinen Klagen über dasselbe und er hätte wenig von Streitigkeiten zwischen Verpächter und Pächter in seiner Umgegend gehört; er meinte aber, daſs letztere beiden gesetzlich gleich berechtigt sein sollten. Einer war der Ansicht, daſs die Ausführung des Gesetzes einfacher sein müſste, daſs das Urteil eines Unparteiischen in allen Fällen maſsgebend und endgültig sein sollte. Beide Teile müſsten gleichberechtigt sein und gleichzeitig an demselben Tage reklamieren können.

Entschädigung müſste ebenso gut für einheimisch auf der Scholle gewachsenes Futterkorn bezahlt werden als für fremde Futtermittel, vorausgesehen, daſs die nötigen Beweise vorgezeigt werden können. Wie die Bedingungen jetzt sind, findet eine ungeheuere Vergeudung an Zeit und Geld durch unnötiges Verpachten statt.

Ein gröſserer „Estateagent" meinte, die Farmer würden vom „Act" wenig Gebrauch machen, da ihnen dasselbe zu umständlich sei und zu viel Zeit in Anspruch nehme.

Die Ansicht eines groſsen „Estateowners" ging dahin, daſs seine Pächter sich oft schützen durch Gebrauch des Gesetzes, allein er hätte keine Schwierigkeiten empfunden, da er es nur für gerecht finde, daſs die abgehenden Pächter für Meliorationen bezahlt würden, da dieselben bei der Neuverpachtung ihm nur zu gute kommen.

Ein Taxator meinte, daſs wenn das Gesetz ganz genau durchgeführt würde, es gar nicht möglich wäre, allen Anforderungen gerecht zu werden. In Fällen, wo das Gesetz zur Anwendung kam, einigten sich alle Interessierten die Durchführung zu vereinfachen und die technischen Schwierigkeiten der Gesetzgebung einfach zu ignorieren. Ein interessanter Fall wurde hervorgehoben von einem Pächter, der Entschädigung für Meliorationen vom Verpächter verlangte. Derselbe gab zu, daſs die Forderung gerecht sei, war aber zahlungsunfähig geworden. Auſser den Forderungen für Meliorationen war der Pächter kontraktmäſsig verpflichtet, vor Ablauf der Pacht gewisse Feldarbeiten zu gunsten des aufziehenden Pächters auszuführen. Wenn er die Ausführung dieser Feldarbeiten versäumte, wäre er gezwungen, Entschädigung für das Versäumte zu zahlen. Allein in diesem Falle war der Verpächter bankerott und für das Gut fand sich kein neuer Pächter. Wie soll nun der Pächter seine Entschädigung für Meliorationen bekommen?

Ohne gesetzlichen Schutz kann der Pächter unter solchen Umständen gar nichts machen. Es wird vorgeschlagen, daß die Sicherheit des Pächterkapitals auf einem Pfandbrief seitens des Verpächters beruhen sollte. Ferner müßte das Gesetz bestimmen, daß der abziehende Pächter nur mit dem Verpächter abzurechnen hat, und niemals etwas vom aufziehenden Pächter zu fordern haben sollte. Es kommen da Fälle vor, wo der Verpächter oder Besitzer etwa durch Verkauf seine Verpflichtungen einfach ignoriert.

Zwei Fälle sind mir bekannt: Im ersten Falle verkaufte der Besitzer sein Gut und kündigte seinem Pächter. Der neue Besitzer weigerte sich jedoch den Verpflichtungen des früheren Besitzers nachzukommen und bei Abgang des Pächters zahlte er thatsächlich nichts für die Bestellung der Felder, noch für Heu und Rüben. Ein zweiter Fall ist folgender: Ein aufziehender Pächter kaufte das Gut und verweigerte dem abziehenden Pächter die Bezahlung der Feldbestellung. Der abziehende Pächter hatte das Gut durch Meliorationen und guten Betrieb um 20 % im Werte erhöht. Sein ursprünglicher Verpächter verdiente beim Verkauf 20 %, die eigentlich seinem Pächter gehörten und warf noch dazu seine ganzen Verpflichtungen auf den neuen Käufer, der sich natürlich weigerte, dieselben zu übernehmen. In solchen Fällen müßte das Gesetz einschreiten.

In Wiltshire giebt es viel sogenanntes „Glebeland" d. h. Rasen oder „Turf"land. Die Lage der Pächter auf diesem „Glebeland" ist eine keineswegs beneidenswerte. Ein Pächter, dessen Gut 70 Jahre in seiner Familie gewesen war, klagte sehr über seine Lage. Er meinte, es müßte eine größere Sicherheit für den Pächterstand existieren, namentlich, wie er sich ausdrückte, „in the security of tenure" oder der Sicherheit des Verbleibens auf dem Gute, wenn auch der Besitzer wechselt. In seinem Fall, solange der Pfründner, von dem er das Gut gepachtet, im Besitze bleibt, sei er ebenso gesetzlich geschützt, als wenn er das Gut von einem Gutsbesitzer in Pacht hätte und kann er, falls er abgeht, Entschädigung vom Pfründner gesetzlich erhalten. Allein im Fall eines Pfründnerwechsels ist seine Lage eventuell eine ganz andere und unsichere. Nach dem heutigen

Gesetz ist der neue Pfründner gar nicht durch die Verpflichtungen
seines Vorgängers gebunden. Ein Pächter kann zwar auf gesetzlichem
Wege seinen Pachtvertrag so abfassen, dafs im Falle eines Besitz-
wechsels sein Pachtvertrag übernommen werden mufs, allein dieser
Weg ist ein aufserordentlich umständlicher und unpraktischer. Es
erscheint sonderbar, dafs die Pächter von „Glebeland" nicht gesetzlich
geschützt sein sollten; es wäre doch so einfach, auch für diese das
„Agricultural Holdings Act" anzupassen.

VI. Beziehungen der Farmer zu ihren Arbeitern.

Die Untersuchung der Beziehung zwischen Arbeiter und Arbeitgeber auf dem Lande bei den Farmern ist eine aufserordentlich interessante. Wenn man beide Teile kritisiert und die Klagen sowohl
der Farmer als auch der ländlichen Arbeiter und eventuell noch die
Ansicht etwaiger Arbeiterführer (Labourers' leaders) hört, so mufs
man zugeben, dafs diese Beziehungen lange nicht befriedigend sind.
Auf beiden Seiten, sowohl beim Arbeitgeber als beim Arbeiter, findet
man oft Unzufriedenheit, obgleich die Beziehungen sich in der letzten
Zeit gebessert haben sollen. Vor einigen Jahren sollen sie äufserst
gespannt gewesen sein.

Jetzt haben die ländlichen Arbeiter wohl eingesehen, dafs es
ihren Herren schlecht geht im Vergleich zu den 70er Jahren und dafs
dieselben oft selbst in pekuniärer Verlegenheit sind. Die Unzufriedenheit der Arbeiter ist nicht allein auf heutige Beschwerden zurückzuführen, sondern auch auf die von ihnen als ungerecht angesehene Behandlung noch von früher her. Sie würden sich heute eher begnügen
mit dem niedrigen Arbeitslohn, allein sie sind teilweise zu der Einsicht gekommen, dafs sie zur Zeit der Blüte der englischen Landwirtschaft in den 70er Jahren viel besser hätten bezahlt werden
können. Würden die ländlichen Arbeiter heute ein plötzliches Aufblühen der Landwirtschaft beobachten, so steht fest, dafs sie sofort
höhere Löhne beanspruchen würden. Ein Farmer, der 1000 acres
gepachtet, meinte, dafs die Arbeiter auf dem Lande ihre eigene Lage
und die der Pächter genau kannten und dafs, wenn die Zeiten besser
würden, sie ganz gewifs mehr Lohn erwarten würden. Die ländlichen
Arbeiter in England sind aufserordentlich selbständig und urteils-
fähig.

In vielen Fällen findet man Arbeitgeber und Arbeiter auf ganz
freundschaftlichem Fufse und die Thatsache ist dem Takt und der

rücksichtsvollen Behandlung seitens der Arbeitgeber zuzuschreiben. Die Ansicht war verbreitet, daſs, wo die Verhältnisse zwischen Arbeitgebern und Arbeitern schlecht sind, was sehr zu bedauern ist, dies Übel nur beseitigt werden kann, indem der Arbeitgeber seinen Arbeitern beweist, daſs er ihr Interesse gleichzeitig mit dem seinigen vertritt und daſs, was dem einen zu gute kommt, dem anderen auch zu gute kommen soll. Meine Erfahrung ist, daſs es keine Arbeiterklasse giebt, die so anhänglich, dankbar und einsichtsvoll ist als die der ländlichen englischen Arbeiter, vorausgesetzt, daſs sie mit Güte und Verständnis behandelt wird. Zur Zeit war ein „Strike" auf einem Gute in Wiltshire ausgebrochen.

Die Ursachen des Streiks waren etwa folgende: Der Farmer hatte seinen Arbeitern 5 s oder 7 s pro acre für das Pflanzen von Kohl geboten. Sie weigerten sich, die Arbeit dafür zu machen, indem sie behaupteten, daſs andere Farmer der Gegend 10 s pro acre für dieselbe Arbeit bezahlten; folglich streikten sie. Der Farmer mietete sich drei Arbeiter aus dem benachbarten Dorfe, die aber, als sie den Sachverhalt erfuhren, auch streikten. In der Zwischenzeit hatte der Farmer seinen ursprünglichen Arbeitern ihre Arbeiterwohnung gekündigt und die Folge war, daſs nun die Frage entstand, ob die Arbeiter auf dem Gute bleiben sollten oder nicht. Der Farmer, der streng gesinnt war und nicht nachgeben wollte, hatte keinen Wunsch, die Arbeiter zurückzunehmen, die, wie er sagte, von selbst ihr Unglück auf sich gebracht hatten. Die Folge war, daſs sämtliche Arbeiter auf der ganzen Farm streikten, mit Ausnahme des Oberschäfers. Sie unterstützten hiermit die ausgewiesenen Arbeiter und der Farmer war schlieſslich gezwungen, seine Kündigung betreffs der Arbeiterwohnungen zurückzunehmen und die Arbeiter wieder in Arbeit zu nehmen. Die Arbeiter waren nämlich von der „Wiltshire General und Agricultural Worker's Union" unterstützt worden, wovon sie alle Mitglieder waren. Diese Organisation war im Dezember 1892 entstanden. Die Mitglieder zahlen 1¹⁄₂ d pro Woche ein. Die Zahl der Mitglieder im Distrikt beträgt 1800. Findet die „Union" einen Streik berechtigt, so unterstützt sie die Arbeiter, indem der Arbeiter, der Mitglied sein muſs, pro Woche 10 s von der Union erhält und zwar solange der Streik noch unentschieden ist. Was nun den Arbeitslohn betrifft, so kann als Durchschnittslohn für gewöhnliche Tagelöhner 10 s pro Woche angenommen werden. Ausnahmsweise beträgt der Wochenlohn nur 9 s; in einigen Gemeinden beträgt der Arbeitslohn pro Woche 11 s und manchmal sogar

12 s. Die „Wiltshire Labourer's Union" führt eine Statistik über alle Löhne in 28 Gemeinden, und diese Statistik bietet sichere und aufserordentlich interessante Daten über die ländlichen Arbeiterverhältnisse Englands, speziell aber Wiltshire. Der Tagelöhner erhält wöchentlich in einer Gemeinde 9 s, 9—10 s in einer Gemeinde, 9—11 s in einer anderen Gemeinde, 10 s in 14 anderen Gemeinden, 10—11 s in zwei Gemeinden, 10—12 s in zwei Gemeinden, 10 s 6 d in einer Gemeinde, 11 s in fünf Gemeinden und 11—12 s in einer anderen Gemeinde.

In der Ernte und bei Akkordarbeit erhöht sich der Lohn, und obige Zahlen repräsentieren nicht den vollen Lohn des Arbeiters. Die Farmer meinten, der ganze Durchschnittslohn im Jahre pro Woche betrüge 14—15 s, wenn man alle Nebenverdienste und Nebeneinnahmen mit in Berechnung zöge, und sie klagten darüber, dafs bei öffentlichen Reden und Gelegenheiten nicht der volle Verdienst des ländlichen Arbeiters angegeben würde. Der Sekretär der „Labourer's Union" fügte auch zu seinen Angaben hinzu, dafs es nötig sei, zu dem wöchentlichen Lohn noch die Nebeneinnahmen zuzurechnen, die 4—5 s betrügen.

Das folgende Beispiel ist den Büchern eines Farmers entnommen, der 700 acres in Pacht hat [1]):

Arbeiter Nr.	Lohn 1 s 8 d pro Tag		Akkordlohn		Extralohn bei der Ernte etc.			Summa		
	Zahl der Tage	Summa des Geldes	Tage	Betrag						
		£ s d		£ s d	£ s d			£ s d		
1	120¼	10 0 5	161¾	28 8 6½	2 8 3			40 17 2½		
2	231	19 8 9	70¼	13 4 6	3 7 8½			36 0 10½		
3	234	19 10 10	71	10 17 2½	3 5 11			33 13 11½		

Arbeiter Nr. 1 hat ein Haus und Garten (20 Rods) und Kartoffelland (12 Rods) frei mit Ausnahme der Zeit, die er im Akkord arbeitet, wofür er mit 1 s pro Woche belastet wird.

Nr. 2 hat ein Haus, Garten und Kartoffelland frei; er war durch Krankheit einige Tage zu arbeiten verhindert.

Nr. 3 ist nur 21 Jahre alt, wohnt bei seinen Eltern und verzichtete auf Kartoffelland. Er war sein erstes Jahr ständiger Tagelöhner.

---

[1]) R. H. Rew The Salisbury Plain District p. 24. London 1895.

Aus obigen Zahlen ist ersichtlich, dafs, obgleich die Arbeiter angeblich nur 10 s pro Woche verdienen, sie thatsächlich viel mehr erhalten; im ganzen genommen stellt sich die Rechnung wie folgt:

Nr. 1 15 s 9 d pro Woche (Haus mietsfrei für 4 Monate),

Nr. 2 13 s 10¼ d pro Woche (Haus mietsfrei),

Nr. 3 12 s 11¼ d pro Woche.

Obgleich sie in keinem Falle 52 Wochen gearbeitet haben, stellt sich der Lohn doch ziemlich über die angeblichen 10 s pro Woche. Weitere Beispiele könnte ich noch genug anführen, die es beweisen würden, dafs obige Annahmen keineswegs zu hoch gegriffen sind — vielmehr als Mafs des Durchschnittslohnes gewöhnlicher Tagelöhner angenommen werden können.

Was nun den Lohn von **Pferdeknechten** und **Schäfern** betrifft, so beträgt derselbe bei den **Pferdeknechten** 12 s bis 14 s pro Woche mit Wohnung, Garten- und Kartoffelland dazu. Aufserdem bekommen sie zum Michaelisfest Geld im Betrage von 30 s bis 3 £ und noch aufserdem Biergeld. Ferner erhalten sie Fahrgeld für auswärtige Fuhren im Betrage von 1 s pro Tag; das so extra verdiente Geld beträgt oft 100 bis 120 s. **Schäfer** erhalten 12 s bis 14 s wöchentlichen Geldlohn und aufserdem noch Wohnung, Garten- und Kartoffelland, ein Michaelisfestgeld von 2 £ bis 50 s und Lammtantième oft bis 50 s. Folgende Angaben sind den Büchern eines Farmers entnommen, der 3000 acres bewirtschaftet. Die Löhne der Schäfer sind eher niedriger als höher im Verhältnis zu den Durchschnittslöhnen anzusehen:

Der **Oberschäfer** oder Schafmeister erhielt 13 s pro Woche, Wohnung und Gartenland, Kartoffelland, Lammgeld 40 s, Michaelisgeld 40 s, 36 Gallonen Bier.

Zweiter oder **Unterschäfer:** 12 s pro Woche, Haus und Garten, Kartoffelland, Lammgeld 30 s, Michaelisgeld 30 s, 18 Gallonen Bier.

Dritter Schäfer (Gehilfe, 20 Jahre alt): 11 s pro Woche, Michaelisgeld 20 s.

Vierter Schäfer (Gehilfe): 11 s pro Woche, Haus und Garten und Kartoffelland, Lammgeld 20 s, Michaelisgeld 30 s, 18 Gallonen Bier.

Fünfter Schäfer (junge), 20 Jahre alt, wohnt bei den Eltern: 11 s pro Woche und Michaelisgeld 20 s.

Der Schafmeister erhält meistens noch eine Prämie, wenn das Lammen gut und reichlich ausfällt. Ein Gut wird erwähnt, wo der

Schafmeister für jedes grofsgezogene Zwillings- oder Drillingslamm
1 s erhält. In vielen, ja fast in den meisten Fällen ziehen die Arbeiter Biergeld dem Biere vor.

Maschinen- und Lokomobilenführer erhalten 15 s pro
Woche. Aufserdem erhalten sie 5 d pro acre beim Dampfpflügen,
das unter den Pflügenden verteilt wird.

Sog. „Strappers", extra gemietete Leute auf kurze Zeit. erhalten während der Ernte 2 s 6 d pro Tag.

Was nun die Akkordarbeit betrifft, so ist sie unter den
Farmern aufserordentlich beliebt, und wo irgend nur möglich verwandt; es kostet ja mehr, allein die Arbeit geschieht schneller. Durch-
schnittsakkordlöhne pro acre sind etwa wie folgt: 4 s 6 d bis 5 s
für Hacken, 2 maliges Behacken 9 s bis 10 s, 3 maliges 13—15 s,
Mähen 3 s bis 3 s 6 d für Rotationsgras. 4 s 6 d bis 5 s für Wiesen-
gras oder Esparsette, Binden 4 s bis 7 s, je nach der Ernte. Futter-
rübenernte 6 s 6 d bis 7 s pro acre.

Die Arbeitsstunden sind von 7 Uhr morgens bis 5 Uhr
abends; manchmal sind sie eine Stunde länger. Wo die Arbeitsstunden etwas länger sind, sind auch die Löhne eine Kleinigkeit höher;
z. B. werden oft 10 s pro Woche bezahlt für eine Arbeitszeit von 7
bis 5 Uhr, während 11 s bezahlt werden für eine Arbeitszeit von 7 bis
6 Uhr. Im allgemeinen wird im Tagelohn 9 Stunden und im Akkord
10 Stunden gearbeitet. Durchschnittlich arbeitet der ländliche Arbeiter nicht gern mehr als 9 Stunden. Von 12—1 Uhr wird Mittag
gemacht; aufserdem ist eine Viertelstunde Frühstückszeit um 10 Uhr
und 10 Minuten Vesperzeit um 3 Uhr üblich. Diese Arbeitszeit wird
nicht als Arbeit gerechnet, und der Arbeiter mufs nur zur bestimmten
Arbeitszeit auf dem Gute sein, so dafs er manchmal 15—20 Minuten
vergeuden mufs, um die Arbeitsstelle zu erreichen. Üblich ist der
sog. „Arbeitsgang" in der bezahlten Arbeitszeit. Schnelllaufen die
Arbeiter. wie überall, nicht. Bei einer nominellen Arbeitszeit von
10 Stunden kommt es oft vor, dafs am ganzen Tag 1—2 Stunden mit dem
Hin- und Hergehen verschwendet werden; auch beim Nachhausegehen
rechnet sich der Arbeiter ganz genau aus, wie lange er früher mit
der Arbeit aufhören mufs, um rechtzeitig nach Hause zu gelangen.
Diese üble Gewohnheit mufs natürlich der Farmer bei Feststellung
des Arbeitslohns berücksichtigen.

Einige Bemerkungen über die ländlichen Arbeiterwohnungen
möchte ich hier machen: Der Zustand derselben ist natürlich sehr
verschieden in den verschiedenen Distrikten in Wiltshire. Die meisten

Arbeiterwohnungen schienen in gutem baulichen Zustand und gut gehalten zu sein. Die Durchschnitts-Arbeiterwohnung hat 2 Schlafzimmer und 2 Wohnzimmer. Die meisten sind von Garten umgeben und die Miete wird auf 75—80 s pro Jahr geschätzt. Wenn ein Arbeiter eine grofse Familie hat, deren Glieder teilweise erwachsen sind, mietet er oft 2 Arbeiterwohnungen, die er dann meist zusammen für 120 s Miete bekommt. Viele Farmer vermieten die Arbeiterwohnungen, die sie für ihre eigenen Arbeiter nicht brauchen, an auswärtige. Die Durchschnittsmiete, die der ländliche Tagelöhner bezahlt, beträgt 1 s bis 1 s 6 d pro Woche. Dieser Mietszins versteht sich natürlich inkl. Abgaben. Die Miete beträgt selten mehr als 2—3 % des Gebäudewertes auf dem Lande.

Unter den ländlichen Arbeitern existiert ein grofses Bedürfnis und Verlangen nach sog. „free cottages", d. h. Wohnungen, die sie direkt vom Grundbesitzer mieten können, ohne vom Pächter abhängig zu sein. Im Gegensatz zu den „free cottages" spricht man von „tied cottages" als Wohnungen, die der Pächter dem Arbeiter vermietet und hierdurch den Arbeiter nach Willkür behalten oder kündigen kann. In der Regel sind auf jedem Pachtgut genug Arbeiterwohnungen für die nötigen Arbeiter des betreffenden Gutes; auch bekommt der Arbeiter in der Regel eine vom Pächter angewiesene Wohnung und die Miete wird bei dem Arbeitslohn in Betracht gezogen, wenn auch thatsächlich der Arbeiter keine Miete in bar zu bezahlen braucht. Nach Angabe des Sekretärs der „Wiltshire Labourer's Union" existieren in 32 Gemeinden des Distrikts 1029 „freie" und 1170 „tied cottages". Die ländlichen Arbeiter klagen mit Recht darüber, dafs sie durch das System der „tied cottages", wie sie mit Recht behaupten, von der Willkür der Pächter abhängig werden. Im Falle eines Streites zwischen dem Pächter und seinem Arbeiter kann jeden Augenblick der Pächter seinem Arbeiter und seiner Familie die Wohnung kündigen und zwar ist eine wöchentliche Kündigung genügend! Bei Streitfragen also hat der Pächter die Übermacht, denn der Arbeiter sieht sich und seine Familie stets in der Gefahr, auf die Strafse gesetzt zu werden! Der Pächter dagegen legt grofsen Wert bei einer Neupachtung darauf, dafs er die Arbeiterwohnungen unter seine direkte Kontrolle bekommt, da er weifs, wie grofs seine Macht über seine Arbeiter in diesem Falle wird. Die Gutsbesitzer, „Landlords", legen keinen grofsen Wert hierauf, sehen sich aber gezwungen, den Wünschen ihrer meistbietenden Pächter nachzugeben. Güter können in der Regel nicht verpachtet

werden, wenn nicht genügende und ausreichende Arbeiterwohnungen
vorhanden sind, und es sind Fälle bekannt, wo die Landlords sich gezwungen sahen, mehr Arbeiterwohnungen zu bauen, um das Gut überhaupt verpachten zu können. Der Farmer ist der Meinung, dafs es
unmöglich sei, einen Einflufs auf die Arbeiter auszuüben, wenn sie
nicht fühlen, dafs sie durch das Wohnverhältnis an die Pächter gebunden sind! Ein Pächter behauptete sogar, dafs er kein Gut pachten
würde, wo er nicht die ganze Kontrolle der Arbeiterwohnungen hätte.
Mit Recht meinte er, dafs man die ländliche Arbeit nicht mit der
Fabrikarbeit vergleichen könnte. Die Wohnung des Fabrikarbeiters
spielt absolut keine Rolle für den Arbeitgeber. Allein die Wohnungs-
frage ist auf dem Lande beim Mieten eines landwirtschaftlichen Arbeiters eine aufserordentlich wichtige Frage und oft von mafsgebender
Bedeutung. In der Regel ist es unnütz, einen Arbeiter zu mieten,
wenn man ihm nicht gleichzeitig Wohnung geben kann. Wenn der
Pächter nicht die Kontrolle der Arbeiterwohnungen hätte, könnte es
ja vorkommen, dafs der auf seinem Gute wohnende Arbeiter für
andere Nachbarn arbeiten würde, und so wäre er in die schlimme
Lage versetzt, vielleicht für sein Gut gar keine Arbeiter zu bekommen.
Was das Prinzip der „free cottage" anbelangt, so ist es gut, allein
nicht durchführbar; andrerseits bauen die Landlords die Arbeiterwohnungen nur notgedrungen und nicht als Kapitalanlage, um Miet-
zinsen zu erhalten. Der Pächter betrachtet mit Recht das Vorhanden-
sein guter Arbeiterwohnungen als einen ganz hervorragenden Faktor
in der Erlangung guter Arbeiter. Dem Arbeiter würde es frei stehen,
sich selbst etwa im Dorf eine Wohnung zu bauen mit dem genügenden
Garten- und Kartoffelland, allein selten hat er das Geld hierzu.
    Was nun den Parzellenbesitz der Arbeiter betrifft, so existieren
Parzellen genug, die ihnen angeboten werden und zur Verfügung
stehen und die sie auch pachten können, allein in vielen Fällen mögen
sie sie überhaupt nicht, indem sie sich mit dem Gartenland an der
Arbeiterwohnung begnügen, da sie in den meisten Fällen vom Pächter
noch aufserdem gratis Kartoffelland bekommen. In der Regel bekommt jeder Arbeiter 10—20 Ruten Kartoffelland pro Jahr zu seiner
Benutzung. Der Farmer pflügt und düngt das Land, und die Kar-
toffelsaat und Pflege besorgt der Arbeiter. Meistens wird jedes Jahr
ein anderes Stück Land verwandt. Natürlich verringert dieser Brauch
die Nachfrage nach Parzellen noch aufserdem. Anfangs, als die Verpachtung von Parzellen eingeführt wurde, waren die Arbeiter sehr
gierig darauf, allein ihre Lust nach der Pachtung dieser Parzellen

hat nachgelassen, und man findet es in mancher Gemeinde schwer,
die existierenden Parzellen alle zu verpachten. Lord Pembroke's
„Estate" giebt uns eine Statistik über die Parzellenverpachtung in
17 Gemeinden.[1]) In diesen 17 Gemeinden existieren 976 Parzellen,
die zusammen 116 acres bilden. In einer Gemeinde wurden früher
3 mal soviel Parzellen als jetzt verpachtet. In einigen Gemeinden ist
es schwer, die Parzellen überhaupt zu verpachten. In der Gemeinde
Chitterne sind 140 Pächter, die 141 Parzellen gepachtet hatten, wo-
von 23 Parzellen über $\frac{1}{4}$ acre und die übrigen weniger als $\frac{1}{4}$ acre
betrug; im ganzen beträgt die Fläche 24 acres, die alle möglichst
am Dorf lagen. Die Bruttopacht beträgt hier 33 s pro acre; der
Verpächter zahlt alle Zehnte, Abgaben, Steuern, und die kleinen
Pächter erhalten auch noch Ermäßigung, wenn sie bar bezahlen, so
daß sich die Pacht auf ca. 22 s per acre stellt. Die Rute kostet
3 d bis 6 d, in einer anderen Gegend kostet die Rute 4 d; das beste
Land kostet im kleinen 7 d per Rute oder 4 £ 13 s 4 d pro acre
(von 40 ar). Es existiert allerdings die Gefahr, daß durch Konkurrenz
unter den kleinen Leuten der beste Acker zu teuer bezahlt wird, denn
das gute Land wollen sie alle haben und steigern sich oft gegenseitig viel zu hoch; so z. B. zahlte ein kleiner Mann 3 £ pro acre
für Land, das nicht mehr als 30 s pro acre hätte kosten sollen.
Natürlich sind die kleinen Leute dann von dem Resultate enttäuscht
und verzichten lieber auf diese Parzellen. Über 40 s pro acre dürften
die Parzellen gar nicht abgegeben werden, da das das Höchste ist,
was der Boden auch durch die sorgfältigste Gartenkultur tragen kann.
Natürlich kann ja der kleine Mann höhere Pacht bezahlen als der
grofse Pächter; letzterer bezahlt alle Wege, Hecken, Einzäunungen,
Hofraum als Acker mit und findet oft auf einer Farm auch schlechten
Boden. Der kleine Mann bezahlt nur den Acker gleichmäfsigen
Bodens und kann auch leichter urteilen, was derselbe tragen kann.

Über die Lage der ländlichen Arbeiter in Wiltshire berichtet
die „Chamber of Agriculture" (Landwirtschaftskammer), dafs ihre
Lage im grofsen und ganzen genommen nie so gut war als gerade
jetzt. Andrerseits berichtet sie, dafs die Nachfrage nach Arbeitern
infolge der veränderten Wirtschaftsweise nachgelassen hätte. Die
Auswanderung der ländlichen Arbeiter vom Lande in die Stadt und
das geringere Bedürfnis der Farmer nach Arbeitern ist schon früher
hervorgehoben worden. Es ist jedoch schwer, mit Genauigkeit nach-

[1]) R. H. Rew, The Salisbury Plain District p. 46. London 1895.

zuweisen, inwieweit sich die Nachfrage nach Arbeitern verringert hat.
Es existiert jedoch eine Statistik für die Grafschaft Wiltshire über
die Zahl der landwirtschaftlich beschäftigten Arbeiter, wir greifen
hier die Jahre 1871, 1881 und 1891 heraus und kommen zu folgendem
Resultate [1]):

1871	1881	1891
29 636	24 772	20 893.

Die Zahlen verstehen sich inkl. Schäfer und Pferdeknechte und
alle landwirtschaftlich beschäftigten Arbeiter.

Die Zahlen zeigen uns eine Abnahme von 15,7 % in den 10 Jahren
1881/91 und von 29,5 % in den 20 Jahren von 1871/1891.

Bei der veränderten Wirtschaftsweise ist der Bedarf an landwirtschaftlichen Arbeitern im Winter noch verhältnismäfsig kleiner als
im Sommer. In solchen Wintern, wie der von 1893/94, macht sich
das noch fühlbarer als sonst; in einer Gemeinde allein waren 30 ländliche Arbeiter in diesem Winter ohne Arbeit, das ist aber eine Ausnahme. Der Sekretär der „Labourer's Union" meinte, dafs im grofsen
Durchschnitt nicht so viel ländliche Arbeiter ohne Arbeit seien; er
schätzte die Zahl auf 5 % und meinte, er wüfste viele Dörfer, wo
sämtliche Arbeiter stets Arbeit hätten. Allerdings bestätigte er,
dafs im Sommer viele Arbeiter vorübergehend arbeiten, die dann im
Winter in andere Gegenden oder in die Städte ziehen. Diejenigen,
die behaupten, dafs die ländlichen Arbeiter noch nie so gut daran
waren, begründen es damit, dafs infolge der niedrigen Preise aller all-
täglichen notwendigen Bedürfnisse des Lebens das verdiente Geld
heute eine gröfsere Kaufkraft besitzt als früher. Obgleich die Löhne
durchschnittlich während der letzten 15 Jahre um 1—2 s pro Woche
gefallen sind, denselben Betrag, um den die Löhne in den 70er Jahren
stiegen, wird jedermann zugeben, dafs die Kaufkraft von 10 s der
Kaufkraft von 12 s vor 20 Jahren gleich steht. In alten Zeiten
rechnete man 1 Bushel Weizen und 1 s als den wöchentlichen Lohn
eines Arbeiters; jetzt würde der Wochenlohn eines Arbeiters, ganz
abgesehen von den Nebeneinnahmen, 3 Bushel Weizen kaufen!

Interessant ist die Ansicht eines gröfseren „Landlords" hierüber;
er sagt: „Viele zuverlässige Arbeiter haben mir versichert, dafs ein
kleines Steigen im Brotpreis von ihnen gar nicht empfunden werden
würde; sie meinten aber, dafs sie gegen ein geringes Steigen des
Brotpreises nichts hätten, wenn sie glauben könnten, dafs dies Steigen

---

[1]) Census Returns.

dem Farmer in der Produktion zu gute kommen würde. Arbeiter fragen oft bei mir an um die Pachtung von Parzellen; ich finde jedoch, dafs die gröfseren Pächter im allgemeinen nicht geneigt sind, solche Verpachtungen zu begünstigen, wohl wegen des Mangels an Arbeitern. Ich habe jahrelang die Arbeiter dazu zu bewegen versucht, wenn es auch nur ganz kleine Parzellen waren, die sie aufnehmen konnten. Die kleinen Leute, die Land gepachtet haben, sind aufserordentlich fleifsig; die ganze Familie arbeitet und der kleine Mann zahlt ganz regelmäfsig seine Pacht. Nach meiner Erfahrung genügt gute Behandlung durch einen auf dem Lande wohnenden „Landlord“ und seine Familie und Gerechtigkeit in allen Handlungen, um vollständiges Vertrauen seitens der ländlichen Arbeiter zu gewinnen.“

Die Ansicht eines gröfseren Pächters ist folgende: Er meinte, dafs im allgemeinen der ländliche Arbeiter sehr fleifsig und genügsam ist; man kann selbst leicht ihre verbesserte Lage beobachten. Persönlich nimmt er grofses Interesse an seinen Arbeitern und interessiert sich für die Familie eines jeden einzelnen. Um den Wohlstand der ländlichen Arbeiter zu sehen, brauchte man sie nur am Sonntag zu beobachten; er meinte, dafs 75 % der Kinder von 12 Jahren Uhren besäfsen, was doch ein Beweis ist, dafs die Eltern sich auch diesen Luxus erlauben können. Die weitere Thatsache, dafs in England die Frauen weniger im Felde arbeiten, ist ein fernerer Beweis für den Wohlstand. Früher war es noch für Frauen Sitte, im Felde zu hacken und auch Heu zu machen, und sie erhielten dafür 80 Pfg. pro Tag. Jetzt wollen sie nicht einmal in der Ernte die Garben binden helfen, und nur selten und notgedrungen halten sie es für würdig, ihren Männern aufs Feld hinaus das Frühstück zu tragen. Die Söhne bleiben, wenn sie es vermeiden können, nicht auf dem Lande und selten lernen sie heute die schwierigeren Arbeiten. Wie oft kommt es vor, dafs die Söhne eines Schäfers das Schafscheren nicht lernen, obgleich sie 5—6 s pro Tag verdienen könnten; die Arbeit ist ihnen wohl zu schwer und mühsam! Es giebt Schafscherer, die das Schaf am 1. Mai anfangen zu scheren und 3 Monate lang scheren, dann machen sie Erntearbeiten während 2 Monate und arbeiten dann vom 1. Oktober bis 1. Mai im Wald. Durch diese Arbeiten verdienen sie durchschnittlich im Jahre 4—6 s pro Tag mit Ausnahme vielleicht eines Monats schlechten Wetters. Der jüngeren Generation sind diese Arbeiten zu schwer, und es scheint kein Aufwuchs vorhanden zu sein, um später die ältere Generation zu ersetzen. Eine grofse Anzahl Arbeiter könnte wie oben alljährlich Beschäftigung finden. Die Unlust

der jungen Leute, obengenannte besser bezahlte und geschickteste
Arbeit zu erlernen, wenn sie auch schwer ist, betrachte ich als eine
der ernsthaftesten und wichtigsten Thatsachen der Arbeiterlage.

VII. Gröfse der Farmen.

Welche Gröfse der Farmen am geeignetsten ist, eine gute Rente
unter den heutigen Verhältnissen zu bringen, ob grofs oder klein, soll uns
jetzt beschäftigen. In Wiltshire sind in der Regel grofse Farmen.
Diese Thatsache ist eher das Resultat der physikalischen und geo-
logischen Verhältnisse als der menschlichen Willkür. Es wäre unmöglich, die seichten, leichten Böden der kalkhaltigen „Downs" im kleinen
zu bewirtschaften, ebenso unpraktisch wäre es, die Thalfelder von den
„Downs" trennen zu wollen, da ohne diese üppigen Thalwiesen sich
die „Downs" schwer verpachten würden. Vom kaufmännischen Standpunkte ist man allgemein der Ansicht, dafs Güter von 600—700 acres
und aufwärts für die Grafschaft am geeignetsten sind. Der Sekretär
der Wiltshire „Labourer's Union" war der Meinung, dafs die Landwirtschaft wie jedes andere kaufmännische Geschäft sich am besten und
erfolgreichsten im grofsen und auf gröfseren Komplexen betreiben
läfst. Es ist eine interessante Thatsache, dafs der Sekretär einer
„Labourer's Union" die Bewirtschaftung grofser Komplexe in einer
Hand begünstigte. Im nordöstlichen Distrikt finden wir einen
Pächter (Mr. W. S. Farmer) von 14 000 acres (von 40 Ar). Dieser
Komplex ist in 4 Teile geteilt und diese 4 Teile wiederum bestehen
aus Gütern von 400 bis 3000 acres. Die Güter gehören verschiedenen
„Landlords". Der Pächter hat noch einen Mitteilhaber, allein er hat
die ganze Leitung unter sich. Im Jahre 1874 fing er das Wirt-
schaften an und hat allmählich die Zahl seiner Pachtgüter vergröfsert.
Fast in jedem Falle einer Vergröfserung seines Komplexes hatte sein
Vorgänger Geld verloren. Die Pacht ist verschieden, von 5 s pro
acre für „Downland" bis 40 s für gutes Thalland. Ca. 3000 acres
sind in Weide angelegt. Im allgemeinen ist die Wirtschaftsweise
nicht einseitig; Getreide, Schafe und Milch geben die Haupteinnahmen.
Fast 1500 Stück Rindvieh werden gehalten, aufserdem 5—6000
Mutterschafe. Die Schafe sind meist „Hampshire Down" und auf den
Downs gehen auch „Blackface"Schafe. Letzten Winterwurden ca. 80
Tonnen an Futtermittel gekauft: andrerseits wird wenig künstlicher
Dünger verwandt.

Fünf Dampfpflüge nach Fowlerschem System arbeiten auf dem
Gute. 1500 Gallonen Milch werden täglich nach London versandt.

Die ganze Leitung ist eine streng kaufmännische und der Pächter besitzt hervorragende kaufmännische Ausbildung und Fähigkeit. Er behauptete, er hätte die gröfsten Erfolge durch die gemeinsame Produktion von Getreide, Schafen und Molkereiprodukten gehabt. Auf Gütern, wo der eine oder der andere dieser Produktionsfaktoren fehlt, ist es schwer, die Pacht herauszuwirtschaften. Der kaufmännische Erfolg dieses Grofsbetriebes ist teils basiert auf reichliches Betriebs- und Umlaufskapital, das stets Barzahlung ermöglicht, keinen Kredit benötigt und beim Ankauf die Erzielung billiger Preise durch Barzahlung.

Von der Beschreibung dieses Riesenunternehmens wollen wir übergehen zu den kleineren Gütern, dem entgegengesetzten Extrem. Ehe ich zu demselben übergehe, möchte ich die Ansicht obigen Grofspächters über die kleinen Güter hier angeben. Er sagte: „Es kommt weniger auf die Gröfse des Gutes als auf die Fähigkeit des Unternehmers und auch auf dessen Geld- und Betriebsmittel an. Ich kenne Güter genug, kleine und grofse, die gleich schlecht bewirtschaftet werden. Die Bewirtschaftung eines kleinen Gutes macht niemals einen guten Wirt aus einem schlechten. Viele kleine Farmer würden als Beamte unter der Leitung eines anderen bessere Resultate erzielen. Es hängt eben ganz von der Fähigkeit des betreffenden ab und des ihm zur Verfügung stehenden Betriebskapitals.

Ich bin kein Freund der künstlichen Schaffung von kleinen Gütern und eines Bauernstandes durch Staatshilfe, sei es im Aufbau von Gebäuden oder sonstwie. Wäre Aussicht für das Gelingen eines solchen Planes vorhanden, so fände sich das Publikum bald bereit, die nötigen Kapitalien vorzuschiefsen. Wenn das Publikum zu dem Unternehmen kein Vertrauen hat, so hat der Staat erst recht keine Berechtigung, sich hineinzumischen. Ich glaube, dafs höchstens in der Nähe gröfserer Städte sich die kleinen Güter rentieren könnten, sonst aber nie!" In einzelnen Gegenden Wiltshires findet man die kleinen Güter und zwar auf dem Kalkboden, der an den „Downs" angrenzt. Dieser Boden ist leicht zu bearbeiten und eignet sich gut zum Obst- und Gemüsebau, womit sich die kleinen Leute meist abgeben. Was im Obstbau geschaffen werden kann, zeigt uns ein Beispiel: Ein Mann kaufte vor 25 Jahren 6 acres und baute sich ein Häuschen, mehr um als Rentier zu wohnen als etwa etwas zu verdienen. Er fand Beschäftigung in der Anlage eines Obstgartens und bepflanzte seine ganzen 6 acres mit Obst, da der Boden gut und zum Obstbau schönstens geeignet schien. Er pflanzte allerlei Obst und produziert jetzt von seiner Fläche in einem guten Jahre 40 tons pro acre. Der ganze Ertrag wird nun eingemacht (Gelée, Syrup und allerlei eingemachtes Obst) und an Privatkunden verkauft. Das Gut ist in tadellosem Zustande gehalten und jeder Quadratmeter wird ausgenutzt. Künstlicher Dünger wird verwandt. 6 Tagelöhner besorgen die ganze Spatenkultur; ihre Löhne betragen 10—15 s pro Woche; sie arbeiten von 7 Uhr früh bis 5 Uhr nachmittags. Weiber besorgen die Obst-Ernte und erhalten 1 s 3 d bis 1 s 6 d pro Tag. Pro Jahr und pro acre wird durchschnittlich 22 £ 10 s an Arbeitslohn verwandt. Das eingemachte Obst bringt 30—60 s pro Cwt.

Wie oben erwähnt, findet man auf der Grenze der „Downs" viele kleine Güter, die meist als Gärtnerei zum Gemüsebau verwandt werden. Ein solches betrug 3 acres und zahlte 60 s pro acre Pacht, dabei wurde für die Wohnung außerdem 80 s jährlich bezahlt.

Die ganze Fläche wird mit Gemüse angebaut, die die Hausfrau, eine außerordentlich tüchtige Geschäftsfrau, allwöchentlich einmal zu Markt nimmt, eine Entfernung von 12 engl. Meilen zur nächsten Stadt, wo sie an Privatkunden guten Absatz findet. Zu diesem Zwecke hält sie sich einen Esel und einen kleinen Wagen. Schweine, Bienen und Geifsen werden gehalten und etwas Weizen wird gebaut, um Streustroh zu haben.

Letztes Jahr wurde 1 Ctr. Honig zu 8 d pro Lb. verkauft. Aus der Geifsmilch wird Butter gemacht. In diesem Betriebe sah man, was mit guter Führung auf einer kleinen Fläche erzielt werden kann. Allein man muß gestehen, daß dieses Beispiel als ein günstiges angegeben ist.

Ein benachbartes Gütchen von 6 acres ($\frac{1}{2}$ Gras $\frac{1}{2}$ Acker) machte einen ganz anderen Eindruck. Drei Kühe wurden gehalten und Butter wurde gemacht.

Die Pacht beträgt 60 s pro acre und nach allem zu urteilen, unterliegt es keinem Zweifel, daß der kleine Mann schlechte Geschäfte macht.

Ein weiteres kleines Gut von 3 acres als Gemüsegarten behandelt, bewies Fleiß und gute Leitung, allein der Pächter sagte, daß die Pacht 14 £ pro Jahr inklusive einer kleinen Wohnung und Schweinestall zu hoch sei. $\frac{3}{4}$ seiner Zeit arbeitet der Mann für sich und $\frac{1}{4}$ der Zeit auswärts. Er meinte, die Pacht müßte um die Hälfte erlassen werden, damit er etwas verdienen könne!

Ein kleiner Farmer, der 16 acres besitzt, wovon 3 acres Acker, 13 acres Weideland sind und der 20 acres für 60 s pro acre gepachtet hat, klagte darüber, daß er es schwer finde, kleine Parzellen zu einem

angemessenen Preis zu finden. Er war geneigt, mehr Land zu
pachten und meinte, dafs es vielen so wie ihm ginge. Er war auch
der Meinung, dafs, wenn einmal Arbeiter die eigene Scholle bearbeiten,
sie nicht mehr auf Lohnarbeit gehen wollen. Auch dafs Parzellen,
die früher 4 £ pro acre Pacht kosteten, heute nicht mehr als 1 £
pro acre kosten sollten. Andere meinten, eine Pacht von 3 £ pro
acre wäre ganz ausgeschlossen bei den heutigen Zeiten. Es wurde
jedoch zugegeben, dafs die hohen Pachten der Konkurrenz in manchen
Gegenden zu verdanken seien und dafs bei einer frei werdenden Parzelle sich immer Bewerber genug einfänden. Es wurde auch hervorgehoben, dafs da, wo die Nachfrage nach Parzellen grofs sei, mehr
Parzellen geschaffen werden müfsten.

In dem Distrikte „Market Lavington" sind z. B. 60 kleine Güter,
die im ganzen 128 acres betragen und die eine Pacht von 2 £ 10 s
pro acre durchschnittlich bringen. Andrerseits findet man hier vier
Güter, die zusammen 2890 acres betragen, die nur 10 s pro acre Pacht
bezahlen. Die kleinen Parzellenbesitzer finden darin natürlich eine
Ungerechtigkeit und behaupten mit Recht, dafs die Parzellen im Verhältnis zu den gröfseren Gütern zu hohe Pacht bezahlen. Manche
meinten, es müfste sogar von Staatswegen verboten sein, mehr als
50 acres in einer Hand zu besitzen (jedenfalls eine originelle Idee).
Auf dem „Estate" des Earl of Pembroke sind in 15 Gemeinden
178 acres an 76 kleine Leute verpachtet, also im Durchschnitt Parzellen von ca. 2 acres. [1])

Die Gemeinde Winterslow, die 790 Einwohner zählt und
6 engl. Meilen östlich von Salisbury auf der Grenze von Hampshire
liegt, liefert eine ganz eigene Art der Parzellenbesitzer, die wir hier
anführen und beschreiben möchten. [2])

Ein gewisser Major Poore, der Ratsmitglied der Grafschaft für
den Distrikt ist, in welchem Winterslow sich befindet, hat in den verschiedenen Dörfern „Dorfratsstuben" eingerichtet, in die das Dorf
Vertreter wählt. Mit diesen berät sich Major Poore von Zeit zu
Zeit über alle möglichen Fragen, um stets in Fühlung mit seinem
ganzen Distrikt zu bleiben und um etwaige Wünsche entgegenzunehmen.
Auch legt Major Poore bei solcher Gelegenheit etwaige Fragen vor,
über die man sich gegenseitig ausspricht. Eine grofse Frage war
nun hier der Parzellenbesitz, und es wurde klar, dafs ein Bedürfnis

---

[1]) R. H. Rew, The Salisbury Plain District p. 47. London 1895.
[2]) R. H. Rew, The Salisbury Plain District p. 31. London 1895.

für Parzellenbesitz existierte, der nicht gut zu befriedigen war. Bei
Gelegenheit kam in der Nähe des Dorfes ein größeres Gut zum Verkauf, das zum Teil direkt am Dorfe lag. Vor der Auktion des Gutes
wurde die ganze Angelegenheit im Dorfe besprochen und erbot sich
Major Poore, das nötige Geld aufzutreiben. Das Gut von 195 acres
wurde für 1500 £ erstanden, wovon jedoch einige 83 acres gleich
wieder verkauft wurden. Die übrigen 112 acres wurden dann in
Parzellen eingeteilt und der Wert einer jeden Parzelle taxiert. Dies
geschah durch eine Kommission mit einem unparteiischen Schiedsrichter. Der Durchschnittspreis der ganzen Fläche wurde auf 15 £
pro acre festgestellt. Die Größe der Parzellen variierte von $\frac{1}{4}$ bis
16 acres und der Preis schwankte zwischen 8 £ und 30 £ pro acre.
Die Taxation war aufs sorgfältigste geschehen und zur Zufriedenheit
aller Käufer ausgefallen. Was nun die Art und Weise der Bezahlung betrifft, so ist dieselbe auch interessant: Sie ermöglicht und
erleichtert den Kauf des Landes, nicht die Pacht, und durch die Art der
Bezahlung ist es vielen möglich geworden, mit kleinen Mitteln sich eine
Parzelle anzueignen, da die volle Zahlung erst binnen 15 Jahren geschieht. Neun der Käufer, die zusammen 8 acres kauften, zogen es
vor, gleich bar zu bezahlen, das übrige Land wurde mit Zahlungsfrist
gekauft.

Die folgende Tabelle [1]) zeigt die Weise der Rückzahlung einer
Summe von 10 £ mit dazu gehörigen Zinsen. Jährlich wird 1 £
bezahlt während 14 Jahre und im 15. Jahre nur noch ein kleiner
Rest, so daß in 15 Jahren die Schuld von 10 £ bezahlt ist. Bei
größeren Summen wird stets auch $\frac{1}{10}$ jährlich bezahlt.

Die Zahlungen finden $\frac{1}{2}$ jährlich pränumerando statt. Interessant
ist die mit dieser Einrichtung verbundene sog. „Landholder's Court" [2]),
die aus allen Besitzern des parzellierten Gutes besteht. Dieselbe ist
als Aktiengesellschaft eingetragen und jeder Parzellenbesitzer besitzt
einen Anteil. Hierdurch entsteht ein gemeinsames Interesse und
außerdem ein persönliches Interesse eines jeden für seine Parzelle.
Die Thätigkeit derselben besteht darin, alle Abgaben, Zehntel und
Zinsen zu sammeln und zusammen an Major Poore zu übergeben.
Außerdem werden Streitigkeiten durch das „Court" geschlichtet und
das „Court" bestimmt über die weitere Verpachtung. Die Aktie beträgt 5 s.

---

[1]) R. H. Rew, The Salisbury Plain District p. 31. London 1895.
[2]) R. H. Rew, The Salisbury Plain District p. 59. London 1895.

Jahr	Jährlich bezahlt	Zinsen	Rückgezahltes Kapital	Saldo der Schuld
1	1 £	10 s 0 d	10 s 0 d	9 £ 10 s 0 d
2	1	9 6	10 6	8 19 6
3	1	8 11½	11 0½	8 8 5½
4	1	8 4½	11 7½	7 16 10½
5	1	7 10	12 2	7 4 8
6	1	7 2½	12 9½	6 11 10½
7	1	6 7	13 5	5 18 5½
8	1	5 11	14 1	5 4 4½
9	1	5 2½	14 9½	4 9 7
10	1	4 5½	15 6½	3 14 0½
11	1	3 8½	16 3½	2 17 9
12	1	2 10½	17 1½	2 0 7½
13	1	2 0	18 0	1 2 7½
14	1	1 1½	18 10½	0 3 9
15	0 £ 3 s 11 d	0 2	3 9	
	14 £ 3 s 11 d	4 £ 3 s 11 d	10 £ 0 s 0 d	

(Ende des Jahres)

Wenn das Land bezahlt sein wird, also in 15 Jahren, wird ein Überschuſs von 600 £ existieren, der dann zum allgemeinen Wohl irgendwie Verwendung finden soll. Jeder Aktienbesitzer hat eine Stimme bei der Wahl der Mitglieder des Ausschusses des „Landholder's Court". Jedes Jahr ist wieder neue Wahl. Die ganze Einrichtung dieses Parzellenbesitzes scheint bis jetzt gute Folgen zu haben, da jedes Mitglied ein eigenes Interesse und auch am ganzen interessiert ist. Der beste Beweis für den Erfolg ist die Thatsache, daſs gar keine Rückstände vorhanden sind. Die Parzellenbesitzer selbst sind mit ihrer Einrichtung vollständig zufrieden. Ein Besitzer von 7 acres verdient 15 s pro Woche im Walde und verwendet nun seine übrige Zeit auf seine Parzellen; er beabsichtigt dieselben zur Weide anzulegen und Vieh und Schweine darauf zu weiden; er will auch Butter produzieren, wofür in der Gegend guter Absatz existiert, da die groſsen Pächter, die früher Butter produzierten, jetzt Milchwirtschaft treiben. Der Bruder dieses Mannes hatte auch 7 acres und hatte sich ein Häuschen für 150 £ gebaut. Auf einigen anderen der Parzellen hatten sich die Besitzer ein Wohnhaus gebaut. Die Einwohner der Dörfer sind meist Waldarbeiter, die sich also ganz besonders zur Bewirtschaftung kleiner Parzellen eignen. Den ganzen Winter hindurch finden sie genügende Beschäftigung im Walde und im Sommer, wenn sie Zeit übrig haben, die sie nicht auf die Parzellen verwenden können, finden sie leicht bei den benachbarten Farmen jede landwirtschaftliche Arbeit. Im Frühjahr und Herbst, wo sie weniger Akkordarbeit verrichten können, arbeiten sie auf ihren eigenen Parzellen. Die meisten also sind nur zum Teil auf den Ertrag ihrer Parzellen angewiesen, so dafs ihnen die Zahlung der Zinsen leicht wird.

Ein Parzellenbesitzer ist Schuhmacher; er hatte eine Parzelle von 5 acres gekauft, die in der Nähe seiner Wohnung gelegen waren. Er hatte vorher eine Parzelle gepachtet und hatte 2 £ pro acre Pacht zahlen müssen, während er jetzt nur 38 s pro Jahr bezahlte und nach 14 Jahren der Besitzer derselben werden würde! Er war, so schien es, aufserordentlich zufrieden. Auf den kleinen Parzellen hielt er sich eine Kuh und einige Schweine und lebte eigentlich ganz vom Ertrage seiner Parzellen. Die Wohnungen des Dorfes gehören meist fremden Besitzern und die Mieten sind ziemlich hoch; daher bauen sich viele jetzt eigene Wohnungen.

Im grofsen werden die Parzellen gut bewirtschaftet und verwenden die Besitzer viel Arbeit und Sorgfalt auf dieselben. Die Zehntelabgaben betragen 4 s pro acre, die sonstigen Abgaben an die Gemeinde 1 s 10 d pro 1 £. In der Absicht, die hohen gerichtlichen Kosten des Verkaufes zu vermeiden, sind den Besitzern die Parzellen auf 2000 Jahre verpachtet statt eines Verkaufs, der nur mit grofsen Spesen verbunden wäre. Auf diese Weise werden viele Unkosten erspart und die Übertragbarkeit der Parzellen ist sehr erleichtert. Abgesehen von dieser Einrichtung des „Landholder's Court" hat die Gemeinde Winterslow von alten Zeiten her stets viel Parzellenbesitz gehabt, und die Einwohner haben sich stets aufserordentlich gut dabei befunden.

Ein Beispiel führen wir an von einem Manne, der als Waldarbeiter anfing und noch nebenbei eine ganz kleine Parzelle hatte. Jetzt hat er 20 acres gepachtet und noch eine kleine Parzelle von 4½ acres. Für diese letztere bezahlt er 10 £ und für das erstere 25 £ 10 s. Aufserdem hat er einen ihm wichtig erscheinenden ½ acre für 40 £ gekauft und auf diesem Lande baute er sich eine Wohnung für 130 £. Das Haus ist von Fachwerk gebaut, allein sehr solid und mit Steinmörtel bedeckt.

Auf seinem 20 acre grofsen Gut hat er selbst einen Kuhstall gebaut, während der Besitzer nur das Material lieferte. Das Land ist etwas schwer und auf dem Kalk liegt eine Schicht Lehmboden. Er baut Hafer und etwas Weizen und verfüttert das meiste an seine

Kühe. Er hat vier Kühe und produziert Butter, wofür er 1 s 2 d pro Lb. bekommt. Aufserdem verkauft er auch Milch für 1 s pro Gallon. Er hält sich sechs Schweine und ca. 40 Stück Federvieh. Sein Verpächter läfst ihm ganz freie Hand und 1893 verkaufte er 3 tons Heu.

Ungefähr 12 englische Meilen südlich von Salisbury in West Wellow ist eine kleine Kolonie von kleinen Parzellenbesitzern, die auch Interessantes bietet[1]): Vor ca. 27 Jahren wurde ein Teil des Heidelandes, wovon in der Gegend viel existiert, vom Besitzer zum Verkauf angeboten und zwar in Parzellen von 2—10 acres und mit leichten Zahlungsbedingungen. Durch Bekanntmachung fanden sich Käufer für ca. 140 acres. Ein Weg führt mitten durch die Parzellen. Das Aussehen der Kolonie ist ein blühendes und die Wohnhäuser sehen alle gut gebaut und bequem aus. Einige sind sogar über dem Niveau des kleinen Mannes, der aus einigen acres sein Leben verdient. In einem Falle waren 5½ acres vor 27 Jahren von einem Mann gekauft worden, der 20 £ damals zahlte. Er hatte ein gutes Wohnhaus und einige Glastreibhäuser gebaut, in denen er Erdbeeren und Gurken zog. Fast der ganze Parzellenbesitz dieses Mannes ist zu Obst- und Gemüsebau verwandt und 4—5 Männer sind beschäftigt. Der Besitzer, ein fleifsiger arbeitsamer Mann, hatte als Tagelöhner gearbeitet und während der ersten 7—8 Jahre hatte er einen harten Kampf ausgestanden; jetzt, da es ihm gut geht, arbeitet er ebenso fleifsig und ist ein Beweis für den Erfolg eines Mannes auf Parzellenbesitz. Er will aber verkaufen, wenn er den Preis, den sein Besitz ihn gekostet, erhalten kann. Ein anderer Parzellenbesitzer kam vor 10 Jahren aus London, kaufte 3¼ acres und baute ein Haus. Er war Gärtner gewesen und verstand den Gemüsebau. Durch seine Bekannten in London hatte er reichlichen und guten Absatz für alle seine Produkte, so dafs er weitere 10 acres an Grasland gepachtet hat, die er weitere 10 Jahre übernommen hat. Es besteht hauptsächlich aus Grasland; er pflügt dasselbe und baut Kartoffeln, dann Hafer, sodann düngt er und verwendet das Land als Gemüse- und Futterland für seine Kühe, deren Butter er nach London schickt. Er hält sich 16 Kühe und 100 Stück Federvieh und verkauft alle Butter, Eier und junge Masthühner in die Stadt. Es ist ihm möglich so viel Kühe zu halten, weil er an der Gemeinde Teil hat. Auf seinem Grundstück ist ein guter Kuhstall, den er selbst errichtet hat. Ein

---

[1]) R. H. Rew, The Salisbury Plain District p. 33. London 1895.

anderer Londoner hat auch hier vor 14 Jahren gepachtet und zwar 3½ acres. Er hält sich 4 Kühe. Nur einer und auch ein Londoner hatte Geld verloren, allein er verstand das Geschäft nicht und ist also nicht maßgebend.

Viele der Parzellen sind schon oft gekauft und wieder verkauft worden. Das liegt wohl daran, daß viele dadurch verdienen wollten. Die meisten kauften ursprünglich den rohen Boden billig und nachdem sie ihn kultiviert und urbar gemacht hatten, das Wohnhaus und die nötige Stallung gebaut, waren sie in der Lage, die angewandte Arbeit und Mühe mit Gewinn zu versilbern, was auch in vielen Fällen geschah.

Der Boden ist gut, leicht zu bearbeiten und zu Obst und Gemüse gut geeignet. Bei guter Kultur erzielen die Leute große Ernten. In einigen Fällen haben die Leute durch ungeheuren Fleiß und Sparsamkeit Geld verdient, allein die meisten Kolonisten in West Wellow haben sich nur die täglichen Bedürfnisse des Lebens verdienen können.

VIII. Beschwerden und Klagen und vorgeschlagene Abhilfe derselben.

An dieser Stelle wollen wir die Beschwerden angeben, die in Wiltshire hervorgehoben werden, und sodann möchten wir auch die Vorschläge in Betracht ziehen, die zur Abhilfe der Notlage der Landwirtschaft hier dienen sollen. Wir klassifizieren dieselben wie folgt:

A. Gegenstand der Abhilfe durch die Gesetzgebung.
    α) Betreffend die Landwirte im allgemeinen.
    β) Betreffend gewisse Klassen von Landwirten.
B. Gegenstände außer dem Bereich der Gesetzgebung.

A. Gegenstand der Abhilfe durch Gesetzgebung.

α) Die Landwirte im allgemeinen betreffend.

Die meisten sind mit Recht der Meinung, daß die ausländische Konkurrenz die Grundursache der landwirtschaftlichen Niederlage bildet, allein nur ganz wenige Farmer denken noch an eine Rückkehr zur Zollpolitik als praktisch durchführbar. Viele, die für die Zollpolitik in einer milden Form wären, geben zu, daß sie für England ausgeschlossen ist. Die wenigsten Farmer jedoch wären gegen

eine neu einzuführende Zollpolitik. Folgende Mitteilung eines Mr.
E. A. Rawlence giebt uns die Ansicht, wie sie vielfach unter den
Farmern, welche die Zollpolitik sehen möchten, verbreitet ist [1]):

„In Bezug auf den Freihandel, wenn es noch so klug ist diese
Politik aufrecht zu erhalten, ist es doch nutzlos bestreiten zu wollen,
daſs die Rückgänge in den Marktpreisen aller einheimisch produzierten landwirtschaftlichen Erzeugnisse begründet ist in der Über-
schwemmung der englischen Märkte mit dem Überschuſs an landwirtschaftlichen Erzeugnissen aus allen unseren vielen Kolonieen und aus
fremden Ländern. In irgend einem Teile der Welt ist stets eine ab-
norm groſse Ernte von landwirtschaftlichen Erzeugnissen, und daher
entsteht ein Überschuſs, der zu jedem Preis verkauft werden muſs
und kann. Da Groſsbritannien das einzige Land ist, das diese Über-
schüsse an fremden Erzeugnissen ohne hohen Zoll annimmt, so
strömen die ganzen Produkte der Welt zunächst auf den englischen
Markt, um dort um jeden Preis verkauft zu werden. Diese Art des
Verkaufs wirkt selbstredend drückend auf alle Marktpreise, und man
kann sich nicht wundern, da dies gar nicht anders sein kann. Groſsbritannien wird ein freihändlerischer Staat genannt, während streng
genommen dies nicht einmal der Fall ist, nicht einmal in Bezug auf
die täglichen Bedarfsartikel der Armen und Reichen. Da es also
nötig erscheint, gewisse Artikel mit Zoll zu belegen, um Staatsein-
künfte zu schaffen, so hat sonderbarerweise England solche Artikel
als zollpflichtig gewählt, die Groſsbritannien nicht zu produzieren imstande ist. Andrerseits dürfen solche Artikel, die England produzieren kann und produziert, zollfrei auf dem englischen Markte verkauft werden. In „Whittaker's Almanach" finden wir aus dem
„Custom House Returns" für das Jahr 1892—1893 folgende Staats-
einkünfte aus dem Zoll:

	Zoll	
Zichorie	61 089	£
Kaffee	177 427	„
Kakao und Chokolade	106 891	„
Thee	3 406 225	„
Korinthen	100 268	„
Rosinen	191 569	„
Feigen, Pflaumen u. s. w.	54 270	„
	4 097 739	£

---

[1]) R. H. Rew, The Salisbury Plain District p. 34. London 1895.

Es wird kaum bestritten werden, dafs obige Artikel zu den täglichen Bedarfsartikeln des Engländers gehören, vom Hüttenbewohner aufwärts bis zum „Peer" und fast ebenso notwendig als Weizen und Mehl, und doch werden diese Artikel, die einheimisch nicht produziert werden können, mit über 4 Millionen £ Zoll belastet. Meine Meinung geht dahin, dafs obige Artikel vom Zoll befreit werden sollten, da wir sie selbst nicht produzieren können, und der Betrag ersetzt werde durch Auflegung eines Zolles von 4 s per Quarter auf die 20 000 000 Quarter fremden Weizens, die jährlich eingeführt werden; hierdurch würden weder der Staat noch der Engländer um einen Penny ärmer gemacht werden. Hierdurch könnte dem Farmer sehr geholfen werden und die ganze englische Landwirtschaft, die jetzt seit 20 Jahren leidet und kränkelt, würde wenigstens langsam genesen; allein so lange die Menge den Parlamentsmitgliedern ihre Stimme giebt, die ihnen billiges freihändlerisches Brot verspricht, „so lange mufs die Landwirtschaft darunter leiden".

Vorgeschlagen wird auch ein Zoll, der den Preis des Weizens wiederum von 20 s (der heutige Preis) auf 40 s pro Quarter bringen würde, und zwar sollen die Einkünfte des Zolles als „Altersrenten", die der Menge somit zu gute kommen würden, Verwendung finden. Manche möchten, wenn sie auch einsehen, dafs ein Zoll auf Weizen undurchführbar ist, wenigstens auf eingeführte Braugerste und Hafer einen Zoll sehen. Auch schlagen manche einen Zoll auf Mehl vor. Ein Farmer würde gern einen Zoll auf Mehl und alle fremden Fabrikate sehen, allein diese Ansicht ist nur wenig vertreten. Es wird hervorgehoben, dafs in England die meisten Mühlen auf dem Lande sich gezwungen sahen, infolge der ausländischen Konkurrenz ihr Geschäft aufzugeben. In der Gemeinde Market Lavington war früher eine Mühle, die ihre 3000 D.-Ctr. Getreide pro Jahr mahlte; ihr Besitzer sah sich gezwungen, das Geschäft als unrentabel aufzugeben. Mr. Rawlence hebt auch hervor, dafs es Thatsache ist, dafs, während der Weizen stets billiger wird, die Mahlabfälle desselben, wie Kleie u. s. w., stets teurer werden; z. B. kostet die Tonne Kleie 20—30 s per Tonne mehr als der Weizen, ein Faktum, das eigentlich lächerlich erscheint. Was nun die Kosten des Brotbackens betrifft, so stellt sie ein Warminster Müller wie folgt und will damit beweisen, dafs eine Steigerung des Brotpreises um $4\frac{1}{2}$ d per Gallon oder 56 % einen Preisunterschied im Weizen von 100 % bewerkstelligen könnte:

	d	d	d
Preis des Brotes pro Gallon	—	8	12$\frac{1}{2}$
Mahl- und Futterkosten	$\frac{3}{4}$		
Gewinn des Müllers	$\frac{1}{4}$		
Kosten des Backens etc.	1$\frac{1}{2}$		
Gewinn des Bäckers	1		
Summa der Kosten (Müller u. Bäcker)		3$\frac{1}{2}$	3$\frac{1}{2}$
Bleibt übrig für den Weizen		4$\frac{1}{2}$	9

Die „South Wilts Chamber of Agriculture" (Landwirtschaftskammer) beschloß, „die Aufmerksamkeit des Staates auf die Entwertung des Silbers und deren Einfluß auf die heutige Landwirtschaft zu lenken". Viele englische Farmer glauben mit Recht, daß
die Konkurrenzfähigkeit durch die Entwertung des Silbers in solchen
Staaten, die Silberwährung haben, bedeutend gestiegen ist und es sind
nicht wenige Landwirte Englands, die die Einführung des Bimetallismus begrüßen würden, um die Einwirkung desselben auf die Landwirtschaft zu sehen. — Vorläufig ist aber gar keine Aussicht, daß England seine Währungspolitik ändern wird. Sir William Harcourt hat
sich erst kürzlich im englischen Parlament hierüber ausgesprochen
und er versichert, daß sich England bis jetzt bei der Goldwährung
sehr wohl gefühlt hätte und gar keine Absicht hätte, zur Doppelwährung überzugehen. Die „South Wilts Chamber of Agriculture" hat
ferner fortgestellt, daß das Land einen zu großen Prozentsatz der
Lasten durch lokale Steuer zu tragen hat, was allgemein empfunden
wird. Die Ungleichheit in der Art der Besteuerung bildet den Gegenstand allgemeiner Beschwerde auf dem Lande, es wird sehr darüber
geklagt, daß die Mehrheit der Steuerlasten auf das Land und auf
den Grund und Boden fällt. Landwirtschaftlich benutzter Grund
und Boden wird sogar schwerer mit Steuern belastet als jeder andere
Grundbesitz, was auch ganz ungerechtfertigt ist. Wie oft kommt es
vor, daß ein großer Pächter, der in den schlechten Zeiten nur 100 £
Einkommen hat, auf ein Einkommen von 200 £ geschätzt ist und
hierfür auch Steuer zahlen muß!

Was die lokalen Abgaben auf dem Lande in Wiltshire betrifft,
so existieren hierüber wenig Klagen, und es wird konstatiert, daß
sich wenigstens die Abgaben in der letzten Zeit nicht erhöht haben.
Betrachten wir die Zahlen [1]), wie sie in den „Local Taxation Returns"

---

[1]) Warminster Amesbury Wilton Local Taxation Returns.

für 3 Unions des Distrikts angegeben sind, so finden wir, daß zusammen die Summe der Armenabgaben, die im Jahre 1881 erhoben wurde, 22770 £ betrug, während für dieselben 3 Unions im Jahre 1893 die Summe der Armenabgaben nur 16891 £ betrug. In nur einer dieser 3 Unions war die Abgabe in der Zeit um ¼ d pro 1 £ gestiegen. In der 2. Union war sie um 5 d pro 1 £ gefallen und auch in der 3. Union war die Abgabe um 6 d pro 1 £ zurückgegangen. Es existieren höchstens Klagen über die grofse Zahl der Beamten, die zur Erhebung der Abgaben gebraucht werden, die leicht verringert werden könnte; gar zu gut werden sie nicht besoldet und eine Verminderung der Zahl derselben könnte ihrer Besoldung zum Teil zu gute kommen. Die Höhe der Armenabgaben ist in den letzten Jahren zurückgegangen und es liegt wohl daran, dafs die meisten ländlichen Arbeiter Mitglieder einer „Friendly Society" sind, die sie bei Krankheit und im hohen Alter unterstützt.

In dem „South Wilts Chamber of Agriculture" wird auch die Ansicht ausgesprochen, dafs die Verteilung der Gelder zum Instandhalten der Chausseen nicht gerecht sei und dafs die städtischen Chausseen immer vor den ländlichen den Vorzug erhielten; dies wäre aber zum Teil berechtigt durch die grofse Abnützung in der Nähe der Städte. In der Regel zahlt der Pächter die Abgaben, obgleich die meisten es ungern thun und es vorziehen würden, wenn der Landlord dieselben zahlen wollte: allerdings berücksichtigt der angehende Pächter die Abgaben bei der Neuverpachtung, allein es ist für den Pächter stets eine Last. Die Landwirtschaftskammer hebt als Klage hervor, dafs die Eisenbahnfrachten übermäfsig hoch sind und dafs die Gesellschaften ein Monopol treiben; z. B. kosten Äpfel und Kartoffeln 8 s 9 d pro Tonne von der Stadt Salisbury nach London, ein paar Stationen weiter als Salisbury, Dinton und Tisbury, kosten die Äpfel 18 s 9 d und Kartoffeln 17 s 4 d pro Tonne oder 21 s für 2 Tonnen. Neue Kartoffeln zwischen April und Juni kosten 17 s 4 d pro Tonne! Auch hier wurde sehr darüber geklagt, dafs die Eisenbahnen Preferentialtarife [1]) für die Frachten von einer Hafenstadt nach London haben und namentlich für fremdländische Produkte. Die Farmer werden unbedingt in den Frachtsätzen benachteiligt, da die Frachtsätze z. B. von Southampton nach London billiger sind als die Sätze für irgend eine Zwischenstation auf der Strecke. Viele Distrikte Wiltshires sind 8, 10 und 12 engl. Meilen von einer Eisen-

---

[1]) R. H. Rew, Farmers and Railway Rates. London 1895, p. 289.

bahnstation entfernt; es wurde vorgeschlagen, dafs Sekundär- und Tertiärbahnen gebaut würden, um die Verfrachtung aus solchen Distrikten zu erleichtern. Die Bahnsätze sind oft so hoch, dafs sie die Rentabilität des Versandes in Frage stellen. Z. B. verschickte ein kleiner Farmer 2 Ctr. Kartoffeln nach London; diese hatten einen Wert von 7 s 6 d im Dorfe im Market Lavington. Sie kosteten 3 s 6 d für Fuhrlohn, 2 s 6 d für Bahnfracht und noch 1 s Fuhrlohn in London, also zusammen 7 s auf 2 Ctr. Kartoffeln; es blieben also dem Farmer 50 Pfennig übrig, gewifs herzlich wenig zur Deckung der Produktionskosten. Die hohen Bahnsätze hindern auch die Ausdehnung des Gemüsebaues und in landwirtschaftlichen Kreisen wird ungemein über die Eisenbahngesellschaften und ihre Tarife geklagt.

Ferner existieren Klagen über die Sätze für Milch, die jetzt in ganz England in enormen Quantitäten per Bahn in die Städte oder in die Molkereien verfrachtet wird; auch meinen die Farmer, dafs die Sätze für leere Milchkannen zu hoch sind. Früher zahlten die Molkereien die Rückverfrachtung der leeren Milchkannen, jetzt ist auch diese Ausgabe dem Farmer zur Last gefallen. Der Satz beträgt 2 d pro Kanne, gewifs etwas hoch gegriffen. Wie bekannt, ist in England auch der Vorschlag gemacht worden, dafs der Staat den ganzen Grund und Boden besitzen sollte, indem derselbe ihn den grofsen Landlords abkaufen sollte. Auch in Wiltshire findet man diese Ansicht vertreten, allein als undurchführbar von den meisten angesehen.

β) Gewisse Klassen von Landwirten betreffend.

Auch in Wiltshire finden wir Vorschläge genug zur Verbesserung des „Agricultural Holdings Act". Wir haben speziellere Angaben hierüber in einem früheren Abschnitte gemacht und können hier kurz die wichtigsten Punkte zusammenfassen:

1) Vereinfachung der Ausführung des Gesetzes.
2) Gleichberechtigung seitens der Verpächter und Pächter in Bezug auf Forderungen.
3) Beiderseitige Forderungen sind an demselben Tage zu machen.
4) Das Urteil des Unparteiischen ist als endgültig anzusehen.
5) Entschädigung für Verfütterung selbstgebauten Getreides.
6) Entschädigung für Körnerfütterung an Pferde.
7) Sicherung der Kapitalanlage des Pächters auf dem Felde.
8) Entschädigung für Heu zum Marktpreise.

Die „South Wilts Chamber of Agriculture" war mit den Forde-

rnngen 5 und 6 nicht einverstanden. In der Landwirtschaftskammer
äufserten sich einige Mitglieder über das Gesetz der Beschlagnahme. Es wurde der Fall hervorgehoben, dafs ein Pächter bei der
Pachtung die Bedingung macht, dafs der „Landlord“ gewisse Meliorationen und Verbesserungen ausführt; geschehen dieselben jedoch
nicht, so müfste der Pächter sich weigern können, weiter die Pacht
zu bezahlen, bis solche Meliorationen ausgeführt sind, und könnte so
seinen Verpächter zur Ausführung zwingen. Das Gesetz schützt aber
insofern den Landlord, als er berechtigt ist, falls der Pächter nicht
regelmäfsig seine Pacht bezahlt, denselben durch Beschlagnahme zu
zwingen. Dafs dies Verfahren in diesem Falle nicht gerechtfertigt ist,
liegt auf der Hand.

Was nun den „Ground Game Act“ betrifft, so schützt dasselbe den Pächter nur nominell. In der Praxis ist in dieser Beziehung jedoch der Pächter stets vom Verpächter abhängig; wollte der
Pächter seinen sportverehrenden „Landlord“ gesetzlich verklagen, so
würde er sofort Kündigung erhalten. Dem reichen Landaristokraten
ist seine Jagd oft wichtiger als seine Pächter, und kennen die Pächter
ganz genau ihre Lage und wissen, wie viel Wildschaden sie auf freundschaftlichem Fufse erlangen können ohne Hinzuziehung des Gesetzes.
Auch berücksichtigt der Pächter die Jagdeigenschaften seines Pachtherrn bei der Steigerung der Pachtsumme. Die Lage vieler Pächter
in Beziehung auf Wildschaden ist jedoch oft keineswegs eine angenehme. In einem Falle hatte ein grofser Pächter Wildschaden erlitten, den er auf 200 £ im Jahre taxierte; seine Forderung betrug
nur 100 £. Ein Unparteiischer wurde ernannt, der dem Pächter die
100 £ zuerkannte. Der „Landlord“ weigerte sich jedoch, die 100 £
zu zahlen und der Pächter kündigte ihm daraufhin. Das „Ground
Game Act“ berechtigt den Farmer, zu gewissen Zeiten des Jahres
das Wild selbst zu schiefsen, allein dies zu einer Zeit, wo es nicht
nötig und nicht möglich ist; es hat absolut gar keinen Wert, abgesehen davon, dafs der „Landlord“ es nicht erlauben würde.

In England existiert auch eine grofse Bewegung unter den Landwirten, um die Metzger zu zwingen, fremdes Fleisch zu stempeln.
und dafs von Staatswegen alles fremde Fleisch im Hafen schon beim
Ausladen eine gewisse Marke erhalte. Die „South Wilts Chamber
of Agriculture“ hat auch beschlossen, dafs „alles fremde Fleisch
und Molkereiprodukt als solches gestempelt und verkauft werden
sollte“. Ferner, dafs „alle Brauer gezwungen sein sollten, die Gehalts-
bestandteile ihres Bieres anzugeben, und dafs die Verkäufer des

Bieres auch zwangsweise Gehaltsangaben des Bieres machen sollten".
In Bezug auf die Einfuhr lebenden Viehs nach England wird von
den Farmern empfohlen, daſs überhaupt gar kein Vieh lebend eingeführt werden dürfte, es sei denn zu Schlachtzwecken in der Hafenstadt. Diese Ansicht ist insofern berechtigt, als die Viehherden Englands, seien es Vieh, Schafe oder Schweine, meist einen sehr hohen
Zuchtwert haben, der durch Einschleppung von Krankheiten aus
fremden Ländern gefährdet ist. Es ist nur eine kleine Zahl der Mast-
wirtschaften, die durch die Einfuhr fremden mageren Jungviehes einen
Nutzen haben, und man dürfte nicht die Majorität, die doch schlieſslich Züchter und nicht Mäster sind, der Minorität opfern. Der Fleischkonsument wäre auch nicht im Vorteil durch die Einführung fremden
lebenden Viehes, denn diese Einfuhr lebenden Viehes schleppt in der
Regel Maul- und Klauenseuche ins Land; ferner muſs der Konsument
bei der Einfuhr lebenden Viehs und bei verseuchten einheimischen
Viehherden hohe Fleischpreise bezahlen, während bei der Einführung
von nur Fleisch und bei einem gesunden einheimischen Viehstand der
Fleischkonsument billige Preise erhalte. Aus diesen Gründen sollte
die Majorität der Viehzüchter sich gegen die Einführung lebenden
Viehes schützen.

B. Gegenstände auſser dem Bereiche der Gesetzgebung.

In Wiltshire existiert eine „Farmer's Association". Diese
„Association" wurde im Oktober 1889 durch die Farmer um Salisbury
herum gebildet, die das Glück hatten, einen vorzüglichen „Manager"
zu finden, dessen Kenntnis der Märkte und Erfahrung den Erfolg
der Association sicherte. Dieselbe ist als „Limited Liability Co."
(Aktiengesellschaft mit beschränkter Haftpflicht) registriert und ihre
Thätigkeit besteht im möglichst billigen Kaufen und Verteilen der
Ware zum Kostenpreis; die Mitglieder können Futterstoffe, künstliche Düngemittel und alle landwirtschaftlichen Bedürfnisse befriedigen. Der Erfolg zeigt sich in der Ausdehnung und den Um-
sätzen der verschiedenen Jahrgänge. Es verhalten sich die Zahlen
wie folgt:

1890	14 499	£	6	s	8 d,
1891	21 911	„	15	„	6 „
1892	27 767	„	17	„	8 „
1893	31 273	„	13	„	8 „

Die laufenden Spesen des Jahres 1893 waren 632 £, und es ergab
sich ein Gewinn von 122 £; es wurde eine Dividende von 5 % aus-

gezahlt. Die ganze Geschäftsführung ist auf Barzahlung gerichtet und wird das Prinzip durchgeführt, die Waren so wenig als möglich zu handhaben und niemals grofse Vorräte zu halten, die bei einem etwaigen Fallen des Marktpreises mit Verlust verbunden wären. Nur ein kleiner Vorrat an Futterkuchen wird gehalten, um eventuell plötzliche Bedürfnisse befriedigen zu können. Zur Zeit der Gründung der Association stiefsen die Mitglieder natürlich auf grofse Schwierigkeit und wenig Entgegenkommen seitens der Maschinenfabrikagenten und Futterstoffhändler; das ist jedoch selbstverständlich, denn die ganze Association kauft jetzt ihre Maschinen direkt vom Grofsfabrikanten und kann hierdurch ihren Mitgliedern 15 und 25 °/₀ Diskonto vom Fabrikpreise geben. Mitglieder teilten mit, dafs die Association auch Nichtmitgliedern von nutzen gewesen sei, indem die Preise von Fabrikbesitzer und Agenten billiger geworden sind, um die Nichtmitglieder vom Eintreten in die Association zu halten!

Als Ursache der Notlage wird in Wiltshire auch der Einflufs des Zwischenhändlers angegeben. Es wird vielfach die Meinung ausgesprochen, dafs ebenso wie die Farmer Associationen zum Ankauf gebildet haben, sie auch solche Genossenschaften zum Verkauf bilden müfsten. Die schwierigere Ausführung dieses Planes wird jedoch zugegeben. Der „Manager" der „South Western Farmer's Association" meinte, dafs der Plan nicht nur sehr wünschenswert, sondern bei guter Organisation auch ganz gut durchführbar sei, ganz besonders in Bezug auf Milch, Käse und Butter. Er bedauert, oft sehen zu müssen, wie die Farmer eigentlich in der Hand der Zwischenhändler liegen; er befürwortet die gröfsere Ausdehnung von Milch-, Butter- und Käseverkaufs- und Fabrikgenossenschaften!

Obgleich man den Zwischenhändler[1]) gar nicht beschuldigen kann, wenn er es im Kampf ums Dasein versucht, so viel als möglich zu verdienen, hat er doch im allgemeinen den Markt zu sehr in der Hand den Produzenten gegenüber. Die Art und Weise des Butter- und Käseverkaufs seitens des Farmers an den Zwischenhändler ist für den Produzenten von grofsem Nachteil. Der Zwischenhändler weifs ganz genau, dafs, wenn der Termin zur Zahlung der Pacht da ist, der Pächter gezwungen ist, sich irgendwie Geld zu verschaffen. Der Zwischenhändler ist auch um diese Zeit sehr rege, und durch die statistische Beweisführung, wie viel australische und neuseeländische Butter auf dem englischen

---

[1]) R. H. Rew, The Salisbury Plain District p. 64. London 1895.

Markte schon ist oder unterwegs noch auf hoher See erwartet wird, ist es imstande, gewöhnlich dem Farmer die gedrückte Lage des Marktes vorzuführen und ihm seine Molkereiprodukte billig abzuzwingen. Die Konkurrenz in den grofsen Städten nach Erlangung möglichst vieler Kunden für Milch ist eine enorme und der Milchpreis fällt infolgedessen oft ganz bedeutend. Diese Thatsache benutzt natürlich der Zwischenhändler, um auf die Butter- und Käsepreise zu drücken und billig einkaufen zu können. Durch genossenschaftliches Vorgehen seitens der Farmer würde das alles vermieden werden können. Allein in vielen Fällen haben die Pächter nicht das Geld dazu Genossenschaften zu gründen, und es wäre dann nur im Interesse der grofsen „Landowners", ihren Püchtern bei der Begründung genossenschaftlicher Molkereien behilflich zu sein; hierdurch würden die Farmer ihre Einnahmen erhöhen und ihre Pacht leichter bezahlen können. Nicht nur würde die Einrichtung von Genossenschaften den „Landlords" und Püchtern zu gute kommen, sondern hierdurch würde auch das Monopol des Zwischenhändlers gebrochen sein. Namentlich nutzt der Zwischenhändler die kleinen Leute aus. Die Frau eines kleinen, sehr arbeitsamen Farmers teilte mit, dafs sie nur 8½—9 d pro Lb. Butter erhalten könne, während thatsächlich in den umliegenden Städten Butter in den Läden zu 13 d pro Lb. verkauft wird. Sie sagte, sie könnte auch nur 3 s 6 d bis 4 s pro Paar Hühner bekommen, während dieselben in den Läden für 4—5 s verkauft würden; ferner kaufen die Händler in den Städten ungern geschlachtete Hühner, weil sie es vorziehen, sich die Hühner lebend in die Stadt bringen zu lassen, weil sie wissen, wie ungern der kleine Mann seine Ware wieder zurück nach Hause nimmt und eher mit einem niederen Preis einverstanden ist. Dieselbe Frau erhielt durchschnittlich pro Jahr nur 6 d pro Lb. für ihr Geflügel oder weniger als den Fleischpreis. Allerdings mufs man sagen, dafs jetzt vielleicht eine Überproduktion an Geflügel existiert, da jetzt 3 mal so viel Geflügel produziert wird, als vor 20 Jahren.

In der Nähe von Salisbury existiert eine Gesellschaft, die die Milch der benachbarten Farmen sammelt und nach London und anderen Städten verschickt. Obgleich hier in diesem Falle die Gesellschaft den Zwischenhandel vertritt, so ist das Geschäft schliefslich abhängig von der Mehrheit der Milchproduzenten. Diese können sich einigen über den Preis, den sie annehmen wollen, so dafs die Gesellschaft ein Monopol treiben kann. Auch meinen die Farmer mit der Gesellschaft zufrieden zu sein; sie haben keine Mühe mit dem Absatz

der Milch und erhalten regelmäfsig ihr bares Geld ohne Verzögerung
in einer Summe; sie vermeiden die ärgererregenden Rückstände des
Milchhandels und haben keine Verluste hierdurch. Ursprünglich war
das Kapital der Gesellschaft nur 10 000 £, die Entwickelung des Ge-
schäfts war jedoch so rasch, dafs sich jetzt eine Aktiengesellschaft
gebildet hat mit einem Aktienkapital von 110 000 £ oder 2 200 000 Mk.

IX. Als Schlufs meiner Untersuchung in Wiltshire möchte ich
meine allgemeinen Eindrücke angeben:

Die ganze Gegend scheint eine tiefeingreifende Notlage der Landwirtschaft durchgemacht zu haben. Die „Landlords" haben ganz erheblich verringerte Einnahmen aus ihren Gütern; Pächter haben auch zum
Teil viel Geld einbüfsen müssen; Arbeiter sind zum Teil vom Lande
verdrängt und müssen sonstwo Beschäftigung finden. Allein ich glaube,
dafs die schlimmsten Zeiten vorbei sind und dafs die Lage des
Farmers sich nicht nur regeln, sondern auch bessern wird, so dafs
die Farmer, die so lange durch Sturm und Wetter und Verluste sich
gehalten haben, nunmehr auf bessere Zeiten hoffen können. Mögen
sie ihre Verluste vergessen und mit Zuversicht und Vertrauen vorwärts blicken und mögen sie von einer Reihe schlechter Jahrgänge
verschont bleiben, die ihnen mehr Schaden bringen würde als die
niedrigen Getreidepreise von heute.

„Corn county".

III. Die Landwirtschaft in Lincolnshire.

Allgemeines. — Betriebsweise. — Absatzverhältnisse. — Statistik der Grafschaft. — Bevölkerung. — Gebäude. — Drainage. — Wasserversorgung. — Pachtperioden. — Höhe der Pacht. — „The land courts". — „The Agricultural Holdings Act." — „The Lincolnshire Valuer's Association." — „The Lincolnshire Custom" (Brauch). — Gesetz der Beschlagnahme. — Ursachen der Notlage der Lincolnshire-Landwirtschaft. — Wirkung der Notlage auf die Besitzer des Bodens, Farmer, große und kleine Pächter. — Abgaben. — Wildschaden. — Wirkung der Notlage auf die Arbeiter. — Löhne. — Genossenschaftliche Institute: „Cooperative societies; Cooperative stores". — „Building society and Bank". — Molkereibetriebe, Rinderzucht und Gärtnerei. — Vorschläge und Mittel zur Abhilfe der Notlage der Landwirtschaft in Lincolnshire.

Die Grafschaft, die wir jetzt untersuchen wollen, ist Lincolnshire, an der Ostküste Englands gelegen und als „Corn county par excellence" bekannt. Gerade diese Grafschaft wird uns manches Interessante bieten, da dieselbe zu denjenigen Grafschaften gehört, die durch die landwirtschaftliche Krisis in England am meisten gelitten haben. Ferner gehört Lincolnshire zu den bedeutendsten landwirtschaftlichen Grafschaften Englands, wo die Farmer vielleicht die höchste Kultur und den intensivsten Ackerbau erreicht haben.

Geologisch finden wir in Lincolnshire alle möglichen Formationen, rothen Sandstein, Mergel, Lias, Oolite, Thon, Lehm, Kalkmergel, roten Kalk, Kies, Sand, Alluviallehm und sogar Moor. Mr. Algernon Clarke beschreibt den Boden in „White's History, Gazetteer" wie folgt: Die Grafschaft ist in zwei Wasserscheiden geteilt. Die Oolitehügel laufen von Norden nach Süden, als „Heath" und „Cliff" bekannt; ferner die Kalk-„Wolds" auf der nordöstlichen Seeküste. Im Westen ist strenger Lehm bis Letten zu finden und im

7*
18*

„Trent Valley" z. T. Kies und Sand. In Nordwesten finden wir Alluvium und Moor. In der grofsen südöstlichen Ebene finden wir viel Moorboden, aber auch schöne Marschweiden. Im ganzen finden wir allerlei Bodenarten, vom Sand bis zum besten, reichsten, roten Lehmboden und bis zum schwersten Thon; ferner nasses Moor und trockenen, schwarzen Moorboden, auch dunkle und helle Sandböden.

Betriebsweise: Dieselbe ist ganz verschieden, je nach der Gegend und Bodenart. Die Grafschaft enthält den schönsten Gersten- und Turnipboden, wo die weltberühmten Lincolnshire-Schafe gezogen werden.

Sie besitzt ferner strengen Weizenboden, prima Weideland in den Marschgegenden; ferner ausgezeichnetes Kartoffelland im leichteren Boden; auch Böden zum vorzüglichsten Gemüse- und Gartenbau, sogar Obstbau. Betrachten wir Lincolnshire [1]) im ganzen, so kann man sagen, dafs im Norden das Vierfeldersystem eingehalten wird, namentlich auf den reichen Lehm- und besten Böden, jedoch nicht auf den schwereren Böden. In Süd-Lincolnshire herrscht freie Wirtschaft, während im Norden die gröfseren Güter eine geregelte Feldwirtschaft verlangen, finden wir dies weniger nötig auf den kleineren Gütern des Südens.

Namentlich finden wir in den Marschgegenden die kleineren Güter. Im Norden der Grafschaft sind Güter von 1000—2000 acres. Gerade hier im Norden der Grafschaft haben die Farmer durch ihre Energie und Anwendung von viel Kapital eine Kultur erreicht, wie sie in dem ganzen Vereinigten Königreich nicht wieder zu finden ist. Die „Wolds", die Hügel im Norden, die östlich der Meeresküste zu laufen, bestehen aus ärmeren Bodenarten, die leicht zu bearbeiten sind. Sie sind kalkhaltig, also natürlich drainiert, und zum Teil finden wir bisweilen auch guten Lehmboden darunter. Die Nässe schadet hier durch den Kalkgehalt dem Boden fast nie und es wird an Drainage viel erspart. Fast die ganzen „Wolds" sind Ackerland und es besteht das Vier- und Fünffeldersystem. Grofse Herden von Lincolnschafen werden hier gehalten, auch Shorthorns, die im Winter gemästet werden, wie man zu sagen pflegt „stall fed". Durch diese Betriebsweise herrscht eine sehr hohe Kultur; die Gerstenernten sind grofsartig und durch die vorzüglichen „Turnipernten" gedeihen die Schafe vorzüglich.

Auf den sog. „Heath und Cliff" finden wir eine ähnliche Be-

[1]) Agricultural Report by Mr. W. Fox p. 176 u. 177. London 1895.

wirtschaftung als auf den „Wolds". Das Land besteht aus Gersten-
und „Turnipland" und ist fast alles unter dem Pflug. Der Boden ist
guter leichter Lehmboden und besitzt die höchst mögliche Kultur.
Hier werden viele Lincolnschafe gezogen, die weltberühmt geworden
sind, auch Shorthornvieh. Es wird vorzügliche Gerste gebaut, die an
Qualität nichts zu wünschen übrig läfst.

Das Marschland liegt südlich vom Flusse Humber und das
Wasser fliefst von den „Wolds" auf dasselbe herunter. Ein Teil dieser
Marschen ist dem Meere abgewonnen worden und ein Teil der
Küste ist durch einen Damm geschützt. Ein grofser Prozentsatz des
Marschlandes. namentlich der nördliche Teil, ist vorzügliche Weide,
und auf diesen Weiden werden ungemein viel Vieh und Schafe gemästet. Bei Auktionen bringt solches Land oft 4—5 £ pro acre für
den Sommer und Herbst zur Mast. Mr. Tindall sagt, „dafs im Sommer
1 acre hier einen Ochsen von 80 „Stone" und einige Schafe noch dazu
mästet. Andere Felder mästen 8—12 Lincolnschafe im Sommer pro
acre". Im südlichen Teil der Marschen, wo wir auch Ackerland
finden, werden grofse Ernten an Weizen, Bohnen, Kartoffeln, Turnips,
Senf und allerlei Futter produziert.

Es existiert hier kein bestimmtes Betriebssystem im Feld. Es
wird möglichst intensiv mit möglichst viel Dünger gewirtschaftet, um
möglichst grofse Ernten zu erzielen. Wir finden hier namentlich
grofse und gute Kartoffelernten. Der Boden wird auf 8—10 Zoll gepflügt, im Frühjahr dann bearbeitet und Kämme von 30 Zoll Entfernung gezogen. Es wird vorzüglich gedüngt; aufserdem erhält das
Land gewöhnlich 7 Cwts. pro acre an Superphosphat. Die Kartoffel-
saat geschieht auf 10—15 Zoll in der Reihe.

Frühkartoffeln werden ausgedehnt gebaut. Das Land ist gut und
bringt hohe Pacht. Manchmal beträgt die Pacht solches Kartoffel-
landes bis 5 £ pro acre. Die Nachfrage ist grofs und dasselbe
rentiert sich auch bei einer so hohen Pacht. Zum grofsen Teil ist
der Boden in den Marschen drainiert.

Auf den schweren Lehm- und Thonböden in den nördlichen
und mittleren Teilen der Grafschaft finden wir, dafs die Farmer mehr
gelitten haben durch die Folgen der niedrigen Preise und schlechten
Jahrgänge als auf allen anderen Bodenarten. Infolgedessen wird das
Vierfeldersystem nicht mehr so genau eingehalten. Die Farmer lassen
ihren Klee jetzt länger liegen, sogar oft bis 4 Jahre, mit der Absicht,
die Tagelohnkosten des Jahres zu verringern; allein nach 3 Jahren
schon ist das Kleegras wenig mehr wert, in vielen Fällen dienen sie

dann zu schlechter Schafweide. Ein Farmer, der 1000 acres in Pacht hatte, hatte 120 acres von solchem Lande 12 Jahre lang liegen lassen und der Weidegang war absolut nichts wert: dasselbe konnte höchstens einen Pachtwert von 2 s 6 d pro acre haben, während das übrige einen Pachtwert von 25—30 s pro acre hatte. Auf einem anderen Gute von 1000 acres, das 1879 35 s pro acre Pacht gezahlt hatte, finden wir 400 acres, die heute zu 5 s pro acre verpachtet sind. Diese zwei Beispiele zeigen uns, wie der schwere Lehmboden sich hier zum Weidebetrieb im Vergleich zu anderen Grafschaften schlecht eignet.

Auf einigen der größeren Güter mit schwerem Boden wird mit Erfolg Dampfkultur getrieben; es ist jedoch in nassen Jahrgängen undurchführbar. Eine gut funktionierende Drainage ist hier am Platze und viele Farmer helfen sich durch das Pflügen in schmalen Beeten, um sich des Wassers zu entledigen und die Pflanzen vor der übergrofsen Nässe zu bewahren.

Der Moorboden[1]) liegt im südwestlichen Teile der Grafschaft. Derselbe ist verschiedener Güte, leicht, schwer, sandig, teils auch vorzüglich. Manche Teile sind zum Weidebetrieb sehr geeignet und hier wird z. T. auch gutes Vieh und Schafe gezogen. Der beste Moorboden hat einen lehmigen Untergrund. Auf diesem Moorboden werden gute Ernten an allerlei Produkten produziert und man kann von einem Wirtschaftssystem der Felder hier nicht sprechen. In den letzten Jahren ist Klee, Turnips, Rüben, Senf, Erbsen ausgedehnter angebaut worden. Viel Stroh wird verkauft und viel künstliche Düngemittel werden angewandt. Früher wurde viel gemergelt, allein seit dem Eintritt der Notlage geschieht dies weniger und soll der Boden infolgedessen an Güte verloren haben.

Das Mergeln, das ca. 3 £ 10 s pro acre kostet, ist jedoch heute eine zu teuere Operation. Auf dem Moorboden finden wir viele kleine Besitzer, die mit ihren Familien das Gut bearbeiten und aufserordentlich arbeitsam sind. Der grofse Prozentsatz der Felder besteht aus Acker. Die Weiden sind vorzüglich und sind imstande, einen hohen Prozentsatz an Vieh zu mästen. Die ganze Moorfläche beträgt im ganzen ca. 500 000 acres und die Flüsse Witham, Welland und Nene durchfliefsen dieselbe.

Das Moor ist vorzüglich drainiert. Die Drainage wird durch einen „Board of Commissioners" beaufsichtigt und besorgt. Das Wasser

---

[1]) „The fens in White's History, Gazetteer of Lincolnshire" Article by Mr. Wheeler.

wird teilweise durch Dampfpumpen in die Flüsse gepumpt. Die Abgaben für die Drainage sind folglich hoch, sie betragen oft 6—13 s pro acre, die meist vom Gutsbesitzer bezahlt werden. Wenn dieser Betrag auch hoch erscheint, so muß doch in Betracht gezogen werden, daß ohne diese Drainage dieses Land, das der Garten von Lincolnshire genannt wird, wovon ein Teil 1879 bis 120 £ pro acre wert war, einen Sumpf bilden würde.

Lincolnshire besitzt guten Absatz und gute Märkte, trotzdem in der Grafschaft selbst keine konsumierende Bevölkerung außer der landwirtschaftlichen existiert. In der Grafschaft befindet sich keine Industrie, mit Ausnahme der großen landwirtschaftlichen Maschinenfabrik in Lincoln. Es sind auch keine Bergwerke noch Fabriken in der Gegend, so daß die ganze Bevölkerung eine rein landwirtschaftliche ist. Der größte Teil der Produkte geht nach London oder nach den großen südlichen Marktcentren. Unter dem Mangel an einheimischer Konsumtion leiden am meisten die kleinen Leute, die Gemüse, Obst, Milch, Hühner etc. im kleinen produzieren. Fettes Vieh wird fast ausschließlich durch Auktionen verkauft, was seit 25 Jahren Sitte ist. Von Lincolnshire kommt viel Vieh nach den großen Industriedistrikten von Manchester und Lancashire im Westen.

Die Käufer gehen selten auf die Güter zu den Farmern; sie kaufen alles auf Auktionen und zahlen bares Geld. Die großen Auktionen werden in den Hauptmärkten der Grafschaft abgehalten, wo der Farmer den Getreide-, Futter- und künstlichen Dünger-Händler trifft. Zu gewissen Zeiten des Jahres werden besonders große Märkte abgehalten für Pferde, Vieh, Schafe und namentlich auch große Bockauktionen im Herbst.

Seit 1846 hat die Grafschaft Eisenbahnen, die jetzt durch alle bedeutenden Marktflecken laufen; an Bahnen fehlt es nicht. 8 bis 9 englische Meilen von einer Bahnstation gilt schon als sehr weit und ungünstig wegen des Zeitverlustes in der weiten Verfrachtung per Achse.

Die reichlich vorhandenen Chausseen sind alle gut und in vorzüglichem Zustande.

Nach dem „Agricultural Returns" besteht die Grafschaft aus 1 767 879 acres.

Hiervon wird Getreide auf 554 063 acres gebaut, an Weizen hiervon 180 894 acres und 206 764 acres an Gerste im Jahre 1893.

---

[1] Agricultural Returns for Great Britain 1895.

1883 wurde mehr Getreide gebaut und zwar 604476 acres, also haben wir bis 1893 eine Abnahme von 8,34 % zu verzeichnen. Weizen hat also um 20,26 % in derselben Zeit abgenommen. Gerste hat gleichzeitig um 42 % zugenommen. Vergleicht man 1874 mit 1894, so findet man eine Weizenabnahme von 42 % und eine Gersten- zunahme von 31,6 %, oder im ganzen eine Abnahme des Getreidebaues von 16,7 %.

Zwischen 1883 und 1893 zeigen die Hackfrüchte eine Zunahme von 4,80 %; Futterpflanzen haben um 11,41 % zugenommen. Bei der permanenten Weide finden wir 1883 458608 acres und 1893 498107 acres oder eine Zunahme von 8,61 %. Im Jahre 1893 finden wir auch 1844 acres von Obstgärten, 1236 acres von Gärtnereien und 1581 acres von Kleinobst, die 1883 noch nicht existierten. 1893 finden wir pro 1000 acres Kulturland: 328 acres permanente Weide, 672 acres Acker wovon 366 acres mit Getreide bestellt wurde.

Beim Vieh finden wir eine Zunahme. 1883 giebt die Statistik 212789 Stück gegen 252912 Stück im Jahre 1893, also einen Zuwachs von 18,85 %. Von diesem Zuwachs bilden Kühe und Kalbinnen in Milch oder tragend 14,44 %.

Schafe haben auch bis 1893 zugenommen. 1883 zählte man 1255573 und 1893 1274316 oder eine Zunahme von 1,49 %. Allein seit 1874 bis incl. 1894 finden wir die ungeheuere Abnahme von 29,1 %.

Schweine haben abgenommen und zwar in 10 Jahren von 103385 auf 84478 oder 18,28 %.

Pferde nahmen um 8,95 %, zu von 65832 im Jahre 1883 auf 71726 im Jahre 1893; landwirtschaftlich benutzte Pferde nahmen um 3,15 % zu.

Die Schafe bestehen aus den weltberühmten langwolligen Lincolns, berühmt wegen ihrer Gröfse, Form, Wolle und ganz hervor- ragenden Fleischqualität. Grofse Preise werden oft für gute Böcke bezahlt, namentlich von den Kolonieen zum Export. 200—300 £ für hervorragenden Böcke zahlt Australien gern. Lincolnshire hat mehr Schafe als jede andere Grafschaft, mit Ausnahme von Yorkshire; allein Yorkshire produziert im Durchschnitt nur 6,9 Lbs. Wolle pro Schaf, während Lincolnshire 9,5 Lbs. Wolle pro Schaf produziert. Lincolnshire produziert die schwersten Felle von ganz England. In Wales wiegt das Fell nur 3 1/2 Lbs. pro Schaf.

Das Vieh besteht hauptsächlich aus grofsen roten Shorthorns, teilweise auch „Polled Angus"; „Irish Cattle" wird gern zur Mast gekauft.

Von Pferden werden gute „Shire", „Hackney" und „Hunters" gezüchtet.

Folgende Tabelle zeigt uns die Gröfse des Besitzes und dessen Verteilung [1]):

Number of Owners and Size of Holdings					No.	Extent of Lands		
						Acres	R.	P.
Total number of owners of less than 1 acre					13 768	2 824	1	22
„	„	„	1 acre and under	10 acres	8 168	36 041	2	25
„	„	„	10 acres	50 „	5 212	118 564	3	21
„	„	„	50 „	100 „	1 293	91 185	0	10
„	„	„	100 „	500 „	1 611	348 591	1	29
„	„	„	500 „	1 000 „	208	141 081	1	3
„	„	„	1 000 „	2 000 „	116	162 512	2	2
„	„	„	2 000 „	5 000 „	67	213 032	1	6
„	„	„	5 000 „	10 000 „	27	188 527	1	6
„	„	„	10 000 „	20 000 „	14	180 161	3	25
„	„	„	20 000 „	50 000 „	3	68 731	2	8
„	„	„	50 000 „	100 000 „	1	55 272	0	6
„	„	„	100 000 „ and upwards		—	—	—	—
„	„	„	no areas		5	—	—	—
„	„	„	no rentals		4	16	3	24
			Total		30 497	1 606 543	0	27

Hieraus ist ersichtlich, dafs es viele kleine Besitzer giebt und auch viele mittelgrofse Besitzer.

Die Agricultural Returns für 1893 giebt die Totalkulturfläche auf 1 519 103 acres an, wovon 1 317 483 acres verpachtet und nur 201 620 acres in eigene Regie genommen sind.

Die Zahl der grofsen und kleinen Güter ist grofs, wie uns folgende Tabelle zeigt: [2])

Grafschaft Lincolnshire	50 acres and under	From 50 to 100 acres	From 100 to 300 acres	From 300 to 500 acres	From 300 to 1000 acres	Over 1000 acres
Anzahl der Güter	20 263	2 196	2 826	833	388	36
Acrezahl „ „	224 826	155 589	500 575	318 612	249 538	45 516

---

[1]) Wilson Fox, Report on the Agriculture of Licolnshire p. 11. London 1896.

[2]) Wilson Fox, Report on Lincolnshire p. 11. London 1895.

Die grofsen Güter sind hauptsächlich im Norden der Grafschaft; die kleineren Güter befinden sich im südlichen Teil. Lincolnshire hat mehr Güter zwischen 500—1000 acres grofs als alle anderen Grafschaften.

Die „Returns of Allotments and Small Holdings" in Great Britain (1890) zeigt uns 20692 acres kleinen Flächenbesitz von ¹₄—50 acres; von diesen wurden über 19 % von den Besitzern betrieben.

Die Bevölkerung der Grafschaft Lincoln betrug im Jahre 1891 472776; seit 1801 ist der 10jährige Durchschnitt ein langsam zunehmender; zwischen 1801 und 1891 betrug der Zuwachs 125 %. Allein dieser Zuwachs ist den städtischen Distrikten zuzuschreiben; in den ländlichen Distrikten hat nachweislich eine Abnahme stattgefunden und namentlich zwischen 1871, 1881 und 1891. Rechnet man die rein landwirtschaftlichen Distrikte allein für sich, so findet man eine Abnahme von 6 % von 1871—1881 und fernere 6,1 % zwischen 1881 und 1891.

Die Gebäude sind durchschnittlich in Lincolnshire durchaus vorzüglich, sowohl praktisch gut eingerichtet als in gutem Zustande; an Unterhaltung wird nicht gespart. Klagen über die Gebäude existieren eigentlich nicht. Nur auf den kleinen Gütern sind sie weniger gut.

Die meisten grofsen Farmen haben musterhaft gebaute Höfe nach moderner Konstruktion. Die Grofsgrundbesitzer haben wahrlich hier in dieser Beziehung Hervorragendes geleistet und die Pächter erkennen das alle an.

Im Süden bei den kleinen Besitzern sind die Gebäude lange nicht so gut als im Norden bei den Grofsgrundbesitzern. Die alte Regel ist hier deutlich zu sehen: je gröfser das Gut, um so billiger ist die Gebäudeunterhaltung, je kleiner das Gut, um so teurer sind die Gebäude und auch die Unterhaltungskosten. In Lincolnshire sieht man auf den grofsen Gütern genug bedeckte Düngergruben, die vor Regen schützen und den Dünger gut erhalten. Es sind wohl wenige in Deutschland, die darauf Wert legen, obgleich bekanntlich der Dünger einen grofsen Prozentsatz seines Wertes durch Regen verliert! Die Grofsgrundbesitzer sind in dieser Hinsicht äufserst liberal und genehmigen alle ihren Pächtern nötig erscheinende Neubauten oder Reparaturen. Die Wohnhäuser sind meist sehr solide gebaut, wenn auch kein Luxus hierbei getrieben wird. Dafs gerade während der letzten 15 Jahre so viel für die Gebäude seitens der Grofsgrundbesitzer geschehen ist, liegt wohl zum Teil daran, dafs bei den immer schlechter werdenden landwirtschaftlichen Zeiten die Pächter immer größere Forderungen stellten, die von den Verpächtern befriedigt werden mußten. Teilweise geschahen die Neubauten gewissermaßen durch Zwang der Pächter und teils um neue Pächter heranzulocken. Früher als die Pächter mehr verdienten, errichteten sie oft selbst einen Schuppen auf eigene Kosten; damals kam es auf kleine Ausgaben nicht so an, aber jetzt ist es anders. Früher machte der Pächter auch manche kleine Reparatur aus seiner eigenen Tasche. Jetzt kann er das nicht mehr und verlangt alles vom Verpächter; die veränderten Verhältnisse haben den Pächter gezwungen, auch die kleinsten Ausgaben mit zur Berechnung heranzuziehen.

Die Großgrundbesitzer fühlen auch, daß ihre Pächter und die Farmer überhaupt aller möglichen Beweggründe bedürfen, um sie zu veranlassen, ihr Betriebskapital in ein Unternehmen zu stecken, das heute als kaufmännisch unrentabel angesehen werden kann. Wie oft ist nicht die Beobachtung zu machen, daß, je schlechter der Boden ist, um so besser in der Regel die Gebäude sind, die den Pächter anziehen sollen. Andrerseits ist durch vermehrte Viehhaltung ein vermehrter Bedarf für Stallungen vorhanden, daher sind zum Teil Neubauten nötig geworden. Ein „Agent" für eine größere Besitzung behauptete, es würden jetzt 30 % mehr Reparaturen vorgenommen und vom Besitzer bezahlt als früher. Die Arbeiterwohnungen in Lincolnshire sind auch ganz hervorragend; sie scheinen auch durchschnittlich besser zu sein als in allen anderen Grafschaften. Ganz schlechte Arbeiterwohnungen, wie man sie z. T. in anderen Grafschaften sieht, bekommt man hier garnicht zu Gesicht. Hier wird allerdings abgesehen von den Wohnungen kleiner Besitzer und Parzellenpächter, die zum Teil herzlich schlecht sind. Die meisten Arbeiterwohnungen sind aus Backsteinen mit Ziegeldach, sind gut gebaut und mit den neuesten sanitären Einrichtungen versehen und haben große helle Fenster. Alte Wohnungen findet man noch mit Fachwerk und Strohdach, allein jetzt werden sie allmählich durch neue aus Backsteinen und Ziegeln ersetzt. Die ländlichen Arbeiter, mit denen man zusammenkommt, scheinen auch ganz zufrieden zu sein; sie haben gute Wohnung, hübschen Garten rings herum und ausreichenden Lohn für sich und Familie. Je größer der Besitz im allgemeinen ist, um so besser sind die Wohnungen.

In Gegenden, wo Schiefer zu haben ist, sieht man viel Schieferdächer auf den Arbeiterwohnungen, allein Ziegeldächer sind die Regel. Eine Arbeiterwohnung für einen Arbeiter und Familie aus Backstein und Schiefer kostet 150—200 £. Oft werden zwei Wohnungen zusammen gebaut und kommen so etwas billiger zu stehen; für 300 £ können zwei solche Wohnungen bequem zusammen errichtet werden.

Die Drainage der Gutshöfe ist stets gut ausgeführt, namentlich auf den gröfsten Gütern; auf den kleineren ist dieses nicht so oft der Fall. Im ganzen existieren keine Klagen über die Drainage der Gutshöfe.

Die Wasserversorgung der Güter ist durchweg eine befriedigende. Der Pächter legt grofses Gewicht bei der Pacht auf gutes gesundes Wasser für sein Vieh, und in den meisten Fällen ist das auch die erste Bedingung und Grundlage eines gesunden Viehstandes, so dafs die Grofsgrundbesitzer in erster Linie gezwungen sind, hierfür zu sorgen.

Für die Entwässerung der Felder ist gut gesorgt. Auch hier ist dies namentlich der Fall bei den gröfsten Gütern. Während früher der Pächter oft auf eigene Kosten Drainage auf dem Felde besorgte, so ist das heute nicht mehr der Fall; die ganze Drainage bezahlt heute der Verpächter.

In vereinzelten Fällen liefert der Verpächter nur die Röhren und die Pächter besorgen die Arbeit.

Auf den höher gelegenen Gütern, auf den „Wolds, Cliff and Heath", ist keine Drainage nötig. Die Moorböden und Marschweiden sind durch tiefe Gräben drainiert, die durch die Abgaben bezahlt und erhalten werden.

Je besser das Land ist, um so sorgfältiger wird die Drainage gepflegt. Ausnahmen giebt es natürlich zur Regel und es giebt Grofsgrundbesitzer, die nicht das nötige Betriebskapital zur Ausführung einer nötigen Drainage haben, namentlich jetzt, wo die Pachten zum Teil um 50 % gefallen sind.

Die Pachtperioden sind meist jährlich abgefafst, bei 6- bis 12 monatlicher gegenseitiger Kündigung. Eine 6 monatliche Kündigungsfrist wird als die beste heutzutage angesehen. Kontrakte sind stets schriftlich. Sehr wenige Farmer pachten auf längere Zeit; sie haben keinen Sinn mehr dafür, denn wo die Perioden noch nicht abgelaufen sind, mufs die Pacht doch oft nachgelassen werden und der veraltete Pachtkontrakt kann gar nicht ohne den Ruin des Pächters durchgeführt werden. Würde ein Grofsgrundbesitzer auf Kosten seines Pächters einen alten Kontrakt ausführen, so würde er sich mehr schaden als nützen, da er wenig Pächter mehr finden würde, sobald die Thatsache bekannt wäre! Die Pächter brauchen nicht zu fürchten, dafs sie bei einer einjährigen Pacht weggejagt würden; sie fühlen sich ebenso ansässig, als ob sie auf 20 Jahre gepachtet hätten. Fälle sind oft zu finden, wo bei einem alljährlichen Pachtkontrakt ein Gut durch drei Generationen in derselben Familie vom Vater auf den Sohn übergegangen ist. Auch wird nicht weniger intensiv gewirtschaftet, da der Verpächter niemals einen guten Pächter wegjagt und aufserdem das Gesetz den Pächter vor Ausbeutung seitens des Verpächters schützt. Unsicherheit der Ansässigkeit und Unsicherheit in der Anlage von Betriebskapital giebt es in Lincolnshire gar nicht. Es ist ganz angenehm zu sehen, wie einig und zuvorkommend Verpächter und Pächter in dieser Grafschaft sich stellen. Klagen über Unsicherheit gegenüber dem Verpächter hört man hier niemals.

Bezeichnend ist für Lincolnshire die Aussage eines Farmers: „Unsicherheit zwischen Verpächter und Pächter existiert nicht. Die ganze Notlage gipfelt in den niedrigen Preisen und der zu hohen Besteuerung und Abgaben." Die Verpächter sind nur zu froh, wenn ihre Pächter sich gut stellen und bleiben wollen, und manche bringen lieber irgend welche Opfer, als dafs sie einen guten Pächter gehen lassen. Namentlich ist das der Fall auf den grofsen Gütern, wo sich nicht so leicht wieder kapitalkräftige Pächter einfinden! Wie die Verhältnisse heute liegen, kann ein grofser Pächter in England irgend etwas vom Verpächter verlangen mit der ziemlichen Sicherheit, dafs, wenn es irgend möglich ist, es ihm gewährt wird. Diese Thatsache ist leicht zu beweisen durch die grofsen Pachtnachlässe seitens der Verpächter seit dem Eintritt der Notlage und aufserdem durch den tadellosen Stand der Gebäude auf allen Gütern in Lincolnshire. Mit Sicherheit kann man annehmen, dafs die „Landlords" die kolossalen Pachtnachlässe nicht gemacht hätten, wenn sie sich nicht hierzu gezwungen gesehen hätten. Es standen ihnen nur zwei Möglichkeiten offen, entweder mufsten sie die Pachtnachlässe geben oder die Güter in eigene Regie nehmen. Von den zwei Übeln war doch das erstere das weniger grofse. So kommt es, dafs ein ansässiger Pächter ebenso gut mit dem Pachtherrn handeln kann als ein neuer Pächter vor Eintritt der Pacht. So lange er die Sicherheit hat, dafs bei einem Abgang er für etwaige Meliorationen entschädigt wird, so kann er ja jederzeit mit dem Verpächter in Unterhandlung treten, und wenn sie nicht einig werden, einfach kündigen. Nur zu oft benutzen die Pächter diese Thatsache als unberechtigten Hebel.

Wir brauchen auf den Fall der ungerechten Kündigung seitens der Verpächter hier nicht einzugehen, weil er in Lincolnshire gar nicht vorkommt. In manchen Fällen ist oft der neu aufziehende Pächter imstande, sich bessere und günstigere Bedingung zu schaffen als ein sefshafter Pächter. Der neu aufziehende Pächter kann seinen Preis bieten; wenn andererseits der Pächter einmal seinen Pachtkontrakt unterschrieben hat, so hat er keine Berechtigung, denselben nicht zu halten und hängt von der Willkür des Gutsbesitzers ab. Ferner kann man den Verpächter nicht beschuldigen, wenn er einem neu aufziehenden Pächter Konzessionen macht, weil er das Gut eine Zeitlang unverpachtet daliegen hatte und es sonst in eigene Regie hätte nehmen müssen. Es ist kein Grund vorhanden, warum er auf seinen sämtlichen Gütern Pachtnachlässe erlaubt, weil er in einem Fall billig verpachtet hat, wie es oft Pächter erwarten. Auch kann man dem Gutsbesitzer keinen Vorwurf machen, wenn er, um Pächter anzuziehen, Neubauten errichtet; es ist doch sein Eigentum, er hat freie Verfügung darüber. Leider giebt es immer Pächter, die Nörgler sind und immer etwas auszusetzen haben. Fälle von scheinbarer Härte und Rücksichtslosigkeit kommen ja vor, allein es gehören diese zu der gröfsten Seltenheit. Diese Thatsache bestätigen die Farmer selbst. Zwischen 1879 und 1882 wollten die Grofsgrundbesitzer oft die Pacht nicht nachlassen, allein bald fanden sie, dafs es billiger war, den alten Pächtern die Pacht nachzulassen, als mit neuen Pächtern Pachtkontrakte schliefsen zu wollen, mit denen noch schwerer zu handeln war, weil sie so grofse Forderungen an Neubauten und Meliorationen machten. Im allgemeinen wechseln die Pächter nicht gern; sprüchwörtlich ist ein dreimaliger Wechsel mit ebenso grofsem Schaden verbunden als ein Brand. Die gröfsten Grofsgrundbesitzer der Grafschaft sind äufserst nobel gegen ihre Pächter. Lord Yarborough z. B. hat zum Grundsatz, niemals einem guten alten Pächter zu kündigen; was für einen neuen Pächter gemacht wird, kann auch der alte Pächter beanspruchen; beim Sterbefall bleibt das Gut, wenn möglich, in der Familie. Lord Yarborough hat noch niemals seine Güter auszuschreiben brauchen, so gut ist er als ausgezeichneter Verpächter bekannt. Die Farmer suchen alle womöglich Pächter bei ihm zu werden, so beliebt hat er sich gemacht. Als der Grofsvater des jetzigen Earl of Yarborough einst gefragt wurde, wie er es eigentlich anstelle, so gute Pächter zu haben, antwortete er: „Sir, I breed them!“ (Mein Herr, ich ziehe sie mir auf!) Der Earl of Ancaster giebt auf seiner Begüterung stets dem Sohne eines verstorbenen Pächters das Vorrecht, das Gut zu übernehmen.

Erkundigt man sich auf diesen Grofsgrundbesitzer-„Estates“, ob die Farmer Sicherheit der Ansässigkeit haben oder nicht, so bestätigt es die Thatsache, wie lange ein Gut in einer Familie gewesen ist. Auf einem grofsen Estate sind z. B. vier Farmer Pächter, die je ca. 400, 300, 200 und 150 Jahre hindurch das Gut gepachtet und in derselben Familie in Pacht gehabt hatten! Also im Durchschnitt 262½ Jahre.

Was nun die Höhe der Pachten betrifft, so ist es äufserst schwer, über die Höhe der Pacht einen Überblick zu geben. Der Boden ist so verschieden und die Wirtschaftsweise so ganz anders, je nach der Lage des Besitzes. Die Angabe des Pachtbetrages pro acre ist kein Anhalt, da Boden, Lage, Gröfse zusammen eine wichtige Rolle spielen und oft eine hohe Pacht auf gutem Boden billiger ist, als eine ganz niedrige Pacht auf schlechtem Boden.

Folgende Zusammenstellung giebt jedoch einen Anhaltspunkt der Durschnittspachten pro acre der gröfsten Besitzungen der Grafschaft, die z. Z. gezahlt werden:[1]

Name.	Size of Property	Farms up to 100 acres	Farms from 100 acres to 400	Farms of 400 acres and upwards
	acres			
Marquis of Bristol	13 000	25 s to 29 s	10 s to 28 s	About 15 s
The Earl of Ancaster . . .	57 664	27 s 4 d (20 to 100 acres)	22 s 8 d (100 to 300 acres)	About 20 s (over 300 acres)
Sir H. Cholmeley.	11 500	About 15 s	About 15 s	About 15 s
Captain Pretyman	5 600	20 s to 30 s	25 s to 26 s	25 s to 26 s
Mr. E. Turnor		21 s 8 d	18 s 9 d	19 s 4 d
North Lincolnshire property	21 000			
South Lincolnshire property		16 s 3 d	16 s 9 d	18 s
Earl of Yarborough	54 139	28 s 9 d	18 s 3 d	19 s 3 d
Earl Brownlow and the Cust Estates	11 643 / 16 843	25 s 4 d	21 s 5 d	19 s 7 d
Sir John Thorold	12 500	28 s 3 d	25 s 1 d	17 s 1 d *
Sir F. Astley Corbett . . .	9 500	29 s 6 d	23 s 6 d	26 s 6 d
Mr. Chaplin (Blankney Estate)	14 200	20 s †	(25 s ** fen farms)	(15 s heath farms)

* Leichte Böden.   † Nahe an Dörfern gelegen.

** Der Verpächter zahlt die Drainage-Abgaben = 8 s pro acre.

Die Pachtsummen wurden 1892 bezahlt. 1893 fand ein Nachlafs von 11½ %, statt und im Jahre 1894 ein Nachlafs von 20 % für das erste Halbjahr.

Der Boden der kleineren Güter ist meist besser und gleichmäfsiger

---

[1] Wilson Fox. Report on the Agriculture of Lincolnshire p. 19. London 1895.

als auf den gröfseren Gütern. Sie sind teurer durch das erhöhte Gebäudekapital, können aber oft intensiver bearbeitet werden als gröfsere Komplexe. Die Tabelle zeigt auch, dafs die kleinen Güter etwas teurer sind als die gröfseren. Die Landwirtschaftskammer zu Grantham will aber den Beweis führen, dafs, wenn man die Verzinsung des höheren Gebäudekapitals abzieht, die kleinen Güter nicht teurer sind. Der Güterdirektor des Earl of Brownlow, Mr. Hutchinson, giebt uns Zahlen über Gebäudekapital an wie folgt:

Gröfse der Güter	Gebäudekapital	
100 acres 650—700 .£	= 6 .£ 10 s 0 d bis 7 .£ pro acre
300 „	2200 = 7 6 8 pro acre
1000 „	4500 = 4 10 0 „

Auf der Begüterung des Lord Ancaster kosten die Gebäude auf einem Gute von 400—500 acres ca. 7 .£ pro acre, dagegen auf kleinen Gütern von 5—10 acres 30 .£ pro acre! Folglich ist auch eine erhöhte Pacht berechtigt.

Die obenerwähnten Pachten repräsentieren noch lange nicht die ganze Grafschaft, man trifft z. B. schweren Boden, für den man 5 s pro acre Pacht zahlt; ferner findet man Parzellen und kleine Güter, die 40—60 s pro acre bezahlen! Gute, 50 acres grofse Güter mit gutem Moorboden bringen 40 s pro acre. In einzelnen ganz bevorzugten Gegenden mit vorzüglichem Boden bringt derselbe 3—5 .£ Pacht bei einer Gröfse bis zu 10 acres, und Güter von 60 acres Gröfse bringen 2 .£ pro acre und bei ganz gutem Boden sogar 3 .£ pro acre ein. Im Wainfleetdistrikt mit vorzüglichem Boden, der auf 120 .£ pro acre geschätzt wird, und bei Gütern von 100 acres bringt der acre folgende Preise:

Marschland	30 s bis 50 s pro acre,
Moorland	25 „ „ 45 „ „ „
Frühkartoffelland	60 „ „ 100 „ „ „

Der Plan der Einrichtung der „Land Courts", eines Gütergerichtshofes, der eingerichtet werden soll zur Schlichtung aller Streitigkeiten zwischen Verpächter und Pächter und eventuell zur endgültigen Feststellung der Höhe des Pachtgeldes, hat in Lincolnshire gar keinen Anklang gefunden. Die Farmer, sowohl die grofsen als auch die kleinen, sprachen alle gegen solche Einrichtungen und viele meinten, sie würden lieber die Landwirtschaft ganz aufgeben, als dafs ein Gericht zwischen sie und ihre Verpächter treten solle. In Lincolnshire ist der Farmer ganz gut imstande, direkt selbst mit dem Verpächter in Unterhandlung zu treten und braucht nicht wie in Irland einen Zwischenhändler in der Form eines Gerichtshofes. Je freundschaftlicher Verpächter und Pächter zu einander stehen, um so besser für beide Teile, eine Einmischung durch ein Gericht könnte nur schaden.

Die Einrichtung von „Land Courts" würde auch der Notlage der Landwirtschaft in keiner Weise helfen; der Zweck soll ja sein: 1) die Pachtsumme zu bestimmen, 2) Sicherheit der Ansässigkeit und 3) Schutz des vom Pächter in Meliorationen angelegten Kapitals. Es scheint in Lincolnshire gar kein Bedürfnis für die Einsetzung solcher Gerichte zu bestehen und die Farmer sind fast alle Gegner solcher Einrichtung! Es wäre auch nur gerechtfertigt, daß, wenn die Pachtsumme gerichtlich festgesetzt wird, auch die Höhe des Tagelohnes bestimmt würde. Der englische Farmer würde sich seiner Freiheit jedoch niemals berauben lassen, das steht fest. Ein solches Gesetz ist vielleicht deshalb in Lincolnshire nicht erwünscht, weil die Farmer bis jetzt mit grofser Zuvorkommenheit seitens der Verpächter behandelt worden sind und letztere Pachtnachlässe stets bewilligt haben, sobald sie einsahen, daß dieselben notwendig waren.

Einschränkungen und Vorschriften brauchen sich heute im Betriebe die Pächter auch nicht mehr gefallen zu lassen; wenn man auch in den Pachtkontrakten noch Einschränkungen und Vorschriften seitens des Verpächters findet, so sind diese nur formeller Natur; durchgeführt können und werden dieselben heute nicht mehr, so dafs man fast durchweg annehmen kann, dafs, so lange ein Pächter seine Pacht bezahlt und sein Gut in guter Ordnung und Kultur hält, ihm freie Hand in der Bewirtschaftung gelassen wird. Ein guter Farmer wird Heu und Stroh nicht verkaufen, ohne dasselbe durch künstlichen Dünger zu ersetzen. Wenn die Heu- und Strohpreise ausnahmsweise hoch sind, wie sie es im Dürrjahr 1893 und später waren, so gönnt man gern dem Farmer, der Heu zu verkaufen hat, die 6—8 £ pro ton. Die Landwirtschaftskammer berichtet gerade über diesen Punkt und meint, dafs die „Landlords" stets den Verkauf von Heu und Stroh bewilligen, wenn sie ihren Pächter als guten Farmer anerkennen können; sie schützen sich nur gegen Raubbau. Fälle werden erwähnt, wo Farmer und ihre Familien 200 Jahre auf ein und demselben Gut waren, ohne einen Halm Heu oder Stroh zu verkaufen. In Bezug auf die Kulturpflanzen hat der Pächter von heute ganz freie Hand; in den Pachtkontrakten findet man, dafs nicht 2 Jahre hintereinander Getreide gebaut werden darf, ferner, dafs Heu und Stroh ohne Erlaubnis nicht verkauft werden darf oder ohne Ersatz durch Futtermittel oder künstlichen Dünger, ferner ist das Pflügen von Grasländereien, das Mähen von Weideland. in manchen Fällen der Anbau von Senf, Rüben und Turnips zur Samenkultur auf mehr als eine geringe Anzahl von acres ohne Erlaubnis verboten. Allein, wenn die Kontrakte diese Einschränkungen auch enthalten, so werden sie meist nicht durchgeführt, es sei denn im letzten Jahre der Pachtperiode, um den Besitzer und den eintretenden Pächter vor Schaden zu schützen. Viele Kontrakte werden jetzt so abgefaßt, daß der Pächter gut und rationell wirtschaften soll und nicht dieselbe Pflanze 2 Jahre hintereinander bauen darf. Gewöhnlich wird auch zur Bedingung gemacht, daß alle angebauten Rüben, Mangolds, Turnips und Raps an Schafe oder Rindvieh auf dem Gute verfüttert werde. So lange ein Farmer sein Feld von Unkraut rein hält und die Erträge nicht zurückgehen, so lange läßt man ihm freie Hand. Die Einschränkungen und Vorschriften der Pachtkontrakte sind meist nur zum Schutz der Großgrundbesitzer gegen schlechte Wirte und Raubbau. Ein Gut wurde erwähnt, wo der Besitzer Kaufmann gewesen war; er versuchte es, seinen Pächter ebenso kaufmännisch zu behandeln, als früher sein Geschäft; er wollte ihm strenge Vorschriften machen über Saatankauf, bei welchem Saatguthändler er seine Saat kaufen müsse u. s. w., auch wollte er ihm in seinem Betrieb mit seinem guten Rat beistehen; der Pächter jedoch weigerte sich und schließlich mußte der kaufmännisch rechnende Besitzer nachgeben. Im Norden von Lincolnshire sind die Farmer infolge der Beschaffenheit des Bodens, namentlich in den sog. „Wolds", „The Cliff" und „The Heath", gezwungen, ihr Vierfeldersystem, d. h. den sog. Norfolkfruchtwechsel, inne zu halten, während im südlichen Teil der Grafschaft fast alle Pflanzen angebaut werden können. Der nördliche Teil besteht hauptsächlich aus sog. Gerste- und Turnipland, und ist das Einhalten eines Vierfeldersystems fast nicht zu vermeiden. Marschfarmer im Norden meinten, daß wenn sie nicht mehr beim Vierfeldersystem bestehen könnten, so müsse das Land außer Kultur bleiben. Allein im Süden und in Teilen des Westens und Ostens der Grafschaft, wo Kartoffeln, Gemüse, Samen aller Art, Blumen, Obst, kurz alles gedeiht, da kann frei gewirtschaftet werden. Diese Gegend gehört zu den bedeutendsten Saatgutproduzenten des Königreichs; hier wird sehr viel künstlicher Dünger angewandt, da es nötig ist, möglichst intensiv zu wirtschaften und Qualität neben Quantität zu berücksichtigen. Im Süden der Grafschaft bauen die Farmer mit Erlaubnis ihrer Verpächter große Flächen Saatgutes für die Großhändler; diese Produktion ist meist sehr rentabel und zwar oft am rentabelsten, wo die Produktion des Saatgutes die größten Schwierigkeiten und die größte Sorgfalt in Anspruch nehmen.

Heutzutage sind Einschränkungen und Vorschriften viel weniger nötig als früher, weil 300 % mehr künstliche Dünger- und Futtermittel verbraucht werden als vor 40 Jahren! Messrs. Dean of Dowsby, Bourne, South Lincolnshire, die 2700 acres bewirtschaften, bestätigen, daß ihre Verpächter alle Vorschriften der Pachtkontrakte ausgestrichen hatten, und zwar nur mit folgender Ausnahme: „Es darf nicht mehr als ³⁄₄ des Ackerlandes irgend eines Jahres mit Halmfrucht angebaut werden inkl. Pflanzen zu Saatgutzwecken. Alle Futtermittel, die im vorletzten Pachtjahre auf dem Gute produziert werden, müssen auf demselben verfüttert werden und sind nicht zu verkaufen; es muß rationell und genügend gedüngt werden. Futter und Dünger der letzten 2 Jahre der Pachtzeit sind unverkäuflich und bleiben auf dem Gute zu gunsten des Besitzers und aufziehenden Pächters ohne Entschädigung für dasselbe." Es ist ersichtlich, daß der Fruchtwechsel nicht vorgeschrieben ist; der Pächter kann nach Belieben anbauen und verkaufen und sind nur Einschränkungen vorgeschrieben für die letzten 2 Jahre der Pachtperiode. Es existiert in England ein Vorurteil seitens der Verpächter gegen den Anbau von Saatgut in der Meinung, daß dasselbe den Boden ausraubt. Es ist richtig, daß die Saatgutproduktion den Boden sehr in Anspruch nimmt, namentlich bei Rüben u. s. w., allein in der Regel wird der Boden besser kultiviert und besser gedüngt werden müssen; auch wird man finden, daß die nachfolgenden Früchte bei rationeller Behandlung nicht notleiden. Künstliche Düngemittel kosten ca. den fünften Teil des Stalldünger, wenn derselbe auch nicht so viel Stroh produziert, und kann man durch ausgedehnte Anwendung desselben den Boden in guter Kraft erhalten.

„The Agricultural Holdings Act". Dies Gesetz hat bis jetzt in Lincolnshire wenig Verwendung gefunden, da sämtliche landwirtschaftliche Interessenten mit den allgemein eingebürgerten Bräuchen der Grafschaft zufrieden sind.[1]) Diese existierten lange vor dem Gesetz, das erst kurze Zeit zur allgemeinen Befriedigung der Pächter (auf- und abziehenden) und der Verpächter dienen soll. Ein Farmer ging so weit, zu sagen, daß das Gesetz „eine schlechte Nachahmung des Lincolnshire-Brauches sei". Die Untersuchung der Ursachen der Bevorzugung des eingebürgerten Brauches dem Gesetz

----

[1]) Lely J. M., The Agricultural Holdings Act. London 1885.

8*

19*

gegenüber ergab ganz interessante Resultate: Die eingebürgerten Bräuche sind jedem Farmer genau bekannt und von ihm anerkannt; die Ausführung derselben ist das denkbar Einfachste und Billigste. Die Taxatoren sind erfahrene, angesehene Farmer aus der Gegend, die lebenslängliche Erfahrung besitzen und alle Verhältnisse der Grafschaften kennen; auf diese Taxatoren verlassen sich alle Farmer und Verpächter. Die Forderungen und Gegenforderungen sind schließlich meist bescheidener Natur. Das Geheimnis liegt nach meiner Ansicht in der Art und Weise der Ausführung. Unter den ortsüblichen Gebräuchen finden die Unterhandlungen zwischen dem ab- und aufziehenden Pächter statt und kommt der Verpächter nicht in Betracht, es sei denn, daß kein aufziehender Pächter vorhanden ist, während unter dem Agricultural Holdings Act die Verhandlungen zwischen Verpächter und Pächter stattzufinden haben. In Lincolnshire existiert eine sog. „Society of Lincolnshire Valuers" (eine Gesellschaft von Taxatoren), aus denen nach dem eingebürgerten Brauch sich die ab- und aufziehenden Pächter Taxatoren wählen; ein Schiedsrichter wird, wenn nötig, ernannt, dessen Urteil dann maßgebend ist. Nach Aussage des Vorstandes der Gesellschaft, Mr. Richardson, sind Schiedsrichter nur in 10 % der Fälle nötig. Das „Agricultural Holdings Act" hat für Entschädigung der Meliorationen ganz genaue Tabellen; dagegen haben die örtlichen Taxatoren nur ihr Urteil, das gefällt wird, je nachdem die Arbeit ausgeführt ist.

Die folgenden sehr interessanten Auszüge sind den Statuten der „Lincolnshire Valuer's Association" entnommen, wie sie nach Brauch der Grafschaft zur Ausführung gelangen.

Der Verpächter wird dem abziehenden Pächter folgende Entschädigungen gewähren:

Für alle vom Pächter mit Einwilligung des Verpächters errichteten Gebäude, Wege, Brunnen und alle und jede Art der Melioration des Gutes, und zwar auf einer 20 jährigen Basis, wenn der Pächter alle Materialien und Arbeit geliefert hat, und auf einer 10 jährigen Basis, wenn der Pächter nur die Arbeit und der Verpächter das Material geliefert hat.

a) Für alle Drainage, die mit Erlaubnis des Verpächters durch den Pächter ausgeführt worden ist, wenn dieselbe nachweislich auch zweckmäßig durchgeführt worden ist. Hier wird auch eine 10 jährige Basis zu grunde gelegt, wenn der Verpächter das Material geliefert hat, und eine 15 jährige Basis, wenn der Pächter

Material und Arbeit geliefert hat. Die Rechnungen sind stets nachweislich beiderseits vorzulegen.

b) Für ¹/₃ des Kostenpreises für Leinkuchen, Baumwollkuchen, Rapskuchen, Malzkeim und für ¹/₆ des Wertes an anderen Futtermitteln, die während des letzten Pachtjahres nachweislich verfüttert wurden; für das vorletzte Jahr des Pachtjahres wird ¹/₆ resp. ¹/₁₂ des Wertes wie oben vergütet.

c) Für den ganzen Wert des Knochenmehls, das im letzten Pachtjahr zu Hackfrucht und Gras verwendet wurde und zur Hälfte für das vorletzte Jahr.

d) Für den Wert des angewandten künstlichen Düngers für Hackfrucht und Gras während des letzten Pachtjahres inklusive Verfrachtung.

e) Für den Wert des Kalkes, der zur Verwendung gelangt ist, inkl. Fracht- und Verteilungskosten auf 7jähriger Basis gerechnet.

f) Für die Kosten des Mergelns, Kalkens u. s. w. auf 12jähriger Basis; während der vier ersten Jahre wird volle Entschädigung gewährt, falls der Pächter während dieser Zeit abgeht; nach dieser Zeit wird für jedes weitere Jahr ¹/₈ abgezogen.

g) Für den Wert des Knochenmehls, das auf Weideland Verwendung findet, und zwar für trockene Knochen auf 10jähriger Basis und für chemisch behandeltes Knochenmehl auf 5jähriger Basis.

h) Für ²/₃ des Wertes an den gekauften künstlichen Düngemitteln, die auf Weideland während des letzten Pachtjahres Verwendung finden, und zwar ¹/₃ des Wertes des im vorletzten Jahre angewandten Düngers.

i) Für die Kosten des letztjährigen Kleegrases, Saat und Saatgut falls das Feld zuvor gebracht wurde und noch kein Vieh dasselbe abgeweidet hat.

j) Für auf reine Brache angewandte Arbeit, wenn nachweislich die Arbeit zweckentsprechend und gut ausgeführt worden ist.

k) Für alles Saatgut und Arbeit, die dem aufziehenden Pächter zu gute kommt und für die derselbe sonst zahlen müfste.

Es wird hervorgehoben, dafs diese Bedingungen dem Pächter weniger Entschädigung gewähren als das „Agricultural Holdings Act", allein die Hauptsache ist doch die, dafs die sämtlichen Lincolnshire-Pächter mit den Bedingungen zufrieden sind; das Gesetz gewährt z. B. Entschädigung für das Kalken auf 20jähriger Basis, obgleich eine 10jährige Basis vollständig genügend zu sein scheint.

Was nun die durchschnittliche Entschädigung, die dem abziehenden Pächter gewährt wird, beim Durchschnittsbetriebe in der Grafschaft betrifft, so teilte uns ein Taxator der Association mit, daß das verschieden sei, von 25 s bis 2 £ wäre ungefähr die Entschädigung pro acre für den abziehenden Pächter. Auf Gütern, die meist aus Acker bestehen mit ⅙ Weide, beträgt die Entschädigung 35—45 s pro acre. Es hängt eben davon ab, ob viel Ackerland oder Weideland auf dem Gut besteht, auch ob der Farmer viel künstliche Düngemittel und Futterstoffe verwandt hat, oder nicht. Was nun die Gegenforderungen seitens des Verpächters betrifft, so erhält derselbe Entschädigung für Entwertung des Gutes; die Forderung muß jedoch alljährlich geschehen; verjährte Forderungen werden nicht anerkannt. Diese Einrichtung ist in der Absicht getroffen, den Verpächter zu zwingen, alljährlich seinen Pächter zu kontrollieren und ihn an seine Verpflichtungen zu erinnern. Im Falle eines Kontraktbruches auf einer oder der anderen Seite, der mit Bewußtsein der Interessierten ohne Einwendung oder mit Einverständnis geschieht, kommt dieselbe gar nicht in Betracht. Das Hauptaugenmerk richtet der Taxator auf den Zustand des Gutes, ob dasselbe auf derselben Kulturstufe steht als früher; wenn es in der Kultur zurückgegangen ist, dann wird dem Verpächter Entschädigung gewährt.

Die Verpächter und Pächter sind mit den Einrichtungen der „Valuer's Association" einverstanden und befinden sich wohl dabei. Bricht natürlich ein Pächter seinen Kontrakt mit dem Verpächter ohne jede Rücksichtnahme, so ist er „prima facie" strafbar und wird dann zur Entschädigung gezwungen; jedoch geschieht dies selten, da die Pächter genau die Grenzen ihrer Verbindlichkeiten und die Folgen eines Bruches kennen.

Aus dem Gesagten geht hervor, daß aus diesem „Lincolnshire-Brauch" gar kein Versuch, viel weniger die Möglichkeit existiert, eine langwierige Forderung zu machen, weil etwa der Gutsbesitzer reich ist, noch ist es für den Gutsbesitzer möglich, unberechtigte Forderungen zu erlangen, da ein kostspieliger Prozeß ganz ausgeschlossen ist und der Pächter die Kosten unter dem Brauch nicht zu scheuen braucht; das Gefühl, daß ein verhältnismäßig ärmerer Mann einen reichen Mann vor Gericht zu treffen hat, ist ausgeschlossen. Der Taxator des abziehenden Pächters verlangt Entschädigung für den Wert seiner Meliorationen, die dem aufziehenden Pächter zu gute kommen, und er kennt aus eigener Erfahrung, was ein aufziehender Pächter zahlen kann. Ganz anders ist es beim „Agricultural Holdings Act". Hier handelt es sich um eine Gerichtsverhandlung die einem Prozeß ähnlich ist und folglich sehr teuer zu stehen kommt. In diesem Falle wird die Forderung so groß als möglich gemacht und sehr oft ist die Gegenforderung des Verpächters noch größer. Staatsanwälte werden herangezogen und viele Zeugen gehört: es entsteht stets böses Blut zwischen den Verpächtern und Pächtern. Der Streit wird allmählich ein Streit zwischen einer ganzen Klasse von Pächtern und einer ganzen Klasse von Verpächtern, deren Vertreter bemüht sind, für ihre Kunden so viel als möglich herauszuschlagen, statt nur nach Gutdünken zu urteilen und unparteiisch Gerechtigkeit zu üben. So kommt es, daß oft bei der Ausführung eines Streites durch das „Agricultural Holdings Act" die Entschädigungen größer sind. Allein man findet, daß auch die „Landlords" und ihre Güterdirektoren mit dem „Lincolnshire custom", wie sie es nennen, zufrieden sind.

Letzteres hat einen doppelten Vorzug; nicht nur den der Einfachheit, sondern auch den, daß die Güterdirektoren ihre Pächter während der Pachtzeit in Ordnung halten und ein wachsameres Auge auf sie richten müssen. Die aufziehenden Pächter kennen den Lincolnshire-Brauch so gut, daß es selten zu Streitigkeiten kommt. Die Pächter sind allgemein gegen das „Agricultural Holdings Act", vielleicht zum Teil, weil sie den Lincolnshire-Brauch besser kennen und darüber ein Urteil haben; auch heben sie hervor, daß das Gesetz die Verpächter zu begünstigen scheint, da die Entschädigungen, die der Verpächter unter dem Schutze des Gesetzes erhält, meist günstiger sind als sonst und sie behaupten, daß das „Lincolnshire custom" das Günstigste für die Pächter sei. Einige Großgrundbesitzer haben an ihre Pächter die Frage gerichtet, ob sie das „Agricultural Holdings Act" oder den „Lincolnshire-Brauch" beibehalten wollten und die Antwort lautete durchweg auf Beibehaltung des „Lincolnshire custom". Die Farmer bestätigten, daß sie unter dem alten Brauch bis zum Ende ihrer Pacht gleich intensiv weiter wirtschaften, weil sie ganz genau wissen, daß sie so und so viel Entschädigung sicher erhalten, was nicht der Fall wäre unter dem „Agricultural Holdings Act".

Selten kommt es heute vor, daß Pächter ohne ausdrückliche Genehmigung des Verpächters Meliorationen ausführen, da sie wissen, daß diese heute nötig ist, um Entschädigung zu erlangen. In der Regel führt der Großgrundbesitzer die Meliorationen in Lincolnshire aus, die die Pächter ausführen helfen und dafür den Genuß, den die Verbesserungen gewähren, haben. Bei der Ausführung des „Lincolnshire custom" sind keine Zeugen nötig und die Spesen sind gering. Mr. Richardson, Präsident der „Lincolnshire Valuer's Association" giebt folgende Spesen als üblich an:

$3\frac{1}{2}\,^0/_0$ an jeden Taxator auf die Höhe des Inventars bis 100 £,

$2\frac{3}{4}$ „ „ „ „ „ „ „ „ „ 200 „

$2\frac{1}{2}$ „ „ „ „ „ „ „ „ „ 300 „

Auf Güter von 200—1000 acres wird nur 1—2 % gerechnet. Die Extraausgabe für einen eventuellen Schiedsrichter wird geteilt. Aus derselben Quelle wird nach eigener Erfahrung bestätigt, dafs die Spesen unter dem „Agricultural Holdings Act" mehr als das Doppelte betragen. Manche Pächter sind der Meinung, dafs sie eine Extrabelohnung haben müfsten, wenn sie ganz besonders die Kultur eines Gutes heben, ohne direkt Entschädigung für thatsächliche Meliorationen verlangen zu können. Etwas ist ja wahr an dieser Meinung, denn die Kultur eines Gutes ist etwas, das steigen und fallen kann, allein die Güterdirektoren sind gegen eine solche Belohnung, da sie mit Recht hervorheben, dafs der Farmer die Verpflichtung hat, den Kulturzustand des Bodens aufrecht zu erhalten, und dafs eine solche Belohnung einfach eine Prämie für die Pflicht wäre. Ferner erhält der Farmer Belohnung genug durch die erhöhten Erträge der erhöhten Kultur, auch dadurch, dafs viele Gegenforderungen seitens der Grofsgrundbesitzer stattfinden würden in schwierigeren Perioden der darniederliegenden Preise, wenn vielleicht durch schlechte Jahrgänge hindurch der Pächter nicht imstande ist, die Kultur so hoch zu halten, sei es durch schlechte Ernten oder durch vorübergehenden Mangel an Betriebskapital. Bei einer etwaigen Frischverpachtung sieht der aufziehende Pächter den Kulturzustand des Bodens und braucht nicht mehr Pacht zu bieten, als er es für zweckmäfsig hält. Schliefslich ist es nicht richtig, zu sagen, dafs Farmer, die weniger gut wirtschaften, gerade so gut daran sind, als diejenigen, die etwas besser wirtschaften, da erstere, wenn sie den Kulturzustand des Gutes zurückgehen lassen, ihrem Verpächter Entschädigung zahlen müssen. Indem ein Farmer ein Gut pachtet, das heruntergewirtschaftet ist, bekommt er schon von vornherein eine Entschädigung dadurch, dafs er das Gut billiger pachtet. Entschädigt wird der Verpächter durch den abziehenden Pächter, der das Gut heruntergewirtschaftet hat, ehe er abziehen kann. Vielfach ist der Kulturzustand nach einigen ungünstigen Jahrgängen ohne Verschulden des Pächters zurückgegangen; dies hat man noch 1893 in England gesehen, wo in manchen Gegenden der Grund und Boden einfach gar keine Ernte

gab. 1894 waren dagegen die Ernten ganz kolossal; in vielen Fällen
war die scheinbar grofse Produktionsfähigkeit des Bodens nicht der
Kultur zuzuschreiben, sondern dem ungewöhnlich guten Jahrgang.
Es ist also nötig, um den Kulturzustand eines Gutes beurteilen zu
können, die Durchschnittsernte verschiedener Jahrgänge zu nehmen;
hätte man nun nach dem Jahre 1893 geurteilt, so hätte man den
Kulturzustand des Ackers ganz falsch beurteilt. Ein Farmer mufs
stets die Schuld auf sich selbst nehmen, wenn er ein heruntergewirt-
schaftetes Gut scheinbar billig und doch zu teuer pachtet. Dafs die
Feststellung des Kulturzustandes eines Gutes zu den schwierigsten
Aufgaben der Taxatoren gehört, ist sicher; es ist oft ein Wunder,
dafs sie ein Urteil fällen können, wenn der Unterschied ein nur geringer ist, sei es, dafs sie eine erhöhte Kultur feststellen oder entgegengesetzt. Ist der Unterschied ein kaum merkbarer, so ignorieren
ihn meist die Taxatoren.

An dieser Stelle ist es vielleicht am Platze, eine Sitte in
Cumberland und Westmoreland zu besprechen, deren Prinzip
in der Entschädigung für erhöhten Wertzustand oder Verschlechterung
des Zustandes einer Schafherde liegt, die vom Verpächter gepachtet
ist. Der Gutsbesitzer in diesen Grafschaften verpachtet die Schafherde an einen Pächter, der 4—5 £ Pacht pro 100 Schafe und pro Jahr
zahlt. Die Schafe haben vielleicht einen Wert von 1 £ pro Stück.
Der Pächter stellt zwei Bürgen, die dafür einstehen, dafs die Herde
der Zahl und der Güte nach in demselben Zustande zurückgegeben
wird, wie sie übernommen wurde. Taxatoren stellen die Zahl und Güte der
Herde fest und der Verpächter hat während der Pachtperiode die
Kontrolle über die Behandlung derselben. Hat der Wert der Schafherde nach Beendigung der Pachtperiode abgenommen, dann zahlt
der Pächter die Differenz und im Fall die Herde verbessert worden
ist, bekommt der Pächter die Entschädigung vom Besitzer. Dieser
Fall der Entschädigung ist ähnlich wie bei den Gütern, wenn auch
nicht so kompliziert und weniger schwer festzustellen.

Es ist interessant zu sehen, wie jetzt in England ungeheure
Mengen von selbstgebautem Weizen auf derselben Scholle an Vieh
verfüttert werden. Es ist eine direkte Folge des niedrigen Standes der
Weizenpreise. Der Weizen wird von den Farmern mit Leinsamen
und Baumwollkuchen gemengt und zwar im Verhältnis von 2 Lbs.
Weizen, 1 Lb. Leinsamen- und 1 Lb. Baumwollkuchen zusammen.
Es existiert auch in Lincolnshire eine starke Bewegung unter den
Farmern, um die „Lincolnshire Valuer's Association" dazu zu bewegen,

Entschädigung für einheimischen und auf der eigenen Scholle produzierten Weizen, der auf der eigenen Farm verfüttert wird, zu gewähren; allein bis jetzt hat die „Valuer's Association" es für nicht durchführbar gehalten, namentlich aus dem Grunde, weil der Nachweis hierüber gar nicht sicher zu erbringen ist. Die Lincolnshire Landwirtschaftskammer urteilt hierüber wie folgt: „Theoretisch wäre die Forderung ganz gut, aber praktisch ist sie undurchführbar, da der Nachweis hierüber sehr schwer zu konstatieren ist; aufserdem würde eine solche Mafsnahme zu Betrügereien und Fälschungen Anlafs geben."

Die Grofsgrundbesitzer hätten gar nichts gegen eine solche Entschädigung, wenn sie sich stets auf ihre Pächter verlassen könnten, allein die Versuchung der unberechtigten Forderungen ist sehr grofs. Die grofsen Pächter, die grofse Güter und regelrechte Buchhalter haben, könnten sich auf ihre Beamten berufen, allein der Durchschnittspächter hat keinen Buchhalter und sie geben selbst zu, dafs der Nachweis fast unmöglich wäre; der Verpächter müfste ihnen Glauben schenken und sich auf ihre Ehrlichkeit ganz verlassen können; leider ist letzteres nicht immer in allen Fällen möglich. Die kleineren Farmer führen nicht genau Buch, und da, wo auch keine Unehrlichkeit beabsichtigt ist, ist der Nachweis schwer vorzulegen.

Mr. T. B. Richardson, „President of the Valuer's Association", meinte, dafs der ganze Vorschlag für die Farmer sehr wichtig und theoretisch gerechtfertigt sei, allein durch die Association nicht ausführbar sei wegen Ermangelung des nötigen Nachweises.

Es ist oft Sitte für den aufziehenden Pächter, dem abziehenden Pächter ein stehendes ungeerntetes Feld abzukaufen; allein in den meisten Fällen nimmt es der Verpächter dem abziehenden Pächter ab. Der Wert des ungeernteten Feldes wird in allen Fällen von einem Unparteiischen durch Taxation festgestellt. Pafst dem abziehenden Pächter die Taxe nicht, so darf er in manchen Fällen das Feld auf eigene Rechnung ernten lassen und das Produkt verkaufen; das Stroh bei Getreide gehört dann dem Besitzer. Diese Fälle werden jedoch immer seltener, da sie unbeliebt geworden sind. Auch der aufziehende Pächter kauft ungern noch stehendes Feld ein, weil er in der Regel nichts dabei verdient und oft nicht so viel Betriebskapital besitzt, das oft ganz beträchtlich sein mufs; dasselbe gilt für den Besitzer. Ein Farmer machte den sonderbaren Vorschlag, dafs dem noch ansässigen Pächter Entschädigung für Meliorationen gegeben werde, wenn er auch nicht die Absicht habe abzugehen; das wäre etwas zu viel verlangt. Es liegt auf der Hand, dafs dies Verfahren unberechtigt wäre, denn warum sollte auch der Pächter Entschädigung bekommen für eine Melioration, die er noch Jahre hindurch ausnutzen wird. Ebensowenig ist der Verpächter berechtigt, während einer Pachtperiode plötzlich auf den Pächter zu stürzen und ihm Entschädigung für Vernachlässigung des Gutes abzuverlangen; er muſs ihm erst kündigen, dann kann er Entschädigung verlangen. Ebenso verhält es sich bei Meliorationen. Der Pächter darf erst Entschädigung verlangen, wenn er vom Gute abzieht. Obiger Farmer gehört wahrscheinlich zu denjenigen, die herausgefunden haben, daſs sie immer noch zu viel Pacht bezahlen und irgendwie noch etwas herausschlagen möchten. Während seines Verbleibens auf dem Gute genieſst er voll und ganz die durch die Melioration erhöhte Rente des Gutes, hat also gar keinen Anspruch auf Entschädigung. Sache des Besitzers ist es, die Gebäudemeliorationen auszuführen. Sache des Pächters ist es, den Boden zu meliorieren und gleichzeitig für künstliche Dünger- und Futtermittel zu sorgen, ohne die er nicht wirtschaften kann. Soll der Besitzer noch dem Pächter während seiner Pachtzeit für Meliorationen Entschädigung geben, so thäte er doch besser, das Gut gleich in eigene Regie zu nehmen.

Das Gesetz der Beschlagnahme. Wird in England ein Pächter zahlungsunfähig oder gerät er finanziell in eine schwierige Lage, so fällt er in erster Linie in die Hände des Verpächters. Von sämtlichen Gläubigern hat der Verpächter das Vorrecht und die maſsgebende Stimme über die Beschlagnahme. Der Pächter hängt also in solchen Fällen ganz vom Besitzer ab. Auch ist er im allgemeinen in den Händen des Besitzers besser aufgehoben als in den Händen seiner anderen Gläubiger. Der Verpächter hilft und schützt ihn in der Regel, er kann ihm Kredit geben in Form von Pachterlässen oder durch persönlichen Kredit. In sehr vielen Fällen, wo ein Groſsgrundbesitzer sieht, daſs ein Pächter wirklich tüchtig ist und sich durch langjährige Praxis als guter Pächter gezeigt hat, bekommt derselbe, wenn er einmal durch Unglück in Geldnot kommt, stets vom Groſsgrundbesitzer Unterstützung. Dieser gewährt ihm gern Kredit, da er einen doppelten Vorteil hat, erstens den, daſs er sich einen guten Pächter erhält und zweitens ist für ihn auch wenig Risiko vorhanden, denn das Geld wird auf sein Gut verwandt und das Gesetz schützt ihn in erster Linie. Das Gesetz ist zu gunsten des Pächters abgefaſst; wenn auch das Gesetz den Verpächter schützt, so findet man niemals, daſs derselbe die Ausführung des Gesetzes zu seinen Gunsten ausbeutet. Eine scheinbar ungünstige Wirkung hat das Gesetz. Es wurde hervorgehoben, dafs Pächter geneigt seien, infolge des Gesetzes gröfsere Güter zu pachten als es ihre Mittel erlauben, indem sie glauben, mehr verdienen zu können, da der Grund und Boden etwas billiger ist und sie sich teils auf das Gesetz stützen, indem sie denken, dafs wenn sie einmal in Geldverlegenheit kommen sollten, das Gesetz und ihre Verpächter sie aus der Not helfen werden. Einen Vorteil hat das Gesetz für die kleinen unbemittelten Farmer, der mit ganz minimalem Kapital für sich anfängt; sie können sich stets auf ihren Verpächter verlassen, der bei der Verpachtung das schon berücksichtigt und daher schon einen tüchtigen Pächter sucht. Viele früher gewesene Gutsverwalter und -Inspektoren haben sich zu gröfseren Pächtern auf diese Weise heraufgearbeitet. Mit geringem Kapital anfangend, war es ihnen doch möglich, billig Kredit zu bekommen und so langsam Geld anzusammeln. Kapitalkräftige Pächter sind meist Gegner dieses Gesetzes, da sie behaupten, dafs kleine Leute oft zu grofse Farmen pachten und sie dann mit fremdem Gelde bewirtschaften; auch behaupten sie, dafs es gerade diese Leute sind, die die Höhe der heutigen Pachten aufrecht erhalten, indem sie ihre kapitalkräftigen Kollegen, die eigenes Geld zu verlieren haben, bei der Versteigerung überbieten, um so erst überhaupt Pächter zu werden. Der Verpächter erhebt keine Zinsen auf so geliehenes Kapital, was dem Verpächter auch sehr zu gute kommt. Existierte das Gesetz nicht, so müfste sich der Pächter jeden Kredit zu hohen Zinsen verschaffen, auch kommt noch hinzu, dafs heutzutage, wenn das Gesetz bei Seite geschafft würde, der kleine Mann, der vielleicht ganz tüchtig ist, nie ohne Kapital Pächter werden könnte.

Nun wollen wir zu den Ursachen der Notlage der Lincolnshire-Landwirtschaft übergehen und die Beweise für die grofse Notlage vorführen[1]): Die Notlage scheint schon 1875 begonnen zu haben, zu einer Zeit, wo eine ganze Reihe von schlechten Jahrgängen aufeinander folgten, allein kritisch wurde die Notlage erst im Jahre 1879, einem Jahre, das in ganz England zu den traurigsten Jahren in der Landwirtschaft gehört. Erst 1882 und 1883 fingen die Preise in Lincolnshire zu fallen an und zwar in den Hauptprodukten der Grafschaft, d. h. Weizen, Gerste, Hafer, Wolle. Vieh und Schafe fielen auch im Preise seit 1883. Im allgemeinen kann man sagen, dafs das Sinken der Preise nach einer langen Reihe trostlos schlechter Jahrgänge von 1874—1880 die Krisis in der Landwirtschaft hervorgerufen hat. Die

[1]) Ingham H., Agricultural History and Prospects. London 1887.

niedrigen Preise waren die Folgen der ausländischen Konkurrenz und des Freihandels. Neben diesen Hauptursachen spielen noch schlechte Jahrgänge, erhöhte Produktionskosten und ungleiche Besteuerung eine bedeutende, wenn auch weniger ins Auge fallende Rolle. Die Währungsfrage hängt jedenfalls auch mit der Krisis zusammen, namentlich in Bezug auf die Konkurrenzfähigkeit Argentiniens und Indiens, allein dies spielt keine grofse Rolle bei den Landwirten und die englischen Farmer suchen nicht etwa im Bimetallismus ihr Heil, sie erwarten dadurch allein keine Abhilfe der Krisis. Von 1874 bis 1882 hatte Lincolnshire eine ganze Reihe ganz nasser Jahre durchgemacht, die mit ungeheueren Verlusten verbunden waren. Schon zu dieser Zeit mufsten viele Farmer ihre Farmen aufgeben, da sie ihr Kapital verloren hatten. Die Folge war, dafs schon damals die Höhe der Pachten zu fallen anfing. Die Folge der nassen Jahrgänge war, dafs eine Zeitlang die Kultur der Güter zurückgegangen war, die Felder wurden verunkrautet, die Erträge gingen zurück. Es rifs auch ausgedehnte Fäule bei den Schafen ein und verursachte enorme Verluste. Namentlich litten zu diesen nassen Zeiten die allerbesten und teuersten Farmen in den Thälern, die Ernten wurden befallen, es wurde schlecht geerntet und die Geldverluste waren grofs. Weniger litten die höher gelegenen Güter auf den kalkhaltigen „Wolds, „Heath" und „Cliff". Je schwerer der Boden, um so gröfser waren die Verluste; auch die Marschgegenden litten ungeheuer durch die übermäfsige Nässe. Erst 1887 kann man sagen, hatte sich die Grafschaft etwas von den Folgen der Periode 1874—1882 erholt. 1887 war ein trockenes Jahr und wurde man des Unkrautes fast vollständig Herr. Nach Angaben der „Agricultural Society" sollen manche Gegenden noch unter dem Einflufs der nassen Jahrgänge indirekt leiden. Dies ist teils erwiesen durch die niedrigen Ernten, trotzdem heute nicht weniger Stalldünger verwandt wird und entschieden weit mehr künstlicher Dünger und Futtermittel Anwendung finden als vor 1874. Ein Gut[1]) von 491 acres, das auf den „Wolds" liegt und einem sehr tüchtigen Farmer gehört, dessen Familie seit 1836 Buch geführt hat, zeigt uns, dafs er seit 1874 nie mehr als 5 Qrs. an Weizen geerntet hat, während das früher nachweislich oft der Fall war. Gespart an seinen Ausgaben hat er gar nichts. Von 1888—1889 betrug sein Lohnregister 473 £ 16 s 3 d, 1893 betrug dasselbe 523 £ 4 s 6 d. Seine Bücher zeigen im Jahre 1888—1889 eine Ausgabe von 378 £ 15 s für künst-

---

[1]) Report of Mr. W. Fox p. 119. London 1895.

liche Düngemittel und Futterstoffe und 1893 404 £ 8 s 7 d, also finden
wir eher eine Steigerung seiner Ausgaben.

Ein weiterer Beweis für die ungünstigen Jahrgänge seit 1879
liegt darin, dafs man seit diesem Jahre durchschnittlich stets später
mit der Ernte fertig wurde als in früheren Jahren infolge der nässeren
Jahre. Im Jahre 1874 fing die Ernte am 6. August an und endigte
am 4. September, die Ernte betrug 5 Qrs. pro acre. Im Jahre 1875,
1876 und 1877 war die Ernte um 3 Wochen später und ergab sie
durchschnittlich nur etwas über 3 Qrs. pro acre. 1879 fing die Ernte
erst am 8. September an und endete am 30. Oktober und ergab nur
2 Qrs. pro acre. 1880 und 1881 endete die Ernte am 12. Oktober
und 7. Oktober und betrug nur 2 Qrs. 6 Bushels pro acre. 1888
fing die Ernte erst am 11. September an und endete am 12. Oktober
und ergab 2 Qrs. 3 Bushels. 1891 und 1892 endete die Ernte Mitte
Oktober und wurden nur 3 Qrs. pro acre ausgedroschen. Aber wir
können sagen, dafs die Abnahme der Ernten weniger verursacht ist
durch die Betriebsweise als durch nasse ungünstige Jahrgänge und
spätere Ernten.

Andrerseits müssen wir konstatieren, dafs der schwere Boden in
der Kultur sehr zurückgegangen ist; bei dem Boden dagegen, der
weniger schwer ist, ist ein Rückgang in der Kultur nicht zu
konstatieren. Auf geringe und schwerere Böden haben die Farmer
wenig oder gar nichts angewendet, da der Boden eine Rente des Anlagekapitals nicht garantiert. Allein auf gutem Boden haben die
Farmer jetzt ebenso viel angewendet als sie es früher thaten. Ein
grofser Teil des schweren Bodens ist zur Weide angelegt worden, allein
als solche bringt der Boden auch wenig oder gar keine Rente, wenigstens
vermeiden die Farmer die grofsen Produktionskosten auf diese Weise.

Die „Lincolnshire Chamber of Commerce" berichtet, dafs ein grofser
Teil schweren Bodens, der früher die schönsten und gröfsten Weizen-
ernten lieferte, jetzt als Schafweide benutzt wird; ferner dafs die „Wolds-
Heath-" und „Cliff"-Gegenden im Norden von Lincolnshire in der
Kultur nicht zurückgegangen sind. Nach Angabe der „Agricultural
Society" soll das „Cliff" und „Heath" etwas in der Kultur im grofsen und
ganzen zurückgegangen sein, aber nicht die „Wolds". Fährt man durch
die Gegend im nördlichen Teil der Grafschaft, so mufs man gestehen,
dafs der gröfste Teil in hoch intensiver Kultur sich befindet, die
Felder sehen vorzüglich aus und die Einzäunungen und Hecken sind
in bester Ordnung gehalten. Es scheint, dafs die Farmen im Norden
der Grafschaft in höherer Kultur gehalten sind als im Süden; der

Grund ist vielleicht darin zu suchen, dafs im Norden die Farmen gröfser sind und von kapitalkräftigeren Pächtern bewirtschaftet werden als es im Süden der Fall ist. Jeden Besucher des nördlichen Teils der Grafschaft mufs die tadellose Kultur und tadellose Ordnung der Höfe ins Auge fallen und die Farmer der Gegend suchen gerade hierin ihren gröfsten Stolz; man mufs auch die gut gehaltenen Hecken, Einzäunungen und Thore bewundern. Nach Angabe der „Lincoln-shire Agricultural Society" wird im Süden auch an Arbeit und Dünger mehr gespart als im Norden. Nur in einzelnen Gegenden des nörd-lichen Teils der Grafschaft findet man, dafs da, wo der Boden schlecht ist, die Kultur auch zurückgegangen ist. Nach Aussage des „Louth Chamber of Agriculture" hat die Kultur in der „Wolds"-Gegend nicht abgenommen, da die Farmer gezwungen wären, intensiv zu wirt-schaften; auch berichtet dieselbe Landwirtschaftskammer, dafs in dieser Gegend ebenso viel Dünger und Futtermittel angewandt werden als früher, was doch einen sicheren Mafsstab bildet. Ausgenommen sind hier die schweren Thonböden, die in ganz Lincolnshire entschieden zurück-gegangen und als ganz unrentabel anzusehen sind. Die meisten Güter dieser Art liegen, wie schon angedeutet, jetzt als Schafweide da und bringen wohl nur eine ganz verschwindend kleine Pacht. Man kann annehmen, dafs unter den schweren Böden, je thoniger derselbe ist, er um so schneller in der Kultur zurückgegangen ist, da die Arbeits- und Produktionskosten auf solchen Böden zu grofs sind.

Im südlichen Teil der Grafschaft war die Meinung sehr ver-treten, dafs die Kultur teilweise zurückgegangen sei; allein dies ist nicht der Fall, wo Gemüse- und Obstbau, Kartoffelbau und Gärtnerei getrieben wird. Im Süden der Grafschaft findet man kleinere Farmen, die weniger bemittelt sind als im Norden; alle trachten danach, mög-lichst intensiv zu wirtschaften, denn dies ist die einzige Rettung unter den heutigen Verhältnissen. Allein in vielen Fällen sind sie durch un-genügendes Betriebskapital gezwungen gewesen, ihre Ausgaben ein-zuschränken und an künstlichem Dünger und Futtermitteln zu sparen und daher stammt der teilweise Rückgang der Kultur. Hier spielt auch die Witterung eine grofse Rolle. Die ganze Reihe von nassen Jahr-gängen haben entschieden auch dazu beigetragen, dafs die Kultur zurück-gegangen ist. Die Einnahmen der Farmer sind durchweg geringer geworden und sie können daher auch wieder weniger in ihre Scholle hineinstecken.

Die Summe des gesamten in der Landwirtschaft angewandten Betriebskapitals ist auch geringer geworden. Der Farmer sucht seine verringerte Einnahme durch vermehrten Anbau zu ersetzen und macht gröfsere Ansprüche an den Boden, der hierdurch selbstredend mit der Zeit leidet. Die „Boston Chamber of Agriculture" bestätigt, dafs namentlich auch hier der schwere Boden in der Kultur zurückgegangen ist und dafs teilweise auch der bessere Boden durch Ersparnisse an angewendetem künstlichen Dünger, Futterstoffen und Arbeitslohn gelitten habe. Dieser Rückgang sei erst seit zehn Jahren merklich. Lord Ancaster, der auch im Süden von Lincolnshire Besitzungen hat, bestätigt, dafs seine Pächter nicht so intensiv wirtschaften können als vor zehn Jahren infolge des Mangels an Betriebskapital und dafs folglich auch seine Besitzung um 10 % zurückgegangen sei. In Bezug auf die Anwendung von künstlichem Dünger und die Frage, ob die Farmer nicht in der Lage seien, denselben zu kaufen, oder ob sie zu dem Schlusse gekommen seien, dafs die Ernten eine grofse Anwendung künstlichen Düngers in Beziehung auf Rentabilität nicht rechtfertigt, scheint letztere Meinung am meisten verbreitet zu sein. Da, wo im grofsen Frühkartoffeln, Gemüsebau und Gärtnereiprodukte erzeugt werden, findet man, dafs grofse Mengen künstlichen Düngers angewandt werden. Die „Brigg Chamber of Agricultre" bestätigt, dafs weniger Getreide pro acre produziert wird als 1878, weil die Anwendung der grofsen Massen an Dünger sich nicht mehr rentiere. Heute bekommt das Getreide im Frühjahr weniger künstlichen Dünger als früher, da die Ernte die vermehrte Anwendung nicht rechtfertigt. Nach Aussage von verschiedenen gröfseren künstlichen Dünger- und Futtermittelhändlern erwies sich, dafs die Abnahme des Verbrauchs an demselben kein beträchtlicher sei, allein der Kredit hat verlängert werden müssen. Während in alten Zeiten die Farmer bar bezahlten, später ein Jahr Kredit verlangten, beanspruchen sie heutzutage zwei Jahre Kredit, wenn sie kaufen sollen. Es mufs jedoch in Betracht gezogen werden, dafs künstliche Düngemittel etwas billiger und Futtermittel ganz erheblich billiger geworden sind und dafs also eine Abnahme des Wertes nicht beweist, dafs das Quantum, das zur Anwendung gelangte, geringer ist. Ferner wird auch viel mehr einheimisch angebautes Kraftfutter auf der Scholle selbst verfüttert; auch sind vielfach Kuchen durch Mais ersetzt worden, da letzterer verhältnismäfsig billiger ist. Die Farmer kaufen auch heutzutage künstliche Düngemittel billiger als früher. Je gröfser im allgemeinen der Pächter, je kapitalkräftiger, um so mehr verwendet er auf teuere künstliche Dünger wie Knochenmehl und Super- Phosphate. Verhältnismäfsig am meisten künstlicher Dünger pro acre wird in den Obst- und Gemüse-

gärtnereien verwandt. Die „Lincolnshire Farmer's Association", die
aus 2229 Mitgliedern besteht, die zusammen 386 000 acres bewirtschaften, bestätigt, dafs heute nicht weniger Phosphate durch sie gekauft werden als früher, da die Sicherheit, welche die Garantie des Ge-
halts bietet, jetzt gröfser ist als früher und die Farmer weniger Bedenken
im Ankaufen hätten. Es ist erfreulich, bestätigen zu können, dafs
in dieser reinen sog. „Corn county" die bedeutendste Getreidekammer
Englands und der Grafschaft, die die höchste Kultur zeigt, trotz der
Notlage der Landwirtschaft nur ca. 30 acres ganz ihrem Schicksal
überlassen und nicht kultiviert wurden. Wie der Farmer sich
ausdrückt: „Kein acre hier wird der Quecke überlassen", trotzdem ein Teil des sehr schweren Bodens zu Gras angelegt ist und
der Erfolg ein minimaler war.

Nach Angabe einer Anzahl der gröfsten Direktoren von grofsen
Güterkomplexen in der ganzen Grafschaft konnten von 220000 acres
nur 29 acres konstatiert werden, die ihrem Schicksal überlassen
worden waren.

Die Folgen des Dürrjahres 1893 zeigen sich heute noch auch
in Lincolnshire. Nur ganz vereinzelte Gegenden der Grafschaft blieben
1893 verschont. Namentlich auf den schwereren Böden war der
Schaden ein ganz enormer. Dasselbe kann man sagen von den Sand-
und Kiefsböden, Marsch- und Moorböden ohne lehmigen Untergrund.
In vielen Teilen keimte die Saat einfach gar nicht! Das Gras war
im Frühjahr schon dürr und mufste der Viehstand mit gekauften
Futtermitteln erhalten werden und es fragte sich dann, ob die Farmer
mit ihrem Betriebskapital das Jahr überleben würden. Viele mufsten ihr
Vieh zu Spottpreisen verkaufen, da in Ermangelung von Heu und Stroh
sie ihren Viehstand unmöglich hatten überwintern können. Das Dürrjahr
1893 verursachte aufserdem Verluste beim Lammen im darauffolgenden
Winter und Frühjahr, da die Mutterschafe durch den Mangel an genügendem Futter gelitten hatten. Die ältesten Farmer sagten, sie hätten
noch niemals so wenig Heu und Stroh geerntet und es mufsten viele
Torf statt Streustroh benutzen und das wenige Stroh, das sie geerntet
hatten, verfüttern. Die kleinsten Getreideernten wurden konstatiert;
nur 2 Qrs. pro acre wurden vielfach geerntet, eine Ernte, wie sie
seit 1845 noch nie so schlecht gewesen war. Es ist jedoch erfreulich,
bestätigen zu können, dafs jetzt der Viehstand sich erholt hat und
die Qualität des gezüchteten Viehes wohl noch nie übertroffen
worden ist. Letztere Thatsache bestätigen „The Lincolnshire Agricultural Society", „The Lincolnshire Chamber of Agriculture" und

die Landwirtschaftskammern von Louth und Boston. Jedoch deutet die „Brigg Chamber of Agriculture" auf die Thatsache, dafs bei den kleinen Farmen der Gegend das Vieh in der Qualität zurückgegangen sei; sie sollen weniger gut füttern und mehr Baumwoll- und Leinsamenkuchen verwenden, die zwar den selben Düngerwert besitzen, allein weniger gut füttern. — Bei den Schafherden wird durchweg eine Verbesserung der Qualität konstatiert. — Rindvieh und Schafe kommen jetzt jünger auf den Markt und die Qualität ist besser als sie jemals war; in alten Zeiten wurde Rindvieh 4—5 Jahre gehalten; jetzt kommt dasselbe mit $2^1/_2$, höchstens $3^1/_2$ Jahren auf die Schlachtbank. Durch intensive Fütterung und Züchtung auf Frühreife ist dies erzielt worden. — Die Pferdezucht der Grafschaft ist etwas zurückgegangen; die einzige Zucht, die noch etwas bringt, ist die Zucht schwerer Lastpferde, die Lincolnshire „Shire horses" erfreuen sich eines guten Absatzes und eines guten Renomées.

Wie sehr die P r e i s e d e s W e i z e n s auf dem englischen Markt gefallen sind, haben wir schon an anderer Stelle ausführlich behandelt, und können wir uns für die Grafschaft Lincolnshire ziemlich kurz fassen. — Hier fiel der Weizenpreis [1]) von 1874 auf 1894 um 22,4% und für dieselbe Periode bei der Gerste um 24,2% Ein Überblick der Getreidepreise für zwei 10jährige Durchschnitte in Lincolnshire [2]) ist noch zuverlässiger:

Frucht	1874—84 Preis pro Quarter	1884—94 Preis	Abnahme % der zwei Perioden	Preis des Jahres 1874 bis XII. 25.	Preis des Jahres 1894 bis XII. 25.	Abnahme % Geld im Ertrag
Weizen	44 s 9 d	31 s 5 d	29.7	2 £ 8 s 0 d	19 s 2 d	60
Gerste	35 0	29 0	17.1	2 2 5	20 0	52.8
Hafer	22 4	18 10	15.7	1 9 2	14 6	50.3

1 Quarter Weizen = 504 Lbs.
1 „ Gerste = 448 „
1 „ Hafer = 336 „

Die folgende Tabelle ist einem Gute von 619 acres eines Mr. C. S. Fieldsend entnommen und zeigt uns die Durchschnitts-Geld-

---

[1]) Returns for the County of Lincolnshire 1874—1894.
[2]) Mr. Fox's Report. London 1895 S. 131.

erträge für W e i z e n pro acre seit 1873 und zwar in Perioden und noch die prozentische Abnahme zwischen den Perioden [1]):

Jahrgänge	Durchschnittl. Geld- ertrag pro acre	Abnahme % zwischen d. Perioden
1873—77	9 £ 6 s 8 d	—
1878—82	7 0 8	24,6
1883—87	6 0 1	14,6
1888—92	5 6 3	11.5
1893	3 17 6	27,0
1894	3 0 7	21,8
Abnahme zwischen den Perioden 1873—77 } und 1888—92 }	4 0 5	43,0
Abnahme zwischen den Perioden 1873—77 } und 1894 }	6 6 1 .	67,5

Auf demselben Gut stellt sich die Rechnung bei der G e r s t e in ähnlicher Weise ausgeführt wie folgt [2]):

Jahrgänge	Durchschnittl. Geld- ertrag pro acre	Ab- oder Zunahme % zwischen den Perioden
1873—77	9 £ 13 s 1 d	—
1878—82	5 15 1	— 40,3
1883—87	7 0 1	+ 21,7
1888—92	5 6 4	— 24,1
1893	4 4 0	— 21,0
1894	2 14 0	— 35,7
Abnahme zwischen den Perioden 1873—77 } „ 1888—92 }	4 6 9	— 44,9
Abnahme zwischen den Perioden 1873—77 } „ 1894 }	6 19 1	— 72,0

Obige Tabellen bedürfen keiner Erläuterung; sie deuten klar genug auf den Rückgang der Preise auch in Lincolnshire und auf den Rückgang der Gelderträge pro acre für die Lincolnshire Farmer!

---

[1]) Report on Lincolnshire by Mr. Fox p. 132. London 1895.
[2]) Mr. W. Fox. Report on Lincoln p. 132. London 1895.

Was den Preis der Wolle betrifft, so haben wir auch dieses Kapitel speziell für den englischen Markt an früherer Stelle behandelt und wir haben gesehen, wie kolossal die Preise in der letzten Zeit gefallen sind; wir können uns jedoch nicht wundern, wenn wir nur folgende Thatsache bedenken: Australiens Wollexport betrug im Durchschnitt der Jahre von 1830—1870 56 990 983 Lbs. pro Jahr; der Durchschnitt der Jahre 1888—92 ergiebt einen Export von 454 431 000 Lbs. oder eine Zunahme von fast 700 %. — Der Preis fiel seit 1875 fast beständig. Wir möchten an dieser Stelle aus den Büchern von Mr. C. S. Fieldsend auf seiner 619 acres grofsen Farm die Erträge an Wolle seiner Viehherde aus ca. 480 Schafen geben. [1])

Jahrgänge	Erlös der verschiedenen 5j. Perioden			Durchschnittspreis pro Tod für jede 5j. Periode			Durchschnittspreis erlöst für die Wolle eines Schafes während der 5j. Perioden		
1873—77	344 £	9 s	0 d	40 s	2 d		13 s	11¼ d	
1878—82	282	5	0	28	7		10	4¼	
1883—87	169	5	8	21	3		7	8¼	
1888—93	149	6	6	21	10		8	—	
1893—94	149	7	7¼	21	4		7	6	
Abnahme % zwischen 1873—77 und 1888—92	56.6%			45.6%			42.6%		

In Bezug auf die erste Rubrik muss hervorgehoben werden, das Mr. Fieldsend seit 1883 etwa 100 Schafe weniger hält als früher; diese Thatsache ändert an den anderen Rubriken jedoch nichts.

Auch in Lincolnshire fielen die Preise für Schafe; namentlich ist dies seit 1883 der Fall gewesen; aus den Preisen des „Lincoln annual Beast fair" entnehmen wir folgende Zahlen der 18 Jahre 1877 bis 1894: Alle Schafe zusammen hatten einen Durchschnittspreis von 3 £ 1 s 10½ d während der ersten 9 Jahre und ferner in den nächsten 9 Jahren um 2 £ 12 s 7³¼ d oder ein Rückgang im Preise von 15 %.

Die folgenden Zahlen giebt Mr. Scorer an aus dem Wert

---

[1]) Mr. W. Fox Report on Lincoln. p. 133. London 1895.

seiner Schafherde auf seinem Gute Burwell und vergleicht die Jahre 1883 und 1892 [1]):

Jahr	Mutterlämmer	Mutterjährlinge	Hammeljährlinge
1883	90 s	60 s	65 s
1892	55 s	45 s	45 s
Abnahme %	38,9	25	30,8

Die Viehpreise in Lincolnshire sind auch bedeutend gefallen und entnehmen wir folgende Tabelle den Angaben der „Lincoln Annual Beast Fair" für 1882 bis 1894 [2]):

Klasse	Durchschnittspreis pro Kopf 1882 und 1883	Durchschnittspreis pro Kopf 1893 und 1894	Preisabnahme % in der ersten und zweiten Periode
Jährlinge	9 £ 10 s bis 13 £ 10 s	6 £ — s bis 8 £ — s	36.84 bis 40.74
2jährige	16 — „ 20 10	11 — „ 14 10	26.66 „ 29.27
3jährige	24 — „ 30 —	17 10 „ 21 10	27.08 „ 28.33

Eine Untersuchung auf die von den Lincolnshire-Farmern geschätzte Höhe der Produktionskosten des Weizens und Getreides ergab ganz interessante Resultate. [3])

Mr. Fieldsend rechnet die Produktionskosten eines acre Weizens auf 7 £ 10 d, im grossen Durchschnitt der Jahre und nach Rechnung des Saatguts zum 1893 er Preise. Der 5jährige Durchschnitt von Weizen (1889—93) auf seiner Farm waren 3 Quarters 3 Bushels 1 Peck zu 30 s 4 d pro Quater gerechnet, macht nur 5 £ 3 s 4 d. Folglich rechnet Mr. Fieldsend einen Verlust von 1 £ 7 s 6 d pro acre.

Ferner rechnet Mr. Fieldsend [4]) die Produktionskosten eines acre an Gerste auf 5 £ 11 s 2¹⁄₂ d. Der 5jährige Durchschnittsertrag auf seinem Gute (1889—93) stellt sich auf 3 Quarters 5 Bushels 1 Peck zum Durchschnittspreis von 28 s 2 d pro Quarter, ergiebt einen Ertrag von 5 £ 2 s 11³⁄₄ d oder einen Verlust von 8 s 2³⁄₄ d pro acre.

Mr. Fieldsend taxierte am 25. Dezember 1894, dafs sein Weizenertrag pro acre im Jahre 1894 3 Qrs. 2 Bushels, bei Gerste

[1]) Report on Lincoln by Mr. W. Fox. p. 138. 1895.
[2]) „Lincoln Gazette" figures.
[3]) Mr. W. Fox, Report on Lincolnshire. p. 142. London 1895.
[4]) Mr. W. Fox, Report 1895. p. 142.

2 Qrs. betrug. Den Weizen, den er bis dato verkauft hatte, brachte
18 s 7³/₄ d pro Quarter und die Gerste 18 s pro Quarter. Folglich
brachte ein acre Weizen bei ihm 3 £ 7¹/₄ d; die Produktionskosten betragen 6 £ 18 s pro acre oder 2 £ 10 s weniger
als 1893 infolge des verringerten Wertes des Saatgutes. Folglich
war der Verlust pro acre 3 £ 17 s 4³/₄ d.

Ein acre von Gerste brachte 2 £ 14 s. Die Produk-
tionskosten betrugen 5 £ 10 s oder 1 s 2¹/₂ d weniger als im
Jahre 1893 infolge des billigeren Saatgutes. Folglich betrug der
Verlust 2 £ 16 s 10 d pro acre.

Mr. Fieldsend rechnet sich die Produktionskosten eines acre an
Hafer auf 7 £ 3 s 6¹/₂ d.

Ferner die Produktionskosten eines acre an Kleegras auf
2 £ 19 s 5¹/₂ d und schliefslich eines acre an Turnips auf 6 £
7 s 1¹/₂ d.

Mr. J. C. Bramley¹) basiert seine Rechnung auf eine andere
Weise, nämlich auf eine Durchschnittsbasis einer Reihe von Jahren
bei einer Sechs- und Vierfelderwirtschaft. Im ersten Fall rechnet er
auf die 6 Felder: Brache, Hafer, Weizen, Klee, Weizen, Gerste einen
Verlust von 17 s 11 d pro acre und die Produktionskosten einer
Getreideernte auf 7 £ 1 s 10¹/₂ d pro acre. Im zweiten Fall bei
der Vierfelderwirtschaft, d. h. Brache, Gerste, Klee, Weizen, rechnet
er einen Verlust von 1 £ 4¹/₂ d pro acre und belaufen sich die Produktionskosten eines acre an Getreide auf 6 £ 18 s 3 d pro acre.

Mr. Bramley rechnete auch die Produktionskosten, die Preise
und den Ertrag des Jahrgangs 1894·95. Der Verlust bei der
Sechsfelderwirtschaft beträgt 2 £ 3 d pro acre, und die Produktionskosten des Getreideertrages stellt er auf 7 £ 5 s 6 d pro
acre.

Beim Vierfeldersystem beträgt der Verlust 2 £ 6 d pro acre,
und die Produktionskosten der Getreideernte 8 £ pro acre.

Es mag von Interesse sein, einen Überblick über die Preise,
die Mr. Fieldsend auf seinem Gute während der Jahre 1873 bis
1893 erzielte und schliefslich vielleicht noch über den Rückgang
der Pachtsumme, die Abgaben, Steuern und die Produktionskosten
pro acre ²) zu erfahren.

¹) Mr. W. Fox. Report on Lincoln. p. 143.
²) Mr. W. Fox. Report on Lincoln. p. 142. 1895.

Mr. Fieldsend's Farm, 619 acres (500 Acker und 119 Gras).
Eine sog. „Turnips- und Gerste"farm auf den Wolds.

Jahrgänge	Weizen Durchschnittl. Ertrag pro acre	Gerste Durchschnittl. Ertrag pro acre	Wolle Durchschnittl. Preis der Wolle pro Schaf	Durchschnittl. Preis pro Tod	Pacht Durchschnitt pro acre	Arbeit Durchschnittl. Lohn pro acre	Abgaben Steuern. Versicherung Durchschnitt pro acre
	£ s d	£ s d	£ s d	£ s d	£ s d	£ s d	£ s d
1873—77	9 6 8	9 13 1	0 13 11½	2 2 0	1 10 0	1 3 9a	0 3 2a
1888—92	5 6 3	5 6 4	0 8 0	1 1 10	0 18 8	1 0 8b	0 2 7b
1893—94	3 9 6½	3 14 0	0 7 5½	1 1 4½	0 18 8c	1 1 6	0 2 8½d
Abnahme % zwischen der Periode 1873—77 und 1888—92	43.1	44.9	42.5	48.0	37.7	12.9	18.4
Abnahme % zwischen der Periode 1873—77 und 1893—94 d	63.0	61.6	46.1	49.0	37.7	9.4	14.4

a. Von 1874 bis 1878.

b. „ 1889 „ 1893.

c. Ein Pachtnachlaſs von 10"₀ im Jahre 1894.

d. Die Zahlen für Weizen und Gerste sind im Jahre 1884 basiert auf Durchschnittspreise bis 25. Dezember 1894.

Wirkung der Notlage auf die Besitzer des Grund und Bodens: Die direkte Folge der Notlage der Landwirtschaft auf die Groſsgrundbesitzer war in erster Linie, daſs ihr Einkommen sich reduzierte; in zweiter Linie eine Entwertung des Besitzes sei es bei Verkauf oder bei hypothekarischer Verpfändung; ferner ist zum Teil der Grund und Boden in der Kultur zurückgegangen und die Ausgaben für Meliorationen und Neubauten sowie Gebäudereparaturen haben sich vermehrt; schlieſslich zahlt heute oft der Gutsbesitzer die Zehntabgaben und Steuern, die früher der Pächter zu zahlen hatte. Solche Gutsbesitzer, die ihre Güter z. T. in eigene Regie genommen, namentlich solche, die schweren Boden haben, haben noch Geld zugesetzt. Viele Gutsbesitzer finden sich heute in einer nicht besonders beneidenswerten Lage; die Forderungen, die die Pächter stellen, werden immer gröſser, die Pächter schwinden langsam und die Erhaltung der Güter ist eine teurere als früher, während die Einnahmen zurückgegangen sind. Manche finden es jetzt schon schwer, ihre Güter in Stand zu halten, und wenn die Zeiten noch schlechter werden sollten, werden viele ihre Ausgaben für die Unterhaltung der Güter reduzieren müssen. Viele haben sich jetzt schon auch in ihren gewöhnlichen Ausgaben einschränken müssen und oft können sie nicht einmal auf ihren Gütern wohnen.

Die Lage der Grofsgrundbesitzer darf nicht nur betrachtet werden vom Standpunkt der Pachterlasse. Eine Verminderung von 40—50 %, im Brutto-Pachtertrag hat oft eine grofse Einschränkung der Privatausgaben des Besitzers zur Folge, nachdem alle Reparaturen, Neubauten, Zinsen auf Schulden und Steuern gezahlt sind. Es giebt Grofsgrundbesitzer, die, trotzdem sie viele Güter besitzen, nichts für sich übrig behalten, da die Schulden und die Zinsen die ganzen Einnahmen aufzehren. Unter diesen Umständen ist es klar, wie grofs die Opfer gewesen sind, die die Grofsgrundbesitzer gebracht haben, indem sie ihren Pächtern so enorme Pachtnachlässe bewilligt haben, abgesehen davon, dafs sie alle Forderungen der Pächter in Bezug auf Neubauten, Meliorationen und Reparaturen ausgeführt haben, um dem Pächter möglichst entgegenzukommen. Dafs die Pächter während der letzten 12—15 Jahre in der grofsmütigsten Weise behandelt worden sind, geben sie selbst zu. Der Grofsgrundbesitzer besitzt einen Wert in seinen Gütern, der heute sehr schwer zu schätzen ist, obgleich dieselben immer noch Pacht, also Zinsen, bringen. Das Publikum scheut sich heute Kapital auf Güter anzulegen, da die Verzinsung eine so ausserordentlich niedrige ist und man nicht weifs, wie weit noch die Pachten sinken werden. Es unterliegt keinem Zweifel, dafs es heute vorteilhafter ist bei einem guten Pachtherrn Grofspächter zu sein als die Rolle eines Grofsgrundbesitzers spielen zu müssen.

Seit 1882 sind die Pachten erheblich gesunken; je nach Lage und Boden sind die Pachten in Lincolnshire verschieden zurückgegangen. Im allgemeinen sind die Herabsetzungen der Pacht im Norden der Grafschaft bedeutender gewesen als im Süden. weil dort das meiste Land Ackerland ist, die Pachtgüter gröfser sind und die Wirtschaftsweise sich nicht gut ändern läfst.

Die Grantham „Chamber of Agriculture" giebt die Durchschnitts-Herabsetzung der Pachten aller Güter während der letzten 20 Jahren auf 50 % an.

Messrs Thompson und Sons in Grantham teilten mit: „Nach unserer

Erfahrung haben die besten Farmen eine Pachtherabsetzung von 25 %, während der letzten 20 Jahre erfahren; die Durchschnittsgüter setzen wir auf 33 %; die schlechten Güter mit schwerem Boden auf 60—75 %; aufserdem aber hat der Kapitalwert der Güter verhältnifsmäfsig noch mehr abgenommen, da man überhaupt heute selten Käufer findet, es sei denn zu einem Preise und einer Kapitalisierung wobei die Güter 5 % bringen könnten, während früher die Sicherheit der Rente eine gröfsere war und die Kapitalisten sich mit 3 % begnügten."

Die Lincolnshire „Chamber of Commerce" setzt die Durchschnittsabnahme der Pacht bei gutem Land zwischen 25 und 40 %, und von 50 % aufwärts auf geringerem Boden. Es könnten Beispiele angegeben werden von Gütern mit schwerem Boden, die in der Pacht 80—90 % zurückgegangen sind; 5 s Pacht pro acre ist schon gut für schweren Boden.

Die Lincolnshire „Agricultural Society" giebt einen Fall an von einem grossen Gute, wo der Pächter im ersten Jahr keine Pacht zu zahlen hatte.

Ein guter Direktor, der 25 000 acres unter sich hat im nordöstlichen, östlichen, südlichen und mittleren Teile der Grafschaft, giebt folgende Zahlen an über die **permanente Herabsetzung der Pacht seit 15 Jahren** [1]):

Gut Nr. 1   36 %

„   „   2   30 „ ⎫ Aufserdem noch vorüber-
„   „   3   25 „ ⎬ gehende Pachterlässe.
„   „   4   20 „ ⎭
„   „   5   51 „
„   „   6   21 „
„   „   7   21 „
„   „   9   30 „

Er schreibt: „Namentlich schlecht sind die Pachtaussichten auf dem schweren Weizenboden; auf bessere Böden müssen wir weitere Pachterlässe bewilligen und zwar um 10—20 %, nur um die Pächter zu behalten."

Auf den gröfsten Besitzungen in Lincolnshire waren die Pachtherabsetzungen zwischen 1879 und März 1894 wie folgt, wobei aufser den permanenten vertragsmäfsigen Pachtreduktionen vorübergehende Pachterlässe in schlechten Jahrgängen gemacht worden sind: [2])

[1]) Wilson Fox. Report on the Agriculture of Lincolnshire. p. 49. London 1895.
[2]) Wilson Fox. Report on the Agriculture of Lincolnshire. p. 48. London 1895.

Besitzer	Acrezahl	Permanente Nachlässe %	Vorübergehende Nachlässe 1879—93
Marquis of Bristol . . .	13 000	50%.	Mit Nachlässen vereinzelt
Earl of Yarborough . .	54 139	33	„ „ 10 Prozent in 1892—93—94
Earl Dysart	28 486	33	
Earl of Ancaster . . .	57 664	38*	„ „ 20 Prozent, Juli 1894.
Earl Brownlow	11 643	27	„ „ jedes Jahr seit 1879
Cust Estates	16 846	33	„ „ jedes Jahr seit 1879
Lord Carrington. . . .	16 980	30	„ „
Sir Hugh Cholmeley, Bart.	11 500	37	„ „
Sir W. E. Welby-Gregory, Bart., ...	15 200	45	„ „ 10 od. 15 Prozent
Sir John Thorold, Bart. .	1 250	33	„ „ 5 Prozent 1893 und 1894
Mr. Edmund Turnor . .	21 000	29	„ „
Mr. C. C. Sibthorpe . .	6 549	40	„ „
Sir F. Astley Corbett . .	9 500	20	„ „ 15 Prozent seit 1887
Mr. Sutton Nelthorpe . .	7 622	20	in einzelnen Jahren seit 1879
Mr. Vyner	15 000	40	

*) 1872 bis 1893.

Auf kleinen Gütern sind die Pachterlässe sehr verschieden und hängen dieselben viel vom Boden ab und namentlich auch von dem Prozentsatz des Weidelandes auf einem Gute; z. B. auf der Begüterung des Lord Ancaster[1]), für 1155 acres in 20 Farmen verteilt in der Gröfse von 20 bis 108 acres, wo das Weideland und das Ackerland gleichmäfsig verteilt sind, beträgt die Durchschnittspacht 24 s 3 d pro acre; seit 1879 haben im Durchschnitt die Pachterlasse $21\frac{1}{2}$ % betragen, allein die Zahlen schwankten zwischen $5\frac{1}{2}$ und 48 %.

Ferner finden wir auf „Lord Carrington's Estate" seit 1879 eine Gesamtabnahme der Pacht von 30 %, dagegen auf den Gütern von 20 bis 100 acres 28 %.

In der Gegend von „Sleaford" beträgt die Durchschnittsabnahme der Pachten grofs und klein zusammen 33 % in 15 Jahren: auf kleinen Gütern von 20—70 acres betrug die Herabsetzung der Pacht 20—70 %.

---

[1]) Wilson Fox, Report on Lincoln. p. 131. London 1895.

Einen Beweis für die Notlage der Landwirtschaft bietet uns folgendes Beispiel: In der Nähe von Boston ist ein Gut von 100 acres, welches 1870 3 £ pro acre Pacht brachte; jetzt bringt dasselbe Gut nur noch 1 £ oder 66¹/₃ °/₀ weniger. Im Jahre 1869, als die Pacht 3 £ pro acre betrug, gab der Pächter 1000 £ Prämie für die letzten 3 Jahre des noch laufenden Pachtkontraktes, ohne die Sicherheit zu haben, daß er nach 3 Jahren das Gut wieder als Pächter behalten würde.

In solchen Fällen, wo längere Pachtkontrakte gemacht worden waren, haben die Großgrundbesitzer stets die Jahreszeiten und die schlechten Preise berücksichtigt und niemals die Pächter gezwungen, den Kontrakt einzuhalten, wenn sie einsahen, daß es ganz unmöglich war; ein größerer Pächter z. B. von 700 acres, wovon ¹/₅ Ackerland ist, zahlte noch im Jahre 1882 1500 £ Pacht; er hatte auf lange Jahre hinaus gepachtet, allein der Verpächter hat jedes Jahr Nachlässe bewilligt, so wie er einsehen mußte, daß es nötig sei; jetzt zahlt der Pächter nur eine Pacht von 600 £ oder 60 °/₀ weniger als früher. In nächster Nähe ist ein Gut mit schwerem Boden, das demselben Besitzer gehört; 1879 zahlte hier der Pächter pro Jahr 35 s pro acre Pacht, jetzt zahlt er nur noch 5 s pro acre, also eine Pachtermäßigung von 85,7 °/₀ seit 1879.

Wie schwer die Zeiten auch gewesen sind, man hört wenig Klagen über die Höhe der Pacht, denn der Pächter weiß ganz gut, daß er auf einen Nachlaß rechnen kann, wenn er ihn braucht. Es existieren selten Differenzen über Pacht zwischen Verpächter und Pächter; in der Regel kommen sie sich gegenseitig entgegen. Die „Lincolnshire Agricultural Society" sagt z. B.: „Die Landlords sind äußerst gerecht und nobel in ihren Handlungen; Schwierigkeiten über Pacht sind selten; die Verpächter und Pächter stehen meist auf freundschaftlichem Fuße." Die Lincolnshire „Chamber of Agriculture" spricht sich wie folgt über die kleinen Farmen aus: „In solchen Fällen, wo die kleinen Farmen in den Händen der Großgrundbesitzer sich befinden, sind die Pachten nicht zu hoch, allein oft sind die Besitzer Leute, die sonst als Kaufleute ihr Geld verdient haben und dasselbe in Grund und Boden angelegt haben; diese kleinen Besitzer sind oft weniger bereit die Pacht nachzulassen und oft zu gewinnsüchtig."

Einige Pächter sind der Meinung, daß es sich nicht mehr um die Höhe der Pacht handelt, indem der Betrag des Arbeitslohnes und der Futterstoffe und Düngemittel gestiegen ist und daß die Pachtnach-

lässe allein sie nicht retten können. Diese Ansicht findet man in D e u t s c h -
l a n d vielfach vertreten, dafs es sich gar nicht mehr um die Höhe
der Pacht handelt bei der Frage, ob ein Landwirt bestehen kann oder
nicht. Man kann dies jedoch durchaus nicht zugeben; es ist ein ganz
falscher Grundsatz und seine Gültigkeit ist nur in Bezug auf den Weizenbau a l l e i n haltbar. Beim Weizenbau auf schwerem Boden kann
man sagen, dafs die Pacht keine Rolle spielt, weil der Verlust pro
acre in vielen Fällen gröfser ist als die Pacht; würde man beim Weizenbau allein gar keine Pacht zahlen, so würde man in den meisten
Fällen doch Geld verlieren. Allein bei anderen Kulturen, wo ein Gewinn thatsächlich stattfindet, ist die Höhe der Pacht von der höchsten
Bedeutung. Es ist eine alte Geschichte, dafs früher, als die Pacht
das Doppelte betrug von dem was sie heute beträgt, die Pächter viel
Geld verdient haben. Sollten die Preise noch weiter heruntergehen,
so werden die Pachten auch demgemäfs fallen müssen, es sei denn
dafs die Regierung durchgreifende Mittel zur Abhilfe der Notlage
schafft. Allein die meisten Farmer erwarten nicht viel von der Regierung, es sei denn durch weniger bedeutende Hilfe, durch Schutz
gegen Betrug im Verkauf ausländischer Ware als einheimische
und ähnliche Hilfsmittel. Es scheint die Meinung vertreten zu sein,
dafs die Pachten ihren niedersten Standpunkt noch nicht erreicht
haben. Dafs dies der Fall sein mag in Bezug auf schweren Weizenboden, ist anzunehmen, allein keinesfalls in Bezug auf gutes Gersten-
und Turnipland und erst recht nicht auf üppiges Weideland. Das Jahr
1893 war ein ausnahmsweise schlechtes Jahr; würden die Farmer in
England jetzt eine Reihe wirklich guter Jahrgänge haben, so glaube
ich sicher, dafs die Pachten wieder steigen würden. Die Farmer
geben zu, dafs die Pachtnachlässe im Verhältnis zum Rückgang der Preise
stattgefunden haben. Hätte man gleichzeitig die Produktionskosten
in demselben Verhältnis vermindern können, so wäre wahrscheinlich
heute keine Krisis vorhanden; die Produktionskosten sind eher gestiegen als gefallen, die Abgaben und Steuern sind auch nicht weniger
als zu Zeiten, wo der Farmer die doppelte Pacht zahlte und Geld
verdiente. England hat sich billige Nahrungsmittel verschafft auf
Kosten der englischen Gutsbesitzer und Pächter. Das Land ist das
Opfer der Nation geworden und hat in gar keiner Form vom Staate
eine Entschädigung bekommen. Dafs die Grofsgrundbesitzer heute
nicht mehr als einen gerechtfertigten Prozentsatz der Bruttoeinnahmen
der Güter erhalten, ist festgestellt. Zahlreiche Beweise hierfür könnten
angeführt werden; wir wollen hier nur ein paar angeben. Die Pacht

eines Gutes von 475 acres im Jahre 1883—84 betrug 22.6 % der Bruttoeinnahmen, dagegen im Jahre 1893—94 nur 20,6 %. Bei einem Gute von 1200 acres betrug die Pacht im Jahre 1884—85 37,2 % der Bruttoeinnahme und im Jahre 1893—94 37.7 %. Auf einem Gut von 2000 acres betrug die Pacht 1880—81 34.6 % der Bruttoeinnahme (8132 £) und im Jahre 1892—93 34,4% der Bruttoeinnahme (6529 £).[1] Diese Zahlen zeigen, dafs die Grofsgrundbesitzer verhältnismäfsig nicht mehr Prozent der Bruttoeinnahme erhalten, trotzdem sie grofse Ausgaben auf den Gütern gehabt haben. Die einzige Klage, die man noch unter den Farmern hört, ist die, dafs zu Anfang der Notlage der Landwirtschaft, also zwischen 1879 und 1882, eine grofse Anzahl der Grofsgrundbesitzer nicht früh genug anfingen Pachtnachlässe zu bewilligen und dafs infolgedessen viele Pächter Geld zusetzten und andere ihre Güter verlassen mufsten infolge des Vermögensverlustes. Einige leiden heute noch unter den Verlusten der Jahrgänge 1879—82. Dieses Urteil gilt aber nicht für alle Gutsbesitzer der Grafschaft, weil viele während dieser Zeit 5—29 % Pachtnachlässe bewilligten. Von 1882 ab wurden permanente Nachlässe die Regel und finden wir keine Klagen mehr über Pachtgelder nach dem Jahre 1882. Die Grofsgrundbesitzer geben auch zu, dafs wenn sie den Gang der landwirtschaftlichen Verhältnisse seit 1878 hätten ahnen können, sie früher angefangen hätten Nachlässe zu bewilligen und es wäre dann für alle Beteiligten besser gewesen. Die Grofsgrundbesitzer dachten damals nicht an eine vollständig andauernde Niederlage der Landwirtschaft, und schrieben die Klagen ihrer Pächter damals mehr den schlechten Jahrgängen zu. Wir geben eine Übersicht der Pacht pro acre, die auf verschiedenen grofsen Besitzungen durchschnittlich bezahlt wurde und zwar während der glücklichen Jahre zwischen 1854—74 und während der teuersten Jahre zwischen diesen Jahren und während der Jahre 1893—94: [1]

(Siehe die Tabelle auf nächster Seite.)

Die Zahlen zeigen, dafs in jedem Fall die Pachten in der dritten Periode niederer waren als in der ersten, trotz der enormen Kapitalien an Meliorationen und Gebäuden, die auf die Güter verwandt worden sind. Auf einigen Gütern ist der Versuch gemacht worden, die Arbeiter im Verhältnis zum Steigen und Fallen der Getreidepreise zu bezahlen auf der sogenannten „sliding scale"-Basis. Allein bald

---

[1] Wilson Fox. Report on the Agriculture of Lincolnshire. p. 52. London 1895.

wurde dies als undurchführbar aufgegeben, da die Abzüge, die die Arbeiter an ihrem Lohn hatten erleiden müssen, zu grofs waren.

Sir John Thorold		Mr. Edmund Turnor		Earl of Yarborough	
Year	Rent per acre	Year	Rent per acre	Year	Rent per acre
1820	24 s 10 d	1840	21 s 3 d	1854	25 s 10 d
1878	31 s	1877	28 s 8 d	1870	28 s 9 d
1893	23 s 6 d	1893	19 s 2 d	1894	19 s 3 d

The Marquis of Bristol		Earl Brownlow and the Cust Estates		Sir F. Astley Corbett	
Year	Rent per acre	Year	Rent per acre	Year	Rent per acre
1850	27 s	1835	26 s	1850	29 s 3 d
1870	31 s	1870	31 s 4 d	1878	35 s 4 d
1894	19 s 6 d	1893	22 s 2 d	1894	23 s 4 d

Was die Zehentabgaben betrifft, so werden sie jetzt durchweg von dem Grofsgrundbesitzer bezahlt. Sie betragen jetzt in Lincolnshire 1 s 7³/₄ d pro acre ertragfähigen Bodens. In manchen Teilen Englands ist die Zehentabgabe viel höher; sie beträgt z. B. in den Grafschaften Norfolk und Suffolk, die an Lincolnshire grenzen, 5 s pro acre ertragfähigen Bodens.

Wir wollen nun einen Blick auf die Ausgaben der Grofsgrundbesitzer werfen, auf ihre Güter und auf die Verminderung ihres Nettoeinkommens.

Vergleiche können natürlich nicht angestellt werden, da die Verschiedenheit des Bodens und andere Gegenstände dabei eine so grofse Rolle spielen; auch müfste man die Zustände der Gelände von früher berücksichtigen, wollte man Vergleiche anstellen.

Die folgende Tabelle zeigt uns die Ausgaben für Gebäude, permanente Meliorationen und Reparaturen, die seit 1879—1894 inkl. auf verschiedenen grofsen Besitzungen stattgefunden haben und wofür die Pächter keine Zinsen gezahlt haben. [1]

---

[1] Wilson Fox. Report on the Agriculture of Lincolnshire, p. 53. London 1895.

Name	Acreage	Permanente Meliorationen			Aus-besserungen			Diverse Auslagen	Summa		
		£	s	d	£	s	d	£	£	s	d
Earl of Yarborough	54 139	55 196	0	0	43 195	0	0	[1] 12 238	110 629	0	0
Marquis of Bristol . . .	13 000	14 047	0	0	16 674	0	0	—	30 701	0	0
[2] Earl Brownlow (seit 1877)	11 643	83 214	11	3½				—	83 214	11	3½
		(inkl. Aus-besserungen)									
[2] Cust Estates (seit 1875)	16 843	93 934	0	2½	—			—	93 934	0	2½
		(inkl. Aus-besserungen)									
Lord Carrington	9 534	16 980	0	0	—			—	16 980	0	0
		(inkl. Aus-besserungen)									
Sir W. E. Welby-Gregory .	15 200	22 571	2	6	8 600	16	0	—	31 171	18	6 [5]
Mr. Edmund Turnor . . .	21 000	22 505	12	5	19 500	19	9	—	42 006	12	2
Mr. Sibthorpe	6 549	8 881	0	0	2 836	0	0	—	11 717	0	0
Mr. Vyner	15 000	23 748	0	0 [4]	(Ausbesse-rungen noch aufserdem)			—	23 748	0	0 (Ausbesserungen noch aufserdem)

[1] Diese Zahl repräsentiert nur Auslagen auf landwirtschaftlichen Besitz. Totalsumme der Auslagen seit 1850 = 253 087 £.

[2] Totalsumme der Meliorationen und Auslagen seit 1836 = 422 068 £.

[3] Diese Zahlen sind exkl. Wohnungsneubauten für Arbeiter und Reparaturen, auch exkl. Schulbauten.

[4] Zinsen zu 5% werden teilweise dem Pächter auf einen Bruchteil dieser Summe gerechnet.

Diese grofsen Besitzungen führen auch genau Rechnung über die alljährlichen Auslagen. Ein Blick auf diese seit 1879 erwies, dafs heute noch ebenso viel angewandt wird als früher trotz der schlechten Zeiten. — Wie kolossale Dimensionen diese Ausgaben annahmen, zeigt uns der Besitz des Earl of Ancaster von 53 993 acres, wovon ein Teil in Rutland, Derbyshire und Huntingdonshire liegen.

Die Auslagen betrugen von 1872—1893[1]:

An Neubauten[2]	359 366	£	2 s	0 d
Reparaturen, Ergänzungen, Versicherung	277 608	„	2 „	4 „
Drainage und Meliorationen	31 441	„	1 „	6 „

[1] Wilson Fox. Report on the Agriculture of Lincolnshire, p. 53. London 1895.

[2] Bei den Neubauten ist nichts für Holz-, Kalk-, Backstein- und Ziegel-material, die auf dem Besitz produziert werden, gerechnet; sonstiges Material und noch Arbeitslohn sind gerechnet.

Drainageabgaben	20 781	£	14 s	2 d
Zehentabgaben	63 409	„	17 „	7 ..
Grundsteuer	48 203	„	15 „	7 „
Ortssteuern	20 783	„	5 „	0 „
Diverse Auslagen	174 512	„	18 „	11 „
Verwaltungskosten	43 444	„	18 „	3 ..
	1 039 551	£	15 s	4 d

Die Bruttoeinnahmen des Earls of Ancaster betrugen während dieser Periode 1 565 213 £ 16 s 7 d, so dafs die Ausgaben 66.4 % der Einnahmen betragen. Zählt man die Auslagen der Neubauten ab, so bilden die Ausgaben dann 43,4 % der Einnahmen.

Im Jahre 1872 betrug diese Zahl 49,7 % und im Jahre 1893 72,9 %.

Das Einkommen, das der Besitz im Jahre 1893 abwarf, betrug nach Abzug der Auslagen 27 622 £ 4 s 3 d. Zieht man hiervon noch die Auslagen für Neubauten und Drainage ab, so erhalten wir nur 14 394 £ 8 s 1 d.

Die Bruttoeinnahme der Pachtgelder für 1893 betrug nur 8 % der zwischen 1872—1893 verausgabten Summen für Neubauten, Drainage, Reparaturen, Einzäunungen; das Nettoeinkommen repräsentiert 2 % dieser Auslagen und 4 % der Auslagen auf Neubauten allein zwischen 1872—1893, ohne die Reparaturen zu berücksichtigen. So ergiebt sich, dafs gar keine Zinsen erhalten werden aus dem heutigen Kapitalwert des Bodens und Holzes, oder aus den vor 1872 errichteten Gebäuden.

Aufser den obengenannten direkten Ausgaben für den Besitz kommen noch Einkommensteuern, Pensionen, Diäten, Subskriptionen und Donationen, die alljährlich viel ausmachen; keine Klasse verschenkt wohl so viel als die Landaristokratie Englands, noch werden Beamte in Krankheit und hohem Alter so gut versorgt als bei ihnen. Ausser diesen enormen Auslagen auf die Güter, die verpachtet sind, hat Lord Ancaster ca. noch 7000 acres in eigener Regie; diese bestehen meist aus schlechtem Boden, der nicht verpachtet werden konnte; von den 7000 acres bewirtschaftet er 5119 acres selbst und der Verlust bei diesen Betrieben ist gewifs nicht gering.

Folgende Übersicht zeigt uns die Ausgaben und Einnahmen auf den Besitz von Mr. Edmund Turnor in Lincolnshire: (Es sind 21 000 acres.) [1]

[1] Mr. W. Fox, Report on Lincoln. p. 54. 1895.

Einnahmen und Ausgaben:	1877—78	1893—94
Pacht erhalten	28 693 £	15 692 £
Nebeneinnahmen (Holz etc.)	1 498	695
Bruttoeinnahme:	30 191	16 387
Davon Ausgaben	8 864	7 633
Bleibt Nettoeinnahme:	21 327	8 754
Prozentsatz der Auslagen der } Bruttoeinnahme }	29,3 %	46,5 %
Prozentsatz der Abnahme der } Nettoeinnahme }		59 %

Die Zahlen zeigen eine Abnahme der Bruttoeinnahme von 45,7 %, und der Nettoeinnahmen von 59 %.

Ferner bilden die Ausgaben in der früheren Periode 29 % der Bruttoeinnahme und in der späteren Periode 46,5 %.

Mr. Campbell, Agent für Sir F. Astley Corbett, giebt als Beispiel der Zeit ein Gut an, das 60 acres grofs ist und 100 £ pro acre gekostet hatte; es besteht aus üppigster Weide. Das Nettoeinkommen aus diesem Gute beträgt ½ % des Anlagekapitals pro Jahr und der Pächter verlangt jetzt neue Gebäude, die auch jedenfalls errichtet werden würden!

Wie grofs die Abnahme des Nettoeinkommens verschiedener Grofsgrundbesitzer in Lincolnshire zwischen 1879 und 1893 gewesen ist. zeigt uns folgende Tabelle; und aus dieser reduzierten Einnahme mufs der Grofsgrundbesitzer noch die Zinsen an Verwandte, Erben. die noch Rente beziehen, bezahlen [1]):

Name	Abnahme % seit 1875	In eigener Regie acres
The Earl of Yarborough	28	250
Earl Brownlow	33	466
The Marquis of Bristol .	47	—
Earl Dysart	40	3 212
The Earl of Ancaster . .	67½	7 000
Lord Carrington	35	—
Sir H. Cholmeley . . .	67	1 800
Sir John Thorold . . .	58	2 716
Sir W. E. Welby-Gregory	55	
Mr. Edmund Turnor . .	59	3 623
Mr. Sibthorpe	41	

[1]) Wilson Fox. Report on the County of Lincolnshire, p. 55. London 1895

Fafst man 11 der Besitzungen in Lincolnshire zusammen, so findet man, dafs von 160208 acres nur 3 Farmen von je 114 Farmen, also 1147 acres nicht verpachtet werden konnten oder nur 0,78 %. Allein fafst man die 6 gröfsten Besitzungen, also 174636 acres, zusammen, so findet man davon 27690 acres in eigener Regie. Wenn ein Gut in eigene Regie genommen wird, bringt dasselbe im allgemeinen keine Rente; vielfach aus dem Grunde, weil das Gut von dem letzten Pächter heruntergewirtschaftet worden ist. Nun wirtschaftet der Besitzer ein paar Jahre gut und wendet etwas an, um nach einigen Jahren wieder einen Pächter zu finden. Vielfach ist der Boden auch ganz schlecht oder schwer und findet aus diesem Grunde keinen Pächter. — Dass die Gutsbesitzer bei der Selbstbewirtschaftung ihrer Güter Geld verlieren, ist durch die Veröffentlichung mehrerer solcher Fälle bestätigt. Wir wollen auch hier ein paar Beispiele angeben: Ein Gut [1] von 260 acres, wovon 140 acres Ackerland ist und der Boden ziemlich schwer, weist einen Verlust von 1107 £ 19 s 2½ d auf, während einer Periode von 14 Jahren (1879—1892) oder mit anderen Worten einen jährlichen Durchschnittsverlust von 79 £ 2 s 9½ d. Andrerseits ist bei dieser Berechnung kein Pachtnachlafs angenommen; hätte man einen Erlafs von 25 % angenommen, so wäre wenigstens kein Verlust zu verzeichnen, obgleich das Kapital keine Zinsen gebracht hätte. — Ein weiteres Gut mit gutem Boden der als „Barley- und Turnipland" bekannt [2], von 454 acres, wovon nur 72 acres Gras sind, weist in den 5 Jahren seit 1889 einen Gewinn von 198 £ 13 s 2 d oder einen Durchschnittsgewinn von 39 £ 14 s 7½ d oder 1¼ % Zinsen des Kapitals auf, ohne jedoch bei der Berechnung Zinsen zu rechnen. Auf diesem Gute hatten die Abgaben zugenommen und zwar von 24 £ 13 s 3 d im Jahre 1889 auf 41 £ 5 s im Jahre 1894. Pacht wurde 15 s pro acre angenommen. Der Earl of Ancaster bewirtschaftet seit 1876 ca. 5119 acres in eigener Regie. Zu einer Zeit hatte er sogar 8575 acres unter eigener Leitung; die folgende Zusammenstellung zeigt deutlich, dafs Lord Ancaster seit 1876 54325 £ 5 d verloren hat, ohne Zinsen des Kapitals zu rechnen, also einen Durchschnittsverlust von 3195 £ 11 s 9 d pro Jahr, oder 12 s 5½ d auf jeden acre, den er während der letzten 17 Jahre in eigener Regie gehabt hat. [3]

---

[1] Mr. W. Fox, Report 1895 p. 120.
[2] Mr. W. Fox, Report on Lincoln 1895 p. 123.
[3] W. Fox, Report on the Agriculture of Lincoln. p. 56. London 1895.

Deb.	£	s	d	Cred.	£	s	d
Totalsumme des Betriebskapitals des Earl Ancaster während 1876—93	63823	6	9	An Lord Ancaster zurückgezahlt	18706	1	1
				Gezahlte Pacht	26325	8	1
Totalsumme der fälligen Pachtgelder 1876—93	60076	5	2	Geschätzter Wert des lebenden Inventars	28743	2	4
				Verlust 1876—93	54325	0	5
	123099	11	11		123099	11	11

Zur Zeit scheint es ganz leicht zu sein, Güter einer mittleren Größe und deren Boden nicht zu schwer ist, zu zeitgemäßen Pachtpreisen, zu verpachten; allein für große Güter finden sich nicht so leicht Pächter. Die Besitzer von schwerem Weizenboden finden es sehr schwer, ihre Güter zu verpachten. Gewisse Besitzer wie z. B. Lord Yarborough finden stets Pächter; die Farmer reißen sich oft darum, Pächter dieses Besitzers zu werden, da sie ihn als äußerst großmütig und gerecht kennen; auch wissen sie, dass sie vollständige Sicherheit des Anlagekapitals und die vorzüglichsten Gebäude haben. Dessen Agent Mr. C. W. Tindall sagt, daß die am leichtesten zu verpachtenden Güter die in der Größe von 200—300 acres sind und solche, die „Gersten- und Turnipland" haben und wo Schafe im Freien überwintert werden können. 1893 kamen noch zwei Fälle vor, wo zwei Männer eine Prämie von 1000 £ einem Pächter zahlten, um ihnen die Pacht zu cedieren; eine andere Prämie von 500 £ wurde ähnlicherweise gezahlt. Dies sind jedoch seltene Ausnahmen. Güter mit einem gut eingerichteten Wohnhaus und Boden in Kultur und alles melioriert sind stets zu verpachten. Die Unternehmungslust für ganz große Pachtgüter ist heute nicht so häufig, da das Risiko zu groß ist. Pächter, die früher größere Güter pachteten, ziehen jetzt kleinere Güter vor. Es existiert auch eine große Nachfrage nach Gütern in der Größe von 50—60 acres.

Nach Angabe der Lincolnshire „Chamber of Agriculture" existiert in Lincolnshire jetzt ebenso eine große Nachfrage nach mittelgroßen und kleinen Gütern als jemals; namentlich ist dies der Fall bei Gütern in der Nähe der Städte, wo für alle Nebenprodukte des Gutes guter Absatz vorhanden ist.

Was rückständige Pachtraten anbetrifft, so existieren wenige. Auf den großen Besitzungen findet man nach Aussage der Güterdirektoren wenige oder gar keine rückständigen Pachten. Einige Pächter hätten ein paar Jahre hindurch während schlechter Jahr-

10*

21*

gänge die Pacht nicht gezahlt. allein das hätten sie wieder eingeholt.

Am schlimmsten sieht es aus mit dem Verkaufswert des Grund und Bodens: Die Abnahme des Verkaufswertes ist durchweg bedeutend gewesen; teils wollen Leute ihre Gelder nicht in Grund und Boden anlegen bei den stets fallenden Produktenpreisen. und teils ist seit der landwirtschaftlichen und Handelsnotlage weniger flüssiges Geld zur Anlage in Grund und Boden übrig.

Auf dem Markt ist mehr Angebot von Grund und Boden als Nachfrage! Das Publikum fühlt die Unsicherheit und das Risiko der Geldanlage in Grund und Boden; viele Leute sind auch der Meinung. dafs die Pachten noch weiter sinken werden und daher die Rente eine ganz verschwindend kleine werden wird. Es ist schwer, eine Angabe über den Rückgang des Wertes des Grund und Bodens zu machen, da z. B. schwerer Weizenboden fast ganz unverkäuflich geworden ist. Mr. R. Hall, ein erfahrener Auktionär, meinte, dafs seit 1874 der durchschnittliche Wert des Bodens um 50 % gefallen sei und dafs schwerer Weizenboden um 75 % und noch mehr entwertet sei.

Einige Beispiele[1] von kürzlich verkauften Gütern in der Grafschaft Lincolnshire können wir hier anführen, um zu zeigen. wie sehr der Verkaufswert zurückgegangen ist.

Ein Gut von 125 acres schweren Weizenbodens in Gainthorpe. das 1856 7800 £ gekostet hatte. wurde kürzlich 1894 für 1560 £ verkauft; ein Verlust von 80 %.

Ein Gut von 461 acres, das 1885 30 000 £ gekostet hatte. wovon 16 000 £ auf Hypothek angelegt war, wurde 1892 für 6000 £ verkauft oder mit 80 % Verlust; die Hypothekeninhaber verloren 62 % ihrer Gelder.

Ein Komplex von 83 acres bei Lincoln. der 1858 4505 £ gekostet. wovon 2550 £ auf Hypothek angelegt war, wurde 1893 für 850 £ verkauft, ein Verlust von 81 %. und für die Hypothekeninhaber ein Verlust von 66 %.

Im Briggdistrikt wurden 224 acres guten Bodens. die 1871 16 005 £ gekostet hatten, erbteilungshalber für 8470 £ verkauft oder mit einem Verlust von 47 %.

In der Nähe wurde ein anderes Gut mit gutem Boden, 245 acres grofs, zum Teil etwas schwer. das 1859 11 900 £ gekostet hatte. 1890 für 4950 £ verkauft. oder mit einem Verlust von 58 %.

[1] Mr. W. Fox, Report on Lincoln. p. 153. London 1895.

In Kirton wurde ein Gut von 110 acres guten Alluvialbodens, das 1870 8160 £ gekostet, im Jahre 1887 für 5000 £ ohne Erfolg angeboten. 1891 erfolgte ein Angebot von 3000 £, das nicht angenommen wurde; jetzt ist das Gut verpachtet für 150 £ pro Jahr, also 1,8 % des Ankaufspreises.

Ein Gut mit schwerem Boden, 150 acres grofs, welches 1878 auf der Auktion für 6000 £ zurückgewiesen war, wurde 1894 für 2050 £ versteigert oder mit einem Verlust von 65 %.

Eine Farm von 242 acres, die 1875 für 16 000 £ gekauft worden war, wovon 10 000 £ hypothekarisch stehen blieben, wurde 1894 für 10 000 £ verkauft; ein Verlust von 37 %.

Wirkung der Notlage auf die Farmer[1]): Wir haben bis jetzt gesehen, wie sehr der Grofsgrundbesitzer durch die Notlage der Landwirtschaft in England in seinem Einkommen hat einbüfsen müssen. Wir wollen nun untersuchen, wie die Notlage auf die Farmer eingewirkt hat und wie es den Lincolnshire-Farmern heute geht. Der kleine Gutsbesitzer, oder wie er in England genannt wird „yeoman farmer", im Gegensatz zum Grofsgrundbesitzer, der in früheren Jahren zu guten Zeiten ein Gut zum doppelten heutigen Wert gekauft hat, ist jetzt schlimmer daran als der Pächter; ein Teil des Kaufpreises bleibt als Hypothek stehen und die ganze Rente des Gutes wird durch die Zinsen der stehenden Hypotheken in Anspruch genommen, und dem Gutsbesitzer bleibt recht wenig übrig. Vielfach zahlt er die Hypothekenzinsen aus seinem Kapital und es ist nur eine Frage der Zeit, wie lange er das aushält. Das sind Fälle, wie man sie zum gröfsten Teil in Norddeutschland trifft bei den Rittergutsbesitzern; wie schlecht es diesen heute in der Regel geht, wissen wir alle. In England ist der Rittergutsbesitzer zum Glück nur die Ausnahme, nicht die Regel; die sehr grofse Mehrheit der Landwirte in England sind Pächter, denen es lange nicht so schlecht geht als den Rittergutsbesitzern Deutschlands. Die Pächter in England sind sehr viel besser daran: die „yeoman farmers" zahlen eine höhere Pacht in Form von Zinsen und haben noch den Nachteil, dafs sie für immer an die Scholle gebunden sind, da sie in der Regel nicht verkaufen können ohne sich selbst zu ruinieren, wenigstens heute nicht mehr, und in vielen Fällen finden sie es schwer, die Zinsen der Schulden zu zahlen.

Einige Farmer in England sind Grofspächter und haben noch

---

[1]) Ross O. C. D. Depression in Agriculture. London 1885.

nebenbei ein kleines eigenes Gut; sie bestätigen alle, dafs sie als Pächter besser daran sind als wenn sie Besitzer sind.

Was nun die Pächter betrifft, so fanden zwischen 1879 und 1883 sehr viel Pachtwechsel statt, ein Zeichen, dafs es ihnen schlecht ging: seit der Zeit sind nicht so viele Wechsel vorgekommen als gerade in jener Periode. Die Farmer schreiben es der Thatsache zu, dafs nicht rechtzeitig die Pachterlässe stattgefunden haben. Die Grofsgrundbesitzer dachten zur Zeit, dafs die Notlage nur vorübergehend wäre und dafs bessere Jahrgänge folgen würden; hierin täuschten sie sich jedoch; z. Zt. nahmen die Grofsgrundbesitzer nicht ungern die Güter in eigene Regie, was sie jetzt nur notgedrungen thun. Einige Farmer zu jener Zeit zogen es vor, das Kapital, das ihnen übrig blieb, aus der Landwirtschaft heraus zu nehmen. Einige wollten das Wenige, das ihnen noch übrig blieb, nicht weiter riskieren. Andere verliefsen die grofsen Pachtungen, um kleine Güter zu pachten, wo weniger Risiko vorhanden war. Schliefslich machte auch ein Teil bankerott, der nicht die Befähigung und das nötige Kapital hatte, um die schlechten Zeiten auszuhalten.

Die hohe Kultur der Grafschaft Lincolnshire und das tadellose Aussehen der landwirthschaftlichen Betriebe spricht zu gunsten der Pächter, die mit der gröfsten Energie und Ausdauer und durch angestrengteste Anwendung ihrer vollen Geistesthätigkeit es verstanden haben, die schlechten Zeiten zu überstehen. Es ist oft wahrlich ein Wunder, wie es ihnen überhaupt gelungen ist, so lange gegen den Strom zu schwimmen und der Notlage so lange und mit solcher Hartnäckigkeit entgegenzutreten. Namentlich ist es die jüngere Generation von Pächtern, die mit der gröfsten Energie an die Pachtgüter sich festklammern, wo Generationen hindurch ihre Vorväter gewohnt und gewirkt haben; diese jüngeren Leute sind auch weniger an den Luxus ihrer Väter gewöhnt und fühlen und empfinden die vereinfachte Lebensweise weniger als die älteren Leute, die noch die guten 70er Jahre mitmachten.

Viele der älteren Farmer, die keine Söhne haben und weniger Interesse besitzen, meinen, sie würden aus der Landwirtschaft sofort austreten, wenn sie glaubten, dafs sie ihr angelegtes Kapital wieder realisieren könnten; da dies heute nicht möglich ist, bleiben sie lieber in der Hoffnung, dafs auch einmal die Zeiten anders werden würden. In anderen Fällen können sich die Farmer nicht von ihrer Leidenschaft für das Landleben trennen und begnügen sich lieber mit einem minimalen Einkommen als dafs sie vom Lande wegziehen. Mit dem

Landleben eines Farmers ist auch eine gewisse soziale Stellung verbunden, die er vermissen würde.

Durch die Krisis sind die Pächter weniger kapitalkräftig
geworden als sie es früher waren; mit anderen Worten: sie haben
vielfach einen Teil ihres Vermögens, das sie vielleicht in früheren
Jahren in der Landwirtschaft verdient hatten, zugesetzt. In vielen
Fällen ist der Verlust an Betriebskapital dermaßen gewesen, daß sie
heute es z. T. schwer finden Geld zur Zahlung ihrer Löhne, ihrer
Auslagen für künstliche Düngemittel und Futterstoffe, aufzutreiben,
um rationell und intensiv wirtschaften zu können. Vielfach erhalten
die Farmer, namentlich wenn sie mit Kredit arbeiten, wenig oder
gar keine Rente des angewandten Betriebskapitals; die Banken
halten auch zurück mit ihrem Kredit und verlangen größere Sicherheit; die Farmer werden auch gezwungen sich in ihrer Lebeweise
einzuschränken; schließlich können sie nur wenig ersparen, um ihre
Söhne selbständig werden zu lassen.

Vom künstlichen Dünger- und Futterstoffhändler verlangen die
Farmer heute oft 2 ja 3 Jahre Kredit, während sie früher gewohnt
waren bar zu zahlen; jetzt wird niemals vor der Ernte gezahlt, da zu
anderen Zeiten der Farmer kein Geld übrig hat. Die Saatguthändler
klagen auch, daß die Farmer so langen Kredit haben wollen. In
einigen Fällen muß Kredit gegeben werden, sonst könnten die
Pächter ihre Felder gar nicht besäen! Wie nachteilig es für den
Farmer ist, im Handel nicht bar bezahlen zu können, ist klar;
sowie der Händler Kredit geben soll, kostet die Ware gleich mehr,
das ist eine alte Thatsache. Seitdem die Banken ihren Kredit
zurückhalten sind die Pächter mehr und mehr von dem Getreidehändler und vom Kaufmann überhaupt abhängig geworden.

Die Steuer- und Abgabeneinnehmer klagen auch, daß namentlich die kleinen Farmer es schwer finden, ihren Verpflichtungen
nachzukommen.

Zu Anfang des Jahres 1894 namentlich, als die Pächter das
Dürrjahr 1893 durchgemacht hatten, sahen sich viele in Geldnot;
glücklicherweise war 1894 ein reichliches Erntejahr, wenn auch
die Preise niedrig waren. Hätten die Pächter wieder ein Jahr wie
1893 mitmachen müssen, so hätten sehr viele bankerott gemacht, da
ihr Betriebskapital verschwunden gewesen wäre. In einem einiger-
maßen guten Durchschnittsjahre können die Lincolnshire-Pächter gut
bestehen, allein in schlechten Jahrgängen und bei den heutigen
niedrigen Preisen setzen sie Geld zu. Hätten die Pächter in den

meisten Fällen nicht so grofsmütige Verpächter gehabt, die ihnen zur rechten Zeit in den letzten Jahren die Pacht erlassen haben, so hätten viel mehr bankrott gemacht. Ein schlechtes Jahr wie 1893 muls stets mit Kapitalverlust verbunden sein und es ist immer eine Frage, wieviel schlechte Jahrgänge ein Farmer mit seinem Kapital aushalten kann. In sehr vielen Fällen gingen die Einnahmen der guten Ernte 1894 zur Deckung der Schulden, die 1893 unvermeidlich gemacht werden mulsten, darauf. Vergleicht man die Lage der Farmer im Norden der Grafschaft Lincolnshire mit denen im Süden, so findet man, dals die Pächter im Norden mehr gelitten haben. Im Süden ist der Boden etwas besser, und die Farmer konnten mehr zu Obst- und Gemüsebau, Klee, Rüben und Futtergewächsen ihre Zuflucht nehmen. Im Norden, wo der gröfsere Teil des Bodens nur zu Gerste und Weizen geeignet ist, sind die Verluste gröfser gewesen. Trotzdem kann man nicht sagen, dals die Pächter im Norden heute schlechter daran sind als im Süden; ich glaube im Gegenteil, dals der kleinere Farmer im Süden verhältnismäfsig weniger Betriebskapital heute hat, als der reichere grofse Pächter im Norden. Bei letzteren sieht man keine Spur des Mangels an Betriebskapital, was durch die Höhe der Kultur bewiesen ist, während im Süden es scheinbar viel mehr an Betriebsmitteln fehlt. Der Grofspächter hat vielleicht in schlechten Jahren wie 1893 verhältnismäfsig mehr verloren, allein in guten Jahrgängen und mit seinem gröfseren Betriebskapital ist er oft imstande, die günstigen Marktkonjunkturen auszunützen, was der kleine Farmer selten kann. In einem Jahrgang wie 1893 haben viele Grofspächter ihre 20—40000 Mk. verloren, und die Sorgen, die sie tragen, sind gewifs zur Zeit noch grofs. Verdient wird heute noch auf den besten Böden bei angemessener Pacht, allein auf den schlechten Böden wird Geld zugesetzt; auf den mittleren Böden genügt die Rente zum Lebensunterhalt des Farmers, allein Reingewinne sind hier selten.

Es wird oft hervorgehoben, dals die englischen Pächter über ihre Verhältnisse leben. Das mag früher der Fall gewesen sein, allein damals verdienten sie viel Geld und warum sollten sie das Leben nicht geniefsen, wenn sie viel verdienten! Heut aber findet man, dals sich die Pächter aufserordentlich in ihrer Lebensweise eingeschränkt haben. Diejenigen, die sich nicht einschränken wollten, sind heute von der Bildfläche verschwunden. Der Luxus des Jagdstalls und das Reiten der Pächtertöchter zur Fuchsjagd mit ihren Bedienten hinterdrein, wie es früher Sitte war, ist zum gröfsten Teil verschwunden; heute sieht man auf den Fuchsjagden meist nur Grofsgrundbesitzer und reiche Leute, die nicht vom Reingewinn eines Pachtgutes abhängig sind. Auf den grofsen Pachtgütern sieht man schöne Wohnhäuser und grofsartige Parkanlagen, die als ein grofser Luxus erscheinen; allein wo früher 4—6 Dienstboten im Haushalt gehalten wurden, findet man heute die Hälfte, und die Töchter helfen jetzt vielfach im Haushalt mit, wo sie früher zur Fuchsjagd ritten. Die Pächter auf grofsen Gütern reiten alle noch zur Fuchsjagd, allein einem Mann, der oft 200 000—400 000 Mk. in seinem Betrieb eigenes Kapital besitzt, dem kann man das Vergnügen gönnen; ein Kaufmann mit der Hälfte dieses Kapitals bringt seine Ferien in Ägypten oder an der Riviera zu, warum soll also dem Grofspächter die Fuchsjagd nicht gegönnt werden!

Was nun die thatsächlichen Reingewinne oder Verluste auf dem Pachtgute betrifft, so ist es natürlich schwer, einen Einblick in die Bücher der Farmer zu bekommen. Anhaltspunkte giebt zwar die Lincolnshire-Landwirtschaftskammer; anonym sind die Resultate verschiedener Güter veröffentlicht worden und wir geben sie auch hier an. [1]

(Siehe Tabelle auf Seite 154.)

Das Gut A (474 acres) [2] ist hauptsächlich ein aus schwerem gutem Lehmboden bestehendes Gut nur einige Meilen von Lincoln; es ist aufserordentlich intensiv und gut bewirtschaftet worden. Seit 1883 ist die Pacht um 40 % zurückgegangen und beträgt jetzt 16 s pro acre; der Durchschnittsreingewinn der 11 Jahre ist nur 15 £ 1 s 9¹/₂ d; allein 185 £ 8 s 1¹/₂ d sind für die Haushaltung jährlich ausgegeben worden. Bei der Berechnung ist kein Zins des Kapitals gerechnet worden.

Die Farm B (320 acres) [3] befindet sich auch in der Nähe von Lincoln und besteht aus ziemlich schwerem Boden auf der Höhe und gutem Lehmboden im Thal. Der Pächter ist ein aufserordentlich tüchtiger Farmer. Die Pacht beträgt 15 s pro acre. Der Durchschnitt des Verlustes von 10 Jahren war 51 £ 15 s 3 d; kein Kapitalzins ist gerechnet worden; die Ausgaben für Lohnarbeit haben zugenommen.

Das Gut C (491 acres) [4] liegt 6 englische Meilen von Louth und ist seit 60 Jahren gut bewirtschaftet worden; der Pächter gilt als

---

[1] W. Fox. Report on the Agriculture of Lincolnshire, p. 117—130.
[2] W. Fox. Report p. 117.
[3] W. Fox. p. 118.
[4] W. Fox. p. 119.

Gut	acres	Union	Jahrgang	Nettogewinn	Nettoverlust	(Jährlich) Durchschnittl. + od. — % des Anlagekapitals
				£ s d	£ s d	
A	234 Acker 240 Gras 474	Lincoln	1883—94	165 19 9½	— — —	+ 0,49
B	298 Acker 22 Gras 320	Lincoln	1885—94	—	464 19 5	— 2,2
C	392 Acker 99 Gras 491	Louth	1888—94	—	310 2 3½	— 1,52
D	140 Acker 120 Gras 260	Louth	1879 92	—	1107 19 2½	— 3,73
E	900 Acker 300 Gras 1200	Louth	1884—94	—	384 15 8	— 0,51
F	600 Acker 190 Gras 790	Sleaford	1889—90	844 3 2	—	+ 2,89
G	382 Acker 72 Gras 454	Grantham	1889—94	198 13 2	—	+ 1,39
H	474 Acker 232 Gras 706	Grantham	1890—94	—	2197 3 0	— 13,01
I	407 Acker 185 Gras 592	Caistor	1880—94	—	1454 0 3	— 6,73
J	1800 Acker	Caistor	1880—94	—	7331 11 2	— 3,2
K	448 Acker 90 Gras 538	Newark	1883—93	—	1169 10 0	— 2,4
L	334 Acker 666 Gras 1000	Lincoln	1878—93	495 2 8		+ 0,33

sehr tüchtig. Der Verlust beträgt 51 £ 13 s 8½ d pro Jahr im Durchschnitt von 6 Jahren. Keine Zinsen sind gerechnet, allein der Haushalt hat jährlich 175 £ 2½ d gekostet.

Das Gut E (1200 acres)[1]) liegt in der Nähe von Louth und ist seit 1879 in der Hand eines vorzüglichen Pächters. 1882 betrug die Pacht 31 s 6 d und jetzt beträgt sie nur 20 s pro acre. Das Lohnsregister hat wenig variiert. Die Abgaben und Steuern haben hier zugenommen; sie betrugen 1884—85 214 £ 3 s und 1893—94 298 £ 4 s. Der Durchschnittsverlust von 10 Jahren betrug 38 £ 9 s 6 d. Die Einnahmen für Getreide betrugen 1893—94 1673 £ 16 s weniger als im Jahre 1884—85 oder 68,4 %. An Vieh wurde auch 15 % weniger verkauft als 1884.

Das Gut F (790 acres)[2]) gehört zu den besten Gütern und wird vorzüglich bewirtschaftet. An Löhnen, Futtermitteln und künstlichem Dünger wird heute mehr ausgegeben als früher. Pacht, Abgaben und Steuern betrugen 1894 12½ % weniger als im Jahre 1889/90. Der Durchschnittsreingewinn der letzten fünf Jahre beträgt 168 £ 16 s 7 d und aufserdem sind jährlich für 35 £ Nahrungsmittel vom Gute im Haushalt verbraucht worden. Allein es werden keine Zinsen berechnet.

Die Güter D, G, H[3]) werden von den Besitzern in eigener Regie bewirtschaftet.

Auf dem Gute I finden wir einen Reingewinn. Derselbe ist der Molkerei zu verdanken, die seit 1885 im Betriebe ist. Von 1885—93 beträgt der durchschnittliche Reingewinn sogar 149 £ 11 s 6¼ d.

Leider ist der Molkereibetrieb in Lincolnshire aus Gründen, die wir schon angedeutet haben, nicht überall ausführbar; zum gröfsten Teil ist Lincolnshire auf Getreidebau angewiesen und daher die empfindlichen Verluste und Mangel an Reingewinn. Es ist schwer zu schliefsen, welche Gröfse der Güter am meisten in Lincolnshire gelitten hat. Wir können jedoch bestimmt sagen, dafs alle „yeoman farmers" (selbstwirtschaftende Rittergutsbesitzer), die zur Hälfte verschuldet sind, viel schlimmer daran sind als die Pächter. Nach allgemeiner Ansicht haben die Güter von 500—1000 acres am wenigsten gelitten, weil diese Pächter noch am meisten disponibles Betriebs-

---

[1]) W. Fox, p. 121.
[2]) W. Fox, p. 122.
[3]) W. Fox, p. 120. 123. 124.

kapital hatten und infolgedessen nicht von Händlern und Kaufleuten abhängig wurden; die kleineren Pächter haben verhältnismäfsig mehr Ausgaben und weniger flüssiges Betriebskapital zur Verfügung. Die gröfseren Pächter haben ihre Güter in der Kultur eher steigen lassen. während kleine Güter zum Teil in der Kultur zurückgegangen sind. Die gröfseren Güter haben folglich gröfsere Ernten erzielen können als die kleinen, was ihnen bei den niedrigeren Preisen zugute gekommen ist.

Nach Angabe der „Louth Chamber of Agriculture" sind die kleineren Güter in der Kultur zurückgegangen; ferner sagt die „Lincolnshire Agricultural Society", dafs die gröfseren Farmen in besserer Kultur stehen, weil intensiver gewirtschaftet wird. Bei der Verpachtung gröfserer Güter ist wenig Konkurrenz vorhanden und sind die Pachtpreise in der Regel billiger, je gröfser das Gut. Auf den gröfseren Gütern sind auch mehr Pachtnachlässe nachgewiesen. Es hängt aber auch viel von folgenden individuellen Faktoren ab: Freiheit von Schulden, genügendes Betriebskapital, Intelligenz, Tüchtigkeit und geringe Ansprüche ans Leben.

Dafs es aber auch heute noch Güter in Lincolnshire giebt, wo die Pächter noch Geld verdienen, ist nicht zu bestreiten; diese gehören jedoch zu den Ausnahmen. Der Erfolg hängt meist zusammen mit der höheren Intelligenz des Betreffenden und mit einer vollkommenen Widmung an irgend eine besondere Spezialität. So finden wir, dafs dies meist der Fall ist bei solchen Farmern, die das Talent des Züchtens besitzen und sich hierin ein Renomée geschaffen haben. Diese Wirtschaften sind jedoch einseitig und nur auf die Produktion einer gewissen Hochzucht zugeschnitten. Im Saatweizen oder Viehzucht. kann ein Farmer, wenn er Hervorragendes leistet, noch viel verdienen, allein nur das Hervorragende in der Zucht wird eine Rente abwerfen; die mittelmäfsigen Züchter verdienen nichts. Ein Gut sei hier erwähnt, wo der Pächter Hervorragendes geleistet und auch viel Geld verdient hat. Es ist das Gut Church Farm, Stroxton by Grantham, dessen Pächter Mr. C. R. Lynn einer der hervorragendsten Shorthornzüchter Englands ist. Das Gut ist nur ca. 450 acres grofs, jedoch bewirtschaftet er noch ein Nebengut von 500 acres mit. Er züchtet „Bates Shorthorns" und zwar speziell der „Red Rose Tribe", die direkt vom berühmten Shorthornzüchter Mr. Bates abstammten. Mr. Lynn und sein verstorbener Vater haben zusammen über 60000 Mk. in Preisen davongetragen und zwar für Rindvieh allein; für Schafe waren es weitere 20000 Mk., die er sich so errungen hat. Er verkauft seine

jungen Shorthornbullen nach Australien und Südamerika und erzielt
dreijährig bis 9000 Mk. pro Stück. Für die ursprüngliche Kuh, die
die Basis der ganzen Zucht bildete, hat Mr. Lynn seiner Zeit eine
Offerte von 40 000 Mk. abgeschlagen. Aufser diesen berühmten Shorthorns züchtet er noch Hampshire- und Lincolnshireschafe und Berk-
shireschweine, alle Vollblut und im Herdbuch eingetragen. Seinen ganzen
Weizen verkauft er zur Saat und verdient auch hierdurch. An Pferden
züchtet er Hackneys und Shires mit Erfolg. Von Geflügel züchtet
er nicht weniger als 15 rassenreine verschiedene Sorten. Er ist eben
Züchter „par excellence", allein er bildet eine Ausnahme.

Am schlimmsten in Lincolnshire ist die Lage der kleinen
Gutsbesitzer von 40—80 acres. Namentlich sind diejenigen schlecht
daran, die 50—80 % Schulden auf ihrem Besitze haben. Zum Teil
zahlen sie noch 4$\frac{1}{2}$—5$\frac{1}{2}$ % Zinsen auf Hypotheken. Solche ver-
schuldete Gutsbesitzer findet man im südlichen und östlichen Teil der
Grafschaft auf Moorboden, wo der Boden vorzüglich ist und grofse
Ernten bringen kann. Im Jahre 1878—79 wurden noch 80—120 £
per acre für solches Land bezahlt; zur Zeit war dies nicht zu viel,
allein heute ist der Boden nicht mehr als die Hälfte wert. Nun zahlen
diese Leute noch ihre Zinsen wie früher weiter und die Hypothekenbesitzer werden schliefslich zur Subhastation greifen müssen. Der
Besitz dieses Bodens hat schon manchen ruiniert und viele werden
noch bankrott gehen. Um so mehr ist dies zu bedauern, da viele dieser
kleinen Leute aus der Vorarbeiter- und Verwalterklasse von gröfseren
Höfen stammen, sich durch Fleifs etwas erspart hatten und nun selbständig werden wollten. Ein solches Ergebnis nach einem Leben
voller Arbeit und Fleifs ist gewifs traurig und viele kehren wieder
in der Not als Arbeiter auf die grofsen Güter zurück. Die Lage
dieser kleinen Gutsbesitzer ist sehr zu beklagen; ihre Wohnungen
sind nicht so gut als die Arbeiterwohnungen auf den grofsen Pachtgütern; einige sind sehr schlecht. Sie arbeiten härter und länger als
gewöhnliche Arbeiter und verdienen weniger; sie leben weniger gut
und essen weniger Fleisch. Sie zahlen oft 3—5 £ pro acre als Zinsen
auf Hypotheken. Die Töchter und Söhne des Besitzers arbeiten ohne
Lohn und leben und kleiden sich schlecht. Namentlich sind es die
Gärtnereigüter auf besserem Boden, die mit Hypotheken so schwer
belastet sind; von früher her zu teuer eingekauft leiden sie heute sehr
darunter.

Als 1879 die schlechten Zeiten anfingen, nahm die Verschuldung
noch mehr zu, und viele Besitzer sind jetzt zu $\frac{3}{4}$ verschuldet.

Viele zahlen heute mehr Zinsen, als andere Nachbarn Pacht bezahlen. Viele haben ihr Vermögen verloren und hängen von ihren Gläubigern ab; wenn die Hypothekenbesitzer heute subhastieren würden, würden auch sie 20 % ihrer Gelder verlieren. Ein kleiner Farmer in Spalding hatte 200 acres gekauft; 1866 hatte er 70 £ pro acre bezahlt und 3000 £ in Meliorationen inkl. Wohnhaus ausgegeben. Er zahlte 3 £ pro acre an Zinsen und hatte bis 1874 Geld verdient. Von 1879—86 hat er jedes Jahr Geld zugesetzt und schliefslich mufste er subhastieren. Das Gut wurde zu 40 £ pro acre verkauft. Die Hypothekenbesitzer verloren 3000 £, der Mann hatte natürlich alles verloren, nachdem er 20 Jahre hindurch sich von morgens bis abends geplagt hatte. Dafs ist nur ein Beispiel von Tausenden von ähnlichen Fällen.

Damit sich der kleine Besitzer halten kann, darf er keine Schulden haben, sonst kann er unmöglich vorwärts kommen und in schlechten Jahrgängen geht sein Vermögen nur zurück, wenn er aus seinem Kapital die Hypothekenzinsen zahlen soll.

Die „Chamber of Agriculture" in Boston teilt folgendes mit: „Einige der kleinen Besitzer, die Frühkartoffeln bauen, leben von 3 acres. Der kleine Farmer kann bequem mit Familie auf durchschnittlich 25 acres leben. 3—5 £ pro acre ist die Pacht des guten Bodens bis zu 10 acres; das teuere Land ist oft das rentabelste, weil Frühkartoffeln gebaut werden können. Eine Farm von 60 acres guten Bodens bringt 2 £ pro acre Pacht. Das beste Land bringt wohl 3 £ pro acre. Die kleinen Farmer arbeiten wie Sklaven, oft im Sommer von morgens 3 Uhr bis abends 9 Uhr. Viele sind sehr schlecht daran und ihre Wohnungen sind oft sehr mangelhaft."

Viele dieser kleinen Besitzer sind schlechter daran, als ganz gewöhnliche Arbeiter; aufserdem haben sie Sorgen und sind an die Scholle gebunden, da sie nicht verkaufen können, ohne alles zu verlieren. Nur in einem Distrikt von kleinen Besitzern findet man, dafs die Leute etwas besser daran sind, als wir es eben geschildert haben. d. i. der sog. „Wainfleetdistrikt". Es kann wohl dem besseren Boden und vielleicht auch dem erhöhten Fleifs und der Energie der Inhaber zugeschrieben werden. Die Kultur ist hier eine gartenmäfsige; die Leute zahlen nur 25—100 s Pacht pro acre. Für Drainage zahlen die Besitzer 2 s 6 d bis 3 s 8 d pro acre jährlich. Der Boden ist äufserst ertragsfähig und liefert vorzügliche Frühkartoffelernten. Der Anbau der Frühkartoffel scheint das rentabelste zu sein. Die Leute sind hier meist Arbeiter, die sich durch Ersparnisse

Boden gekauft haben; verdienen können sie in der Regel genug zum
Lebensunterhalt und zur Erziehung ihrer oft zahlreichen Familie. Sie
leben aber schlechter als gewöhnliche Arbeiter und essen selten
frisches Fleisch. Sie essen viel Speck und Kartoffeln. Viele zahlen
4 £ pro acre und verdienen sich ihren Lebensunterhalt. Ein Fall[1])
nur ist bekannt von einem kleineren Besitzer, früheren Arbeiter, der
sich hier Geld verdiente. Er hatte als Arbeiter sich etwas erspart
und pachtete 6 acres zu 66 s pro acre und später kaufte er 12 acres
zu 106 £ pro acre. Seine Gebäude errichtete er alle selbst. Er
baut alle möglichen Gemüse, Frühkartoffeln, Obst, Blumen und hält
sich Schweine, Hühner und Bienen. Neben seinem Lebensunterhalt
verdiente er 1893 und 1894 86 £ 4 s 4 d und 111 £ 12 s. Er lebt
jedoch äufserst sparsam und wendet seine ganze Kraft auf die Scholle
an. Er versteht die Gärtnerei, und Gemüse und Blumen bringen ihm
einen hübschen Verdienst. Dieser Mann bildet jedoch eine Ausnahme
und sein Betrieb ist auch nicht mafsgebend für die ganze Gegend.
Es sei denn, dafs ein kleiner Mann die Scholle schuldenfrei hat,
guten Boden, genügend Geld, keine Zinsen oder nur niedrige Pacht
zahlt, kann er nichts verdienen und ist schlechter daran als ein Arbeiter.

Es existiert in England zum Teil eine Idee unter gewissen
Parlamentsparteien, dafs der Landwirtschaft aufzuhelfen wäre durch
die Schaffung eines sogenannten Bauernstandes, wie er in Frankreich
und zum Teil in Deutschland besteht. Der Grofsgrundbesitz soll
vom Staat aufgekauft werden und an kleine Besitzer wieder abgegeben werden. Theoretisch ist ein gesunder Bauernstand das beste,
was ein Land haben kann. Allein schaffen kann sich kein Land einen
Bauernstand von heut auf morgen. Wir haben gesehen, wie in England die kleinen Besitzer schlecht daran sind, und wenn diese Klasse
noch vermehrt werden soll, wäre es ein Unglück. Wie die Landwirtschaft sich heute verhält, ist das Land noch am besten in Händen
der reichen Landaristokratie und eines guten Grofspächterstandes. Der
Gedanke der Selbständigkeit ist ja, das mufs man zugeben, für den
kleinen Mann von grofser Anziehungskraft, allein wir haben gesehen,
zu welcher Sklaverei diese Selbständigkeit führen kann. Während der
Arbeiter für seinen Herrn ohne Sorge arbeitet, mufs er als Besitzer
von ein paar acres sorgenvoll sich vom Morgen bis zum Abend quälen,
um die Zinsen der Hypothekengläubiger zu schaffen oder dabei sein

[1]) Mr. W. Fox. Report on Lincoln. p. 72. 1895.

bischen verlieren. Es ist auch klar, dafs je kleiner der Besitz ist, um so schlechter die Wohnungen und Gebäude werden müssen; somit verteuern die Gebäude die kleine Fläche des Ackers zu sehr. Kommen schlechte Jahrgänge, so hat der kleine Mann nichts, worauf er sich stützen kann, während der grofse kapitalkräftigere Pächter ganz bequem 2—3 schlechte Jahre mitmachen kann und sich dann später wieder in die Höhe arbeitet. Die kleinen Besitzer leben von der Hand in den Mund und hängen ganz und gar von dem einen Jahrgang ab; fehlen die Ernten, so fällt er dem Gläubiger in die Hände.

Die Hypothekenbesitzer lassen die Zinsen niemals nach, während der Grofsgrundbesitzer die Pacht stets nachlassen wird.

Das einzige, was dem kleinen Besitzer in Lincolnshire helfen würde, wäre, wenn er vom Staate Kredit bekommen könnte zu etwa 2 %, um seine Hypothekengläubiger, denen er 4—5 % zahlen mufs, auszuzahlen. Wird dem kleinen Besitzer nicht bald geholfen, so ist er unrettbar verloren. Der englische Staat hat auf diese Weise dem irischen Farmer unter den Arm gegriffen und aufgeholfen, warum sollte er es auch nicht für die kleinen Besitzer in Lincolnshire thun? Die Lage der kleinen Pächter ist nicht viel besser als die der kleinen Besitzer, wenn sie auch nicht ganz so schlimm ist. Die kleinen Pächter zahlen noch geringere Pacht als die Besitzer Zinsen zahlen; aufserdem können kleinere Pächter leichter die Scholle verlassen, wenn sie sehen, dafs sie nichts verdienen. Ferner hat der kleine Pächter keine Lasten zu tragen. Ihre Pachten werden erniedrigt und sie bekommen auch oft vorübergehende Pachterlässe. Sie leiden aber oft an dem Mangel eines Betriebskapitals und es fehlt ihnen oft das nötige Inventar und Vieh. Andere wieder haben mit zu wenig Mitteln angefangen und finden sich dann im Betrieb gehemmt. Solche Leute können auch ein paar schlechte Jahre nicht aushalten und der Verlust einer Kuh oder eines Pferdes wird sehr empfunden. Manche unter den kleinen Pächtern sind gezwungen, Pferde zur Arbeit, auch oft noch die Pflüge und Geräte zu borgen. Oft findet man unter den kleinen Pächtern die Vorarbeiter oder Aufseher gröfserer Güter; diese passen auch nicht in die Verhältnisse, da sie die nötige Sparsamkeit in der Einteilung eines Kleinbetriebs nicht besitzen. Was die Gröfse des Kleinpachtgutes betrifft, die nötig zum Unterhalte eines Mannes ist, so hängt dies von dem Boden ab; auf vorzüglichem Frühkartoffelboden kann der Mann von 3 acres leben. In der Nähe einer Stadt mit Gemüsebaubetrieb braucht der Mann 10 acres zu seiner Ernährung. Auf schlechterem Boden steigt die Acrezahl bis 50 acres.

Es ist sehr zu bezweifeln, ob heute unter den jeweiligen Verhältnissen ein Arbeiter, Vorarbeiter oder Aufseher seine Stellung im Leben dadurch verbessert, dafs er als kleiner Pächter ein paar acres pachtet oder gar kauft. Als Aufseher auf einem gröfseren Pachtgut erhält ein Mann seine 18 s pro Woche Fixum mit Wohnhaus und Zubehör. Als Arbeiter kann einer 2 s 3 d bis 2 s 6 d pro Tag verdienen und eine gute Wohnung und Garten haben und braucht keine Sorge zu tragen, dafs der Jahrgang die Zinsen oder die Pacht nicht bringt. Fragt man die kleinen Pächter, ob sie nicht früher besser daran waren auf einem gröfseren Pachtgut mit guter Wohnung und 18 s bis 1 £ pro Woche Fixum, so antworten ⁹⁄₁₀ von ihnen mit „ja". Einige lieben die Selbständigkeit und bringen ihrem Stolze grofse Opfer. Fast durchweg findet man, dafs die kleinen Pächter nicht gut daran sind. Der einzige Distrikt, wo sie etwas besser daran zu sein scheinen, war der „Wainflut"-Distrikt, wo auch die kleinen Besitzer, wie wir hervorgehoben haben, besser gestellt sind. Hier scheinen sie vorwärts zu kommen, aber auch nur sehr langsam. Dafs sie hier bessere Resultate erzielen, liegt wohl am Boden. Manche Leute glauben, man brauche nur einen Komplex in Stücke von 30 bis 50 acres einzuteilen, zu verkaufen oder zu verpachten, und da würde in kurzer Zeit ein blühender Bauernstand entstehen! Wie falsch das ist, zeigt uns gerade die Grafschaft Lincolnshire.

Der kleine Pächter und der kleine Käufer ist meist gehemmt durch Mangel an Betriebskapital und auch meist an dem nötigen Verständnis, um vorwärts zu kommen, wenn er auch lange Jahre als landwirtschaftlicher Arbeiter funktioniert haben mag. Was nun die Pachtbeträge auf kleinen Gütern betrifft, so sind diese auch bedeutend zurückgegangen. Dies ist wiederum ein Beweis dafür, dafs zwischen Verpächter und Pächter in England ein ganz anderes Verhältnis besteht, als zwischen Hypothekeninhaber und Gutsbesitzer, die sich gegenseitig auf streng kaufmännischem und gesetzlichem Standpunkt gegenüberstehen. Als Beispiel[1]) führen wir einen Mann an, der 9 acres besitzt und 11 acres gleichen Bodens gepachtet hat. Im ersten Fall zahlt er Zinsen im Betrage von 90—100 s pro acre und im zweiten Fall zahlt er nur 45—90 s Pacht pro acre. Dies zeigt uns das Verhältnis und den Unterschied zwischen dem Verpächter von Grund und Boden und dem, wenn wir so sagen dürfen, Geld-„verpächter". In manchen Gegenden ist ziemlich viel Konkurrenz

---

[1]) Mr. W. Fox, Report on Lincoln. p. 77. 1895.

bei der Verpachtung von kleinen Gütern. Aufseher und Arbeiter
erhalten heutzutage gute Löhne und kostet ihnen der Lebensunterhalt
und die Bekleidung viel weniger als vor 25 Jahren. Sie können daher
von ihrem Verdienst mehr ersparen, als zur Zeit niedrigerer Löhne und
höherer Preise. Sie können heute auch billiger pachten als früher
und ist es für sie eine grofse Versuchung, ein kleines Gütchen selbst
zu bewirtschaften trotz der niederen Produktenpreise. Ferner sind
es auch heute die Farmer von Beruf, die es für praktischer finden,
kleinere Güter zu pachten wegen des geringeren Risikos. Endlich
giebt es auch eine unglückliche Klasse von Farmern, die auf gröfseren
Gütern Geld verloren haben und gezwungen sind, kleinere Güter zu
pachten.

Der Earl of Ancaster ist der Meinung, dafs auf seinem Besitz
sich die Güter von 10—200 acres am leichtesten verpachten lassen.
Er hat 373 Güter[1]) in der Gröfse von 5—100 acres und 332 Parzellen-
besitze von 1—5 acres, im ganzen 10 728 acres zwischen 1—100 acres.
Er betrachtet ein Pachtgut von 30—50 acres als die zweckentsprechendste
Gröfse, um einen Mann mit Familie bequem und gut leben zu lassen.
In diesem Falle würde der Pächter und seine Töchter und Söhne
genügende Beschäftigung haben ohne auswärtige Hilfe; allein es ist
die Frage, ob heutzutage die Kinder sich mit einem solchen Leben
begnügen würden; heute, wo ihnen die vorzüglichen technischen
Schulen Gelegenheit bieten, etwas zu lernen und hierdurch sich ein
besseres bequemeres Dasein später zu verschaffen, ist es unwahr-
scheinlich, dafs sie in Zukunft zu Hause bleiben werden, um nur für
ihre blofsen Kleider und Essen zu arbeiten. Auf kleinen Gütern von
30—50 acres, wo der Pächter mit seiner Familie die ganze Arbeit
besorgen kann und wo er keine auswärtige Arbeiter braucht und
Boden hat, wo er Obst- und Gemüsebau treiben und nebenbei Hühner,
Schweine und vielleicht ein paar Kühe bei genügendem Betriebskapital
halten kann, wird stets bestehen können. In nur zu vielen Fällen ist
das Schuldenmachen der Anfang von späterem Übel. Wir wollen
nun hier die Frage besprechen, welche Gröfse von Gütern die
meiste Arbeit pro acre erfordert?

In Lincolnshire ist man der Ansicht, die auch von der „Lincolnshire Agriculture Society" geteilt wird, dafs kleinere Pächter, die nicht
mit Gemüsebau beschäftigt sind und die fremde Arbeiter bezahlen,

---

[1]) Mr. W. Fox, Report on Lincoln, p. 178. 1895.

weniger Arbeitslohn pro acre ausgeben, aber auch weniger pro acre
produzieren und weniger Vieh pro acre halten als die grofsen Pächter.

Mr. Wilkinson giebt in seinem Bericht an die „Royal Commission
on Labour" auch an, dafs auf grofsen Pachtgütern mehr Arbeiter
pro acre beschäftigt werden und dafs sie auch regelmäfsigere Beschäftigung erhalten. In Bezug auf die kleinen Güter, wo der Pächter
mit seiner Familie die meiste Arbeit besorgt, bin ich der Meinung,
dafs kein Vergleich gezogen werden kann zwischen diesen und den
grofsen Gütern, allein man kann annehmen, dafs auf kleinere Güter
weniger Arbeit angewandt wird, da die Kultur nicht so gut ist als
auf den grofsen Gütern. Der Güterdirektor des Earl of Brownlow
sagt hierüber[1]): „Auf Gütern von 200—670 acres scheint nicht viel
Unterschied zu sein in Bezug auf den Arbeitslohn pro acre." Er
giebt folgende Zahlen an mit dem Betrag pro acre von verwendeter
Arbeit:

	acres	Arbeitslohn pro acre
Gut Nr. 1	200	17 s
„ 2	300	15 s
„ 3	466	16 s
„ 4	532	17 s
„ 5	670	19 s

„Die Güter sind gleich gut bewirtschaftet. Wenn die grofsen
Güter Binde- und Schneidemaschinen verwenden würden, könnten sie
etwas ersparen, allein dies würde nicht viel ausmachen." Heute
liegen die Verhältnisse so, dafs der kleine Pächter weniger Betriebskapital hat und an Arbeitslohn spart, während der noch kapitalkräftige grofse Pächter nicht zu sparen braucht. In der That kann
der grofse Pächter durch Maschinen und die Anwendung vieler Pferde-
arbeit Arbeitslohn sparen, allein in der Regel verhält es sich so, dafs
der grofse Pächter seine Arbeiter das ganze Jahr hindurch zu beschäftigen vermag und daher pro acre mehr Arbeitslohn verausgabt.
Die englische Regierung befürwortet die Ausdehnung kleinerer Güter;
es giebt Parlamentsmitglieder, die glauben, dafs durch die Gesetzgebung ein Bauernstand quasi fabrikmäfsig produziert werden kann;
wie sehr sie sich irren, haben wir gezeigt. Vorläufig fehlt den kleinen
Leuten das nötige Kapital zur weiteren Ausdehnung des kleineren
Güterbesitzes oder -Pachtes. Wenn die Regierung Arbeiter zu
Pächtern machen will, braucht sie ihnen nur billiges Betriebskapital

[1]) Mr. W. Fox, Report on Lincoln, p. 80. 1895.

zu besorgen; es wird den Grofsgrundbesitzern sehr zu statten kommen. Allein die grofse Frage ist, ob die riesige Kapitalanlage, die nötig wäre zur Errichtung der notwendigen Bauernhöfe und Wohnhäuser für so viele kleine Pächter, eine Rente bringen würde. Bei den grofsen Pachthöfen ist schon alles aufs praktischste und beste gebaut; der Hof liegt meist im Centrum der ganzen Felder, es wäre unrationell, dieselben anders einzuteilen. Die Regierung könnte aber den schon bestehenden Pächtern Geld auf längere Frist und zu niedrigem Zinsfufs bei der nötigen Sicherstellung die leicht zu verschaffen wäre, leihen. Auch müfsten staatliche Kreditbanken zu diesem ganz speziellen Zweck errichtet werden, und könnten als Sicherheit sich die Pächter gegenseitig als Bürgen stellen.

In Bezug auf die Abgaben sind die Armen- und Chausseeabgaben verschieden je nach der Lokalität. Die Armenabgaben schwankten im Jahre 1881—82 in ganz Lincolnshire zwischen 1 s bis 2 s 9 d pro 1 £. 1892—1893 betrugen sie 1 s bis 2 s 4 d pro 1 £. Greifen wir z. B. drei der „Unions" der Grafschaft heraus, so finden wir folgende Zahlen [1]):

		Abgaben pro 1 £	
		1888	1893
Spalding	Armenabgaben	1 s 5 d	1 s 7 d
Union	Chausseeabgaben	0 s 8 d	0 s 11 d
		2 s 1 d	2 s 6 d
Boston	Armenabgaben	2 s 2 d	2 s 1 d
Union	Chausseeabgaben	1 s 1 d	1 s 2 d
		3 s 3 d	3 s 3 d
Holbeach	Armenabgaben	1 s 8 d	1 s 5 d
Union	Chausseeabgaben	1 s 1 d	1 s 1 d
		2 s 9 d	2 s 6 d

In manchen Distrikten haben sie zu-, in anderen abgenommen. Auf einem Gute von 1200 acres, das 1884 1886 £ Pacht zahlte, betrugen die Abgaben und Steuern 214 £ oder 4.2 % der ganzen Einnahmen des Gutes (10565 £); 1894 brachte das Gut nur 1250 £ Pacht und die Abgaben waren gestiegen auf 298 £ oder 9.4 % der ganzen Einnahmen (8940 £). Die Farmer sind der Meinung, dafs auch sonstiges persönliches Vermögen, das auch gerade nicht mit

---

[1]) Mr. W. Fox. Report on Lincoln. p. 140. 1895.

Grund und Boden verbunden ist, ebenso Abgaben zahlen sollte und
weisen auf die ungleichmäfsige Verteilung der Abgaben hin. Über
die Art und Weise der Feststellung durch die Taxatoren herrscht
auch Unzufriedenheit; sie schätzen oft den Wert einer Fläche, ohne
sich nach der Höhe der Pacht zu richten. Die Farmer heben hervor,
dafs die Höhe der Pacht mafsgebend sein müfste für die Höhe der
Abgaben. Auf einem Gute des Mr. C. Fieldsend (619 acres) betrugen
die Abgaben, Steuern, und Versicherung pro acre bei 5jährigem
Durchschnitt wie folgt [1]):

1874—1888	3 s 2	d
1879—1883	2 s 10¹͵	d
1884—1888	3 s 0	d
1889—1893	2 s 7	d

Die Steuern repräsentieren hier Einkommensteuer, die ca. 7 d
pro 1 £ ausmacht. Die Abgaben verstehen sich auf Armen- und
Chausseeabgaben zusammen.

Über Wildschaden findet man in Lincolnshire wenig Klagen;
die Zahl der Hasen und Kaninchen in dieser Grafschaft ist nicht
grofs, und nur vereinzelt kommen die Fälle vor, wo übermäfsig geschont wird. Die Pächter brauchen hier keinen Gebrauch vom
„Ground game Act" zu machen, da die Verpächter schon dafür
sorgen, dafs das Wild keinen Schaden anrichtet. Heutzutage können
in Lincolnshire die Grofsgrundbesitzer sich das Jagdvergnügen nicht
so leicht auf Kosten ihrer Pächter leisten, denn diese lassen sich es
heute nicht mehr gefallen, und die Verpächter möchten und könnten
des Wildes wegen keinen Pächter mehr verjagen, da sie gut wissen,
dafs gute Pächter nicht alle Tage zu haben sind. Heute mufs sich
der Grofsgrundbesitzer mehr und mehr nach den Wünschen seiner
Pächter richten, und er kann nicht mehr so rücksichtslos verfahren wie
es früher der Fall war. In gewissen Jahreszeiten erlaubt das Gesetz
dem Pächter, die Hasen und Kaninchen abzuschiefsen, so dafs er sich
jetzt stets vor Schaden schützen kann. Die Farmer klagten mehr
über Sperlinge als über Hasen und Kaninchen. Auch klagen die
Pächter weniger über die Verpächter, wenn diese ihr Wild selbst abschiefsen, allein sie klagen sehr in Fällen, wo der Grofsgrundbesitzer
seine Jagd verpachtet hat. Die Jagdpächter gehen oft ganz rücksichtslos vor und machen sich beim Pächter sehr unbeliebt.

----

[1]) Mr. W. Fox, Report on Lincoln. p. 141. 1895.

Wirkung der Notlage in der Landwirtschaft auf die Arbeiter.[1]) Im allgemeinen werden die besseren Arbeiter in Lincolnshire, wie z. B. Aufseher, Fütterer, Schäfer, Knechte pro Jahr gemietet; gewöhnliche Arbeiter arbeiten mit einem Wochenlohn oder im Tagelohn. Im Norden, wo die Farmen gröfser sind, findet man eine gröfsere Anzahl landwirtschaftlicher Arbeiter, die pro Jahr gemietet sind, da viele der Güter sehr weit von Dörfern entfernt sind und es für Arbeiter und Arbeitgeber besser ist, wenn auf dem Gute selbst Wohnungen genug vorhanden sind. um die Arbeiter unterzubringen. Die Arbeiter, die pro Jahr gemietet sind, wohnen meist mit ihren Familien in guten Arbeiterwohnungen, die sie meist umsonst mit Garten bekommen; die jungen unverheirateten Arbeiter wohnen oft beim Aufseher, der vom Farmer 8 s 10 d pro Woche für die Verpflegung derselben bekommt. Im Frühjahr wird gemietet; allein je nach der Gegend ist dies oft verschieden. Eine ganz grofse Zahl irischer Arbeiter kommen nach Lincolnshire zur Heu- und Getreideernte und bleiben oft bis nach der Kartoffelernte; diese arbeiten meist im Akkord und erfreuen sich einer grofsen Beliebtheit. Es sind grofse kräftige Leute, die sehr genügsam sind und wenn sie im Akkord arbeiten, mehr leisten können als die einheimischen; dagegen sind sie im Tagelohn gar nicht zu brauchen. Der irische Arbeiter wird aber jetzt mehr und mehr durch die Einführung der Mäh- und Bindemaschine verdrängt; ferner wird weniger Getreide gebaut als früher, und die Grofspächter brauchen weniger Arbeiter als vor 15 Jahren. An landwirtschaftlichen Arbeitern fehlt es in der Grafschaft Lincolnshire nicht; im Frühjahr 1893 konnten alle landwirtschaftlichen Arbeiter infolge der verringerten Ernte nicht genügende Arbeit bekommen.

Die Statistik giebt uns folgende Zahlen über landwirtschaftliche Arbeiter für die Jahre 1871, 1881 und 1891 in der Grafschaft Lincolnshire:

	1871	1881	1891
	49 016	45 461	44 072
Abnahme	— %	7.3 %	3.1 %.

Seit dem Dürrjahr 1893 sind die Löhne infolge der verringerten Einnahmen und niedrigen Getreidepreise zurückgegangen. Während 1893—94 mufsten viele Farmer möglichst sparen, und abgesehen davon war thatsächlich durch die kleine Ernte wenig Arbeit vorhanden.

---

[1]) Kebbel T. E., The agricultural Labourer. London 1887.

Allein im Winter 1894—95 reduzierte mancher Farmer seine Arbeiterzahl nur infolge der niedrigen Getreidepreise.

Mr. Wilkinson, „Commissioner to the Royal Commission on Labour", berichtet,[1] dafs im Winter 1892 die täglichen Arbeitslöhne 2 s 2 d bis 2 s 6 d betrugen. 1893 nun fiel der Tagelohn auf 2 s 3 d und 2 s. Während des Sommers 1894 betrug der durchschnittliche Tagelohn 2 s 3 d und vielleicht etwas mehr, 2 s 6 d im Norden. Allein im November 1894 fielen alle Löhne von 2 s 3 d und 2 s 6 d auf 2 s. Im allgemeinen sind im Norden die Löhne besser, weil da gröfsere Pächter sind.

Die Löhne der aufs Jahr gemieteten Arbeiter haben wenig gewechselt; eine Kleinigkeit sind sie gefallen, aber nicht viel. Die Mietspreise für Knechte pro Jahr sind für die Jahre 1892, 1893 und 1894 folgende [2]:

	1892	1893	1894
Oberknechte (auf grofsen Gütern)	18—21 £	18—20 £	18 £
Erste Knechte	16—19	16—18	16
Zweite Knechte	12—15	12—14	12—14
Junge zum Pflügen	6—13	6—12	6—12

Es wird viel Akkordarbeit in Lincolnshire abgegeben, namentlich in Kartoffel- und Turnipdistrikten. Durch den vermehrten Verdienst der Akkordarbeit bei der Heu- und Getreideernte und aufserdem durch Bier oder Biergeld erhöhen sich die Sätze des Wochenlohnes.

Mr. Wilkinson schätzt den durchschnittlichen Verdienst gewöhnlicher Arbeiten auf 40 £ pro Jahr. Die Arbeiter selbst schätzen ihren Verdienst auf 39—42 £. Wo mehr Akkordarbeit gemacht wird, steigt der Verdienst auf 42 £. Im Louth „Union" finden die Frauen und Kinder bei dem Kartoffellegen und den Erntearbeiten Beschäftigung, die den Gesamtverdienst der Familie bedeutend erhöht. Man schätzt, dafs ein Mann mit Familie bis 10 £ pro Monat zur Erntezeit verdienen kann und für sich allein 6 £ pro Monat. Im Durchschnitt der Jahre verdient ein Arbeiter 30—40 £ pro Jahr. Die grofsen Farmer versuchen stets ihre Arbeiter das ganze Jahr hindurch zu beschäftigen im Gegensatz zu kleinen Pächtern, die nur zeitweise Arbeiter beschäftigen. Daher arbeitet ein Mann auch stets lieber auf einem grofsen Pachtgut.

---

[1] Wilkinson, Report on the state of labour. London 1892.
[2] Mr. W. Fox, Report on Lincoln. p. 86.

Auf längere Zeit gemietete Arbeiter erhalten auch viele Nebeneinnahmen wie z. B. freie Wohnungen und Garten, Schweinefleisch, Kartoffeln, Milch; in der Ernte können sie oft im Akkord noch arbeiten und den Überschuſs über ihren Lohn erhalten.

Mr. Wilkinson giebt folgende Zahlen an, die den Verdienst pro Jahr zeigen:

Distrikt	Schäfer	Kuechte und Fütterer
Louth	43—51 £	44—48 £
Holbeach	43—48	44—48

Die Unverheirateten verdienen etwas weniger: Ein 21jähriger Arbeiter verdient 16—20 £ Bargeld und auſserdem erhält er Wohnung und Kost im Werte von 21—25 £; zusammen erhält er etwa 37—45 £.

Aufseher erhalten 1 £ 16 s pro Woche bei freier Wohnung und Garten, Kartoffeln, Feuerung, Milch. Mr. Wilkinson schätzt ihren jährlichen Verdienst alles inbegriffen auf 65—70 £ im Louth „Union“ und auf 52—53 £ im Holbeach Union.

Eine Untersuchung, ob die landwirtschaftliche Arbeit teurer oder billiger geworden ist, ergab folgende Resultate: Mr. Scorer giebt aus seinen Büchern auf der Burwell farm [1]) die Löhne von 1837—1894; die gewöhnlichen Arbeiterlöhne schwankten zwischen 12—15 s. Zwischen 1866—94 waren sie nie unter 13 s 6 d mit Ausnahme von 3 Jahren, wo sie 12 s betrugen. Zwischen 1872—1877 standen sie am höchsten und betrugen 17 s 4 d.

In den 29 Jahren (1837—1866) betrugen sie 12 s in 12 Jahren, 11 s in 1 Jahr, 10 s 6 d in 1 Jahr, und 10 s in 2 Jahren; während der übrigen 13 Jahre betrugen sie 13 s 6 d bis 15 s.

Zwischen 1866—1894 betrugen die Löhne nur 12 s, in den Jahren 1887 und 1889 und 1890 stiegen sie auf 13 s 6 d; im November 1894 fielen sie wieder auf 12 s. Seit 1851, in welchem Jahr der Weizen auf 2 £ pro Qr. stand, hat der Akkordlohn zugenommen mit Ausnahme des Jahres 1877, als der Weizen auf 2 £ 16 s 9 d stand. Alle jährlichen Mietslöhne sind seit 1851 bis 1894 gestiegen mit Ausnahme des Jahres 1877.

Wir finden aber, daſs die Arbeitslöhne in den 90er Jahren teurer als in den 50er, 40er und 60er Jahren sind. Allein in den

---

[1]) Mr. W. Fox, Report on Lincoln, p. 139. 1895.

70 er Jahren standen die Arbeitslöhne höher als in den 90 er Jahren. Die Produktionskosten sind also im grofsen und ganzen keinesfalls billiger geworden. Die Lohnregister der Farmer sind heute oft kleiner, weil sie weniger Acker und mehr Weide haben, oder mehr Maschinen als früher gebrauchen, nicht etwa weil die Produktionskosten billiger sind. Die Löhne sind in mancher Hinsicht heute teurer, weil die Arbeiter weniger Stunden arbeiten als früher und auch nicht mehr so hart arbeiten; ferner klagen die Farmer darüber, dafs die Produktionskosten höher sind, weil sie es schwer finden, Kinder für gewisse leichte Arbeiten zu bekommen. Namentlich ist dies auf grofsen Turnipflächen fühlbar; auch bei der Kartoffelkultur fanden Kinder früher viel Beschäftigung. Folgende Tabelle zeigt uns aus Mr. Scorer's Büchern auf der Burwell farm den Wochenlohn gewöhnlicher Arbeiter und den erzielten Weizenpreis von 1837 bis 1894: [1])

Perioden	Durchschnittlicher Wochenlohn		Durchschnittspreis des verkauften Weizens pro Qr.		
1837—40	14 s	0 d	3 £	3 s	8$\frac{1}{2}$ d
1840—50	12	11$\frac{1}{4}$	2	15	8$\frac{1}{2}$
1850—60	12	9$\frac{1}{2}$	2	10	3$\frac{1}{2}$
1860—70	13	2$\frac{1}{4}$	2	12	1
1870—80	16	2$\frac{1}{4}$	2	11	3$\frac{1}{2}$
1880—90	13	4	1	16	11$\frac{1}{2}$
1890—94	13	6	1	8	5
1894	13	6	1	0	0

Während die Weizenpreise um mehr als 50 % gefallen sind und die Arbeiter ihr Mehl um 50 % billiger kaufen können, erhalten sie immer noch ihren Lohn von 13 s 6 d pro Woche.

Folgende Zusammenstellung zeigt die Jahre 1851, 1877 und 1894, und wir können den Mehlpreis, den Weizenpreis und den Tagelohn zusammen vergleichen (auf einem Gute bei Market Rasen) [2]):

Jahr	Preis des Mehls pro Stone		Weizenpreis pro Qr.		Tagelohn gewöhnlicher Arbeiter	
1851	1 s	10 d	38 s	6 d	1 s	8 d
1877	2	4	55	9	3	0
1894	1	0	25	0	2	3

---

[1]) Mr. W. Fox, Report on Lincoln, p. 139. 1895.
[2]) Mr. W. Fox, Report on Lincoln. p. 88.

Folgende Zusammenstellung zeigt uns die Löhne der unverheirateten Knechte in Burwell auf demselben Gute (exkl. Kost und Logie == 10 s pro Woche) für die Jahre 1851, 1877 und 1894.

	1851			1877			1894		
Erster Knecht	12 £	0 s	0 d	25 £	10 s	0 d	19 £	0 s	0 d
Zweiter „	9	9	0	20	2	6	14	0	0
Dritter „	8	10	0	15	0	0	11	0	0
Vierter „	6	6	0	13	0	0	7	10	0
Junge	5	5	0	12	0	0	6	10	0
Summa	41 £	10 s	0 d	85 £	12 s	6 d	58 £	0 s	0 d

Nun kommen wir zur Frage: Wer auf dem Lande hat denn den Vorteil von diesen niedrigen landwirtschaftlichen Preisen? Es ist klar, dafs Grofsgrundbesitzer und Pächter durch die niederen Preise sehr gelitten haben! Nun fragt es sich: hat der landwirtschaftliche Arbeiter einen Nutzen aus denselben gehabt? Diejenigen, die das ganze Jahr hindurch Arbeit haben, haben ganz entschieden einen Vorteil davon gehabt. Allein die grofse Anzahl der Arbeiter in Lincolnshire und den benachbarten Grafschaften Suffolk, Norfolk, Cambridgeshire und Essex, die z. B. vom November 1893 bis Juni 1894 ohne Arbeit waren und im Winter 1894—95 wieder aussetzen mufsten, haben durch Mangel an landwirtschaftlicher Arbeit mehr gelitten als sie durch billige Preise verdient haben.

Was nützt dem landwirtschaftlichen Arbeiter das billige Brot, wenn ihm die Landwirtschaft durch die schlechten Zeiten keine Beschäftigung mehr geben kann! Die Zunahme der Weideflächen und die Abnahme der Getreideflächen hat zur Folge, dafs der Farmer viel weniger Arbeiter braucht, und die ländliche Bevölkerung hat deshalb entschieden mehr Schaden als Nutzen durch die niedrigen Getreidepreise.

Folgende Zusammenstellung zeigt uns den Erlös eines acre von Weizen und die prozentische Abnahme desselben; ferner die wöchentlichen Durchschnittslöhne und die prozentische Abnahme derselben. Die Zahlen sind in fünfjährige Perioden von 1873—1892 geteilt und sind den Büchern von Mr. Scorer auf der Burwell farm [1]) in Lincolnshire entnommen. Wir wollen hier gleich hervorheben, dafs 1893—94 der Weizen auf 27 s, 25 s, 17 s und sogar 16 s stand, während die Löhne die gleichen blieben.

---

[1]) Mr. W. Fox. Report on Lincoln. p. 90. 1895.

Jahrgänge	Weizenerlös pro acre	Ab- oder Zunahme %	Durch-schnittlicher Wochen-lohn	Ab- oder Zunahme %
1873—77	10 £ 6 s 3⁹/₄ d	—	17 s 8¹/₄ d	—
1878—82	6 10 5	— 36.7	14 1¹/₄	— 20.3
1883—87	6 17 9¹/₄	+ 5.7	13 2¹/₄	— 6.5
1888—92	5 8 9⁹/₄	— 21.0	13 6	+ 2.4
1893—94	3 4 5¹/₂	— 40.7	13 6	
Abnahme % zwischen 1873—77 und 1888—92		47,3		— 23.7
Abnahme % zwischen 1873—77 und 1893—94		68,4		— 23.7

Hiermit ist bewiesen, dafs der Farmer den Arbeitern mehr Lohn bezahlt als früher, wenn man den Wert der produzierten Arbeit in Betracht zieht! Die Burwell farm z. B. zahlte 10 s Lohn in den Jahren 1850, 1851, 1852, während damals der Weizenpreis als sehr niedrig galt, nämlich 40 s 2 d, 38 s 6 d und 40 s 10 d pro Qr. und jetzt 1894 zahlt dieselbe Farm 13 s 6 d Lohn, wo der Weizen am 25. Dezember 1894 nur 20 s gilt!

Rechnet man sich nun den Prozentsatz der Arbeits- kosten im Verhältnis zu den Bruttoeinnahmen der Güter aus. so findet man, dafs derselbe (also der Prozentsatz des Arbeits- lohns zum Bruttoertrag in Geld) seit 1880 um ca. 5 % ge- stiegen ist. Aufserdem, wie schon hervorgehoben, arbeiten die Tagelöhner viel weniger pro Tag als früher, obgleich behauptet wird, dafs die zwei Grafschaften Lincolnshire und Northumberland die besten landwirtschaftlichen Arbeiter von ganz England besitzen. Die „Royal Commission on Labour" hebt hervor, dafs die Arbeiter nicht mehr so stark sind, indem sie weniger „Porridge", Brei, Milch. Fleisch und dunkles Brot essen und diese durch Weifsbrot und Thee ersetzt haben.

Auf einigen Gütern ist der Versuch gemacht worden, den Ar- beitern ein gröfseres Interesse an ihrer Arbeit durch einen Anteil am Gewinn des Besitzes zu geben; theoretisch ist das ganz schön, allein heutzutage bleibt zu wenig zur Teilung übrig und am Verlust wollen die Arbeiter natürlich nicht teilnehmen; letzteres kann man auch nicht verlangen. Viele Güter zahlen ihren Arbeitern womöglich Akkordlohn, und nach ihrer Leistungsfähigkeit mehr oder weniger Tage- lohn, was auch nur gerechtfertigt ist.

Die landwirtschaftlichen Arbeiter pachten ganz gern Parzellen in

Lincolnshire. In den meisten Dörfern findet man, dafs genügende Parzellen vorhanden sind, um den Bedarf der Arbeiter zu decken. Meistens besteht solches Land aus dem besten Boden in der Nähe des Dorfes und die Pacht ist ziemlich hoch. Die kleinen Parzellenpächter halten sich Schweine, was ihren Familien sehr zu statten kommt. Die „Board of Agriculture Returns" giebt für das Jahr 1890 in Lincolnshire 15 921 Parzellen unter 1 acre an, die getrennt von Wohnungen gepachtet sind, während im Jahre 1873 nur 7430 solcher Parzellen existierten. Die Grofsgrundbesitzer sorgen alle für die Befriedigung der Nachfrage nach Parzellen. Lord Ancaster z. B. hat 511 acres in 1158 Parzellen geteilt, die 35 s 9 d pro acre bringen; er zahlt alle Abgaben und Steuern und hält die Wege, Zäune, Thore und Gräben in Ordnung. Er hat ferner 261 acres in 197 Parzellen, die 32 s 5 d pro acre bringen und zahlt hier auch alle Auslagen. Mr. Charles Sharpe in Heckington und Hale [1]) hat 120 Parzellen zu 1 acre, die sehr begehrt sind; er fing vor 10 Jahren mit der Bildung von 20 Parzellen à ¹/₈ acre an, allein er hat gefunden, dafs die kleinen Leute einen ganzen acre vorziehen. Ein acre ist die kleinste Fläche, die noch mit Vorteil gepflügt werden kann, das übrige kann dann vom Pächter allein in seiner freien Zeit gemacht werden. Bei ¹/₄ acre lohnt sich die Spatenkultur, die der Inhaber auch allein ausführen kann. Viele der Pächter sind sehr zufrieden mit ihren Parzellen und begehren noch mehr Boden; einige haben seitdem 20—30 acres gepachtet und sich ein Wohnhaus gebaut. Neben dieser Arbeit kann der Pächter stets noch Nebenverdienst erwerben und auch in Tagelohn arbeiten, was für die meisten von gröfster Bedeutung ist, da sie dann besser vorwärts kommen, als wenn sie allein von der Scholle abhängig sind. Gerste und Kartoffeln sind die beliebtesten Kulturen und bauen viele noch Gemüse zum eigenen Gebrauch; den nötigen Dünger produzieren die gehaltenen Schweine. Mr. Sharpe bewirtschaftet selbst 1000 acres und wenn er für sich künstlichen Dünger kauft, so besorgt er auch gleichzeitig solchen für seine kleinen Pächter. Bis jetzt sind die Pachtgelder stets regelmäfsig bezahlt worden.

Mr. Sharpe giebt als mafsgebende Bedingungen für den Erfolg an, dafs „der Boden gut, von natürlicher Fruchtbarkeit und leicht zu bearbeiten sein mufs. Ferner müssen die Parzellen in der Nähe des Dorfes sein, um keinen Zeitverlust zu verursachen; auch mufs die

---

[1]) Mr. W. Fox. Report on Lincoln. p. 94.

Parzelle nahe an einem guten Wege sein, sonst macht der Transport zu viel Mühe." Er meint ferner, daß „die Pächter als Arbeiter pünktlicher und ordnungsliebender geworden sind, da sie auf ihrer eigenen Scholle sich das angewöhnen".

Wir möchten nun die genossenschaftlichen Institute: „Cooperative Societies", „Cooperative Stores, Building Society and Bank" besprechen, wie wir sie in Lincolnshire finden. Der Sekretär der „Lincoln Cooperative Society", Mr. Duncan McInnes, teilt über die Ausdehnung derselben in landwirtschaftlichen Dörfern folgendes mit: [1] „Diese Gesellschaft, die ihren Hauptsitz in Lincoln hat, besteht aus 8240 Mitgliedern und handelt mit allen möglichen Artikeln; in Verbindung mit derselben steht eine Bank und eine gut gedeihende Baugesellschaft, durch welche 26 Mitglieder Besitzer ihrer Häuser geworden sind, die zum Teil für sie von der Gesellschaft gebaut oder durch dieselbe gekauft wurden; 116 Mitglieder sind auf dem Wege, volle Besitzer ihrer Wohnungen zu werden. Ein Arbeiter in Lincoln kann durch die Gesellschaft in $17^3{}_4$ Jahren Besitzer eines Wohnhauses werden, das 165—330 £ kostet. Seit 1882 hat die Gesellschaft 34000 £ so verausgabt."

Der beste Beweis für das Gedeihen und die Beliebtheit der Gesellschaft ist die große Zahl ihrer Mitglieder; die Mitglieder kaufen alle möglichen Artikel am besten und billigsten durch die Gesellschaft, und außerdem kauft die Gesellschaft wiederum den Mitgliedern ihre Produkte ab und zahlt bar oder in Form von Artikeln, die das Mitglied sich aussuchen kann; ferner haben die Mitglieder Anteil an dem Reingewinn, sie brauchen keine Schulden zu machen und sparen sich viel Geld. Die Familienväter zählen 2228; von diesen sind über 2000 landwirtschaftliche Arbeiter; die übrigen bestehen aus „yeoman farmers" oder kleinen Pächtern oder Handwerkern, man findet sogar Gutsbesitzer und Großpächter als Mitglieder. In einigen Fällen war die Einrichtung der Zweiggesellschaften auf dem Lande mit Schwierigkeiten verbunden; die Leute waren an Kredit gewöhnt und nicht an Barzahlungen; es hatte den Niedergang der kleinen Dorfkaufleute zur Folge, deren große Profite künftig unter die Arbeiter verteilt werden sollten. Das Schlimme war, daß viele Arbeiter einen noch längere Zeit laufenden Kredit beim Kaufmann hatten, von dem sie sich nicht so leicht trennen konnten. Allein der Sekretär teilt mit, „daß diejenigen Arbeiter, die Mitglieder

---

[1] Mr. D. McInnes Cooperative Agriculture. Manchester 1887.

geworden sind, viel besser daran sind als früher. Aufser der finanziell eingetretenen Besserung bemerken wir eine Änderung im Menschen selbst. Die besten landwirtschaftlichen Arbeiter sind Mitglieder geworden. Die kleinen Parzellenpächter sind namentlich entzückt von der Gesellschaft; letztere nimmt ihnen alle möglichen Produkte ab, wie Vieh, Schafe, Schweine, Butter, Eier, Gemüse, Obst etc., die sie sonst an Händler verkaufen müfsten, und sie können jederzeit billigst von der Gesellschaft alle möglichen Artikel kaufen. Auf diese Weise erhalten sie den Profit des Händlers und des Kaufmannes."

Die Gesellschaft dient ihren Mitgliedern auch als Bank und mit grofsem Vorteil. Es mufs jedoch hervorgehoben werden, dafs es eine gewisse Klasse von landwirtschaftlichen Arbeitern giebt, die so verschuldet sind, dafs sie aufser dem Bereich der Hilfe seitens der Bank sind; es sind dies hauptsächlich Trunkenbolde, die als Mitglieder nicht zugelassen werden können. Allein im grofsen und ganzen ist die landwirtschaftliche Arbeiterklasse der Grafschaft Lincolnshire äufserst strebsam und fleifsig.

Folgende Zahlen, die der Sekretär veröffentlicht hat, zeigen die Lage der ländlichen Mitglieder und die Zweige der Gesellschaft in rein landwirtschaftlichen Distrikten [1]):

Ländliche Zweige der Gesellschaft	Wann etabliert	Summa des Reingewinnes seit Etablierung	Letztjähriger Reingewinn	Letztjährige Ersparnisse, die in der Ges. angelegt wurden	Letztjährige Geldsummen, die von Mitgliedern entnommen wurden	Geldsummen, die den lokalen Mitgliedern noch zu gute stehen
		£	£	£	£	£
Welbourn	1878	6 435	887	122	683	3 506
Metheringham	1881	5 814	815	97	572	3 308
Saxilby	1883	2 720	340	67	427	1 342
Bardney	1886	2 261	303	30	317	1 242
Horncastle	1886	2 150	405	746	426	1 827
Sleaford	1887	3 502	879	416	800	3 401
Market Rasen	1892	619	172	57	268	560
Bassingham	1892	225	126	90	103	475
Reepham	1893	161	127	174	46	516

Der rein landwirtschaftliche Arbeiter ohne Parzellen hat kein Verlangen ein eigenes Haus zu bewohnen, wenn er es sich auch leisten könnte. Wenn sie sich ein Haus kauften, wären sie an

---

[1]) W. Fox, Report on Agriculture in Lincolnshire, p. 95, London 1895.

die Gegend gebunden und sie wären nicht mehr frei, falls sie sich mit ihrem Arbeitgeber nicht mehr vertragen könnten.

Auch wollen sie frei bleiben, damit, falls für sie in einer anderen Gegend sich eine vorteilhaftere Stelle findet, sie ohne weiteres hinziehen können. Es sei denn, daß sie das Bestreben haben, mit dem ersparten Gelde Boden zu kaufen, wohnen sie stets in den Arbeiterwohnungen des Gutsherrn. Dieses Bestreben, einmal ihre eigene Scholle zu pachten, haben jedoch viele, und werden sie es stets vorziehen, sich womöglich in die Höhe zu arbeiten, da sie ungern ihr ganzes Leben lang gewöhnlicher Arbeiter bleiben. Wenn sie einmal Geld genug zusammengespart haben, dann pachten sie eine größere Parzelle und bauen sich ein eigenes Heim.

Die Wirkung der Notlage auf die Landwirtschaft ist aber nicht nur fühlbar bei Großgrundbesitzern, Pächtern und allen, die direkt mit dem Grund und Boden in Berührung stehen, die ganzen ländlichen Kaufleute haben die Krisis stark empfunden; das Einkommen ihrer Kunden hat sich um 50 % verkleinert, folglich machen die Kaufleute in demselben Verhältnis weniger Geschäfte; zum Teil haben sie stark gelitten durch den Bankerott der Farmer, denen sie langen Kredit gewährt hatten. Die Banken haben auch sehr gelitten, denn viele ihrer Kunden sind Farmer, die verschuldet sind und die mit Mühe ihren Verbindlichkeiten der Bank gegenüber nachkommen können. Hypothekenbesitzer haben schon sehr viel verloren und werden voraussichtlich noch mehr verlieren, wenn die Getreidepreise nicht ein höheres Niveau finden.

Die Hypothekenbesitzer, die zur Subhastation griffen, haben oft 25 % ihrer Gelder verloren: in einigen Fällen verloren sie sogar 50 % ihrer Kapitalien. Schließlich haben noch die Geistlichen an ihrem Einkommen einbüßen müssen; die Geistlichkeit ist indirekt abhängig auf dem Lande von der Rentabilität der Güter, von denen sie Abgaben zu erhalten haben.

Die Aussichten in Lincolnshire für die Ausdehnung der Molkereibetriebe, Hühnerzucht und Gärtnereibetriebe sind folgende:

Der Molkereibetrieb wird in Lincolnshire nicht sehr ausgedehnt vorgefunden, da die Grafschaft der Hauptsache nach eine „Corn county" ist und mehr aus Acker mit schwerem Weizenboden besteht. Es ist die Grafschaft eine fast rein landwirtschaftliche; es sind keine großen Fabrikstädte in derselben, die große Milchquanta-abnehmer wären. Trotzdem könnte ja, wenn der Boden dazu geeignet wäre, Butter und Käse fabriziert werden, Produkte, die dann versandt werden könnten. Allein ein grofser Teil ist nicht dazu geeignet, wenn auch einige Distrikte zum Weidebetrieb benutzt werden könnten. Auf dem schweren Boden, wie wir schon gesehen haben, wäre dies unmöglich. Der östliche Teil Englands oder die sog. „Corn counties" können die üppigen Weiden gar nicht produzieren, wie wir sie im Westen in den „Grazing counties" finden. Mangel an Feuchtigkeit im Frühjahr und dann die östlichen Winde sind die zwei Faktoren, die den Graswuchs hindern. In Lancashire, Westmoreland oder Cumberland erhält man nach 5—7 Jahren guter Behandlung eines Ackers die üppigste schönste Weide, während in den östlichen „Counties" in derselben Zeit die Weide noch nicht 1 s pro acre Pacht bringt. Es giebt ja auch gute Weidedistrikte in Lincolnshire, wo es aber rentabler ist, Vieh darauf zu mästen als Milch nach London zu schicken.

Vergleicht man 1893 und 1883, so findet man an der Acrefläche permanenter Weide eine Zunahme von 8,6 %; Klee und Kleegras in der Rotation hat in derselben Zeit um 11.4 % zugenommen und Kühe und Kalbinnen in Milch oder tragend nahmen um 14.4 % zu.

Von dem schweren Weizenboden kann man nur sagen, dafs wenn sich der Weizen nicht mehr rentiert, solche Böden, die nur Weizen tragen können, aufser Kultur geraten müssen, denn auf diesen kann man keine andere Wirtschaftsweise einführen und die Anlage einer Grasweide würde nie gelingen, wenn auch noch so viel Sorgfalt und Geld darauf verwandt werden würde.

Ein grofser Teil des besseren milderen Bodens könnte mit richtiger Behandlung und Anwendung genügender Arbeit und Kapital zu ziemlich guter Weide angelegt werden; namentlich bedürfen die neu angelegten Weiden eine sorgfältige Behandlung während der ersten 3 Jahre. Dafs dies in manchen Gegenden durchzuführen ist, geht daraus hervor, dafs früher hier Weiden existierten und als die Weizenpreise zu steigen anfingen, sie zum Weizenbau umgepflügt wurden. Der grofse Nachteil im Osten ist der, dafs eine Weide sorgfältiger Behandlung bedarf und zwar oft während 10 Jahre, wenn eine permanente gute Weide daraus werden soll; das können die Pächter nicht gut und müfsten die Grofsgrundbesitzer die Kultur übernehmen. Letztere Meinung wird durch die „Lincolnshire Chamber of Agriculture" vertreten; die Landwirtschaftskammer bestätigt auch, dafs die Grafschaft nicht viel Aussicht hat, den Molkereibetrieb auszudehnen, da Boden und Klima denselben nicht begünstigen und die Absatzverhältnisse ungünstige sind. Es giebt danieder liegende Distrikte

zwischen Louth und der Küste, wo vorzügliche Marschweiden gedeihen
und zwar ohne Düngung; dies ist jedoch die Ausnahme. Die Weiden
auf den guten mittleren und geringeren Böden bedürfen guter Behandlung und Düngung gerade so wie der Acker, wenn er etwas
bringen soll; je geringer die Weide, um so besser muſs sie gedüngt
werden. Die Saat zur Weide ist sehr teuer, sie kostet 40 s pro acre
an Saatgut allein, dazu kommt noch die gartenmäfsige Bestellung des
Feldes und eine 5—10jährige sorgfältige Behandlung und Düngung,
wenn aus der Weide im Osten etwas werden soll. Es ist klar, wie
grofse Kosten damit verbunden sind und daſs der Pächter im Osten
dies nicht durchführen kann; einen Teil wenigstens der Kosten muſs
der Grofsgrundbesitzer tragen, was auch vielfach geschieht. Schwerer
Boden könnte ja bei richtiger Behandlung und zweckentsprechender
Düngung während 10—15 Jahre zur Weide angelegt werden, allein
dies wäre kaum rentabel.

Der Milchverkauf in der Grafschaft Lincolnshire scheint
auch keine grofse Aussicht zu haben. Mit Ausnahme der Güter, die
in nächster Nähe der Stadt Lincoln, Gainsborough, Louth, Grimsby,
Brigg und anderer Städte liegen, ist kein genügender Absatz für
weiter gelegene Güter. Die Städte werden so wie so mit Milch über-
schwemmt und ist die Rentabilität eine fragliche. Ein Farmer [1]) von
1000 acres hat seit 1885 Milch im grofsen produziert und sagt, er
müsse jetzt oft seine Milch unter den Produktionskosten verkaufen,
um sie nur los zu werden. Milch wird jetzt in die Städte geliefert
in den Sommermonaten zu 6 d pro Gallon (4,543 liter à 50 Pf.) und im
Winter zu 8 d pro Gallon (65 Pf.); diese Preise sind für solche Farmer
schon unrentabel, die zweimal pro Tag die Milch verfrachten müssen.
Nach London kostet der Milchversand pro Bahn einen Frachtpreis von
1 ', d pro Gallon (12 Pf. pro 4½ liter). Die Verfrachtung per Bahn hat
stets den Nachteil, daſs wenn die Milch nicht morgens früh genug ein-
geschickt werden kann, gleich der Preis derselben fällt und der Erlös
geringer wird.

Die Butter in Lincolnshire wie auch in Suffolk und Norfolk
ist oft geringerer Qualität. Zum Teil mangelt es wohl an der technischen Ausbildung, allein es liegt auch vielfach daran, daſs es an
üppigen Weiden fehlt, wie man sie in den „Grazing and Butter counties"
verfindet. Die Butter ermangelt oft nicht nur guter Qualität, sondern
meist auch der Gleichmäfsigkeit in der Qualität; letzteres ist

---

[1]) Mr. W. Fox, Report on Lincoln. p. 125. 1895.

heutzutage ebenso wichtig als die Qualität. Der Grofshändler verlangt Gleichmäfsigkeit und aus diesem Grunde kauft er oft lieber
ausländische Butter als die in Lincolnshire fabrizierte. Es erscheint
sonderbar, dafs in der Stadt Lincoln, in der höchst kultiviertesten
Grafschaft Englands, Neuseeländer und Dänische Butter verkauft
wird. In der Grafschaft existieren jetzt mehrere Molkereischulen, wo
die Butter- und Käsefabrikation gelehrt wird, und es ist zu hoffen,
dafs wenn die Regierung die englischen Farmer vor Fälschungen im
fremden Butterhandel schützt, sie noch konkurrenzfähig werden. Wo
Molkereigenossenschaften gebildet und Butterfabriken gebaut worden
sind, prosperieren sie alle und sind die Farmer sehr zufrieden. Wo sie
früher durchschnittlich nur ca. 80 Pf. pro Lb. für selbst gemachte Butter
erhielten, so erhalten sie jetzt durch Fabrikbetrieb und Versand in andere
Gegenden Englands jetzt 1 Mk. 25 Pf. bis 1 Mk. 50 Pf. pro Lb. Der Engländer selbst kauft mit Vorliebe einheimische Butter, weil er die
Qualität der auf üppigen Weiden produzierten Butter mit Recht
besser findet als ausländische. Es ist auch nicht zu leugnen, dafs die
englische einheimische Butter trockener fabriziert wird und ein feineres
Aroma besitzt. Die Genossenschaftsmolkereien lassen die Milch in
der Regel selbst holen und zahlen einen Preis für die Milch, der einem
Butterpreis von 13 d pro Lb. gleicht. Die Farmer können die Magermilch zu 16 Pf. pro Gallon (4½ liter) zurückbekommen. Die Aktienbesitzer bestehen oft ausschliefslich aus Farmern, die am Gewinn
teilnehmen. Die grofse Konkurrenz seitens Neuseeland und Australien
im Buttermarkt Englands haben wir an anderer Stelle besprochen; sie
wird viel billiger produziert und verschickt, wenn auch nur qualitativ
besser im Winter.

Dafs die Regierung gegen die Fälschung von Butter strengere
Mafsregeln ergreifen mufs, steht fest. Leider wird noch in England
trotz der Gesetze sehr viel gefälschte Butter verkauft. Ausländische
Butterfabrikanten mischen erwiesenermafsen mit ihrer Butter fremde
Bestandteile, die nicht hingehören, um billiger verkaufen zu können
und mehr zu verdienen. Das bestehende Gesetz verbietet und straft
jede Fälschung, allein die Ausführung desselben ist teils sehr schwer
und teils ist die Handhabung der Ausführung nicht streng genug.

In seinem Buche über Molkerei in Devonshire giebt uns Mr.
Alexander Watt F. S. J. einen Bericht über die Molkereien in
der Normandie und Bretagne und bespricht die Genossenschaftsmolkereien, Fabriken und die Fälschungen im Butterhandel. Mr. Watt
giebt einen Fall an von einem Butterfabrikanten, dem nachgewiesen

wurde, dafs er an einem Tage 9½ Tonnen „reiner Normandie-
butter" zum Versand nach England bereitet hatte, die 25, 33 und
40 % Margarine enthielt. Es wurde nachgewiesen, dafs er in vier
Monaten 62 tons an Margarine mit Butter vermengt als „reine Nor-
mandiebutter" in den Handel gebracht hatte. [1] Er zeigte zu seiner
Entschuldigung drei Certifikate vor, die von englischen Kommissionären
abgefertigt waren, deren Namen veröffentlicht wurden. Diese bestätigten, dafs die Butter stets gut und zufriedenstellend gewesen sei,
ferner dafs sie rein und niemals mit Margarine gemengt wurde. Der
Fabrikant erhielt 3 Monate Gefängnis und 3000 fcs. Strafe — gewifs
eine sehr geringe Geldstrafe. Mr. Watt spricht sehr ermutigend über
die Zukunft der englischen Molkereien. Er giebt den Namen einer
Firma in London an, die monatlich 600 000 Mk. an eine einzige Butter-
fabrik in der Normandie bezahlt. Aus diesen Fabriken ist es, aus
welchen die Butter gleichmäfsiger Qualität stammt, die die Händler
so gern kaufen. Was andere Nationen fabrizieren können, wird mit
der Zeit der englische Farmer auch produzieren können, wenn die
Butterfabriken in England erst festen Fufs gefafst haben. Bis jetzt
hat der englische Farmer zu wenig Wert auf die Molkerei gelegt, allein
jetzt zwingen ihn die Verhältnisse dazu. Mr. Watt verspricht der
Butterfabrikation Englands mit der Zeit grofsen Erfolg.

    Hühnerzucht- und Eierproduktion. Die Hühnerzucht
bildet bei vielen kleinen Farmern eine ganz beträchtliche Einnahme.
Bei der nötigen Kenntnis und Sorgfalt kann die Hühnerzucht und
die Eierproduktion gute Nebeneinnahme der Landwirtschaft bilden.
Allein auch in Lincolnshire ist die Erfahrung gemacht worden, dafs
die Hühnerzucht, ohne Gutshof und als alleiniger Erwerbszweig ge-
handhabt, wo Grund und Boden dazu gepachtet und alles Futter
gekauft werden mufs, keine Rente abwirft. In vielen Fällen könnten
jedoch die Farmer ihre Hühnerzucht ausdehnen; es fehlt oft an Kenntnis über die richtigen Rassen für Fleisch- und Eierproduktion. Es
scheint wunderbar, dafs England pro Jahr 1300 Millionen Eier im-
portiert, die das Land doch selbst produzieren könnte. Auch zahlt
England jährlich 10—12 Millionen Mark ins Ausland für Hühner und
Geflügel und Wild aller Art. Aus Kanada bezieht jetzt sogar England gemästete Truthähne. Aus Rufsland kommen gemästete Hühner
auf den Londoner Markt. Dafs die Konkurrenz im Geflügel eine
empfindliche geworden ist, wird allgemein zugegeben, allein die Farmer

---

[1] Mr. Alex. Watt. Manual on Dairy Farming in Devonshire.

würden gut daran thun, ihre Geflügelzucht und Eierproduktion auszudehnen. Durch die zweckmäfsige Wahl der passendsten Rasse kann
viel verdient werden. Viele Farmer stehen leider noch auf dem veralteten Standpunkt, dafs die Hühner auf einem Gute nur zum Haus-
gebrauch da sind und nichts einbringen. Manche glauben sogar, dafs
die Rasse ganz gleichgültig ist und dafs ein Huhn so gut ist als ein
anderes. Wie unrichtig dies ist, hat man längst bewiesen. In vielen
Fällen, wo nur einige Sorgfalt auf die Hühnerzucht verwandt wird
und wo Verständnis und Interesse vorhanden ist, sind die Resultate
ganz zufriedenstellende. Ein Farmer in Lincolnshire, der 300 acres
bewirtschaftet, findet die Hühnerzucht dadurch rentabel, dafs er
nach der Ernte seinen Hühnerstall, der auf Räder zu stellen geht, auf
seine Getreidefelder fährt und die Hühner dort die ausgefallenen
Körner aufsuchen. Guter Absatz ist stets die erste Bedingung und
darf man von den Händlern, die auf den kleinen Gütern herumfahren,
nicht abhängig sein. Diese nehmen gleich 50—100 % des Profits
weg. In London zahlen die Läden im Winter oft 12—15 Pf. pro
frischgelegtes Ei und 3 Mk. für junge 10 Wochen alte Hühner. Die
herumfahrenden Händler zahlen nur 1,50 Mk. für dieselben Hühner,
die in London im Winter an Kunden für 4,50 Mk. verkauft werden.
Privatkunden in London zahlen oft bis zu 20 Pf. für grofse schöne
frischgelegte Eier im Winter. Bei den Parzellenbesitzern und kleinen
Pächtern ist die Hühnerzucht am verbreitetsten, wohl weil die Frau
ihnen die nötige Sorgfalt und Aufmerksamkeit widmen kann. Der
Erlös aus der Hühnerzucht bei kleinen Leuten genügt oft, um die
Kinder zu kleiden.

Eine grofse Fläche Landes im Süden und Osten der Grafschaft
eignet sich zum Gemüsebau und Gärtnereibetrieb. Namentlich
ist das der Fall in der Nähe der Städte Spalding und Boston. Wie
wir schon hervorgehoben, ist der Absatz kein so ganz günstiger infolge
des Mangels an gröfseren Fabrikstädten. Die „Lincolnshire Chamber
of Agriculture" meint, dafs das beste Land schon zu Gärtnerei und
Gemüsebau in der Nähe der Städte verwandt wird und dafs die
Koncurrenz schon eine ziemlich grofse ist. Infolge der grofsen Ausdehnung des Parzellenbesitzes wird viel mehr Gemüse gebaut als früher,
und die Preise sind demgemäfs gefallen; trotzdem rentiert sich der
Gemüsebau besser als die Landwirtschaft im grofsen getrieben. Kapital
ist jedoch nötig; man braucht das beste Land, die Arbeitslöhne sind
hohe und der Gemüsebau bedarf aufserordentlich viel Arbeit. In der
Nähe von Spalding wurden sehr viele Blumen, Obst und Gemüse für

den Londoner Markt gebaut: Frühkartoffeln, Kohl, Radischen,
Karotten, Sellerie, Rhabarber, Spargel, Rübensamen, Bohnen, Erbsen,
schwarze, weifse und rote Johannisbeeren, Stachelbeeren, Äpfel, Birnen,
Pflaumen, Erdbeeren, Reineclauden, Kirschen; ferner kommen alle
möglichen Blumen aus dieser Gegend auf den Londoner Markt. Flachs
wurde in früheren Zeiten viel in Lincolnshire gebaut, allein diese
Industrie scheint ausgestorben zu sein. Wir finden in dieser Gegend,
dafs die Farmer sich viel mit Samenbau für die Grofshändler be-
fassen; namentlich bauen sie gern Turnipsamen und erhalten 13 s
pro Bushel Saatgut. Der Samenbau ist ein stets spekulativer Betrieb,
der zuweilen jedoch grofse Reingewinne bringt. 1893 galt der Turnipsamen 21 s pro Bushel und der acre lieferte zum Teil 20 Bushel.

Ein Farmer in „South Lincolnshire" [1] verkaufte 1893 26 acres
von Rübensamen für 40000 Mk. ca. 1600 Mk. pro acre (à 40 ar).
Dies ist jedoch ein seltener Glücksfall.

Die Aussichten für Gärtnereibetriebe scheinen gute zu
sein, trotz ausländischer Konkurrenz. Risiko ist jedoch stets damit
verbunden, da in Lincolnshire oft die Fröste grofsen Schaden, namentlich den Frühkartoffeln verursachen. Feine Gemüse und feines Obst
leiden oft sehr unter ungünstiger Witterung; schwerer Regen und
Mangel an Sonne, wie es oft in Lincolnshire vorkommt, ruinieren
manchmal die ganzen Blumenbeete. Oft kommen grofse Obsternten
mehr den Konsumenten als den Produzenten zu gute. Das Jahr 1893
war in Lincolnshire für Obst seit 1868 das beste. Am rentabelsten
scheint die Produktion von Frühkartoffeln zu sein, da ein Mann, der
3 acres Frühkartoffeln baut, davon leben kann. Händler aus Manchester, Sheffield, Birmingham und London reisen fortwährend im
südlichen Teil von Lincolnshire, um Gärtnereiprodukte für ihre
Märkte zu kaufen.

Die Pacht von Gärtnereiland beträgt 45—85 s pro acre, sogar
100 s pro acre für gutes Frühkartoffelland.

Wenden wir uns nun unserem letzten Kapitel über die an-
geregten und vorgeschlagenen Mittel zur Abhilfe der
notleidenden Landwirtschaft in Lincolnshire (einst die
Weizenkammer Englands und das Eldorado des britischen Farmers) zu.

Im allgemeinen ist man der Ansicht, dafs ein Steigen der Produktenpreise das alleinige Durchgreifende Mittel zur Abhilfe bilden
würde. Wir haben im Laufe unserer Beschreibung der landwirt-

---

[1] Mr. W. Fox, Report on Lincoln, p. 105. 1895.

schaftlichen Verhältnisse auf manche Vorschläge hingewiesen, und wir wollen hier nur noch einige Vorschläge hervorheben, die noch nicht eingehender beschrieben worden sind.

Es wird hervorgehoben, daſs der Grund und Boden im Verhältnis zu anderen Erwerbsfaktoren viel zu viel A b g a b e n u n d S t e u e r n zu zahlen hat und wird vorgeschlagen, daſs das Privatvermögen, gleichgültig welcher Art, ganz gleichmäſsig besteuert werden müsse; die Grundsteuern müſsten abgeschafft werden, und die Armenabgaben, die Ausgaben für Chaussee, Polizei, Schulen aus der Staatskasse kommen.

Die A r m e n a b g a b e n zahlt hauptsächlich das Land und ist dies ungerechtfertigt. C h a u s s e e a b g a b e n zahlt das Land, und Fabrikanten, Kaufleute, Brauer nutzen sie ab und zahlen gar keine Abgaben. Eine Wagensteuer wäre viel gerechter als die heutige ungerechte Verteilung dieser Last; wenn auch die Mittel aus der Staatskasse kämen, könnten die Behörden am Platz die Kontrolle der Auslagen in der Hand behalten.

Mr. J. C. Bramley in Langrick bei Boston [2]) giebt uns ein Beispiel der ungerechten Verteilung der Abgaben, die ein Farmer dem Kaufmann gegenüber zahlt.

F a r m e r A.

	£	s	d
Einkommensteuer auf Pachtgeld 1280 £ ca. ⁷/₈ von 3¹/₂ d oder auf 560 £ Einkommen à 7 d pro 1 £	16	16	8
Armen- und Chausseeabgaben auf 1050 £ . . .	157	12	1
	173	18	9

K a u f m a n n B.

	£	s	d
Einkommensteuer auf 600 £ ca. 7 d pro 1 £	17	10	0
Armen- und Chausseeabgaben auf 60 £	13	10	0
	31	0	0

Der Farmer und der Kaufmann haben dieselben Einkommen und zahlt der Farmer 142 £ 18 s 9 d mehr Abgaben als der Kaufmann, was gewiſs nicht gerechtfertigt ist. Es kommen Fälle vor, wo reiche Leute auf dem Lande groſse Schlösser und Parks mieten und weniger Abgaben bezahlen, als ihr Nachbar, der arme Farmer, der sich um seine Existenz quälen muſs. Eine gerechtere Verteilung der

---

¹) Mr. W. Fox. Lincoln Agric. Report. p. 107. 1895

Abgaben wäre für alle Farmer von der gröfsten Bedeutung und eine
grofse Erleichterung. Die Pächter würden es gern sehen, wenn die
Grofsgrundbesitzer die Armen- und Chausseeabgaben zahlen würden;
viel Unterschied würde dies jedoch nicht machen, weil dieselben bei
der Pachtung bekannt sind und vom Pächter berücksichtigt werden.
Dagegen klagen die Grofsgrundbesitzer sehr, dafs sie noch immer
Grundsteuer zahlen müssen. Sie würden jetzt, da ihr Einkommen so
viel geringer ist als früher, viel lieber Einkommensteuer zahlen; dies
wäre auch gerechter. Denn bei der Grundsteuer beim Grund und
Boden existiert oft ein ganz imaginärer Wert, den der Boden gar
nicht hat; sehr viel Güter zahlen heute Grundsteuer, die absolut
keine Rente bringen. Pächter sträuben sich alle dagegen, dafs sie
auf circa die Hälfte ihrer Pachtsumme Einkommensteuer zahlen
müssen. Viele meinen, dafs Ein Viertel der Pachtsumme viel
gerechter wäre. Viele Farmer erheben oft Klagen gegen die Ein-
schätzung ihres Einkommens und appellieren an die Schätzungs-
kommission, denen sie dann durch Vorlegung ihrer Rechnungs-
bücher die Nachweise über ihr Einkommen zeigen müssen.

Die Grofsgrundbesitzer klagen alle über die grofsen Steuer-
abgaben bei Erbschaften von Grund und Boden. Der Earl of Ancaster äufserte sich im Mai 1894 wie folgt: Ich hatte gehofft, dafs
durch grofse Auslagen auf meinen Besitz, durch tadellose Gebäude
und Haltung eines vorzüglichen Pächterstammes mein Sohn einst die
Ernte meiner Arbeit geniefsen würde, indem er später in der Lage
sein würde, alle Schulden, die auf dem Besitz ruhen, abzuzahlen;
allein ich fürchte jetzt, dafs wenn er die grofsen Erbschaftsabgaben
noch leisten mufs, er sich noch verschulden wird, wenn er nicht
den Zustand des Besitzes zurückgehen lassen will, sondern fortfährt,
jährlich dieselben Ausgaben zum Vorteil der Pächter zu machen
wie ich es jetzt lebenslang gethan habe."

Lord Ancaster hat einen Besitz von 53 993 acres in Lincolnshire und Umgebung; er hat in 20 Jahren, wie wir sahen, 1 039 551 £
auf seine Begüterung für Unterhaltung derselben ausgegeben. Während derselben 20 Jahre hat er 1 565 213 aus seinem Besitz erhalten,
so dafs er 60,4 % seiner Einnahmen wieder seinem Besitze zu gute
kommen liefs! Er zahlt 48 203 £ Grundsteuer und 63 409 Zehentabgaben; aufserdem 20 783 £ für Ortsabgaben. Eine grofse Erleichterung für den Farmer wäre ferner die staatliche Regulierung
der Eisenbahntarife für landwirtschaftliche Erzeugnisse und Abschaffung der Differenzialtarife, die der ausländischen Ware gegeben

werden [1]). Es wird allgemein darüber geklagt, dafs auf Zwischenstationen, wo die Bahnen keine Konkurrenz haben, die Tarife so hoch sind, dafs sie den Versand vieler landwirtschaftlicher Erzeugnisse verhindern. Die Lincolnshire Gärtnereibesitzer klagen aufserordentlich über die hohen Eisenbahntarife, die oft den Wert der Gewinne übersteigen. Wo die Bahnen untereinander konkurrieren, ist dies nicht der Fall, jedoch da, wo keine Konkurrenz ist, sind die Tarife enorme. Mr. Reuben Roberts (Weizenhändler aus Horncastle) beweist, dafs der Transport von Weizen aus Indien, Australien, Rufsland und Amerika nach London, Liverpool und Hull billiger ist als die Fracht aus Lincolnshire nach den Märkten von Lancashire. [2]) Die Fracht von den Hafenstädten nach den inländischen Centralmärkten ist mehr als die Hälfte billiger als die einheimischen inländischen Frachtsätze. Die Seefracht für Weizen von New York nach Liverpool kostet jetzt 2 d pro Bushel [3]) oder 1 s 4 d pro Quarter (220 kg). Die Seefracht aus Sydney (Australien) für Weizen kostet 15 s pro ton nach Liverpool. Also ebensowenig als die Fracht von Lincolnshire nach Lancashire! Die Seefracht aus Neuseeland nach London für Hammelfleisch kostet 1 s pro Stück, also weniger als die Fracht von Lincolnshire nach London! Die Bahnfracht für lebendes Vieh ist sehr teuer; z. B. die von Lincolnshire nach Leicestershire (50 englische Meilen Entfernung) kostet 4 s pro Stück!

Die Grofsgrundbesitzer schlagen als weitere Hilfe vor, dafs irgendwie billigerer Kredit verschafft werde. Der Zinsfufs für Kapital, der zu Meliorationen verwandt wird, ist immer noch zu hoch. Diese Meliorationen, also Neubauten, Drainage, Arbeiterwohnungen etc., werden heutzutage alle von dem Grofsgrundbesitzer ausgeführt, ohne dem Pächter die Zinsen anzurechnen, also würde ein billiger Kredit für die Grofsgrundbesitzer von enormem Vorteil sein. Der Staat würde langen und billigen Kredit verschaffen, das wäre eine der besten Abhilfen, die die Regierung durchführen könnte. Die meisten Farmer sind gegen den Freihandel; sie behaupten, dafs der Freihandel ganz schön wäre, wenn alle Länder auch Freihandel trieben, allein unter den herrschenden Umständen wäre der Farmer dem Ausland ganz preisgegeben. Das Ausland beherrscht die englischen Märkte in Bezug auf Nahrungsmittel und werden die Ausländer noch durch niedrigere

---

[1]) R. H. Rew. Farmer and Railway Rates. London 1895.
[2]) Reuben Roberts. „Horncastle News", 1892.
[3]) Mr. W. Fox, Report on Lincoln. p. 109. 1895.

Bahnfrachten begünstigt. Dazu kämen noch die ungeheueren Abgaben und Steuern, die der englische Farmer zahlt und die ihn in der Konkurrenz hemmen. Mit Amerika können sie nicht konkurrieren, da dort die Produktionskosten und Frachten so spottbillig sind, und das Land ganz wenig kostet. Dasselbe gilt von Australien, Kanada, Indien, Argentinien, die unausgesetzt ihre Nahrungsprodukte nach England verschiffen. Ein Bündnis seitens Englands und seiner vielen Kolonieen, Freihandel mit den Kolonieen und Zollpolitik gegen die übrigen Staaten zu treiben, wäre das beste für den englischen Farmer.

Verminderung der Abgaben und Steuern würde auch eine grofse Abhilfe sein. Ein Zoll auf fremde Gerste würde ferner gerade für Lincolnshire, wo so viel schöne Gerste wächst, von ungeheurem Vorteil sein. Fremdes Mehl müfste auch besteuert sein, um die ausgestorbenen Mühlen wieder ins Leben zu rufen und den Farmern billige Mahlabfälle zu verschaffen. Schliefslich müfste die Regierung strengere Mafsregeln ergreifen in Bezug auf das Wort Bier. Nur das Fabrikat aus reinem Malz und Hopfen dürfte Bier genannt werden; alles übrige müfste strafbar sein, wenn es als solches verkauft wird.

Gröfsere Verbreitung des Genossenschaftswesens wäre sehr erwünscht sowohl im Verkauf als auch im Ankauf landwirtschaftlicher Erzeugnisse und Befriedigung sonstiger Bedürfnisse.

Viele kleine Farmer kämpfen mit der Schwierigkeit, einen kleinen Posten Erzeugnisse auf den Markt zu schicken; die Kosten sind zu hoch. Könnten sie sich beim Verkauf ihrer Produkte einigen, so würden sie viel bessere Geschäfte machen. Ein ganzer Distrikt müfste seinen eigenen Kommissionär in London z. B. haben, der einen festen Gehalt erhalten würde; es müfste natürlich ein zuverlässiger Mann sein, den die Farmer alle genau kennen und auf den sie sich ganz verlassen können. Dafs heute die Kommissionäre zu viel des Gewinnes selbst einstecken, ist sicher und es wäre sehr zu wünschen, dafs der Produzent und Konsument ohne Zwischenhändler näher zusammengebracht werden könnten. Andrerseits ist der Händler für den Farmer nötig, um die besten Märkte aufzufinden und um dem Farmer Bargeld zu geben, was er vom Konsumenten nicht immer bekommt. Die Farmer müfsten grofse Depôts gründen, wohin sie ihre Molkereiprodukte etc. schicken könnten; bei Molkereiprodukten und Eiern z. B. ist oft ein Unterschied von 100 % zwischen dem Preis, den der Produzent erhält und den Preis, den der Konsument bezahlt.

Genossenschaften in Lincolnshire haben bis jetzt keine grofse Ausdehnung gefunden, weil die kleinen Farmer nicht genügendes Zu-

trauen zueinander haben. Mr. Mc Innes, „Secretary of the Lincoln
Cooperative Society", meint, dafs „durch Genossenschaft kleine Farmer
alles billiger kaufen könnten, was sie im Betriebe brauchen; ferner
könnten sie im Verkauf den Zwischenhändler und Kommissionär beiseite lassen, wenn sie nur die genügende Organisationsfähigkeit besäfsen". Letzteres fehlt ihnen und dies ist der Hauptgrund, warum
so viele gegen das Genossenschaftswesen sind, da es ihnen an genügender Intelligenz und Übersicht fehlt. Wo Konsumenten und
Produzenten sich zusammen an Genossenschaften beteiligt haben, wie
z. B. gerade bei der „Lincoln Cooperative Society", ist der Erfolg
ein glänzender. Hauptbedingung ist stets eine vorzügliche Leitungs-
kraft. Die „Lincoln Cooperative Society" ist sogar so weit gegangen,
dafs sie ein kleines eigenes Gut betreibt, wo sie Gärtnereibetrieb eingerichtet hat. Die Gesellschaft schlachtet 20—25 Schweine pro Woche
und verkauft für ihre Mitglieder das Fleisch; das Gut hat seit vier
Jahren so glänzende Resultate gegeben, dafs die Gesellschaft 1894
ein zweites Gut von 33 acres zu 100 £ pro Jahr gepachtet hat.

Schliefslich wollen wir noch einige Abhilfen nennen, die vorgeschlagen wurden, die zwar nicht so durchgreifend wirken können,
die aber zusammen entschieden für die englische Landwirtschaft gut
wären.

a. Stempeln allen fremden Fleisches.

b. Besondere Erlaubnis zum Verkauf desselben.

c. Strengere Mafsregeln gegen Fälschungen aller Molkereiprodukte.

d. Verbilligung des Handels in Grund und Boden.

e. Viehverkauf nach Gewicht.

f. Altersversicherung als Abhilfe der Armenabgaben.

g. Gesetzliches Instandhalten von Einzäunungen und Offenhalten
   von Gräben.

h. Verbreitung technischer Ausbildung.

i. Sekundär- und Tertiärbahnenbau.

j. Einfuhrverbot alles lebenden Viehs aus fremden Ländern
   (gegen Seucheneinschleppung).

Zum Schlufs möchte ich noch die Wirkung der niedrigen
Getreidepreise im Herbst 1894 auf alle in der Landwirtschaft
Interessierten besprechen. Der Weizenpreis betrug im Herbst 1894
16—18 s pro Quarter in gewissen Teilen von Lincolnshire; nur die
allerbeste Gerste war überhaupt verkäuflich. Mr. Scorer, dessen Gut
wir mehrfach besprochen haben, sagte, dafs er im Herbst 1894 während
drei Wochen vergebens einen Käufer für einen gröfseren Posten

schöner Gerste gesucht habe; für schönen Weizen erhielt er nur 18 s
pro Quarter oder 9 s weniger als im Jahre 1893; Hafer verkaufte er
für 7 s weniger pro Quarter als 1893. Mr. Reuben Roberts, einer
der gröfsten Getreidehändler und Farmer in Horncastle, bestätigt [1]),
dafs die Getreidepreise im Herbst 1894 unerhört niedrig gewesen
seien. Auch er deutete auf das Sparen an Arbeitslohn seitens der
Farmer hin, die infolge der niedrigen Getreidepreise kein Geld für
Arbeitslöhne übrig hatten. Er erwähnte den Fall eines Farmers von
2000 acres, der 1894 Geld zugesetzt hatte und besser daran gewesen
wäre, wenn er als Vorarbeiter pro Woche 20 s verdient hätte. Die
Folge der niedrigen Getreidepreise im Herbst 1894 für die Grofsgrundbesitzer war ein weiterer Rückgang der Pachtpreise und weiterer Nachlafs für die Pächter. Teils waren sie gezwungen, durch Mangel an
Mitteln ihre Meliorationen einzustellen. Glücklicherweise sind jetzt die
Getreidepreise seit 1894 etwas gestiegen, sonst hätten die Pachtnachlässe kaum genügt, um die Pächter für ein Manko von 9—10 s
pro Quarter im Getreidepreise zu entschädigen. So wie so waren im
Frühjahr 1895 viele Pächter gezwungen, ihre Pachtgüter aufzugeben,
da sie keine weiteren Betriebsmittel bekommen konnten; hierdurch
haben die Grofsgrundbesitzer im Frühjahr 1895 sich gezwungen ge-
sehen, weitere Güter in eigene Regie zu nehmen. Schon 1894 hatte
Lord Ancaster einen Pachtnachlafs von weiteren 20 %, für das laufende
Halbjahr seinen Pächtern angekündigt, und Mr. Edmund Turnor
reduzierte [1]) seinen Pächtern die Pacht auf 3500 acres. In solchen
Zeiten der niedrigen Getreidepreise, wie es im Herbst 1894 der Fall
war, bleibt den Grofsgrundbesitzern gar nichts anderes übrig als die
Pacht nachzulassen, sonst müfsten die Pächter kündigen. In vielen
Fällen hing die Kündigung nur vom Pachtnachlafs ab. Namentlich
in den reinen Weizen- und Gerstengegenden im Norden von Lincolnshire, wo, wie schon angedeutet, sich die Wirtschaftsweise garnicht
ändern läfst, haben die Farmer sehr gelitten. Viele konnten überhaupt ihr Getreide gar nicht verkaufen und mufsten sich Schweine
kaufen, um sie mit Braugerste und Weizen zu mästen. Der aus-
gedehntere Gerstenbau statt Weizen im Jahre 1894 hat den Farmern
auch nicht viel geholfen, denn Gerste war eben so unverkäuflich als
Weizen. Die Arbeitslöhne fielen auf 12 s und im Frühjahr 1895
waren viele landwirtschaftliche Arbeiter ohne Arbeit. 1893 hatte
Lincolnshire ein Dürrjahr und 1894 war es während der Ernte nafs

---

[1]) Mr. W. Fox. Report on Lincoln, p. 113. 1895.

und verdarb die sonst viel versprechende reichliche Ernte, die sich
durch die Nässe als sehr teuer erwies. Mr. Edmund Tumor sagte,
dafs das Jahr 1894 für ihn mit einem grofsen Verlust verbunden
wäre und dafs seine ganze Braugerste durch Mangel an Sonne und
zu grofse Nässe unverkäuflich sei; für die Gerste sei nicht mehr als
13 s bis 20 s geboten worden. Bezeichnend war die Aussage eines Ge-
treidefarmers; er sagte: „Seit 1879 bluten wir Farmer langsam zu
Tode; wenn wir noch ein paar Jahre wie 1893 und 1894 haben, sind
wir dem Ende nahe."

Wenn man diese Grafschaft Lincolnshire betrachtet, so scheint
es einem jammerschade, dafs sie, die einst der Stolz Englands und
landwirtschaftlich, was Kultur anbetrifft, an der Spitze stand, jetzt
ganz darniederliegt und das ohne jedes eigene Verschulden. Seit
1879 krankt die Grafschaft an den niedrigen Getreidepreisen und
schlechten Jahrgängen; es ist ein Wunder, dafs sich die Farmer so
lange noch gehalten haben; dieselben und ihre Verpächter namentlich
haben grofsmütige Opfer gebracht und hoffen wir, dafs sie es nicht
umsonst gethan haben. Würde man nun nach dem Aussehen der
Güter urteilen, so würde man sagen, dafs es sowohl dem Grofsgrundbesitzer als dem Farmer gut gehen mufs, so vorzüglich sind die Güter
baulich im Stand und so gut ist die Kultur der Felder. Trotzdem
mufs der Kapitalverlust der Grafschaft während der letzten 20 Jahre
ganz enorm gewesen sein. Der Verlust allein durch den Rückgang
des Weizenpreises seit 20 Jahren läfst sich auf 3465021 £ aus-
rechnen. Wir haben gesehen, dafs der Farmer in 20 Jahren 70 %
seiner Einnahme für Weizen pro acre eingebüfst hat. Wir haben
ferner den Rückgang der Hafer-, Woll-, Schaf- und Viehpreise ver-
folgt. Das Vieh hat zwar in 20 Jahren um 11.3 % zugenommen,
aber die Schafe haben um 29 % abgenommen. Wir haben ferner
die Verluste der Pächter auf einzelnen Gütern nachgewiesen und für
die Verluste der Grofsgrundbesitzer haben wir Nachweise genug vorführen können und zwar nicht nur durch vermehrte Auslagen an
Neubauten, sondern auch durch Pachterlässe und Gutsverkäufe.
Schliefslich haben wir auch auf die Entvölkerung des Landes hingewiesen und den Rückgang der Löhne angezeigt.

Die niedrigen Preise aller landwirtschaftlichen Erzeugnisse sind
der Krebsschaden, an dem die ganze Grafschaft Lincolnshire leidet.
Es ist heute billiger landwirtschaftliche Erzeugnisse zu kaufen, als
sie zu produzieren. Wenn es so weiter geht, wird mit der Zeit überhaupt in England kein Weizen mehr gebaut werden können und die

„Corn counties" werden völlig entvölkert werden. Die Getreidefläche für 1895 ist wiederum kleiner gewesen als 1894 und es unterliegt keinem Zweifel, dafs 1896 noch weniger Getreide gebaut wurde. Für die Bewirtschaftung von 1000 acres Ackerland rechnet man in England 35 Männer und Jungen und ca. 40 Pferde; dieselbe Fläche in Weide angelegt, bedarf nur 4 Männer, 2 Pferde und 2 Hunde; die Entvölkerung ist daher sicher sowie kein Weizen mehr gebaut wird. Es ist auch gar keine Aussicht vorhanden, dafs die Weizenpreise eine rentable Höhe wieder erreichen. Erst im Frühjahr 1894 schickten englische Fabrikanten grofse Sendungen landwirtschaftlicher Maschinen nach Argentinien.

Die Lincolnshire-Farmer klagen nie über die Verpächter noch über die Höhe der Pacht, Mangel an Entschädigung noch Einschränkungen im Betrieb. Sie fassen ihre Klagen kurz zusammen in den Worten: „Niedrige Produktenpreise und übermäfsige Steuern und Abgaben."

Was wir von Lincolnshire gesagt haben, gilt auch von den meisten östlichen Grafschaften oder sog. „Corn counties"; sie sind es, die ähnlich wie grofse Landstrecken Deutschlands, auf Getreidebau angewiesen sind und unter der landwirtschaftlichen Krisis leiden. Dagegen haben die westlichen Grafschaften Englands und Schottlands, die sog. „Grazing counties", die Krisis überstanden und fangen an wieder aufzublühen und Geld zu verdienen.

„Grazing county".

IV. Die Landwirtschaft der Grafschaft Somerset.

———

1. Der Molkereidistrikt im Südwesten. — 2. Der Nordwestdistrikt mit mehr-
seitigem Betrieb. — 3. Der südöstliche Distrikt (Downland). — 4. Der
Hügellanddistrikt.

Die ländliche Bevölkerung. Kulturen. Betriebsrichtung. Pachtverhältnisse.
Ursachen der Notlage. Vorschläge zur Hebung der Landwirtschaft. Allgemeine Eindrücke.

Die Grafschaft, die wir jetzt untersuchen wollen, ist Somersetshire, und zwar jener Teil, der am Frome liegt und den wir als
Frome-Distrikt bezeichnen.

In dieser Grafschaft habe ich wertvolles Material durch „Somerset's
Chamber of Agriculture", die Landwirtschaftskammer der Grafschaft, erhalten. Der Distrikt enthält viele verschiedene Bodensorten
und Bodenqualitäten, von den üppigsten Grasweiden bis zum mageren
Lettenboden, Alluviallehm, Torf-, Moorland und Kalkboden auf
den „Downs", 900 Fuß über der Meeresfläche. Natürlich bedürfen
diese verschiedenen Bodenarten verschiedener Bewirtschaftung, und
daher kann man auch nicht den ganzen Distrikt zusammenfassen und als
Ganzes behandeln. In erster Linie nun wollen wir die Bevölkerung des Distrikts besprechen. Für die ganze Grafschaft hat die Bevölkerungszahl mit dem Jahre 1881 um 4046 zugenommen; hiervon
entfallen auf den Frome-Distrikt 3729. Diese Zunahme ist der Landwirtschaft nicht zuzuschreiben, da die Untersuchung ergab, daß die
ländlichen Arbeiter abgenommen haben, sondern den Bergwerks- und
Fabriksdistrikten. Die „Frome Board of Guardians" teilt mit,
daß die ländliche Bevölkerung des Frome-Distrikts um 547 ab-

genommen hat; obgleich diese Zahl nur landwirtschafttreibende Gemeinden repräsentiert, so wäre die Abnahme eine gröfsere, wenn nicht einige dieser Gemeinden in der Nähe von Kohlenbergwerken lägen, wo die darin beschäftigten Arbeiter wohnen und so die Abnahme der rein ländlichen Arbeiter verringert.

Einen Blick müssen wir auf die landwirtschaftliche Statistik der ganzen Grafschaft Somerset werfen, da für den Frome - Distrikt allein die Statistik fehlt; wir werden die Jahre 1892 und 1882 vergleichen.

Prozentsatz der Kulturfläche verschiedener Kulturen:

Grafschaft Somerset 1882.		Grafsch. Somerset 1892.
Weizen	7,09	4,68
Gerste	4,17	3,03
Hafer	2,62	3,12
Roggen, Bohnen, Erbsen	1,76	1,1
Sa. 15,64 Getreide		11,93
Kartoffeln	0,98	0,64
Turnips und Swedes	3,73	3,33
Runkelrüben	1,22	1,30
Kohl etc.	0,39	0,39
Wicken	1,06	0,06
Sa. 7,41 Hackfrucht etc.		6,26
Kleegras (in Rotation)	7,02	6,18
Permanente Weide	68,62	75,03
Brache	1,24	0,46
Sa. 76,88 Weide etc.		81,67

Die Zunahme von 6"/₀ in der permanenten Weide zeigt, dafs ca. 52 000 acres seit dem Jahre 1882 zur permanenten Weide angelegt worden sind.

Folgende Zusammenstellung zeigt uns den Prozentsatz der Kulturfläche der verschiedenen Getreidesorten und Hülsenfrüchte für die Jahre 1880—81 und 1892.

	1880—81	1892
Weizen	45,31	39,23
Gerste	26,28	25,38
Hafer	16,78	26,1
Roggen	0,11	0,2
Bohnen	9,02	7,86
Erbsen	2,10	1,24

Diese Zahlen zeigen deutlich einen grofsen Rückgang des Getreidebaues seit 1881, und rechnet man noch die Abnahme seit 1871 hinzu, so ergiebt sich ein Rückgang in den 21 Jahren bis 1892 von 8,30 %. Die letzten 11 Jahre zeigen eine jährliche Abnahme des Weizenbaues für die ganze Grafschaft von ca. 6200 acres; bei der Gerste ist kaum ein merklicher Unterschied vorhanden; bei Hafer finden wir eine Zunahme seit 1881 und eine Abnahme des Anbaues an Roggen, Bohnen und Erbsen.

Wenden wir uns nun dem lebenden Vieh der ganzen Grafschaft zu, da für den Frome-Distrikt allein keine Statistik existiert, und vergleichen wir wieder die Jahrgänge 1881 und 1892, so finden wir folgende Zahlen:

Zahl des lebenden Viehs pro 100 acres Kulturlandes.

Grafschaft Somerset		1881	1892
Pferde:	Landw. benutzte Pferde	2,57	2,89
	Rohe Pferde und Zuchtstuten	1,37	1,45
		4,04	4,34
Vieh:	Kühe und Kalbinnen	11,27	12,72
	Anderes Vieh, 2 Jahre und darüber	5,43	6,23
	Unter 2 Jahren	7,61	8,67
		24,31	27,62
Schafe:	1 Jahr und darüber	46,92	46,99
	Unter 1 Jahr	22,1	25,25
		69,02	71,94
Schweine:		10,15	12,32

Diese Zahlen zeigen uns, dafs im letzteren Jahre pro 100 acres in der Grafschaft ca. 3 Stück mehr Rindvieh und 3 Stück mehr Schafe gehalten wurden, und diese Zunahme des lebenden Viehs wird der Ausdehnung des Viehweidebetriebs verdankt.

Wir wollen die Landwirtschaft des Frome-Distrikts genau besprechen. Wir werden in diesem Distrikt 4 Unterabteilungen unterscheiden müssen:

1) Der Molkereidistrikt im südwestlichen Teil von Frome.
2) Der Distrikt mit vielseitigem Betrieb.
3) Der Distrikt des Downlandes.
4) Der Hügellanddistrikt.

Was nun erstens den Molkereidistrikt anbelangt, so finden wir einen sehr kleinen Prozentsatz an Ackerland, das aber gut bewirtschaftet wird, und man findet, dafs es üblich ist, viel Roggen zu Grünfutterzwecken zu bauen. Die Farmen sind verschieden grofs, von 50—200 acres, und eine Farm von 200 acres gilt als ziemlich grofs in der Gegend. Einige kleine „Farmer" haben gar kein Ackerland und müssen sich Streu durch Ankauf von Stroh verschaffen. Auf einer Farm existierte eine etwas ungewöhnliche Betriebsweise: das Gut ist 200 acres grofs, mit ca. 25 acres Ackerland und ernährt 70 Kühe und 25—30 Stück Jungvieh. Diese ganze Viehzahl wird hauptsächlich durch Ankauf von Futtermitteln ermöglicht; Heu, Gerste und Ölkuchen bezieht der Farmer aus Amerika, das Vieh sieht ausgezeichnet aus, da an Futter nicht gespart wird; die Gebäude sind zweckmäfsig gebaut und ausreichend. Im Sommer wird Käse fabriziert und im Winter wird Milch verkauft. Die ganze Führung des Betriebes schien aufserordentlich praktisch und ökonomisch. Der Farmer teilte mit, dafs trotz dieser Vorteile des Betriebes und trotz seiner unermüdlichen Thätigkeit und einer jährlichen Auslage von 500 £ für Futtermittel er während der letzten zwei Jahre nichts verdient habe. — Ein anderes Gut hatte 190 acres ohne jede Spur von Ackerland; die Gebäude sind gut und es werden 56 Kühe gemolken. Der Farmer teilt mit, dafs die Bruttogeldbeträge 1892—93 um 25 % niedriger als der Durchschnitt waren, und dafs Käse, der jetzt zu 60—70 s pro Cwt. verkauft wird, früher vor 10 Jahren 10 s mehr pro Cwt. gebracht hätte. Sehr viel künstlicher Dünger wurde auf diesem Gute verwandt; das Land ist guter Lehmboden auf einem schwereren Untergrund.

Ein ferneres Gut ist 175 acres grofs, wovon nur 35 acres aus Ackerland bestehen; die Bruttogelderträge sind 30 % unter dem Durchschnitt. trotzdem 40 s pro acres auf Futtermittel ausgegeben sind und ein ganz guter Käse fabriziert wird. — Die meisten Farmer der Gegend klagten über die schlechten Zeiten im Vergleich zu früheren Jahren. Ein grofser Teil der Arbeit wird durch die Farmer selbst und ihre Familien ausgeführt, und das Leben dieser Familien ist ein durchaus nicht beneidenswertes. Die Kapitalauslagen sind gar nicht unbedeutend, die Arbeit ist zum Teil eintönig, und schliefslich ist der Reingewinn nicht sehr lohnend infolge der niedrigen Marktpreise. namentlich auch des allerfeinsten Käses, der in bedeutenden Mengen hier fabriziert wird. Hierzu kommt noch, dafs die zwei Jahre 1892—1893 klimatisch ungünstig und in den meisten Fällen mit Verlust für die Farmer verbunden waren.

Was nun die Wirtschaftsweise dieses Molkereidistriktes betrifft, so ergiebt die Untersuchung, dafs ca. 25—30 % des Ackerlandes seit dem Jahre 1882 in permanente Weide umgewandelt worden ist; der Molkereibetrieb hat sich ausgedehnt, die Obstgärten und die Hühnerzucht haben aber keine gröfseren Dimensionen angenommen. Die wenigen Produkte des Ackerlandes werden an das Vieh verfüttert, sodafs der Getreidepreis in diesem Molkereidistrikt absolut keine Rolle spielt.

Infolge der Zunahme des Weidelandes ist weniger Arbeitskraft notwendig geworden; gute Arbeiter sind nicht zahlreich, da der Nachwuchs der jungen Leute meist in die Städte zieht, um dort mehr zu verdienen. Auf guten Farmen hat nicht viel Wechsel stattgefunden, mit Ausnahme von Todesfällen, wo die Erben das Gut nicht mehr bewirtschaften wollten. Sehr wenige Güter haben nicht verpachtet werden können. Diese Thatsache beweist, dafs die Pächter immer noch gut existieren können und die Landwirtschaft als Erwerb ihres Lebensunterhalts gern betreiben! Einige Farmer aus anderen Gegenden Englands haben sich auch hier angesiedelt, allein nicht mit grofsem Erfolg, da es immer lange dauert, bis man sich in eine neue Gegend einlebt und die Gebräuche der Arbeiter kennen lernt.

Pachtnachlässe sind allgemein zu constatieren und man findet hier, dass der Landlord die Zehntelabgaben bezahlt und nicht der Pächter. Die Pächter kleinerer Güter heben hervor, dafs die Erlasse der Pacht nicht früh genug geschehen sind, und dass sie hierdurch anfangs viel Geld zusetzen mufsten. So existiert in der Gegend gar keine Schwierigkeit im Verpachten der Güter, da der Grund und Boden ganz ausgezeichnet ist. Es herrscht eine grofse Nachfrage nach Gütern bis zu 250 acres; die „Landlords" halten die Gebäude der Güter in aufserordentlich gutem Zustande und es scheint auf manchen Gütern durch Mangel an Kapital die Neuerrichtung von Gebäuden nicht leicht durchführbar zu sein. Mit Ausnahme der zwei Jahre 1892—1893, wo alle Farmer Verluste erlitten haben, war **kein Beweis** zu finden, dass es **den Farmern** dieser Gegend **irgendwie schlecht ging.** Es existiert gar keine Tendenz, etwa die gröfseren Güter in kleinere zu teilen, und nur in Ausnahmefällen sind die Nachfragen nach Parzellenbesitz befriedigt worden. Lokale Abgaben haben zugenommen und man klagt trotzdem über den Zustand der Chausseen, indem die Farmer behaupten, dafs sie, die dieselben am wenigsten gebrauchen, am meisten Abgaben zur Unterhaltung derselben zahlen müssen. Die Verpachtung der Güter geschieht meist unter Berücksichtigung des „Agricultural Holdings Act"; die Farmer meinen, dafs das Gesetz eher den Gutsbesitzer als sie selbst bevorzugt. Die Klagen sind auch hier ähnlich denjenigen, die wir ausführlich in einem anderen Teil dieser Arbeit erwähnten, namentlich in Bezug auf Forderungen. Einschränkungen in der Wirtschaftsweise kommen mit Ausnahme der letzten Jahre einer Pachtperiode nicht vor!

Was nun den Nordwest-**Frome-Distrikt** betrifft, so finden wir hier ausserordentlich tüchtige Farmer. — Einer derselben, der in der Nähe von Frome ein Molkereigut besitzt, meinte, dass ein Gut von 200 acres, das 40 Kühe bequem ernähren sollte, die rentabelste Grösse eines Gutes sei; ferner müsste das Gut im Durchschnitt eines Jahres von der Käsefabrikation allein einen Gewinn von 250 £ bringen, vorausgesetzt, dass die Qualität des Käses gut sei, da die Käsepreise jetzt von 52—72 s im Cwt. schwanken. Ein guter Käseertrag von einer Kuh ist 3—4 Cwt. pro Jahr. Jedoch findet man manchmal einen Käseertrag von nur 2 Cwt. auf manchen Gütern; ferner konnten früher Kühe für 13—14 £ pro Jahr verpachtet werden; jetzt kostet die Miete einer Kuh gegen 10—11 £ trotz der schlechten Heuernten. Was nun die technische Erziehung betrifft, so meinten die Farmer, dafs seit der Einführung wissenschaftlicher Apparate in der Käsefabrikation die Farmer eine gleichmäfsigere Ware produzierten, was für den Verkauf von grofsem Vorteil sei. Fast alle Farmer teilten die Meinung, dafs 200 acres die günstigste Gröfse für die Gegend sei, dafs die ganze Leitung bei solcher Gröfse am besten und zweckmäfsigsten sei und dafs im allgemeinen die meisten Farmer jetzt mehr Rindvieh und weniger Schafe hielten. — Etwas weiter nördlich ist der Boden mehr zum Ackerbau geeignet, aber auch hier ist er allmählich zur Viehweidewirtschaft verwandt. — Dafs es auch in gewissen Gemeinden kleine Leute giebt, beweist die eine Gemeinde [1]), in welcher 64 Leute zusammen einen Besitz von 1941 £ „rated property" und weitere 69 einen Besitz von 6271 £ „rated property" haben. — Die Arbeiterzahl hat auch in diesem Teil abgenommen; — auf 4400 acres finden wir 63 Männer und 16 Jungen, oder $1\frac{1}{2}$ Mann und $\frac{1}{3}$ Jungen pro acre, gewifs nach deutschen Begriffen fast unmöglich! Eine Notlage unter den ländlichen Arbeitern existiert nicht, da in vielen Teilen der Grafschaft der Überschufs der auf dem Lande wohnenden Arbeiter auf den Eisenbahnen, in den Fabriken und Kohlenbergwerken Beschäftigung findet; in den rein

---

[1]) Agriculture in the Frome District of Somerset, Mr. Jabez Turner, London 1896 p. 8.

13*

24*

landwirtschaftlichen Gegenden findet man jedoch oft leerstehende
Arbeiterwohnungen und die Untersuchung ergiebt, dafs die früheren
Einwohner in die Städte gezogen sind. — In diesem nordwestlichen Teil des Frome-Distrikts findet man keine grofse Abnahme
der Schafe; — man sieht ausserordentlich schöne Herden
von Hampshire-Down-Schafen, es wird Lämmermast getrieben;
diese wiegen ca. 100 Lbs. und bringen ca. 50 s pro Stück ein. — Die
Schafherden aus dieser Gegend sind in ganz England und auch auf
den landwirtschaftlichen Ausstellungen bekannt. — Dieser nordwest-
liche Teil des Frome-Distrikts ist seiner Beschaffenheit nach sehr verschieden von dem vorher beschriebenen Molkereidistrikt; Molkerei,
Obsthan, Hühnerzucht haben ungemein zugenommen, allein der Molkereibetrieb ist hier nicht so ausgedehnt und wird nicht so intensiv betrieben. Der Weizenbau hat um 25—30"/₀ abgenommen und
ist auch hier durch Weide ersetzt worden; die Weide findet
immer mehr Verwendung für Rindvieh, die Schafhaltung tritt allmählich in den Hintergrund. — Weniger Arbeiter finden Beschäftigung,
allein die Arbeitslisten haben nachweislich zugenommen. Viele Güter
haben hier ihre Pächter gewechselt, allein wenige sind unverpachtet
geblieben. — Pachtnachlässe betrugen 25—40"/₀, und wir finden auch
hier, dafs die Besitzer die Zehntelabgaben bezahlen; es scheint schwer
zu sein, Güter zu verpachten, es sei denn zu einem ganz bedeutend
ermäfsigten Pachtpreis. — Meliorationen werden nicht so oft ausgeführt als früher infolge der Abnahme in den Einkünften der Besitzer. Die Durchschnittsgrösse einer Farm von 200 acres wird auch
hier als die zweckmäfsigste angesehen. — Alle Farmer behaupten,
dafs die Jahre 1892 und 1893 mit Verlusten verbunden waren; ein
Gut von 200 acres zeigte einen Verlust von 400 £; ein kleines Gut
von 50 acres hatte einen Verlust von 34 £ aufzuweisen. — Ein
Farmer sagte [1]): „Ich habe den Durchschnitt der letzten zehn Jahre
aus den Büchern gezogen; nach Zahlung der Zehntelabgaben und
Steuern und Berechnung der landesüblichen Zinsen für Kapital und
20 s pro acre Pacht bleibt gar kein Reingewinn übrig"; das Gut ist
212 acres grofs (105 Acker und 107 Gras). Durch die Nähe der
Kohlenbergwerke haben die Abgaben für Chausseen sehr zugenommen
und diese haben zum gröfsten Teil die Farmer zu bezahlen. Auch
hier wird allgemein behauptet, dafs das „Agricultural Holdings Act"

---

[1]) Agriculture in the Frome District of Somerset. Jabez Turner. London
1895 p. 9.

der Verbesserung bedarf. Seitens der Verpächter existieren wenige
Einschränkungen für die Pächter; und die Einschränkungen, die ver-
tragsmäſsig existieren, werden nicht ausgeführt.

Was nun die dritte Unterabteilung, die südöstlich von
Frome liegt, betrifft, so besteht dieselbe aus „Downland". Früher
wurde ein groſser Teil dieses Downlandes als Acker kultiviert, allein
jetzt werden Tausende von Acres zur Weide angelegt, die als Schafweide dienen. Ein Teil des niedriger gelegenen Landes, das früher
sogar zum Getreidebau gebraucht wurde und ausgezeichnetes Getreide
heute noch liefern könnte, ist zum Weidebetrieb angesäet worden;
gerade diese Weiden sind die vorzüglichsten, die es überhaupt geben
kann. Der Rückgang der Getreidepreise hat gleichzeitig einen Rückgang der Fleischpreise bewirkt. Ein Farmer gab aus seinen Büchern [1])
den Wert von 500 Kreuzungslämmern jährlich seit 1888 an, welche
die folgenden Geldsummen ergaben.

1888	1075	£	1891	853	£
1889	1100	„	1892	715	„
1890	1100	„	1893	675	„

In dieser Gegend erzielte man für Wolle im Jahre 1882 14½ d
pro Lb.; im Jahre 1892 nur noch 10 d und im Jahre 1893 sogar
nur 9 d pro Lb. Diese Preise der Wolle in Verbindung mit den
billigen Magerviehpreisen zeigen, daſs die Notlage sowohl von den
Viehzüchtern als auch von den Ackerbau treibenden Landwirten
empfunden worden ist. In vielen Fällen hörte man von notgedrungenen
Viehverkäufen; so ist 1893 Molkereivieh zum Durchschnittspreise von
4 £ 10 s (oder 90 ℳ) pro Kuh verkauft worden; dies geschah
während des Dürrjahrs 1893, als der Heuvorrat für den Winter
ungenügend war und ¾ des Viehstandes abgeschafft werden muſste.
Im Frühjahr 1894 und in vielen Fällen erst im Sommer konnte das
Vieh wieder ersetzt werden. Im groſsen Durchschnitt jedoch hat
auch hier trotzdem die Viehzahl seit 1882 zugenommen, während die
Zahl der Schafe abgenommen hat.

Der Weizenpreis der Gegend war 44 s pro Quarter im Jahre
1882 und nur noch 26 s im Jahre 1892.

Die Gerste dagegen ist nur um 1 s gefallen und Hafer hat noch
denselben Preis. Brackschafe kosteten 60 s im Jahre 1882 und jetzt
nur 22 s pro Stück!

---

[1]) Agriculture in the Frome District of Somerset, London 1895 p. 16, Jabez
Turner.

In diesem südöstlichen Teil des Frome-Distrikts hat der Molkereibetrieb nur geringen Anklang gefunden, allein wir finden in 10 Jahren eine Zunahme von 30% in der Fläche des Weidelandes und als natürliche Folge den abnehmenden Bedarf an Arbeitern. Nur wenige Güter haben Pächter gewechselt und wenige werden von den Besitzern in Regie genommen.

Grofse Pachtnachlässe haben stattgefunden, namentlich auf den Farmen mit Fruchtwechsel. 1300 acres z. B. [1]), welche früher 800 £ Pacht brachten, bringen heute nur noch 650 £. Ein anderes Gut von 1600 acres, welches früher für 1000 £ verpachtet war, bringt heute nur noch 450 £. Jedoch haben auch auf Weidefarmen Pachtnachlässe stattgefunden; die Besitzer zahlen in der Regel die Zehntelabgaben. Die Farmer führen fast alle genaue Bücher und die meisten klagen auch in dieser Gegend über die Notlage der Landwirtschaft. Die Grofsgrundbesitzer sind im allgemeinen gegen eine etwaige Teilung der gröfseren Güter zum Zweck der Verpachtung an kleinere Pächter, da sie z. T. genötigt wären, Gebäude zu errichten, was den ganzen Güterkomplex sehr verteuern würde und nur durch Kredit geschehen könnte. Grofse Güter sind hier die beliebtesten. Die Hügelfarmen werden, wenn irgendmöglich, enger zusammengelegt und vergröfsert.

Im Yeovil-Distrikt klagten alle Farmer über die schlechten Zeiten und namentlich über die schlechten Jahrgänge; die Bemerkung eines Farmers zeigt uns die Verhältnisse der Jahrgänge 1890, 1892 und 1893; er sagte: „1890 erntete ich 150 tons an Heu; 1892 — 50 tons und 1893 nur 10 tons!" Hier fanden wir die Pachten ebenso zurückgegangen als in den vorher besprochenen Distrikten und Pachtnachlässe finden heute noch statt; der Besitzer zahlt auch hier die Zehntelabgaben. Während der letzten 2 Jahre hatten alle Farmer Geld zugesetzt und zwar sogar verhältnismäfsig mehr auf grofsen Farmen als auf den kleinen, da letztere eher imstande waren an Arbeit zu sparen.

Die Güter sind 50 bis 500 acres grofs.

Die Gebäude sind alle in tadellosem Zustande.

Was nun die Glastonbury-Gegend betrifft, so haben wir es hier mit einem ganz anderen Boden zu thun; z. T. besteht er aus ärmerem Ackerland auf Liasformation, das, wenn es gute Ernte geben soll, sehr gut behandelt werden mufs. Für solche Güter scheint es schwer zu sein Pächter zu finden, und viele derselben mufsten in

---

[1]) Agriculture in the Frome District of Somersetshire, Jabez Turner, London 1896 p. 17.

eigene Regie durch die Besitzer genommen werden. Pachterlasse bis 30 % haben auch hier stattgefunden. Das Norfolker Fruchtwechselsystem ist eingeführt. Gutes Weideland findet stets Pächter zum ermäfsigten Pachtbetrage. 1893 war die Getreideernte um 70 % geringer als sonst. Leider kann wegen Mangel an Absatz hier kein Obstbau getrieben werden, obgleich der Boden z. T. dazu geeignet wäre. Wie schrecklich das Jahr 1893 gewesen sein mufs, zeigt uns die Mitteilung eines Farmers, der seine Statistik für 7 Jahre angab: Während dieser Zeit verkaufte er jährlich durchschnittlich für 1464 £ an Schafen, Rindvieh und Schweinen; im Jahre 1893, da er fast keine Heuernte noch Strohernte hatte, wurde kein Vieh angekauft, nichts gemästet und folglich auch kein Dünger produziert; das Jahr 1893 wird noch einige Jahre hindurch fühlbar sein. Ein Pächter hatte 1894 auf einem Gute von ca. 400 acres 50 Stück Vieh zu wenig, da kein Heuvorrat vorhanden war. Auf einem anderen Gute von 250 acres bei Wells betrugen die Verluste seit 1882 1000 £, obgleich eine Zunahme von 20 % der Weidefläche stattgefunden hat, weil weniger Arbeiter beschäftigt werden und namentlich möglichst viel an Tagelohn erspart wird.

Schliefslich möchte ich noch die „Bridgewater"-Gegend kurz besprechen. Eine Untersuchung der Pachtsummen für üppiges Weideland in dieser Gegend war ganz interessant.

Wir wollen die Zahlen benutzen, wie sie Mr. Little [1]) im Jahre 1882 für das üppige Weideland von „Pawlett Hams" angiebt. Das Land ist das allerüppigste und beste zum Weidebetrieb, jährlich wird Auktion abgehalten; der Besitzer bewirtschaftet das Gut und verkauft nur die stehende Ernte:

Mr. Little's Report		Heutige Pachten	
1879	£ 6248	1889	£ 5651
1880	5686	1890	4840
1881	5180	1891	4948
		1892	5402
		1893	6150

Die Durchschnittszahlen stellen sich wie folgt:

Durchschnitt der	8 Jahre	bis	1878	£ 8556
„	„ 3	„	„	1881	5681
„	„ 5	„	„	1893	5400

---

[1]) Reports by Mr. Little on Somersetshire, London 1882.

Die Zunahme der Pacht der Jahre 1892 und 1893 hängt eben mit der grofsen Nachfrage nach Heu wegen der ungünstigen Witterungsverhältnisse zusammen. Die allgemeine Lage der Landwirtschaft läfst sich folgendermafsen schildern: In der nächsten Nähe von Bridgewater sind die Weiden aufserordentlich üppig und reich, das Vieh und die Schafe, die man dort sieht, befinden sich in aufserordentlich gutem Zustande und die erzielten Preise sind ganz gute, namentlich für Mastvieh bester Qualität; der Kontrast zwischen den Preisen des Mager- und Mastviehs ist hier ganz besonders grofs, so dafs der Mäster, der sein Magervieh sehr billig einkaufen kann und imstande ist, dasselbe auf eine volle Mast zu bringen, bessere Geschäfte macht als der Züchter, obgleich der Hochzüchter auch ganz gute Resultate erzielt. Der Mäster ist heute imstande, sein Magervieh um 25—30 "/₀ billiger einzukaufen als früher. Getreideproduzenten sind sehr schlimm daran und verlieren bei der Produktion desselben unvermeidlich Geld.

Das „Bridgewater Board of Guardians" bietet uns die Statistik über die Bevölkerung der Gegend. Die Zahlen ergeben eine Abnahme von 919 seit 1881, ein Beweis dafür, dafs auch in diesem Distrikt die ländliche Bevölkerung abnimmt.

Eine Untersuchung der Einwirkung der technischen Schulen durch die Einführung der „Technical Education Act" ergab, dafs der Nutzen ein grofser gewesen sei, und es herrscht allgemeine Anerkennung über die Thätigkeit der Institute. Namentlich ist die Einrichtung von Molkereischulen und Mustermolkereien von gutem Einflufs gewesen. Für die Farmer und sonstigen Interessierten werden Vorlesungen und Demonstrationen über Molkerei gehalten, und sie bekunden durch die allgemeine Teilnahme ein lebhaftes Interesse!

In dieser Gegend finden wir, dafs kein grofser Bedarf nach Parzellenbesitz existiert. Die Nachfrage nach Parzellen ist durch das freiwillige Angebot der Grofsgrundbesitzer gedeckt worden. Die Statistik eines Grofsgrundbesitzers[1]) aus der Gegend zeigt uns, wie der Grund und Boden der Ausdehnung nach in Güter und Parzellen eingeteilt ist. Das „Estate" beträgt 34 000 acres, verteilt wie folgt:

Land			Zahl der Pächter
Von 1 acre bis	30	acres	506
„ 30 „ „	50	„	50
„ 50 „ „	100	„	50
„ 100 „ „	200	„	60

[1]) Agriculture in the Frome District, Jabez Turner, London 1896 p. 12.

Land	Zahl der Pächter
Von 200 acres bis 300 acres	26
„ 300 „ „ 400 „	8
„ 400 „ „ 500 „	4
„ 500 „ „ 2000 „	12

Auf diesem Estate befinden sich noch 500 Parzellen, wovon die Zahl der Pächter ca. 1000 beträgt. Farmer, die im Frome-Distrikt G e l d v e r d i e n e n, finden wir unter solchen, die M o l k e r e i - b e t r i e b e haben, auch verdienen noch solche, die v o r z ü g l i c h e H o c h z u c h t treiben oder mästen; als r e n t a b l e Nebeneinnahme finden wir den G e m ü s e b a u.

Im Frome-Distrikt finden wir auch einige eingewanderte Farmer aus Devonshire, die mit ihren Molkereikenntnissen aus jener Gegend auch hier in Somerset g u t e G e s c h ä f t e m a c h e n.

Was nun die Anwendung des „Agricultural Holdings Act" im „Frome District of Somerset" betrifft, so sind jetzt die meisten Pacht-kontrakte unter Berücksichtigung des Gesetzes abgefafst; die Klagen sind auch in dieser Gegend im ganzen ähnlich wie in den übrigen Gegenden. Charakteristisch für das Gesetz war hier die Aussage der Farmer, dafs sie es aufgegeben hätten, unter dem Gesetz Forderungen zu machen, weil sie die Erfahrung gemacht hätten, dafs sie das, was sie in Forderungen erlangten, wiederum in Form von Gegenforderungen seitens der Grofsgrundbesitzer zurückzahlen mufsten. Diese Gegenforderungen seitens der Landlords sind nur zu oft nötig, denn es giebt eine gewisse Klasse von Pächtern in England, die rück-sichtslos so viel als möglich aus einem Gute herausziehen, um dann wieder weiter zu gehen und ein anderes Gut auszusaugen; der nach-folgende Pächter und der Grofsgrundbesitzer haben hiervon natürlich den Schaden.

Die Untersuchung in dieser Gegend über die Ansichten der Farmer betreffs der U r s a c h e n der N o t l a g e und ihre Meinungen über etwaige Vorschläge zur H e b u n g der Landwirtschaft der Gegend erbrachte ganz interessante Ergebnisse.

Durchweg war die Antwort auf die Frage nach der Ursache der Notlage die: es seien die niederen Produktenpreise durch ausländische Konkurrenz verursacht, ferner schlechte Jahrgänge, schlechte Ge-treide- und Heuernten; in letzterem Falle kann nur die Geduld ab-helfen; allein die Farmer waren der Meinung, dafs, was die niederen Produktenpreise durch ausländische Konkurrenz betrifft, Abhilfe zu

verschaffen wäre durch Auflegung von Zöllen auf Heu und Molkereiprodukte, die einheimisch jetzt massenhaft produziert werden.
Ein Zoll auf Getreide ist kaum mehr nötig noch durchführbar.
Ferner müfsten alle fremden landwirtschaftlichen Fabrikprodukte Zoll
zahlen inkl. Mehl; solche Artikel, die nicht in dem Vereinigten Königreich produziert werden können, müfsten zollfrei eintreten können. Ein
Zoll auf Gerste wäre sehr wünschenswert, das Bier sei ein Luxusartikel
und würde der Zoll auf Gerste nicht nur der Landwirtschaft helfen,
sondern auch dem Trunk entgegenwirken. Die ausländische Konkurrenz in Mehl hat die Mahlindustrie Englands ruiniert; die Farmer
behaupten, dafs sie Mahlabfälle aus englischen Mühlen billiger kaufen
könnten, wenn diese durch einen Zoll auf ausländisches Mehl wieder
aufblühen und existenzfähig gemacht werden könnten. So lange kein
Getreidezoll eingeführt wird, würde das Brot für den Fabrikarbeiter
nicht teurer werden. Dadurch, dafs der Ausländer gar keinen Zoll
in England zu zahlen braucht, ist er imstande, den Weizen um ca. 3 s
pro Quarter und den Käse um ca. 5 s pro Cwt. billiger zu produzieren,
denn diese Summen zahlt der englische Farmer in Abgaben und
Steuern allein, ehe er seine Waren auf den Markt bringt. Eine
Verminderung der Steuern und Abgaben für den Farmer wäre von
ungeheuer grofsem Wert.

Allgemein war die Klage über die Art und Weise der Orts-
steuererhebung. Die Farmer zahlen die meisten Abgaben zur Unterhaltung der Chausseen, die von anderen gebraucht werden, und wünschen
daher, dafs diese Unterhaltungskosten auch mehr auf die Handels-
leute verteilt werden, die zum Teil die Chausseen mehr gebrauchen
als die Farmer. Alle Einkommen, gleichviel aus welchen Quellen
sie stammen, müfsten gleichmäfsig besteuert sein. Die Armensteuern sollten als Ganzes betrachtet und von der ganzen Nation
gleichmäfsig bezahlt werden; wie grofs in manchen Fällen die Ungerechtigkeit in den Steuerzahlungen ist, zeigt uns folgendes Beispiel:
Eine Fabrik auf dem Lande ist mit 400 £ zur Steuerzahlung veranschlagt; 2000 Arbeiter sind hier beschäftigt, die zusammen ca. 500
Kinder in die Dorfschule schicken; die Fabrik hat ihre Wagen das
ganze Jahr hindurch auf der Chaussee und zahlt Abgaben nur auf
die Taxe der Gebäude (also 400 £): ein benachbartes Gut von
200 acres in derselben Gemeinde ist zur Steuerzahlung mit 460 £
taxiert, schickt dabei nur 5 Kinder in die Schule; hierzu kommt noch,
dafs das Gut zwei Jahre hintereinander keine Rente gegeben hat, so
dafs die Ungerechtigkeit dieser Art der Besteuerung auf der Hand liegt.

Es wird ferner vorgeschlagen, dafs Anstalten getroffen werden müfsten, um die städtischen Latrinen landwirtschaftlich nutzbar zu machen, was bis jetzt in England gar nicht geschehen ist. Ferner wird hervorgehoben, dafs das neue Biergesetz und die Biersteuer den Produzenten einheimischer Braugerste dadurch schädigt, dafs die bessere englische Braugerste weniger verwandt wird und Brauer lieber die geringere fremde Gerste kaufen; die Farmer würden gern zur Malzsteuer zurückkehren, um die Brauer zu zwingen, Gerste besserer Qualität zu verwenden. Auch hier finden wir teilweise Klagen über die Ausführung des „Ground Game Act", das, obgleich theoretisch ganz schön, für den Farmer von keinem grofsen Wert ist. Interessant ist die Ansicht eines Grofsgrundbesitzers, dafs das Gefühl der Unsicherheit reiche Leute davon abhält, Güter zu kaufen und dieselben zu meliorieren; aus demselben Grunde geben Kapitalisten ungern Anleihen, wo die Garantie nur aus Grund und Boden besteht. Noch am meisten wird von den Farmern Gewicht auf die strenge Durchführung der „Merchandise Marks Act" gelegt, wodurch alle und jede ausländische Ware als solche verkauft werden soll und Verstösse gegen dieses Gesetz streng bestraft werden sollen. Wie oft kommt es nicht vor, dass Händler ausländische Waren, z. B. Butter, Käse, Rind- und Hammelfleisch, als einheimische Waren verkaufen, um den höheren Preis dafür zu bekommen. Alle ausländische Ware müfste von Staatswegen schon im Hafen einen Stempel erhalten und so allen Betrügereien ein Ende gemacht werden.

Der allgemeine Eindruck des Frome-Distrikts ist der, dafs eine landwirtschaftliche Krisis durchgemacht worden ist; dafs alle Grofsgrundbesitzer sich bemühen mufsten, ihre Pächter auf der Scholle zu behalten; allein wenige Güter haben keine Pächter und Güter aufser Kultur existieren überhaupt nicht. Auch hier findet man die Ausdehnung der intensiveren Weidewirtschaft und die Einschränkung des Getreidebaues als charakteristische Merkmale der Betriebsrichtung der Gegend. Heute geht es den Pächtern bei ermäfsigter Pacht ganz gut.

„Corn county".

V. Die Landwirtschaft in Norfolk.

Die Getreidekammer Englands und die Grafschaft mit der höchsten Kultur. —
Weizenboden par excellence. Rückgang der Landwirtschaft und empfindliche Wirkung der Krisis. — Arbeiterverhältnisse. — Nahezu trostlose Zustände der Pächter und Gutsbesitzer durch den Rückgang der Getreidepreise.

Wir haben gesehen, daſs in der englischen Landwirtschaft im
ganzen betrachtet genau zu unterscheiden ist zwischen den Grafschaften mit ausgedehntem Grasweidebetrieb, sog. „grazing counties", und den Grafschaften, die auf Getreidebau angewiesen sind,
d. h. den sog. „corn counties"; letztere befinden sich im Osten
Englands und leiden ungeheuer unter der dort noch herrschenden
landwirtschaftlichen Krisis und namentlich unter den heutigen niedrigen
Getreidepreisen.

Als Beispiel einer Grafschaft, die auf Getreidebau angewiesen
ist und die in der Kultur Jahrzehnte hindurch an der Spitze aller
Grafschaften stand und die früher unter den „corn counties" die
höchsten Weizenerträge lieferte, möchten wir Norfolk anführen
und dieser Grafschaft eine kurze Betrachtung widmen. — Erst kürzlich erschien ein Bericht über diese Grafschaft von einem Mr. R.
Henry Rew [1]). Im Jahre 1890 hielt ich mich längere Zeit in dieser
Grafschaft auf, schon damals war die landwirtschaftliche Krisis unter
den Farmern fühlbar, es stimmen meine Erfahrungen mit den Ansichten von Mr. R. Henry Rew vollständig überein.

---

[1]) R. Henry Rew, Agricult. Report on the county of Norfolk. London 1895.

„Es unterliegt keinem Zweifel", sagt er, „dafs die Lage der Grofsgrundbesitzer in Norfolk eine äufserst prekäre ist; Beweise hierfür
liegen massenhaft zu Tage. Viele Grofsgrundbesitzer auf den bekanntesten Gütern — Männer, deren Namen geschichtlich berühmt
sind — haben zusehen müssen, wie von Jahr zu Jahr ihr Einkommen
kleiner geworden ist, und sie sahen sich schliefslich gezwungen, ihre
Stammschlösser („Halls") zu vermieten, um anderswo auf geringere
Kosten zu leben. Andere haben sich genötigt gesehen, ihre Jagden
zu verpachten und nach allen Richtungen zu sparen, um ihren Verpflichtungen und Auslagen auf der Begüterung nachkommen zu
können."

Abgesehen von den Verlusten, unter denen die Grofsgrundbesitzer
zu leiden haben und die durch ökonomische Ursachen, über die kein
Mensch Gewalt hat, entstanden sind, wird von keiner Seite geleugnet
werden können, dafs ein solcher Zustand ungünstig auf das allgemeine Wohl der Gesamtheit wirkt. Zweifellos können reiche Kaufleute die alten Stammschlösser mieten und die Jagden pachten, allein
nur in ganz seltenen Fällen kaufen solche Leute einen grofsen Grundbesitz und übernehmen hiermit die Lasten und Verantwortungen eines
Grofsgrundbesitzers. Anzunehmen, dafs der Grundbesitz dauernd
nur als Luxus zu betrachten ist und dafs derselbe nur durch Leute
erhalten werden kann, die auf anderen Gebieten sich Geld verdient
haben und die es sich dadurch leisten können, ist ein offenbarer Fehl-
schlufs. Früher oder später mufs der Wert des Grundbesitzes auf
kaufmännische Basis begründet werden, wie es auch auf anderen Gebieten der Fall ist; Kapitalisten in England meiden heutzutage die
Anlage des erworbenen Kapitals in Grund und Boden; so hat es z. B.
ein englischer Kapitalist vorgezogen, seine 150 000 £ Kapital eher
in holländischem als in englischem Grund und Boden anzulegen. Der
Kapitalwert des Grund und Bodens hat natürlicherweise in Norfolk
einen bedeutenden Rückgang erlitten, zuweilen bis zu 50 %.

In vielen Fällen wird der Wert des Grund und Bodens unter
der Höhe der daraufstehenden Hypotheken geschätzt: in einem Fall
wurde vor einigen Jahren ein Besitz für 55 000 £ gekauft, und seiner-
zeit schlug der Besitzer ein Gebot von 70 000 £ dafür ab; die Hypothek betrug 30 000 £, und der jetzige Hypothekenbesitzer und Inhaber bestätigte, dafs er nicht einmal für die Höhe seiner Hypothek
einen Käufer für sein Gut finden könnte.

In einem anderen Fall wurde ein Gut von 200 acres kürzlich
für 2000 £ verkauft, ein Betrag, der den Wert der daraufstehenden

Gebäude nicht einmal deckte. Die kleinen Besitzer, sog. „yeomen farmers", haben vielleicht am meisten gelitten.

In Bezug auf die Landwirte und Pächter, „farmers", sagt Mr. Rew: „Vor 20—30 Jahren gab es in England keinen stolzeren Mann als den „Norfolk farmer"; als Männer mit bedeutendem Vermögen, das meistens in dem damals vorteilhaften landwirtschaftlichen Betriebe angelegt war, und als Männer mit wohlverdientem Ruf betr. Unternehmungsgeist und Leistungsfähigkeit durften sie wohl stolz sein. Viele unter ihnen besafsen den ganzen oder einen Teil des von ihnen bewirtschafteten Grund und Bodens und lebten ihrem Vermögen gemäfs gut und trieben nur solchen Luxus, den ihr Einkommen gestattete. Allein jetzt ist das alles anders geworden. Der typische Norfolkfarmer von heute ist ein überarbeiteter, geplagter Landwirt mit wenig oder keiner Zeit für Luxus und im unermüdlichen Kampfe, um seinen Einnahmen seine Ausgaben gleichzustellen. Man findet selten noch Landwirte der alten Schule, die sich das Leben bequem einrichten; der heutige Farmer hält sich nur über Wasser durch harte Arbeit und zähe Ausdauer. Die meisten Landwirte, mit denen ich in Berührung kam, sprachen oft in trostloser Weise über ihre finanzielle Lage.

„Geldverlust" und „Vom Kapital zehrend" waren alltägliche Ausdrücke, und zahlreich waren die Fälle von Farmern, die ruiniert waren, und das unter betrübenden Umständen. „Männer, die kapitalkräftig sind oder waren, müssen zusehen, wie das Kapital von Jahr zu Jahr schwindet." „Hunderte von Farmern verdienen kaum 5 Mark pro Woche für sich", sagte ein Norfolker; in seinem eigenen Falle bewirtschaftete er 400 acres und hatte während der letzten 4 Jahre aus seinem Kapital pro Jahr 100 £ zum eigenen Lebensunterhalt verbraucht. Ein anderer Farmer, der 800 acres bewirtschaftet, sagte, dafs er ohne Farm besser daran wäre, denn im Jahre 1894 hatte er 1000 £ verloren.

Bis zum Jahre 1893 war die landwirtschaftliche Krisis in Norfolk allmählich schlimmer geworden, allein im Jahre 1894 entstand unter den Norfolkfarmern nahezu eine Panik und unter 10 Farmern sahen sich wohl 9 dem Bankerott gegenüber; unter den herrschenden Verhältnissen konnte man sich darüber nicht wundern. Ein Farmer, der 1100 acres bewirtschaftete, sagte, er habe seinen Kredit bei der Bank kürzlich um 1000 £ überschreiten müssen. Ein anderer Farmer, der 2000 Acres in fünf Farmen bewirtschaftete, sagte, er habe 20 000 £ in seinem Betrieb und im letzten Jahre überhaupt keine Verzinsung erhalten.

Die Krisis, die im Jahre 1894 fast zur Panik überging, ist heute überstanden, allein es existiert noch eine derartige Krisis, daß Ursache zu den schlimmsten Befürchtungen auf seiten der landwirtschaftlich Interessierten herrscht. Nicht nur die Landwirte sind es, die an diesen trostlosen Zuständen und Befürchtungen teilnehmen, sondern es sind auch namentlich die Banken und Kreditanstalten, die zum großen Teil viel Kapital auf Güter stehen haben und die jetzt nur mit großer Vorsicht weitere Kredite geben wollen, während sie früher ohne weiteres einem Farmer gern Kredit gaben. Unter allen Klassen, die an der Landwirtschaft Interesse haben, existiert wenig oder gar kein Vertrauen mehr in die Zukunft für das Wiederaufblühen der Landwirtschaft. Einige Optimisten halten immer noch an der Hoffnung fest und glauben, daß die Landwirtschaft wieder aufblühen wird, allein nur wenige haben Vertrauen genug um viel zu riskieren.

„Zur Zeit meines Besuches", sagt Mr. Rew, „betrug der gewöhnliche Durchschnittslohn des landwirtschaftlichen Arbeiters 10 s pro Woche. In einigen wenigen Gemeinden betrug derselbe 11 s und in manchen Gemeinden war der Lohn auf 9 s zurückgegangen. Während meines Besuches fiel der Lohn in einigen Fällen von 10 s auf 9 s und stand ein weiterer Rückgang im Lohne in Aussicht. In vereinzelten Fällen bezahlten einige Farmer einen Shilling pro Woche mehr Lohn als es der Brauch war und erzielten hierdurch vielleicht, daß sie die besten Kräfte aus der Gegend an sich ziehen konnten, oder es wurde pro Tag eine halbe Stunde länger gearbeitet. Es ist jedoch interessant zu beobachten, daß in einer Grafschaft wie Norfolk, wo die Arbeiter in ihren „Unions" ausnahmsweise gut organisiert sind und es versuchen ihre Löhne hoch genug zu erhalten, sich das Niveau der Löhne nicht gesteigert hat und daß die Löhne in Norfolk nicht höher sind als in anderen Grafschaften, wo die Arbeiter unter sich nicht so organisiert sind. Diese Thatsache deutet darauf hin, daß ökonomische Kräfte die Übermacht erhalten und daß die Organisation der ländlichen Arbeiter-„Unions" keine bedeutende Macht auszuüben vermögen. Man kann annehmen, daß, wenn auch die Norfolker Arbeiter keine „Unions" gehabt hätten, sie deswegen doch nicht weniger als 9—10 s pro Woche verdient hätten. Allerdings muß man zugeben, daß der Verdienst an Lohn heute höher steht als vor 40 Jahren, allein das haben die Arbeiter nicht ihren „Unions" zu verdanken; zu jener Zeit war der übliche Lohn pro Woche 1 s 6 d und ein „Bushel" Weizen. Im Jahre 1852 war der Durchschnittslohn 7 s pro Woche im Winter und 8 s pro Woche im Sommer. Zur damaligen Zeit wurden Maschinen wenig gebraucht und vielfach wurden Weiber und Kinder zur Arbeit verwandt; die Frauen erhielten 6 d pro Tag; jetzt erhalten sie, wenn sie überhaupt arbeiten, was selten der Fall ist, 1 s pro Tag: heute existiert ein grofser Mangel an Knaben und jungen Kräften auf dem Lande. Der durchschnittliche Geldlohn repräsentiert jedoch nicht den vollen Lohn des landwirtschaftlichen Arbeiters. Knechte, Fütterer und Schäfer erhalten alle 1—2 s pro Woche mehr Lohn und noch oft die Wohnung mietsfrei dazu.

Der gewöhnliche landwirtschaftliche Arbeiter ist zum grofsen Teil mit Akkordarbeit beschäftigt. Die Erntearbeiter sind alle Akkordarbeiter, die je nach dem Jahrgang und Stand der Früchte bezahlt werden; während solcher Erntearbeiten verdienen die Arbeiter 6—7 £ oder noch mehr, d. h. 30—35 s pro Woche."

Mr. Rew schliefst seinen Bericht mit den folgenden Worten: „Den Eindruck, den ich während meines Besuches in Norfolk erhielt, war ein trauriger, ja fast trostloser. Der Ruhm der Grafschaft Norfolk stand in der Vergangenheit so hoch und die Kultur war in Norfolk Jahrzehnte hindurch so intensiv, dafs dieselbe als Muster galt, dafs es einem schwer wird glauben und zugeben zu müssen, dafs die landwirtschaftliche Krisis in Norfolk so durchgreifend eingetreten ist und zweifellos trostlose Folgen haben mufs. Seit 20 Jahren sind die landwirtschaftlichen Zustände schlimmer und schlimmer geworden und trotz manches vorübergehenden Hoffnungsstrahls ist die Krisis immer empfindlicher geworden und fast bis zur Panik gestiegen. Alte ansässige Familien, die Jahrhunderte hindurch ihre Stammschlösser bewohnt hatten, sind verschwunden, die alten „Halls" sind geschlossen oder vermietet, der alte Besitz geht allmählich in fremde Hände über. Allmählich und ohne Erbarmen stieg die Krisis, bis durch dieselbe im Jahre 1893 und 1894 die Lage der Landwirte eine erschreckende wurde und fast den Ruin der ganzen Farmer mit sich führte. Pachterlasse von 20—60 % haben manche Besitzer ruiniert (namentlich solche, die sehr verschuldet waren), ohne den Pächtern viel helfen zu können. Viele der ältesten Pächter, die Generationen hindurch dieselbe Scholle und den besten Boden bearbeitet hatten, haben ihren Verpächtern gekündigt und wollen unter keinen Bedingungen weiter wirtschaften. Sie haben den Entschlufs gefafst, um keinen Preis noch mehr zuzusetzen und wollen auf jeden Fall die Pacht kündigen; sie haben jede Hoffnung aufgegeben und haben gar kein Vertrauen mehr. Viele der besten und bekanntesten Farmer sind ruiniert worden und viele werden noch denselben Weg gehen müssen. Während des letzten Winters ist der Lohn des landwirtschaftlichen Arbeiters wiederum gefallen und ein weiterer Rückgang des Lohnes steht in Aussicht. Rückgang im Weizenpreis, schlechte Jahrgänge sind die Hauptursachen dieser Krisis, die, wie man sie auch betrachten mag, unendlich zu bedauern ist.

„Grazing county".

VI. Die Landwirtschaft in Cumberland.

Natürliche günstige Graswüchsigkeit des Bodens. — Betriebsweise. — Abnahme des Getreidebaues. — Zunahme des Weidebetriebs. — Erfolge der Viehzucht. — Auktionen. — Die überstandene Krisis. — Aufblühen der Landwirtschaft. — Erfolge der Weidewirtschaft.

Beweise der noch bestehenden Krisis in den Corn counties: z. B. Berkshire. Beweise des Aufblühens der Landwirtschaft in den Grazing counties: Wiltshire, zum Teil auch in den Corn counties.

Wir haben gesehen, wie in der Grafschaft Norfolk, die so sehr auf Getreidebau angewiesen ist und daher auch den Namen „Corn county" trägt, die landwirtschaftliche Krisis erschreckende Folgen gehabt hat. Wir haben die Behauptung aufgestellt, daß die Grafschaften, die weniger auf Getreidebau angewiesen sind, d. h. graswüchsigeren Boden besitzen, weniger durch die Krisis gelitten haben, ja wir möchten sagen, es giebt sog. „Grazing counties", wo die Landwirtschaft wieder vollständig aufblüht und gedeiht. Als Beweis hierfür möchten wir der Landwirtschaft in Cumberland eine kurze Betrachtung widmen.

Mr. Wilson Fox hat kürzlich gerade über die Grafschaft Cumberland einen höchst interessanten Bericht veröffentlicht. [1]) Der Bericht ist sehr eingehend und möglichst ausführlich gefaßt.

Mr. Fox deutet darauf hin, daß die Einwohnerzahl der Graf-

---

[1]) Mr. Wilson Fox, Agricultural Report on the county of Cumberland, London 1896.

schaft im Jahre 1871 220 253 betrug; im Jahre 1881 war die Zahl auf 250 647 gestiegen, d. i. also eine Zunahme von 13,8 %. Im Jahre 1891 war die Zahl wiederum gestiegen und zwar auf 266 549 oder 6,3 %.

Die Güter können in 4 Klassen geteilt werden:

1) Hügel-Schäfereibetriebe.

2) Güter bis zu 100 acres, die zum grofsen Teil oder oft ganz durch Familienmitglieder bewirtschaftet werden.

3) Güter von 100—300 acres, die nur zum Teil von Familienmitgliedern bewirtschaftet werden können.

4) Güter von 300—500 acres Gröfse, auf welchen Acker- und Weidewirtschaft betrieben und auf welchen ein grofser Teil des Ackers noch dem Getreidebau gewidmet wird.

Es existiert viel Ähnlichkeit zwischen der Landwirtschaft in Cumberland und Westmoreland; in dem benachbarten Westmoreland sind die Farmen meist kleiner als in Cumberland und werden zum grofsen Teil nur durch Familienmitglieder bearbeitet. Je gröfser im allgemeinen die Ackerfläche auf einem Gute in Cumberland ist und je mehr Getreide gebaut wird, um so mehr mufs fremde Arbeit zugezogen werden. Die Fruchtfolge in Cumberland ist meist wie folgt: 1) Hafer, 2) Rüben, 3) Hafer mit Kleegras, 4) Kleegras (gemäht), 5) Kleegrasweide. In Westmoreland wird der 5. Schlag nach ein bis zwei Jahren zur Weide liegen gelassen; hier besteht das Vieh meist aus Kühen zu Molkereibetrieb und jungen Kalbinnen, die nach dem Kalben zu Molkereizwecken verwandt werden; nach dem dritten Kalben kommen die Kühe meist in die grofsen Städte Manchester und Liverpool.

In den höher gelegenen Hügeldistrikten werden meist Schafe gehalten. In Cumberland legt man grofses Gewicht auf das Mästen und Füttern des Viehes und auf Pferdezucht zu allen möglichen Gebrauchszwecken; hier sehen wir als Ziel des Betriebes das Weiden und Mästen des Viehes, die Pferdezucht und teilweise Ackerbau zum Zwecke des Getreidebaues und hauptsächlich des Kleegrasbaues zu Verkaufszwecken.

In Westmoreland dagegen sehen wir hauptsächlich Molkereibetriebe und Rindviehzucht in den niedriger gelegenen Thälern und Schafzucht auf dem Hügellande.

Die ganze Grafschaft Cumberland besteht aus 970 161 acres; hiervon sind 1894 581 949 acres als Culturfläche angegeben; an Ge-

14*

25*

treide finden wir im Jahre 1874 98 543 Acres und im Jahre 1894 nur 89 428 acres oder eine Abnahme von 9,3 %. Auffallend ist die Abnahme des Weizen- und Gerstenbaues in dieser Zeit; im Jahre 1874 wurden 21 914 Acres mit Weizen und 1894 nur noch 4510 acres angebaut, d. i. also eine Abnahme von 17 404 acres oder 79,4 %. Die Gerstefläche während derselben Periode nahm von 7433 acres auf 2573 acres ab oder 65,3 %. Mr. W. C. Little teilt mit, dafs die Weizenfläche in Cumberland in der Periode von 1892 auf 1894 um 75,2 % im Vergleich zur Periode 1872 auf 1881 abnahm, und dafs diese Abnahme die gröfste im ganzen Lande mit Ausnahme von Westmoreland gewesen war, wo eine Abnahme von 79,9 % statt-fand. Während der Periode 1892—1894 bildete die Weizenfläche nur 0,8 % der Kulturfläche.

Vergleichen wir nun die Periode 1892—1894 mit 1872—1881 in Bezug auf Gerste, so finden wir hier ebenfalls eine Abnahme von 62,8 %.

In keiner anderen Grafschaft finden wir eine so grofse Gersten-abnahme; Westmoreland kommt an zweiter Stelle mit einer Abnahme von 60,4 % während derselben Periode. Von 1892 auf 1894 betrug die Gerstefläche nur 5 % der Kulturfläche. Unter den heutigen Ver-hältnissen und bei den heutigen Getreidepreisen kann sich ein Land glücklich schätzen, das nur 7083 acres mit Weizen und Gerste be-baut. Allein hier ist es eine Kleinigkeit, das Land in kurzer Zeit in üppige Weide umzuwandeln, da sowohl der Boden als auch das Klima hierzu geeignet sind; aufserdem gedeihen „Turnips" vorzüglich, und diese sowohl als auch die Klee- und Kleegrasflächen haben er-heblich zugenommen. Unter diesen Umständen haben es die Cumber-land-Farmer für möglich gefunden, den Getreidebau, der die Farmer in den „Corn counties" ruiniert, fast ganz aufzugeben und sich mehr dem Betriebe mit Viehzucht zu widmen. Allein während dieser kolossalen Abnahme im Weizen- und Gerstebau finden wir eine grofse Zunahme des Haferbaues, da das feuchte Klima der fruchtbaren Thäler auf den Haferbau günstig wirkt. Die Haferfläche im Jahre 1874 betrug 68 281 acres und im Jahre 1894 81 199, oder eine Zu-nahme von 18,19 %. Futterpflanzen aller Art zeigen eine Zunahme und zwar von 44 668 acres im Jahre 1874 auf 46 119 acres im Jahre 1894 oder 3,2 %; unter diesen nahm der „Turnip"bau von 31 329 auf 35 030 acres zu. Im Jahre 1894 betrug der „Swede- und Turnip"bau 78,4 % der ganzen Hackfruchtfläche. Klee, Sainfoin und Gräser in der Rotation zeigen eine Zunahme und zwar von 97 357

Acres im Jahre 1874 auf 115 483 acres im Jahre 1894 oder 18,8%.
Permanente Weide exkl. Heide- oder Hügelland zeigt eine Zunahme
während derselben Periode von 300 688 acres auf 329 378 acres oder
9,5%. Der grofse Vorteil, den die Farmer in Cumberland und
Westmoreland gegenüber den Farmern im Osten besitzen, besteht darin,
dafs bei ihnen das Gras auf der Weide viel schneller und besser gedeiht,
da nicht nur der Grund und Boden, sondern auch das Klima mit
seinen reichlichen Niederschlägen sich zum Weidegrasbetrieb vorzüglich eignet. In den östlichen Grafschaften wird behauptet, dafs es
15 Jahre dauert bis zur vollkommenen Bildung einer guten üppigen
Grasnarbe auf einer neu angelegten Weide; oft ist nach 15 Jahren
diese mangelhafte Weide immer noch nicht nach Wunsch; dies hat
seinen Grund nicht nur in den weniger günstigen Bodenverhältnissen,
sondern auch im Klima, in dem Mangel an genügender Feuchtigkeit
und ferner in den kalten trocknenden östlichen Winden im Frühjahr.
Allein in Cumberland bildet sich eine vorzügliche Grasnarbe in 5 bis
höchstens 7 Jahren je nach den Bodenverhältnissen, natürlich vorausgesetzt, dafs die nötige Sorgfalt darauf verwendet und dafs mit der
nötigen Kenntnis vorgegangen wird. Diese Thatsache ist selbstredend
von grofsem Vorteil für den Grofsgrundbesitzer und für den Pächter.
Die Cumberland-Farmer haben bald eingesehen, dafs bei den heutigen
Getreidepreisen der Getreidebau möglichst einzuschränken ist, und
dafs sie sich besser dem Weidebetrieb widmen; zwischen 1874 und
1894 nahmen auch die Rotationsgrasflächen um 19% und die permanente Weide um 9½% zu. Im Jahre 1874 betrug die ganze
Viehzahl nur 126 069; dagegen betrug sie im Jahre 1894 138 118,
also eine Zunahme von 9,5%; Kühe und Kalbinnen nahmen um 5502
oder 13,8% zu. Die Viehzunahme zwischen 1867 und 1894 betrug 32,5%.

Die Hauptviehrassen in Cumberland sind Shorthorns und deren
Kreuzungen. In den letzten Jahren haben die Cumberland-Farmer
mit grofsem Erfolg die Shorthorns mit Blackpolled Scotch gekreuzt und zwar erzielten sie ein vorzügliches blaugraues Viehprodukt
aus der Kreuzung von weifsen „Shorthorn"-Bullen mit „Blackpolled
Scotch"-Kühen. Dieses Produkt wird gern mit 2 £ höher bezahlt
als jedes andere Vieh. Die Pferde der Grafschaft zählten 19 077 im
Jahre 1874 und 21 974 im Jahre 1894, also eine Zunahme von 15,2%.
Die Schafe zeigen im Jahre 1894 eine Zahl von 562 844 und im
Jahre 1894 520 811, also eine Abnahme von 7,4%. Die Hauptrassen
sind die Cheviot, Herdwick, Scotch Black-faced und aufserdem

Kreuzungen und langwollige Schafe mit Leicester Typus. Es besteht ein Usus unter den Farmern im Hügelgebiete, ihre Schafherden vom Verpächter zu pachten, sog. „heafing"; der Verpächter verpachtet die Herde an den Pächter zu 4 bis 4¹/₂ °/₀ des Wertes.

Im Durchschnitt sind 1 £ pro Schaf als Wert angenommen. Dies System hat es manchem Schäfer möglich gemacht, mit der Zeit ein kleiner Farmer zu werden, und mancher kleine Farmer kann hierdurch mehr Land bewirtschaften, da er weniger Kapital braucht.

Die Butterfabrikation findet Ausdehnung in der Grafschaft sowohl auf dem Hügelland, als auch in den Thälern; allein in vielen Fällen und namentlich auf ganz kleinen Farmen mangelt es an Qualität; durch die Einwirkung der County council, technischen Schulen, wird die Qualität bald eine bessere werden.

Gute Butter wird stets gut bezahlt und die Produktionskosten sind dieselben als bei schlechter Butter, so daß eine Verbesserung der Qualität stets einen Reingewinn repräsentiert. Was in Cumberland noch in der Butterfabrikation mangelt, ist eine gleichmäßigere, bessere Qualität; bis jetzt haben die Ausländer in der Produktion einer gleichmäßigeren Qualität die Cumberland-Farmer weit übertroffen. Die Kaufleute wollen nur eine gleichmäßige Qualität kaufen und verwerfen jede Butter, wenn sie an einem Tage besser und an anderen Tagen wieder schlechter ausfällt. Mancher Cumberland-Farmer produziert gute Butter, allein nicht in genügend großen Quantitäten, um vorteilhaften Absatz zu finden. Die Hauptmärkte sind in Carlisle, Cockermouth, Penrith, Whitehaven, Wigton und Workington. An allen diesen Orten finden die üblichen Auktionen statt, bei denen der Farmer seine Schafe und Vieh wöchentlich gegen bar verkaufen kann. Diese Auktionen sind von großem Wert, da die Metzger öffentlich meistbietend kaufen müssen und der Farmer bar bezahlt wird. Viehhändler wandern jetzt nie von Gut zu Gut, wie es in Deutschland leider noch der Fall ist. Natürlich kommt es an kleinen Orten manchmal vor, daß die Käufer „Ringe" bilden und nicht hoch genug bieten. Der Auktionär, der stets seine Kommission von den Farmern erhält, entdeckt jedoch bald einen solchen Ring und verringert den Verkauf. Der Verkäufer ist auch meist zugegen, um seine Bewilligung zum Zuschlag zu geben.

Durch dieses Auktionssystem kann sich der Landwirt im Schätzen üben; namentlich ist dies von großem Vorteil für die heranwachsende jüngere, noch lernende Generation von Farmern. Die Viehwage wird, wie auch sonst in England, selten benützt und alles Vieh wird nach Schätzung gekauft.

Die Pachtungen und Pachtverträge lauten meist auf jährliche Pachtperioden bei 6—12 monatlicher gegenseitiger Kündigungsfrist; nur vereinzelt und auf einigen kleineren Gütern findet man noch 5—7 jährige Pachtperioden. Es existiert keine Klage über die Unsicherheit des Pächterkapitals in Bezug auf Kündigung.

Mr. Punchard, Güterdirektor des „Underley estate", teilte mit, „daſs kein Verlangen nach gröſserer Sicherheit seitens der Pächter existiere". Man hört oft Klagen, daſs in einigen Fällen die Pachtsummen noch zu hoch sind, allein nur selten hört man von Fällen daſs Pächter Gebrauch vom „Court of Arbitration" machen und die meisten ziehen es vor, mit dem Verpächter allein einig zu werden. Ferner sagt Mr. Punchard: „Es existiert wenig oder gar kein Bedürfnis für „Land courts": die Wirkung wäre nachteilig für den Pächter und für den Verpächter auch von keinem Vorteil; es würde wenig Kapital auf Grund und Boden verwandt werden und könnte nur das gute Verhältnis, welches jetzt zwischen Verpächter und Pächter existiert, verbittern und zu unnötigen Zänkereien führen." „The Agricultural Holdings Act" sichert jedes angewandte Kapital durch den Pächter dem Verpächter gegenüber.

Unter dem „Agricultural Holdings Act" erhält der Pächter bei seinem Abgang Entschädigung für Verbesserungen des Gutes und für jede Melioration, die mit Einwilligung des Verpächters geschehen ist; bei Abgang des Pächters erhält er vom Verpächter nach genau bestimmten Zahlen seine Entschädigung. Für Meliorationen, die der Pächter ohne Einwilligung des Verpächters durchführte, hat derselbe nichts zu beanspruchen.

In Cumberland trat 1881 die landwirtschaftliche Krisis ein und erreichte 1892 und 1893 ihren Höhepunkt. Seit 1893 hat ein Umschwung stattgefunden und die Landwirtschaft in Cumberland blüht wieder auf. Der Rückgang im Preise des Viehes und der Schafe war von durchschlagender Wirkung; ein Rückgang im Wollpreise hat auch stattgefunden. Die Wirkung auf die Groſsgrundbesitzer ist die gewesen, daſs ihre Einkommen und die Pachten um 15—25 % abgenommen haben; der Verkaufspreis des Grund und Bodens hat seit 1870 um einen noch höheren Prozentsatz abgenommen, da sich heute wenig Käufer finden. Infolge des verminderten Wertes finden es die Groſsgrundbesitzer schwerer, Kredit zu bekommen, um den erböhten

Ansprüchen der Pächter entgegenkommen zu können und in vielen
Fällen die verlangten neuen Gebäude zu errichten. Im allgemeinen
wurden die Pachten vor 1882 nicht ermäßigt und erst 1885 fanden
allgemeine Pachterlasse statt. In Bezug auf die Wirkung der Krisis
auf die Farmer im allgemeinen sagt uns Mr. Fox: „Betrachtet man
die heutige Lage der Farmer in Cumberland, so ist dort dieselbe eine
günstigere als in den meisten übrigen Grafschaften Englands; es
existieren weniger Sorgen über die heutige Lage und mehr Vertrauen für die Zukunft als in anderen Distrikten. Der Cumberland-
Farmer hat glücklicherweise den Rückgang der Weizen- und Getreidepreise weniger empfunden, da er seine Haupteinnahmen aus Rindvieh und Schafen bezieht. Unausgesetzte Ausdauer, Sparsamkeit in
den Wirtschaftsausgaben und allgemeine Sparsamkeit im Lebensunterhalt findet man heute mehr als früher. Der Cumberland-Farmer ist
ein fleißiger Landwirt, der keine Arbeit scheut, und der seinen Arbeitern als Muster des Fleißes dasteht. Mit großer Willenskraft,
großer Energie, Ehrlichkeit und Sparsamkeit haben diese muster-
haften Farmer mit Ausdauer die Krisis überstanden und sehen
jetzt besseren Zeiten entgegen. Unter den Cumberland-Farmern
existiert kein falscher Ehrgeiz, obgleich sie im ganzen stolz und un-
abhängig sind. Keiner scheut sich, mit Hand anzulegen und seinen
Arbeitern vorzuarbeiten; morgens der erste und abends der letzte:
er überläßt nicht alles seinem „Vogt" oder Verwalter, sondern sieht
auch selbst überall nach. Auf den kleinen Gütern besorgt der Farmer
mit seiner Familie die ganze Arbeit. In Cumberland spielt der
Händler keine große Rolle; der Farmer verkauft meist direkt an den
Konsumenten, wenn er es irgendwie machen kann und der Abnehmer
nicht zu entlegen wohnt. Er fährt 1—2 mal wöchentlich seine Molkereiprodukte in die Stadt."

Mr. Fox teilt die Farmer in 4 Klassen: solche auf den größeren
Acker- und Weidefarmen von 300—500 acres; solche auf Farmen
von 100—300; solche auf kleinen Farmen von 100 acres, die wenig
oder gar keine auswärtige Hilfe brauchen; und schließlich Hügelfarmen mit Schäfereien. Die letzteren haben am wenigsten gelitten,
obgleich sie 1892 und 1893 den plötzlichen Rückgang im Preise für
Schafe und Lämmer sehr empfunden haben. Früher haben alle
Farmer Geld verdient. Jetzt behauptet man oft in England, daß die
größeren Farmer die Krisis mehr empfinden als kleinere, da sie mehr
und größere Auslagen haben, allein in Cumberland hat der kleine
Farmer während der Krisis mehr gelitten wegen Mangel an genügen-

dem Betriebskapital, um die schlechten Zeiten überstehen zu können. Im allgemeinen wird man nur selten heute einen Farmer treffen, der Geld zusetzt; die meisten verdienen sich einen ausreichenden Lebensunterhalt und eine niedere Verzinsung des angelegten Kapitals; sie ernähren und kleiden sich und ihre Familien, die aber hart arbeiten müssen, gut. Nur in solchen Fällen, wo der Landwirt es mit schlechtem, leichtem oder schwerem Thonboden zu thun hat, verdient er nichts und setzt vielleicht zu. In Cumberland existieren keine zwei Klassen von Farmern, grofse und kleine wie in Lincolnshire. Die kleinen Farmer in Cumberland werden mit der Zeit oft ganz grofse Pächter und hat der Farmer stets das Verlangen ein gröfseres Gut zu pachten, sobald er Geld genug beisammenhat. „We want to be climbing up", d. h. „Aufwärts steigen wollen wir", hört man die Farmer oft sagen. Mr. Brown, langjähriger Güterdirektor auf dem „Netherby estate" sagt: „Oft werden Arbeiter Vorarbeiter, dann Verwalter, dann kleine Pächter u. s. w. Das ist das Streben eines jeden Mannes." — Mr. John Harrison of Brotherilkeld, der als Schäfer angefangen hatte und jetzt 3200 acres Hügelland mit Schäferei besitzt und Pächter des Lord Muncaster ist, sagte: „Ich bin der Meinung, dafs jeder Farmer klein anfangen und später erst ein gröfseres Gut übernehmen sollte; allein in guten Zeiten ist ein gröfseres Gut vorteilhafter, da mehr zu verdienen ist." — Mr. Little, Agent des Earl of Lonsdale, sagte im Jahre 1892: „Wir haben viele Pächter, die klein angefangen haben, und viele, die jetzt 300—400 acres bewirtschaften, fingen als Arbeiter an."

Mr. Nelson, Agent des Earl of Leconfield, sagte: „Wir haben viele Farmer und Pächter, die als Arbeiter angefangen haben; während früher der Lohn höher war und die Bedürfnisse des Lebens gering und billig, sparte sich mancher junge Mann in der ersten Hälfte seines Lebens genug Geld, um die zweite spätere Hälfte seines Lebens als kleiner Pächter zu verleben. Wir kennen einen, der jetzt 350 £ pro Jahr Pacht bezahlt. Sowohl er als seine Frau hatten als Arbeiter angefangen!"

In Bezug auf die Frage, welche Pächter am meisten gelitten haben, die grofsen Pächter oder die kleinen Farmer, scheinen geteilte Ansichten zu herrschen.

Mr. Joseph James, der 220 acres bewirtschaftet und Pächter des Sir Wilfrid Lawson ist, sagt: „Mittelgrofse gute Güter mit vielseitigem Betrieb haben am wenigsten gelitten. Grofse Güter mit kaltem Boden und ganz kleine Farmer haben am meisten gelitten."

Mr. W. Briggs bewirtschaftet 800 acres, Tallentine Cockermouth, und sagt: „Ich glaube, dass alle Farmer die Krisis empfunden
haben, allein grofse Pächter mit reichlichem Betriebskapital haben
am leichtesten die Krisis überstehen können."

Mr. Barnes of Baurgh, Wigton, bewirtschaftet 460 acres und
sagt: „Grofse Güter können verhältnismäfsig billiger bewirtschaftet
werden als kleine Güter, da die Arbeitsteilung eine zweckmäfsigere
ist. Kleine Farmen haben oft nicht genügend Kapital; wenn sie und ihre
Familie indefs sonst fleifsig sind, können sie gut bestehen." Zweifellos
hat der kleine Mann, der genügend Kapital besafs und dessen Familie
die ganze Arbeit besorgt hat, sich am ehesten im Haushalt einschränken können, während der grofse Pächter seine Knechte eben
so gut nähren mufs, ob die Zeiten gut oder schlecht sind. Die
Hauptfrage ist stets, ob der Mann kapitalkräftig genug ist, um schlechte
Jahrgänge überstehen zu können.

Cumberland hat jedenfalls von allen Grafschaften durch die Krisis
am wenigsten gelitten: dies liegt jedoch darin, dafs die Pächter
günstigere natürlichere Vorbedingungen besafsen, um die
Krisis überstehen zu können; sie haben den Getreidebau zum grofsen
Teil aufgeben können; sie haben den Futterbau und die Weide ausdehnen können infolge der natürlichen Graswüchsigkeit des
Bodens und sie haben sich mehr auf Viehzucht werfen können. Allein
aufserdem haben sie es verstanden ihre Viehzucht derartig zu verbessern, dafs sie jetzt mitunter das schönste Vieh produzieren; das
haben sie nur durch Ausdauer und Arbeit erreicht; aufserdem haben
sie grofse Energie und grofsen Fleifs in ihrer Wirtschaftsführung gezeigt und grofse Sparsamkeit im täglichen Lebensunterhalt. Zwischen
1886 und 1893 haben viele Farmer schwere Zeiten durchgemacht,
allein diese Perioden sind überstanden, sie gehen besseren entgegen.
Viele Cumberland-Farmer sind nicht Kapitalisten, wie in Lincolnshire, folglich haben sie wenig Rückhalt gehabt und werden um so
energischer den schlechten Zeiten entgegentreten müssen. Sollten die
Preise für Vieh, wie sie in Cumberland 1894 und 1895 waren, noch
ferner erzielt werden, so werden die Pächter nicht nur gut bestehen
können, sondern auch das Geld, was sie im vergangenen Jahre zugesetzt haben, wieder verdienen. Sie haben sich mit Ausdauer ihre
Weidewirtschaften selbst eingerichtet, sie haben ihre Vieh-
schläge verbessert und es ist ihnen von ganzem Herzen ihr Erfolg zu gönnen, wenn sie ihn auch zum gröfsten Teil der natürlichen Graswüchsigkeit des westlichen Englands verdanken.

Was von Cumberland gilt, gilt auch für die meisten „Grazing counties", die Weidewirtschaft treiben.

Als sicheren Beweis der Unrentabilität der englischen Landwirtschaft in den „Corn Counties" oder Getreidegrafschaften möchte ich die Begüterungen erwähnen, die gewissen Behörden gehören, wie z. B. die verschiedenen „Colleges" der Universitäten Oxford und Cambridge. Um nur ein Beispiel herauszugreifen, erwähne ich das Magdalen College Oxford, das mehrere Tausend acres landwirtschaftlich bebauter Felder in unmittelbarer Nähe der Universitätsstadt Oxford besitzt; die Besitzung ist an eine ganze Reihe Pächter verpachtet und keiner von ihnen scheint gute Geschäfte zu machen. Allein nicht nur das, die Besitzerin der ganzen Begüterung bezieht aus dem ganzen Besitz gar keinen Reinertrag; die ganze Pachteinnahme dient zur Erhaltung und Instandhaltung der Güter und zur Zahlung der Abgaben und Steuern; die Pacht auf diese Begüterung ist in den letzten 15 Jahren um die Hälfte ermäßigt worden und trotzdem stehen sich die Pächter nicht gut. Hier möchte ich gerade ein Gut erwähnen, mit dessen Pächter ich persönlich befreundet bin und das dem Magdalen College Oxford gehört; es ist das Gut Tubney Warren Farm bei Oxford, dessen Pächter Mr. Arthur Edmondson ist, der sich seine theoretischen landwirtschaftlichen Kenntnisse auf der Kgl. Württembergischen Hochschule Hohenheim erwarb. Das Gut besteht aus 350 acres, von denen 140 acres Acker, 80 acres permanente Weide und 150 acres Wiese sind. Der Acker besteht aus leichtem, gesundem Sandboden und wird nach Norfolker Fruchtfolge bewirtschaftet. Wie in England auf solchem Boden üblich, spielen die Schafe eine Hauptrolle; die Schafherde besteht aus 160 hervorragenden Hampshire-Down-Mutterschafen, die alljährlich zur höchsten Güte durch ca. 45 der besten jungen Mütter gebracht werden, ca. 115 der übrigen Lämmer werden alljährlich gemästet und mit 9 bis 12 Monaten an den Metzger verkauft. Im allgemeinen sollten sie mit 9 Monaten schon schlachtreif sein, jedoch kann ungünstiges Wetter die Mast verzögern. Die älteren Schafe werden nur angemästet, nicht voll gemästet. Die Herde ist jahraus jahrein wie immer in England im Freien und lammen die Schafe im Januar. Außerdem wird eine kleine Anzahl Milchkühe gehalten, um den Dorf- und Arbeiterbedarf zu decken und der Rest der Milch wird zu Butter fabriziert; letztere bringt im Sommer 11 d pro Lb, und im Winter 1 s 3 d bis 1 s 4 d pro Lb.

Mit der Buttermilch wird Kälber- und Schweinemast getrieben mit einem starken Beifutter an Kraftfutter. Die Milchkühe werden auf dem Gute aufgezogen; von Schweinen wird die Berkshire-Rasse gehalten, die in England am beliebtesten ist. An Federvieh werden Truthühner gezogen und zwar die amerikanischen „Mamoth Bronze;" an Hühnern werden graue „Dorking"-Hühner mit „Indian game"-Hühnen gekreuzt. Diese Kreuzung hat sich in England sehr bewährt, sowohl als Tafelhühner als auch zur Eierproduktion. Die Eier werden im Sommer aufbewahrt und im Winter verkauft. Künstliche Brutkasten werden im Frühjahr mit grofsem Erfolg gebraucht.

An Kulturen werden Kartoffeln, Turnips, Swedes und Runkeln gebaut: ferner Gerste, Hafer, Trifolium incarnatum, Wicken. Weizen wird nur des Strohes wegen gebaut und wird durch Erbsen, Roggen und Hafer ersetzt. Prinzip bei der Bewirtschaftung des Bodens ist, nie den Boden ohne Pflanze liegen zu lassen und wenig und oft zu düngen; der Zwischenfruchtbau wird so stark als möglich betrieben und zwar hauptsächlich mit Raps, Senf oder Turnips, die auf die umgebrochene Stoppel gesäet und später durch die Schafe abgeweidet werden; im Frühjahr wird ein Teil Roggen stets als Schaffutter für Mütter und Lämmer benutzt.

Die Pacht beträgt 10 Mk. pro acre und der Pächter beklagt sich sehr, dafs trotz der grofsen Sorgfalt in der Bewirtschaftung der Reinertrag sehr gering sei; in schlechten Jahrgängen habe er sogar Geld zugesetzt.

Als weiteres Beispiel eines erfolgreichen Betriebes in Grafschaften mit Weidewirtschaft möge das Kgl. Kammer- und Pachtgut Roundway bei Devizes in der Grafschaft Wiltshire erwähnt werden, dessen Pächter, Mr. Edward Coward, mit dem Reinertage des Gutes ganz zufrieden ist. Das Gut liegt am westlichsten Ende des berühmten Thals „Pewsey Vale" in Wiltshire und $1\frac{1}{2}$ englische Meilen von Devizes (grösserer Marktflecken); es besteht aus 1100 acres, wovon 520 acres Acker, 200 permanente Weide und Wiese, und das übrige hügeliges „Down" bildet; von den 200 acres bilden 130 acres alte permanente Weide; die übrigen 70 Acres sind erst während der letzten 10 Jahre allmählich zur Weide angelegt worden; in dem Mafse, als der Weizenbau unrentabel wurde, wurde jedes Jahr mehr und mehr Land als Weide angelegt; hierzu ist immer der beste Acker genommen worden; diese Zunahme der Weide schreitet jetzt von Jahr zu Jahr fort; da aber die Anlage einer Weide eine äusserst teuere ist, wird alljährlich nur ein kleines Areal sorgfältigst dazu bearbeitet.

Der Acker besteht aus einem vorzüglichen schwarzen sandigen Lehmboden, der allmählich gegen das Hügelland zu schwerer wird, und zu einem Thonboden übergeht; unterhalb des „Downs" finden wir einen weifsen kalkhaltigen Thonboden. Der Acker auf dem Hügelland besteht aus 240 acres und ist zum gröfsten Teil aus leichtem, kalkigem Lehmboden gebildet; ein kleinerer Teil besteht aus einem roten Thonboden. Als früher der Weizenbau rentabel war, wurden jedes Jahr ca. 200 acres von diesem Getreide gebaut; dem Weizen folgten z. T. Bohnen, Gerste und Hafer, ferner wurden ca. 100 acres Rüben und 40 acres Klee gebaut; die Wiesen gaben damals das nötige Heu. Jetzt werden nur ca. 70—80 acres mit Weizen bebaut, das übrige Areal ist durch Anbau von Gerste und Hafer ersetzt worden; auf dem gröfsten Teil des Gutes kann Esparsette angebaut werden; von dieser hochgeschätzten Futterpflanze werden ca. 100 acres angebaut. Heute wird auf dem Acker so viel Heu als möglich produziert und die fetten Wiesen werden als Viehweide benützt. Die Schafherde besteht aus 500—600 Mutterschafen; die Mutterlämmer werden alle behalten und alljährlich die ältesten Mutterschafe ausgemerzt; überwintert werden ca. 800—900 Schafe alljährlich. Molkerei wird hier nicht getrieben, da die existierenden Gebäude zu einer Molkereiwirtschaft nicht passen; jedes Jahr werden 40 Kälber aus bekannten Herden angekauft und grofsgezogen; zur Hälfte sind diese Kuhkälber und zur Hälfte Stiere. Letztere werden gemästet und mit 2 3/4 Jahren als gemästet verkauft. Die Kuhkälber werden aufgezogen, als Kalbinnen renommierten Bullen zugelassen und nach dem Kalben samt dem Kalb frischmelkend verkauft. Die Molkereien kaufen sehr gern diese Tiere, da sie zuverlässig sind und die Kälber wieder zur Aufzucht guten Absatz finden. In grasreichen Jahren mit üppigen Weiden wird mehr Vieh zur Mast angekauft und in kurzer Zeit mit etwas Kraftfutter nebst Weide gemästet. Das Gut ist seit 200 Jahren in der Familie des jetzigen Pächters gewesen. Vor 20 Jahren betrug die Pacht fast das dreifache als wie sie heute beträgt und der Vater des jetzigen Pächters setzte sehr viel Geld zu. — Heute zahlt Mr. Coward ca. 11 s pro acre. Dadurch, dafs er sich den geänderten Verhältnissen angepasst und die Wirtschaftweise demgemäfs geändert hat, indem er immer weniger Weizenbau getrieben und immer mehr Weidewirtschaft eingeführt hat, ist es ihm gelungen nicht nur gut zu bestehen, sondern auch ausserdem eine gute Verzinsung seines Betriebkapitals zu erzielen. Man kann mit ziemlicher Bestimmtheit behaupten, dass diejenigen Pächter Englands, die heute eine genügend

ermäfsigte Pacht bezahlen und in Gegenden, wo die klimatischen Verhältnisse den Übergang zur Weidewirtschaft gestattet haben, wohnen,
nicht nur die landwirtschaftliche Krisis überstanden haben, sondern
wieder gute Geschäfte machen. Namentlich ist dies der Fall in
bekannten „Grazing counties"; dafs dies weniger in den sog. „Corn
counties" vorkommt, haben wir auch gesehen, und trotzdem sind auch
heute in den Getreide-Grafschaften Landwirte zu finden, die durch
besondere Betriebsweise ihre Rechnung finden.

Zweiter Teil.

VII. Die Landwirtschaft in Schottland.

Die Landwirtschaft der Grafschaften Ayrshire, Wigtown,
Kirkcudbright und Dumfries, im Westen von Schottland: Die landwirtschaftliche Betriebsweise der Gegend: — Wir können die
Gruppe der Grafschaften zusammenfassen, da sie ähnliche Betriebe haben,
wenn auch lokale Verschiedenheiten selbstverständlich existieren. Der
Molkereibetrieb wird mehr oder weniger in allen diesen Grafschaften
betrieben, wenn auch in der einen oder anderen Gegend verschieden.
Mit Ausnahme von einigen Farmen in den Ayr-, Girvan- und Westkilbride Distrikten kann man annehmen, daß alle Betriebe entweder

Molkereibetriebe sind oder sogenannte „hill sheep farms"
(Hügelschäfereibetriebe) oder schliefslich Betriebe zum Zwecke der
Aufzucht des berühmten Ayrshireviehes. Um Ayr, Girvan und
Westkilbride finden wir intensive Betriebe mit intensiveren Früh-
kartoffeln, Karotten und Gemüsebau zum Versand in gröfsere Städte.
Für diesen letzteren intensiven Bau ist das Klima besonders geeignet,
und finden wir manche Güter, die die Hälfte ihres Ackerareals in
Kartoffeln anbauen. Wenig Vieh wird auf diesen Gütern gehalten
und aufgezogen. Der Dünger wird durch vorübergehend gehaltene
Herden produziert, die den Überschufs der nicht marktfähigen Produkte
verzehren. Es sind dies meist Schafe oder Rindvieh. In Wigtownshire ist das System des Molkereibetriebs anders als in Ayrshire, da
in der ersteren Grafschaft weniger Farmer die Hochzucht des wertvollen Ayrshireviehes betreiben, sondern mehr Gewicht auf die Produktion von Milch und Käse legen. Der Rhinsdistrikt oder westliche
Teil der Grafschaft ist ausschliefslich mit Molkerei beschäftigt, während
in dem östlichen Teil die Betriebe mit Molkerei, Aufzucht, Mast von
Rindvieh und „hill sheep farms" ziemlich gleich verteilt sind. Immer
mehr dehnt sich der Molkereibetrieb aus in der Grafschaft Kirkcudbright, wo das weltbekannte Gallowayvieh (polled black cattle) zu
Hause ist. Die Aufzucht tritt aber zu gunsten des Molkereibetriebs
in Verbindung mit derselben immer mehr in den Hintergrund. Auch
in Dumfriesshire breitet sich der Molkereibetrieb immer mehr aus
und andere Betriebszweige werden durch ihn verdrängt. Aufser den
oben angedeuteten Betriebszweigen finden wir, dafs diese Grafschaften alle durchweg während der letzten 15 Jahre sich mit der
Aufzucht des Clydesdalepferdes beschäftigt haben, eine Aufzucht,
die zur Zeit weniger rentabel geworden ist, da Überproduktion stattgefunden hat; zu einer Zeit war die „Clydesdale" Pferdezucht eines
der beliebtesten und rentabelsten Betriebszweige.

Beweise für die landwirtschaftliche Krisis: Man mufs
gestehen, dafs sowohl die Verpächter als die Pächter und alle Farmer
durch die schlechten Zeiten schwierige Jahre erlebt und den Druck
der Konkurrenz empfunden haben. In jedem Distrikt ist der Wert
des Grund und Bodens gesunken, allein es wäre Unsinn, sagen zu
wollen, die Landwirtschaft ginge in dieser Gegend ihrem Ruin entgegen oder dafs die Existenz der Landwirte gefährdet sei; es könnte
keine Ansicht unrichtiger sein. Nicht ein einziges Gut in dieser
Grafschaft ist zu finden, das ohne Pächter vom Verpächter in Selbstregie genommen werden mufste; es existiert nicht ein Gut, das nicht

in vollem Betriebe wäre, und schliefslich existiert nicht die geringste
Schwierigkeit in der Verpachtung der Güter. Für jedes zur Verpachtung kommende Gut finden sich 10—20 pachtlustige Bewerber;
trotzdem haben, als natürliche Folge der Zeiten, Pachtreduktionen stattgefunden, und zwar namentlich bei den „hill sheep farms"; doch
finden wir, dafs die Nachfrage nach Pachtgütern gröfser ist als das
Angebot; die Pächter wissen ziemlich genau, wie viel Pacht sie bezahlen können und folglich sind die Pachtsummen nicht höher als
zeitgemäfs bezahlt werden kann. In „North Ayrshire" [1] ist der Güter-
wert nicht mehr als um 5—10 % und etwas weiter südlich um 10 bis
15 % gefallen. Die Auskunft verschiedener „estate agents" (Güterdirektoren) weist darauf hin, dafs von ca. 110 000 acres dieser Grafschaft, berichtet wird, seit 1880 die Pachtsumme dieses Komplexes
um 13—18,4 % gefallen ist. Ein Gut, das als besonders gut
bewirtschaftet gilt, weist einen Pachtrückgang von nur 10 % auf;
allerdings soll der Pachtpreis dieses betreffenden Gutes stets etwas
niedrig gewesen sein. Ein ferneres Gut, auf welchem die Pächter
öfter gewechselt haben, und aus welcher Gegend viele Pächter nach
Essex in England gezogen sind, weist einen Rückgang von nur 4 %
auf. Der „Agent" eines gröfseren Güterkomplexes teilte mit, dafs
seit 1885 die Pachtpreise um 10 % zurückgegangen seien und dafs er
es jetzt sogar wieder zu den alten Pachtpreisen neu verpachten könnte.
Im allgemeinen liefern den besten Beweis für die Lage der Landwirtschaft die rückständigen Pachtsummen. Auf den Gütern,
wo Pachtnachlässe gleich bei dem Eintreten des Rückgangs der
Getreide- und Fleischpreise stattgefunden haben, existieren keine
rückständigen Pachtschulden, während auf Gütern, die mit ihrer
Pachtsumme nicht nachgelassen haben, rückständige Pachtraten noch
existieren infolge der natürlich eintretenden Unmöglichkeit seitens der
Farmer, die alten Pachten zu bezahlen. Auf einem grofsen Güterkomplex,
wo der „Agent" bei den Pächtern sehr beliebt und als sehr gesucht
und tüchtig gilt, befanden sich vor dem Jahre 1879 gar keine rückständigen Schulden, allein in dem betreffenden Jahre, das schlecht
war [2], betrugen sie 1 % der Pachtsumme, während im Jahre 1880 sie
10 % der Pachtsumme betrugen; 1881—82—83 betrugen die Schulden
7,7 %; 1892 betrugen die Rückstände nur 6,3 %. Auf einem weiteren
Gutskomplex in einem anderen Teil der Grafschaft war der Rückstand

---

[1] John Speir, Report on Scotland, p. 4. London 1895.
[2] Mr. J. Speir, Report on Scotland. p. 4 and 5. London 1895.

1880 6,5 %; im Jahre 1887 betrug derselbe 22 % und wieder im Jahre 1892 nur 12 % der ganzen Pachtsumme.

Was Wigtownshire betrifft, so ist trotz Reduktionen der Pachtsummen im allgemeinen der Pachtrückstand bedeutend. Einer der gröfsten Güterkomplexe, dessen Pachtsumme in den Jahren 1880—81—82 um 5 % höher war als in den Jahren 1872—1873. und ferner im Jahre 1891—92 15,8 % weniger als im Jahre 1880—81—82, hatte im Jahre 1891—92 einen Pachtrückstand von 15 % zu verzeichnen, während derselbe 1880—81—82 nur 4 % betrug. Auf einem anderen kleineren Güterkomplexe, wo die Gesamtpachtsumme ca. 50—60000 Mk. ausmacht, betrugen die Pachtsummen im Jahre 1872 16,4 % weniger als die des Jahres 1880, während die des Jahres 1892 27,3 % weniger als 1880 betrugen; trotzdem bestanden 1880 keine Rückstände, während sie 1892 10,5 % betrugen. Diese Zahlen bestätigen die Ansicht vieler dortiger Landwirte, dafs sie vor 15 Jahren, als sie sehr hohe Pachten bezahlten, mehr verdienten als heute. In den Grafschaften Kirkcudbright und Dumfries ergaben die Untersuchungen ähnliche Resultate; vor 15 Jahren wurden sehr hohe Pachten gezahlt, höher als in den siebziger Jahren und trotzdem standen sich die Farmer besser als heute, wo sie erheblich weniger Pacht zu zahlen haben. Allgemein ergab sich, dafs vor 15 Jahren der durchschnittliche Farmer kapitalkräftiger war, aber seine Ausgaben nicht so sorgfältig bedachte als heute, wo er mehr kaufmännisch rechnen und wirtschaften mufs.

Ursachen der Krisis in dortiger Gegend. Die Farmer geben allgemein als Ursache der Lage der Landwirtschaft die Wirkung der ausländischen Konkurrenz und das unausbleibliche Fallen aller Preise an.[1]) Nur ganz wenige praktische Landwirte führen die geänderte Lage auf Währungsschwierigkeiten zurück als Ursache der niedrigen Preise in England und Schottland. Die Mehrzahl ist der Meinung, dafs, wenn nur die Pachtsummen im richtigen Verhältnis zum Wert der Erzeugnisse und deren Produktionskosten stehen würden, keine Ursache vorhanden wäre warum die Landwirte nicht prosperieren sollten. Alle sind jedoch der Meinung, dafs die Preise der Erzeugnisse vorläufig und auf einige Zeit nicht erheblich günstiger werden könnten. Allgemein wird anerkannt, dafs durch die niedrigen Preise die nächstvorwiegende Ursache der schweren Zeiten in der Konkurrenz

---

[1]) Mr. J. Speir, Report on Scotland. p. 22, 23, 42. 1895.

der Pachten unter sich zu suchen sei; es seien nicht genug Güter vorhanden für die vielen pachtlustigen Landwirte in Ayrshire. Diese Konkurrenz beim Verpachten einer Farm hat die Tendenz, die Pachtsumme zu hoch zu steigern und durch das Steigen der Pacht in einer Grafschaft werden die Pachten anderer Grafschaften beeinflufst, sowohl direkt anliegender als auch östlich und südlich gelegener Grafschaften. 30 ^{0}/$_0$ der Pächter in Wigtownshire sollen aus Ayrshire stammen, so grofs ist der Überschufs der dort nicht zur Pacht gelangenden Landwirte; auch sollen die Ayrshirefarmer vielfach sich um Güter in Kirkcudbright oder Dumfries bewerben, um dann intensivere Molkereibetriebe einzurichten. Während der letzten 15 Jahre sollen schlechte Jahrgänge auch mitgewirkt haben die Lage der Landwirte schwieriger zu machen. Viele Farmer bestätigten, dafs wenn sie auf Jahrgänge wie 1894 bei den heutigen Preisen und Pachtsummen stets rechnen könnten, man in Ayrshire nicht mehr von der Niederlage der Farmer sprechen würde, denn alle würden wieder prosperieren; allein das Jahr 1894 war nur für Ayrshire so gut und andere Farmer aus anderen Grafschaften, die nicht ein so günstiges Jahr hatten, bestätigten nicht diese Ansicht.

Wirkung der Krisis auf die Verpächter. Während in einigen Gegenden der Rückgang der Pachtsummen sehr gering gewesen ist, so finden wir, dafs namentlich in Schäfereidistrikten die Pachten sehr zurückgegangen sind, und es unterliegt keinem Zweifel, dafs die Verpächter viel mehr Verluste zu tragen gezwungen sind als die Pächter. Es existieren oft ganz falsche Begriffe über das Nettoeinkommen der Verpächter und Landaristokratie in Grofsbritannien; es wird oft angenommen, dafs wenn ein Verpächter eine Pachtsumme von 200 000 Mk. jährlich nachweislich zu erhalten hat, dieser Betrag sein Einkommen bildet; allein ein solcher Schlufs wäre sehr falsch. Eine Begüterung, z. B. mit einem „Rentroll" von 10 000 £, repräsentiert nur eine durchschnittliche Nettoeinnahme von 56,7 ^{0}/$_0$ der Bruttoeinnahme. Viele Güter geben ihrem Besitzer einen sehr viel höheren Prozentsatz an Nettoeinkommen ab; bei anderen ist der Nettoertrag noch geringer; das höchste was ich angetroffen habe, war 85,3 ^{0}/$_0$ und das niedrigste Ergebnis war 23,3 ^{0}/$_0$ der Bruttoeinnahme. In beiden Fällen handelt es sich um einen 3jährigen Durchschnitt. Eine interessante Thatsache ist folgende: es scheint die Neigung seitens der Verpächter festen Fufs zu fassen, in den letzten Jahren mehr Kapitalien auf die Güter aufzuwenden. Wenn wir den Durchschnitt mehrerer Güter nehmen, und

15*

26*

zwar während der letzten 20 Jahre 1872—1882—1892, so ergiebt sich folgendes [1]): Bei einem Bruttopachtertrag von

2 895 040 Mk. im Jahre 1872 stellte sich die Nettoeinnahme auf 70,1%							
4 883 740 „ „ „ 1882 „ „ „ „ „ 62.7%							
4 927 780 „ „ „ 1892 „ „ „ „ „ 56,7%.							

der Bruttoeinnahme.

Seit dem Anfang der landwirtschaftlichen Niederlage wurde die Behauptung aufgestellt, daſs die Verpächter, da sie nun geringere Einnahmen hatten, ihre Ausgaben und Auslagen für Meliorationen und Reparaturen eingeschränkt hätten, um die Höhe ihrer Einkommen nicht reduziert zu sehen; namentlich wurde hervorgehoben, daſs sie weniger für Bauten ausgeben würden. Es ist daher auſserordentlich erfreulich, diesen Vorwurf ganz widerlegen zu können, natürlich mit Ausnahme vereinzelter Fälle. Die Begüterung im besten Stand und nach denen immer die gröſste Nachfrage ist und auf die wir verweisen, zeigt uns in den Jahren 1880—1881—1882 eine Durchschnittsanlage von 11 % der Pachtsumme auf Gebäudereparaturen und Neubauten, während 1890—1891—1892 dieselbe Begüterung eine Auslage von 16 % nachzuweisen vermag; wir finden sogar einzelne Güter, die Auslagen bis zu 27 und 28 % der jährlichen Pachtsumme nachweisen. Allerdings ist in den letztgenannten Fällen hervorzuheben, daſs die Bauausgaben während der letzten 20 Jahre gering gewesen sind. Wenige Güter zeigen die Steigerung und den Rückgang der Grund- und Bodenpreise so deutlich, als die Begüterung des Marquis of Bute in Ayrshire allbekannt als das „Dumfries Estate". [2])

Detaillierte Zahlen waren erhältlich vom Jahre 1882—1893. [2]) Vor dieser Periode befand sich die Begüterung in etwas vernachlässigtem Zustande durch die Rückstände der Pachten und bewilligten Pachterlasse. Um jene Zeit herum beliefen sich die Rückstände auf ca. 25—40% der ganzen Pachtsumme.

Der verstorbene Lord Bute, dem die Förderung seines Besitzes sehr am Herzen lag, gab seinen Pächtern jede Art der Aufmunterung und scheute keine Kosten in Bezug auf Drainageanlagen, Neubauten und namentlich auf Molkereineubauten. Allein er starb im Jahre 1848 und von da ab bis 1861 befanden sich die Güter unter gesetzlicher Regie und obgleich anfangs der Güterkomplex vernachlässigt gewesen war, war die Pachtsumme für den verstorbenen Pacht-

---

[1]) Mr. J. Speir, Report on Scotland, p. 22. 1895.
[2]) Mr. J. Speir, Report on Scotland, p. 37. 1895.

herrn um 50 %, gestiegen. Die Rückstände waren aufserdem alle nachgezahlt worden und die Gebäude waren nun in gutem Zustande.

Es giebt natürlich eine ganze Anzahl verschuldeter Güter, deren Gebäude in schlechtem Zustande und zum Teil auch baufällig sind, allein diese finden bei Neuverpachtungen keine oder nur wenige Liebhaber und fällt der Schaden auf den Verpächter zurück. Es ist interessant zu sehen, dafs auf solchen in schlechtem Zustande gehaltenen Gütern die Pächter weder auf gutem noch freundschaftlichem Fufse mit ihrem Verpächter stehen, wie es sonst der Fall ist; es haben hier meist die Verpächter mehr für gröfseres Einkommen Interesse als für ihre Pächter; diese erhalten auch selten Pachterlasse und stehen sich auch schlechter als andere Pächter. Auf schwer verschuldeten Gütern ist es auch oft schwer genügendes Kapital aufzutreiben, um die Neubauten durchzuführen. Interessant ist ein bekannter Fall über die Art und Weise, wie sich ein Verpächter in Ayrshire Kapital zu Neubauten verschaffte. Seine Pächter waren teilweise gut situiert und machte er ihnen folgenden Vorschlag. Der Pächter übernimmt die Auslagen der Neubauten und erhält auf sein ausgelegtes Kapital 7½% pro Jahr, die an seiner Pachtsumme jährlich abzuziehen ist. Auf diese Weise war es dem Verpächter möglich, ohne sein Einkommen plötzlich durch eine grofse Kapitalsauslage einzuschränken, Neubauten zu errichten, während die Kapitalsauslage des Pächters gut verzinst wurde; kontraktlich sollte der Pächter bei Ende der Pachtzeit sein Kapital zurückerstattet bekommen.

Die Direktoren („Agents") von schwerverschuldeten Begüterungen klagen sehr über die Schwierigkeit solche Güter zu handhaben und schlagen vor, dafs gesetzlich etwas für diese so schwer verschuldeten Güter geschehen solle, da sie im jetzigen Zustande weder dem Pächter noch Verpächter viel nützten. Seit dem Rückgang im Werte des Grund und Bodens, der bei vielen Gütern Platz gegriffen hat, bleibt für den verschuldeten Verpächter kaum noch eine Rente übrig, da er vielfach grofse aufserordentliche Ausgaben durch das Instandehalten der Gutshöfe, Parks und Schlösser etc. hat. Gröfsere Leichtigkeit im Veräufsern und Verkaufen von solchem verschuldeten Besitz wäre sehr angezeigt, denn viele unter der Landaristokratie haben derartig grofse Ausgaben für das Imstandehalten ihrer Güter, dafs diese ihnen oft nicht nur nichts mehr einbringen, sondern in manchen Fällen auch noch kosten und somit manche Grofsgrundbesitzer besser daran wären, wenn sie weniger Güter besäfsen.

Wenn der Grofsgrundbesitzer seine Ausgaben erhöhen oder reduzieren könnte, je nach dem Steigen und Fallen der Pacht seiner Begüterung, so wäre das am besten für alle interessierten Teile, da dann der Grofsgrundbesitzer nicht in schlechten Zeiten in Geldverlegenheiten gelangen und nicht gezwungen sein würde, entweder seine Ausgaben für das Imstandhalten seines Besitzes einzuschränken oder gar mehr Hypothekenschulden aufzunehmen.

Wirkung der Krisis auf die Lage der Pächter. Was die Grafschaft Ayrshire betrifft, so existiert trotz niedriger Preise und verhältnismäfsig zum Teil hoher Pachten der letzten Jahre gar keine Spur der Verringerung der Kultur auf dem Lande; die Grafschaft soll sogar in besserem Kraftzustande als vor 30 Jahren sein, namentlich durch die erhöhte und verbesserte Düngerproduktion, die durch die stark betriebenen Molkereibetriebe Platz gegriffen hat. Allerdings ist ein grofser Teil der südlichen Hälfte dieser Grafschaft der Drainage bedürftig und sind Kapitalien hierzu dringend nötig. Mehr künstliche Düngemittel sind in der letzten Zeit in der Grafschaft nicht verwandt worden, aber während der letzten 15 Jahre hat der Verbrauch von Futterstoffen infolge der erhöhten Viehhaltung stark zugenommen. In dieser Grafschaft hat das Grasareal nicht bedeutend zugenommen, allein das Areal an Getreide, was in der Wirtschaft selbst verfüttert wird, hat bedeutend zugenommen. Diese Grafschaft verbraucht jetzt ungemein viel Körnerfrucht zur Verfütterung und verkauft so wenig selbstgebautes Getreide, dafs die heutigen niedrigen Getreidepreise diesen Farmern höchstens angenehm geworden sind, da sie hierdurch ungemein billig kaufen und füttern können. Früher wurden grofse Getreidemärkte in Ayr, Kilmarnock, Ardrossan abgehalten, die aber jetzt von der Bildfläche verschwunden sind.

Was Wigtownshire betrifft, so scheint es eine Frage zu sein, ob der Grund und Boden an Fruchtbarkeit abgenommen hat oder nicht. Auch hier finden wir eine grofse Zunahme des Verbrauches an Futtermitteln, allein durch Mangel an Drainage finden wir, dafs viele Lokalitäten nicht so hohe Ernten liefern als sie es sonst thun würden. Die Wasserversorgung vieler Güter ist nicht so gut als sie es sein könnte, was für eine Molkereigegend von grofsem Nachteil ist.

Die Grafschaft Kirkcudbright enthält viele ausgezeichnete Weiden („pastures"); wo früher Mastvieh weidete, weidet jetzt Milchvieh und die Farmer der Gegend behaupten, dafs hierdurch, also durch den Milchverkauf, die Weiden leiden würden, was aber unerklärlich erscheint. Die „hill sheep farms" oder Hügelschafweidefarmen ernähren ebensoviel Schafe als früher, so daß keine Begründung für das Unfruchtbarwerden des Grund und Bodens bestehen kann.

In der Grafschaft Dumfries scheint allerdings die Kultur zurückgegangen zu sein, allein es ist auch möglich, daß das Land noch nie höher kultiviert worden ist. Die Farmer behaupten, daß früher, ehe der Molkereibetrieb eingeführt wurde, die Rüben zu Mastzwecken mit ungemein viel Kraftfutter auf dem Felde verfüttert wurden, aber seit der Einführung der Molkereien würden weniger Rüben auf den Gütern gebaut werden und ein größerer Prozentsatz derselben würde im Stall statt auf dem Felde verfüttert werden. Thatsache ist, daß früher der Farmer pekuniär besser situiert war, mehr eigenes Vieh hielt und dasselbe mit mehr Kraftfutter fütterte, während jetzt ein Teil der Farmer oft eine Fläche Rüben an einen Viehhändler verpachtet oder verkauft, der die Rüben abfüttert, aber dessen Interesse es nicht ist, gleichzeitig möglichst viel Kraftfutter mitzufüttern.

Pachtwechsel. Die Pachtwechsel in Ayrshire scheinen sehr verschieden zu sein, je nach dem Distrikt und Jahrgang. Während auf manchen Gütern der Wechsel ein häufiger gewesen ist, sind dieselben auf anderen selten gewesen. In den meisten Fällen scheint die Ursache des Wechsels eine Frage der Pachtsumme gewesen zu sein und scheinen die meisten Wechsel in den Fenwick- und London-Hill-Distrikten vorgekommen zu sein. Aus diesen Gegenden sind sehr viele Farmer nach Essex ausgewandert. Die Pachten in ganz North Ayrshire sind verhältnismäßig hoch, die Güter sind meist klein und die Farmer sehr arbeitsam und sparsam und haben doch ihre Not, ihren Pachtzins zu erschwingen. Viele sollen jetzt klagen, die früher schwiegen, lieber ruhig mit Verlust weiter arbeiten, als im hohen Alter schließlich herausgeworfen zu werden. Sie sind ungeheuer fleißig und ihre Frauen und Kinder arbeiten nicht weniger, ja oft mehr als Tagelöhner; man sagt, daß zwei von ihnen in einem Tage ebensoviel arbeiten, als drei Lohnarbeiter. In einer Statistik der Pachtwechsel auf 100000 acres,[1]) wo die Güter gut bewirtschaftet werden und aus circa 200 Farmen bestehen, finden wir folgende Wechsel binnen 14 Jahren: (Siehe umstehende Tabelle.)

In manchen Gegenden, wo weniger gut gewirtschaftet wird, sind die Wechsel öfter, allein bankerott wird nur selten einer. — In Wig-townshire ist ein Distrikt „Rhins" (in der westlichen Hälfte der

---

[1]) Mr. J. Speir, Report on Scotland, p. 8. 1895.

	Acker- und Molkereiwirtschaft		Schäferei- weidewirtschaft	
	Zahl	%	Zahl	"/₀
Gestorben ohne Nachfolger .	12	31,6	2	14,3
Zur Ruhe gesetzt	9	23,7	5	35,7
Wechsel in der Grafschaft .	8	21,1	- -	—
„ nach aufsen . . .	4	10,5	1	7,1
Aufgabe des Geschäfts . . .	—	—	5	35,7
Bankerott	5	13,2	1	7,1
Summa der Wechsel:	38		14	

Grafschaft), das aus 457 Farmen besteht; während 14 Jahren sind 83 dieser Farmen in andere Hände übergegangen, die mit ihren Vorgängern gar nichts zu thun hatten oder in gar keiner verwandtschaftlichen Beziehung standen. Von den 83 Farmern, die wegzogen, waren 25 bankerott oder hatten ihr weniges Geld verloren und waren genötigt abzuziehen. Im Macharsdistrikt (dem östlichen Teil derselben Grafschaft) sind die Wechsel sehr zahlreich gewesen. In diesem Distrikt sind 607 Farmen und während 14 Jahren haben 245 Wechsel stattgefunden oder 40 %. Was aus den abziehenden Pächtern geworden ist, ist nicht ermittelt worden, aber in den Gemeinden von Penninghame und Kirkcowan, die ungefähr die Gegend repräsentieren, finden wir folgende Statistik [1]:

	Farmen	Immer noch wirt- schaftend	Vom Geschäft zurück- gezogen	Ge- storben	Kapital ein- gebüfst	Wechsel
Kircowan	56	7	7	8	14	36
Penninghame	93	26	4	8	16	54
	149	33	11	16	30	90
%₀ des Wechsels		36,6	12,2	17,7	33,3	—

Obige Zahlen geben ein etwas trauriges Ergebnis, da jeder dritte Wechsel mit Geldverlust stattfand.

Was die Wechsel in Kirkcudbrightshire betrifft, so sind die Ergebnisse z. Teil viel günstiger, allein nicht, wenn man die ganze Grafschaft zusammenrechnet. Hier zeigt uns die Gemeinde Urr, die als Muster der ganzen Grafschaft dienen kann, folgendes Resultat während 14 Jahre [2]:

---

[1] Mr. J. Speir. Report on Scotland. p. 23, 40. 1896.
[2] Mr. J. Speir, Report on Scotland, p. 9. 1896.

29 Farmen = 42 % haben 1 mal gewechselt

7 „ = 10 % „ 2 „ „

Im ganzen sind 69 Farmen in der Gemeinde.

Was Dumfriesshire betrifft, so haben auch während der letzten 15 Jahre mehr Wechsel als sonst stattgefunden. Wie in den andern Grafschaften, so greift auch in Dumfriesshire das Molkereiwesen um sich, und an Stelle von Mastwirtschaft und Aufzucht finden wir Molkereibetriebe. Anfangs dehnte sich der Molkereibetrieb im nördlichen Teil der Grafschaft aus, später aber über die ganze Grafschaft; die Landwirte, die sich mit Molkerei abgeben, scheinen am meisten zu prosperieren und sogar Geld zu verdienen, in welchem Teil der Grafschaft das auch sein mag. Mit Ausnahme des Thales Nith finden wir hier keine grofsen Pacht- oder Besitzwechsel während der letzten Jahre. In den Gemeinden Closeburn, Keir, Tynron, Penpont, Morton, Durisdeer, Sanquhar und Kirkconnel, 245 Güter umfassend, finden wir während der letzten 15 Jahre 131 Wechsel.[1] Der Prozentsatz für die ganzen 15 Jahre ist 70 %, da mehrere Güter in der Periode zwei- auch dreimal Pächter gewechselt haben. Ungefähr 31 % der Pächter sollen wegen zu hoher Pacht abgezogen sein und 26 % sollen bankerott geworden sein.[2] Von acht Gemeinden zeigt die Statistik, dafs fünf derselben eine verminderte Pacht von 17 %, die eine nur 1,5 %, die andere 2,8 % und eine weitere 1,5 % Nachlafs seit 1880 bezahlt. Die Abnahme der Pachtgelder im Durchschnitt der ganzen Grafschaft seit 1880 wird als 15,8 % angegeben.[3] Die Gemeinden, die am meisten Pachtabnahme aufweisen, sind die Schaffarmen, die unter der ausländischen Konkurrenz, wie wir sehen werden, in Grofsbritannien fast durchweg gelitten und stark abgenommen haben.

Allgemeine Klagen. Seitens der Landaristokratie und der Gutsbesitzer hört man in dieser Gegend wenig Klagen mit Ausnahme solcher gegen übermäfsige Steuern und Abgaben im Vergleich zur Besteuerung anderer Kapitalien als Grund und Boden. Von den Pächtern hört man Klagen über den Mangel an Sicherheit in der Anlage von Betriebskapital in der Landwirtschaft, auch klagen sie über die Konkurrenz der zahlreichen pachtlustigen Farmer, die sich hierdurch selbst schaden. Ferner hört man Klagen über die unnötigen und grofsen Verluste an Vieh durch Seuchen; auch über den zu grofsen Wildschaden, die ungleiche Verteilung der Besteuerung und über die Eisenbahnfrachten, Mangel an Freiheit im Betriebe der Güter

---

[1] Mr. J. Speir. Report on Scotland. p. 28. 1895. [2] p. 29. [3] p. 30.

aus denen oft mehr zu verdienen wäre. Endlich sind Klagen vorhanden über die Unwissenheit mancher Güterdirektoren, die oft Juristen sind oder wenn auch Landwirte nicht genügende Einsicht und Kenntnis der Landwirtschaft besitzen. Verpächter und Pächter sind einig darüber, dafs zur Zeit, als die grofsen Lasten und hohen Steuern auf den Grund und Boden gesetzt wurden, Zollpolitik und nicht Freihandel existierte; sie finden es jetzt, wo Freihandel herrscht, ungerecht, dafs dieselben Steuern zu zahlen sind als früher, wo britische Produkte durch Zoll im Werte hochgehalten wurden. Auch würden sie es für gerechter halten, wenn alles Kapital und Vermögen gleich besteuert wäre, und nicht der Grund und Boden, wie es jetzt der Fall ist, übermäfsig mit Lasten und Abgaben beschwert würde.

Viele Klagen hört man auch über die Ungleichmäfsigkeit der Armenabgaben, die in benachbarten Gemeinden oft ganz verschieden hoch sind; eine Gemeinde hat oft zwei- bis dreimal soviel Armenabgaben als die benachbarte. Seitens der Pächter hört man grofse Klagen über die Unsicherheit der Anlage von Kapitalien in den Meliorationen des Gutes. Es existiert ja in England das sogenannte „Agricultural Holdings Act" zum Schutze des Pächters dem Verpächter gegenüber betr. Vergütung des Pächters für Meliorationen, allein die Pächter klagen vielfach darüber, dafs das Gesetz zu umständlich ist und es den Direktoren oft gelingt, den Pächter trotz des Gesetzes zu schädigen. Infolge dieser Unsicherheit der Kapitalsanlage ist der Pächter oft im Nachteil dem Verpächter gegenüber, da es oft vorkommt, dafs, wenn der Pächter noch im Gute unerschöpfte Meliorationen besitzt, er bei einer Neuverpachtung von einem anderen Landwirt überboten wird oder er selbst so hoch bieten mufs, dafs er die Pacht nicht mehr bezahlen kann. Es kommt oft auch vor, dafs ein anderer Landwirt ihn übersteigert, um die unerschöpften Meliorationen auszunutzen und um nach Erschöpfung derselben wieder selber abzuziehen. Im letzterem Falle schadet es auch dem Verpächter wieder, denn wenn die Meliorationen erschöpft sind, mufs das Gut wieder billiger abgegeben werden. Die Pächter sind alle hierüber einig, dafs das Gesetz verbessert werden müfste, um ihnen mehr Sicherheit der Kapitalsanlage zu verschaffen. Auch verlangen sie gröfsere Freiheit in der Wahl ihrer Betriebsweise, damit sie nach Belieben das bauen dürfen, was momentan am rentabelsten erscheint. Es sei denn, dafs diese Änderung eintritt, behaupten die Farmer, dafs sie ihre Söhne nicht mehr Landwirte werden liefsen (was sonst der gröfste Stolz des Farmers ist). Thatsächlich finden wir auch, dafs sich die jüngere Generation immer mehr von der Landwirtschaft emanzipiert und es ist so weit gekommen, daß in manchen Gegenden sogar Güter schwer zu verpachten sind, weil eben keine jungen Landwirte mehr mitsteigern wollen. Dies ist jedoch in den Molkereidistrikten nicht der Fall, also ein Zeichen der Prosperität.

Leider existiert in Ayrshire und Wigtownshire viel Tuberkulose unter dem Vieh. Es war nicht selten die Bestätigung zu finden, daß die Farmer im Jahre 10 % ihres Viehstandes an Tuberkulose [1] verloren hatten. Manche behaupten sogar, wären nicht diese oft schweren Verluste vorhanden, daß die Farmer am Ende des Jahres einen Reinertrag erzielen könnten. Es sind Fälle bekannt, daß die Verluste durch Tuberkulose die Verdienste von 20 Jahren aufgeschlungen haben und dadurch der Farmer nach dieser Zeit eben nichts zurücklegen konnte und nur sein freies Leben als Verzinsung des Kapitals aufzuweisen hatte. Klagen hörte man ziemlich allgemein über zu strenge Pachtverträge, aber trotzdem finden sich immer wieder Farmer, die bereit sind, dieselben zu unterschreiben. Allerdings muß man sagen, daß in vielen Fällen es zugegeben wird, daß der Pachtkontrakt bedeutend gemildert wird und daß selten einem guten, langjährigen Pächter seitens des Verpächters eine vernünftige Bitte abgeschlagen wird. Auch kennen die Verpächter nur zu gut die oft sehr gefährliche Lage ihrer Pächter und geben lieber nach, als daß sie dieselben ruinieren und dann doch nichts bekommen. Die Pachtkontrakte sind im allgemeinen sehr konservativ abgefaßt, allein ein Pächter kennt seinen Pachtherrn und sie einigen sich über etwaige Differenz zur beiderseitigen Zufriedenheit.[2] Schwierigkeiten in der Übernahme der Hügelschafherden eines Gutes scheinen vorgekommen zu sein, indem sich der neue Pächter weigerte, das lebende Vieh zu übernehmen, da die Schafherden auf dem Hügelland sich jetzt weniger gut rentieren. Den Schaden muß dann der Verpächter tragen, denn er ist verpflichtet, am Ende der Pachtzeit dem abziehenden Pächter die Herden abzunehmen, falls der aufziehende Pächter die Übernahme kontraktlich verweigert. Die Pächter klagen zum Teil auch über die landwirtschaftliche Unkenntnis und die Unverständigkeit der „land agents" oder Güterdirektoren, die oft mehr juristische als landwirtschaftliche Ausbildung genossen haben und den Farmern oft etwas vormachen, vorschreiben oder verweigern wollen, worüber sie kein Verständnis und keine Einsicht haben.

Vorschläge zur Milderung der notleidenden Landwirte. Allgemein ist die Ansicht vertreten, daß eine Regelung der

[1] Mr. J. Speir, Report on Scotland, p. 10. 1895.
[2] Mr. J. Speir, Report on Scotland, p. 33. London 1895.

Pacht- und Kaufpreise der Güter den heutigen Zeiten und Preisen gemäfs den Landwirt mehr helfen würde als alles andere.[1]) Angebot und
Nachfrage hat in Grofsbritannien hierzu sehr viel beigetragen. Allein
durch die in Schottland üblichen langjährigen Pachtperioden von 15 und
19 Jahren und das stete gleichmäfsige Fallen der Produktenpreise ist
die Regelung auf diese Weise eine zu langsame. Der Farmer im allgemeinen lebt in der Hoffnung auf bessere Zeiten und ungern rechnet
er mit den heutigen niedrigen Preisen oder gar möglicherweise noch
niedrigeren Preisen. Er hofft noch immer auf ein Wiederaufblühen
der Landwirtschaft. Die meisten scheinen grofses Gewicht auf eine
Regelung der Pachten zu legen und weisen darauf hin, dafs es gut
wäre, wenn die Kauf- und Pachtlustigen zurückhaltender wären. Der
erste und wichtigste Schritt zum Aufblühen der Landwirtschaft ist
eine Regelung der Kauf- und Pachtpreise nach heutigen Marktpreisen.
Ferner wird vorgeschlagen, das „Agricultural Holdings Act" dahin zu verbessern, dafs dem Pächter seine Kapitalanlagen möglichst sicher vor
unberechtigtem Verlust gestellt werden. Hierdurch würde der Farmer den
Grund und Boden besser behandeln, intensiver wirtschaften und schlies-
lich den höchstmöglichen Reinertrag erzielen. Es wird hervorgehoben,
dafs jährlich vom Publikum Millionen in fremdländischen Anleihen angelegt werden, die viel besser zum Wohle der Landwirtschaft ausgeglichen werden könnten und mit ebenso grofser Sicherheit, wenn
das „Agricultural Holdings Act" besser wäre und den Farmer vor
Verlusten schützen würde. Allgemein behaupten die Farmer, dafs, je
enger die besitzende Aristokratie mit ihren Pächtern verbunden sind und
Hand in Hand gleiche Interessen haben, es umso besser für das beiderseitige Wohl ist. Heutzutage wäre diese Bedingung wichtiger als jemals.
Die meisten Farmer bestätigen, dafs folgende Bedingungen zum Aufblühen der Landwirtschaft beitragen würden:

1. Regelung der Pachtpreise nach heutigen Preisen.
2. Verbesserung des Gesetzes „Agricultural Holding Act".
3. Volle und vollständige Vergütung für alle Verbesserungen des
Pachtgutes durch den Pächter, die irgendwie zum Erhöhen des Wertes
des Gutes beitragen.

Die Verbesserungen des Gesetzes lauten dahin[2]): Verringerte Kosten der Ausführung des Gesetzes, gleichberechtigtes
Reklamieren für Pächter und Verpächter, ein oder mehr Taxatoren und Schiedsrichter für jeden Distrikt oder Grafschaft, Frei-

---

[1]) Dunster, H. P., How to make the land pay. London 1885.
[2]) Mr. J. Speir, Report on Scotland. p. 37. 1895.

heit des Wirtschaftens nach Gutdünken des Pächters, Freiheit im Verkaufe der Erzeugnisse je nach Gutdünken des Pächters, Vergütung für angewendete Futtermittel und Erlaubnis der Drainage und des Bauens nach Gutdünken des Pächters, Verhütung der unreellen Durchführung des Gesetzes durch eingeschobene, unberechtigte Bedingungen im Pachtvertrag. Im allgemeinen sind die Farmer entschieden gegen die Einführung einer Güterschätzungskommission und Ernennung von Schiedsgerichten zum Zwecke der Feststellung der Pachtsumme, allein sie erklären sich bereit, falls das „Agricultural Holdings Act" nicht verbessert wird, die Schiedsgerichte als letztes Mittel anzunehmen. Es scheint allgemein die Ansicht zu herrschen, daſs ein eventuelles neues Gesetz billiger auszuführen sein muſs, sonst wird man davon keinen Gebrauch machen. In den Molkereidistrikten sind die Farmer meist kleine Landwirte und wenn Streitigkeiten vorkommen, so handelt es sich meist um kleine Summen, so daſs die Ausführung des Gesetzes billig sein muſs, wenn die kleinen, weniger bemittelten Landwirte davon Gebrauch machen sollen. Die Gegenforderungen seitens der Verpächter den Pächtern gegenüber hat die Ausführung des Gesetzes sehr erschwert und dieselbe noch komplizierter gemacht.

In Wigtownshire und Kirkcudbrightshire und teils auch in Dumfriesshire und Ayrshire sind groſse Ausgaben im Ausgraben von groſsen Steinen und Felsen aus den Feldern gemacht worden. Niemand, der die Arbeiten nicht gesehen hat, kann sich die Gröſse der Arbeitskosten vorstellen. Nicht nur sind oft genug Steine herausgegraben worden um ganze Mauern um die Felder herum zu konstruieren, sondern sie liegen auch gehäuft zu Tausenden von Tonnen zur weiteren Disposition.[1]) An manchen Stellen findet man Mauern 5 Fuſs hoch und enorm breit. Sonderbarerweise gehört nach dem Gesetz eine solche Melioration durch Ausgraben tonnenschwerer Felsen aus dem Acker nicht zu den allgemeinen, dauernden Meliorationen. Zu letzteren gehören die Drainage und Verbesserung der Gebäude etc., allein unter dem Gesetz kann der Farmer, der noch so viel Steine ausgräbt, vom Verpächter keine Vergütung verlangen, obgleich eine solche Arbeit ebenso gut zu den dauernden Meliorationen gehören sollte. Allgemein verlangen die Farmer jener Gegend die Einlage auch dieser Arbeit als Melioration im Gesetz, da sie nicht zu vermeiden ist und diese Arbeit das Gut unbedingt im Werte erhöht. Einige sind für die amtliche Anstellung von Regierungstaxatoren für

---

[1]) Mr. J. Speir, Agric. Report on Scotland, p. 32. 1896.

die verschiedenen Distrikten oder Grafschaften, da sie glauben, hierdurch könnten die Auslagen der Ausführung des Gesetzes vermindert werden und den Farmern eine unparteiische Beurteilung verschaffen. Jedoch waren die Farmer nicht darüber einig, aus welcher Klasse von Leuten diese Taxatoren angestellt werden sollten. Allgemein wird auch verlangt, dafs die auf dem Gute gewachsenen Futtermittel, die zur Verfütterung kommen, vergütet werden sollten. In Ayrshire und Wigtownshire werden sehr viel B o h n e n gebaut, die gleichzeitig mit selbstgebautem H a f e r zur Fütterung des Milchviehes dienen. Unter dem heutigen Gesetz kann nun vom Verpächter keine Vergütung hierfür verlangt werden; es scheint jedoch unvernünftig, zu verlangen, dafs solches Futter verkauft und vielleicht wieder vom Nachbarn gekauft wird, ehe man den Düngerwert des Kraftfutters vom Verpächter reklamieren kann.

Viele möchten i m G e s e t z e die Paragraphen freie Bewirtschaftung der Güter, Freiheit in der Auswahl der Aussaat und Kulturpflanzen und gröfsere Freiheit in der Anlage von Wegen, Drainage und Neubauten e r b l i c k e n. Im allgemeinen wird empfohlen, die Meliorationen in zwei Teile zu teilen: ein Teil, der ohne Erlaubnis des Verpächters geschehen kann, und ein Teil, der ohne Zustimmung desselben nicht ausgeführt werden kann. Verpächter und Direktoren haben meist mit grofsem Unwillen das Gesetz berücksichtigt und in manchen Fällen haben sie es probiert, durch Einschiebung von Sätzen in den Pachtvertrag, die in gewisser Beziehung zum Gesetz standen, den Pächter zu dupieren und ihn z. B. zur Ausführung gewisser Arbeiten und übermäfsigen Düngens des Feldes zu zwingen. In anderen Fällen haben die Pächter ungenügende Kenntnis des Gesetzes und fallen dem Verpächter zum Opfer. Gerade im komplizierterem Kapitel des Düngens ist hier viel Chikane getrieben worden.

In vielen Fällen haben die Pächter gefunden, dafs sie dem Gesetz nicht genügt, nachdem sie schon ihren Pachtkontrakt unterzeichnet hatten. Das Gesetz bestätigt dem Pächter die Vergütung des unerschöpften Düngers im Boden nach Verlauf der Pachtzeit [1]), verlangt nun der Verpächter eine übermäfsige Düngung während der Pachtzeit, so hat hiervon der Pächter schliefslich nur Schaden, denn er erhält nur eine Vergütung des Düngers am Ende seiner Pachtzeit und es ist Thatsache, dafs übermäfsige Düngungen eher mit Verlusten als mit Gewinn verknüpft sind, jedenfalls für den jeweiligen

_____

[1]) J. M. Lely, The Agricultural Holdings Act. London 1885.

Pächter. In solchen Fällen verzichtet der Pächter oft auf die Vergütung am Ende der Pachtzeit, düngt dann aber auch weniger stark
während seiner Pachtperiode. Viele öffentliche Anstalten und Behörden besitzen Grund und Boden und oft kommt es vor, daſs sie
ihre Güter zur Versteigerung bringen müssen. Sodann kommt es vor,
daſs der Pächter mit dem Publikum für seine eigenen selbst angeführten teueren Meliorationen mit steigern, also sein Eigentum selbst
steigern muſs. Es wird vielerseits der Wunsch ausgesprochen, daſs
das Gesetz auch für solche Fälle Sorge tragen sollte.

Tuberkulose. Diese Krankheit scheint sich in den Grafschaften Ayrshire und Wigtownshire sehr verbreitet zu haben. In
einem Teil von Ayrshire und Wigtownshire sind die Verluste sehr
groſs gewesen und es wird behauptet [1]), daſs in manchen Fällen der
ganze Reingewinn des Jahres verschlungen worden ist.

In einem Fall war eine ganze Herde in 5—7 Jahren krepiert. In
einem Jahre verlor ein Farmer von 50 Kühen 23 Stück; in einem
anderen Falle in Ayrshire von 50 Kühen 20 Stück Zugvieh, die
scheinbar gesund auf dem Markt eingekauft worden waren, blieben
nur wenige nach 3—4 Jahren am Leben.

Die Farmer sehen sich jetzt genötigt, der Krankheit mit Gewalt
entgegenzutreten und es scheint angezeigt zu sein, die Tiere sofort
schlachten zu lassen; hierüber sind die meisten Farmer einverstanden.
Fast allgemein führen die Farmer die Krankheit zurück auf die Benutzung eines Bullen aus einer überzüchteten Herde oder aus einer
Herde, wo Inzucht getrieben wurde. Ein Teil der Nachkommenschaft
dieses Bullen krepierte schon als Kälber und es war auffallend, daſs
ein Teil der als Kälber nicht Krepierten später als Kalbinnen und
manchmal nach dem 2. und 3. Kalb an der Tuberkulose krepierte.
Wo die Nachkommenschaft erst später krepierte, zeigte sich die
Krankheit wieder in der darauf folgenden Generation, die fast durchweg mit der Krankheit behaftet war.

Die Inzucht schädigt im allgemeinen die Konstitution des Tieres
und veranlagt es um so mehr zur Krankheit. Durch Erkundigung
an der Stelle ergaben sich ganz interessante Thatsachen in Verbindung mit dem Auftreten der Tuberkulose.

Das Ergebnis war ungefähr das folgende: Vor etwa 25 Jahren
war es eine Seltenheit, wenn ein typisches Stück Ayrshire-Rindvieh an
dieser Krankheit zu Grunde ging. Der Farmer, der seine Herde ver-

---

[1]) Mr. J. Speir, Agric. Report on Scotland, p. 39. London 1895.

bessern wollte, kaufte einen Bullen aus einer Herde, die für ihre Inzucht bekannt war. Das Produkt dieser Paarung ist meist weicher und
weniger robust und krepieren eine ganze Reihe schon in frühester
Jugend oder später beim Kalben. Mit der Zeit nehmen die Verluste
zu und in manchen Fällen sahen sich die Farmer gezwungen, ihre
ganze Herde zu verkaufen oder sie mußten den Molkereibetrieb auf
ein paar Jahre ganz aufgeben, um nur die Tuberkulose loszuwerden.
Ein Farmer, der vielleicht mehr mit Milchvieh zu thun hat, als
die anderen, behauptet, es seien nur ganz wenige Herden in
Ayrshire und Wigtownshire, die von der Tuberkulose frei wären;
ferner glaubt er, daß 75 % des jetzt bestehenden Viehes, d. h. Kühe,
mehr oder weniger mit Tuberkulose behaftet sind. Er glaubt auch,
daß einige der besten Hochzuchtherden durch ihren Absatz an Zucht-
bullen die ganzen Herden der Grafschaft Ayrshire behaftet hat; auch
ist er der Meinung, daß diese Verbreitung seit 20—25 Jahren stattfindet, aber erst seit 10—12 Jahren so bedeutende Dimensionen angenommen hat. Ein Händler, der zu einer Zeit ungemein viel in
Ayrshirevieh handelte, sagt, daß vor 25 Jahren, als er zum ersten
Mal da Kühe kaufte, er nur von einer einzigen Herde wußte, wo die
Krankheit ausgebrochen war, während es jetzt schwer wäre, eine
Herde zu finden, die von der Krankheit ganz frei wäre. Da die Kühe
viel länger gehalten werden als die jungen Mastochsen, so finden wir
auch, daß eine größere Anzahl derselben an der Tuberkulose krepieren.
Nach Angabe der „Ayrshire Butcher's Society" scheint die Krankheit auch unter den jüngeren Mastochsen vorhanden zu sein. Obige
Gesellschaft besteht aus 2—300 Mitgliedern und der Zweck der Gesellschaft ist der, die Mitglieder zu entschädigen, deren Vieh als tuberkulös verurteilt worden ist und die auf einer Auktion aufgekauft
wurden. Während des letzten Jahres hat die Gesellschaft bei 16 Tieren
die Krankheit festgestellt, und nach ihrer Angabe sind 12—14 % der
Tiere, die durch ihre Hände gehen, mehr oder weniger tuberkulös.[1] Interessant sind die Vorschläge zur Beseitigung der Tuberkulose in
den Grafschaften. Allgemein wird für die Zwangsschlachtung gesprochen und zwar aller derjenigen Tiere, die mit der Krankheit behaftet sind; es sollen dem Farmer Vergütungen bei dem Schlachten
eines Tieres gegeben werden. Jetzt, da man die Krankheit durch
Einimpfung von Tuberkulin feststellen kann, wenn die Tiere auch
noch so gesund erscheinen, so sollen tuberkulöse Kühe sofort aus den

---

[1] Mr. J. Speir. Agric. Report on Scotland, p. 33. London 1895.

Molkereien entfernt und deren Milch vernichtet werden. Wenn die
Krankheit erst im Entstehen begriffen ist, könnte man sie noch mästen,
aber jedenfalls sollten sie gezeichnet werden. Wenn das Tier noch
zum Schlachten gesund genug wäre, so könnte das Fleisch noch besonders gekocht und billig verkauft werden; nachdem das Fleisch so
behandelt worden wäre, würde jede Ansteckung zu vermeiden sein.
In solchen Fällen, wo Kühe in den Molkereibetrieben zu gunsten der
Gesundheit des Publikums untersucht werden, so könnte man verlangen, dafs auch das Publikum die Kosten der Vergütung trage.
Auf diese Weise würde man alle kranken Tiere beseitigen und in
recht kurzer Zeit die Tuberkulose überhaupt aus der ganzen Gegend
und ohne Staatshilfe wegschaffen können. Am vorwiegendsten scheint
die Tuberkulose in dem Rhins of Wigtownshire zu sein, da dort wenig
Rindvieh aufgezogen wird und die Kühe 3- bis 4jährig direkt aus in-
fizierten Gegenden bezogen werden; das Vieh stammt aus Argyleshire
und Ayrshire, also müfste man an dieser Quelle das Vieh schlachten
lassen und nur die ganz gesunden zur Zucht behalten.[1])

Grofse Klagen verursacht in Schottland der Wildschaden.
Auch diese schottischen Grafschaften waren in ihren Klagen ungemein heftig, namentlich war der Schaden grofs, der durch Kaninchen
und Fasanen, weniger grofs der, der durch Hasen, „Grouse“ oder
Feldhühner verursacht wurde. Namentlich schienen die Kaninchen
Ursache der gröfsten Klagen zu sein; letztere waren zweierlei: Die
Farmer, die Acker haben, klagen, dafs die Kaninchen in der Nähe
des Feldes geschont werden und dafs teilweise der hierdurch verursachte Schaden sehr grofs sei. Dieselben behaupten ferner, dafs obgleich
unter dem Gesetz des „Ground Game Act“ es ihnen erlaubt ist, die
Kaninchen zu beseitigen, die Einschränkungen des Gesetzes doch so bedeutend sind, dafs wo es sich um die Umbringung von Kaninchen neben
einer sog. Kaninchenschonung handelt, die Kosten des Tötens nicht
gedeckt werden; auch schränkt das Gesetz die Art des Einfangens
des Wildes derart ein, dafs die Kosten durch den Wert der Kaninchen
nicht gedeckt sein würden, es sei denn, dafs man den Sport sehr hoch
in Ansatz bringt.[2]) Aufserdem giebt es Güter, wo der Besitzer dermafsen leidenschaftlicher Jäger ist, dafs ein Töten des Wildes seitens des
Pächters mit einer Kündigung verbunden wäre, wenn auch das „Ground
Game Act“ den Pächter hierzu berechtigt. Wenigstens müfste das

---

[1]) Mr. J. Speir, Agric. Report on Scotland. p. 39. London 1895.
[2]) Mr. J. Speir, Agric. Report on Scotland, p. 42. London 1895.

Gesetz das Legen der Fallen aufserhalb der Kaninchenlöcher erlauben,
die meisten Farmer würden die Kaninchen wann, wo und wie es am
leichtesten und bequemsten ginge, einfangen, und würden sie sie dann
bald aus der Welt schaffen. Das Gesetz müfste dafür sorgen, dafs die
Gutsbesitzer die Kaninchen in der Nähe des Ackers nicht schonen;
wenigstens müfsten sie gezwungen sein, diese Zuchtstätten entweder
mit Draht einzuzäunen oder den Schaden zu bezahlen. Ich kenne
einen Farmer, der sich schliefslich nicht anders zu raten wufste, als
um das ganze Feld Drahtgitter oder Geflecht zu ziehen, um seine
Felder vor Kaninchen zu bewahren.

Auf dem Hügelland scheinen die Klagen betreffs des Wild-
schadens durch Kaninchen ebenso grofs zu sein, und viele Gutsbesitzer
und Jagdbesitzer haben sich durch ihr Vorgehen sehr unbeliebt gemacht. Es haben die Kaninchen auf dem Hügelland eine Schonzeit
vom 1. April bis zum 12. Dezember, und kann ein Pächter gesetzlich nur in der kurzen übrig bleibenden Zeit sich dieser Plage und dieses
Schadens durch Fang oder Abschiefsen entledigen. Sämtliche Farmer
klagten ungemein über das Vorgehen der Verpächter und Jagdlieb-
haber, indem sie behaupten, diese Pest während 9 Monate des Jahres
gerade während der Zeit füttern zu müssen, wo ihnen die Felder
etwas bringen sollten und dann nach abgelaufener Schonzeit oder
schon vor Ablauf derselben würde der Verpächter oder Jagdpächter
die auf Kosten des Farmers fett gewordenen Kaninchen abschiefsen
und zwar dergestalt, dafs dem Farmer nicht einmal eine genügende
Zahl an Kaninchen zum Abschiefsen übrig bleibt, dafs er wenigstens
für seinen Schaden vergütet sein würde. Im allgemeinen gilt dies
Verfahren für engherzig und „unsportsmanlike", dafs auf Kosten des
Farmers die Kaninchen erst fett gemacht werden und dann massenhaft abgeschossen und verkauft werden. Ein Fall von einem Dum-
friesshire-Jagdpächter ist bekannt, der auf obige Weise thatsächlich
von einer Bahnstation täglich 14 Cwt. Kaninchen und zwar während
9 Monate des Jahres verfrachtete, wovon der gröfste Teil auf Kosten
der Farmer gemästet worden war. Die Farmer behaupteten auch,
dafs es unbedingt nötig wäre, die Kaninchen vor dem 12. Dezember
abzuschiefsen, da im Falle eines eintretenden strengen Winters der
Fang und das Abschiefsen zu schwierig wird. Sie schlugen vor, dafs
das Gesetz auf dem Hügelland dasselbe sein sollte als für das Flach-
land, nämlich eine Schonzeit nur während der Monate August, September
und Oktober.[1])

---

[1]) John Speir, Agric. Report on Scotland. p. 42. London 1895.

Was den Wildschaden durch Fasanen betrifft, so sind letztere
nicht so zahlreich, allein diejenigen Klagen, die existieren, sind gewifs
berechtigt. Die Farmer meinten, sie hätten nichts gegen die natürliche Aufzucht einiger Fasanen, allein sie sträuben sich gegen die
künstliche alljährliche Aufzucht von hunderten, denen dann die nahe-
liegenden Getreide-, Kartoffel- und Rübenfelder zum Opfer fallen.
Manche Jagdpächter würden es verstehen, ihre Fasanen da auszusetzen, wo sie auf Kosten des Farmers billig aufgezogen werden können.
Dafs dem Farmer die Geduld ausgeht, ist nicht zu verwundern. Solche
Fälle finden sich meist in südlichen Grafschaften, und behaupten die
Farmer, sie hätten gar keine Mittel, um sich zu schützen. Sie schlagen
vor, dafs dem Farmer erlaubt sei, zwischen August und März die
Fasanen, die er in einem Felde auffindet, abzuschiefsen oder dafs der
Jagdbesitzer dem Farmer durch Entschädigung den Schaden wieder
gut mache. Letzteres Verfahren wird als ungünstig bezeichnet, da
eine Einigung über Wildschaden stets zu Streitigkeiten zwischen Verpächter und Pächter führt und schwer festzustellen ist. Die Farmer
haben ganz recht, wenn sie sagen, dafs sie das Gesetz vor Geflügel-
schaden schützt und warum dann auch nicht vor künstlich gezogenen
Fasanen, die eigentlich nichts anderes sind als zahmes Geflügel. Iu
solchen Fällen, wo der Verpächter der Jäger ist, wird er seinem
Pächter meist eine Entschädigung gönnen, allein die schlimmsten Leute
sind die Jagdpächter, die meist dem Farmer keine Entschädigung
gönnen und sich auf das Gesetz stützen.[1]

Ein weiterer allgemeiner Streitpunkt in Schottland ist das sog.
„Heather burning", d. h. das Abbrennen des Heidekrauts. Die
Hügelfarmen in Schottland sind meist mit Heidekraut bedeckt und
geben den Bergen diesen prachtvollen, einzig schön aussehenden Farben-
schimmer, der einem unvergefslich bleiben mufs. Dem Jagdpächter ist
nun ein möglichst dichter Bestand dieses Heidekrauts ungemein wichtig,
denn je dichter der Bestand, um so gröfseren Schutz bietet er dem
Wild und namentlich dem schottischen Wildhuhn „Grouse". Interesse
des „Hill sheep-Farmers" ist es, möglichst viel dieses Heidekrauts abzu-
brennen, um für seine Schafe mehr Weidefläche zu bekommen. In
den Pachtkontrakten nun ist die Fläche, die der Farmer jedes Jahr
abbrennen darf, bestimmt. Der Pächter wird diese Fläche möglichst
ausdehnen, während es natürlich zu Streitigkeiten mit dem Jagdpächter
führt, dem die Fläche immer zu grofs scheint. Ob das dichte Heide-

---

[1] J. Speir, Agric. Report on Scotland, p. 41. London 1895.

16*

27*

kraut so günstig für das Wild ist oder nicht, ist noch sehr die Frage, die Farmer behaupten natürlich das Gegenteil. Die Farmer und Schäfer sagen, dafs, wenn die jungen „Grouse" im schweren Regenwetter unter dem alten Heidekraut stecken, sie quasi im Wasser stehen, denn in Schottland regne es stets durch und durch. Ihre Behauptung ruht auf der Beobachtung, dafs das „Grouse" bei schweren Regenperioden das dichte Heidekraut verläfst und sich in dünneren und namentlich jüngeren Heidekrautbeständen Aufenthalt sucht. Auch ist es Thatsache, dafs wenn man das Heidekraut zu alt werden läfst, es nicht mehr so gut nachwächst und sogar dann zum Teil ausstirbt. Unparteiisch geurteilt würde es scheinen, wenn man sagte, dafs ein jüngeres Heidekraut für Schafe und „Grouse" beiderseits am besten wäre; ein Beweis hierfür war auch zu finden in einer grofsen Strecke Heidekrauts, die zufällig abgebrannt war und wo in dem nachgewachsenen jungen Heidekraut in den späteren Jahrgängen sich die „Grouse" mit Vorliebe aufhielten.

Steuern. In dem südwestlichen Teil Schottlands findet man durchaus Unzufriedenheit mit der Art und Weise der Besteuerung des Grund und Bodens. Es wird allgemein vorgeschlagen, dafs alle Besteuerung aus dem Einkommen des Besteuerten kommen sollten, und wenn auch aus Bequemlichkeitsrücksichten der Grund und Boden als Basis zur Berechnung der Steuer gilt, so müfste doch aufserdem jede Art des Reichtums einen gerechten Anteil an der Steuer zahlen. Die gröfsten Klagen hört man über die Armensteuern auf dem Lande, wobei die Verteilungsfläche der Steuerschätzung als viel zu eingeschränkt gehalten wird. Das jetzige System sei veraltet. Es war ja ganz berechtigt zu einer Zeit, wo es noch keine Eisenbahnen und noch keine entwickelte Industrie gab, allein jetzt sei es die höchste Zeit, dafs die Art und Weise der Besteuerung eine Änderung erführe. Zu einer Zeit, als diese Art der Besteuerung eingerichtet wurde, ernährte sich noch die Mehrzahl der Bevölkerung auf dem Lande und gab es eigentlich aufser dem Grund und Boden keine weiteren grofsen Kapitalien zu besteuern. Jetzt seien die Verhältnisse andere geworden. Es ist Thatsache, dafs die Gutsbesitzer und Pächter heutzutage nicht nur die Armen erhalten und auf dem Lande unterstützen müssen, sondern auch diejenigen Armen, die mit der Industrie, dem Handel und den Fabriken verbunden oder verknüpft sind. Da heutzutage die Mehrheit des Reichtums in England in der Industrie steckt, so wäre es nur gerechtfertigt, dafs alle Quellen des Reichtums zur Armensteuer beitragen.

Die Armen entstehen im allgemeinen unter den niedersten Klassen der Bevölkerung; da heutzutage die Leichtigkeit des Weiterziehens so grofs ist und zwar nicht nur von Gemeinde zu Gemeinde, sondern auch von Grafschaft zu Grafschaft und sogar von Land zu Land, so wird vorgeschlagen, die Armensteuer zu verallgemeinern und eine nationale Steuer oder wenigstens eine Grafschaftssteuer zu schaffen.[1] Allerdings scheint es nur erklärlich, dafs man in derselben Grafschaft ähnliche Gemeinden findet, ja sogar benachbarte Gemeinden, bei denen die Armensteuer der einen Gemeinde viel gröfser ist als die der nächstliegenden Gemeinde, ja oft 2—3 mal so hoch, und dafs diese Steuer einfach so von früheren Zeiten her bestanden hat und weitergeführt wird. In Craigie (Grafschaft Ayrshire) existieren keine Armensteuern, allein in den benachbarten Gemeinden Dreghorn und Dundonald beträgt die Steuer 10 d pro 1 £. Die Steuer in Fenwick ist 3 d, in Galston 9 d, in Stair dagegen 2 d und in St. Quivox 1 s 6 d. In Dumfriesshire beträgt die Steuer in Applegarth 2 d und in Annan 1 s 5 d, in Wamphray dagegen nur 1½ d und in Loch-Maben 1 s 1 d. In Kirkcudbrightshire finden wir die Gemeinde Kirkbean mit 3½ d Steuer und in der Gemeinde Kirkcudbright sogar 1 s 1½ d. In der Grafschaft Wigtownshire ist die Gemeinde Old Luce mit 6 d besteuert, während in Portpatrick die Steuer 1 s 5 d beträgt.[2]

Bei Gelegenheit einer Versammlung in Castle Douglas finden wir die einstimmige Annahme eines Vorschlages, dafs alle Quellen des Reichtums, wie z. B. auch Hypotheken, kurz jeder Kapitalienbesitz, zur Armensteuer beitragen sollen.[3]

Die Gemeinde Torthorwald in der Grafschaft Dumfriesshire ist ein Beispiel, wie ungerechterweise eine Gemeindesteuer durch äufsere Ursachen erhöht werden kann. Diese Gemeinde besteht aus einer grofsen Anzahl Hüttenbewohnern, deren Töchter hauptsächlich in den benachbarten Gemeinden als Tagelöhnerinnen oder Dienstmädchen Beschäftigung finden. Viele dieser Weiber werden „enceinte" und kommen zu den Eltern nach Torthorwald zurück. Ein grofser Teil dieser in Torthorwald unehelich geborenen Kinder fallen als Kinder oder als alte Leute der Gemeinde zur Last, da dieselben daselbst geboren und folglich dort heimatberechtigt sind; hierdurch mufs die

---

[1] J. Speir. Agric. Report on Scotland, p. 41. London 1895.
[2] J. Speir, Agric. Report on Scotland. Appendix XIII. London 1895.
[3] J. Speir, Agric. Report on Scotland. Appendix XIV.

Gemeindearmensteuer bedeutend gesteigert werden, trotzdem die Gegend eine rein landwirtschaftliche ist.

Die folgende Tabelle zeigt uns die Armensteuer dieser Gemeinde und den Prozentsatz der unehelichen Geburten im Vergleich zu anderen Gemeinden der südwestlichen Grafschaften Schottlands [1]):

	Armensteuer	Uneheliche Geburten
Schottland	—	7,4 %
Grafschaft Ayrshire	8 d	6,9
Dumfriesshire	6,8	12,3
Kirkcudbrightshire	6,6	13,1
Wigtownshire	10,4	15,1
Tortborwald-Gemeinde	12	30,4

Einfuhr von Fleisch und magerem Jungvieh. In der Grafschaft Ayrshire sind die Klagen über eingeführtes Fleisch und Jungvieh nicht erheblich, allein in den drei südlicheren Grafschaften hörte man Klagen genug. Manche waren der Meinung, daß ein Fachmann leicht ausländisches von einheimischem Fleisch unterscheiden könne; andere Farmer behaupteten, der Laie könne es ebenfalls unterscheiden. Alle waren einig in der Meinung, daß es ungerecht sei, daß, während der industrielle Unternehmer durch Abstempelung des produzierenden Landes auf den Fabrikaten geschützt sei, ausländisches Fleisch nicht abgestempelt zu werden brauche, ja nicht nur das, sondern vielfach mit dem Stempel „best Scotch", also fälschlich gestempelt verkauft würde. Viele glauben, daß durch Abstempelung ausländischen Fleisches der Betrug aufhören würde, wenn Beamte zur Kontrolle angestellt würden. Andere glauben, daß diese Art der Kontrolle zu teuer sein und die Auslage sich nicht rentieren würde.

Die Einfuhr jungen Magerviehes aus dem Ausland wird verschieden beurteilt. Viele Farmer züchten selbst Vieh und sprechen gegen die Einführung, indem sie behaupten, daß eine große und auch berechtigte Gefahr in der Einschleppung von Krankheiten existiert und außerdem die Thatsache bestehen wird, daß zu gewissen Zeiten die Jungviehmärkte übertrieben und auf den Verkaufspreis drücken werden. Die meisten sind der Meinung, daß Großbritannien genügend Jungvieh selbst aufziehen kann, um die Mastviehwirtschaften zu versorgen; es müsse nur ein guter Markt geschaffen werden, der eben durch die Einfuhr ausländischen Magerviehes oft verdorben wird.

---

[1]) J. Speir, Agric. Report on Scotland. p. 16. London 1895.

Eine grofse Einfuhr fremden Magerviehes würde auch dem Mäster
nicht zu Gute kommen, denn schliefslich ist der Preis des Magerviehes
durch den Preis des fertigen Mastviehes bestimmt. Wenn fremdes
Vieh nicht mager geschickt wird, so wird es eben fett eingeführt, so
dafs schliefslich dasselbe Quantum Fleisch auf den englischen Fett-
viehfleischmarkt gelangt. Mäster von Vieh kaufen ganz gern das
billige Magervieh aus dem Ausland zur Aufstellung zur Mast; sie
vergessen aber, dafs wenn Magervieh auf die Dauer billiger werden
soll, der Wert des Grund und Bodens, auf dem die einheimischen Tiere
gezüchtet werden, im Werte zurückgehen mufs.

Technische Schulen. Diese sind neuerdings sehr verbreitet
worden als Mittel zur Hebung der Landwirtschaft. Das als „The
Scottish Dairy Institute" bekannte Institut wird allgemein als aufserordentlich wirksam und vorteilhaft von den Farmern erachtet. Diese
Anstalt giebt Unterricht im Molkereiwesen durch praktische Demonstrationen in verschiedenen Molkereien. Dieses Institut wurde ins
Leben gerufen durch die Grofsgrundbesitzer der ganzen Gegend,
die mit grofsen Opfern die Anstalt in Gang brachten, um das Wohl
ihrer Püchter zu fördern. Letztere erkennen alle die Freigebigkeit
und Grofsmut ihrer Pachtherren in dieser Beziehung an. Die „County
Councils" oder die Grafschaftsräte haben ähnliche Schulen zum Unterricht in allen Teilen der Grafschaften eingerichtet, allein diese werden
nicht so gerühmt, weil sie wohl nicht so praktischen Unterricht er-
teilen; sie sind mehr als theoretischer Unterricht für die jüngere
Generation anzusehen und beteiligen sich die Farmer hieran weniger.
Überall herrscht das Bedürfnis für mehr landwirtschaftlichen Unterricht in den ländlichen Schulen. Auch spricht man viel über die Errichtung landwirtschaftlicher Hochschulen im Westen Schottlands,
während andere das Geld lieber in Versuchsstationen angelegt wüfsten,
die dem Farmer gleich zu Nutzen kommen würden.

Eisenbahnfrachten.[1] Allgemein herrschen Klagen über
die Eisenbahnfrachten. Die Ungleichmäfsigkeit der Frachtspesen verursachte allgemeine Unzufriedenheit; man findet z. B., dafs Städte,
die die Wahl einer Seefracht oder Eisenbahnfracht haben, 10—20 %
Eisenbahnfracht weniger zahlen als andere Städte, die nicht die Wahl
der Seefracht haben und auf die Eisenbahn angewiesen sind. Es
kommt oft vor, dafs von gewissen Stationen geringere Eisenbahnfrachten zu zahlen sind als von den Zwischenstationen; z. B. geschieht

---

[1] Acworth W. M. The Railways of Scotland. London 1890.

es oft, dafs Farmer es rentabel finden, ihre Waren auf einer 5 bis 6 Meilen entferntere Station zu verfrachten als auf der eigenen nahe gelegenen, da bei letzterer die Bahnfrachten erhöht sind, da es nur eine Zwischenstation ist. So kommt es oft vor, dafs die Eisenbahn landwirtschaftliche Produkte aus entfernten Gegenden an einer Bahnstation aufladen und dann die Erzeugnisse an der eigentlichen, dem Gute nächstgelegenen Station vorbeifahren. Dasselbe gilt von künstlichen Düngemitteln und Futterstoffen, die von auswärts auf die Zwischenstationen kommen. Es rentiert sich für den Farmer besser, die Waren auf einer entfernteren Station abzuholen, da er oft dorthin Frachtermäfsigung bekommt.

Bei der Verfrachtung von Vieh und Schafen ist die Ungleichmäfsigkeit der Frachtpreise noch deutlicher als bei den übrigen landwirtschaftlichen Erzeugnissen.[1]) Die Farmer verlangen auch mit Recht, dafs keine besondere Frachtermäfsigung für fremde Produkte stattfinden solle, wie z. B. aus den Hafenstädten nach den Centralmärkten. Auch verlangen die Farmer, dafs alle Bahnfrachten durch Gegenden, die die Auswahl von See- oder Bahnfracht haben, nicht niedriger als für andere Gegenden, sondern überall gleichmäfsig hohe Frachten sein sollten. Auch sollten die Frachten nach Gewicht und Entfernung berechnet werden und bis zu einer gewissen Entfernung sollten sie alle gleich niedrig sein. Mit Recht behaupten die Farmer, dafs, wenn es für die Bahnen rentabel ist, die Waren zum billigeren Preise zu verfrachten, es klar ist, dafs in anderen Gegenden zu viel gezahlt wird. Grofs sind auch die Klagen, die über die Frachttarife für Frachten unter 2 Tonnen existieren, namentlich auf kurze Entfernungen; letztere sind ganz besonders zu hoch. Verfrachtungen von zwei Tonnen und weniger auf kurze Entfernungen kommen beim Landwirt sehr oft vor und die Bahnen betrachten diese Verdienste als selbstverständliches Monopol.

Drainage und Baukredit. Es existiert jetzt ein grofses Verlangen in Grofsbritannien nach staatlichem Kredit zum Zwecke der Ausführung von Drainage, Bauten und allgemeinen Meliorationen. Namentlich wird ein niederer Zinsfus verlangt und ferner eine längere Frist für die Rückzahlung der Schulden. Auf vielen Gütern ist in der letzten Zeit durch die grofse Krisis viel vernachlässigt worden und sind diese Meliorationen unbedingt grofses Erfordernis. Eine längere Frist für die Rückzahlung der Schulden sei besonders bei Drainage und allgemeinen

---

[1]) John Speir, Agric. Report on Scotland. London 1895. Appendix XVI, p. 36.

Meliorationen notwendig. Auch müfsten die Vorschriften in der Ausführung der Drainage wegfallen. Es sollte dem Farmer überlassen sein, so zu drainieren, wie es ihm am besten und für ihn am vorteilhaftesten scheint. Aufserdem giebt es viele Güter, wo eine Drainage nicht rentiert, wenn dieselbe nicht auf billigste Art und Weise und nach neuesten besten Vorschriften ausgeführt wird. Auf manchen Gütern ist Kredit für Neubauten dringend notwendig, und in solchen Fällen, wo die Güter mit Schulden schwer belastet sind, ist es schwer, das nötige Geld aufzutreiben. Bei Neubauten (namentlich wenn solid gebaut) könnte die Rückzahlung im Laufe von 30—40 Jahren geschehen. Die Behörden für Schulbauten erhalten Kredit auf 40 Jahre und wäre eine ebenso lange Rückzahlungsperiode für die Farmer ebenso gut anwendbar.[1] Auch ist vorgeschlagen worden, dafs auch Pächtern Kredit zu Meliorationen gewährt werde und dafs die Meliorationen in thatsächlichem Besitz des Pächters bleiben sollen.

Genossenschaftliche Käse- und Butterfabriken. Viele Landwirte sind der Meinung, dafs es von grofsem Vorteil für Besitzer und Pächter wäre, wenn das Genossenschaftssystem von Molkereien, das in Dänemark, der Schweiz, Kanada und den Vereinigten Staaten so aufserordentlich mit Vorteil betrieben worden ist, auch in Grofsbritannien mehr ausgedehnt würde und zwar unter Beteiligung der Grofsgrundbesitzer. Es giebt viele Grofsgrundbesitzer, die den meisten Besitz in der Nähe oder unweit einer Bahnstation haben mit genügendem Wasser versehen, wo Molkereien errichtet werden könnten. In manchen Fällen existieren alte Gebäude schon, vielleicht alte Mühlen, die den Pächtern zur Verfügung gestellt werden könnten. Diese würden dann nur die nötigen Maschinen und Einrichtung zu besorgen haben und genossenschaftliche Molkereien wären auf diese Weise billiger und leichter in Schwung zu bringen.

Hierdurch würden auch die Produktionskosten verringert werden und die Qualität der Molkereiprodukte würde, wenn auch nicht ebenso gut sein können als in neuerrichteten Molkereien, aber jedenfalls besser im Grofsbetrieb als im früheren Kleinbetrieb. Wenn ein solches System unter Kooperation der Grofsgrundbesitzer durchgeführt würde, wäre es für alle Interessierten von grofsem Vorteil; die Pächter würden durch bessere Molkereiprodukte mehr verdienen und leichter ihre Pacht bezahlen können, denn die Produktionskosten verteilen sich im ganzen auf ein Geringes für jeden Pächter. Es scheint teilweise die Meinung

---

[1] J. Speir, Agric. Report on Scotland, p. 41. London 1895.

zu herrschen, dafs es vorteilhaft wäre, die Separatoren auf den einzelnen Gütern zu haben und die frische Kuhmilch gleich durch den Separator zu jagen. Der Rahm könnte durch einen Wagen aus der Molkerei auf den Gütern abgeholt werden, während die abgerahmte Milch warm und frisch gleich ohne Transport an Kälber und Schweine verfüttert werden könnte. Hierdurch könnte viel Arbeit erspart werden. Die Butter würde besser werden und namentlich hätte man den enormen Vorteil einer frischen unbeschädigten abgerahmten Milch. Das ist ein Verfahren, das scheinbar viel für sich hat; denn wie oft kommt es vor, das erstens die Milch durch den Transport nach der Molkerei durch Erschütterung leidet; wie oft erhält man ferner die Magermilch in schlechtem Zustande zurück, die, wenn sie zur Verfütterung kommt, mehr Schaden unter den Kälbern und Schweinen anrichtet als Nutzen!

Pachtzahlung in Naturalien. Diese Form der Pachtzahlung existiert noch auf manchen Gütern in Ayrshire. Pacht zahlen die Pächter zur Hälfte in Geld und zur Hälfte in Naturalien d. h. Getreide nach Berechnung der Durchschnitspreise der letzten drei Jahre. In manchen Fällen wird die Pacht mit Käse bezahlt, allein nur selten. Das Pachtsystem der Zahlung mit Naturalien ist jedoch veraltet und die Farmer sind meist dagegen.

Pachtnachlässe. Den Grofsgrundbesitzern mufs man lassen, dafs sie auch hier stets aufserordentlich zuvorkommend im Nachlassen der Pacht in schlechten Jahrgängen waren. Seit 1879 haben Pachtnachlässe stattgefunden, die anfangs als vorübergehend betrachtet wurden, die aber später als dauernd erklärt wurden. Die meisten Farmer sind hierüber einig, dafs sie von ihren Grundherren stets die gröfste Zuvorkommenheit erfuhren, sowie dieselben überzeugt waren, dafs die Bitten ihrer Pächter berechtigt waren und sowie sie einsehen mufsten, dafs die Zeiten für die Landwirtschaft stets schlechter und nicht besser wurden. Ausnahmen giebt es immer und manche Farmer klagten, denen ihre Verpächter nur vorübergehende Pachtnachlässe gewähren. Allgemein wird das System der vorübergehenden Pachtnachlässe verurteilt. Die meisten Farmer ziehen eine neue Verpachtung oder offene Versteigerung vor, wenn ihr Klagen berechtigt ist. Vorübergehende Pachtnachlässe sind ja besser als gar keine Nachlässe, aber im allgemeinen üben dieselben einen ungünstigen Einflufs aus, indem die Farmer sich das Klagen angewöhnen in der Hoffnung einen vorübergehenden Pachtnachlafs zu erhalten. Letzteres haben auch die meisten Grofsgrundbesitzer eingesehen. Vorübergehende Pachtnachlässe haben einen weiteren Nachteil. Haben dieselben während einer Pachtzeit stattgefunden, so verpflichtet sich am Ende der Pachtzeit der Pächter unter dem Gesetz des „Agricultural Holdings Act" vom Verpächter keine Entschädigung irgendwelcher Art zu verlangen. Der Pachtnachlaß wird als Äquivalent oder als Entschädigung für den Pächter seitens des Verpächters angesehen, ein „quid pro quo". Manche Gutsbesitzer haben dieses benutzt, um ihren Pächtern ihre Meliorationen und Gutsverbesserungen abzuzwingen, indem sie Pachtnachlässe erlaubten mit der Bedingung, daß der Pächter auf Entschädigung unter dem „Agricultural Holdings Act" verzichten würde. In vielen Fällen haben sich die Verpächter selbst geschadet und ist allgemein die Ansicht vertreten, daß Verpächter besser daran thun, dauernde Pachtnachlässe zu gewähren und dem Gesetze freie Bahn zu lassen. Denn im allgemeinen ist es Thatsache, daß für wirklich gute Farmen stets zweimal soviel Bewerber existieren, als für schlechte und daß eine eingetretene Melioration den Pachtwert eines Gutes erheblich steigert und es sich so rentiert, dem Verpächter die Melioration zu entschädigen. Was den Kraftzustand des gepachteten Bodens betrifft, so sagen die Pächter, daß derselbe in der Pachtsumme bezahlt wird und daß, wenn ein Pächter den Düngerzustand des Grund und Bodens durch gute Bewirtschaftung vermehrt, er den Wert des Pachtgutes auch erhöht. Der erhöhte Kraftzustand sollte Eigentum des Pächters sein, denn bei der Pacht zahlte derselbe nur für den jeweiligen Zustand des Bodens. Die Verpächter stellen sich auf entgegengesetzten Standpunkt und zu oft kommt es vor, daß, wenn ein Gut im Kraftzustand erhöht worden ist, der Pächter sich selbst heraufsteigern muß, um nicht vom Gute verdrängt zu werden und auf das angewandte Geld verzichten zu müssen. Einige Landwirte scheinen zu glauben, daß wenn die Pachtnachlässe nicht stattgefunden hätten, die ganze Landfrage längst erledigt worden wäre und zwar etwa durch Eingreifen des Staates. Durch Pachtnachlässe aber hätten sich viele Verpächter ihren Pächterstand zwar erhalten, aber ohne daß letztere viel Nutzen davon gehabt hätten, da sie in vielen Fällen sich nur einen Lebensunterhalt verdient haben. Andrerseits muß man gestehen, daß, wenn sie keine Nachlässe erhalten hätten, während der letzten 15 Jahre die Pächter ruiniert worden wären und die Verpächter keine neuen zum Ersatz hätten finden können. Außerdem ist es wahrscheinlich, daß das ganze Land sich in Empörung gegen die Landaristokratie erhoben hätte. Die Pachtnachlässe scheinen zum Teil auch eine nachteilige Wirkung gehabt zu haben. Viele Farmer pachteten natürlich in Schottland auf längere Zeit, als die landwirtschaftliche Krisis anfing und in solchen Fällen waren die Pachtnachlässe ganz berechtigt; allein seit einigen Jahren scheinen die Pächter Nachlässe als selbstverständlich zu betrachten, was aufserordentlich nachteilig wirkt und zwar in folgender Weise: Bei einer Neuverpachtung eines Gutes steigern viele Farmer zu hoch und zwar höher, als sie es sonst früher gethan haben in der Hoffnung, nun während ihrer Pachtperiode Nachlässe zu erhalten. Wie aufserordentlich schädlich das wirkt, ist selbstverständlich. Diese Unehrlichkeit scheint aber nicht nur seitens der Pächter ausgenützt zu werden. Die Verpächter nehmen die hohen Pachtangebote an und in späteren Jahren erscheinen sie dem allgemeinen Publikum Englands gegenüber als grofse Wohlthäter, wenn sie statistisch nachweisen können, dafs sie auf ihrem Besitz von so und soviel Quadratmeilen eine grofse Summe Geld in ihren Pachten erlassen haben, während sie thatsächlich nur das Rechtmäfsige erhalten und oft sogar den Pächtern mehr als den Marktwert in Pacht abnehmen. Es kommt sogar oft vor, dafs Pächter unter der Hand dem Verpächter weniger Pacht zahlen als eingetragen ist und dafs die Pachtverträge oft eingeschobene Pachtnachlässe erhalten, die das Publikum nicht erfährt. Dafs dieses System der Verpachtung unehrlich ist, liegt auf der Hand. Beweise schwarz auf weifs waren nicht erhältlich; es sind dies nur die Aussagen von Pächtern.

Welche Güter rentieren sich am besten? Das rentabelste Gut vom Standpunkte des Verpächters ist entschieden ein kleineres Gut und zwar von 100—300 acres (à 40 ar). Die Pächter für diese Güter rekrutieren sich aus einer besseren Klasse von Farmern, als bei kleineren Gütern. Die Pächter von 100—300 acres sind meist Männer, die genügend Betriebskapital haben, gute Kaufleute sind und daher geschäftlicher und praktischer und für den Verpächter angenehmer sind als andere, die den Charakter des Geschäftsmannes nicht in sich haben. In Ayrshire sind ca. 60 % der Güter in der Gröfse zwischen 100—300 acres und in den anderen Grafschaften ist der Prozentsatz ein noch höherer. Einige Beweise sprechen in manchen Gegenden dafür, dafs kleinere Farmer ihren Verpflichtungen besser nachgekommen sind als die gröfseren; allein wieder in anderen Gegenden scheinen die gröfseren Landwirte bessere Geschäfte gemacht zu haben. Allgemein wurde anerkannt, dafs die kleineren Güter verhältnismäfsig mehr Pacht ergeben, als die gröfseren Güter; allein die Güterdirektoren behaupten, dafs je kleiner das Gut um so mehr Gebäudekapital nötig ist, und dafs, wenn die kleineren Güter

eine Kleinigkeit mehr Pacht zahlen, dieser Mehrertrag durch erhöhte
Erhaltungskosten der Gebäude überwogen wird. Ein Direktor teilte
mit, er habe die Pachtsumme von 10 Jahren dazu verwandt, um einem
kleineren Pächter ein neues Wohnhaus zu bauen. Für die kleineren
Güter spricht die Thatsache, daß auf einem der größten Güterkomplexe dieser Gegend die meisten Pachtrückstände von größeren
Pächtern waren (was aber sonst auch nicht überall der Fall ist).
Der Direktor dieses Komplexes betrachtet aber das Leben des
kleinen Pächters, der mit seiner Familie arbeiten muß, als ein reines
Sklavenleben. Für die kleineren Güter sind auch sehr viel mehr Bewerber als für die größeren Güter. Für den Verpächter ist es wohl am
besten, wenn er auf einem größeren Komplexe Güter verschiedener Größe
zur Verpachtung hat, da er dann seinem Pächter nach Belieben das
passendste Gut für die Verhältnisse des Betreffenden geben kann.
Ob die Neigung zum Vergrößern der Güter oder zum Verkleinern
vorwiegt, ist zweifelhaft. Scheinbar ist die Tendenz in der Richtung
des Vergrößerns des Pachtgutes. Die Unterhaltungskosten sind eben
bei einem großen Gut geringer als bei zwei kleineren Gütern und das
spielt beim Pächter eine große Rolle. In dem Falle, wo ein kleines
Gut sich an ein größeres Gut anschließt, wird das kleinere oft dem
größeren zugeschlagen, um mit der Zeit die Gebäudeunterhaltungs-
kosten zu verringern. Es können immer die im besten baulichen Zustand sich befindlichen Gebäude dann erhalten und die unnötig gewordenen abgerissen werden. Eine Zerteilung eines größeren Gutes
in zwei kleinere Güter kommt selten vor.

Meliorationen durch Pächter. Viele, die Schottland nicht
kennen, sind der Meinung, daß es der Verpächter gewesen ist, der
die meisten Meliorationen auf den Gütern gemacht und daß er
die ganzen Auslagen getragen hat. Thatsächlich ist dies jedoch nicht
der Fall. Daß die Güter im Südwesten Schottlands jetzt in so außerordentlich gutem Zustande sich befinden im Vergleich zu dem Anfang
des Jahrhunderts, ist der Hauptsache nach der Energie, der Arbeit
und der Ausdauer der Pächter zu verdanken, wenn auch viele Verpächter dieselben unterstützten und ihren Teil dazu beigetragen
haben. In den meisten Fällen haben die Verpächter die Neubauten
besorgt, während der Pächter die Fuhren geleistet hat. Letzteres ist
nicht zu unterschätzen und namentlich nicht in einem bergigen Lande
mit nicht immer zu jeder Jahreszeit gleich guten Straßen, ferner bei
einer oft großen Entfernung vom Bahnhof oder Steinbruch. Die Fuhren
sind mit nicht geringen Opfern geschehen und hierfür erhielt der

Pächter niemals Entschädigung. In vielen Fällen sogar zahlte der Pächter die Auslagen für Gebäude an Kapital, oder mindestens die Zinsen des Kapitals, und in fast allen Fällen trug der Verpächter das Wenigste zu den Auslagen bei.

Interessant ist die Thatsache, dafs das vom Lande erzielte Einkommen heute gröfser ist als anfang des Jahrhunderts. Dieser Zuwachs ist nicht etwa durch Verdienst des Gutsbesitzers oder durch Kapitalauslagen entstanden, sondern allein durch die Erhöhung des allgemeinen Wohlstandes des ganzen Landes und teils durch die Meliorationen, die die Pächter ausgeführt haben. Für letztere zahlten die Pächter Zinsen und zwar in einer solchen Höhe, dafs während der Pachtperiode Kapital und Zins zusammen gezahlt war. Vielfach klagen die Pächter darüber, dafs diese Zinsen (6 $\frac{1}{2}$ — 6 $\frac{3}{4}$ $\frac{0}{0}$) nach Beendigung der Pachtperiode in vielen Fällen als Pacht weiter gezahlt wurden. Wenn die Verpächter von einem reduzierten Vermögen und Einkommen sprechen, so vergessen sie, dafs ein grofser Teil dieses Geldes aus Zinsen an Meliorationen bestände, die längst amortisiert sind. Die oben gemachten Bemerkungen betr. Gebäude lassen sich auch betreffs Drainage anwenden. In der Regel machte der Pächter alle Fuhrauslagen auf eigene Kosten, allein in der letzten Zeit ist es Sitte geworden, für den Verpächter die Ziegel zu liefern und für den Pächter die Fuhren und Erdarbeiten zu besorgen. Letzteres hat infolge des heutigen teuren Arbeitslohnes zur Folge, dafs die gröfsere Hälfte der Auslagen ohne Entschädigung auf den Pächter fällt.[1]

Das Abfahren von Steinen, das Ebnen und Herstellen von Farmwegen etc. ist in der Regel von Pächtern gemacht worden und haben diese die Kosten getragen. Wenn hierfür Zinsen abgerechnet würden, so würde die Pacht verschwindend kleiner werden. In der Regel sind solche Verbesserungen vom Verpächter als etwas Selbstverständliches dem Pächter ohne Entschädigung abgenommen worden, so dafs sie, anstatt zu sagen, dafs ihre Besitzungen 10—20—30 % im Werte gesunken seien, sagen müfsten, dafs ihr heutiges Einkommen noch kleiner wäre, wenn sie in früheren Zeiten die Meliorationen nicht unentgeltlich vom Pächter erhalten hätten.

Diejenigen Direktoren, die für alljährliche Pachten stimmen, sind der Meinung, dafs längere Pachtkontrakte meist einseitig sind und dafs der Pächter seinen Pachtkontrakt nur für gültig ansieht, wenn

[1] John Speir, Agric. Report on Scotland, p. 41. London 1895.

sich das betreffende Gut rentiert; rentiert es sich nicht, so zieht er ab, wenn er es irgendwie machen kann. Es nützt aber nichts einen Pachtkontrakt auf lange Jahre mit einem Mann zu schliefsen, der nichts zu verlieren hat. Diejenigen, die etwas zu verlieren haben, haben sich gezwungen gesehen, ihren Verpflichtungen nachzukommen. Andererseits hat der Pächter grofses Vertrauen zu seinem Pachtherrn, wenn er als nobel gilt, und der Pächter weifs meist ganz genau, wie viel er vom Verpächter zu erwarten hat und wie weit der Verpächter ihn unterstützen wird. Immer mehr und mehr sah sich der Verpächter durch die landwirtschaftliche Krisis gezwungen, Hand in Hand mit seinen Pächtern zu arbeiten und ihnen Hilfe zu schaffen, wenn es irgendwie möglich war, entweder direkt durch Geldmittel oder Pachtnachlafs. Immer enger werden die Verhältnisse zwischen Pächter und Verpächter zum Wohl beider und rührend ist es oft die Pächter zu hören, mit welcher Hochachtung und Dankbarkeit sie von ihrem wohlgesinnten Pachtherrn sprechen und wie sie den verehren, der ihnen und ihrer Familie so oft aus der Not geholfen hat. Allerdings giebt es Ausnahmen; es giebt habgierige Gutsbesitzer, die ihre Pächter aussaugen wollen, und es giebt Pächter, die von Jahr zu Jahr, von Gut zu Gut herumziehen, um womöglich überall durch Chikane oder sonstwie etwas herausschinden zu können. Diese Fälle sind aber die Ausnahme und im allgemeinen existiert ein gesundes Verhältnis zwischen Pächtern und Verpächtern zum Wohle der gesamten Landwirtschaft.

Folgendes Beispiel[1]) macht uns die Sachlage klar:

Vor 104 Jahren wurde eine Farm für 30 *£* verpachtet, die vorher in zwei Teile zu je 15 *£* verpachtet war und beide Pächter waren bankerott geworden. In der Zwischenzeit ist das Gut in keiner Weise durch Nähe eines Bahnhofes oder in irgend einer anderen Weise verbessert worden als durch die Auslagen des Pächters und durch die Zunahme des Wohlstandes im ganzen Lande. Vor 30 Jahren baute der Pächter einige Häuser, die der Verpächter mit dem Dach versah und aufserdem wurden zu einer Zeit 300 *£* von Regierungsgeldern auf Drainage verwandt, wofür der Pächter Kapital und Zinsen schliefslich bezahlen mufste. Mit dieser Ausnahme sind die Meliorationen alle direkt durch den Pächter gemacht worden und die Pachtsumme ist von 30 *£* auf 220 *£* gestiegen. Die Farmen Limekilns und Annan brachten im Jahre 1671 nur 220 *£* Pacht, heute bringen sie 460 *£*. Die Gemeinde Durisdeer war im Jahre 1671 mit

---

[1]) J. Speir, Agric. Report on Scotland, App. VIII. London 1895.

einem Pachtbetrage von 900 £ eingetragen und im Jahre 1745 stand der Betrag ebenso, während 1894 die Gemeinde 7609 £ 12 s 6 d Pacht bringt.

Pachtverträge. ⁹/₁₀ der Güter des südwestlichen Teils Schottlands sind auf 15 oder 19 Jahre gepachtet. Vor dem Jahre 1880 hörte man selten von einer Auflösung eines laufenden Pachtkontraktes, allein seitdem sind dieselben häufig geworden, und nicht selten kommen sie alle 3—5 Jahre vor. Auf einigen Gütern ist die alljährliche Pacht üblich und scheinen sich die Pächter ganz gut dabei zu stehen.

Viele sind der Meinung, daß mit einer liberal gesinnten und gerechten Gesetzgebung durch das „Agricultural Holdings Act", das leicht von jedem kleinen Pächter gebraucht werden kann, eine längere Pachtperiode ganz unnötig ist. Die Majorität zieht jedoch eine längere Pachtperiode vor, weil sie es so gewohnt ist, trotzdem eine kurze alljährliche Pachtperiode heutzutage vorzuziehen wäre.

Die Landwirtschaft in den östlichen schottischen Grafschaften Aberdeen, Perth, Fife und Forfar. Diese vier Grafschaften eignen sich am besten zu einer Untersuchung der heutigen Landwirtschaft im Osten Schottlands. Diese Grafschaften enthalten Güter jeder Größe von kleinen Gütern zu 20—100 acres bis auf ganze große Güterkomplexe. In erster Linie bietet uns die Statistik[1]) einen Anhaltspunkt für die Betriebsrichtung, die die schottische Landwirtschaft eingeschlagen hat, und wir geben nebeneinander die Jahrgänge 1882 und 1892; durch Vergleichung der Zahlen ersehen wir, welche Kulturen zu- und welche abgenommen haben und welche Betriebszweige sich am meisten entwickelt haben. Auch werden wir sehen, welche Betriebszweige in der Produktion konstant geblieben sind und zu welchen Betriebszweigen zur Bekämpfung der Krisis gegriffen wurde.

Areal der verschiedenen Kulturen, Brache und Grasland:

A. Perthshire.

1. Getreide:		1882	1892
Weizen	acres	7 498	7 032
Gerste		24 454	15 928
Hafer		71 136	65 580
Roggen		385	687
Bohnen		3 338	2 528
Erbsen		118	27
		106 929	91 782

---

[1]) Board of Agricultue Agric. Returns of Great Britain. London 1882, 1892.

2. Hackfrucht etc.

		1882	1892
Kartoffeln	acres	17 723	14 623
Turnips und Swedes		31 837	29 385
Runkelrüben		30	19
Karotten		17	—
Kohl, Kohlrabi und Raps		166	118
Grünfutter (inkl. Wicken)		947	583
		50 720	44 728

3. Klee, Sainfoin und Gras

	1882	1892
für Heu		30 142
(in d. Rotation) nicht für Heu	101 731	73 903
	101 731	104 045

4. Permanente Weide oder Gras

	1882	1892
für Heu		13 604
(nicht in der Rotation) nicht für Heu	84 239	84 556
	84 239	98 160

		1882	1892
5. Flachs	acres	3	—
6. Hopfen		—	—
7. Kleinobst		—	609
8. Brache		2 461	1 352

B. Forfarshire.

1. Getreide:

		1882	1892
Weizen	acres	9 307	9 658
Gerste		31 696	27 723
Hafer		53 173	49 640
Roggen		423	923
Bohnen		1 057	611
Erbsen		50	65
		95 706	88 620

2. Hackfrucht etc.

		1882	1892
Kartoffeln	acres	16 770	14 522
Turnips und Swedes		34 123	33 765
Runkelrüben		12	11
Karotten		70	—
Kohl, Kohlrabi und Raps		94	136
Grünfutter (inkl. Wicken)		1 231	862
		52 300	49 296

3. Klee, Sainfoin und Gras		1882	1892
für Heu			19 486
(in Rotation) nicht für Heu		80 331	61 957
		80 331	81 443
4. Permanente Weide oder Gras			
für Heu			3 624
(nicht in der Rotation) nicht			
für Heu		25 219	28 154
		25 219	31 778
5. Flachs	acres	—	2
6. Hopfen		—	—
7. Kleinobst		—	185
8. Brache		381	132

C. Fifeshire.

1. Getreide.		1882	1892
Weizen	acres	13 024	11 525
Gerste		28 742	23 467
Hafer		41 001	39 610
Roggen		1 414	1 078
Bohnen		2 473	1 178
Erbsen		12	45
		86 666	76 903
2. Hackfrucht etc.			
Kartoffeln	acres	16 290	15 436
Turnips und Swedes		27 937	25 736
Runkelrüben		18	54
Karotten		15	—
Kohl, Kohlrabi und Raps		80	175
Grünfutter (inkl. Wicken)		1 250	1 073
		45 590	42 474
3. Klee, Sainfoin und Gras			
für Heu			26 096
(in Rotation) nicht für Heu		61 654	36 287
		61 654	72 383
4. Permanente Weide, Gras			
für Heu			7 931
(nicht in der Rotation) nicht			
für Heu		52 711	66 981
		52 711	74 912

		1882	1892
5. Flachs	acres	—	5
6. Hopfen		—	—
7. Kleinobt		—	132
8. Brache		1 865	924

D. Aberdeenshire.

1. Getreide:		1882	1892
Weizen	acres	71	15
Gerste		17 580	16 807
Hafer		196 155	197 592
Roggen		426	439
Bohnen		237	448
Erbsen		356	388
		214 825	215 689
2. Hackfrucht etc.			
Kartoffeln	acres	8 694	7 411
Turnips und Swedes		92 649	92 145
Runkelrüben		3	4
Möhren		91	—
Kohl, Kohlrabi und Raps		97	78
Grünfutter (inkl. Wicken)		3 096	2 849
		104 030	102 487
3. Klee, Sainfoin u. Gras für Heu			42 850
(in Rotation) nicht für Heu		258 472	229 951
		258 472	271 801
4. Permanente Weide, Gras für Heu			4 090
(nicht in der Rotation) nicht für Heu		28 213	34 225
		28 213	38 315
5. Flachs	acres	1	1
6. Hopfen		—	—
7. Kleinobst		—	356
8. Brache		545	313

II. Zahl der Pferde, des Viehes, der Schafe und Schweine.

A. Perthshire.

1. Pferde:	1882	1892
Nur landwirtschaftl. benutzt	10 856	10 178
Rohe Pferde	3 167	2 763
Zuchtstuten		217
	14 023	13 158

2. Rindvieh:		
Kühe und Kalbinnen in Milch oder tragend	18 766	20 021
Anderes Vieh: 2jähr. u. darüber	21 793	20 909
Unter 2 Jahren	34 396	35 826
	74 955	76 756

3. Schafe:		
1jährig und darüber	476 667	517 179
Unter 1 Jahr	208 253	244 560
	684 920	761 709

4. Schweine:	9 465	7 258

B. Forfarshire.

1. Pferde:	1882	1892
Nur landwirtschaftl. benutzt	8 257	8 297
Rohe Pferde	1 816	1 840
Zuchtstuten		116
	10 073	10 253

2. Rindvieh:		
Kühe und Kalbinnen in Milch oder tragend	11 677	12 651
Anderes Vieh: 2jähr. u. darüber	15 522	17 146
Unter 2 Jahren	17 984	20 141
	45 183	49 938

3. Schafe:		
1. 1jährig und mehr	84 555	102 536
Unter 1 Jahr	38 185	60 833
	122 740	163 369

4. Schweine:	6 908	5 820

C. Fifeshire.

1. Pferde:	1882	1892
Nur landwirtschaftl. benutzt	7 663	7 779
Rohe Pferde	} 2 323	2 132
Zuchtstuten		189
	9 986	10 100

2. Rindvieh:		
Kühe und Kalbinnen in		
Milch und tragend	8 844	11 919
Anderes Vieh: 2jähr. u. darüber	14 220	16 754
Unter 2 Jahren	15 504	19 482
	38 568	48 155

3. Schafe:		
1 Jahr und mehr	46 393	65 813
Unter 1 Jahr	28 879	43 413
	75 272	109 226

4. Schweine:	6 398	4 681

D. Aberdeenshire.

1. Pferde:	1882	1892
Nur landwirtschaftl. benutzt	20 528	22 230
Rohe Pferde	} 5 210	7 061
Zuchtstuten		261
	25 738	29 552

2. Rindvieh:		
Kühe und Kalbinnen in		
Milch und tragend	40 433	48 550
Anderes Vieh: 2jähr. u. darüber	37 585	44 742
Unter 2 Jahren	73 146	89 763
	151 164	183 055

3. Schafe:		
1 Jahr alt und darüber	92 978	164 970
Unter 1 Jahr	36 006	90 202
	128 984	255 172

4. Schweine:	9 800	7 377

In Perthshire finden wir nach obiger Angabe in zehn Jahren eine Abnahme von ca. 13 000 acres an Getreideareal, ferner eine

Abnahme von ca. 6000 acres bei den Hackfrüchten. Eine Zunahme bei Klee und Weide zusammen von ca. 16000 acres. Beim Rindvieh eine Zunahme von ca. 2000 Haupt, bei den Schafen eine Zunahme von 77000 Stück, also eine bedeutende Zunahme.

In Forfarshire finden wir folgendes Resultat:

Getreideabnahme	ca. 7000 acres	Viehzunahme
Hackfruchtabnahme	ca. 3000 „	ca. 5000 Stück
Klee- und Weidezunahme	ca. 7000 „	Schafe „ ca. 41000 „

In Fifeshire ergiebt sich folgendes Resultat:

Getreideabnahme	ca. 10000 acres	Viehzunahme
Hackfruchtabnahme	ca. 3000 „	ca. 10000 Stück
Klee- und Weidezunahme	ca. 33000 „	Schafe „ ca. 34000 „

In Aberdeenshire stellen sich die Zahlen wie folgt:

Getreidezunahme	ca. 1000 acres	Viehzunahme
Hackfruchtzunahme	ca. 2000 „	ca. 32000 Stück
Klee- und Weidezunahme	ca. 23000 „	Schafe „ ca. 127000 „

Wir haben also gesehen, dafs während der letzten 10 Jahre in diesen vier östlichen Grafschaften Schottlands die Tendenz der Ausdehnung des Klees, Sainfoin, Grasareals in der Rotation, sowie die grofse Ausdehnung der permanenten Weidefläche aufserhalb der Rotation stark Platz gegriffen hat. Bei allen vier Grafschaften zeigt sich zusammen eine Gras- und Weidezunahme von ca. 79000 acres. Diese Ausdehnung der Grasländereien und permanenten Weidefläche haben wir als durchgreifendes Mittel anzusehen. Gleichzeitig mit der Zunahme der Weidewirtschaft haben wir eine beträchtliche Abnahme des Getreidebaues zu notieren und zwar bei den vier Grafschaften zusammen eine solche von ca. 32000 acres. Auch hat der teuere Hackfruchtbau in den zehn Jahren um 14000 acres nachgelassen. Wir finden also hier wie in den meisten Teilen Grofsbritanniens die allmähliche Emanzipation vom Getreidebau, das Einschränken desselben auf ein reduziertes Minimum und die Ersetzung der Fläche durch intensivere Viehweidewirtschaft. Wir finden auch durchweg in der Statistik eine Verringerung der brachliegenden Fläche, das als ein gutes Zeichen zu beachten ist. Ganz bedeutend zugenommen hat auch in den zehn Jahren die Zahl des Rindviehes, nämlich um fast 50000 Stück (eine gewifs beträchtliche Zahl). Aufserdem haben die Schafe in den vier genannten Graf-

schaften zusammen um ca. 279 000 Stück zugenommen, was in Verbindung
mit der ungeheueren Viehzunahme auf ein **Aufblühen der Landwirtschaft** deutet! Und trotz alledem finden wir allerseits, dafs eine
landwirtschaftliche Krisis auch in diesen vier Grafschaften während
der letzten 10 Jahre stattgefunden hat. Was die Krisis verursachte,
darüber gehen die Meinungen in dieser Gegend auseinander. Jedenfalls aber wird allgemein behauptet, dafs sich die Farmer haben ungeheuer anstrengen müssen, um sich aus der Not zu helfen; jetzt noch
sind sie mit dem Kampf gegen die ausländische Konkurrenz nicht
fertig, wenn sie auch die schlimmsten Zeiten hinter sich, und ihre
Betriebe in neues Fahrwasser geleitet haben und auf baldige bessere
Zeiten hoffen. Trotz der grofsen Notlage der Landwirtschaft finden
wir keine so grofsen Zahlen in der Statistik über Besitz- oder Pachtwechsel, noch konnten wir feststellen, dafs mehr Güter als sonst un-
gepachtet oder unbewirtschaftet daliegen. In den Fällen langjähriger
Pachten machten die Besitzer gröfsere Pachtnachlässe, wenn auch in
manchen Fällen die Grofsgrundbesitzer ungern ihr Einkommen schwinden
sahen und nur halb gezwungen zustanden, dafs sie ihren langjährigen
Pächtern zu Hilfe kommen mufsten. Nur in wenigen Fällen kam es
vor, dafs die Grofsgrundbesitzer ihren Pächtern nicht halfen, sondern
sie zur Vollstreckung ihrer Pachtverträge trotz der schlechten Zeiten
und zur Zahlung ihrer rückständigen verhältnismäfsig hohen Pachtgelder ohne Rücksicht zwangen. Man kann annehmen, dafs in den
meisten Fällen die Grofsgrundbesitzer bereit waren, die Verluste der
schlechten Zeiten mit ihren Pächtern durch öfteres Erlassen oder
Stundung der Pachtgelder zu teilen oder durch Entschädigung für
Dünger, eigentlich nur eine andere Form des Pachterlasses. Auf
diese Weise hat sich so mancher Pächter durchhelfen können ohne
bankrott machen zu müssen und ohne zur Subhastation zu greifen, was
sonst in Deutschland der Fall gewesen wäre, wenn statt mit einem
nachgebenden Verpächter es der Farmer mit Hypothekengläubigern
zu thun gehabt hätte.

Es ist festgestellt, dafs der Gutsbesitzer ebenso viel Lob verdient
als der Pächter, wenn sie sich zusammen durch schwere landwirtschaftliche Zeiten durchgeholfen haben. Was die **Ursachen der
Krisis** in dortiger Gegend betrifft, so gehen die Ansichten sehr auseinander: In erster Linie sind es wohl niedrige Produktenpreise und ausländische Konkurrenz. Durch den ganzen Osten
Schottlands war die Meinung vertreten, dafs die Hauptursache der
schlechten landwirtschaftlichen Zeiten in den niedrigen Produkten-

preisen zu suchen sei, die während der letzten Zeit durchaus Grofs-britannien beherrscht haben. Es unterliegt keinem Zweifel, dafs der Rückgang der Getreide- und aller landwirtschaftlichen Produktenpreise ein langsamer und andauernder gewesen ist. Ferner ist die Thatsache sicher, dafs die Ursache dieses Rückganges wiederum in der allmählich zunehmenden Konkurrenz zu finden ist. Während vieler Jahre haben englische Kapitalisten und kapitalkräftige Gesellschaften ihre Kapitalien nach den englischen Kolonieen und Amerika zur Anlage geschickt. Dieses Geld ist dort meist den dortigen Farmern geliehen worden und durch diesen aus Grofsbritannien stammenden Kredit ist es den Farmern im Ausland möglich gewesen, die Landwirtschaft des Aus-landes auf die Weise zu entwickeln und zur Blüte zu bringen, wie es thatsächlich geschehen ist. Es ist bestimmt anzunehmen, dass die Zufuhr von Nahrungsmitteln aus dem Ausland eher zu- als abnehmen wird und dafs die englischen Farmer auch in der Zukunft mit der aus-ländischen Konkurrenz zu rechnen haben werden, wenn vielleicht auch nicht schärfer als während der letzten paar Jahre. Was die Mittel betrifft, die die Farmer des östlichen Schottlands zur Abhilfe der landwirtschaftlichen Konkurrenz vorschlagen, so finden sich Leute, die wieder zur Zollpolitik greifen möchten. Allein die Mehrzahl sieht doch ein, dafs es nicht nur für England unpolitisch und falsch wäre Zollpolitik zu treiben, sondern dafs ein Zoll nicht die gewünschte Wirkung haben würde. Bei einem geringen Zoll würden wahr-scheinlich die Preise etwas steigen. Allein dieses Steigen der Preise würde nur den Farmern zu gute kommen, bei denen die Pachtzeit noch längere Zeit zu laufen hat. Bei Ablauf einer Pachtzeit würde der Pachtbetrag, bei Neuverpachtung, auf den erhöhten Preisen basiert sein. Die Konkurrenz bei der Steigerung würde gröfser sein und auf diese Weise würde der Gewinn dem Pächter nicht viel helfen, sondern eher dem Verpächter in Form von erhöhter Pacht zu gute kommen. Möglicherweise würden die Pächter während ein paar Jahren einen Nutzen von den erhöhten Preisen haben; allein die Zollpolitik ist in England ganz ausgeschlossen und würde auch, wenn sie eingeführt werden könnte, wie wir gesehen haben, mit der Zeit nur der Land-aristokratie zu gute kommen. Diese macht aber eine ganz ver-schwindend kleine Zahl aus und das allgemeine Wohl Englands beruht auf Freihandel. Eine unter den Farmern des östlichen Schottlands viel verbreitete Ansicht über die zu schaffende Abhilfe der Krisis liegt in dem allgemein verbreiteten Wunsche und Bedürfnisse der Neuregulierung der Pachtsummen. Die Grundlage für alle

Pachtbeträgeberechnungen müfste die Rente des betreffenden Gutes sein. Der Reinertrag, also der Rohertrag nach Abzug der Produktionskosten, Zinsen des Betriebskapitals und Unternehmergewinnes, müfste mafsgebend sein für die Höhe der Pachtsumme! Der Überschufs also über die Produktionskosten, Zinsen des Betriebskapitals und Unternehmergewinn repräsentiert die Pachtsumme, die der Püchter zahlen sollte. Der ganze Wohlstand des Püchters hängt davon ab, dafs er eine angemessene Pacht bezahlt, bei der er bestehen kann. In England existiert mit Recht eine Abneigung gegen eine Bevormundung des Staates in privaten Angelegenheiten und was der Engländer irgendwie ohne Staatshilfe machen kann, da verzichtet er auf diese wohlgemeinte Hilfe. So auch in diesem Fall der Regulierung der Pachtsummen. So würde es der schottische Farmer ungern sehen, wenn der Staat dazu berufen sein würde, Pachtsummen vorzuschreiben. Allerdings ist die Pachtsumme das wichtigste für den Wohlstand des Farmers und bedingt seine Existenz; allein durch das Pachtsystem Englands, das als ein kaufmännischer Handel angesehen wird, bedingen schon die Gesetze des Angebotes und der Nachfrage eine Regulierung der Pachtsummen auf ihre normale zeitgemäfse Höhe. In solchen Fällen, wo vor 10 bis 15 Jahren langjährige Pachtkontrakte unterzeichnet wurden, und zwar unter günstigeren Verhältnissen ohne Bewufstsein der eintretenden landwirtschaftlichen Krisis, war es nötig, die Pachtkontrakte einer Revision zu unterwerfen. In den meisten Fällen hat der gesunde Menschenverstand die schottische Landaristokratie dazu gebracht, diese Revision vorzunehmen und sind sie fast immer ihren Püchtern in der Not zum beiderseitigen Wohl zu Hilfe gekommen. Gegenseitige Hilfe, Revision und Konzessionen haben die Landaristokratie und Pächter immer enger verbunden, so dafs sie jetzt zum gröfsten Teil grofses Vertrauen zu einander haben und aufserordentlich gut auskommen. Die Landaristokratie weifs sehr wohl, dafs, sowie der Farmer in Schwierigkeiten versetzt und finanziell lahmgelegt wird, das betreffende Gut unter der Betriebsweise und knappen Wirtschaftsführung leiden mufs und dafs dann noch dazu die unausbleiblichen Pachtrückstände eintreten. Das Wohl der Landaristokratie hängt eben heute von dem Wohlstand der Pächter ab.

Ein Gegenstand der allgemeinen Klage im östlichen Schottland scheint die Thatsache zu sein, dafs den Amerikanern erlaubt ist, zollfrei ihre ganzen landwirtschaftlichen Produkte nach England herein zu schicken, während sie selbst auf englische Produkte hohe

Zölle legen. Die schottischen Farmer behaupten mit Recht, dafs dies Verfahren ungerecht ist, dafs der Freihandel auf Gegenseitigkeit beruhen sollte.

Im östlichen Schottland werden sehr viele und sehr gute Kartoffeln gebaut, namentlich ist dies der Fall in Perth, Forfar und Fife. Ein aufserordentlich rentabler Export könnte nun von Schottland nach den östlichen Städten der Vereinigten Staaten stattfinden, da die Seefracht sehr wenig ausmacht, wenn nicht die Amerikaner einen sehr hohen Zoll auf die Einfuhr gesetzt hätten, der 40 s pro ton beträgt, ein Zoll, der eigentlich jede Einfuhr ausschliefst.

Diese Thatsache wurde allgemein hervorgehoben und bietet Stoff zur allgemeinen Klage unter den Farmern, welche behaupten, es würde ihnen viel besser gehen, wenn sie auch diesen Absatz für ihre Kartoffeln hätten. Es unterliegt auch keinem Zweifel, dafs der Farmer in England dem Ausland gegenüber aufserordendlich „handicaped" ist, und dafs es ihm wenigstens gegönnt sein sollte, in ausländischen Märkten auf demselben Fufse in Konkurrenz zu treten als in England, wo die ganze Welt freien Zutritt hat.

Was die Einfuhr von fremdem Fleisch betrifft und die Frage, ob dasselbe bei der Einfuhr nicht gestempelt werden sollte, so wird dieselbe jetzt durch ein „Committee of the House of Lords" behandelt. Die Ansicht der schottischen Farmer geht dahin, dafs jedes fremde Fleisch beim Ausladen am Hafen einen Stempel erhalten sollte, um die betrügenden Händler zu verhindern, dasselbe als englisches Mastfleisch zu verkaufen. Das als am einfachsten bezeichnete Mittel wäre durch Konzessionen die Zahl der Händler, die in fremdem Fleisch handeln, festzustellen, damit nur durch diese Händler fremdes Fleisch zu beziehen sei. Das Publikum würde hierdurch weniger betrogen werden und aufserdem hätte der einheimische Farmer und Produzent einen Schutz gegen die betrügerische Konkurrenz ausländischen Fleisches mit dem bei weitem besseren fertigeren Mastprodukt Schottlands. Dafs der betrügerische Verkauf fremden Fleisches als einheimisches Produkt sehr verbreitet ist, ist festgestellt; namentlich geschieht das durch Metzger, die in fremdem und einheimischem Fleisch gleichzeitig handeln und das billigere fremde Fleisch wenn möglich zum teueren einheimischen Preise an Kunden abgeben.

Ferner finden wir im östlichen Schottland Klagen über die Eisenbahnfrachten.[1]) Es klagten die meisten, dafs die Eisen-

---

[1]) Agriculture in Scotland, Mr. James Hope, p. 25. London 1894.

bahngesellschaften für ausländische Produkte für die Fracht vom
Hafen aus weniger rechneten als für eine kleine inländische Entfernung
für den Transport der einheimischen Produkte.

Dieses System ist natürlich zu verwerfen, und wo Staatsbahnen
existieren, würde so etwas nicht vorkommen; allein in England findet
man durchweg nur Privatbahnen, die meist von gröfseren Häfen aus
nach den grofsen Städten und Marktzentren in Konkurrenz miteinander
treten, die aber im Inlande auf Zwischenstationen nicht existierten
und wo sie dann ihr Monopol ausnützen.

Es ist natürlich, dafs an der Hafenstadt jede Bahngesellschaft
die Verfrachtung der ausländischen Produkte an sich ziehen möchte,
da dieselbe im Jahre sehr viel ausmacht; daher stammt auch die
Konkurrenz und die fabelhaft niedrigen Frachttarife zwischen Hafen
und Marktzentren. Die Kommission, deren Vorstand „His Grace the
Duke of Richmond and Gordon" ist, hob diesen Mifsstand ganz besonders
hervor und schlug sogar das Eingreifen des Parlaments vor,
um dieses Übel zu beseitigen.

Es müfste eigentlich und mit Recht als strafbar angesehen werden,
wenn eine Bahngesellschaft dem Auslande solche Präferentialtarife
bietet, und müfste dieselbe gezwungen werden können, wenigstens
gleichmäfsige Tarife für in- und ausländische Ware festzustellen ohne
Bevorzugung der im Hafen landenden ausländischen Ware.

Es haben auch die Produktionskosten scheinbar stark zugenommen.
Die Farmer dieser Gegend behaupteten, dafs die Produktionskosten
im landwirtschaftlichen Betriebe während der letzten
10 Jahre sich um 10—15 % vergröfsert hätten.[1]) Dies beruht auf
der Zunahme des Tagelohnes in der Landwirtschaft und vielleicht
noch die erhöhten Rechnungen der Handwerksleute. Die Verteuerung
der Produktionskosten würde noch erheblich gröfser gewesen sein, wenn
nicht während derselben Zeitperiode derartig grofse Verbesserungen in
der Produktion durch Maschinen stattgefunden hätte, dafs sie an Tagelohn
spart und so die Höhe der Produktionskosten verringert hat.
Es scheint keine Aussicht vorhanden zu sein, dafs die Höhe der Gesindelöhne
sich verringert und nach Ansicht der Farmer erwarten sie
auch keine Verringerung des Tagelohnes. Die Lage des landwirtschaftlichen
Arbeiters hat sich entschieden gebessert. In Grofsbritannien
findet man auch zwischen dem landwirtschaftlichen Arbeiter
und dem Farmer eine gegenseitige Anhänglichkeit und grofses Ver-

---

[1]) Agriculture in Scotland, Mr. James Hope. p. 23. London 1894.

trauen uud Verständnis für die gegenseitigen Verhältnisse. Kein
Farmer wird jemals neidisch auf den Tagelohn seines Arbeiters sein
und läfst ihm gern etwas zu gute kommen, so lange er selbst dabei
bestehen kann. Einen liberaler gesinnten Arbeitgeber und einen
wohlwollenderen Arbeitsherrn giebt es wohl kaum als den englischen
Farmer, der im allgemeinen der gastfreieste Mensch ist und alles
aufbietet für das Wohl seiner Mitmenschen, so lange er dazu in der
Lage ist.

Die Besteuerung ist auch im östlichen Schottland Gegenstand der Klage seitens der Farmer. Wir wollen die Besteuerung
hier etwas näher betrachten und besprechen.[1]) Mit der Annahme des
„Local Government Act for Scotland" und durch die infolge davon
eintretenden Änderungen durch den „County Council" haben die Orts-
steuern in manchen Fällen zugenommen. Mit Ausnahme der Schul-
und Armensteuern scheinen keine Klagen zu herrschen.

Was die Schulsteuern betrifft, so finden wir, dafs vor der
Einführung des „Scotch Education Act" im Jahre 1872 das Einkommen des Schulmeisters durch den Grundherrn bezahlt wurde.
Durch die neue Gesetzgebung verteilte sich diese Ausgabe an Steuern
auf Verpächter und Pächter gleichmäfsig und zum erstenmal in Schottland fand sich der Pächter mit einer Erziehungssteuer belastet, während andrerseits sich die Besitzer von einem Teile dieser Steuer ent-
lastet sahen. Viele Pächter fühlten die Ungerechtigkeit der Auflage
einer Steuer während einer längeren Pachtperiode, zu deren Anfang
sie auf keine Steuer gerechnet hatten. Auch fühlten sie, dafs das
Parlament dadurch ein Prinzip durchgeführt hatte, welches ihnen verweigert war z. B. im Falle des „Ground Game Act". Im letzteren
Falle waren die hierdurch entstandenen Privilegien dem jeweiligen
Pächter mit noch laufendem Pachtkontrakte verweigert! Unter den
Farmern herrscht allgemein die Ansicht, dafs die Schulsteuer eine
Steuer ist, die wenigstens zu $\frac{2}{3}$ auch durch Verpächter zu zahlen
und nur $\frac{1}{3}$ vom Pächter zu tragen wäre. Worin dies begründet
ist, ist nicht zu ermitteln und jetzt, wo die alten Pachtkontrakte meist
abgelaufen sind, spielt die Steuer bei der Pacht eine Rolle. Der
bietende Pächter nimmt eben jetzt bei seinem Gebot die Steuer in
Betracht und bedingt schliefslich in Verbindung mit anderen Faktoren
die Höhe der Pachtsumme. Heutzutage haben alle Steuern die Tendenz schliefslich auf den Verpächter zurückzufallen, denn beim An-

---

[1]) Mr. James Hope, Agriculture in Scotland, p. 24. London 1894.

tritt einer Pacht berechnet der Pächter die Steuern mit den Produktionskosten und folglich tragen die Steuern dazu bei, die Rente des Verpächters zu verringern. Verpächter und Pächter sind aber beide darüber einig, dafs die jetzige Art und Weise der Steuer ungerecht ist und einer Revision bedarf. Ferner verlangen die Pächter eine Ausdehnung ihrer Stimmrechte, indem sie behaupten, dafs sie auf dem Gemeindeausschufs ungenügend vertreten sind. Diese Klagen richten sich namentlich auf die Ausführung der Verteilung der Armensteuer. Es wird hervorgehoben, dafs die Armensteuer auf ungerechter Basis beruht. Im allgemeinen kann man behaupten, dafs kein Erwerbszweig oder Beruf weniger zur Armut und Vergröfserung der Anzahl der Armen beiträgt als gerade die Landwirtschaft. Es unterliegt auch keinem Zweifel, dafs die Unterhaltung der Armen eine Nationalverantwortung ist, die durch die Nation gedeckt werden sollte und es wird mit Recht behauptet, dafs diese Verantwortung durch den gemeinsamen Reichtum der Nation bezahlt werden müfste. Wie der Thatbestand jetzt ist, ist das nicht der Fall. Unter den „Poor law Acts" werden die Steuern zur Unterstützung der Armen aus den Erträgen des Grund und Bodens in erster Linie in Schottland bezogen. Diese Last müfste nicht allein auf dem Grund und Boden ruhen, sondern nach gesundem Menschenverstand müfste sich die Steuer aus dem gesamten Reichtum des Landes rekrutieren. Diese Klagen seitens der Farmer scheinen ganz berechtigt zu sein und müfste gewifs die Armensteuer eine Steuer der ganzen Nation werden, die auf alle Besitzer irgend welchen Reichtums gleichmäfsig verteilt werden sollte. Könnte diese Verteilung auf den Reichtum der Nation stattfinden, so unterliegt es keinem Zweifel, dafs den Landwirten geholfen sein würde zum Wohl aller, die in der Landwirtschaft interessiert und beschäftigt sind. Ferner existieren Klagen über die Art und Weise der Erhebung der Einkommensteuer, namentlich also über die Besteuerung eines taxierten Einkommens, das als das thatsächliche Einkommen des Farmers angenommen wird, was oft nicht zuträfe. Es wird z. B. die Pächterwohnung taxiert und zwar in einer ähnlichen Weise, als ob das Haus in der Stadt und als Miethaus gemietet sei und wird der Farmer gezwungen eine unberechtigte Wohnsteuer zu zahlen. Nach dem Steuergesetz beträgt der Steueranschlag des schottischen Farmers $\frac{1}{8}$ der von ihm bezahlten Pachtsumme, da angenommen wird, dafs eine Farm einen Reingewinn für den Pächter von $\frac{1}{3}$ der Pachtsumme abwirft. Ob zur Zeit dieser Gesetzgebung die Farmen thatsächlich einen so grofsen Reingewinn

abwarfen oder nicht, weifs ich nicht. Allein nach allgemeiner Angabe
des Farmers ist es schon sehr lange her, dafs sie ein Einkommen oder
einen Reingewinn im Betrag eines Drittels ihrer Pachtsumme aus
ihren Gütern erhalten haben. Die Meinung war sehr verbreitet, dafs
die Grundlage der Art und Weise der Besteuerung falsch sei, und es
wurde hervorgehoben, dafs die Farmer in der Art und Weise besteuert
werden müfsten wie die Kaufleute und Händler, was die Einkommensteuer betrifft; auch den Farmern müfste erlaubt sein, sich selbst
einzuschätzen und ihr jährliches Einkommen nachzuweisen und nur dafür
Steuer zu zahlen. Allerdings sorgt das Gesetz dafür, dafs, wenn der
Farmer seine Steuer für zu hoch hält, er sich beschweren und Entschädigung reklamieren kann, allein in den meisten Fällen ist dieser Weg
der Reklamation so umständlich, dafs die meisten Farmer es vorziehen,
die etwas hohe Steuer zu zahlen als auf umständlichem gerichtlichen
Wege eine Änderung ihres Steuerbeitrages zu erhalten. Solche Reklamationen sind nur auf sehr umständlichem gerichtlichen Wege zu erhalten und zwar durch die Appellation an den „Court of Appeal" und ist
diese Reklamation mit solchen Schwierigkeiten verbunden, dafs
die Farmer gar keinen Gebrauch davon machen. Nach Angabe
der Farmers wäre es heutzutage gerechter, statt $\frac{1}{3}$ der Pachtsumme nur $\frac{1}{6}$ der Pacht als Steuer abzugeben. Die Klage des
Farmers über die zu hohe Steuer scheint eine begründete und ganz ge-
rechtfertigte zu sein. Es existiert kein Grund, warum die Landwirtschaft
auf eine andere Weise besteuert werden soll als jedes andere kaufmännische Geschäft, und es ungerechtfertigt scheint, den Farmer nach
Höhe der von ihm gezahlten Pachtsumme zu besteuern und wäre es
viel gerechter nach Selbsteinschätzung seines thatsächlichen Einkommens ohne Berücksichtigung der Höhe der Pachtsumme die Besteuerung vorzunehmen. Alle Steuerpflichtigen in England, sei es im
kaufmännischen oder in irgend welchem Beruf, haben das Recht, sich
selbst einzuschätzen und nach dieser Schätzung zahlt der Betreffende
Einkommensteuer. und kann ich nicht einsehen, warum hier der
Farmer eine Ausnahme bilden sollte. Diese Änderung des Gesetzes
wäre ein grofses „Bene" für die Farmer, von denen viele jetzt Einkommensteuer zahlen auf fingierte Einkommen, die sie seit Jahren
nicht gehabt haben und worüber sie mit Recht klagen. Aufserdem
würde eine solche Änderung nicht nur dem Farmer eine beträchtliche
Ausgabe ersparen, sondern auch die umständliche Gesetzgebung betreffs Reklamationen durch Hinzunahme des „Court of Appeal" ab-
schaffen. Vielfach klagten Farmer darüber, dafs sie unberechtigter-

weise Steuern für gezahlte Feuerversicherungsprämien abzugeben hätten, was doch auch nicht gerechtfertigt ist.

Ferner existieren viele Klagen über die Besteuerung der Wohnungen und Farmhäuser, die schliefslich auf einem Gute Bedürfnis und nicht als Luxus steuerpflichtig sind. Alle, die in der Landwirtschaft interessiert sind, geben zu, dafs diese Steuer auch abgeschafft werden soll. Ohne Pächterwohnung und Wohngebäude hat ein Gut für einen Pächter keinen Wert und in vielen Fällen sind die Wohngebäude eben so wichtig für den Farmer als gute Geräte, gute Maschinen und gute Wirtschaftsgebäude. Jeder Farmer ist der Ansicht, dafs Wohnhäuser auf den Pachtgütern von den Steuern befreit sein sollten. Wenn das geschehen könnte in Verbindung mit einer geregelten Einkommensteuerzahlung, wäre ein grofser Schritt gethan, um den Farmerstand zu unterstützen und ihm zu helfen.

Eine weitere Steuer, die den Farmer interessiert, ist die Malzsteuer[1]), die kürzlich durch die Biersteuer ersetzt worden ist. Es ist interessant zu sehen, welchen Einflufs die Neueinführung der Biersteuer der alten Malzsteuer gegenüber auf die Produzenten von Braugerste gehabt hat. Wir beschränken uns hier wieder auf die Grafschaften Perth, Forfar und Fife. Während der Zeit der Malzsteuer wurde die Steuer auf das Mafs an Malz erhoben, so dafs der Brauer durch diese Art der Besteuerung sich genötigt sah, um von dem möglichst kleinsten Quantum Gerste möglichst viel Extrakt zu bekommen, natürlich nur die möglichst beste Gerste zu kaufen, um dadurch möglichst wenig Steuer zahlen zu müssen. Es war durchweg bei den Brauern üblich, nur die allerbeste Qualität an Gerste zu kaufen. Hierdurch war die einheimische Nachfrage nach einer tadellosen Gerste zu Brauzwecken stets eine grofse und hierdurch war auch der von den Farmern erzielte Preis ein rentabler. Seitdem die Malzsteuer abgeschafft worden ist und durch die Biersteuer ersetzt, haben die Brauer nicht mehr dasselbe Interesse daran, das zur Malzbereitung verwendete Material möglichst zu verringern, da es ihnen nicht mehr darauf ankommt, was die Steuer anbelangt, ob das verwendete Material an Quantität grofs oder klein ist, da das Resultat in beiden Fällen das gleiche ist. Nun sind seit der Abschaffung der Malzsteuer grofse Quäntitäten fremder Gerste zur Verwendung gekommen und hat durch dieselbe Abschaffung die Nachfrage nach einheimischer Gerste erster Qualität sehr nachgelassen und infolgedessen ist der Preis dieser

---

[1]) Mr. James Hope, Agriculture in Scotland, p. 25. London 1894.

Ware sehr gefallen. Die einheimische Gerste, namentlich Primaware,
ist verhältnismäfsig im Preise zurückgegangen und wird der Rückgang
dieser Ware seit Abschaffung der Malzsteuer von den Farmern auf
5—10 s pro Quarter taxiert. Auch kommt noch die Thatsache hinzu,
dafs heutzutage die Brauer allbekannt nicht nur viel mehr fremdländische Gerste zu Brauzwecken verwenden, sondern auch aus Mais,
Reis und Melassen des Zuckers, Malz auszuziehen; diese Thatsachen
haben zusammen unbedingt auf die Gerstenpreise Schottlands und
Englands gewirkt und hierdurch eine Ausgleichung der Preise des einheimischen und fremdländischen Gerstenproduktes bewirkt, indem die
einheimische Gerste im Preise erheblich gesunken ist. Es ist allgemein die Ansicht vertreten, dafs der Verlust, der durch die Änderung der Gesetzgebung dem Farmer entstanden ist, in keiner Weise
dem Konsumenten zu gute gekommen ist. Es ist daher anzunehmen,
dafs der Grofsbrauer und der Bierwirt den Nutzen an der Gesetz-
änderung gehabt haben zum Schaden des Farmers einerseits und des
Publikums andrerseits. Jedenfalls steht fest, dafs während früher der
Brauer unter dem Einflufs des alten Gesetzes sich genötigt sah, die
einheimische Primagerste zu kaufen und gut zu bezahlen, er heute sein
Bier aus schlechter ausländischer Ware braut.

Es scheint also sicher festgestellt zu sein, dafs die Aufhebung
der Malzsteuer nachteilig auf die schottische Landwirtschaft eingewirkt hat, und es ist ferner anzunehmen, dafs die Einführung der
Biersteuer unter den Ursachen der Notlage der Landwirtschaft zu
rechnen ist und namentlich mafsgebend für solche Farmer, die solche
Güter bewirtschaften, auf welchen sie in der Lage sind, Gerste von
prima Qualität zu produzieren. Die Zahl dieser Güter ist eine sehr
grofse in Schottland; könnte die frühere Malzsteuer wieder eingeführt
werden, dann wäre vielen Farmern geholfen, die früher auf die Geld-
einnahme feinster Gerste als Haupteinnahme ihres Gutes gesehen
haben und jetzt erheblichen Schaden leiden. Auch ist nicht anzunehmen, dafs der Konsument einen Schaden hätte; er würde im
Gegenteil durch die bessere Qualität des Bieres Vorteil haben können.

Freiheit in der Bewirtschaftung und im Verkauf
der Gutsprodukte erfreut sich immer mehr einer gröfseren Verbreitung.[1] In früheren Kontrakten zwischen Verpächter und Pächter
war der Pächter in seiner Wirtschaftsweise aufserordentlich gebunden;
es war ihm vom Verpächter vorgeschrieben, wie er die Felder be-

---

[1] Mr. James Hope, Agriculture in Scotland. p. 24. London 1894.

bauen sollte und mufste; auch die Kulturpflanzen waren dem Pächter
vorgeschrieben; kurz und gut, er war der Sklave der Willkür seiner
Pachtherren, durfte kein Heu und kein Stroh, sogar nur einen
beschränkten Teil seiner Ernte verkaufen. Heute sind in Schottland
die Pachtkontrakte ganz anders abgefafst. Die Landaristokratie hat
es eingesehen, dafs es die veränderten Zeiten nicht mehr erlauben
nach veralteten Systemen zu wirtschaften, und haben immer mehr
und mehr dem Pächter freie Hand in der Bewirtschaftung der Güter
gelassen. Natürlich kennen sie ihren Mann; einem Fremdling würde
die Aristokratie nicht freie Wirtschaft erlauben: aber Vertrauen
haben sie zu dem alten bewährten Pächter, dessen Grofsvater womöglich auf der Begüterung schon Pächter gewesen war und wo die Anhänglichkeit zwischen der Familie des Verpächters und Pächters eine
grofse geworden ist. Früher war dem Pächter sogar bei Strafe verboten, die Ausführung der Feldbestellung irgendwie zu ändern; jetzt
werden die Pachtkontrakte ganz anders gefafst; selbstredend giebt
es Ausnahmen, und man hört Klagen genug, dafs Verpächter heute
noch streng gefafste Pachtkontrakte abfassen und Einschränkungen
in der Bewirtschaftung der Güter auferlegen, die den Farmer verhindern, den möglichst grofsen Reinertrag aus dem Grund und Boden
zu ziehen. Es wird oft darüber geklagt, dafs öfters im Jahre ein
Bevollmächtigter des Verpächters oder ein Güterdirektor die Felder
betreffs des Anbaues strengstens kontrolliert, um zu sehen, ob der
Pächter sich auch streng an seinen Pachtkontrakt gehalten hat; falls
unglücklicherweise der arme Pächter vielleicht notgedrungen Änderungen in seinem Feldbestellungsplan gemacht hat, so werden von
ihm die gesetzlichen Strafen verlangt, wenn auch der Pächter nachweisen kann, dafs das Gut in keiner Weise gelitten hat. Solche
Fälle bilden aber heutzutage die Ausnahme. Die mehr oder weniger
wirtschaftliche Art und Weise der heutigen Betriebsweise bedingt
schon eine andere Abfassung als die alten Pachtkontrakte; wo die alten
Kontrakte noch bestehen, wirken sie aufserordentlich hemmend auf
eine nach heutiger Ansicht rationelle Wirtschaftsweise des Grund
und Bodens. Wenn dem Pächter freie Hand in der Bewirtschaftung
und in dem Verkauf sämtlicher Produkte gelassen wird, so ist es
andrerseits auch natürlich, dafs sich der Verpächter vor einer gewissen Klasse von raubsüchtigen Pächtern schützen mufs und für
solche sind Einschränkungen der Betriebsart unumgänglich nötig. In
letzterem Falle wären z. B. Rotationsvorschriften nötig und ferner die
Bedingung des Reinhaltens und regelmäfsigen Düngens. Im allge-

IX. 2 18
29

meinen gilt die Bestimmung, daſs das Gut in demselben Dünger-, Kraft- und Rotationszustand am Ende der Pacht abgegeben werden muſs in dem dasselbe zu Anfang der Pachtperiode übernommen wurde.

Bei einer längeren Pachtperiode sind die meisten Pächter mit dieser Bedingung einverstanden, da sie während der Pachtperiode dann freie Hand haben und nur verpflichtet sind, den Kraftzustand des Bodens nicht zu verringern. Man kann annehmen, daſs jeder schottische Farmer willens ist, seinem Pachtherrn eine dem Gute angemessene Pacht zu zahlen und es unterliegt keinem Zweifel, daſs wo die Verpächter ihren Pächtern haben vertrauen können, indem sie ihnen freie Hand gelassen haben, sie ihre Einkommen erhöht haben, indem der Pächter aus dem Grund und Boden mehr herauswirtschaften konnte, einen gröſseren Reinertrag erhielt und seinem Pachtherrn mehr Pacht zahlen konnte. Durch die freie Wirtschaft ist eben der Pächter stets imstande dem Boden gröſsere Ernten abzugewinnen; er baut dann nur solche Kulturpflanzen, die zur Zeit ihm am meisten Reinertrag zu bringen scheinen und für die er den besten und günstigsten Marktabsatz hat. Er ist dann ferner imstande mehr Tagelöhner zu halten und dieselben besser zu bezahlen. Kurz und gut, es wäre, wenn die freie Wirtschaft allgemein eingeführt werden könnte, für das Aufblühen der ganzen Landwirtschaft von erheblichem Vorteil und Nutzen.

Man findet auch viele Klagen über die Güterdirektoren und Agenten der Landaristokratie im östlichen Schottland. Die Farmer sind der Ansicht, daſs diese Direktoren, die meist Juristen sind, ungenügende Kenntnisse der praktischen Landwirtschaft besitzen. Sie halten sich in der Regel an die alten Pachtkontrakte, die ihre Vorgänger gehalten haben und sind ängstlich mit der Einführung von Neuheiten und Verbesserungen. Sie haben ungenügende Erfahrung, um beurteilen zu können, wie viele der Sätze und Bedingungen in den alten Pachtkontrakten ungerechtfertigt und veraltet sind, haben also ungenügendes Vertrauen zum Pächter, den sie oft nur wenig kennen. In der Regel erreicht ein alter guter Pächter mehr durch die Hilfe seines wohlwollenden Verpächters als direkt vom Güterdirektor. Es ist natürlich schwierig für einen solchen Güterdirektor, auch die Traditionen und Regeln der Güterverpachtungsbedingungen zu ändern, denn geht er zu weit in seinen Befugnissen, so ist womöglich seine Stellung in Frage gestellt.

Der angemessenste Weg wäre die Beseitigung der veralteten Pachtkontrakte und die Schaffung neuer zeitgemäſser, nach neuestem wissenschaftlichem System begründeter Kontrakte, die freie Wirtschaft gestatten, wobei den Verpächtern gleichzeitig gegen Raubbau Schutz gewährt wird. Der Verpächter müfste eben dann nur sorgfältiger in der Auswahl seiner Pächter sein und darauf sehen, dafs nur kapitalkräftige und gut ausgebildete Landwirte pachten können. Diese erhöhte Vorsicht in der Auswahl eines guten Pächters könnte also nur von günstigem Einflufs für die Allgemeinheit sein.

Was nun die Art und Weise des Verkaufs von landwirtschaftlichen Erzeugnissen in England und Schottland betrifft, so geschieht dieselbe heutzutage fast ausschliefslich durch Auktionen oder „Sale-rings" anstatt wie früher auf offenen Märkten. In früheren Jahren fuhren die Farmer selbst auf die offenen Märkte und kauften und verkauften selbst, und sie ersparten sich hierdurch die heute existierende hohe Kommission der Zwischenhändler. Heutzutage überweist ein Farmer fast immer sein Vieh an einen Kommissionär, der dasselbe im Verkaufsringe öffentlich versteigert, und rechnen diese Kommissionäre dem Farmer eine ziemlich hohe Kommission für die Auktion und gleichzeitig für die Garantie des Gelderlöses seitens der Käufer. Diese Kommission beträgt oft bei grofsen Gütern eine ganz beträchtliche Summe pro Jahr, und viele Farmer waren der Meinung, dafs die Hinzuziehung des Auktionärs alljährlich grofse Ausgaben verursache. Man könnte nun vielleicht sagen, dafs den Farmern nichts im Wege steht, die Auktionen beiseite zu lassen und selbst persönlich wieder wie früher zu verkaufen und kaufen, allein der Auktionsring hat sich in England so eingebürgert und wird derselbe dermafsen als eine anerkannt gute Einrichtung betrachtet, dafs ein Rückgang zum alten System fast ausgeschlossen ist, da eine Menge der früheren offenen Märkte gar nicht mehr abgehalten werden. Thatsächlich bildet der Auktionsring, der nebenbei gesagt eine von den Farmern selbst ins Leben gerufene Einrichtung ist, eine bequeme und praktische Art und Weise des Kaufs und Verkaufs. Abgesehen davon, dafs die Käufer alle am Platze miteinander beim Ankauf zu konkurrieren haben, hat der Farmer noch aufserdem den grofsen Vorteil der Sicherheit seines Geldes, indem der Auktionär den Erlös garantiert und er sich schon selbst vor Verkauf an unsichere Kunden wahren wird. Aufserdem haben die Farmer in neuester Zeit, um sich gegen die zu hohe Kommission zu schützen, Gesellschaften gebildet und zwar auf genossenschaftlichem Wege, um eigene Auktionsringe mit angestelltem Auktionär mit Tantième zu gründen, unter dem Schutze des „Company Act"-Gesetzes, und müssen die Farmer selbst zum Teil dabei als Aktionäre beteiligt sein. Aufser den Farmern können auch andere Käufer oder Verkäufer Aktien besitzen.

Während allgemein in England und Schottland Getreide und sonst alle Bodenprodukte per Gewicht verkauft werden, so ist dies bei Vieh nicht der Fall. Es unterliegt keinem Zweifel, dafs beim Handel mit Gewichtsberechnung der Preis ein viel besserer wäre als der jetzige durch Augenmafs, Urteil und Schätzung, und hoffen viele Farmer, dafs der Zeitpunkt bald eintreten wird, wo auf der Auktion statt nach Schätzungen zu bieten, die Käufer sich im Preise pro Centner lebend Gewicht steigern werden; es ist auch anzunehmen, dafs dies der sicherere Weg des Kaufs und für den Verkäufer ebenfalls vorteilhafter wäre.

Was die Währungsfrage betrifft und ihre Einwirkung auf die landwirtschaftliche Krisis, so legen die praktischen Farmer Schottlands kein so grofses Gewicht auf diese Frage. Sie geben zu, dafs die Währungsfrage für solche Länder wie Argentinien und Indien eine grofse Rolle spielt, allein sie scheinen zu glauben, dafs sie keine grofse direkte Wirkung auf die einheimische Landwirtschaft hat. Die Farmer sehen auch nicht, etwa wie in Deutschland zum Teil, das Heil der Landwirtschaft in der Einführung der Doppelwährung; nur einzelne haben sich eingehend mit der Frage beschäftigt, und scheinen diese allerdings Anhänger der Doppelwährung zu sein.

Ein grofser Teil der Farmer legt Hauptgewicht auf die **Wiedereröffnung der schottischen Häfen für kanadisches Mager-und Jungvieh**.[1]) Die schottischen Farmer im Osten, in Perth, Forfar und Fife sind zum grofsen Teil Mäster von magerem Jungvieh. Nun ist während einiger Zeit schon die Einfuhr solches mageren Jungviehes oder sog. „Store-Cattle", kurz „Stores" genannt, aus Kanada verboten; hierdurch mufsten die Mäster für mageres Jungvieh im Herbst erhöhte Preise bezahlen. Glücklicherweise war für die schottischen Mäster das Angebot dieser Ware aus dem Süden Englands grofs, da diese z. Z. nicht Futter genug hatten und verkaufen mufsten; wäre letzteres nicht der Fall gewesen, so wäre der Ankaufspreis des Magerviehes so hoch gewesen, dafs eine Hochmast sich kaum rentiert haben dürfte.

In Perth, Fife und Forfar war allgemein die Ansicht vertreten, dafs die Einfuhr kanadischen Magerviehes wieder erlaubt sein dürfte. Die Einnahme durch die Mast dieses kanadischen Magerviehes hat in

---

[1]) Mr. James Hope. Agriculture in Scotland. p. 25. London 1894.

den früheren Jahren die Haupteinnabme der östlichen schottischen Farmer gebildet, und dieselben leiden jetzt sehr unter dem Mangel billig einzukaufenden Magerviehes. Seit langen Jahren ist die Aufzucht des Viehes im östlichen Schottland als unrentabel aufgegeben und die Farmer ziehen vor, das Magervieh zu kaufen, sei es aus Kanada oder jetzt aus Irland und dem Westen Schottlands zur Verwertung ihrer grofsen Turnip- und Rübenernten. Die Erschliefsung der schottischen Häfen für kanadisches Jungvieh betrachtet der Farmer im östlichen Schottland als eines der Hauptmittel gegen die Notlage ihres Gewerbes und zwar in Verbindung mit den früher erwähnten Ursachen.

Eine Untersuchung des Besitz- und Pachtwechsels im östlichen Schottland ergab, dafs in den letzten Jahren nicht mehr Wechsel stattgefunden haben als in früheren Jahren. Selbstredend waren Fälle vorhanden, wo die Pächter mit Vermögensverlust ihr Pachtgut infolge der schlechten Zeiten verlassen mufsten, allein solche Fälle waren vereinzelt und kaum der Rede wert. Die Zahl der Güter, die dem Pächter blieben und vom Grofsgrundbesitzer in Ermangelung eines Pächters in Selbstregie genommen werden mufsten, ist hier verschwindend gering. In den Gegenden des östlichen Schottlands giebt es überhaupt keine Güter, die nicht bewirtschaftet würden und wie gesagt nur ganz wenige, die keinen Pächter fanden. Allerdings sind die Pachtbeträge erheblich zurückgegangen. Eine Ermäfsigung der Pacht war erstens nötig um sich den alten bewährten Pächterstand zu erhalten und zweitens waren nur für freiwerdende Güter Pächter zu finden. Bei reduzierter Pacht ist es niemals schwer gewesen, Pächter zu finden. Diese Pachtnachlässe fanden vielfach in Form von Lieferung von Dünger und Kalk oder durch Erlafs rückständiger Pacht statt. Nach Angabe der Farmer und Güterdirektoren sind die Pachten im östlichen Schottland um 10—50 % während der letzten zehn Jahre zurückgegangen. Der Durchschnitt kann wohl als annähernd 30 % angenommen werden.[1] Eine Untersuchung über die Frage, welche Art und Gröfse von Gütern am meisten durch die landwirtschaftliche Krisis gelitten habe, ergab ganz interessante Resultate. Im grofsen und ganzen betrachtet scheinen die kleinen Farmer die landwirtschaftliche Krisis besser überstanden zu haben als die gröfseren, allein dieser Schlufs ist nicht mafsgebend für die gröfsere Rentabilität der kleinen Farmen. Vielmehr glauben wir den Grund darin zu finden, dafs der kleine

---

[1] Mr. James Hope, Agriculture in Scotland, p. 24. London 1884.

Mann die unentgeltliche Hilfe seiner Familie bei der Arbeit besitzt.
Auch im östlichen Schottland ist es Sitte bei dem kleinen Farmer.
seine ganze Familie in seinem Betriebe arbeiten zu lassen, hierdurch
viel bare Ausgaben an Lohn ersparend. Die Kinder des kleinen
Farmers erhalten nur ihre Verköstigung und nur selten einen bestimmten
Tagelohn. Andrerseits finden wir, dafs diese kleinen Farmer verhältnismäfsig mehr Pacht zahlen als die gröfseren Pächter, da die Nachfrage nach solchen Gütern eine gröfsere ist. Viele gröfsere Pächter
behaupten, dafs wenn die kleinen Farmer genötigt wären, denselben
Lohn wie auf gröfseren Pachtgütern zu bezahlen und auf fremde Arbeit
angewiesen wären, sie bei den heutigen Zeiten und der Höhe ihrer Pacht
nicht bestehen könnten. Die gröfseren Farmer teilten die Ansicht,
dafs das beste landwirtschaftliche Arbeitsmaterial sich aus den Familien
des kleinen Farmers requiriert. In dem Mafse als die jüngeren
Kinder aufwachsen und vom Vater verwendet werden können, ziehen
die älteren ausgelernten Kinder auf die gröfseren Pachtgüter und vermieten sich als Vorarbeiter oder Tagelöhner. Trotz der Ansicht, dafs
der kleine Farmer die schlechten Zeiten durch Lohnersparnisse besser
überstanden hat als der gröfsere Farmer, wird doch allgemein zugegeben, dafs unter günstigen Umständen und normalen lukrativen
Preisen. die dem gröfseren Farmer erlauben, seine volle Intelligenz in
seinem Betriebe zur Wirkung zu bringen ohne durch die schlechten
Preise gehemmt zu sein, die gröfseren Farmer viel leichter imstande sind, dem Boden die höchsten Erträge abzugewinnen und einen
gröfseren Reinertrag zu erzielen. Es wird auch zugegeben, dafs die
gröfseren Farmer mehr Nahrungsmittel pro acre produzieren als der
kleine Mann, da die gröfseren Güter in der Regel intensiver und mit
mehr Intelligenz bewirtschaftet werden. Nicht nur sind sie imstande
unter normalen Verhältnissen gröfsere Ernten pro acre zu produzieren, sondern es wird auch auf den gröfseren Gütern mehr Vieh pro
acre gehalten, da der kapitalkräftigere Farmer besser imstande ist,
sein Vieh intensiver mit gekauftem Kraftfutter zu füttern.

Trotzdem im allgemeinen die kleineren Farmern eine höhere
Pacht abwerfen, scheint keine Tendenz im östlichen Schottland vor-
handen zu sein, etwa die gröfseren Güter zu teilen oder zu zerstückeln.
Auch finden wir keine Zusammenlegung kleinerer Güter zu gröfseren
Komplexen, noch dafs kleine Güter zu gröfseren Gütern zugeschlagen
worden sind.

Was nun die Nachfrage nach Pachtgütern dieser Gegend betrifft,
so scheint dieselbe während der letzten 10 Jahre etwas nachge-

lassen zu haben und zwar am meisten in den ersten 8 Jahren dieser Periode.

Es ist jedoch sehr auffallend und von grofser Bedeutung, bestätigen zu können, dafs während der letzten 2 Jahre die Nachfrage ungemein gestiegen ist. Es wurde allgemein bestätigt, dafs heute die Zahl der mitbietenden pachtlustigen Pächter bedeutend gröfser ist als vor etwa 3 Jahren. Der Grund dieser erhöhten Nachfrage ist zu finden in der Überzeugung der Farmer, dafs die schlimmsten Zeiten für die Landwirtschaft vorbei sind und dafs bessere Zeiten in Aussicht stehen. Dazu kommt natürlich, dafs jetzt die Pachten sehr niedrig sind und wenn bessere Zeiten eintreten sollten, der Pächter gute Geschäfte machen wird.

Erkundigungen über die Rente der Güter der letzten 10 Jahre im östlichen Schottland ergab, dafs wenn man die Jahre 1890 und 1891 ausschliefst, die übrigen Jahre mit Verlust verbunden sind. Genaue Zahlen sind selbstredend sehr schwer zu ermitteln und die Farmer zeigen ungern einem Fremden ihre Bücher, und es war nur möglich die Ansicht der Allgemeinheit zu ermitteln. Die Jahre 1890 und 1891 scheinen etwas günstiger gewesen zu sein. Ein grofser Farmer, der 500 000 Mk. in seinem Betriebe angelegt hat, bestätigt, dafs er in keinem Jahre mehr als $2\frac{1}{2}\%$ Zinsen verdient hat. Viele behaupten, dafs ihre Verluste so grofs gewesen sind, dafs sie vorziehen, darüber zu schweigen. Trotz alledem blickt der schottische Farmer mit Vertrauen in die Zukunft und vertraut seinem Pachtherrn und hofft auf bessere Preise. Auf die Änderungen der Betriebsweise der vier besprochenen Grafschaften Schottlands haben wir schon verwiesen, indem wir zeigten, dafs wie überall auch hier die Tendenz der möglichsten Ausdehnung der Weidewirtschaft, der permanenten Weide, sowie der Grasschläge in der Rotation existiere. Molkerei, Obst und Geflügel haben keine grofse Ausdehnung im Osten Schottlands gefunden.

In Perthshire, in der Nähe der Städte, findet man Ländereien, die zum Obst- und Gemüsebau verwandt werden, allein es scheint die Ansicht vertreten zu sein, dafs in diesem Teile Schottlands die Produktionskosten für Obst- und Gemüsebau zu grofs sind. Auch finden sich ungenügende Arbeiter zum ausgedehnten Gemüsebau, namentlich existiert ein Mangel an weiblichen Arbeitern, die in den Städten leichtere und besser bezahlte Arbeit finden. Im grofsen und ganzen sind die schottischen Farmer dieser Gegend sehr konservativ und man findet selten in einer Grafschaft Farmer aus einer anderen Grafschaft; auch suchen sie womöglich bei demselben Pachtherrn zu bleiben, wo ihr Vater und Grofsvater als Pächter schon gearbeitet haben. Vereinzelte Fälle kamen vor, wo in Fifeshire Farmer aus Ayrshire Güter gepachtet hatten, um da ihren Molkereibetrieb einzurichten, der ja in Ayrshire in ausgedehntem Mafse und sehr rationell betrieben wird. Diese Ayrshire-Farmer waren nur kurze Zeit in Fifeshire gewesen und hatte es sich noch nicht bewiesen, dafs der Molkereibetrieb hier ebenso erfolgreich anzuführen sei als in Ayrshire. Der schottische Farmer hat eine grofse Gabe des Anpassungsvermögens, und es ist oft erstaunlich, wie viele Farmer es verstanden haben, ihre Betriebe den Zeiten gemäfs zu ändern, um die schlechten Zeiten zu überwinden. In Deutschland hat man, glaube ich, keinen Begriff, wie sehr viel mehr der englische und schottische Farmer der ausländischen Konkurrenz preisgegeben war, und wie grofs die Schwierigkeiten waren, mit denen der Farmer zu kämpfen gehabt hat. Wir haben bis jetzt den Standpunkt des Pächters und Farmers im Osten Schottlands besprochen und wollen nun übergehen zur Betrachtung der Interessen des Grofsgrundbesitzers und Verpächters. Wir werden es versuchen, ihre Ansichten betreffs der landwirtschaftlichen Lage zu schildern.

Wir wollen in erster Linie dem „Law of Entail"[1]) oder dem Fideikommifswesen eine kurze Betrachtung widmen. Die allgemeine Ansicht herrscht, dafs das „Law of Entail" ganz und gar abgeschafft werden müsse. Während der letzten Jahrzehnte ist das Gesetz gemildert und geändert worden und heute existieren viel weniger Schwierigkeiten im Kauf und Verkauf solcher Fideikommifsgüter als früher. Viele Besitzer besitzen jedoch ihre Güter unter dem früheren „strict entail" oder strengerem Gesetz, und da dieselben ihren Besitz vor der Änderung des Gesetzes angetreten und übernommen haben, sind sie nicht in der Lage, sich von dem alten Gesetze zu befreien, es sei denn durch Bedingungen, die einfach ausgeschlossen sind. Es wurde auch hervorgehoben, dafs sie im Verpachten oder in der Verwaltung ihrer Fideikommifsgüter gesetzlich gehemmt und gebunden sind, was bei anderen Besitzern nicht der Fall ist, und aufserdem, dafs da die Fideikommifsinhaber oft nur vorübergehende Besitzer während ihres Lebens sind wenn sie keine Kinder haben, sie in ihrem Fideikommifsbesitz lange nicht dasselbe Interesse hätten als wenn das Gut in ihrem freien Besitz stände.

---

[1]) Mr. James Hope. Agriculture in Scotland. p. 16. 25. London 1894.

Was Meliorationen von Fideikommifsgütern betrifft, so müssen dieselben mit umständlichen gesetzlichen Ausgaben dem Gute zur Last gebucht werden, was die Rentabilität der Melioration sehr beeinträchtigt. In vielen Fällen wurde mitgeteilt, dafs der betreffende Fideikommifsbesitz dermafsen mit Auszahlungen an Kinder früherer Besitzer belastet ist, dafs es dem jeweiligen Inhaber rentabler wäre, den ganzen Besitz zu veräufsern. Heutzutage existieren allerdings Erleichterungen im Verkauf eines ganzen oder eines Teiles eines Fideikommifsbesitzes, um die Erben auszahlen zu können; allein die gesetzlichen Ausgaben, die damit verbunden sind, sind so grofs, dafs bis jetzt wenig Gebrauch davon gemacht wird.

Es unterliegt keinem Zweifel, dafs die auferlegten Einschränkungen in der Regie eines Fideikommifsbesitzes das Erreichen des höchsten Ertrages aus dem Grund und Boden sehr benachteiligt hat, indem der Inhaber des Fideikommifs in keiner Weise freie Hand besitzt.

Es existiert die Ansicht, dafs die Tage des Fideikommifsbesitzes längst vorbei sind und dafs wenn heute das „Law of Entail" ganz abgeschafft werden würde, vielen Grofsgrundbesitzern ungemein viel geholfen sein würde. Mit der Abschaffung des „Law of Entail" müfste auch der Kauf und Verkauf des Grund und Bodens erleichtert werden, und dann würde man finden, dafs der Grund und Boden im grofsen Besitz in verteiltere Händen übergehen würde und dafs die Latifundien namentlich Schottlands allmählich abnehmen würden.

Wir wollen nun die Leibrenten der Miterben und Renten der Witwen oder des Gemahls einer verstorbenen Erbin im Entail betrachten.[1]) Im Jahre 1685 wurde das „Law of Entail" in Schottland eingeführt und bis 1824 existierten eigentlich keine genauen Bestimmungen über den Erbanteil von Witwen etc. In manchen Fällen war es von den Urkunden des Entail abhängig, ob eine Witwe eine Rente erhalten sollte oder nicht. Das Gesetz bestimmte einer Witwe ein gesetzliches Drittel des Einkommens ihres verstorbenen Gemahls, es sei denn, dafs die Urkunde des Entails das Entgegengesetzte bestimmt hatte. Im Jahre 1824 wurde das sog. „Aberdeen Act" eingeführt, wodurch den Witwen oder den Hinterbliebenen gesetzlich eine Erbschaft durch Renten garantiert wird. Unter dem „Aberdeen Act" ist es dem Inhaber eines Fideikommifs erlaubt, seiner Frau eine Rente von nicht mehr als $\frac{1}{3}$ der Nettoeinnahmen der Begüterung zu vermachen und zwar nach Abzug aller Ausgaben und

---

[1]) Mr. James Hope, Agriculture in Scotland. p. 17, 25. London 1894.

nötigen Auslagen auf dem Fideikommifs. Einer Inhaberin ist es erlaubt, ihrem Manne eine Rente bis zur Hälfte des Nettoeinkommens der Begüterung zu vermachen, allein es wird dieser Anteil auf ¹⁄₃ reduziert, wenn die Begüterung mit der Auszahlung anderer Annuitäten noch belastet ist. Nur zwei Leibrenten können gleichzeitig aus einem Fideikommifs ausgezahlt werden und können weitere Annuitäten nur in Aussicht gestellt werden. Bei der Berechnung dieser Renten kommen sämtliche Einnahmen und Ausgaben zur Berechnung mit Ausnahme der Einkommensteuer. Der Wert der Jagd z. B., wenn sie auch nicht verpachtet ist, wird berücksichtigt, auch etwaige Fischereien, die in Schottland eine grofse Rolle spielen. Die Pacht des Stammschlosses kommt jedoch nicht in Betracht. Unter dem „Aberdeen Act" kann der Inhaber gesetzlich bestimmen, dafs seine Erben ihren nichterbenden Kindern, die nicht Inhaber des Fideikommifs werden, eine Summe auszahlen, die für jedes Kind nicht mehr als das Einkommen eines einzelnen Jahres ausmacht und zwar mit Zinsen vom Tage des Ablebens des Testators; jedoch ist die Zahl dieser Kinder beschränkt. Zwei Kinder werden je voll ausbezahlt; drei oder mehr Kinder müssen sich die Rente von 3 Jahren teilen. Diese Auszahlungen beziehen sich nur auf die Nettoeinnahme des Fideikommifs. Der Erbe ist gesetzlich verpflichtet, die Auszahlungen binnen 1 Jahr nach dem Ableben des Testators erfolgen zu lassen, und nach 3 weiteren Monaten kann er gesetzlich zur Auszahlung gezwungen werden. Aufser diesen Bestimmungen ist ein Inhaber stets zu ¹⁄₄ des Nettoeinkommens seines Fideikommifs berechtigt. Obige Bestimmungen sind alle mafsgebend für die Höhe des Nettoeinkommens des Fideikommifs zur Zeit des Ablebens des Testators. Diese Auszahlungen an jüngere Kinder der Familie war oft eine schwere Last für den jeweiligen Inhaber des Fideikommifs, da derselbe noch aufserdem die Abgaben an den Staat bei Antritt des Fideikommifs zahlen mufs, die nicht unbeträchtlich sind. Im Jahre 1848 nun wurde das „Entail Amendment Act" eingeführt, wodurch dem eintretenden Inhaber des Fideikommifs gestattet war, statt das Kapital auszuzahlen, dasselbe auf dem Fideikommifs als Schuld stehen zu lassen, er aber wurde verpflichtet, die Zinsen jährlich pünktlich zu zahlen. Im Falle der Inhaber des Besitzes seinen Verpflichtungen nicht nachkam, waren die Erben berechtigt, die Auszahlung des Kapitals und noch die Zinsen von zwei Jahren zu fordern. Nun hat dieses Stehenlassen der Kapitalschuld auf dem Fideikommifs eine nachteilige Wirkung gehabt. Zur Zeit war es ja leichter für den Erben, statt Kapital nur

Zinsen auszahlen zu brauchen, allein diese Schulden haben eine so grofse Höhe erreicht, dafs viele Latifundienbesitzer es schwer finden, die Zinsen für alle stehengebliebenen Kapitalschulden aufzutreiben, da die Pachten in der Zwischenzeit zurückgegangen sind und sich die Einnahmen verringert haben. In vielen Fällen hat der jeweilige Inhaber des Fideikommifs seine Lebensweise und Ausgaben einschränken müssen, um seinen Verpflichtungen nachkommen zu können. Wie wir gesehen haben, sind die Renten der Witwen und Männer verstorbener Inhaber oder Inhaberinnen auf das Nettoeinkommen des verstorbenen Testators festgestellt. Zur Zeit wird keine Ursache gewesen sein darüber zu klagen. Allein viele der Annuitäten sind vor 20 Jahren festgestellt worden. zu einer Zeit der Blüte der englischen Landwirtschaft; heute aber, wo die Einkommen so reduziert worden sind, existieren Klagen genug über die Ungerechtigkeit der auf diese Weise auszuzahlenden Renten. In vielen Fällen während der letzten 20 Jahre sind die Pachten um die Hälfte zurückgegangen und findet man vielfach, dafs nach Auszahlung der Renten auf solchen stehengebliebenen Kapitalien die übrig bleibende Summe kaum genügt. um das Fideikommifs in gutem Zustande zu erhalten. Aus diesem Grunde wird vielfach hervorgehoben, dafs der Zeitpunkt eingetreten ist, wo eine wenn auch nur vorübergehende Regulierung der auszuzahlenden Zinsen stattfinden sollte, und wird mit Recht seitens der Fideikommifsinhaber hervorgehoben, dafs die Erben auch einen Teil des eingetretenen Verlustes durch den Niedergang der Landwirtschaft tragen sollten. Es wird ferner vorgeschlagen, dafs diese Renten nun aus dem jeweiligen Nettoeinkommen der Begüterung im Verhältnis zur früheren Nettoeinnahme ausgezahlt werden sollten. Diese Regulierung der Rentenauszahlungen scheint nur gerechtfertigt und würde dem Fideikommifsinhaber viel Nutzen bringen und dem Renteninhaber nicht erheblich schaden. Ein Fideikommifs wird stets von der ganzen Familie, die Renten daraus zu beziehen hat, als das Kapital und Gut der ganzen Familie angesehen. und war es jedenfalls die Absicht des Gesetzes, den Renteninhabern aus dem Fideikommifs nur einen gerechten Bruchteil zukommen zu lassen. Solange nun die Pachten und Zeiten gleichbleibend waren, war die Gesetzgebung eine ganz vortreffliche, allein sie sorgte nicht für eventuell einzutretende Änderungen. wie sie thatsächlich stattgefunden haben. Wie die Angelegenheiten heute stehen, sind die Erben und Renteninhaber in grofsem Vorteil dem Inhaber des Fideikommifs gegenüber, und es unterliegt keinem Zweifel. dafs die Gesetzgebung zur Zeit anders gefafst worden wäre, wenn die Gesetzgeber die heutigen Zustände unter der Landaristokratie hätten voraussehen können und die Folgen ihrer Gesetzgebung geahnt hätten.

Dieses Lahmlegen der Ressourcen der Inhaber von Fideikommifsgütern hat nach allgemeiner Ansicht eine direkte und grofse Wirkung auf alles, was mit der heutigen landwirtschaftlichen Krisis verwandt ist. Der Inhaber des Fideikommifs wird von einem Teil seines Einkommens, das nach gesundem Menschenverstand ihm gehören sollte, beraubt. Er mufs sich in seiner Lebensweise und seinen Ausgaben kolossal einschränken und ist nicht mehr so gut instande seinen Pächtern entweder durch Pachtnachlässe oder durch teuere Meliorationen zu helfen; denn es ist klar, dafs im Falle eines Pachtnachlasses, verursacht durch die schlechten Zeiten und veränderten Verhältnisse, der Fideikommifsinhaber die ganze Summe der Pachtnachlässe aus seiner eigenen Tasche trägt und bezahlt, während die Renteninhaber und Erben ruhig weiter dieselben Renten beziehen wie vor Jahrzehnten und mit keinem Penny den Verlust mittragen.

Viele Fideikommifsbesitzungen haben zwei Mitteilhabern auszuzahlen, entweder überlebende Gatten oder Gattinnen; nachdem sie ihnen ihre Renten ausgezahlt haben und das Gut in gutem Zustande erhalten, bleibt herzlich wenig übrig für den jeweiligen Inhaber des Besitzes. Eine Regulierung dieser Frage wäre ganz besonders wünschenswert in Grofsbritannien.

Die oben beschriebene Lahmlegung der früher kapitalkräftigen Latifundienbesitzer hat wie gesagt dieselben verhindert, namentlich während der letzten Jahre, die nötigen Meliorationen auf ihren Gütern auszuführen. Wir finden während der letzten Jahre nicht die fortwährend ausgeführten und systematischen Durchführungen von Meliorationen, die wir in den Jahren 1850—1870 betrachten konnten.[1] Auf einigen Gütern der noch reicheren Latifundienbesitzer finden wir heute noch dieselben vorzüglich systematisch ausgeführten Meliorationen an Drainage, Bauten, Einzäunungen etc., wie es früher von 1850—1870 der Fall war; allein man kann annehmen, dafs auf der Mehrzahl der Güter diese Meliorationsarbeiten durch Mangel an dem nötigen Kapital eingestellt worden sind. Im Jahre 1846 bewilligte die Regierung eine Summe von 2 000 000 £, die den Grofsgrundbesitzern Grofsbritanniens geliehen werden sollte und zwar mit einem Zinsfufs von $6\frac{1}{2}\%$ zum Zwecke der Ausführung

---

[1] Mr. James Hope, Agriculture in Scotland. p. 18. London 1894.

von Drainage und Meliorationen. Dieser Zinsfuſs repräsentierte nicht
nur den jährlichen Zins, sondern auch die vollständige Amortisation
des Kapitals binnen 22 Jahren. Zur Zeit galt der Zinsfuſs inklusive
Amortisationsquote als niedrig und die bewilligte Summe wurde mit
groſser Freude und Dankbarkeit von den Groſsgrundbesitzern angenommen. Das auf diese Weise geliehene Geld wurde zu Meliorationen
von Böden verwandt, die vorher unkultiviert waren, und hierdurch
wurde die Produktionsfähigkeit des ganzen Landes erhöht. Auf diese
Weise wurde nicht nur der Landwirtschaft geholfen, sondern auch dem
ganzen Lande. Viele der Meliorationen, die damals unternommen
wurden, brauchen heute eine Erneuerung, da die Drainage mit der
Zeit durch Einwurzelung und angesammelte Erde versagt. Jeder
Farmer weiſs, wie unmöglich es ist auf einem nassen Boden eine nur
einigermaſsen gute Ernte zu erwarten; wenn die Ertragsfähigkeit
eines Bodens erhalten werden soll und gar erhöht werden kann, so
ist eine neue Drainage unumgänglich notwendig. Die Kapitalkraft
der Groſsgrundbesitzer ist in vielen Fällen dermaſsen lahmgelegt, daſs
sie unmöglich imstande sind, die nötigen Kapitalien aufzutreiben, und
die Pächter haben erst recht nicht das Geld, eine teuere Drainage
auszuführen. In diesen Fällen ist heute die allgemeine Ansicht in
Groſsbritannien, daſs der Staat zu Hilfe kommen sollte und zwar
durch Bewilligung der nötigen Geldsummen zum Zwecke der Ausführung der Meliorationen auf ländlichem Besitz. Die Rückzahlung
könnte sich über 50 Jahre hinaus erstrecken und der Zinsfuſs auf
2½ % festgesetzt werden.[1] Es wird vorgeschlagen, daſs diese Geld-
bewilligung sich nicht nur auf Drainage beziehen, sondern sich
über alle Arten von Meliorationen verbreiten und zur Anwendung
und Ausführung gelangen sollte. Es unterliegt keinem Zweifel,
daſs, wenn der Staat solche Geldsummen zum Zwecke ländlicher
Meliorationen bewilligen wollte, das Geld mit groſser Freude und
Dankbarkeit seitens der Groſsgrundbesitzer angenommen werden würde.
Es käme denselben sehr zu statten und würde nicht nur den Besitzern
helfen, sondern es würde in erster Linie den notleidenden Pächtern
zu gute kommen. Letztere würden höhere Erträge erzielen und mit
der Zeit auch dem Verpächter höhere Pacht zahlen können.

Nun wollen wir noch dem „Agricultural Holdings Act"
von 1883 eine kurze Betrachtung widmen:

Als dieses Gesetz in Kraft trat, wurde es von landwirtschaftlich

---

[1] Mr. James Hope, Agriculture in Scotland, p. 23. London 1894.

interessierten Leuten als ein Gesetz betrachtet, das dem Pächter die
viel verlangte Sicherheit seines angelegten Kapitals geben sollte, in
welcher Form es auch sei, ob in Meliorationen, Kraftzustand eines
Pachtobjekts oder sonstige Verbesserung der Farm.

Eine Untersuchung auch in Schottland über die Wirkung
und den Nutzen dieses Gesetzes unter den Pächtern ergab, dafs
das Gesetz seinen Zweck nicht erfüllt. In der Durchführung des
Gesetzes ist die Erfahrung gemacht worden, dafs die damit verbun-
denen Auslagen und gesetzlichen Spesen so hoch sind, dafs etwaige
erlangte Entschädigungen für Meliorationen oft nicht einmal die Kosten
der Ausführung des Gesetzes deckten.

Es ist nicht ungewöhnlich, dafs bei gesetzlicher Untersuchung
irgend einer Streitfrage zwischen Verpächter und Pächter folgende
Ämter vertreten sind: 2 Schiedsrichter, 1 Richter, 1 Anwalt zur
Nachweisführung, ferner 2 Anwälte, die für je Pächter und Ver-
pächter eintreten und noch aufserdem Fachmänner als Zeugen. Es
liegt nun auf der Hand, dafs die Unkosten so hoch sind, dafs sich die
Pächter davor scheuen, das Gesetz zu gebrauchen, namentlich ist das
der Fall bei den kleinen Farmern, die ebenso gut den Schutz des Gesetzes für ausgeführte Meliorationen bedürfen. Die Ausführung des
Gesetzes ist dermafsen umständlich und kostspielig, dafs sich die
Farmer davor scheuen; manche sagten aus, dafs die Ausführung des
„Agricultural Holdings Act" ebenso teuer sei als ein ganz gewöhnlicher Prozefs und aus dem Grunde sie sich lieber mit ihrem Pachtherrn durch einen Ausgleich einigen; wenn sie auch hierdurch etwas
verlieren, so wäre es doch billiger, als dafs sie zum Gesetz griffen.
Der Zweck des Gesetzes war, Streitigkeiten zwischen Verpächter und
Pächter statt auf Prozefswege nur durch Anwendung des Gesetzes
auszugleichen, allein der Zweck soll nicht erreicht worden sein. Das
Prinzip des „Agricultural Holdings Act" wird allgemein als ein gesundes und korrektes anerkannt, allein es wird auch hervorgehoben,
dafs die Durchführung desselben vereinfacht und erleichtert werden
solle. Ferner wurden gewisse Teile des Gesetzes getadelt: z. B.
müfste dafür gesetzlich gesorgt sein, dafs Reklamationen sich nicht
in die Länge ziehen sollten, sondern dafs z. B. alle Streitigkeiten
zwischen Verpächter und Pächter 3 Monate nach Beendigung einer
Pachtperiode geschlichtet sein müssen. Aufserdem wird hervorgehoben, dafs das Gesetz vieles enthält, was keiner Partei nützt und oft
nur als Abstraktionsmittel von der einen Partei verwandt wird. Solche
Paragraphen müfsten gestrichen werden.

Die meisten Ansichten[1]) gehen dahin, dafs Verbesserungen des Gesetzes sehr nötig sind, und füge ich die vorgeschlagenen Verbesserungen hier kurz an:

a) Abschaffung der Zusatzurkunde, welche die Ankündigung von Gegenreklamationen gestattet, welche die Ausführung des Gesetzes nur erschweren. Alle Meliorationen ohne Ausnahme, die dem Gute einen erhöhten Wert geben, sollen vom Verpächter am Ende der Pacht bezahlt werden.

b) Andrerseits gröfserer Schutz für den Verpächter gegen die unkundige oder nicht gewünschte Ausführung einer Melioration, um die unnötigen Auslagen seitens eines Pächters zu verhindern, die eventuell dann der Verpächter gegen seinen Wunsch bezahlen müfste und einem nachfolgenden Pächter auch ohne Nutzen sein würde. Ferner, dafs im Fall von Streitigkeiten zwischen Verpächter und Pächter über etwaige auszuführende Meliorationen ein Unparteiischer ernannt werde, der sein Urteil abgeben wird und das als mafsgebend für die Ausführung der Meliorationen sein soll. Betreffs der Ausführung von Drainage könne man dem Pächter ganz freie Hand lassen, da kein Pächter eine Drainage ausführen würde, wo es nicht nötig sei.

c) Ferner wird vorgeschlagen, dafs solche Marktware, die der Pächter zu verkaufen berechtigt ist aber aus freiem Willen auf dem Gute verfüttert statt zu verkaufen, vom Verpächter vergütet werde. Wie die Gesetzgebung jetzt abgefafst ist, wäre der Pächter gezwungen, wenn er Entschädigung für auf dem Gute verfütterte Stoffe erlangen will, eine marktfähige Ware zu verkaufen und z. B. Getreide, Heu, Kartoffeln oder sonst etwas vom Nachbar wieder zu kaufen, um den Beweis über den Ankauf führen zu können. Dieses Verfahren geschehe oft genug unter den Nachbarn. Prinzipiell ist es aber falsch, da diese Produkte doch auch auf der eigenen Scholle gebaut werden.

d) Der Pächter müfste auch gesetzlich für Verbesserungen des Gutes jeder Art entschädigt werden. Nehmen wir z. B. den Fall an, dafs ein Pächter ein Gut pachtet, das ganz verunkrautet ist, so mufs er bekanntlich, wenn er das Feld unkrautfrei machen will,

---

[1]) Mr. James Hope. Agriculture in Scotland, p. 23. London 1894.

sehr viel Geld und Zeit anwenden; das müfste als Kapitalsanlage und Verbesserung behandelt werden, allein unter dem
heutigen Gesetz gewährt dasselbe dem Pächter weder Schutz
noch Entschädigung. Es ist bekannte Thatsache, dafs ein Gut
mit reinem Felde viel leichter zu verpachten ist als ein ver-
unkrautetes Gut; folglich ist das Reinhalten eine Verbesserung,
die bezahlt werden müfste.

e) Andrerseits soll auch der Verpächter Entschädigung erhalten,
wenn ein Pächter sein Feld vernachlässigt oder verunkrauten
läfst.

f) Was das Verfahren für die Entscheidung der Rechte von Verpächter und Pächter anbetrifft, so ist vorgeschlagen worden, dafs
binnen 3 Monaten nach Vollendung der Pachtzeit beide Teile
gezwungen sein müfsten, ihre Forderungen bekannt zu machen.
Eine solche Bekanntmachung brauchte nicht mit rechtsgültigen
technischen Ausdrücken belastet zu sein, sondern müfste die
Forderung so beschrieben und deutlich ausgeführt werden, dafs
sie jedem Laien begrifflich und verständlich sei. In betreff
des Verfahrens des Ausgleichs oder der Entscheidung einer
Streitfrage scheint man im allgemeinen die Ernennung eines
Schiedsrichters zu begünstigen, der unparteiisch gegen Verpächter und Pächter und als alleiniger Richter mafsgebend
sein soll. Es wird ferner verlangt, dafs die Schaffung eines
Schiedsrichters eine möglichst einfache sei; derselbe könnte
von dem „Sheriff" der Grafschaft ernannt werden, der auf Verlangen des Verpächters oder Pächters zu Diensten steht und
zwar durch ein einfaches Gesuch etwa in folgender Form:
„Unterzeichneter ersucht um Ernennung eines Schiedsrichters
unter dem „Agricultural Holdings Act", um die vorliegenden
Forderungen von .... zu entscheiden." Hierauf würde
der „Sheriff" der Grafschaft verpflichtet sein, sofort einen Schiedsrichter zu ernennen, der dann unbedingt endgültig mafsgebend
wäre.

g) Dafs das Honorar des Schiedsrichters ein mäfsiges sei. Die
Entscheidung des Schiedsgerichts würde dann vom „Sheriff"
registriert werden und würde dieselbe dann einer Gerichtsent-
scheidung gleich gültig sein.

h) Würden obengenannte Wege eingeschlagen werden, so wäre
die ganze Ausführung des Gesetzes sehr vereinfacht und ver-
billigt.

454

i) Der Zustand des Gutes müßte bei Antritt der Pacht festgestellt werden. Heute wird der Zustand der Gebäude,
der Drainage und der Einzäunungen bei Antritt der Pacht
festgestellt und protokolliert, ehe ein Pächter seinen Pachtvertrag unterzeichnet. Am Ende der Pachtperiode ist dieses
Protokoll maßgebend für die Beteiligten und es ist selten,
daß Streitigkeiten hierüber entstehen. In derselben Weise
könnte aber auch der Zustand des ganzen Gutes, betreffend
den Dünger und Kraftzustand der verschiedenen Felder, protokolliert werden.

j) Daß es Pächtern erlaubt sei, auf die von ihnen ausgeführten
Meliorationen Kredit zu bekommen. Es ist gewiß wünschenswert, daß Pächter die Produktionsfähigkeit ihres gepachteten
Grund und Bodens aufs höchste steigern; das kann aber nur
geschehen, wenn sie durch das Gesetz Schutz finden für alle
von ihnen ausgeführten Meliorationen, die die Produktionsfähigkeit des Gutes erhöhen und damit auch dem Verpächter
den Nutzen des erhöhten Wertes zukommen lassen. Durch
den gewährten vollen und nötigen Schutz der Pächter müßte
die britische Landwirtschaft produktionsfähiger werden, was
für die ganze Nation ein Segen sein würde.

Das „Agricultural Holdings Act" vom Jahre 1883 bedarf unzweifelhaft einer Revision, und wäre sehr zu wünschen, wenn die
Vorschläge und Ansichten der Farmer berücksichtigt werden könnten.

Schließlich möchten viele Farmer Schottlands die Einführung
„Lord Ashbourne's Irish Land Act"[1] mit Vergnügen be-
grüßen. Hierdurch wird in Irland durch die Gesetzgebung auf Verlangen eines Pächters von einer Kommission die Höhe der zu zahlenden
Pacht bestimmt und Verpächter und Pächter müssen sich mit der
Entscheidung zufrieden stellen. Außerdem garantiert das Gesetz dem
Pächter, wenn er sich nichts zu Schulden kommen läßt, „Fixity of
tenure", d. h. der Verpächter ist nicht imstande, so lange der
Pächter seinen Pachtkontrakt gut ausführt und seine Pacht bezahlt, demselben zu kündigen. Es wird behauptet, daß hierdurch der Pächter sich sicherer fühlt und ein größeres Interesse für
sein Gut bekommt, Vorzüge, die auch dem Verpächter zu gute
kommen. Namentlich möchten die Farmer in Aberdeenshire die Ein-

---

[1] Mr. James Hope, Agriculture in Scotland. p. 25. London 1894.

führung dieses Gesetzes mit Freude begrüfsen. Manche meinten, dafs
die Einführung des „Lord Ashbourne's Irish Land Act" verbunden mit
„Fixity of tenure" und eine durchgängige Pachtermäfsigung von 20 $^0/_0$
die Farmer wieder auf ihren früheren Wohlstand bringen würde, und
dafs dann auch die ganze Landwirtschaft die Blüte, die sie vor
20 Jahren erreichte, wieder erlangen würde.

Dritter Teil.

VIII. Entwickelung der Getreideeinfuhr Englands.

Von England wird allgemein zugegeben, daſs es die Konkurrenz im Weizen auf dem englischen Markt gewesen ist, die zuerst und am allermeisten die heutige Niederlage der englischen Landwirtschaft verursacht hat. Es unterliegt keinem Zweifel, daſs ein ganz groſser Teil des fruchtbarsten Bodens in England zum Weizenbau mehr geeignet ist als zum Anbau jeder anderen Frucht; ein bedeutender Teil des englischen Ackers ist idealer Weizenboden und derselbe hat infolge der kolossal niedrigen Weizenpreise während der letzten Jahre an Wert um 30—75 % dadurch eingebüſst, daſs ein rentabler Weizenbau nunmehr ausgeschlossen wurde.

Es ist nicht zu leugnen, daſs auf Gütern mit Bodenverhältnissen verschiedener Art, die neben Weizen auch andere Cerealien anbauen konnten, die ebenso gut gedeihen als der Weizen, oder die durch günstige Lage zur Viehweide zum Teil niedergelegt werden konnten, der Weizenbau ungern verschmerzt wurde und sogar sehr ungern aus einer Rotation gelassen wurde, und es ist Thatsache, daſs, so lange der Weizen ohne beträchtlichen Schaden angebaut wurde, der Anbau womöglich fortgesetzt wurde, wenn es auch nur des Scheins halber war. Es unterliegt keinem Zweifel, daſs alle Cerealien im Preise durch den momentanen Weizenpreis beeinfluſst werden, und daſs eine Steigerung der Cerealienpreise zu der früheren rentablen Höhe z. Z. des Aufblühens der Landwirtschaft von günstigerem Einfluſs auf die schmerzliche Niederlage des Landbaues wäre als alle anderen vorgeschlagenen Heilmittel.

Vor dem Jahre 1874 war der durchschnittliche Weizenpreis nicht unter 55 s 9 d pro Quarter gefallen, und es war erst nach dem Jahre

---

[1] Board of Agric., Agricult. Returns, London 1895.

1874, dafs der Anbau des Weizens im Vereinigten Königreich nach-
liefs; in diesem Jahre (1874) belief sich das Weizenareal auf 3 830 767
acres, eine Fläche, die seit 1860 nur vereinzelt und unbedeutend
übertroffen worden war. Vor dem Jahre 1874 waren die englischen
Einfuhren an Weizen inkl. Mehl nur einmal über 12 000 000 Qrs. gestiegen; allein seit 1874 hat diese Einfuhr in dem Mafse zugenommen
als der englische Weizenbau abgenommen und die Bevölkerung zugenommen hat, so dafs sich jetzt die Einfuhr auf ca. 19—20 000 000 Qrs.
beläuft. In dieser Zeit hat der Weizenbau im Vereinigten Königreich
um mehr als 1¹/₄ Millionen acres nachgelassen. Im Jahre 1880 war
der Weizenpreis noch 44 s pro Qr. und die Fläche des Weizenbaues
im Vereinigten Königreich belief sich auf 3 065 895 acres während
einer Zeit des enorm zunehmenden Weizenbaues in den Vereinigten
Staaten, Kanada und Australien.

Es lag auf der Hand, dafs England von allen europäischen Staaten
zuerst und am empfindlichsten durch die ausländische Konkurrenz getroffen wurde. Um das Jahr 1880 mufs in England die Konkurrenz
am meisten fühlbar gewesen sein, da die Pachten im Jahre 1879
ihren Höhepunkt erreicht hatten. Um diese Zeit war der Preis
des Weizens in den Vereinigten Staaten noch nicht unter einen Dollar
pro Bushel gesunken; 1879 war der Weizenpreis 11 Cents über dem
Dollar, 1880 5 Cents unter dem Dollar und 1881 über 19 Cents über
dem Dollar pro Bushel. Aus diesem Grunde finden wir auch 1880
eine Weizenfläche von ca. 38 000 000 acres in den Vereinigten Staaten,
eine Fläche, die dauernd nicht aufrecht erhalten wurde; 1890 war
die Weizenfläche auf ca. 36 000 000 acres gesunken. In Australasien
(Australien, Tasmanien und Neuseeland zusammen) finden wir 1880 eine
Ausdehnung von Weizen von 3 379 239 acres, eine sehr grofse Zunahme
seit 1870; die Fläche in Australien ist aber seit 1880 nicht in demselben
Verhältnis gewachsen. Die Angabe der Weizenfläche für Kanada
ist für 1880 nicht vorhanden; allein 1881 belief sie sich auf 2 342 355
acres, die gröfste Ausdehnung von Weizen bis 1890. Seit 1880 hat
Indien und Südamerika an Weizenbau auch bedeutend zugenommen.

Es unterliegt keinem Zweifel, dafs in den 10 Jahren von 1870
bis 1880 der Weizenbau an Fläche verhältnismäfsig den Bevölkerungs-
zuwachs übertroffen hat und dafs die Produktion eine viel gröfsere
war als es der Bedarf verlangte. In den Vereinigten Staaten war die
Weizenfläche allein von 1870—1880 um 19 000 000 acres vergröfsert
worden. Man könnte glauben, es wäre nichts leichter als eine Schätzung der Ernten zu veranstalten, wenn eine Flächenzählung stattfindet;

erstere werden in den meisten europäischen Staaten alljährlich ausgeführt; letztere nur von Zeit zu Zeit. Die Ernteschätzungen, wenn
sie auch möglichst gewinnhaft gemacht werden, sind unsichere Daten.
Aus diesem Grunde ist es oft schwer, zuverlässige Zahlen zu bekommen. Als Muster landwirtschaftlicher Statistik dürfte die
Englands gelten.

Folgende Tabelle zeigt uns die Weizenfläche verschiedener Länder
in den Jahren 1870, 1880, 1890, soweit sie zu ermitteln möglich war[1]):

In acres:	1870	1880	1890
Vereinigte Staaten v. A.	18 992 591	37 986 717	36 087 184
Kanada	a 1 646 781	b 2 342 355	2 460 000
Australien	1 187 134	2 753 629	3 877 748
Vereinigtes Königreich	3 773 663	3 065 895	2 483 595
Frankreich	c 15 802 568	16 993 292	19 652 790
Rufsland	d 28 743 390	e 28 947 011	f 28 882 440
Österreich	2 436 494	2 455 355	2 876 000
Ungarn	g 4 986 019	5 955 731	7 351 000
Deutschland	h 4 950 698	4 483 618	i 4 832 409
Italien	k 11 550 918	l 10 951 340	m 10 886 000
Schweden	985 844	1 086 741	1 095 954
Holland	208 673	228 682	n 210 429
Summa	95 264 763	117 250 366	120 685 549

Zunahme von 1870—1880 21 985 603 acres

„   „   1880—1890   3 435 183   „

1870 gab es noch keine landwirtschaftliche Statistik in Indien;
1879, betrug die Weizenfläche Indiens 25 812 407 acres und 1890 war
die Fläche auf 24 938 100 acres gefallen, also hatte sie um 874 307
acres abgenommen. Es ist anzunehmen, dafs in einigen kleinen
europäischen Staaten und in Egypten, für welche Länder wir keine
Statistik besitzen, eine Abnahme stattgefunden hat; dagegen hat in
Argentinien, in den Donauländern, Kleinasien und Persien in jüngster
Zeit eine beträchtliche Zunahme stattgefunden. Es ist anzunehmen,
dafs Spanien den Weizenbau sehr eingeschränkt hat, da England heute
enorme Quantitäten Weizen nach Spanien alljährlich verschifft. Aus
den obigen Zahlen ist ersichtlich, dafs die aufsereuropäische Weizenfläche in dem Dezennium 1870—1880 eine kolossale im Verhältnis zur

---

[1]) Board of Agriculture, Agricultural Returns for Great Britain 1890.
a : 1871. b : 1881. c : 1871. d : 1872. e : 1881. f : 1883—1887. g : 1872.
h : 1873. i : 1889. k : 1874. l : 1879—83. m : 1891. n : 1887.

kleineren europäischen Weizenfläche war; allein bei Vergleichung der Zahlen von 1880—1890 bemerken wir, dafs die Weizenfläche lange nicht in demselben Mafse zugenommen hat wie die Bevölkerung dieser Länder, die um viele Millionen zugenommen hatte. Der Grund ist in der übermäfsigen Konkurrenz im Weizenbau zu suchen, eine Konkurrenz, die in allen Ländern fast gleichmäfsig fühlbar wurde.

1882 fiel der Weizenpreis in den Vereinigten Staaten auf 88,4 Cents pro Bushel und im darauf folgenden Jahr wurde die Weizenfläche reduziert [1]). 1883 war der Preis wieder auf 91 Cents gestiegen und im nächsten Jahr 1884 stieg sofort die Weizenfläche auf 39 475 885 acres; es waren also nur 1¹⁄₂ Millionen acres mehr Weizen gebaut als 1880; vielleicht hat der milde Winter 1883—1884 auch dazu beigetragen, dafs kein Weizen auswinterte und somit die ganze Fläche geerntet und statistisch aufgenommen wurde. Sonst rechnet man im allgemeinen in Amerika, dafs alljährlich 1—2 Millionen acres auswintern und umgepflügt werden müssen. 1884 fiel der Preis auf 65 Cents pro Bushel und 1885 fiel wiederum die angebaute Weizenfläche auf 34 189 246 acres, wohl hauptsächlich durch den niedrigen Preis, wenn auch zum Teil durch Auswintern veraulafst.

Während der nächsten 3 Jahre blieben die Weizenpreise sehr niedrig; die Durchschnittspreise waren 77 Cents, 68,7 Cents und 68,1 Cents pro Bushel auf den Farmen. Diese Preise erwiesen sich als ganz unrentabel für den amerikanischen Farmer, und in den höher kultivierten östlichen Staaten liefs der Weizenbau bedeutend nach; die so ausbleibende Anbaufläche des Weizens im Osten wurde aber ersetzt durch jungfräuliches Land im fernen Westen, welches noch beim Weizenbau eine Rente abwarf. Eine Steigerung im Preise auf 87,3 Cents pro Bushel im Jahre 1888 verursachte eine Steigerung der Weizenfläche auf 38 Millionen acres im Jahre 1889; gleichzeitig fiel der Preis 1889 wieder auf 69,8 Cents und 1890 war die Anbaufläche wiederum auf 36 087 184 acres reduziert, d. h. also 2 Millionen acres weniger als 10 Jahre zuvor; während dieser Zeit wuchs aber die Bevölkerung der Vereinigten Staaten um 12¹⁄₂ Millionen Menschen. Von 1880 — 1890 wurden mehrere Millionen acres jungfräulichen Bodens im fernen Westen in Angriff genommen und mit Weizen bestellt, da diese Frucht für die geeignetste und auf jenem Boden für die rentabelste gehalten wird. Es ist anzunehmen, dafs die Weizenfläche der Vereinigten Staaten jetzt eine stabilere und gleichmäfsigere

---

[1]) Report of the Secretary of Agriculture Mr. Morton. Washington 1892.

geworden ist. Es würde uns hier zu weit führen, die einzelnen Staaten
der Vereinigten Staaten zu betrachten; wir können alle Staaten zusammenfassen und kommen zu dem Resultate, dafs neben einer zunehmenden Bevölkerungszahl und bei einer stabil gewordenen Weizenanbaufläche der Weizenbau unrentabel für die meisten amerikanischen
Farmer wurde, sobald der Preis unter einen Dollar pro Bushel in
Chicago fiel, also bei noch niedrigen Farmpreisen, und es machte
sich schon seit 1884 die Krisis fühlbar. Bemerken will ich hier noch,
dafs 1890 der Weizenpreis teilweise über einen Dollar gestiegen war
und dafs sich der Durchschnittspreis auf 83,8 Cents stellte; die Folge
hiervon war, dafs die Weizenfläche daraufhin auf ca. 39 000 000 acres
gestiegen ist, scheinbar in der Hoffnung, dafs der Preis von 1 Dollar
wiederkehren könnte.

Wenden wir uns nun den Zahlen in Kanada[1]) zu, so finden
wir keine so ungeheure Zunahme in der Weizenfläche als in den Vereinigten Staaten, trotzdem grofse Flächen jungfräulichen Landes
in Manitoba und dem „North West Territory" in Angriff genommen
wurde. 1881 wurden in Manitoba nur 51 203 acres an Weizen angebaut, während 1890 die Acrezahl sich auf 746 058 erhöhte. Die
Anbaufläche von Weizen in den älter angesiedelten Provinzen Kanadas
hat aber dermafsen abgenommen, dafs dieselbe ausgebliebene Fläche
nur durch die im Westen in Angriff genommene Fläche gedeckt
wurde. In Ontario war die Anbaufläche 1890 um 350 000 acres
kleiner als im Jahre 1883; ähnlich ist die Abnahme auch in Que-
bec und in den „Maritime Provinces" gewesen. 1891 nahm die
Totalsumme der Weizenfläche in Kanada um 41 000 acres zu, was
aber von keiner Bedeutung ist. Es unterliegt keinem Zweifel, dafs
die Farmer in den östlichen Provinzen Canadas und namentlich die
Farmer in Ontario durch die Konkurrenz sehr gelitten haben und
gezwungen sind, den Weizenbau möglichst einzuschränken, und, wie
ich mich überzeugt habe, sich immer mehr der Molkereiproduktion
zuwenden müssen, um die Rente ihrer Güter nicht ganz einbüfsen zu
müssen.

1891 schilderte eine kanadische Zeitung, „The Toronto Globe", die
kanadischen landwirtschaftlichen Verhältnisse folgendermafsen: „Die
Lage einer grofsen Anzahl von Farmern ist eine so prekäre geworden infolge
schlechter Ernten und niedriger Getreidepreise, dafs nur die gute Ernte

---

[1]) Statistical Year Book of Canada for 1893. Ottawa 1894. — Agricultural
Canada. W. Fream, London 1889. — Provincial Agriculture of Canada, London
1889, W. Fream.

von 1891 die meisten vor der Subhastation geschützt hat; es wäre ihnen
unmöglich gewesen, wieder ein schlechtes Jahr auszuhalten. Im Jahre
1890 zahlten viele Farmer nicht einen Dollar an Pacht; wenn auch die
Ernte des Jahres 1891 gut gewesen ist, so wird der Grundeigentümer
und werden die Kreditgesellschaften den überaus gröfsten Teil der Einnahme in Zinsen und rückständigen Schulden einnehmen, und der eigent-
liche Bebauer des Grund und Bodens wird keinen grofsen Nutzen von
seiner Arbeit haben. Pachten und Grund und Boden in der Provinz
Ontario sollen um 25 °/₀ im Werte verloren haben." Ich habe mich
davon überzeugt, dafs die Landwirte, die frei von Schulden waren, nicht
so schlimm daran waren, allein diese Leute machen nur eine kleine
Anzahl aus. Auch fand ich, dafs Pachtungen in den meisten Fällen vor-
herrschend waren; die Besitzer bewirtschaften nur selten ihre eigene
Scholle. Ich habe auch Farmer in Ontario und Manitoba getroffen,
die sich gut standen, allein diese hatten meist ausgedehnten Molkereibetrieb mit guten Käsereien und guten Absatzverhältnissen. Den
grofsen Latifundienbesitz, wie er früher existierte, trifft man kaum
noch; die grofse Bell Farm, die sich früher rühmte für 22 s pro
Quarter Weizen in Liverpool liefern zu können, hat denselben Weg
gehen müssen wie die meisten „Mamoth Farms" in Kanada und den
Vereinigten Staaten und existiert als Ganzes nicht mehr, sondern ist
in kleine Komplexe geteilt und abgegeben worden. In Manitoba und
„The North West Territory" scheint die Hauptgefahr beim Weizenbau im Frost zu liegen; Frost kommt oft in der für den Weizen gefährlichsten Zeit vor und verdirbt ihn als Marktware für England.
Im Weizenbau also hat der englische Farmer von Kanada aus keine
gefährliche Konkurrenz zu fürchten.

Wenden wir uns zum Weizenbau in Australien, so finden
wir, dafs von 1870—1880 eine grofse Zunahme in der Weizenfläche
stattgefunden hat.[1] Von 1880—1890 war die Zunahme auch eine
bedeutende, allein erheblich geringer als im vorhergehenden Dezennium.
1887 war die Fläche gröfser als im Jahre 1890 und zwar um 100 000
acres; 1891 fand eine weitere Abnahme statt.

Eine australische Zeitung, die „Adelaide Observer", schrieb schon
im Jahre 1891 folgendes: „Viele australische Landwirte sind zu der
Überzeugung gelangt, dafs der Weizenbau an und für sich sich nicht
rentiert, und immer mehr sehen sie sich gezwungen, sich dem Wein-

---

[1] Board of Agric., Agricultural Returns, London 1895.

und Obstbau als Nebenzweige zu widmen; auch nimmt thatsächlich der Weizenbau ab und die Schafzucht zu."

Eine andere Zeitung aus Victoria, die „Australalasian", schreibt: „In verschiedenen Teilen nimmt der Weizenbau ab und an deren Stelle tritt die Schafzucht ein; der Charakter der australischen Landwirtschaft ändert sich; der Landwirt setzt sein Spiel nicht mehr auf die eine Karte „Weizen", sondern richtet sich einen vielseitigeren Betrieb ein mit sicheren Nebeneinnahmen."

In Neuseeland hat der Weizenanbau stark abgenommen. 1882 wurden dort 390 818 acres angebaut; 1891 nur 301 460 acres. Zwischen 1885 und 1888 fand eine Zunahme statt, die aber nicht dauernd war.

In Südaustralien, Neuseeland und allen übrigen australischen Ländern ist die landwirtschaftliche Krisis namentlich im Weizenbau stark fühlbar gewesen, was auch dadurch erwiesen ist, dafs die australische Regierung sich gezwungen sah, die schon als leicht geltenden Verkaufsbedingungen noch bedeutend zu mildern, rückständige Schulden zu erlassen und sogar dem finanziell verunglückten Farmer mit Saatgut zu helfen.

Was die Entwickelung des Getreidebaues in Indien[1]) anbelangt, so existiert von 1870 keine Statistik, allein es ist unzweifelhaft, dafs die Weizenfläche während der Periode 1870—1880 sehr zugenommen hatte; die langsame Steigerung bis 1880 setzte sich durch die Anregung des zunehmenden Handels mit Europa bis 1886 fort. In letzterem Jahre wird eine Weizenfläche von 27 405 742 acres angegeben; 1891 dagegen zeigt uns die Statistik des „Revenue and Agricultural Department" nur eine Totalsumme von 24 773 000 acres, also eine Abnahme von über 2 600 000 acres seit dem Jahre 1886. Diese Thatsache ist um so bemerkenswerter, als die indischen Weizenpreise, in Rupien umgerechnet, während dieser Jahre höher als sonst waren. Die Regierung in Indien behauptet, dafs der Weizenbau für den Produzenten nicht rentabel sei, allein die Ursache liegt wohl darin, dafs die Produzenten, die sog. „Ryots", ganz in der Gewalt der Wucherer liegen, und folglich sind es diese und vielleicht noch die Händler, die vom Weizenhandel mit Europa profitieren. Daher scheint der Weizenbau etwas nachgelassen zu haben.

Für Südamerika existiert keine zuverlässige Statistik. Argentinien hat aber seinen Weizenbau ungeheuer ausgedehnt und seit

---

[1]) J. A. Völcker's Report on Indian Agriculture, London 1893. — Wallace R. India and the Dutch Indies Edinb. 1888.

einigen Jahren wird der Londoner Markt von argentinischem Weizen überflutet. In Chili hat der Weizenbau sich nicht bedeutend ausgedehnt; der gröfste Export fand im Jahre 1883 statt, und seit 1888 hat wiederum eine Abnahme stattgefunden. Die südamerikanischen Staaten führen übrigens Weizen aus den Vereinigten Staaten ein, der sonst auch auf den Londoner Markt kommen würde. Bis jetzt führt Südafrika nur Weizen ein. Algier, Ägypten, Persien und Kleinasien bringen ihren Weizen auch auf den europäischen Markt, allein genaue Statistik früherer Jahre existiert nicht; Berichte aus Algier teilen mit, dafs auch dort der Weizenbau bei den heutigen niedrigen Preisen unrentabel sei. Ägypten hat seinen Weizenexport seit 1883 um 50—75 % verringert.

Werfen wir nun einen kurzen Blick auf die Gerste [1], so finden wir, dafs in diesem Handelsartikel die Konkurrenz nicht so fühlbar und nicht so ausgedehnt gewesen ist als im Weizen. In den 10 Jahren 1869—1879 belief sich der jährliche Durchschnittspreis auf 24 s bis 40 s 11 d pro Quarter und erst im Jahre 1881 fiel der Preis während einer Reihe von Jahren unter 32 s.

Seit 1881 hat die angebaute Fläche der Gerste im Vereinigten Königreich abgenommen, und in demselben Verhältnis hat die Gersteeinfuhr vom Ausland zugenommen, obgleich seit 1882 und 1883 keine Durchschnittszunahme des Imports in der Gerste stattgefunden hat. Es ist also wohl anzunehmen, dafs der Rückgang der Gerste im Preise weniger durch ausländische Konkurrenz verursacht war als durch andere Ursachen, wie z. B. die enorme Zunahme in der Einfuhr gewisser Futtermittel und die Anwendung von Ersatzstoffen für Malz in der Brauerei. Es ist aber nicht zu leugnen, dafs der niedrige Weizenpreis, der stets auf alles Getreide von Einflufs ist, in gewissem Grade auch auf die Gerste ungünstig gewirkt hat. Die Hauptzunahme in der Einfuhr der Gerste kam aus Rufsland, Rumänien, der Türkei und Österreich-Ungarn, während Dänemark, Holland und Frankreich mit ihrer Ausfuhr nachgelassen haben. Kanada hat in den letzten Jahren nach England Gerste von ausgezeichneter Qualität geschickt, die von den Brauereien sehr gern gekauft wurde, und es ist anzunehmen, dafs die Einfuhr aus Kanada eher zunehmen als abnehmen wird. Bei der Gerste ist es nötig, dafs man die zweizeilige Gerste baut, und dafs die Ware eine gute Braugerste liefert; denn es würde sich niemals rentieren, eine Gerste zum Mahlen nach England zu

---

[1] Board of Agriculture. Agricultural Returns. London 1895.

senden. obgleich letzteres als Futtermittel in England sehr ausgedehnt angewandt wird. Der Marktpreis der Gerste ist nicht derart, dafs anzunehmen ist, dafs das Ausland den Anbau vergröfsern wird, es sei denn, dafs Aussicht zum Steigen der Gerstenpreises vorhanden wäre. Was die Einfuhr des Mais [1]) betrifft, so ist es eine interessante Thatsache, dafs vor 1889 keine auffallende Zunahme in der Einfuhr des Mais stattgefunden hatte. Im Jahre 1870 belief sich die Einfuhr des Mais nur auf 16 756 783 Cwt.; im Jahre 1878 belief sich die Maiseinfuhr auf ca. 42 Millionen Cwt.; sodann fiel die Einfuhr auf 25—30 Millionen jährlich bis zum Jahre 1889, wo 36 192 325 Cwt. eingeführt wurden, und in darauf folgenden Jahre 1890 wurden 43 437 834 Cwt. eingeführt, eine Zahl, die bis jetzt nicht wieder erreicht wurde. Von 1885—1890 war die Zufuhr von Mais nur um 2 Millionen Cwt. gröfser als von 1880—1885. Die Länder, die am meisten die Mais-zufuhr vermehrt haben, waren Rufsland, Rumänien und Argentinien; Amerika hat in seiner Maiszufuhr nachgelassen, wenn auch die an-gebaute Maisfläche in 10 Jahren um 12 Millionen acres zugenommen hat. Die englischen Farmer würden ungern einen bedeutenden Nach-lafs in der Einfuhr des Mais sehen, da sie ihn sehr ausgedehnt als Futtermittel benutzen. Würde die Einfuhr des Mais sehr nach-lassen, so würde unbedingt ein bedeutendes Steigen im Preise der Futtermittel wie Ölkuchen u. s. w. stattfinden. Eine Abnahme der Maiseinfuhr würde höchstens für den englischen Farmer von Vorteil sein, der viel Mahlgerste produziert, die dann als Futtermittel im Preise steigen würde; anderseits würde sie eine Verteuerung der Fleischproduktion verursachen und die Konkurrenz für den englischen Farmer in dieser Produktion noch fühlbarer machen. In Amerika ist die ausgedehnteste Frucht im Anbau der Mais; in dem Mafse als die ausgedehnten Viehweiden umgebrochen werden, wird wohl mehr Mais angebaut werden. Der Mais ist die beliebteste Frucht des amerikanischen Farmers, da der Mais reichliche Erträge da giebt, wo der Weizen nur unsicher ist; es sei denn, dafs die Weizenpreise in die Höhe gehen würden, ist keine Aussicht vorhanden, dafs der Maisbau dem Weizenbau weichen würde. In Südamerika, Afrika und anderen tropischen Ländern finden wir, dafs der Mais dort gut ge-deiht, wo der Weizen nur unsichere Erträge giebt oder gar ausge-schlossen ist. Es ist aber nicht anzunehmen, dafs der englische Farmer, der Mahlgerste produziert, auf eine Abnahme in der Mais-

---

[1]) Agricultural Returns. London 1895.

einfuhr hoffen kann, da Amerika, das jetzt über die Hälfte des auf den englischen Markt gelieferten Maises schickt, den Maisbau wenigstens in keinem erheblichen Mafse einschränken wird.

Ähnlich der Gerste war der H a f e r [1]) im Preise ziemlich gut bis 1879, und erst nach dem Jahre 1885 fiel der jährliche Durchschnittspreis auf weniger als 20 s pro Quarter. Während der letzten 10 Jahre hat keine beträchtliche Abnahme in der angebauten Haferfläche im Vereinigten Königreich stattgefunden. Während der Periode von 1876—80 war der Durchschnitt 4 170 325 acres, und von 1886 bis inkl. 1890 belief sich der Durchschnitt der angebauten Haferfläche auf 4 231 404 acres. Allein 1887 war die Fläche auf 4 418 947 acres gestiegen. In demselben Jahre 1887 fiel der Durchschnittspreis auch auf 16 s 3 d und als Folge davon fiel auch die angebaute Haferfläche auf 4 177 121 acres. Ähnlich wie bei der Gerste scheint das Fallen des Preises beim Hafer nicht durch ausländische Konkurrenz verursacht zu sein. 1886 belief sich die Hafereinfuhr auf 13 485 233 Cwt. und im folgenden Jahre sehen wir eine Einfuhr von 14 462 943 Cwt., also eine Zunahme von fast 1 Million Cwt. Die Einfuhr bildet jedoch einen Teil des jährlichen Verbrauchs. Dagegen finden wir im Jahre 1888 eine ausnahmsweise grofse Hafereinfuhr, nämlich 18 770 686 Cwt.; allein 1889 fiel diese Zahl wieder auf 15 990 567 Cwt. und 1890 sogar auf 12 727 186; 1893 belief sie sich auf nur 13 954 986 Cwts. Als das Sinken des Preises stattfand, war die durchschnittliche jährliche Einfuhrsumme der 5 Jahre etwas weniger als die der vorhergehenden 5 Jahre. Die ganze Einfuhrsumme steht auch in keinem überwiegenden Verhältnis zur einheimischen Produktion, die sich auf 20 Millionen Quarter beläuft. Es ist also anzunehmen, dafs die Verbilligung des Maises, der Gerste und anderer Futtermittel auch die fallende Tendenz des Haferpreises verursacht hat, und dafs die ausländische Konkurrenz hierin von geringem Einflufs gewesen ist; der niedrige Preis von 1887 erholte sich im Jahre 1890 und stieg 1891 auf 21 s 4 d und sogar auf 21 s 5 d 1892; 1894 fiel der Preis wieder auf 18 s 11 d. Das einzige Land, das seine Haferausfuhr nach dem Vereinigten Königreich vergröfsert hat, ist Rufsland; Kanada, Schweden und Dänemark haben mit ihrer Ausfuhr nachgelassen. Aus Amerika erhält England wenig Hafer, trotzdem Amerika seit 1879 seine Haferfläche verdoppelt hat. So viele der englischen Farmer sind Käufer von Hafer, dafs ein hoher Haferpreis eigentlich wenig für

---

[1]) Board of Agriculture, Agricultural Returns, London 1895.

englische Verhältnisse erwünscht wäre; die ganze Quantität von Hafer, die der englische Farmer auf seinem Gute alljährlich verbraucht und verfüttert, hat zur Folge, dafs eine Erhöhung des Haferpreises lange nicht so erwünscht ist, als eine Steigerung der anderen Cerealienpreise. Trotzdem finden wir, dafs England jetzt mehr Hafer produziert als Weizen oder Gerste, so dafs wenigstens rentable Preise wünschenswert wären, wenn auch Rufsland das einzige Land ist, das im Hafer dem englischen Farmer eine zunehmende Konkurrenz bietet. Leider existiert über Rufsland keine spätere Statistik als 1887; es ist jedoch interessant zu sehen, dafs die 1887 angebaute Haferfläche nur wenig gröfser war als die des Jahres 1877; also hat erst in den letzten Jahren eine Ausdehnung des Haferbaues stattgefunden.

Bohnen- und Erbsenbau[1]) haben in England an Anbauflächen verloren infolge der fallenden Preise dieser Früchte; es wäre sehr zu wünschen, dafs die Fläche für diese Früchte wieder vergröfsert werden könnte, da beide Pflanzen Stickstoff sammelnde sind. Im Jahre 1871 waren im Vereinigten Königreich 550 613 acres Bohnen und 391 250 acres Erbsen angebaut, während 1891 nur 359 039 acres Bohnen und nur noch 204 972 acres Erbsen angesät wurden. Die Abnahme des Bohnenareals war eine gleichmäfsige bis 1886; von diesem Jahre ab hat die Fläche nur sehr allmählich abgenommen; 1886 war die Erbsenfläche ausnahmsweise klein, und zwar kleiner als im Jahre 1890. Während der letzten 10 Jahre haben die Bohneneinfuhren zugenommen, obgleich nicht gleichmäfsig. Im Jahre 1880 hat England 2 576 133 Cwts. und im Jahre 1890 3 344 918 Cwts. eingeführt; während der Jahre 1883, 1884 und 1885 war jedoch die Einfuhr eine gröfsere als im Jahre 1890. Die Zunahme erfolgte der Hauptsache nach aus der Türkei und Marokko, während Ägypten, das England mit den gröfsten Quantitäten von Bohnen versorgt, in seiner Ausfuhr nach England nachgelassen hat. — Was die Einfuhr von Erbsen betrifft, so hat zwischen 1880—1890 kein erheblicher Zuwachs stattgefunden; in den Jahren 1887 und 1888 hat zwar eine Zunahme der Erbseneinfuhr stattgefunden, dieselbe wurde aber durch Abnahmen in den darauf folgenden Jahren ausgeglichen. Es ist sonderbar, dafs Kanada, ein Land, das vorzüglich zur Erbsenproduktion geeignet ist und immer noch England mit grofsen Quantitäten versorgt, seine Zufuhr vermindert hat; jedenfalls sind die Erbsenpreise ihnen zu unrentabel geworden. Amerika hat sehr nachgelassen in

---

[1]) Board of Agriculture. Agricultural Returns. London 1895.

seiner Zufuhr; Indien kam nach Kanada als Lieferant in zweiter
Linie in Betracht, Rufsland an dritter Stelle und Deutschland an
vierter Stelle.

Die kleine Zufuhr aus Marokko und Holland hat neuerdings zugenommen; die einzige zunehmende und bedeutende Zufuhr ist die
Rufslands gewesen. Erbsen und Bohnen, ähnlich wie Gerste und
Hafer, scheinen „aus Sympathie", wenn ich so sagen darf, mit Mais-
kuchen und anderen bedeutenden Futterstoffen im Preise gehalten
zu sein, weniger durch ausländische Konkurrenz.

Die Einfuhr von Leinsamen, Baumwollsaat, Ölkuchen und verschiedenen anderen Futterstoffen hat in England von 1870—1880 bedeutend zugenommen und erlangte schon 1890 kolossale Dimensionen.
Was die Aussichten einer zunehmenden oder abnehmenden Zufuhr
dieser für den englischen Farmer so wichtigen Futterstoffe betrifft, so
ist es unsicher einen Schluss ziehen zu wollen. Wir haben schon
darauf hingewiesen, dafs die Zufuhr des Mais in der Zukunft wahrscheinlich zunehmen wird, und wir können denselben Schlufs ziehen
betreffs Baumwollsaat und Leinsamen. Bei der Baumwollsaat und dem
Leinsamenmehl ist es um so schwieriger einen Schlufs zu ziehen, als
diese Futterstoffe nur Nebenprodukte sind und ihre Zufuhr gröfsten-
teils von der Nachfrage nach Baumwolle und Flachs abhängt, obgleich
die von ihnen entstammenden Öle wertvoll sind. In Amerika wird
Flachs zum Teil nur des Samens wegen gebaut und nur in zweiter
Linie der Faser wegen; in Irland wird mehr Wert auf die Faser
gelegt als auf den Samen. — Bei der Baumwolle andrerseits hat die
Zufuhr dauernd zugenommen; es ist anzunehmen, dafs die Zufuhr
bei steigendem Bedarf einer zunehmenden Bevölkerung wachsen wird.
Sollte der Weizen im Preise steigen, so würden alle Getreidearten,
auch Bohnen und Erbsen, aus Sympathie steigen; allein ein Steigen
dieser Artikel ist kaum anzunehmen infolge einer etwaigen grofsen
Abnahme der Einfuhren der hauptsächlichsten Futtermittel.

Seit 1880 hat die Bevölkerung der Welt in viel gröfserem Verhältnis zugenommen als es die Weizenfläche gethan hat, und es ist
aus diesem Grunde auffallend, dafs der Weizenpreis gleichzeitig gefallen ist; die Ursache ist wohl darin zu suchen, dafs die Weizenernten
zum Teil ganz hervorragend grofse gewesen sind. 1887 und 1888
hatte Rufsland eine kolossale Weizenernte, desgleichen die meisten
europäischen Staaten; 1888 hatte Indien eine phänomenale Ernte;
1889 hatte Europa eine schlechte Weizenernte, dagegen Amerika
eine gute. Gegen Anfang des Jahres 1890 waren die Weizenlager sehr

leer geworden und 1890 hatte Amerika eine arme Ernte; dagegen hatte wiederum Europa eine gute Ernte. Trotzdem sind Ende des Jahres 1890 die Reservelager von Weizen leer geworden, so dafs eine kleine Steigerung des Weizenpreises stattfand und anzunehmen war, dafs von 1890 ab bei zunehmender Bevölkerung, stabil gewordenen Weizenflächen und geringen Weizenvorräten auf den Lagerräumen der Weizenpreis sich dauernd bessern würde. Ein amerikanischer Statistiker Mr. C. Wood Davis hat damals zu beweisen versucht, dafs, wenn die Bevölkerung in demselben Mafse in der Welt zunehmen würde als bisher, es an Weizen fehlen würde; er geht so weit, zu sagen, dafs bis 1895 Amerika statt Brotfrüchte auszuführen gezwungen sein wird Weizen einzuführen, oder den Anbau von Baumwolle durch Getreide zu ersetzen. Allein wie sehr er sich geirrt hat, sehen wir heute, obgleich seine Berechnungen Statistiken zur Unterlage hatten; allein er hatte weder auf die Zunahme der Ernten pro Morgen noch auf die kolossale Ausdehnung des Weizenbaues in anderen Ländern, wie Australien, Argentinien etc. gerechnet; auch kamen andere unvorhergesehene Ursachen hinzu, die wir seit 1890 erlebt haben und die wir hier noch kurz besprechen wollen.

Es unterliegt keinem Zweifel, dafs im Jahre 1890 Grund vorhanden war annehmen zu können, dafs die landwirtschaftlichen Verhältnisse sich künftig bessern würden, und dafs die Landwirtschaft ihre schlimmsten Tage hinter sich habe, ganz besonders was den Weizenbau anbetrifft. Wir haben gesehen, dafs sich die Weizenfläche der Welt nicht in demselben Mafse ausgedehnt hat als es bei der Zunahme der Bevölkerung anzunehmen war; ferner dafs die Zunahme der Weizenfläche von 1880 auf 1890 eine verhältnismäfsig geringe war; oder mit anderen Worten, dafs das Verhältnis der Weizenfläche zu der Zahl der Brotkonsumenten viel kleiner im Jahre 1890 war als im Jahre 1880. Dies Verhältnis war jedoch im Jahre 1880 ein überaus grofses, verursacht durch die kolossale Ausdehnung der Weizenfläche der ganzen Welt während dieses Jahrzehnts, so dafs es 3—4 Jahre dauerte, bis die Bevölkerung das Weizenangebot einholte. Während dieser Einholung, durch welche das Gleichgewicht zwischen Angebot und Nachfrage hätte wieder hergestellt werden können, gingen die Voraussetzungen und Berechnungen fehl und zwar durch eine ganze Reihe ganz ausnahmsweise grofser Ernten und für den Weizen vorzüglich günstiger Jahrgänge; dies hatte zur Folge, dafs die verhältnismäfsig kleine Weizenfläche den grofsen Bedarf deckte. Und doch waren am Ende des Getreidejahres 1890—1891 die

Weizenvorräte der Welt so geringe wie noch nie; Rußland sah einer
Hungersnot entgegen und Frankreich hatte eine nur ganz kleine
Weizenernte. Aus diesem Grunde stieg der durchschnittliche
wöchentliche Weizenpreis in England von 32 s 7 d pro Quarter anfangs Januar auf 41 s 8 d pro Quarter in der ersten Woche des
September, und der Durchschnittspreis für das ganze Jahr belief sich
1891 auf 37 s, stand also höher als er seit 1883 gewesen war.

Allein die Ernte in den Vereinigten Staaten erwies sich als eine
ganz phänomenale, größer als man jemals eine Ernte gehabt hatte,
sogar sehr viel größer als die Schätzung der „Department of Agriculture", die sonst meist nicht zu klein ist. Im Jahre 1892 fand ein
gleichmäßiges stetiges Fallen der Weizenpreise statt, und in demselben
Jahre hatten die Vereinigten Staaten zum zweiten Male eine enorme
Ernte, doch waren sie nicht allein die Glücklichen, sondern die ganze
Welt hatte ebenfalls eine phänomenale Ernte. In demselben Jahre,
unter der Anregung einer hohen Goldprämie, fing Argentinien an ein
bedeutender Lieferant in Weizen für die europäischen Märkte zu
werden, indem es über 2 Millionen Quarters nach England sandte.
Der Durchschnittspreis des Jahres in England war nun nur 32 s pro
Quarter. Im Jahre 1893 war in der ganzen Welt im allgemeinen
eine hervorragend große Ernte, obgleich diesmal die Vereinigten
Staaten nur eine mittelmäßige Ernte und Argentinien eine Aus-
fuhrsumme von 4 600 000 Quarters nach England hatte. Es war
aus diesen obigen Gründen nicht zu verwundern, wenn nun der Weizenpreis zu fallen anfing, und zwar fiel der Weizen auf ein bis dahin
noch nie dagewesenes Niveau: 26 s 4 d pro Qr.

Die Ernte von 1894 war in der ganzen Welt und diesmal ohne
Ausnahme eine ungemein große und reichliche, größer als sie bis
jetzt jemals gewesen ist, und es ist anzunehmen, daß Argentinien
einen Weizenüberschuß zum Export von 7 Millionen Quarters hatte.
Auf diese Weise ist es gekommen, daß trotz eines Manko an Weizenfläche der Welt gegenüber den gestiegenen Bedarf durch Zunahme
der Bevölkerung es einen Überschuß an Weizen in der Welt gegeben
hat, und zwar seit dem Anfang des Jahres 1891 infolge des über-
natürlichen Segens der günstigen Jahrgänge!

Dies Ergebnis, welches niemand auf grund etwa von Statistiken
hätte voraussagen können, wollen wir nun an der Hand von statistischen
Zahlen beweisen: Die Vereinigten Staaten haben am meisten zu
obigem Ergebnis beigetragen, und so wollen wir uns der Statistik
dieser Staaten zuerst zuwenden, besonders da dieselbe deutlich

zeigt. dafs die ausnahmsweise grofse Produktion an Weizen nicht durch Vergröfserung der Weizenfläche verursacht war.

Bis 1891 waren die Schätzungen des „United States Department of Agriculture", durch Ausfuhr, Reservelager und geschätzten inländischen Verbrauch auf die Probe gestellt, ziemlich zutreffend; allein es steht fest, dafs die Schätzungen des Jahres 1891 und die der zwei darauf folgenden Jahre viel zu gering ausfielen und die Ernte von 1894 wird auch für gröfser gehalten als sie die Schätzung der „United States Department of Agriculture"[1]) angiebt; letztere wird nur bis jetzt als Schätzung angegeben nach Angabe des „Department". In der folgenden Tabelle geben wir die amtlichen Zahlen der 4 Jahre 1887—1890; für die 4 Jahre 1890—1894 sind nur in den Flächen amtliche Zahlen, während die Bushelzahlen nach den zuverlässigsten kaufmännischen Schätzungen der Vereinigten Staaten angegeben sind:

Weizenernten der Vereinigten Staaten.

	acres	Bushels		acres	Bushels
1887	37 641 783	456 329 000	1891	39 916 897	675 000 000
1888	37 336 138	415 868 000	1892	38 554 430	550 000 000
1889	38 123 859	490 560 000	1893	34 629 418	450 000 000
1890	36 087 154	399 262 000	1894	33 775 000	475 000 000
Sa:	149 188 934	1 762 019 000	Sa:	146 875 745	2 150 000 000
Durch-schnitt 4jähr.	37 297 233	440 504 750		36 718 936	537 500 000

In abgerundeten Zahlen ersehen wir aus obiger Tabelle, dafs der Überschufs an Produktion der letzten 4 Jahre im Vergleich zu den 4 vorhergehenden Jahren nicht weniger als 388 000 000 Bushels oder 97 000 000 Bushels pro Jahr beträgt und zwar trotz einer Abnahme in der Durchschnittsfläche. Es liegt auf der Hand, dafs eine so ungeheure Zunahme des Weizenangebots, ohne korrespondierende gleichzeitige Abnahme anderswo, vollständig an und für sich genügt hätte, um die Weizen- und Getreidemärkte der ganzen Welt zu drücken und zu erniedrigen; thatsächlich fand auch keine korrespondierende gleichzeitige Abnahme in irgend einem der 4 Jahre in den anderen Ländern zusammengerechnet statt, obgleich Europa im Jahre 1891 eine kleinere Ernte hatte. Als Beweis dieser Thatsache dient uns die

---

[1]) United States Department of Agriculture 1894. Rep. by Mr. Morton, Washington.

folgende Tabelle, welche den Schätzungen der Weizenernten der ganzen
Welt, meist von amtlichen Zahlen stammend, aus „Beerbohm's List"
entnommen ist:

Weizenernten der Welt.

	Bushels			Bushels
1887	2 304 000 000		1891	2 367 280 000
1888	2 208 000 000		1892	2 391 120 000
1889	2 129 976 000		1893	2 420 480 000
1890	2 238 600 000		1894	2 427 200 000 (a)
	Sa. 8 880 576 000			Sa. 9 606 080 000
Durchschnitt 4 jährig.	2 220 144 000			2 401 520 000

(a) Beerbohm hat kürzlich noch weitere 25 000 000 Bushels zu
der Schätzung der amerikanischen Ernte von 1894 zugeschrieben, so
dafs die Summe um so viel gröfser werden würde; allein dies ist nur
mutmafslich. Nach diesen Schätzungen haben wir eine Durchschnittszunahme von 181 376 000 Bushels pro Jahr in der ganzen Welt, und
zwar während der letzten 4 Jahre im Vergleich zu den 4 vorhergehenden Jahren! —

Wie hoch sich der Bedarf der angewachsenen Bevölkerung belief,
ist unmöglich mit Genauigkeit festzustellen. Der Verbrauch ist ein
sehr verschiedener; er ist abhängig von der Produktion von Roggen
und anderen Getreidearten, die dem Weizen im Nährgehalt nachstehen,
und noch zum Teil, aber zum geringsten Teil von der Kartoffelernte.
Allein niemand würde den Extrabedarf der letzten 4 Jahre auf mehr
als die Hälfte der Extraproduktion, wie oben gezeigt, festsetzen, im
Vergleich zu den 4 vorhergehenden Jahren. Jedenfalls ist es in dem
Mafse als die Lager und Vorräte an Weizen in der Welt sich ange-
häuft haben auch sicher, dafs die Produktion seit 1890 den Bedarf
bei weitem überschritten hat, trotzdem der Überschufs durch mangelhafte Ernten an Roggen in verschiedenen Jahren zurückgehalten und
vermindert worden ist. Die Roggenfläche der Welt hat unbedingt in
den letzten Jahren nachgelassen; diese Thatsache in Verbindung
mit der, dafs die Weizenfläche fast stabil geworden ist, zeigt
uns, dafs das Fallen im Weizenpreis seit dem Jahre 1891 durch
aufsergewöhnliche Verhältnisse verursacht wurde. Der wöchentliche
Durchschnittspreis ist schon bis auf 17 s 6 d pro Quarter gefallen, ein
Preis, der unbedingt dem Produzenten nur Verluste verursachen kann,
wenn er vom Weizenbau allein abhängig ist, es sei denn, dafs er irgend

welchen kolossalen Vorteil hat, wie den der Währung bei den Landwirten in Argentinien, die allein noch bei solchen niedrigen Preisen
etwas verdienen können. In England rechnet man, daß ein rentabler
Weizenbau erst bei doppelt so hohem Preise, also 35 s pro Quarter,
durchzuführen ist. Es ist anzunehmen, daß der argentinische Farmer
noch bei 20 s pro Quarter sein Weizenareal vergrößern würde, aber
nur so lange, als die Goldprämie es ihm ermöglicht, das aus England stammende Gold, das er für seinen Weizen erhält, in wenigstens
dreimal so viel dem Werte nach in Papiergeld umzutauschen, welches
in Argentinien denselben Kaufpreis pro Dollar besitzt als es je besessen
hat und mit dem er seine billigen Löhne bezahlen kann. Bei einem
andauernden Preise von 20 s pro Quarter würden die meisten Länder,
die diesen Vorteil der Währung nicht besitzen, bald ihre Weizenfläche
verringern, da sie bei der Produktion des Weizens nur verlieren
könnten. Die Überproduktion in Weizen während der letzten 4 Jahre
hat die Aufmerksamkeit von anderen möglichen Ursachen eines Fallens
im Weizenpreis abgelenkt. Daß andere Gründe bedeutend mitgewirkt haben, das Fallen der Weizenpreise zu beschleunigen, unterliegt
keinem Zweifel. Abgesehen von dem allgemeinen Fallen des Weizenpreises sehen wir, wenn wir einen Blick werfen auf Argentinien und
Indien, wie es kommt, daß der Weizen so ungemein durch die Währungsfrage in Mitleidenschaft gezogen ist und zwar fast mehr als
jeder andere Artikel. Weiter finden wir, daß der Weizen ebenso
gut wie die Baumwolle ein Bedarfsartikel geworden ist, der durch den
drückenden Einfluß eines gemeinen Systems der Börsenspekulation
zu leiden hat. Legitime Spekulation, insofern sie den Spekulanten
zwingt, große Weizenvorräte thatsächlich zu lagern und zu halten,
hat sowohl in Amerika als auch in England aufgehört. In Amerika,
besonders an der Börse von Chicago, werden die Weizengeschäfte
ähnlich gemacht, wie es die Buchmacher auf der Rennbahn machen;
die Geschäfte werden im Kauf und Verkauf von sogenannten „Options"
gemacht, indem die Geschäftsleute, Spekulanten, Kaufleute oder Makler
die Differenzen, „Margins" genannt, bezahlen oder erhalten, da sie
meist nicht geneigt sind, die Weizenware thatsächlich zu liefern noch
zu erhalten. Eine weit bedeutendere Ursache existiert für das dauernde
Darniederliegen der Weizenpreise, und das ist die Schnelligkeit, mit
der durch den elektrischen Kabel und schnell fahrende Schrauben-
dampfer es möglich ist, schnell Weizen von einem Land in das andere
zu schaffen. Unter dem neuen System der sogenannten „time-bargains"
haben es die Müller und Kaufleute nicht nötig, große Vorräte an

Weizen zu halten, da es möglich ist, zu einem gewissen Preise im voraus zu kaufen bei einer Abnahme nach etwa mehreren Monaten und zwar in irgend welcher gewünschten Quantität. Auf diese Weise versichern sie sich quasi gegen eine plötzliche und grofse Hausse zur Zeit des notwendigen Bedarfs. Wenn es vorkommt, dafs eine Einfuhr an Weizen in diesem oder jenem Lande den Bedarf des einführenden Landes nicht zu decken vermag, so teilt es der Telegraph sofort allen ausführenden Ländern mit und mit Weizen beladene Dampfer werden sofort abgeschickt. Diese Mittel bewirken alle einen gleichmäfsigen Druck auf die Preise, und es entsteht eine Tendenz niedriger Preise, auch wenn die Ernten gering gewesen sind. Wenn in Liverpool und Chicago keine so wahnsinnige Spekulation stattfinden würde, so ist anzunehmen, dafs der Weizen nicht so unerhört niedrig im Preise stehen würde. Von der Ernte des Jahres 1883 bis zu Ende des Jahres 1890, als ganze Periode betrachtet, existierte keine Überproduktion von Weizen in der Welt und doch fielen die Weizenpreise von 41 s pro Quarter im Jahre 1883 auf 31 s 11 d im Jahre 1890.

Wenn auch während der Jahre 1883—1890 nachweislich keine Überproduktion stattgefunden hat, so haben andere Ursachen mitgewirkt, den Weizenpreis so enorm zu erniedrigen; es sind hauptsächlich zwei Momente oder Hauptfaktoren, die bei diesem Preisrückgang mitgewirkt haben und zwar:

I. Billige Produktionsfähigkeit.

II. Billige Transportkosten.

Setzen wir die Produktionskosten des Weizens[1]) in

1) England = 100, so finden wir sie in
2) V. S. v. Amerika (Westen) = 70   In Argentinien sind
3) Indien = 66   die Produktionskosten noch
4) V. S. v. A. (Dakota) = 57   niedriger.
5) Rufsland = 54

In Bezug auf die billigen Transportkosten ist nachgewiesen, dafs dieselben durchweg seit 1870 um 50 % zurückgegangen sind. Wenn auch zwischen 1883—1890 keine Überproduktion stattgefunden hat, so hat sich doch der Weizenbau in den Gebieten ausgedehnt, wo die Produktionskosten am niedrigsten sind; eine Umwälzung etwa im Weizenbau hatte während dieser Zeit nicht stattgefunden. Wenn wir auch als Hauptursachen billige Produktionsfähigkeit und billige Trans-

---

[1]) R. F. Crawford, Wheat supplies, London 1895. p. 364 (R. A. S. of E.).

portkosten angegeben haben, so möchten wir hier doch noch einige
Nebenwirkungen angeben, nämlich die allgemeine Hausse im Werte
des Goldes, die allgemeine Verbilligung des Silbers, die Vorteile gewisser Länder, wie Argentinien und Indien in ihrer günstigen Wäh-
rungslage England gegenüber, und endlich noch die unerhörten illegi-
timen Spekulationssysteme.

Im Jahre 1891, als die Weizenproduzenten alle Ursache hatten
auf bessere Zeiten zu hoffen, fing gerade die Wirkung der Goldprämie in Argentinien auf die Entwickelung des dortigen Weizenbaues einzuwirken an, da es erst in diesem Jahre (1891) war, dafs
die Goldprämie auf 200 % stieg. Der Durchschnitt für das Jahr war
gestiegen von 40 % im Jahre 1888 auf 88 % im Jahre 1889, auf
161 % im Jahre 1890 und auf 277 % im Jahre 1891; allein es
bedarf der Zeit, um die Weizenfläche sehr erheblich auszudehnen und
erst im Jahre 1891 belief sich die argentinische Ausfuhr auf 1 500 000
Quarters; heute ist nur noch ein kleiner Teil des weizenfähigen Bodens
in Argentinien mit Weizen bebaut und es liegen noch Tausende von
Acres schönsten Weizenbodens, die nur auf den Bau der Eisenbahnen
warten, um angebaut zu werden.

IX. Entwickelung der Einfuhr tierischer Produkte in England.
1870 — 1880 — 1890.

Wie sich England im Laufe dieses Jahrhunderts zum bedeutendsten Industriestaat emporgeschwungen hat, ist allbekannte Thatsache. Ebenso bekannt ist es, dafs dieses Aufblühen in der letzten Zeit auf Kosten der englischen Landwirtschaft stattgefunden hat. England, stets dem Freihandel huldigend, hat immer seine Häfen dem ausländischen Getreide und Fleisch geöffnet, und nur zeitweise war aus Furcht vor Seucheneinschleppung der kontinentale Viehimport verboten. Die Notierungen für Fleisch, Weizen, kurz aller Nahrungsmittel, erreichten einen unerhört niedrigen Standpunkt. Von Vorteil war dieser Rückgang in den Preisen der Futtermittel nur für die Industrie, und die freihändlerischen Industriellen heben ganz besonders den Vorteil hervor, den die konsumierende Bevölkerung von der Verbilligung der Nahrungsmittel gehabt habe. Die Folgen des Freihandels blieben nicht aus, das industriereiche England blühte rasch auf, die englischen Konsumenten leben um mehrere Millionen Mark billiger als früher. und dabei ging die früher blühende Landwirtschaft im Ertrage zurück; die Landbevölkerung schwindet, die Bevölkerung der Industriestädte wächst, der Ackerbau nimmt ab, die Weidewirtschaft nimmt zu und Grofsbritannien hängt immer mehr und mehr ab von dem Auslande in der Ernährung seiner Bevölkerung, da längst der Grund und Boden den Bedarf an Nahrungsmitteln nicht mehr decken kann. Allein erst seit etwa 15 Jahren ist von einer allgemeinen Niederlage der englischen Landwirtschaft zu reden. Australien, Neuseeland, Ostindien, ganz Nordamerika, Argentinien führen in wachsender Menge Fleisch und Getreide zu. Durch diese Zufuhr leidet heute die ganze europäische Landwirtschaft. England blieb beim Freihandel und seine Landwirtschaft hat die Krisis zuerst und am empfindlichsten gefühlt; andere Länder griffen zu erhöhten Getreide- und Viehzöllen, allein ohne die Rückgangstendenz der Marktpreise erheblich verhindern zu können. Wenn auch England zuerst und am allerschärfsten die landwirtschaftliche Krisis empfunden hat, so war es doch in der Lage, diese Krisis leichter zu überstehen, als manche andere Länder. Wir werden sehen, wie sich England in die Lage gefunden hat trotz schwerer Opfer, und wie es der Grundeigentümer ist, der die Hauptlast der landwirtschaftlichen Krisis zu tragen hat, und wie England dieselbe überstanden hat.

In Deutschland existiert vielfach die Meinung, daß Englands Landwirtschaft schon ganz zu Grunde gerichtet sei, daß der mittlere und kleinere englische Landwirt durch völligen Verlust seines Betriebskapitals zum Bettler geworden, daß an Stelle des Ackerbaues eine ausgedehnte Weidewirtschaft mit Latifundienbildung getreten sei. Dr. H. Gräfe sagt in seiner Schrift „Die Entwickelung der englischen Landwirtschaft nach Aufhebung der Kornzölle" (Leipzig 1889) sogar von England: „Das flache Land erhält die Stille eines Friedhofs, man wird bald auch in England meilenweit gehen können, ohne einen Baum oder eine steinerne Mauer zu erblicken", und das Ende wird eine industrielle Krisis sein, „bis schließlich eine gewaltige Revolution das morsche Staatsgebäude ins Wanken bringt."

Es kann gar nichts Irrtümlicheres geben als diese Auffassung. Wer heute landwirtschaftlicher Studien wegen in England reist, wird keine Verödung der Fluren sehen! Er wird auch nicht finden, daß der kleine Farmer von seiner Scholle verdrängt worden ist, und daß an dessen Stelle große extensive Weidewirtschaften Platz gewonnen haben. Allerdings werden wir sehen, daß der Anbau der Brotfrucht vermindert worden ist, allein an deren Stelle ist kapitalkräftigere intensivere Weidewirtschaft getreten.

Großbritannien hat ein Inselklima, welches den Übergang zur Weidewirtschaft sehr erleichtert hat. England hat ein außerordentlich günstiges Pachtsystem und eine ungemein reiche Landaristokratie, die sich eine Verminderung ihrer Rente gefallen lassen muß und leicht verschmerzt. Nur die sog. „Corn counties" Englands im Osten, welche durch weniger günstiges, trockenes Klima zum Getreidebau gezwungen waren, haben die Krisis sehr schwer empfunden; diese haben sich aber allmählich zur Milchwirtschaft eingerichtet und befinden sich jetzt besser dabei. Trotzdem hat die landwirtschaftliche Krisis in

England schwere Folgen gehabt und veranlafste eine Einschränkung des Ackerbaues, eine Verminderung des Arbeitspersonals, was eine geringere Produktion von Nahrungsmitteln verursachte und daher auch eine vermehrte Zufuhr von auswärts nötig machte. Der Bezug von fremdem Brotkorn (Weizen und Weizenmehl auf Körner reduziert) betrug durchschnittlich [1]):

$$1876—80 = 63\,310\,000 \text{ Ztr.}$$
$$1886—90 = 77\,613\,000 \text{ „}$$

Der ganze Wert der Einfuhr von Fleisch aller Art, Butter, Käse, lebenden Tieren, Weizen und Weizenmehl, sowie anderen Getreidearten und Mehl war im Durchschnitt:

$$1876—80\,[1])\quad 101\,361\,000 \text{ £} = 2\,027\,020\,000 \text{ Mk.}$$
$$1886—89\quad 96\,230\,000 \text{ „} = 1\,924\,600\,000 \text{ „}$$

Also eine Ersparnis von über 103 Millionen Mark! Wir wollen nun der Nahrungsmittelversorgung auf dem englischen Markt näher treten. In erster Linie würde das fremde Getreide kommen, denn kein Nahrungsmittel hat in dem Mafse zugenommen, noch in dem Mafse an Wert verloren wie z. B. der Weizen. Dem einheimischen Erzeugnis von ca. 40 Mill. Ztr. steht etwa eine Einfuhr von doppelt so viel Weizen gegenüber! Auf die Entwickelung der Getreideeinfuhr werde ich später zurückkommen. Ehe ich aber zum Hauptteil meiner Abhandlung, nämlich „der Entwickelung der Einfuhr tierischer Erzeugnisse auf den englischen Weltmarkt" übergehe. möchte ich kurz zeigen, wie ungeheuer stark die Weizenpreise in diesem Jahrhundert gefallen sind. Der Durchschnittspreis eines Quarter (ca. 220 Kilo) englischen Weizens betrug [1]):

1801—10	83 s 11 d		1881	45 s 4 d
1811—20	87 „ 6 „		1882	45 „ 1 „
1821—30	59 „ 5 „		1883	41 „ 7 „
1831—40	56 „ 10 „		1884	35 „ 8 „
1841—50	53 „ 4 „		1885	32 „ 10 „
1851—60	54 „ 7 „		1886	31 „ 0 „
1861—70	51 „ 1 „		1887	32 „ 6 „
1871—75	54 „ 8 „		1888	31 „ 10 „
1876—80	47 „ 6 „		1889	29 „ 9 „
			1890	31 „ 11 „
			1891	37 „ 0 „
			1892	30 „ 3 „
			1893	26 „ 4 „
			1894	22 „ 10 „

[1]) Board of Agriculture Agricultural Returns, London 1895.

Schon gegen Ende der 70er Jahre war ein anhaltender Preisfall fühlbar; schon 1890 hoffte man, dafs eine Besserung eintreten würde, was sich 1891 zu bestätigen schien; allein seit 1891 ist der Weizenpreis ganz bedeutend gefallen und die Tendenz ist heute noch eine sinkende. Mit sinkendem Weizenpreis fiel auch in England die Anbaufläche des Weizens und man wandte sich immer mehr der Weidewirtschaft zu. Im engen Zusammenhang mit dem Weizen- und Getreidebau steht die Viehproduktion, und es ist eigentlich wunderbar, dafs die Viehpreise in England verhältnismäfsig nicht so stark gefallen sind als die Weizenpreise. Ein Steigen der Getreidepreise würde in mancherlei Hinsicht auf die Fleischproduktion einwirken. Erstens würde es den Verbrauch pro Kopf der Bevölkerung vermindern, wenn nicht die Löhne in allen Zweigen der Industrie in gleichem Mafse erhöht würden. Es würde auch die Kosten der Fleischerzeugung vergröfsern, da alle Futterstoffe teurer als bisher sein würden. Aber da dies überall fühlbar wäre, würde es die Konkurrenz nicht wesentlich beeinflussen. Anderseits würde sich die Fleischerzeugung oder Ähnliches besser bezahlen, wenn der Getreidebau lohnender gemacht werden könnte als seither, denn der Vorteil des Viehzüchters besteht in England gewöhnlich oder stets in dem erzeugten Dünger, und je wertvoller das Getreide mit Hilfe des Düngers wird, desto gröfser ist der bezügliche Nutzen. So haben wir einen wahrscheinlich verminderten Fleischverbrauch pro Kopf der Bevölkerung und vergröfserte Produktionskosten gegenüber einem gröfseren Werte des Düngers. Wie die Bilanz sich für Fleischproduktion an und für sich stellen würde, kann man unmöglich sagen, aber da die meisten Viehzüchter auch Korn bauen, so ist kein Zweifel, dafs sie von den erwähnten Änderungen im ganzen Vorteil haben würden. Aber das ist nicht alles; denn obgleich ein Steigen des Brotpreises wahrscheinlich den Fleischverbrauch pro Kopf der Bevölkerung vermindern würde, so würde doch das Anwachsen der Bevölkerung den Verbrauch im ganzen vergröfsern. Überdies würde in einem alten Kulturlande wie England die Urbarmachung des in den letzten zwanzig Jahren als Viehweide benutzten Landes eher mehr als weniger Fleisch hervorbringen, während dasselbe Verfahren in neuen Ländern, in denen bisher grofse Viehzucht getrieben wurde, die Kosten der Fleischproduktion bedeutend mehr vergröfsern würde, als es in England der Fall wäre. Im ganzen scheint es mir also, dafs im Bereich der erwähnten Veränderungen die Fleischproduzenten in England wesentlichen Vorteil hätten. Indessen giebt es noch andere Erwägungen,

die bei der Konkurrenz in der Fleischproduktion wichtig sind, und
es wird nötig sein, einen kurzen Rückblick auf die vergangene Konkurrenz zu werfen. Wenn man die Einfuhr von Vieh und Fleisch
in den verschiedenen Zeiträumen der letzten zwanzig Jahre vergleicht.
so ist es ein Wunder, dafs die Preise sich noch auf der Höhe gehalten haben, wie wir sie finden. Die Viehzüchter, vom Standpunkt
des Hochzüchters aus, die sich mit dem Verkauf zur Zucht bestimmter
Tiere abgeben, lassen wir aufser acht, da diese fast durchweg nie
bessere Erfolge hatten als während der letzten 3 oder 4 Jahre.
Diese haben mehr Schaden erlitten durch Krankheiten und Viehseuchen als durch ausländische Konkurrenz. Allein die Fleischpreise
sind billiger geworden, obgleich nicht in dem Mafse, wie man es hätte
erwarten können im Vergleich zu den viel stärker fallenden Getreide-
und Futtermittelpreisen. Während des Jahrzehnts 1870—1880 erfuhr
die inländische Fleischproduktion einen thatsächlichen Rückgang, und
so mufste natürlicherweise die Einfuhr um so gröfser sein. Man kann
nicht behaupten, dafs der Rückgang der einheimischen Fleischproduktion durch die ausländische Konkurrenz in jenem Dezennium hervorgebracht wurde, da die Preise während dieser Periode meist
steigende waren. Andrerseits wurde die einheimische Fleischproduktion
im darauf folgenden Dezennium gesteigert, eine Thatsache, die hauptsächlich dem Wiederaufblühen der Viehzucht zu verdanken war, indem die Viehzüchter bei Verlusten durch Krankheit von nun ab beim
Rindvieh teilweise Unterstützung erhielten. Die folgende Tabelle
zeigt die Zahl des Rindviehs, der Schafe und Schweine in dem Vereinigten Königreich während der 3 Perioden, von denen oben die
Rede war. [1]

	1870	1880	1890
Rindvieh	9 235 052	9 871 153	10 789 858
Schafe	32 786 783	30 239 620	31 667 195
Schweine	3 650 730	2 863 488	4 362 040

Die folgende Tabelle zeigt uns die Summa der Fleischeinfuhr
aller Art während der Jahre 1870—1880—1890. [2]

Einfuhr		1870	1880	1890
Vieh	Stück	202 172	389 724	642 593
Schafe	,,	669 905	941 191	358 458
Schweine	,,	96 172	51 131	4 036

[1] Board of Agric. 1895. Agricultural Returns 1870, 1880, 1890.
[2] Agricultural Returns, Board of Agriculture, London 1896.

	Engl. Ztr.	Cwt.	Cwt
Rindfleisch, frisch	12 035	727 392	1 854 593
Rindfleisch, gesalzen	203 713	290 564	274 726
Hammelfleisch [1])	—	—	1 656 419
Schweinefleisch, frisch	36 481	25 056	45 295
„ gesalzen	220 533	384 211	254 857
Speck	536 844	4 387 082	3 790 570
Schinken	30 320	947 566	1 209 446
Fleischkonserven	83 081	655 800	734 811
Sonstiges Fleisch	34 300	149 010	103 881
Summa totes Fleisch	1 157 307	7 566 681	9 924 598
Abzug der Ausfuhr	22 952	488 000	1 454 168
Netto-Einfuhr	1 134 355	7 078 681	8 470 430

Somit zeigt sich

die Zunahme des Nettobetrags der Einfuhr bis 1880   5 944 326 Cwt.
und „   „   „   „   „   „ von 1880—1890 1 391 749   „

Rechnet man nach Angabe der „Agricultural Returns"
das Gewicht der eingeführten Viehzahl. Schafe und Schweine in den
Jahren 1880 und 1890 vom lebenden auf totes Gewicht, so erhalten
wir folgendes Resultat zur Vergleichung der Einfuhr von lebendem
und totem Vieh während obiger Periode [2]):

	1880 Cwt.	1890 Cwt.	Zunahme bis 1890
Umgerechnetes totes Gewicht des lebend eingeführten Viehs	2 849 290	4 039 000	1 189 710
Netto-Einfuhr von totem Vieh	7 078 681	8 470 430	1 391 749
Summa	9 927 971	12 509 430	2 581 459

Was die Preise von Rindfleisch, Hammel- und Schweinefleisch
betrifft, so waren dieselben nie höher als während der Jahre 1873
bis 78, oder man könnte auch sagen, mit Ausnahme von 1879,
während der Periode von 1873—83. In der folgenden Tabelle habe
ich aus den „Agricultural Returns for Great Britain" die verschiedenen
Fleischpreise entnommen und zwar die im „Metropolitan Cattle
Market". Die Preise verstehen sich für lebendes Fleisch „per stone
of 8 Lbs. (sinking the offal)" während der Jahre 1870. 1880, 1890;

---

[1]) Bis 1881 ist frisches Hammelfleisch in der Rubrik: „Sonstiges Fleisch" enthalten.

[2]) Agricultural Returns, London 1895.

ich gebe auch die Durchschnittspreise während verschiedener Perioden
an, wobei man auch deutlicher den Rückgang der Fleischpreise ersehen kann [1]):

Rindfleisch.

	Inferior	First		Inferior	First
		Quality			Quality
1870	3 s 7 d bis 5 s	6 d	1876—80	4 s 5 d bis 5 s	10 d
1880	4 „ 6 „ „ 5 „	11 „	1881—85	4 „ 3 „ „ 5 „	9 „
1890	2 „ 4 „ „ 4 „	10 „	1886—90	2 „ 8 „ „ 4 „	9 „

Hammelfleisch.

1870	3 s 7 d bis 5 s	10 d	1876—80	5 s 5 d bis 6 s	10 d
1880	5 „ 6 „ „ 6 „	10 „	1881—85	5 „ 7 „ „ 6 „	6 „
1890	4 „ 6 „ „ 6 „	3 „	1886—90	3 „ 10 „ „ 5 „	11 „

Schweinefleisch.

1870	3 s 6 d bis 5 s	6 d	1876—80	4 s 0 d bis 5 s	1 d
1880	4 „ 1 „ „ 5 „	3 „	1881—85	3 „ 11 „ „ 4 „	9 „
1889	2 „ 6 „ „ 4 „	5 „	1886—89	2 „ 5 „ „ 4 „	4 „

Die Zahlen für das Jahr 1870 sind einschließlich des ausländischen Viehs; allein von 1876 an gelten die Preise für englisches
Vieh allein. Aus obigen Zahlen ist ersichtlich, daß es hauptsächlich
die geringeren (inferior) Fleischsorten waren, welche im Preise durch
die ausländische Konkurrenz beeinflußt wurden; während z. B. der
Durchschnittspreis beim Rindfleisch 1880 der ersten Qualität von 5 s
11 d auf 4 s 10 d im Jahre 1890 fiel, so wird man sehen daß der
Durchschnittspreis des geringeren Fleisches von 4 s 6 d auf 2 s
4 d pro 8 Lbs. (stone) fiel.

Beim Hammelfleisch ist der Kontrast ein noch viel größerer; der
Durchschnittspreis des Hammelfleisches erster (first) Qualität für 1880
war 6 s 10 d (per stone of 8 Lbs.) und fiel im Jahre 1890 auf nur
6 s 3 d, während bei der geringeren Qualität (inferior quality) der
Preis erheblich mehr gefallen ist, nämlich von 5 s 6 d im Jahre 1880
auf 4 s 6 d im Jahre 1890. Die hauptsächlichsten Staaten, aus denen
die vermehrte Zufuhr entstammt, sind Amerika in Bezug auf lebendes
Vieh, Rindfleisch, Schweinefleisch, Speck und Schinken, weiter
Australien, Neuseeland und Argentinien in Bezug auf Hammelfleisch.
Die Konkurrenz seitens der europäischen Länder auf dem eng-

[1]) Agricultural Returns for Great Britain.

lischen Markte hat während des Dezenniums 1880—1890 sehr stark abgenommen: im Jahre 1890 betrug die Einfuhr aus europäischen Ländern auf den englischen Weltmarkt nur $\frac{1}{6}$ des ganzen eingeführten Fleisches. Zum kleinen unbeträchtlichen Teil ist dieser Umstand vielleicht der Thatsache zuzuschreiben, dafs England, während in Europa z. T. ausgedehnte Viehseuchen herrschten, dem europäischen Vieh den Eintritt in englische Häfen verbot; allein diese Abnahme der europäischen Zufuhr fand nicht nur bei solchen Ländern Europas statt, denen der englische Markt gesperrt war, sondern auch bei anderen, und zwar nicht nur in Bezug auf Fleisch, sondern auch in Bezug auf die meisten Nahrungsmittel. Die Ursache dieses Rückgangs in der Zufuhr europäischen Viehs nach England ist wohl darin zu finden, dafs die Fleischpreise auf dem englischen Markt dem europäischen Viehzüchter gar zu niedrige waren; namentlich war das der Fall betreffs der Viehpreise für diejenigen Fleischqualitäten, die von Europa nach England versandt werden. Nichtsdestoweniger haben wir gesehen, dafs die Einfuhr auf den englischen Markt im Jahre 1890 alle vorhergehenden Jahre übertroffen hat, und zwar ist die Hauptursache in der Thatsache zu finden, dafs in den Jahren 1870—1880—1890 die Vereinigten Staaten von Nordamerika die Viehzahl so ungeheuer vermehrten, ein Vorgehen, das auch in Kanada zu bemerken ist, wenn auch nicht in dem ungeheuren Mafse wie in den Vereinigten Staaten. In diesen war die Viehzahl aufser Milchkühen im Jahre 1870 nur 15 Millionen, 1880 stieg diese Zahl auf 21 Millionen und im Jahre 1890 auf 37 Millionen! In Kanada war die Zunahme natürlich sehr viel geringer, und es ist möglich, dafs die verhältnismäfsig grofse Zunahme der Vieheinfuhr aus Kanada dadurch verursacht wurde, dafs ein beträchtlicher Teil des amerikanischen Viehs aus den Vereinigten Staaten von kanadischen Häfen nach England verschickt wird. Bis 1890 war die Einfuhr von frischem Rindfleisch, aufser derjenigen aus den Vereinigten Staaten, erheblich gestiegen; die Einfuhr von frischem Rindfleisch aus den Vereinigten Staaten betrug bis $\frac{9}{10}$ der ganzen Einfuhr auf den englischen Markt; nur $\frac{1}{10}$ lieferten die übrigen Staaten zusammen an frischem Rindfleisch. Aus Australien kommt eine stets, wenn auch jetzt weniger zunehmende Zahl an gefrorenem Rindfleisch; hieraus ist ersichtlich, dafs, was die Zufuhr von Rindfleisch auf den englischen Weltmarkt betrifft, es sich hauptsächlich darum handelt, ob die Vereinigten Staaten und Kanada unter den heutigen Konjunkturen noch bei den niederen Fleischpreisen auf dem Weltmarkt imstande

sind, ihre grofse Fleischzufuhr mit Reingewinn weiterführen zu können,
oder ob nicht schon die niederen Fleischpreise einen Verlust verursachen. Allerdings sind die Fleischpreise in den Vereinigten Staaten
dem englischen Markt gemäfs aufserordentlich niedrige und die Händler
finden hierdurch noch ihre Rechnung, indem sie so ungemein billig
kaufen; die Viehpreise in den Vereinigten Staaten waren kurz vor
1890 so ungeheuer niedrige, dafs, obgleich die englischen Fleischpreise
auch ungemein niedrige waren, die grofsen amerikanischen Viehhändler
wohl bei kleinerem Profit sogar ihre Ausfuhr nach England vermehrten.
Amerikanische Zeitungen behaupteten sogar oft, dafs bei der Vieh-
ausfuhr nach England nichts mehr verdient würde, ja es wurde die
Behauptung aufgestellt, dafs Verluste dabei entstanden waren; allein
im grofsen und ganzen mufs doch ganz erheblich verdient worden
sein, sonst hätte die Ausfuhr schon längst bedeutend abgenommen.
Allerdings ist neben den stets sinkenden Fleischpreisen auch in Betracht zu ziehen, dafs erhebliche Frachtermäfsigungen im Transport
des lebenden und toten Fleisches stattgefunden haben, was die Ausfuhr sehr erleichtert hat. Die Tendenz ist heute noch nach einer Reduktion der Frachtspesen, allein das hat auch seine Grenzen; die
Tage der ganz billigen Viehproduktion in Amerika sind gezählt; die
grofsen Latifundien und enormen Viehweiden Amerikas schwinden
immer mehr; sie werden zerlegt und in kleinere Farmen abgegeben,
da sie im grofsen dem Latifundienbesitzer längst keine Rente mehr
bringen. Nun kann auf diesen kleinen Farmen ebenso viel Vieh gehalten werden, als früher auf den grofsen Viehweiden getrieben
wurde, allein die Aufzucht auf einer Farm ist eine erheblich teuerere
als auf den Weiden. Es ist anzunehmen, dafs die Qualität dieser
auf den „Farmen" aufgezogenen Tiere den früher auf Viehweiden
aufgezogenen Tieren nachstehen wird; denn nach Aussage der Grofs-
schlächter in Chicago auf den „Union Stock Yards" sind die auf
wilder Viehweide aufgezogenen Tiere stets den auf „Farmen" gezogenen vorzuziehen, obgleich ausnahmsweise hochgemästete Tiere
von „Farmen" stammend vorkommen und sehr gern gekauft werden.
Die Ursache dieser Thatsache liegt teilweise darin, dafs die Latifundienbesitzer und Besitzer grofser Viehweiden, in Amerika „Cattle Kings"
genannt, meist sehr reich und somit eher imstande waren, die allerbesten, rein gezüchteten Bullen zu kaufen und hierin keine Auslagen
zu scheuen, während die späteren kleineren „Farmer" nicht das
nötige Kapital zur Anschaffung solcher wertvollen Bullen hatten. Es
ist also anzunehmen, dafs die schlimmsten Zeiten in der Konkurrenz

auf dem Fleischmarkt für England vorbei sind, es sei denn, daß
andere Länder als die Vereinigten Staaten in diesem Maße Fleisch
nach England ausführen. Allein wir wissen noch nicht, was Argentinien
bez. des Rindviehes leisten könnte. Es ist anzunehmen, daß Argentinien seine Viehzucht, namentlich seine Rindviehzucht, die noch nicht
auf der Höhe der Vereinigten Staaten ist, verbessern wird; das gleiche
gilt von anderen südamerikanischen Ländern. Auch was wir in Kanada
„The Great North West" nennen, könnte ein ganz gefährlicher Kon-
kurrent auf dem Fleischmarkt werden. Sollte die projektierte Bahn
im nordwestlichen Teil Kanadas zur Ausführung kommen, was mit
der Zeit anzunehmen ist, so würde dieser enorme Landkomplex
„The Great North West Country of Canada" ungeheuere Mengen Vieh
produzieren und billig nach England verschicken können. Schon 1891
wies man in England auf eine weitere große Gefahr für den englischen Viehzüchter hin, nämlich die Erfindung einer Methode, frisches
Fleisch aus Australien in einem Zustande, der als „chilled" oder abge-
kühlt bekannt ist, statt in gefrorenem Zustande, zu versenden. Allein es
hat Jahre gebraucht, diese Erfindung so zu vervollkommnen, daß sie
durchführbar wird, und kürzlich sind solche Sendungen australischen
Fleisches in Kühlräumen in England eingetroffen und man will den
Erfolg bewiesen haben. Allein die Rentabilität dieses Verfahrens für
eine so große Entfernung wie von Australien ist noch nicht bewiesen
und die sog. „Refrigerator Meat Companies" in Australien sollen in
ihren Versuchen viel Geld verloren haben.

Was man in England unter den Viehzüchtern am meisten fürchtet,
ist die Überflutung des englischen Marktes mit sog. „American stores",
jungem Magervieh, das zur Mast verkauft wird. Diese Ware kommt
jetzt in ganz erheblichem Maße von den Vereinigten Staaten, wo
z. T. ebenso gut gezogenes Vieh gezüchtet wird und macht dem englischen Farmer durch die billigen Preise solcher Ware ganz empfindliche Konkurrenz.

Was die Einfuhr lebender Schafe nach England betrifft, so ist
diese ausländische Konkurrenz von keiner großen Bedeutung, noch
Gefahr für den englischen Schafzüchter; dagegen wird die Zufuhr von
gefrorenem Hammelfleisch von Jahr zu Jahr größer und ist stets
noch im Wachsen begriffen. Im Jahre 1890 wurden 1 300 000 Cwt.
eingeführt, und es ist wahrlich ein Wunder, daß sich die Hammel-
preise auf der heutigen Höhe gehalten haben bei der stets zunehmenden
Einfuhr. Allerdings hat die Einfuhr europäischen Hammelfleisches
oder lebender Hammel ganz bedeutend nachgelassen, jedenfalls infolge

der niedrigen Hammelfleischpreise der letzten Jahre auf dem englischen Markt. Früher war die europäische Zufuhr von lebenden und toten Hammeln nach England eine ganz bedeutende, und zweifellos haben die europäischen Hammelzüchter die Konkurrenz auf dem englischen Markt sehr empfunden, da es gerade die billigeren Qualitäten des Hammelfleisches sind, die so kolossal im Preise zurückgegangen, während sich die besten Qualitäten immer noch auf einigermafsen rentabler Höhe halten. Ebenso wie beim Rindfleisch ist hier hervorzuheben, dafs, wenn es den „Refrigerator Meat Companies" gelingen sollte, aus Australien und Argentinien in Kühlräumen statt in gefrorenem Zustande das Hammelfleisch nach England zu bringen, das für den englischen Farmer ein unermefslicher Schaden sein würde, ebenso wie ihm das Rindfleisch, welches jetzt von den „Refrigerator Meat Companies" aus den Vereinigten Staaten im abgekühlten Zustande statt im gefrorenen Zustande nach England geliefert wird, enormen Schaden gebracht hat. Abgesehen von dieser Möglichkeit der Zunahme in der Zufuhr durch die „Refrigerator Meat Companies" ist nicht anzunehmen, dafs die Einfuhr von Hammelfleisch bedeutend zunehmen wird, besonders bei der sinkenden Tendenz der Marktpreise. Der Profit für die Händler bei der Einfuhr des gefrorenen Hammelfleisches bei den heutigen, wenn auch niedrigen Spesen der Fracht mufs ein ganz geringer geworden sein. Die überseeischen Transportkosten sind wiederum nur durch Konkurrenz unter den verschiedenen Rhedereigesellschaften auf ein Minimum reduziert worden, und man behauptet, dafs es eher möglich ist, dafs sich diese Gesellschaften gezwungen sehen werden, die überseeischen Transportspesen wieder zu erhöhen als zu erniedrigen.

Was die Einfuhr von Wolle auf den englischen Markt betrifft, so ist sie sehr bedeutend; 1893 belief sich die Totalsumme der Wolleinfuhr auf 677 947 464 Lbs. Hiervon wurden aber wieder 346 369 110 Lbs. zum Export verwandt. Die englischen Schafzüchter haben aber wenig unter der ausländischen Konkurrenz zu leiden, da die Wolle bei ihnen keine so grofse Rolle spielt. Die Wollpreise haben ebenfalls im Laufe der Zeit sehr gelitten; dieselben sind sehr verschieden je nach der Qualität und Abstammung, allein folgende Tabelle zeigt, wie sehr die Preise in den 2 Jahrzehnten, von 1873 bis 1893, gefallen sind [1]):

---

[1]) Board of Agriculture, Agricultural Returns 1895. London.

	British Southdown per Lb.	Australian Wool per Lb.
1873	23 d	$15^1{}_4$ d
1883	$10^3/_4$—14 d	$12^1{}_2$ d
1893	$10^1{}_2$—12 d	$8^3{}_4$ d

Bei stets zunehmender Zahl der australischen Schafe ist auf ein Steigen der Wollpreise kaum zu rechnen.

Werfen wir nun einen Blick auf die Einfuhr von Schweine-fleisch auf dem englischen Weltmarkt, so sehen wir, daſs die Vereinigten Staaten von Nordamerika der bei weitem bedeutendste Lieferant für England sind. Der Amerikaner hat einen vorzüglichen Ausdruck für alle Produkte der Schweinehaltung; er faſst sie alle unter dem Namen „Hog-products" zusammen und meint damit Schweine-fleisch in frischem oder gesalzenem Zustand, Speck oder Schinken. Im Jahre 1893 belief sich die Einfuhr dieser „Hog-products" aus den Vereinigten Staaten nach England wie folgt [1]):

Schweinefleisch (frisch) 2 191 Cwts. — Speck 2 177 293 Cwts.
      „   (gesalzen) 110 800 „ — Schinken 920 961 „

Nach dem „Report of the Secretary of Agriculture" von Mr. Morton in Washington war die Zahl der Schweine in den Vereinigten Staaten in den betreffenden Jahren wie folgt:

	1870	1880	1890	1894
Zahl	26 751 400	34 034 100	51 602 780	45 206 498
Geschätzter Wert: $	187 191 502	145 781 515	243 418 336	270 384 626

Die Ausfuhr lebender Schweine von den Vereinigten Staaten nach England existiert eigentlich nicht mehr seit dem Jahre 1893. Im Jahre 1890 war entschieden in den Vereinigten Staaten eine Überproduktion an Schweinefleisch eingetreten, was gleichzeitig mit dem Fallen der Preise für Schweinefleisch auf dem englischen Markt zur Folge hatte, daſs sich die Zahl der Schweine in den Vereinigten Staaten verringerte und jetzt die Schweinefleischpreise in England etwas höher stehen als in den Jahren 1890 und 1891. Auſser den Vereinigten Staaten liefern Holland, Schweden, Dänemark, Belgien und auch Frankreich ganz bedeutende Mengen Schweinefleisch auf den englischen Markt. Ruſsland soll in letzter Zeit sehr viel Schweinefleisch auf den englischen Markt geschickt haben, aber ob Ruſsland ein be-

---

[1]) Report of the Secretary of Agriculture, Washington 1894.

deutender Lieferant für England bleiben wird, ist unbestimmt. Die
Schweineproduktion in Amerika hängt alljährlich von den Maisernten
und Maispreisen ab.

Was die Einfuhr von Pferden auf den englischen Markt betrifft, so bietet dieser Zweig unserer Untersuchung manches Interessante. Während früher England viel mehr Pferde ins Ausland
schickte als einführte, so stellt sich die Rechnung heute ganz anders.
Thatsächlich ist Englands Einfuhr von Pferden heute gröfser an Zahl
und Wert als seine Ausfuhr; allerdings besteht die Einfuhr meist
aus Nutzpferden für den schweren Zug, Reit- und Wagenschlag,
während es bei der Ausfuhr sich meist um Verkauf von werth-
vollem Zuchtmaterial handelt, wie es die Zahlen schon andeuten.
Folgende Tabelle ist den „Trade and Navigation Returns" entnommen [1]):

	Einfuhr		Ausfuhr	
Jahr	Zahl	Wert	Zahl	Wert
1889	13 832	277 388 £	14 266	984 611 £
1890	19 404	336 496	12 916	687 978
1891	21 672	432 268	11 234	525 035
1892	20 994	425 401	11 233	563 364
1893	13 707	376 819	11 961	472 762
1894	22 866	548 058	16 558	448 465

Untersuchen wir, aus welchen Ländern dieser starke Import stattgefunden hat, so finden wir, dafs die hauptsächlichen Lieferanten die
folgenden sind: Kanada, Vereinigte Staaten, Deutschland, Dänemark,
Holland, Argentinien, Frankreich. Belgien. Von den im Jahre 1894
eingeführten Pferden lieferte von den 22 866:

Kanada	5424	Argentinien	525
Ver. Staaten	4843	Frankreich	374
Deutschland	4687	Belgien	199
Dänemark	1802	Die übrigen Staaten	
Holland	1129	zusammen	3883

Wenden wir uns nun den Molkereiprodukten auf dem englischen
Weltmarkte zu. Werfen wir zunächst einen Blick auf die Statistik
der „Agricultural Returns", so fällt uns gleich folgende interessante
Thatsache auf. Während der Periode 1876 (das früheste Jahr, in
welchem die Totalsumme angegeben ist) und 1890 belief sich der Zu-

---

[1]) Trade and Navigation Returns London 1894.

wachs an der Zahl der Kühe und der Kalbinnen in Milch oder
tragend in dem Vereinigten Königreich auf nur 181 017 für diese
ganze Periode. Die Zahl hat aber für das alleinige Jahr von 1890
auf 1891 um 161 487 zugenommen. Diese Zahlen zeigen wiederum
die Tendenz, in England eine kapitalintensivere Viehweidewirtschaft
zu treiben und womöglich den unrentablen Getreidebau aufzugeben.
Die Konkurrenz gerade in den Molkereiprodukten in England ist eine
aufserordentlich empfindliche, und wo es irgendwie möglich war, wandte
sich der englische Farmer vorteilhafter der Milchproduktion als dem
Molkereibetriebe zu. Mit der Zunahme der Bevölkerung in England
nahm auch der Verbrauch der frischen Milch grössere Dimensionen
an. Von 1876 bis 1884 ist jedoch nur ein kleiner Zuwachs in der
Zahl der Kühe zu bemerken und zwischen 1885 und 1890 hat keine
Zunahme stattgefunden. Dies ist auch ein Beweis dafür, dafs die
Produktion der Molkereiprodukte Butter und Käse nachgelassen hat
und zwar zu gunsten der Milchproduktion im Verhältnis zum steigenden
Bedarf einer wachsenden Bevölkerungszahl. Für Grofsbritannien
stellen sich die Zahlen der Kühe und Kalbinnen in Milch oder tragend
wie folgt [1]):

1870	1890	Zuwachs
2 161 804	2 537 990	376 186

Auf 20 Jahre gerechnet, ist dieser Zuwachs ein verhältnismäfsig
geringer. Die Nettoeinfuhr in England an Butter, Margarine und
Käse während der Jahre 1870, 1880 und 1890 war folgende [1]):

		1870	1880	1890
Butter	Cwt.	1 101 682	2 294 897	1 814 296
Margarine				1 059 799
Käse	„	1 016 087	1 764 094	2 036 824

Von den „Agricultural Returns" wurden vor 1886 Butter und
Margarine nicht getrennt aufgeführt. Wir sehen an den obigen
Zahlen, dafs die Nettoeinfuhr dieser Molkereiprodukte sich zwischen
1870 und 1880 verdoppelt hat und dafs die Zunahme von 1880 auf
1890 sich fast auf 600 000 Cwt. belief. Wiederum ist uns diese
kleinere Zunahme zwischen 1880—1890 ein Beweis dafür, dafs die
englischen Farmer sich mehr der Molkereiproduktion zugewandt
haben. Es existierte unglücklicherweise keine verlässige Statistik über
die Marktpreise englischer Butter in den früheren Jahren, da vor
1885 Butter und Margarine immer zusammen gerechnet wurden.

---

[1]) Agricultural Returns for Great Britain 1890.

Thatsache ist, dafs die Einfuhr von Margarine immer gröfsere Dimensionen angenommen und in den 80er Jahren entschieden den Preis der Butter heruntergesetzt hat. Der Durchschnittspreis für Butter und Margarine zusammen in der Periode 1866—1870 war 5 £ 9 s 6 d pro Cwt., 1870 war der Preis sogar etwas höher; allein 1871 war er nur 5 £ 4 s 0 d; hierauf folgte eine Hausse bis 1876 mit einem Preis von 5 £ 17 s 1 d; dann fiel der Preis wiederum, obgleich im Jahre 1880 die Butter im Preise um 5 d höher stand als 1871 und der Preis bis 1883 auf einer ziemlich gleichmäfsigen Höhe blieb. In dem Mafse, als die zunehmende Einfuhr von Margarine auf den Butter- und Margarinedurchschnittspreis gedrückt hat, mufs doch vor 1885 der Preis der Butter allein gestiegen sein, obgleich wir hiervon keine Statistik haben. 1885 war der Durchschnittspreis für Margarine und Butter zusammen 4 £ 16 s 3 d und 1886, dem ersten Jahr, in dem diese zwei Artikel separat behandelt wurden, war der Durchschnittsbutterpreis allein 5 £ 5 s 5 d. Seit 1886 finden wir im Butterpreis eine dauernde Steigerung des Preises, mit Ausnahme von 1890, und ein dauerndes Fallen der Margarinepreise wie folgt:

	Butter:			Margarine:	
1886	5 £ 5 s 5 d per Cwt.			3 £ 6 s 8 d	
1887	5 „ 5 „ 10 „ „ „			3 „ 6 „ 9 „	
1888	5 „ 6 „ 7 „ „ „			2 „ 17 „ 4 „	
1889	5 „ 6 „ 3 „ „ „			2 „ 18 „ 10 „	
1890	5 „ 4 „ 6 „ „ „			2 „ 17 „ 1 „	
1891	5 „ 8 „ 7 „ „ „			2 „ 17 „ 7 „	
1892	5 „ 9 „ 8 „ „ „			2 „ 16 „ 11 „	
1893	5 „ 9 „ 7 „ „ „			2 „ 16 „ 2 „	

Durchschnittspreis:

1886—1890	5 „ 5 „ 9 „ „ „			3 „ 0 „ 2 „	
1891—1893	5 „ 9 „ 3 „ „ „			2 „ 16 „ 11 „	

Allbekannte Thatsache ist, dafs die Preise im Frühjahr und während des Sommers ungeheuer niedrige gewesen sind, und zwar während einer ganzen Reihe von Jahren; die europäischen Molkereiproduzenten haben es aber verstanden, den englischen Markt zu beherrschen und reichlich zu versorgen in Zeiten, wo der Butterpreis einen durch die Jahreszeit verursachten höheren Wert hat. Früher kümmerte sich der englische Farmer wenig um Molkereiprodukte und

[1] Agricultural Returns for Great Britain 1894.

jetzt, da er durch die Verhältnisse gezwungen ist, sich denselben zuzuwenden, findet er es sehr schwer, gegen die europäischen Konkurrenten aufzukommen. Früher war in England die technische Seite des Molkereibetriebes ganz vernachlässigt; jetzt fangen sie an, sich ein besseres Arbeitspersonal für ihre Molkereien heranzuziehen durch Errichtung von Molkereischulen in den einzelnen Grafschaften, und es wird nicht lange dauern, so werden sie zum Teil die europäischen Molkereiprodukte verdrängen, wenn sie erst einmal auf der Höhe der Zeit sind; denn es ist nicht zu leugnen, daß die englische Butter in der Qualität besser ist und ein viel feineres Aroma besitzt als die europäische. Was die europäischen Molkereien verstanden haben, war das, eine gleichmäßig schöne Ware an Butter auf den englischen Markt zu bringen und in ihren Lieferungen dem Londoner Markt eine dauernd gleiche Ware zu bieten, was von ganz wesentlicher Bedeutung ist; denn der Händler verlangt gleichmäßige Qualitäten auch im großen Bezug und zahlt höhere Preise, wenn er sich auf die Gleichmäßigkeit einer Ware verlassen kann. Gerade diese Kunst des Herrichtens einer gleichmäßig schönen Ware fehlt den englischen Farmern noch. Vielfach wird sogar im Sommer in London für europäische Butter bis 1 s 4 d pro Lb. bezahlt, während man englische Butter sehr viel billiger kaufen kann. Zu manchen Jahreszeiten steigt sogar der Butterpreis in London bis 1 s 6 d und 1 s 8 d pro Lb.

Was speziell die Butter betrifft, so sind auf dem englischen Markt hauptsächlich die europäischen Molkereien die bedeutendsten Konkurrenten. Mit der Zeit hofft aber der englische Farmer auch diese Konkurrenten verdrängen und den Londoner Markt zum großen Teil selbst beschicken und versorgen zu können. In den letzten Jahren haben die Vereinigten Staaten und Kanada mit ihrem Export von Butter nach England nachgelassen, wahrscheinlich, weil sie nicht mehr imstande waren, mit Dänemark, Schweden und Frankreich zu konkurrieren. Was Frankreich betrifft, so lieferte es 1882 mehr Butter auf den englischen Markt als jetzt. Deutschland und Holland haben mit ihrer Zufuhr auch nachgelassen, obgleich Holland jetzt dafür mehr Margarine nach England schickt; aber Dänemark und Schweden haben in größeren Quantitäten geliefert. Je mehr die englischen Farmer die Qualität und Quantität ihrer Butter verbessern und vergrößern, um so wahrscheinlicher ist es, daß sie Dänemark, Schweden und Frankreich verdrängen werden; letztere Staaten haben eben bis jetzt die am besten eingerichteten und am besten organisierten Molkereien.

Von den englischen Kolonieen liefert Australien ganz bedeutende Mengen von Butter nach England, und in Australien am meisten Victoria, New South Wales und South Australia. Aufser Australien liefert Neuseeland sehr grofse Quantitäten von Butter; gerade letzteres ist es, das in dieser Richtung grofse Anstrengungen macht. Das Klima ist dem englischen ganz ähnlich und kein Land ist in dieser Beziehung so günstig für Weidewirtschaft gestellt. Das Land hat gerade für den Molkereibetrieb die denkbar günstigsten natürlichen Vorbedingungen, da es während des ganzen Jahres Weidegras besitzt. Allein bis jetzt hat es sich nur rentabel erwiesen, die langen Seereisen und hohen Frachtspesen zu tragen während des Winters in England, da hier um diese Zeit die Marktpreise höher sind und sich die Butter auch besser hält! Es ist anzunehmen, dafs sich die Verschickung im späten Frühjahr, Sommer und frühen Herbst kaum lohnen würde. Nach Angabe der australischen Zeitungen begnügen sich die Milchproduzenten in Neuseeland und Australien mit einem Milchpreise von $2\frac{1}{2}$ d bis 3 d pro Gallon (20—25 ₰ pro 3,785 Liter); sollten sich auch fernerhin die australischen Farmer mit diesem überaus niedrigen Milchpreise begnügen können, so werden jedenfalls die australischen Molkereien den Versand fortsetzen und sich wohl noch ausdehnen.

Wenden wir uns nun der Einfuhr von Käse auf den englischen Markt zu, so finden wir nach Angabe der „Agricultural Returns for Great Britain“, dafs während der letzten 16 Jahre die Einfuhr eine sehr verschiedene gewesen ist. Die Zunahme ist fast ausschliefslich Kanada zuzuschreiben; die Zufuhr aus Kanada hat sich in kurzer Zeit verdoppelt, während die Zufuhr von den Vereinigten Staaten abgenommen hat. Kanada hat sich gerade in der Käsefabrikation in den letzten Jahren ganz hervorragend ausgezeichnet; während meines Aufenthalts in Kanada im Laufe des letzten Jahres habe ich mich persönlich von den hervorragenden Leistungen Kanadas in der Molkerei und speziell in der Käserei überzeugen können. Der Grund und Boden, das Klima, das Vieh und die niedrigen Frachtspesen nach England haben Kanada zu dem bedeutendsten Käseproduzenten der Welt gemacht. Die Regierung hat keine Mittel gescheut, um dem kanadischen Farmer an die Hand zu gehen und ihr sind die kanadischen Landwirte zu grofsem Dank verpflichtet. Die kanadische Regierung hat nicht nur Versuchsstationen im allgemeinen landwirtschaftlichen Sinn eingerichtet, sondern auch eine grofse Anzahl Mustermolkereien; aufser diesen Mustermolkereien, die nebenbei

auch zum Gewinn betrieben werden, existieren Molkerei-Schulen in
den verschiedensten Teilen Kanadas, und wo keine dieser beiden Institute sich befinden, können die Molkereibesitzer von den Molkerei-
Wanderlehrern unentgeltlichen Unterricht, Unterweisung und Rat bekommen. Es existieren jetzt über 1500 genossenschaftliche Käse-
molkereien in Kanada, die aufserordentlich gute Geschäfte machen.
In Chicago auf der Weltausstellung hat Kanada */₇ der ganzen Preise
für Käse erhalten; als Reklame hatte der „Dairy Commissioner"
Mr. Jas W. Robertson einen Riesenkäse aus Kanada nach Chicago
geschickt; derselbe bestand aus 207200 Lbs. Milch und es wog der
fertige Käse 22000 Lbs. Das Milchquantum wäre dasjenige von
1 Melktag aus 10000 Kühen; der Käse wurde in einer der Versuchs-
molkereien in Ontario fabriziert; ich kostete eine Probe von diesem
Käse nach Verlauf eines Jahres an der Tafel des „Governor General"
Lord Aberdeen in Ottawa und der Käse schmeckte vorzüglich. Jedoch
dies nur nebenbei. Kanada hat seinen Erfolg auf dem englischen
Käsemarkt verdient und zwar durch die tadellos gute Ware, die es
stets geliefert hat.

Andrerseits hat das Renommée der Käse aus den Vereinigten
Staaten sehr gelitten durch die Ausdehnung des so stark zu ver-
werfenden Brauchs, einen Teil oder den ganzen Rahm der Milch
abzunehmen und ihn durch andere tierische Fette zu ersetzen; dies Produkt wird dann unter dem Namen „filled cheese"
in den Handel gebracht. Seit 1873 ist der Preis des Käses auf dem
englischen Markt bedeutend gefallen. 1874 betrug der Preis noch
3 £ 0 s 5 d pro Cwt. und erreichte 1879 das Minimum von 2 £ 2s 9 d.
Der niedrigste Preis verursachte eine Ermäfsigung der Einfuhr und
es stieg der Preis wiederum zu 2 £ 17 s 4 d im darauf folgenden Jahre.
Sodann fiel wiederum der Durchschnittspreis bis zum Jahre 1885, in
welchem er 2 £ 4 s 4 d betrug; es stieg und fiel der Preis unbedeutend
seither und ist eher im Steigen als im Fallen begriffen. 1893
stand er auf 2 £ 9 s 8 d pro Cwt., d. h. der höchste Durchschnittspreis seit 1884.

Die Durchschnittspreise für in England selbst fabrizierten Käse
sind höher gewesen und obige Zahlen sollen nur das Steigen und
Fallen der Preise für eingeführten Käse während der verschiedenen
Perioden zeigen. Was harte Käse anbelangt und namentlich die
besten Qualitäten, so sind die englischen Käsefabrikanten un-
übertroffen und haben sie speziell in dieser Klasse von Käsen keine
Konkurrenz zu befürchten. Die Fabrikation von weichen Käsen, die

in Frankreich hauptsächlich einheimisch ist, ist in England nur ganz vereinzelt eingeführt worden. Das Erlernen der Fabrikation dieser feinen französischen weichen Käse ist ziemlich schwierig und verlangt große Kenntnis, allein wo die Fabrikation vereinzelt in England eingeführt wurde, hat sie sich bewährt. Diese feinen weichen Käse sind ziemlich hoch im Preise und die Fabrikation ist eine sehr rentable.

Was die Einfuhr von Kaninchen und Geflügel nach England betrifft, so sind die Quantitäten gar nicht unbedeutend. In der beifolgenden Tabelle geben wir gleichzeitig die Einfuhr an Fischen, Eiern, Schmalz und Milch (kondensiert und konserviert) [1]:

	1890	1893
Fische	2 295 974 Cwt.	2 319 838 Cwt.
Kaninchen	143 645 „	103 823 „
Eier (Tausende)	1 234 950 (000)	1 325 518 (000)
Schmalz [2])	1 273 236 Cwt.	1 118 106 Cwt.
Milch [4])	407 426 „	501 005 „

	1890	1893
Fische	2 811 455 £	2 682 751 £
Kaninchen	398 110	287 737
Geflügel	497 857	578 959
Eier	3 428 806	3 875 647
Schmalz [2])	2 091 704	2 808 549
Milch [4])	847 625	1 009 755

Wie sich die Einfuhr von Geflügel und Eiern entwickelt hat, zeigt uns folgende Zusammenstellung [5]:

	1870	1880	1890
Geflügel	158 482 £	421 645 £	497 858 £
Eier (Tausende)	430 842	747 409	1 234 950

Die bedeutendsten Lieferanten an England für kondensierte und konservierte Milch sind in erster Linie Frankreich, das für 550 422 £ liefert; dann kommt Holland mit 288 739 £; sodann kommen Nor-

---

[1] Agricultural Returns for Great Britain 1894.
[2] Imitationsschmalz ausgeschlossen.
[3] Agricultural Returns for Great Britain 1890.
[4] Kondensiert und Konserviert.

wegen, Belgien und schliefslich noch die Vereinigten Staaten. Die
Einfuhr von Eiern betreffend, ist wieder Frankreich bei weitem der
gröfste Lieferant mit 1 611 495 £, dann kommt Belgien mit 682 636 £,
sodann in dritter Linie Deutschland mit 618 631 £, dann Rufsland
mit 426 106 £ und dann Dänemark mit 376 793 £. Kanada liefert
für 75 506 £ Eier.

X. Die Einfuhr Englands an landwirtschaftlichen Nahrungsmitteln und tierischen Erzeugnissen der Gegenwart.
Angabe der Bezugsländer.

Landwirtschaftliche Statistik der Gegenwart über die englischen Kolonieen mit kurzer Übersicht anderer Länder. — Preise der landwirtschaftlichen tierischen Erzeugnisse. — Die Ausfuhr landwirtschaftlicher Erzeugnisse Englands.

Nachdem ich bis jetzt mehr die Entwickelung der Einfuhr landwirtschaftlicher Erzeugnisse auf dem englischen Weltmarkt besprochen habe, möchte ich auf die Einfuhr der letzten paar Jahre an der Hand der zuletzt vom „Board of Agriculture" herausgegebenen Statistik [1]) näher eingehen und die Zahlen der letzten paar Jahre mit den Durchschnittszahlen vergangener Perioden vergleichen. Die erläuternden Tafeln, die die näheren Details angeben, stehen dem, der sich eingehender hierfür interessiert, zu Diensten. Ich werde hier nur das hauptsächlichste, was uns die Statistik bietet, besprechen und die interessantesten Punkte hervorheben.

Wenden wir uns erst zu Tafel I: Die Nahrungserzeugnisse sind in 5 Gruppen eingeteilt:

Gruppe I: Lebendes Vieh, Schafe, Schweine.
   ,,   II: Rindfleisch, Hammelfleisch, Schweinefleisch, Speck, Schinken, Eier, Butter, Käse.
   ,, III: Weizen und Weizenmehl.
   ,, IV: Gerste, Hafer, Mais, Mehle, Hopfen, Reis, Zucker.
   ,,   V: Rohes Obst, Nüsse, rohes Gemüse.

Die Statistik führt uns bis zum Jahre 1893. Die Totalsumme

---

[1]) Board of Agriculture. Agricultural Returns for Great Britain. London 1895.

der 5 Gruppen für das Jahr 1893 beläuft sich auf 147 560 817 £. Es ist interessant zu sehen, daß diese Totalsumme ihren Höhepunkt im Jahre 1892 erreichte, nämlich 155 497 326 £ und auch 1891 höher war als 1893, nämlich 154 388 014 £; andrerseits bemerken wir, wie sehr die Einfuhr im ganzen genommen gestiegen ist: im Durchschnitt der Jahre 1861—65 belief sich die Einfuhr auf 61 903 441 £

$$1871—75 \text{ schon auf } 108\,573\,521 \text{ £}$$
$$1881—85 \quad „ \quad „ \quad 141\,602\,384 \text{ £ und endlich}$$
$$1891—93 \text{ auf} \quad 152\,482\,052 \text{ £}$$

Die Abnahme in der Totalsumme für 1893 ist dadurch verursacht, daß die verschiedenen Zweige der Erzeugnisse so sehr im Preise gefallen sind. Hauptsächlich ist dies dem niedrigen Weizenpreise und der geringeren Einfuhr von lebendem Vieh zuzuschreiben. Nach den Durchschnittszahlen sehen wir aber, daß seit 1861 die

Gruppe I (lebendes Vieh etc.) sich mehr als verdoppelt hat,
„ II (Fleisch etc.) sich mehr als vervierfacht hat,
„ III (Weizen u. Weizenmehl) sich ungefähr verdoppelt hat,
„ IV (Gerste und Hafer) sich nicht ganz verdoppelt hat,
„ V (Obst und Gemüse) sich mehr als vervierfacht hat.

Am wenigsten hat im Werte die Einfuhr von Gerste, Hafer, Mais, Mehl, Hopfen, Reis und Zucker zugenommen.

Lassen wir einige der ungewöhnlicheren Produkte, wie Zucker, Reis, Fisch, zusammen 28 600 000 £ der Totalsumme für 1893 ausmachend, beiseite, so können wir der Übersicht halber leicht die Einfuhr in zwei verschiedene Klassen einteilen, nämlich animalische und vegetabilische Produkte. Der tierische Teil von 58 500 000 £ im Jahre 1893 setzte sich zusammen aus dem Werte von 32 100 000 £ an Fleisch tot oder lebend eingeführt und außerdem für 26 300 000 £ Molkereiprodukte, Margarine und Eier.

Die vegetabilischen Produkte setzen wir auf 60 400 000 £ fest; sie bestanden im Jahre 1893 aus einer Einfuhr von Weizen und Weizenmehl im Werte von 30 800 000 £ und außerdem verschiedenen anderen Getreidearten und Futterstoffen, Obst und Gemüse im Werte von 29 600 000 £.

Vergleichen wir die Einfuhr von 1893 mit der von 1883, so mag es von Interesse sein hervorzuheben, daß die Einfuhr von lebenden Tieren und tierischen Produkten 1893 um 8 000 000 £ die Zahl von 1883 überstiegen hat, trotzdem die Zahl der lebend eingeführten Tiere von 12 000 000 £ im Jahre 1883 auf 6 350 000 £ im

Jahre 1893 gefallen ist. Die Einfuhrsumme von Weizen, Getreide und anderen vegetabilischen Produkten betrug 75 500 000 £ im Jahre 1883 und nur 60 400 000 £ im Jahre 1893.

Versuchen wir es, unsere Vergleichung weiter zu führen und zwar die Quantitäten der wichtigeren eingeführten Stoffe der verschiedenen Gruppen zu vergleichen, indem wir das lebende Gewicht der lebend eingeführten Tiere, Vieh, Schafe und Schweine in Fleisch umrechnen, so ist es von Interesse, die Einfuhr der wichtigsten Produkte an verschiedenen Zeitperioden zu vergleichen. Wir greifen die 3 Jahre 1873, 1883 und 1893 heraus; die Tabelle stellt sich wie folgt dar[1]):

Einfuhr	1873	1883	1893
Tierische Erzeugnisse:	tons	tons	tons
Leb. Vieh umgerechnet	77 000	166 000	119 900
Fleisch	193 900	302 500	465 300
Butter }	64 000	116 700	(116 400
Margarine }			(65 000
Käse	67 800	90 000	103 900
Vegetabilische Erzeugnisse:			
Weizen und Mehl	2 581 000	4 253 700	4 690 300
Gerste	462 000	823 000	1 142 200
Hafer	595 400	756 900	697 700
Mais	941 200	1 587 000	1 645 200
Kartoffeln	375 300	257 500	141 400

Aus dieser Zusammenstellung ersehen wir die Zunahme der Einfuhren in den verschiedenen Klassen, eine Erläuterung ist überflüssig. Die Zahlen für die Einfuhr von lebendem Vieh sind in den letzten Jahren sehr verschieden, aber die Zunahme in der Einfuhr von Fleisch ist eine fast gleichmäfsige gewesen, und zeigt uns auch obige Tabelle, wie sich die Zahlen in den Jahrzehnten verhalten haben. Rechnen wir nun diese Einfuhr pro Kopf der Bevölkerung, so finden wir, dafs die Einfuhr sich in 20 Jahren verdoppelt hat. 1873 betrug die Einfuhr pro Kopf der Bevölkerung 13½ Lbs. und 1893 27 Lbs.

Diese Zunahme findet fast ausschliefslich im frischen Rindfleisch und Hammelfleisch der letzten Jahre statt. Von ausländischem Schinken und Speck wurden nur 2 Lbs. mehr pro Kopf der Bevölkerung des Vereinigten Königreichs im Jahre 1893 als im Jahre 1873 verzehrt, während wir finden, dafs die Einfuhr frischen Fleisches, das

---

[1]) Agricultural Returns for Great Britain 1893.

1873 kaum mehr als 3 Unzen pro Kopf der Bevölkerung betrug, jetzt auf 11½ Lbs. pro Kopf gestiegen ist.

Unter den vegetabilischen Produkten scheint die Einfuhr von Gerste zugenommen zu haben, aber die Einfuhr von Hafer ist 1893 kleiner als die im Jahre 1883; auch hat die Kartoffeleinfuhr abgenommen. Beim Weizen und Mais während 1883—1893 finden wir die Zunahme viel geringer als während der früheren Jahrgänge. Die Weizenzunahme war erheblich sowohl im Korn als auch im Mehl zwischen 1873—1883. Allein zwischen 1883—1893 hat die Weizeneinfuhr pro Kopf der Bevölkerung abgenommen und die Einfuhr von Mehl hat nur um weniger als 16 % zugenommen gegen eine Zunahme in der Mehleinfuhr von über 130 % pro Kopf der Bevölkerung während des Jahrzehnts 1873—1883.

Aus welchen Ländern die hauptsächlichsten Einfuhrstoffe gekommen sind in Bezug auf Fleisch, Getreide und Molkereiprodukte, darüber geben uns Auskunft die Tafeln VI, VII, VIII und IX. Im allgemeinen kann man sagen, dafs seit 1893 98 % der Einfuhr lebenden Viehes jetzt nach England nur noch aus zwei Ländern kommen, nämlich aus den Vereinigten Staaten und Kanada.

Was die Einfuhr von Fleisch betrifft, so finden wir, dafs 80 % des Rind- und Hammelfleisches entweder aus den Vereinigten Staaten oder aus den australischen Kolonieen kommt, während 90 % des Speckes und Schweinefleisches entweder aus den Vereinigten Staaten oder aus Dänemark herrührt.

Die Summe der Fleischeinfuhren für das Jahr 1893 in frischem, gesalzenem und eingemachtem Zustande zusammengerechnet, steht den Einfuhren vom Jahre 1892 nach, war sogar kleiner als die Einfuhren, die man in England seit dem Jahre 1889 gewohnt war. Die folgende Tabelle zeigt uns in runden Zahlen die Summe der Einfuhr der überseeischen Nahrungsmittel und die hauptsächlichsten Lieferanten vom Jahre 1888—1894. Die Zahlen für 1894 sind von den „Agricultural Returns" z. Z. nur als provisorisch angegeben.[1] (Siehe umstehende Tabelle.)

Die angenommene Zunahme der Einfuhr überseeischer Nahrungsmittel für 1894 liefern die Vereinigten Staaten und wir sehen, dafs eine erhebliche Zunahme für 1894 angedeutet wird, eine Zahl, die alle vorhergehenden übertrifft.

---

[1] Agricultural Returns for Great Britain. 1895.

Jahrgänge	Summa der Einfuhr	Aus den Ver. Staaten	Aus Australien	Aus Dänemark	Aus Argentinien
	tons	tons	tons	tons	tons
1888	337 000	197 000	36 000	32 000	18 000
1889	423 000	279 000	39 000	33 000	21 000
1890	496 000	336 000	56 000	26 000	23 000
1891	489 000	321 000	67 000	32 000	29 000
1892	525 000	344 000	63 000	37 000	31 000
1893	465 000	263 000	79 000	43 000	29 000
1894	532 000	292 000	72 000	38 000	29 000

Ganz besonderes Interesse erregt in England heutzutage die Einfuhr von Molkereiprodukten.

Dänemark, Frankreich und Schweden zusammen liefern $^3/_4$ der ganzen Buttereinfuhr Englands. Kanada und die Vereinigten Staaten wiederum liefern $^4/_5$ des eingeführten Käses und Holland liefert $^{19}/_{20}$ der Margarine, die in englischen Häfen ausgeladen wird. Die Butter ist das Hauptmolkereiprodukt unter den eingeführten Molkereiprodukten Englands. Wir geben hier eine übersichtliche kleine Tabelle, die uns die Länder, welche die Hauptlieferanten sind, anzeigt, sowie die Totalsumme der während der letzten 7 Jahre eingeführten Butter [1]:

Jahrgänge	Summa der Einfuhr	Aus Dänemark	Aus Frankreich	Aus Schweden	Aus Australien
	tons	tons	tons	tons	tons
1888	84 000	30 000	22 000	10 000	1 276
1889	96 000	34 000	28 000	11 000	815
1890	101 000	41 000	26 000	11 000	2 085
1891	107 000	44 000	27 000	12 000	2 721
1892	109 000	43 000	27 000	11 000	4 376
1893	116 000	47 000	23 000	13 000	8 472
1894	129 000	55 000	21 000	13 000	15 000

Bemerkenswert in dieser übersichtlichen Zusammenstellung ist die ungeheuere Zunahme der Butterausfuhr Australiens nach England, die quasi ganz plötzlich entstanden ist. Wie Australien früher kein Lieferant auf dem englischen Buttermarkt war, finden wir es jetzt als drittgröfsten Lieferanten, das Schweden schon übertroffen hat und das sich in dieser Produktion sicherlich unbegrenzt ausdehnen und die Konkurrenz in der Molkereiproduktion in Europa erheblich verschärfen wird.

[1] Agricultural Returns for Great Britain. 1895.

Die grofse Einfuhr in England von Getreide und vegetabilischen Produkten stammt aus einer grofsen Anzahl Länder, obgleich Rufsland von der ganzen Einfuhr im Jahre 1893 ³/₅ der Gerste
und ungefähr ⁸/₉ des Hafers an England lieferte. Was den Weizen
anbetrifft, so sind die Ergebnisse einer Untersuchung, inwiefern die
verschiedenen Länder zur Einfuhr in den verschiedenen Jahren beigetragen haben, ganz interessant; wir werden finden, dafs auch
diese Zahlen in den verschiedenen Jahren sehr schwankend sind. Der
Übersicht wegen habe ich hier eine kleine Tabelle aufgestellt, welche
uns die Zahlen der letzten 7 Jahre angiebt und zwar in Körnergewicht in tons inkl. Mehl in das Äquivalent des Körnergewichtes umgerechnet. Die Zahlen für 1894 sind provisorische und sind hier der
Vollständigkeit halber angegeben [1]:

Jahr-gänge	Summa der Einfuhr	Aus den Vereinigten Staaten	Aus Rufsland	Aus Argen-tinien	Aus Indien	Aus den übrigen Ländern
	tons	tons	tons	tons	tons	tons
1888	4 021 000	1 592 000	1 088 000	88 000	408 000	845 000
1889	3 946 000	1 548 000	1 082 000	2 000	461 000	853 000
1890	4 119 000	1 695 000	983 000	142 000	456 000	843 000
1891	4 477 000	2 161 000	733 000	124 000	651 000	808 000
1892	4 780 000	3 046 000	218 000	174 000	625 000	717 000
1893	4 690 000	2 883 000	503 000	393 000	310 000	621 000
1894	4 836 000	2 339 000	839 000	664 000	267 000	727 000

Getreide inkl. Mehl in Körnergewicht, in tons.

Obige Zahlen zeigen uns deutlich an, dafs die Vereinigten
Staaten ihre Lieferungen am gesamten Brotkorn aller Art ziemlich
gleichmäfsig ausgedehnt haben und der Hauptlieferant in diesem Artikel
für England geblieben sind, jedoch haben während der letzten 2 Jahre
die gar zu niedrigen Weizenpreise auf die Ausfuhr drückend gewirkt
und daher stammt die merkliche Abnahme der Zufuhr der letzten
2 Jahre. Rufsland hat seit 1888 in seinen Lieferungen nachgelassen,
obgleich seit 1892 wieder eine erhöhte Ausfuhr stattgefunden hat.
Argentinien nimmt in seinem Weizenbau sehr zu und sind erheblich
vermehrte Lieferungen von dort zu erwarten.

Indien hat in den letzten 2 Jahren erheblich nachgelassen, wohl
durch die Unrentabilität des Weizenpreises trotz der Goldprämie und
vielleicht auch weil die Häudler und Wucherer dem Produzenten den
ganzen Profit des Weizenbaues wegnehmen.

---

[1] Agricultural Returns for Great Britain. 1895.

Ich möchte hier kurz auf die ungeheure Zunahme im Jahre
1893 von eingeführtem H e u in England aufmerksam machen. Natürlich hing das teilweise mit dem Wetter zusammen, da 1893 wenig
Heu in England produziert wurde infolge der grofsen Dürre; letztere
hatte zur Folge, dafs der Heupreis in England kolossal stieg, und
das Ausland machte sich diese ungemein hohen Heupreise zu nutze.
Dafs die grofse Heuzufuhr aus dem Ausland nur eine vorübergehende
war, glaube ich teilweise annehmen zu können, denn die Zahlen für
1894 ergeben schon einen Rückgang in der Heueinfuhr, allein ganz
zurück auf ihre früheren Zahlen sind sie nicht gegangen. Die Händler
müssen doch ihre Rechnung bei der Einfuhr fremden Heues finden,
und man sieht, wie ein Zufallsjahr wie das von 1893 seine Nach-
wirkung und Folgen mit sich bringt. Folgende kleine Tabelle zeigt
die Einfuhr an Heu für 1892 und 1893 aus den verschiedenen Ländern,
die sich am meisten durch erhöhte Zufuhr ausgezeichnet haben[1]):

Ausfuhrland:	1892	1893
Argentinien	961 tons	24 594 tons
Dänemark	2 291 ,,	4 252 ,,
Holland	19 483 ,,	28 332 ,,
Rufsland	2 ,,	27 694 ,
Vereinigte Staaten	11 588 ,,	101 132 ,
Kanada	13 120 ,,	63 175 ,,

Die Totaleinfuhr belief sich in England auf 61 237 tons im Jahre
1892 und 263 050 tons im Jahre 1893.

Das argentinische Heu war aber das schlechteste; obgleich ihm
Aroma nicht fehlte, war es rauh und beobachtete ich in London, wo
es massenhaft gebraucht wurde, dafs es die Pferde nur notgedrungen
annahmen. Es lag auch vielleicht an der Bereitung des Heues; es
schien mir, als ob das Gras nicht rechtzeitig geschnitten worden wäre;
es war folglich hart und fast zu Stroh geworden.

Was die Einfuhr von Futterstoffen und künstlichem Dünger im
Jahre 1893 betrifft, so finden wir eine Abnahme bei Leinkuchen
und Baumwollsaatkuchen wie auch in den Körnern dieser beiden
Futterstoffe. Wir bemerken auch, dafs weniger künstliche Düngemittel, wie z. B. Knochenmehl, Guano oder Chilisalpeter, im Jahre
1893 aus dem Ausland bezogen wurden.

An der Hand der Statistik wollen wir nun einen Blick auf die
Einfuhr von W o l l e in England werfen. Die Tafel X giebt

---

[1]) Agricultural Returns for Great Britain. 1894.

uns die Quantitäten der eingeführten Wolle (worunter wir hier
Schafe, Lämmer und Alpaca verstehen) und zwar mit Angabe
der verschiedenen Bezugsländer vom Jahre 1889—1893. Wir wollen
hier nur kurz das wichtigste besprechen.

Das Vereinigte Königreich führte im Jahre 1893 677947464 Lbs.
Wolle ein, wovon 472367225 Lbs. oder über ⅔ der Einfuhr aus
der britischen Kolonie Australien stammte. Von den australischen
Kolonieen führte New South Wales das gröfste Quantum aus, nämlich 150696324 Lbs. (oder 50 mal so viel als Deutschland nach England exportierte). An zweiter Stelle kommt Victoria mit einem
Export von 93429673 Lbs.; Queensland und South Australia zusammen führen ein gleiches Quantum aus. Neuseeland rechnet sich
nicht zu Australien und wird stets in der Statistik besonders angeführt. Dasselbe führte 117038512 Lbs. Wolle aus. Fassen wir den
ganzen Export von Australien inkl. Neuseeland und Tasmania ins
Auge, so finden wir eine Totalausfuhr von 472367225 Lbs. Wolle
nach England; diese Zahl war erheblich gröfser im Jahre 1892 und
auch etwas gröfser im Jahre 1891, übertrifft aber die vorhergehenden
Jahre nicht. Hieraus schliefsen wir, dafs die Preise des Hammelfleisches und auch der Wolle in England den Produzenten zu einer
gröfseren Ausdehnung ihrer Schafherden nicht einladend genug waren.
1891 und 1892 waren die Jahre, in denen die „Refrigerator Companies" verschiedene Schiffsladungen abgekühlten Hammelfleisches statt
gefrorenen Fleisches nach England abschickten. In Australien erwartete
man bessere Resultate dieser Versuche und die Herden vergröfserten
sich demgemäfs; bis jetzt ist es aber der Gesellschaft zwar gelungen,
den Export von „Chilled Mutton" auszuführen, allein der Nutzen ist
ein so geringer gewesen, dafs sie es bis jetzt unterlassen haben, das
Geschäft im grofsen zu betreiben.

Wir wollen nun sehen, welche Länder, aufser Australien, es sind,
die Wolle nach England ausführen: In erster Linie kommt das „Kapland der guten Hoffnung" mit seiner Ausfuhr von 66582036 Lbs.
An zweiter Stelle kommt Indien mit 29999644 Lbs.; wir wollen
hier gleich bemerken, dafs diese Ausfuhr sehr zurückgegangen ist;
1889 stand die Zahl auf 34821165 Lbs., also auch ein Zeichen der
schlechten Preise und geringer Rentabilität. Das Gleiche gilt von
Natal, das im Jahre 1891 24408586 Lbs. und 1893 nur noch
18068600 Lbs. Wolle exportierte. Nicht anders ist es in der Türkei
gewesen, die 1892 noch 22774764 Lbs. und 1893 nur noch
14683027 Lbs. Wolle nach England ausführte. Die fünfte Stelle

nimmt Rufsland mit ca. 10 Millionen Lbs. Wolleausfuhr ein, 1891 belief sie sich auf ca. 38 Millionen Lbs. Die sechste Stelle nimmt Frankreich ein mit einem Export von 13 441 075 Lbs., der im Jahre 1889 fast das Doppelte betrug. Dagegen finden wir in Peru eine geringe Zunahme der Ausfuhr, sie betrug 1893 7 365 646 Lbs. Belgien lieferte nach England im Jahre 1893 6 752 755 Lbs. Wolle, während dessen Ausfuhr im Jahre 1889 sich auf 12 422 797 Lbs., also sich fast auf das Doppelte, belief. Von Chili führte England 1893 5 786 925 Lbs. Wolle ein; seit 1889 hat sich die Ausfuhr infolge der geringen Produktionskosten vervierfacht. Eine ungefähr gleich grofse Summe führte im Jahre 1893 Argentinien nach England aus. An zwölfter Stelle erst kommt Deutschland mit einer Ausfuhr von 3 194 238 Lbs. Wolle im Jahre 1893, während im Jahre 1889 noch 5 190 082 Lbs. Wolle nach England ausgeführt wurden. Wie sehr die Schafzucht in Deutschland abgenommen hat, braucht hier kaum erwähnt zu werden, nur da, wo es die Boden- und sonstigen Verhältnisse verlangen, werden noch Schafe gehalten; wo irgend möglich, sind sie durch Rindvieh ersetzt worden. Betrachten wir nun schliefslich die Total-Einfuhr, so beträgt sie im Jahre 1893 677 947 464 Lbs. gegen eine Einfuhr von 743 046 104 Lbs. im Jahre 1892 und gegenüber einer Einfuhr von 720 014 070 Lbs. im Jahre 1891.

Ich möchte nun an der Hand der jüngsten Statistik einen kurzen Blick auf die landwirtschaftlichen Zahlen über einige der wichtigsten landwirtschaftlichen Produkte der **englischen Kolonien** und **anderer fremden Länder** werfen und das wichtigste meiner Untersuchung andeuten:[1])

Auffallend ist inbetreff der Weizen ausführenden Länder, die die gröfste Rolle spielen in der Brotkornversorgung des Vereinigten Königreichs, dafs die zurückgegangene Weizenfläche Indiens im Jahre 1891—1892 wieder seitdem gestiegen ist und zwar auf die normale Höhe von 26 700 000 acres im Jahre 1892—1893; für das Jahr 1893—1894 wird sogar die Fläche auf 27 382 000 acres angegeben, obgleich angesichts der stets noch niederen Preise die Ausfuhr aus diesem Weltteil im Abnehmen begriffen ist.

Die jüngsten russischen Zahlen zeigen eine bedeutende Zunahme der Weizenfläche im Kaiserreich; jetzt wird die Fläche über 32 000 000 acres angegeben. Die neuesten Berichte aus den Vereinigten Staaten ergeben, dafs die Weizenfläche für 1893 unge-

[1]) Agricultural Returns for Great Britain. 1895.

mein abgenommen hat. Die amtlich angegebene Fläche wird auf 34 600 000 acres angegeben gegenüber 39 900 000 acres im Jahre 1891.

Die landwirtschaftliche Statistik in Argentinien ist für die letzten paar Jahre noch nicht erschienen; die zunehmende Ausfuhr aus diesen Teilen Südamerikas deutet aber die Richtung der Zunahme im Ackerbau an. Die wichtigeren Weizenproduzenten nächst den obengenannten Ländern sind Australien, Chile und Kanada; über Chile existieren keine amtlichen Zahlen der angebauten Weizenfläche. Was Kanada betrifft, so geben die Statistiken uns die Zahlen für Manitoba und Ontario an; für diese letzten zwei Länder, Manitoba und Ontario, ist die Zahl für 1893 2 274 000 acres gegen 2 068 000 acres im Jahre 1890 und gegenüber 1 892 000 acres im Jahre 1883. Die australische Weizenfläche hat in dem Jahrzent von 1883—1893 um eine halbe Million gewonnen. Die Zahlen geben eine Weizenfläche von 4 200 000 acres im Jahre 1893 gegenüber einer Fläche von 3 700 000 acres im Jahre 1889 und von 3 870 000 acres im Jahre 1889 an. Aus obigen Zahlen ersehen wir, dafs die Hauptlieferanten von Weizen für England solche Länder sind, die erst kurze Zeit in Kultur und Anbau begriffen sind, oder solche Länder, in denen der Weizen keine grofse Rolle in der Ernährung der eigenen Bevölkerung spielt. Die amtlichen Zahlen in Beziehung auf Erträge in den verschiedenen Ländern sind von grofsem Interesse. Wir ersehen aus denselben, wie wichtig die Erträge des Weizens in manchen Ländern sind; wir finden z. B., dafs in Indien, Australien, Rufsland und sogar in den Vereinigten Staaten im Jahre 1893 die Durchschnittserträge nicht höher als 10—11 Bushels pro acre waren gegenüber einem Durchschnittsertrag von 26,08 Bushels pro acre in England, also um das 2½ fache gröfser!

Vergleichungen zwischen der Zahl der Bevölkerung und derjenigen der Weizenfläche geben auch interessante Resultate, z. B. baut Australien auf je 100 Einwohner 105 acres an Weizen; Amerika baut 52 acres auf je 100 Einwohner, England dagegen nur 5 acres pro 100 Einwohner und Holland sogar nur 4 acres pro 100 Einwohner.

Unter den Weizen ausführenden Ländern des östlichen Europa finden wir höhere durchschnittliche Erträge pro acre in Ungarn und Rumänien; letztere Länder bauen 48—55 acres an Weizen auf 100 Einwohner. Ungarn zeigt in den letzten Jahren eine Zunahme der Weizenfläche, während Rumänien in den letzten 3 Jahren eine Abnahme aufzuweisen hat. Ganz vollständige Statistiken der

Weizenflächen für das Jahr 1893 existieren bis jetzt nur von 4 Ländern im westlichen und Centraleuropa. Belgien hat seit 1880 keine Statistik über Weizenflächen ausgegeben, was sehr zu bedauern ist. Auch liefern weder Spanien noch Portugal statistische Berichte und die Zahlen aus Holland und Schweden laufen nur bis 1892. Dänemark giebt uns keine Größe seiner Weizenfläche an seit 1888. Diese Länder spielen aber keine große Rolle im Weizenbau.

Frankreich, Italien, Deutschland und Österreich-Ungarn liefern spätere Statistik und zeigen eine Weizenfläche, die zusammen diejenige von Russland oder der Vereinigten Staaten übertrifft. Zusammen bauen diese vier Länder 36 500 000 acres, jedoch finden wir, daß ⁴⁄₅ der Fläche von Frankreich und Italien angebaut wird. Frankreich hat ungefähr dieselbe Bevölkerung als England, baut aber immer noch 45 acres für 100 Einwohner an Weizen, im ganzen 17 500 000 acres, und weist eine geringe Zunahme für das letzte Jahrzehnt auf. Frankreich produziert 7 Bushels Weizen pro Kopf der Bevölkerung, ist aber selbst so ein kolossaler Konsument von Weizen, daß es noch dazu einen weitern Bushel pro Kopf der Bevölkerung einführt. Italien hat eine Weizenfläche von 11 Millionen acres oder ungefähr 37 acres pro 100 Einwohner; die Durchschnittsproduktion beträgt 5 Bushels pro Kopf der Bevölkerung. Geringe Ausdehnung der Weizenfläche hat in Italien, Deutschland und Österreich in der Zeit von 1883—1893 stattgefunden. Allein in Deutschland und Österreich, mit seiner großen Roggen konsumierenden Bevölkerung, finden wir nur 10—12 acres an Weizenfläche pro Kopf der Bevölkerung und es werden nur 2 Bushels pro Kopf der Einwohner produziert. Der durchschnittliche einheimische Konsum von Weizen ist in diesen Ländern gering.

Was nun das lebende Vieh in den ausser englischen Staaten und englischen Kolonien betrifft, so finden wir, daß für das Jahr 1893 nur folgende Staaten Statistik nachweisen: Frankreich, Dänemark, die Vereinigten Staaten, die australischen Kolonieen und die kanadischen Provinzen Ontario und Manitoba.

Da die Viehzählung in vielen wichtigen Staaten nur periodisch mit langjähriger Aussetzung stattfindet, so ist es schwer, allgemeine Schlüsse zu ziehen.

Stellen wir Vergleichungen mit dem Jahre 1892 an, so finden wir verzeichnete Verluste in vielen Fällen und namentlich in Frankreich. Pferde, Schafe, Schweine haben in den Vereinigten Staaten von Amerika an Zahl abgenommen, und das Rindvieh, obgleich etwas zahlreicher, ist um 1 000 000 Stück geringer als die für das Jahr 1891 angegebene Zahl. (Spätere amerikanische Zahlen deuten auf eine gröfser abnehmende Stückzahl an Vieh seit 1893).

Die Zahl des Viehs in den Vereinigten Staaten überwiegt aber bei weitem die Zahl irgend anderer Länder; sie ist doppelt so grofs, als die Viehzählung in Rufsland für die letzt veröffentlichte Jahresstatistik 1888 und dreimal so grofs, als die Viehzählung des Deutschen Reichs im Jahre 1892, und sogar vier- bis fünfmal gröfser als die Viehherden Australien, Frankreich, oder Grofsbritannien.

Bei Schafen verhält sich die Sache anders: Australien steht in der Schafzahl obenan. Bei einer Einwohnerzahl von nur 4 000 000 Menschen besitzt Australien 116 000 000 Schafe, während die Vereinigten Staaten mit einer Einwohnerzahl von 66 800 000 nur 45 000 000 Schafe aufzuweisen hatten. In demselben Jahre 1893 kamen im Vereinigten Königreich auf 38 000 000 Einwohner 32 000 000 Schafe.

In Bezug Schweine wird kein Land von den Vereinigten Staaten übertroffen, trotz einer Verminderung von 7 000 000 Schweinen im Jahre 1893 gegenüber dem Jahre 1891 zählten die Vereinigten Staaten 45 200 000 Schweine, gegenüber Frankreich mit nur 5 860 000, und gegenüber dem Vereinigten Königreich mit nur 3 278 000 Stück. Deutschland besafs im Jahre 1892 12 174 000 Schweine und kommt vor allen Staaten den amerikanischen Zahlen am nächsten. Aber diese Zahl repräsentiert nur 24 Schweine auf 100 Einwohner in Deutschland, während die amerikanischen Zahlen, sogar die jetzt reduzierten, ein Ergebnis von 67 Schweinen pro 100 Einwohner darstellt. Im Vereinigten Königreich können wir nur ca. 8 Schweine pro 100 Einwohner aufweisen!

Betrachten wir nun im allgemeinen einen 10jährigen Durchschnitt, so finden wir, dafs die Viehzahl in Amerika um fast 25 % zugenommen hat, und diejenige in Australien um fast 50 %, während auf dem europäischen Kontinent, soweit die Zahlen zu erhalten waren, was nur bei Deutschland, Österreich, Frankreich, Holland, Schweden und Dänemark der Fall war, wir keine solche Zunahme finden, obgleich die Viehzahl bis 1892 in Deutschland um 11 % zugenommen hatte.

In Schafen hat im allgemeinen in Europa eine starke Abnahme stattgefunden. Die Schafhaltung in Deutschland hat um 30 % abgenommen, d. h. um 5 600 000 Stück während der Periode von 1883—1892 nachgelassen, und diese Abnahme war einer vorangegangenen Abnahme von 5 800 000 Stück von 1873—1882 gefolgt. In den Vereinigten Staaten finden wir auch eine Abnahme der Zahl seit 1883. Andererseits finden wir durch eine Vergleichung der letzten 10 Jahre in Australien eine Zunahme von 33 000 000 Schafen, trotzdem seit 1891 wieder ein Rückgang stattgefunden hatte.

Wenden wir uns nun zu dem Preise von Fleisch:[1])

Ich möchte auch auf die reichhaltigen Tafeln XII, XIII, XIV, XVI verweisen für diejenigen, die sich eingehender hiermit beschäftigen wollen. Ich will hier die Ergebnisse meiner Untersuchungen derselben kurz und möglichst übersichtlich darlegen. In erster Linie will ich hervorheben, dafs in England keine Durchschnittspreise von Fleisch nach irgend einem System ähnlich dem System für die Ermittelung der Getreidepreise herrschen. Aus diesem Grunde kann man der Fleischpreisstatistik nicht den grofsen Wert beilegen, wie man es bei den Getreidepreisen thut. In Ermangelung besserer Daten, welche die Durchschnittspreise auf gewissen Märkten angeben, möchte ich die Durchschnittspreise der „Metropolitan Cattle Market" angeben. Die Preise verstehen sich pro „stone of 8 Lbs. sinking the offal"[2]):

Jahr	Rindvieh Per stone of 8 Lbs.				Schafe Per stone of 8 Lbs.			
	s	d	s	d	s	d	s	d
1869	3	6	bis	5	7	3	6	bis	5	10
1874	4	5	„	6	2	4	10	„	5	11
1879	4	1	„	5	6	4	6	„	6	7
1884	4	0	„	5	9	4	11	„	6	5
1889	2	4	„	4	10	3	6	„	6	4
1894	2	5	„	4	6	3	7	„	5	10

Die Zahlen für 1894 stehen noch nicht in den Tafeln. Ich führe sie jedoch hier der Vollständigkeit halber an.

Obige Preisschwankungen deuten klar auf eine niedrige Preislage während der letzten zwei Perioden.

Vergleichen wir die Zahlen mit dem zuletzt angegebenen Jahre 1893 in den Tafeln, so finden wir, dafs der Preis für 1894 um 5 d pro 8 Lbs. niedriger auf der niedrigeren Seite der Skala (also niedrigsten Qualität) für Rindvieh, und um 3 d pro 8 Lbs. niedriger auf der höheren Seite (oder besseren Qualität) steht. Beim Hammelfleisch

---

[1]) Board of Agriculture, Agricultural Returns. London 1895.
[2]) Agricultural Returns for Great Britain. 1895.

scheint der Preisfall zwischen 1893 und 1894 nur in den niederen Qualitäten zu sein und das nur um 1 d pro 8 Lbs., während der Maximalpreis 5 d pro 8 Lbs. höher ist, als wir ihn 1893 finden.

Hieraus dürften wir schliefsen, dafs englisches Hammelfleisch in den letzten 25 Jahren nicht viel im Werte gefallen ist und nur wenig unter der Notierung der Preise für 1879—1889 steht. Dagegen zeigen alle Qualitäten des Rindfleisches im Preise eine fallende Tendenz, und zwar um 1 s pro stone of 8 Lbs. seit 1869, und ein noch stärkeres Fallen seit den verhältnismäfsig hohen Preisen von 1874.

Unter den neuen Bestimmungen der „Markets and Fairs (Weighing of Cattle) Acts" Gesetze, die erst kurze Zeit in Wirkung getreten sind, wird jetzt der Versuch in England gemacht, eine andere zuverlässige Quelle für die Ermittelung des Preises von lebendem Vieh zu bekommen als es bis jetzt der Fall gewesen ist. Erst, wenn durch die Mitwirkung der Viehbesitzer der allgemeine Brauch der Ermittelung des Fleischpreises durch die Wage, und somit die Feststellung des Fleischwertes des lebenden Tieres sich verbreitet haben wird, werden diese Statistiken grofsen Wert gewinnen. Soweit die Daten vom Jahre 1893 in dieser Richtung zu Ergebnissen geführt haben, zeigen die Zahlen der Tafeln, der Agricultural Returns, dafs die Durchschnittspreise pro Cwt. lebendes Gewicht des Rindviehs, das in den Märkten von London, Liverpool, Newcastle, Shrewsbury, Aberdeen, Dundee, Edinburgh, und Perth gewogen wurde, folgende Resultate: Die Preise variierten von 21 s 4 d bis 31 s 2 d in den geringeren Qualitäten und von 32 s 6 d bis 39 s 4 d in den besseren Qualitäten. Für das Jahr 1894 waren die Preise wie folgt: Für die geringeren Qualitäten in denselben Märkten war der Durchschnittspreis 24 s 6 d bis 30 s 4 d pro englischen Centner (Cwt.) Lebendgewicht und von 32 s 4 d bis 38 s 6 d für die beste Qualität.

Eine weitere Tafel (I) giebt uns die Werte des eingeführten Fleisches und anderer Produkte[1]) und diese Tafeln bieten uns einen vielleicht sicheren Anhaltspunkt für die Durchschnittspreise des in England verkauften Fleisches, wenigstens was das eingeführte Fleisch und dessen Preise betrifft. Vergleichen wir die Werte des frischen Rindfleisches in den letzten 2 Jahren 1893 und 1894 und während 5 fünfjähriger Perioden und gleichfalls bei dem Hammelfleisch, soweit dasselbe separat zu ermitteln war während derselben Zeit, und gehen wir bei dem eingeführten Speck ebenfalls weiter so vor, so stellt sich die Übersicht wie folgt:[1])

---

[1]) Agricultural Returns. London 1895.

Periode	Frisches Rindfleisch eingeführt	Frisches Hammelfleisch eingeführt	Speck eingeführt
	pro Cwt.	pro Cwt.	pro Cwt.
	s d	s d	s d
1866—70	57 3	— —	58 9
1871—75	50 —	— —	45 10
1876 80	53 4	— —	42 10
1881—85	54 2	58 5	48 4
1886—90	44 7	41 2	46 7
Jahr 1893	42 4	39 3	53 —
„ 1894	40 1	37 10	43 6

Von sämtlichen eingeführten gesalzenen Produkten ist die Einfuhr von Speck in England die bedeutendste. Obige Zahlen ergeben sowohl für Rindfleisch als auch für Hammelfleisch einen größeren Rückgang in der Periode zwischen 1885—1890 als in irgend einer anderen fünfjährigen Periode. Die Preise des Specks zeigen dagegen die früher schon eingetretene fallende Tendenz, die in allen Schweineprodukten bemerkbar ist. An dieser Stelle wollen wir nun noch die Durchschnittspreise für Butter, Margarine, Käse, Eier und Kartoffel der Vollständigkeit halber angeben und zwar in Perioden von 1861 bis 1893. [1])

Jahrgang	Butter pro Cwt.	Margarine pro Cwt.	Käse pro Cwt.	Eier pro 120	Kartoffel pro Cwt.
	£ s d	£ s d	£ s d	s d	s d
1861—65	5 0 6		2 10 0	6 2	4 6
1866—70	5 9 6		3 1 1	6 2	5 3
1871—75	5 9 3		2 18 1	8 2	5 3
1876—80	5 10 1		2 12 8	7 8	5 9
1881—85	5 1 10		2 12 9	7 1	6 3
1886—90	5 £ 5 s 9 d	3 £ 0 s 2 d	2 6 11	6 8	6 11
1891—93	5 9 3	2 16 11	2 8 5	6 10	6 9

Obige Zahlen bedürfen keiner weiteren Erläuterung, da wir die einzelnen Produkte schon einzeln behandelt haben.

Die Wollpreise haben wir an einem anderen Teil dieser Arbeit besprochen.

Bei der Ausfuhr landwirthschaftlicher Erzeugnisse werden wir uns kürzer fassen können als bei der Einfuhr, da die Ausfuhr eine

---

[1]) Agricultural Returns for Great Britain. London 1895.

nur geringe Bedeutung hat. Wir wollen erst die A u s f u h r l e b e n d e r
Tiere betrachten. Diese besteht hauptsächlich aus Zuchtmaterial, das
England vor allen anderen landwirtschaftlichen Produkten in gröfster
Vollkommenheit produziert. Die Ausfuhr von Zucht-Bullen, Kühen,
Kälbern und Ochsen betrug 1889—1710 gegenüber 3109 im Jahre 1893,
also eine beträchtliche Zunahme, die als günstig zu bezeichnen ist.
Die Zahl der ausgeführten Schafe und Lämmer, die auch meist zur
Zucht zur Verwendung kommen, hat seit 1888 abgenommen, damals
stand die Zahl auf 8779 und 1893 nur auf 7734; ziehen wir in
Betracht, wie wir später noch sehen werden, dafs in England die
Schafherden bedeutend abgenommen haben, so sprechen obige Zahlen
zu Gunsten der Qualität des Zuchtmaterials und der züchterischen Fortschritte also geben Anlafs zu einem befriedigenden Resultate. Die
Ausfuhr von lebenden Schweinen hat beträchtlich abgenommen; sie
stand im Jahre 1890 auf 8560 und im Jahre 1893 nur noch auf 412;
die Ursache ist wohl auf einen abnehmenden Bedarf zurückzuführen,
da in der Schweinezucht die meisten Länder grofse Fortschritte gemacht haben, und weniger in Zuchtmaterial von England abhängig
sind als früher; in der Schweinezucht bei der schnellen Entwickelung
des Tieres kann der Züchter viel leichter und weit rascher zum
höheren Ziel gelangen und viel schneller die Resultate seiner Zucht-
richtung befolgen und beurteilen.

Die Zahl der ausgeführten Pferde ist die bedeutendste unter den
lebenden Tieren und beläuft sich auf 12000 im Durchschnitt der
Jahre; wir kommen auf dies Kapitel noch später auch besonders zu
sprechen, da es eine der wichtigsten Produktionen des englischen
Farmers ist.

Die Tafel XXV giebt uns die ausführlichen Zahlen über die
Ausfuhr landwirtschaftlicher Produkte der Jahre 1888 bis 1893, die
Ausfuhr Tafel XXVI ist aus den Tabellen der „Board of Customs"
entnommen. An dieser Stelle will ich nur noch die Werte einzelner
Jahrgänge in der Ausfuhr lebenden Viehs angeben.

Lebendes Vieh, Ausfuhr:[1]	1890	1893
Ochsen, Bullen, Kühe. Kälber	49655 £	65477 £
Schafe und Lämmer	46206 „	58040 „
Schweine	45832 „	2487 „
Pferde	687978 „	472762 „

Aufser diesem lebenden Vieh, das meist Zuchtmaterial ist, führte
England 1893 ca. 25360 Stück lebendes Vieh d. h. lebender Tiere

---

[1] Agricultural Returns. London 1895.

aus, die nicht detailliert angegeben werden und deren Gesamtwert 31 225 £ war.

Wenden wir uns nun dem Fleisch zu, worunter wir Rindfleisch, Schweinefleisch, Speck und Schinken verstehen, so finden wir, daß diese Ausfuhr bis 1890 etwas zugenommen, aber wieder seit 1890 stark abgenommen hat. Die Zahlen der Fleischausfuhr sind folgende

1888	1890	1893
70 760 Cwts.	111 486 Cwts.	78 187 Cwts.

Dagegen finden wir, daß die Ausfuhr von kondensierter Milch seit 1890 zugenommen hat, 1890 belief sich diese Ausfuhr auf nur 61 491 Cwts. und 1893 auf 67 063.

Allein die Ausfuhr von Butter und Käse hat stark abgenommen und zwar namentlich seit 1890. Die Zahlen sind folgende:[1]

	1890	1893
Butter	24 510 Cwts.	14 640 Cwts
Käse	12 211 „	10 917 „

Eine ungeheure auffallende Zunahme finden wir bei den Kartoffeln. Die Ausfuhr stieg von 617 747 Cwts. im Jahre 1892 auf 1 752 454 Cwts. s. u. im Jahre 1893; diese Thatsache werden wir später auch ausführlicher besprechen. Die Werte der obengenannten Ausfuhrprodukte in Geld umgerechnet stellen sich wie folgt:[1]

	1890	1893
Fleisch: (wie oben erwähnt)	408 910 £	329 413 £
Butter	139 307 „	85 936 „
Käse	47 536 „	44 051 „
Milch (kondensiert)	136 217 „	140 784 „
Kartoffeln	(1892) 99 582 „	336 714 „

Werfen wir nun einen kurzen Blick auf die Getreide-Ausfuhr Englands und ziehen wir in erster Linie den Weizen in Betracht, so finden wir, daß die Ausfuhr in den letzten Jahren sehr abgenommen hat. „The Board of Customs" giebt die Ausfuhr an Weizen im Jahre 1888 als 64 564 Cwts. an, diese Ausfuhr an Weizen stieg bis zum Jahre 1890 auf 159 688 Cwts. und fiel dann plötzlich beträchtlich im folgenden Jahr auf 90 270 Cwts. und im Jahre 1893 auf 43 023 Cwts. Die Ausfuhr an Gerste hat keine so große Schwankungen durchgemacht, erreichte aber ihren Höhepunkt im Jahre 1890 mit 28 293 Cwts. und fiel dann auf 20 139 Cwts. in Jahre 1893. Hafer zeigt uns eine ganz bedeutende Zunahme in der Ausfuhr; 1888 betrug die Ausfuhr nur 87 121 Cwts.,

---

[1] Agricultural Returns. London 1895.

1889 stieg dieselbe auf 100 986 Cwts., nach 1889 fiel die Ausfuhr gleichmäfsig bis 1892, in welchem Jahre sie sich auf 34 405 Cwts belief; schliefslich 1893 stieg die Ausfuhr plötzlich auf fast das achtfache, nämlich 244 211 Cwts. Die Ausfuhr an Roggen ist von keiner Bedeutung und variiert ganz beträchtlich, 1889 z. B. betrug sie nur 44 Cwts. 1891 dagegen 28 197 Cwts. und 1893 nur 193 Cwts. Bei Bohnen finden wir eine Ausfuhr im Jahre 1888 von 10 409 Cwts. und 1891 nur 1 352 Cwts. Bei Erbsen finden wir während der Jahre 1888—1892 eine Durchschnitts-Ausfuhr von 15—21 000 Cwts. und dann plötzlich im Jahre 1893 eine Ausfuhr von 33 681 Cwts. Fassen wir die Ausfuhr im Geldwert ins Auge, so finden wir folgende Zahlenvergleichungen.

Getreideausfuhr:[1]	1890	1893
Weizen	55 907 £	14 942 £
Gerste	16 656 „	12 064 „
Hafer	32 381 „	76 696 „
Roggen	105 „	66 „
Bohnen	371 „	689 „
Erbsen	8 676 „	18 852 „

Bei Betrachtung der Ausfuhr des Mehls finden wir eine Zunahme sowohl bei Weizen- als auch bei Hafermehl. Die Zunahme bei Weizenmehl ist eine gleichmäfsige gewesen seit dem Jahre 1888, in welchem Jahre sie 187 844 Cwts. betrug und dagegen auf 240 952 Cwts. im Jahre 1893 stieg. Bei Hafermehl finden wir eine ähnliche Steigerung der Ausfuhr von 24 690 Cwts. im Jahre 1888 auf 46 419 Cwts. im Jahre 1893. Jedoch finden wir bei Untersuchung des Geldwertes von Weizenmehl, dafs durch die niederen Mehlpreise sich der Betrag trotz erhöhter Ausfuhr vermindert hat, bei Hafermehl ist dies jedoch nicht der Fall; die Geldwerte stellen sich wie folgt:[1]

	1890	1893
Weizenmehl	116 349 £	109 033 £
Hafermehl	32 085 „	44 623 „

Untersuchen wir nun die Ausfuhr der übrigen hauptsächlichsten Produkte aus England, so finden wir bei dem Biscuit- und Brot-Produkten eine Abnahme von 228 545 Cwts. im Jahre 1890 auf 218 606 Cwts. im Jahre 1893. Bei Malz finden wir eine bedeutende Abnahme und zwar von 90 611 Qrs. im Jahre 1888 auf nur 74 025 Qrs. im Jahre 1893. Dagegen hat bei Hopfen die Ausfuhr zu-

---

[1] Agricultural Returns. London 1895

genommen und zwar im Jahre 1888 um 8289 Cwts. und im Jahre 1893 um 11584 Cwts. Bei Flachs und Hanf ist kein fühlbarer Unterschied zu bemerken.

In der Ausfuhr von Samen aller Art finden wir eine kleine Zunahme: und zwar im Jahre 1888 213190 Cwts. und im Jahre 1893 242517 Cwts. Die Ausfuhr von Fett und Talg hat um 25 °/₀ zugenommen seit 1888, in diesem Jahre betrug sie nur 402636 Cwts., dagegen im Jahre 1893 505462 Cwts. Schließlich hat die Ausfuhr von Rohhäuten abgenommen und zwar von 121710 Cwts. im Jahre 1888 auf 94613 Cwts im Jahre 1893. Die Geldwerte obengenannter Produkte stellen sich vergleichshalber wie folgt: [1]

	1890	1893
Biscuit und Brot	651603 £	594437 £
Malz	168463 „	145634 „
Hopfen	49509 „	79884 „
Flachs und Hanf	173088 „	219352 „
Samen aller Art	220367 „	361717 „
Fett und Talg	560992 „	731561 „
Rohe Häute	144203 „	130391 „
Britische Felle	550351 „	483692 „

Die darauf folgende Tabelle zeigt uns, wie viel oder welchen Bruchteil der Totalsumme oder des Totalwertes der Ausfuhr thatsächlich Produkt des Vereinigten Königreichs und wie viel nur fremdes oder Kolonialprodukt ist, welches wieder von England zur Ausfuhr gelangte. Wir wollen hier kurz auf die Hauptsache aufmerksam machen: In erster Linie finden wir, wenn wir das lebende Vieh, also Ochsen, Bullen, Kühe, Kälber, Schafe, Lämmer und endlich Schweine in Betracht ziehen, daß die Ausfuhr fast ausschlich aus inländischen englischen Produkten und zwar Zuchtmaterial besteht, die ganz geringe Zahl des fremden lebenden Viehs ist hier nicht bemerkenswert. Beim Fleisch ist es entgegengesetzt, das ausgeführte Fleisch ist zum größeren Teil fremdes Produkt, über ²/₃ des Rindfleisches, Specks, Schinkens und Schweinefleisches ist ausländisches Produkt, das ganze frische Hammelfleisch und das ganze conservierte Fleisch ist gleichfalls ausländisches Produkt. Von 80564 Cwt. Butter, die ausgeführt wurden, sind 65924 Cwt. fremdes Produkt. Beim Käse verhält es sich ähnlich, von 74012 Cwt. sind 63095 Cwt. fremdes Produkt. Von 168753 Cwts. kondensierter Milch finden wir, daß nur 67063 Cwt. einheimisches Produkt sind. Was

---

[1] Agricultural Returns for Great Britain. 1894.

die Ausfuhr von Eiern betrifft, so ist es eine interessante Thatsache, dafs die ganze Ausfuhr von 3 416 040 Eiern ausschliefslich aus fremdem oder Kolonial-Produkt besteht. Nur die Kartoffeln, die zur Ausfuhr gelangen, sind der Hauptsache nach einheimisch; von den 1 785 161 Cwts. Kartoffeln ist nur $\frac{1}{6}$ ca. fremdes Produkt. Wir wollen hier als Erläuterung bemerken, dafs die einheimischen englischen Nahrungsmittel von ganz hervorragend guter Qualität sind, und da der Engländer sich nicht wenig einbildet auf die Güte seines „home grown beef", so zahlt er auch gern viel höhere Preise hierfür. Wer einmal in England englisches Fleisch namentlich Rindfleisch eines hochgemästeten Tieres oder gar Hammelfleisch, was nahezu als Delikatesse gilt, gekostet hat, wird es verstehen, dafs der Engländer es nicht zur Ausfuhr kommen läfst! Betrachten wir noch die Ausfuhr von Getreide. Wir finden hier, dafs beim Weizen nur etwa $\frac{1}{18}$ der Cwtzahl an ausgeführtem Weizen einheimisches Produkt ist, dagegen finden wir bei der Ausfuhr der Gerste, dafs nur $\frac{2}{7}$ der Cwtzahl ausländische Gerste ist, bei Hafer ist nur $\frac{1}{21}$ der Cwtzahl ausländisches Produkt, dagegen ist fast der ganze ausgeführte Roggen ausländische Ware. England baut keinen Mais zu Kornzwecken und folglich ist der ganze Maisexport fremdes Produkt. Bei der Bohnenausfuhr ist nur ca. $\frac{1}{25}$ im Lande selbst produziert und England produziert ca. $\frac{1}{3}$ der Ausfuhr von Erbsen.

Von den 459 063 Cwts. ausgeführten Weizenmehls sind 240 952 einheimisches Produkt, dagegen sind vom Hafermehl $\frac{46}{47}$ inländisch produziert!

Selbstredend ist die ganze Ausfuhr von Biscuit und Brot einheimisch; auch die ganze Ausfuhr des Malzes ist einheimisch, mit Ausnahme von 316 Cwt. ausländischer Ware. Bei dem ausgeführten Hopfen ist auch $\frac{2}{3}$ in England produziert. Dagegen finden wir, dafs von 622 610 Cwt. ausgeführten Flachses nur ein kleiner Bruchteil, nämlich 39 270 Cwt. einheimischer Flachs ist. Bei den Fetten und Talgen ist die Hälfte ausländisches Produkt.

Schliefslich sind von 457 093 Cwt. Rohhäuten, die ausgeführt werden, nur 94 613 Cwt. einheimisch. Bei den britischen Schaffellen kommt über die Hälfte aus den britischen Kolonieen nach England, die wiederum zur Ausfuhr gelangen.

Wir wollen nun zu einem etwas interessanteren Kapitel übergehen, nämlich zur Ausfuhr der Wolle. Die Tafel XXVII[1]) giebt

---

[1]) Agricultural Returns for Great Britain. London 1895.

uns detaillierte Auskunft über die Quantitäten und Geldwerte derjenigen Wolle (Schaf- und Lammwolle), die aus dem Vereinigten
Königreich ausgeführt worden ist, und zwar mit Angabe der Quantitäten und Werte der einheimischen und fremden oder kolonialen
Wolle, die zur Ausfuhr gelangte, und noch aufserdem mit Angabe
der verschiedenen Länder, welche die Wolle von England im
Jahre 1893 bezogen haben. Wir wollen hier nun eine kurze Erklärung der Tafel angeben und die Hauptabnehmer der durch England bezogenen Wolle.

Der gröfste Abnehmer englischer Wolle ist Deutschland. Deutschland bezog im Jahre 1893 88 573 697 Lbs. Wolle, wovon 3 122 900 Lbs.
einheimische englische Wolle und 85 450 797 Lbs. fremdes oder
koloniales Produkt war. Der zweitgröfste Käufer unter den Ländern
auf dem englischen Wollmarkt war Belgien; es kaufte 77 014 590 Lbs.
Wolle, wovon 76 047 490 Lbs. fremdes Produkt und 967 100 Lbs.
einheimisches englisches Produkt waren. In dritter Linie kommt Frankreich, das dem englischen Markte 77 008 176 Lbs. Wolle abnahm;
hiervon ist 1 299 400 einheimisches und 75 708 776 fremdes Produkt
gewesen. Nach Frankreich kommen die Vereinigten Staaten, die
59 896 806 Lbs. kauften, wovon 7 216 500 Lbs. in England produziert
waren und 52 686 301 Lbs. aus fremden Ländern stammten. Holland ist
auch ein grofser Abnehmer mit 52 782 101 Lbs.; hiervon sind 1 456 700
Lbs. einheimische und 51 325 401 Lbs. ausländische Wolle gewesen.
Schliefslich kommt noch Rufsland als ein bedeutender Käufer mit
1 106 333 Lbs. Wolle, wovon 628 800 Lbs. inländisches und 477 533 Lbs.
ausländisches Produkt gewesen ist. Unter den kleineren Abnehmern
ist noch Brasilien, Dänemark, Italien, Japan, Portugal, Schweden und
die Türkei zu erwähnen.

Von den britischen Kolonien ist der bedeutendste Abnehmer
Kanada. Dies Land kaufte 1893 2 402 415 Lbs. aus England, also
doppelt so viel als Rufsland: hiervon waren 579 000 Lbs. inländische
und 1 823 415 Lbs. ausländische Wolle. Die britischen Kolonien bezogen im ganzen 2 592 281 Lbs. Wolle aus England, und die anderen
Länder zusammen 359 251 230 Lbs. aus dem Vereinigten Königreich.
Die Totalausfuhrsumme betrug also 361 843 511 Lbs. Ich will nur
noch dem Geldwerte nach die Hauptabnehmer englischer Wolle
wie folgt angeben:[1]

------

[1] Agricultural Returns for Great Britain. 1895.

	Ein-heimisches Produkt £	Aus-ländisches u. Kolonial-Produkt £	Totalsumme £
1. Deutschland	143 377	3 575 577	3 718 954
2. Frankreich	58 384	2 969 607	3 027 991
3. Belgien	42 185	2 969 904	3 012 089
4. Vereinigte Staaten	223 962	1 733 700	1 957 662
5. Holland	61 865	1 855 855	1 917 720
6. Kanada	22 267	67 585	89 852
7. Rufsland	36 775	23 169	59 944

Totalwert aller Ausfuhr   13 928 041 £

Auf den Export von Pferdematerial möchte ich hier noch etwas näher eingehen, da bei der landwirtschaftlichen Produktion Englands die Pferdezucht eine bedeutende Rolle spielt und wir schon öfter die technische Seite dieser Produktion besprochen haben. Die Tafel XXVIII[1]) giebt uns eine übersichtliche Auskunft über diesen Export und für 1893 wollen wir hier nur das Wichtigste aus den Tabellen herausgreifen: Der überwiegende Teil des Pferdeexports besteht aus wertvollerem Zuchtmaterial und wir wollen hier erst die Hengste in Betracht ziehen.

Der gröfste Abnehmer von Hengsten aus England ist Kanada, das im Jahre 1893 196 Hengste im Durchschnittswerte von 78 £ 2 s 2 d kaufte. Die Vereinigten Staaten kauften 123 Hengste im Durchschnittswerte von 578 £ 3 s 1 d; Schweden 24 Hengste, die durchschnittlich 88 £ 15 s kosteten. Australien kaufte 11 Hengste, die durchschnittlich 395 £ 9 s 1 d kosteten. Nehmen wir die britischen Kolonien zusammen, so finden wir, dafs sie 246 Hengste im Durchschnittwerte von 100 £ 18 s 7 d bezogen. Andere Länder bezogen zusammen 256 Hengste im Durchschnittswerte von 375 £ 17 s 11 d. Den höchsten Durchschnittspreis zahlte Belgien mit 942 £ 0 s 0 d oder 18840 Mk. Im ganzen genommen, wurden 502 Hengste im Durchschnittswerte von 241 £ 3 s 0 d ausgeführt.

Betrachten wir ferner den Export von Stuten, so finden wir, dafs die Vereinigten Staaten die besten Abnehmer für Stuten sind; sie kauften im Jahre 1893 337 Stück im Durchschnittswerte von 148 £ 9 s 3 d. Belgien kaufte zwar 1086 aber nur geringwertiges Material. Dagegen bezog Frankreich 576 Stuten im Werte von 67 £ 18 s 9 d im Durchschnitt. Australien kaufte nur 8 Stuten

---

[1]) Board of Agriculture, Agricultural Returns. London 1895.

allein im Durchschnittswert von 268 £ 15 s 0 d. Das Kapland kaufte
23 Stuten im Durchschnittswerte von 102 £ 15 s 8 d. Die britischen
Kolonien bezogen 127 Stuten mit einem Durchschnittswerte von 79 £
18 s 9 d und andere Länder kauften zusammen 2755 Stuten im
Werte von 57 £ 18 s 2 d. Den höchsten Durchschnittspreis für eine
Stute bezahlte Natal mit 350 £. Im ganzen war der Durchschnittspreis 58 £ 17 s 7 d bei einem Bezug von 2882 Stück.

Bei dem Fohlenexport können wir uns kurz fassen: Die
britischen Kolonien bezogen nur 71 Stück mit einem Durchschnittswerte von 45 £ 2 s 3 d. Dagegen bezogen die anderen Länder
8507 Stück mit einem Durchschnittswerte von 25 £ 2 s 8 d. Im
ganzen kamen 8578 Fohlen zum Export mit einem Durchschnittswert von 25 £ 5 s. Den höchsten Durchschnittspreis zahlte Brasilien
mit 700 £ oder 14 000 Mk.

Wenden wir uns nun der Pferdeausfuhr im ganzen zu, so
finden wir, dafs die britischen Kolonien den höchsten Durchschnittspreis zahlten und zwar 86 £; darunter zahlte Australien einen Durchschnittspreis von 342 £ 2 s 1 d und Natal durchschnittlich 275 £ 12 s
6 d. Das drittbeste Material kauften die Vereinigten Staaten, die im
ganzen einen Durchschnittspreis von 244 £ 14 s 4 d bei einem Bezug
von 511 Stück zahlten. Dann kommt Brasilien, das 201 £ 14 s 7 p
zahlte und Chile mit einem Durchschnittspreis von 182 £ 8 s 0 d.

Die meisten Pferde kaufte Belgien, nämlich 4871 Stück, meist
Fohlen. Dasselbe gilt von Frankreich mit 1907 und Holland mit
3543 Stück. Im ganzen kamen 11 962 Pferde zum Export im Werte
von 507 762 £. Es wird nun in Deutschland viel über deutsche
Pferde gesprochen, die nach England verschifft werden, um wieder
von dort als englische Pferde ausgeführt zu werden. Dafs dies nicht
der Fall ist, zeigt folgende Statistik: Im Jahre 1893 kamen im ganzen,
wie oben bemerkt, 11 962 Stück auf englischem Grund und Boden
nachweislich gezogene Pferde zum Export; in demselben Jahr kamen
nur 44 Stück im Ausland gezogene Pferde zur Ausfuhr, wahrlich ein
verschwindend kleiner Bruchteil!

Die Entwickelung der Pferdeausfuhr zeigt uns die folgende
Statistik:

1873	2 816 St.
1883	7 376 „
1893	11 962 „

XI. Natürliche und künstliche Vorteile in der landwirtschaftlichen Produktion.

Vorteile des Vereinigten Königreichs.

—

Die Rindviehproduktion. — Die Schafproduktion. — Die Molkereiproduktion. — Die Weizenproduktion.

Heutzutage spielen Vorteile in der landwirtschaftlichen Produktion eine sehr grofse Rolle. Vorteile können in zwei Kategorien eingeteilt werden: 1. in natürliche Vorteile, 2. in künstliche Vorteile. Zur ersten Kategorie gehören die klimatischen Boden- und Lagenvorteile; zur zweiten Kategorie gehören erworbene Kenntnisse, Geschicklichkeit, die Nähe von Märkten, Bahn- oder Wassertransporterleichterungen, billige Arbeitskräfte, Schutzzölle oder Exportprämien, Währungsvorteile, Genossenschaftswesen, Sicherheit des Besitzes, staatliche Verwaltung. Billiges Land kann beiden Kategorien angehören; der ersteren, wenn die Ursache der Billigkeit in der ungeheuren Menge und Ausdehnung besteht, und der letzteren, wenn diese Billigkeit durch menschliches Eingreifen verursacht ist.

Die Wichtigkeit der korrekten Beurteilung dieser Vorteile seitens der Landwirte liegt auf der Hand. Nur zu viele Landwirte kranken in ihrem Betriebe daran, dafs sie diese wichtige Frage nicht genügend überlegt haben und so zu keinem richtigen Schlusse gekommen sind. Fehler sind jedoch nicht immer zu vermeiden, da die Kenntnis dieser Frage oft nicht genügend ausgedehnt und genau ist; die Kenntnis der Thatsachen ist oft nicht verbreitet genug. Wir wollen hier nicht im einzelnen auf diese Frage näher eingehen, sondern sie nur im allgemeinen behandeln und wollen sehen, zu welchem Schlusse wir kommen werden. Leider ist es hier nicht möglich, Einzelheiten zu betrachten und werden wir einen allgemeinen Standpunkt einnehmen müssen.

Wir wollen in erster Linie die Vorteile hervorheben, die wir im Vereinigten Königreich als im ganzen genommen vorfinden, und diese erläutern.

Es ist schon vielerseits die Bemerkung gemacht worden, dafs kein anderes Land der Welt in Bezug auf natürliche Vorteile in der landwirtschaftlichen Produktion sich mit dem Vereinigten Königreich messen könnte und zwar auch dann, wenn man tierische und pflanzliche Produktion zusammennimmt. Es giebt Bodenarten, die durchschnittlich ertragreicher sind als die englischen, und es giebt Klimate, die für gewisse Kulturen günstiger sind; allein was die zusammenwirkenden günstigen Vorteile von Klima und Boden in Bezug auf den Weidegang, Weizen, Runkelrüben, Futtergewächse auf Ackerland, Hopfen, Obst und alles dies zusammen betrifft, hat allerdings das Vereinigte Königreich nicht seines gleichen in der ganzen Welt. Von der pflanzlichen Produktion allein könnte man diese Behauptung nicht aufrecht erhalten, sondern nur von pflanzlicher und tierischer Produktion zusammen. Derjenige, der diese Behauptung bezweifelt, wird umsonst nach einem anderen Lande suchen, das Pferde, Rindvieh, Schafe, Schweine zusammen in der Vollkommenheit gezogen und zu der Reife gebracht hat, die in dem britischen Inselreich erreicht worden ist.

Neuseeland, welches dem Vereinigten Königreich in Hinsicht auf günstiges Klima am nächsten steht, steht jedoch in Bezug auf dauernde Weide, Qualität der Gerste, Aroma des Obstes und in der Konstitution und Gröfse der Lastpferde und des anderen Viehes nach. Es giebt grofse Strecken von Land in Manitoba, im „Northwest" von Kanada und in gewissen Teilen von den Vereinigten Staaten und in Rufsland, die natürlich viel fruchtbarer sind als dieselben Gröfsenstrecken im Vereinigten Königreich, allein in diesen drei Ländern ist das Klima während eines Teiles des Jahres weniger günstig für die pflanzliche und tierische Produktion im allgemeinen, und namentlich also für die volle Entwickelung und Reife. Der Boden von Manitoba z. B. würde wahrscheinlich bessere Ernten als der in England liefern, bei gleich hoher Kultur, wenn es keinen so strengen Winter gäbe, der die Kultur des Winterweizens verbietet, und wenn es keine frühen Herbstfröste gäbe, die vielfach das Getreide vernichten oder die Körner gerade vor der Reife beschädigen. Das ungünstige Klima von Manitoba verhindert den Anbau von Klee, auch zum Teil von Rüben, und es gedeiht an Obst nur das, welches zu den aller widerstandsfähigsten Sorten gehört.

In Ländern, in denen das Klima heifser ist als in England;

wie z. B. Australien, Indien und Argentinien, giebt es ungeheure
Strecken sehr fruchtbaren Bodens; allein die grofse Hitze im
Sommer, oft wiederkehrende Dürre und Verwüstungen durch Insekten
verhindert eine grofse Getreideernte, die zu ihrer vollkommenen
Reife Zeit gebraucht, während nur zu oft das Getreide durch Dürre
notreif wird. Holland steht allein unter den Ländern der alten Welt
Grofsbritannien im Getreideertrage und in der Üppigkeit seiner Weiden
gleich. Allein es steht die Thatsache fest, dafs ihr fruchtbarstes
Land dem Meer entnommen ist, und dafs seines strengen Winters und
heifsen Sommers wegen das Land in der allgemeinen landwirtschaftlichen Produktion hinter England zurücksteht. Nehmen wir irgend
ein anderes Land Europas, so finden wir, ohne die fruchtbaren Donau-
länder ausschliefsen zu können, dafs das Klima zu einer bestimmten
Jahreszeit für die vollkommene Entwickelung und Ausbildung weniger
günstig ist, um eine höhere Durchschnitternte an Quantität und auch
an Qualität zu produzieren als England.

Nun wird wohl die Frage auftauchen, wie es kommt, dafs bei
erwiesenen günstigsten klimatischen und natürlichen Verhältnissen England so ungeheuer empfindlich durch ausländische und koloniale Konkurrenz zu leiden hat.

Die Frage läfst sich zweifach stellen:

Erstens: Hat die englische Landwirtschaft weiter zu sinken,
wenn ich so sagen darf, als jedes andere Land?

Zweitens: Haben von der Zufuhr gewisser Produkte andere
Konkurrenten künstliche Vorteile, die England nicht hat?

Als die englische Landwirtschaft zur höchsten Blüte gediehen
war, waren die englischen Gutsbesitzer und Landwirte an eine
höhere Lebensweise gewöhnt und hatten höhere Ansprüche an das
Leben gemacht, als es in anderen Ländern der Fall war. Ein englisches Sprüchwort sagt: „He that is low need fear no fall" oder „wer
schon unten auf der Leiter angelangt ist, braucht sich vor dem Fallen
nicht zu fürchten". Die Landwirte anderer Länder, die jetzt dem
englischen Landwirt gegenüber am schärfsten ihre Konkurrenz zur
Geltung bringen, haben weniger verloren, weil sie weniger zu verlieren
hatten und sind in ihrer Lebensweise nicht besonders eingeschränkt
worden, weil sie sich nicht wie der englische Farmer an grofsen Luxus
gewöhnt hatten. Eine weitere Ursache in England liegt wohl darin,
dafs zur Zeit des höchsten Wohlstandes unter den Gutsbesitzern und
Landwirten dem Lande ungeheure Lasten auferlegt wurden, die
gröfser waren als in irgend einem anderen Lande, das Freihandel

23*

34*

trieb. Zur Zeit der höchsten Blüte der Landwirtschaft stiegen auch die Werte im ländlichen Besitz ungeheuer. Aufserdem, während die Fruchtsätze von auswärts, von Ländern her, in denen die Produktion billiger ist, allmählich zurückgingen, namentlich was Wasserfrachten betrifft, so sind in England selbst die Bahnfrachten sehr hoch, so dafs bei solchen Produkten, die einen grofsen Raum einnehmen, in England durch den erlösten Wert nicht die Bahnspesen gedeckt sein würden. Endlich ist es äufserst schwer, die Krisen verschiedener Länder zu vergleichen. Jedes Land weifs am besten, wo ihn der Schuh drückt, kann aber nicht mit gleicher Leichtigkeit wie vielleicht ein anderes dem Drucke abhelfen.

Bei verschiedenen Gelegenheiten haben in England Staatsmänner im Parlament und andere Männer, welche die landwirtschaftlichen Verhältnisse in der ganzen Welt kennen, behauptet, dafs die landwirtschaftliche Krisis in England viel weniger schlimm ist als in manchen anderen Ländern. Thatsache ist, dafs in manchen Ländern die Landwirte, um ihren Verpflichtungen nachzukommen, sich mit einem Leben begnügen müssen, das dem Leben eines gut angestellten englischen oder schottischen Arbeiters gleicht. In Frankreich lebt wohl der kleine Landwirt schlechter als der ländliche Arbeiter in England und das nur um sich über Wasser halten zu können.

Die Behauptung, dafs England natürliche Vorteile besitzt, die höher stehen als die anderer Länder, bestätigt noch nicht, dafs diese Vorteile gröfser sind als die zusammengerechneten natürlichen und künstlichen Vorteile der ganzen Welt. Der grofse Nachteil für den englischen Farmer ist der, dafs er auf dem englischen Weltmarkt mit allen Ländern konkurrieren mufs; auch mit den Ländern, die künstliche und natürliche Vorteile zur Produktion, vielleicht nur eines gewissen Artikels, besitzen. Ein Land kann Weizen billiger produzieren, ein anderes Land Fleisch, ein drittes Obst, ein viertes Wolle, und jedes dieser Länder bringt seine Ware auf den englischen Markt. Unter diesen Umständen ist es ein Wunder, nicht etwa, dafs die englischen Farmer ungemein gelitten haben, sondern dafs sie diese Konkurrenz und Krisis überhaupt überlebt haben. Kein anderes Land in der Welt hat die Konkurrenz auszuhalten gehabt, die England ausgehalten hat und ich behaupte, dafs kein anderes Land dieser Konkurrenz hätte widerstehen noch dieselbe aushalten können, ohne dafs es nicht viel mehr zu leiden gehabt hätte als gerade England. Diese Thatsache unterstützt die Behauptung der Überlegenheit in den natürlichen vorbedingenden Vorteilen in der Produktion.

Es steht fest, dafs England die besten Märkte der Welt besitzt, allein wie wir schon oben angedeutet haben, wird dem englischen Farmer die Erreichung dieser Märkte erschwert, und er hat grofse Lasten in Form von noch zum Teil hohen Pachten, fiskalischen Lasten und hohen Kommissionen an Händler zu tragen, Lasten, die ihn beschweren. Die britischen Farmer haben aber auch künstliche Vorteile, die man nicht vergessen darf. In der Kenntnis ihres Geschäftes und praktischem Züchterblick übertreffen sie alle anderen Nationen. Sie geniefsen auch billige Futter- und Düngemittel und Sicherheit in den ländlichen Gesetzen und Schutz gegen inländische Störungen durch Kriege. In dem Mafse als die Bevölkerungszahl mit ihren unausbleibenden Folgen in den Ländern zunehmen wird, die künstliche Vorteile in Verbindung mit natürlichen Vorteilen besitzen, wird auch die Krisis für den englischen Landwirt abnehmen und um so mehr werden die überwiegenden natürlichen Vorteile des englischen Klimas und Bodens zu Tage treten.

Wenden wir uns nun der Rindviehproduktion zu und untersuchen wir, welche Länder sich zu dieser Produktion am besten eignen. Die Vereinigten Staaten haben neben dem Vorteil von ungeheueren Strecken von billigem Boden und Weiden, die umsonst oder teilweise umsonst zu haben waren, den Vorteil, verhältnismäfsig nahe am europäischen Markt zu liegen. Allein die unbegrenzten wilden Flächen werden allmählich in Anbau genommen, und der Handel mit Vieh leidet schon seit mehreren Jahren. Im gröfseren Teil der Vereinigten Staaten ist der Winter dermafsen streng, dafs das Vieh zu hunderttausenden krepiert. Aus diesem Grunde sind die natürlichen Vorteile für die Rindviehproduktion in Argentinien und den anderen „River Plate" Ländern und vielleicht auch diejenigen von Alberta in Kanada denjenigen der Vereinigten Staaten überlegen.

In Australien ist der Schaden des Verhungerns durch Dürre wohl ebenso grofs als der Schaden durch Schnee und Frost in den Vereinigten Staaten. Davon aber abgesehen, hat Australien die besseren natürlichen Vorteile für die Aufzucht des Rindviehes in Anbetracht der Schnelligkeit, mit der das Land in den Vereinigten Staaten bevölkert wird. Die Rindviehzahl in Australien [1] stieg von 7 843 399 im Jahre 1882 auf 11 415 729 im Jahre 1892.

In Argentinien soll die Rindviehzahl von 10 000 000 im Jahre 1861 auf 18 200 000 anfang der 90 er Jahre gestiegen sein. Einer späteren

---

[1] Board of Agriculture. Agricultural Statistics for the Colonies 1892.

Schätzung zufolge beläuft sich die Zahl im Jahre 1892 oder 1893 auf ca. 20 000 000 [1]), allein diese Zahl ist wohl unzuverlässig.

Die argentinische Statistik ist mit einem gewissen Rückhalt zu betrachten und manche behaupten, daſs die Rindviehproduktion dort nicht zugenommen hat, seitdem während der letzten 5 Jahre die Ackerkultur und der Getreidebau Platz gegriffen haben. Ein groſser Rindviehweidenbesitzer aus Australien (Victoria) [2]), der im Jahre 1891 Argentinien besuchte, da er so viel Rühmliches von Argentinien gehört hatte, daſs er die Absicht hatte, seine Weiden in Australien aufzugeben und nach Argentinien überzusiedeln, war ganz enttäuscht. Er behauptet, daſs die Rindviehhaltung in Argentinien sich nicht gut rentiere und daſs das Rindvieh zum Teil nur dazu gehalten würde, um die groben Gräser für die Schafe abzuweiden. Diese Thatsache beweise, daſs Argentinien auch kein für Schafe günstiges Land sein könnte, und wenn das Rindvieh sich nicht rentiere, würde er besser daran thun in Australien zu bleiben. Sein Besuch in Argentinien fiel in den Sommer, zu einer Zeit, wo das Land ein Meer von Gräsern war, und doch behauptet er, kein einziges fettes Stück Vieh noch fettes Schaf gesehen zu haben. Die natürlichen Gräser des Landes, meint er, wären zweierlei: hart und weich und beide gleich wertlos, da es nötig wäre, diese durch übermäſsiges Auftreiben von Rindvieh erst loszuwerden, ehe man hoffen könnte, daſs sie durch bessere Gräsersorten ersetzt würden. Wahrscheinlich ist dieser Bericht sehr übertrieben, obgleich viele andere Berichterstatter auch Australien und Neuseeland den Vorzug gegeben haben. Andrerseits hat Argentinien den groſsen Vorzug, dem englischen Markt näher zu sein als Australien und Neuseeland. Auch ist es jetzt erwiesen, daſs die Luzerne in Argentinien groſsartig wächst und daſs dem Lande eine groſse Produktionsfähigkeit in Zukunft bevorsteht. Es ist aber die Thatsache hervorzuheben, daſs Argentinien bis jetzt noch keine groſsen Quantitäten Fleisch, weder Rind- noch Hammelfleisch, von guter Qualität nach England exportiert hat.

Werfen wir nun einen Blick auf die Länder, die sich zur Schafproduktion am besten eignen:

Argentinien soll für die Schafproduktion sehr geeignet sein, wie wir aus den Berichten ersehen, die Mr. Gibson hierüber geschrieben hat. Die Statistik über Schafe in Argentinien ist auch unzuverlässig.

---

[1]) Agricultural Returns. 1894.
[2]) W. E. Bear, Agricultural Production in Cattle. London 1894. p. 258. (R. A. S. of E.)

1880 sollen ungefähr 61 000 000 Schafe vorhanden gewesen sein und
1893 85 000 000. Mr. Gibson [1]) glaubt, dafs mit dem Jahre 1900
über 150 000 000 Schafe in Argentinien sein werden. Allerdings ist
der Boden in manchen Teilen von Argentinien nafs und infolgedessen
erkranken die Schafe leicht. Die Schafzucht ist eine neue Richtung
in der Produktion, die erst in der Entwickelung begriffen ist.

Australien eignet sich ganz hervorragend zur Schafzucht und
grofs ist die Anzahl der Leute in England, die in der australischen
Schafzucht sich Riesenvermögen erworben haben. In Australien sieht
man heute noch Paläste, in denen Schafherdenbesitzer wohnen, die ein
Einkommen von 100—200 000 Mk. besagen. Die Zahl der Schafe in
Australien stieg im Jahre 1882 auf 61 661 610, auf 101 690 597 im
Jahre 1892. Jedoch ist das Eldorado der Schafzucht Neuseeland,
namentlich in Bezug auf die Zucht und Mast von Schafen von Prima-
qualität.

In Neuseeland stieg die Zahl der Schafe von 12 500 597 im Jahre
1882 auf 18 570 752 im Jahre 1892. Tasmania ist auch bekannt
durch seine gute Qualität von Schafen, und es ist Thatsache, dafs
viele der besten Schafböcke, die zur Zucht in Sydney verkauft werden,
aus Tasmania stammen. Jedoch hat Australien selbst als grofse Insel
den Vorteil der billigeren Produktion als die um dasselbe herum
liegenden kleineren Inseln; aber ihre Merinos werden nie dem Neuseeländer Kreuzungsprodukt als Fleisch nahe stehen können.

Nordamerika spielt gar keine Rolle in der Schafzucht im Vergleich zu Australien und Argentinien. Sollte es sich rentieren,
Hammelfleisch statt in gefrorenem Zustande in frischem und abge-
kühltem („Chilled") Zustande aus Australien und Argentinien nach England zu schicken, so wäre es für den englischen Farmer ein unge-
heurer Schaden, obgleich bei einer zunehmenden Bevölkerung auch
der Bedarf für frisch geschlachtetes Hammelfleisch gröfser werden
wird, und der Engländer höhere Preise für in England gezogenes
Hammelfleisch als für australisches zahlt.

Den „Refrigerator Car Companies" hat es jedoch, so scheint es,
noch nicht gelingen können, die lange Reise aus Australien und
Argentinien rentabel zu machen.

Aus den Vereinigten Staaten kommt jetzt stets das Rindfleisch

---

[1]) Mr. Herbert Gibson, „Sheep farming in Argentina". Buenos-Ayres and
London 1893.
[2]) Agricultural Returns. London 1895.

in Kühlräumen („Chilled") statt in gefrorenem Zustande wie früher
nach England; allein trotzdem hat der Fleischhandel in Amerika fast
noch mehr gelitten als in England. Eine grofse Gefahr für Englands
Farmer bleibt die Möglichkeit, auch aus Argentinien und Australien
abgekühltes statt gefrores Fleisch auf dem englischen Markt zum
Verkauf zu bringen.

Sehen wir uns nun in der Welt nach den Ländern um, welche
die gröfsten natürlichen Vorteile für die Produktion von M o l k e r e i -
produkten besitzen; so waren bis jetzt, was K ä s e anbelangt,
die Vereinigten Staaten und Kanada die schlimmsten Konkurrenten
für den englischen Farmer, die Vereinigten Staaten haben mit ihrer
Käse-Zufuhr nachgelassen, während Kanada von Jahr zu Jahr sich
mehr und mehr der Käsefabrikation zuwendet. Diese beiden Länder
können aber nicht so gut mit den allerbesten Qualitäten, die in England produziert werden, konkurrieren; ihre fühlbarste Konkurrenz ist
unter den Käsen zweiter und dritter Qualität. In den geringeren
Qualitäten sind diese Länder Herr über den englischen Markt
geworden und haben den englischen Farmer gezwungen, zu der Fabrikation immer besserer Qualitäten Zuflucht zu nehmen. In der
Butterfabrikation spielen die Vereinigten Staaten keine erhebliche
Rolle. Bis vor kurzem waren Dänemark, Schweden und die Normandie die wichtigsten Konkurrenten auf dem englischen Markt;
allein auch hier finden wir, dafs die natürlichen Vorteile dieser
Länder nicht so grofs sind als wie wir sie in England finden; diese
Länder haben es jedoch verstanden, durch besser eingerichtete Genossenschaften und Organisation in der Fabrikation, und ferner in der Art
und Weise des Verkaufs sich des englischen Marktes zu bemächtigen
und da ihren Platz zu behaupten. In Dänemark und Schweden finden
wir lange nicht die guten Viehweiden, die in England existieren, und
in der Normandie sind die Viehweiden auch nicht besser, und das
Vieh ist durchschnittlich lange nicht so gut als in England. Auch
finden wir in diesen 3 Ländern nicht die Vorteile besonders billigen
Grund und Bodens; die Arbeitskräfte sind etwas billiger als in England, aber der Unterschied ist nicht erheblich. Der Hauptvorteil,
den die Produzenten dieser Länder zu haben scheinen, ist der, dafs
sie weniger Arbeitskräfte anwenden als der englische Farmer; die
meiste Butter dieser Länder wird entweder durch den kleinen
Farmer selbst mit Hülfe seiner Familie produziert wird, oder
die Butter wird in Genossenschaftsmolkereien im grofsen bei mög-
lichster Ersparnifs von Arbeit fabriziert. Wir finden, dafs während

des Winters Australien und Neuseeland auf dem besten Wege waren, Dänemark und die Normandie vom englischen Buttermarkt zu verdrängen. Es giebt kein Land in der ganzen Welt, das so grofse natürliche Vorteile für die Produktion von Molkereiprodukten besitzt als gerade Neuseeland; es besitzt nach England das günstigste Klima für diese Produktion, und besitzt folglich vorzügliche Weiden, auf denen das Gras im Winter und Sommer gleich gut wächst, so dafs der Weidegang ein ununterbrochener und äufserst günstiger ist. Victoria in Australien hat jedoch Neuseeland auf dem englischen Markt überflügelt, trotzdem es nicht die günstigen klimatischen Verhältnisse besitzt wie letzteres; allein Victoria verdankt seinen Aufschwung in der Molkereifabrikation und sein Gelingen in dieser Branche teils den unermüdlichen Bestrebungen der australischen Regierung alles aufzubieten, um durch den Export von Butter und Molkereiprodukten dem jetzt auch in Australien fühlbaren Leiden der Landwirtschaft abzuhelfen, teils seinen vorzüglichen Fabriksystemen und der strengen Kontrolle aller Fabrikprodukte, die zum Export gelangen. Es giebt einige gute Marken der in Neuseeland fabrizierten Butter, die denselben Preis erzielen als die Victoria-Butter, allein die Qualität der Neuseeländer Butter steht im Durchschnitt dermafsen der Victoria-Butter nach, dafs die Händler jetzt die Bezeichnung „Neuseeland-Butter" haben fallen lassen, und dafür die allgemein als geringer angesehene Qualitätsnorm „Colonial" gesetzt haben; es ist jedoch nicht daran zu zweifeln, dafs Neuseeland das Molkerei-Fabriksystem verbessern wird, und es hat entschiedene Aussicht durch die gegebenen natürlichen Vorteile eines der gröfsten und besten Butterlieferanten der Welt zu werden. Bis jetzt hat Neuseeland seinen Butterexport nicht so sorgfältig kontrolliert wie es Victoria gethan hat, und so kommt es, dafs gar zu viel Neuseeländer Butter auf den englischen Markt kommt, die nie zum Export gut genug war, und es sind gerade diese schlechten Butterqualitäten, die die englischen Märkte von aufsen überfluten und den Marktpreis deprimieren. Die hervorragend bessere Qualität der Exportbutter aus Victoria zeigt uns deutlich, wie durch Mühe und Sorgfalt ein grofses Ziel erreicht werden kann, gerade wie in Dänemark es der Fall gewesen ist. Anfangs zahlte die Regierung von Victoria eine Exportprämie für Butter, behielt sich aber das Recht vor, die Qualität der Exportware zu kontrollieren. Allmählich hat die Regierung sich veranlafst gesehen, diese Prämie zu verringern. Es ist noch die Frage, ob sich der Export von Butter aus Australien noch rentieren wird, wenn die Regierung die Prämie ganz

zurückzieht, was wahrscheinlich geschehen wird. Thatsächlich werden
keine Exportprämien gezahlt, allein die Prämien werden in anderer
Form bezahlt wie z. B. in der Form einer Unterstützung seitens der
Regierung für die Kühlräume in den Lagerräumen. Diese Unter-
stützungen kommen den Molkereiproduzenten zu gute, die meist Mit-
besitzer oder Aktionäre der Genossenschaftsmolkereien sind. Die
einzigen natürlichen Vorteile für die Molkereiproduktion in Victoria
sind billiges Land, billiges Vieh, und noch ein Hauptfaktor, die Lage,
die es ermöglicht, dafs im dortigen Sommer bei gleichzeitigem Winter
in England den Produzenten die höchsten Butterpreise zu gute
kommen zu einer Zeit der höchsten und billigsten Produktivität. In
Victoria sowohl als auch in Neuseeland sind die Löhne doppelt so
hoch als in den meisten Teilen Englands. Keine dieser beiden
Kolonieen hat noch bis jetzt viel Käse produziert, obgleich Neuseeland schon durch einige Sendungen bewiesen hat, dafs es ebenso
guten Käse produzieren kann als Kanada.

.Ich möchte jetzt nur noch einen Blick auf die natürlichen Vorteile in der Weizenproduktion werfen. Während einer ganzen
Reihe von Jahren war es quasi Modesache, die Vereinigten Staaten
als d a s Land hervorzuheben, das von allen Ländern zum Weizenbau
am geeignetsten wäre, obgleich man zugeben mufste, dafs in einem
Lande, wo der Durchschnittsertrag nur 12 Bushels pro acre war, die
natürlichen Vorteile keine so grofsen sein könnten, abgesehen von
deren grofsem Angebot an billigem Grund und Boden. Was den
amerikanischen Weizenproduzenten am meisten geholfen hat, waren
aufserordentlich billige Produktionskosten und sehr niedrige Bahn-
und Wasser-Frachten; und trotzdem, nachdem Amerika jetzt 2 phä-
nomenal grofse Ernten und eine mäfsig grofse hintereinander gehabt hat, finden wir heute, dafs die Amerikaner mehr und mehr
zur Überzeugung gelangen, dafs der Weizenbau unrentabel geworden
ist. Wir finden [1] 1891 eine Weizenfläche von 39 916 897 und schon
1893 reduzierte man die Weizenfläche auf 34 629 418 acres und für
1894 wurde die Fläche wiederum auf 33 775 000 reduziert. Vergleichen wir die Zahl von 1893 mit der Zahl der acres, die vor
9 Jahren gesäet wurde, so finden wir eine Verminderung der Acrezahl um 5 Millionen, trotzdem die Bevölkerung in derselben
Zeit um 11 Millionen zugenommen hat. In einem Lande, wo es fast
Bedingung ist, auf jungfräulichem Boden Weizen zu bauen, dient

---

[1] Department of Agriculture Statistics. Washington 1894.

uns diese riesige Abnahme zur Bestätigung, dafs die Vorteile der
Vereinigten Staaten in der Produktion des Weizens nicht gross genug
sind, um es dem Lande zu ermöglichen, den Weizenbau bei so ungeheurem Fallen der Preise so ausgedehnt wie sonst fortzusetzen. In
Beziehung zu dieser von uns festgesetzten Thatsache können wir hier
bemerken, dafs die „Senate Committee on Agricultural Depression"
in einem Bericht festgestellt hat, dafs im grofsen Staate Illinois der
Weizenbau bei einem zehnjährigen Durchschnitt bis 1892, 6 Jahre hindurch die Produktionskosten nicht gedeckt habe! Süd-Australien
prahlte früher damit, dafs es im stande sei, billigeren Weizen zu produzieren als jedes andere Land, trotzdem der Durchschnittsertrag
nur 6½ Bushels pro acre betrug. [1]   Allein auch hier finden wir, dafs
die Weizenfläche seit 1884—5, in welchem Jahre 1 942 453 acres angebaut waren, abgenommen hat und zwar um 207 000 acres gegen
1893—4; jetzt geben die australischen Zeitungen allgemein zu, dafs
der Weizenbau unrentabel geworden ist.   In Indien finden wir trotz
des Vorteils der Währungsprämie, dafs die Weizenfläche geringer
geworden ist im Vergleich zu der Acrezahl vor 9 Jahren. [2]   In
Kanada, von dem wir die Vor- und Nachteile des Weizenbaues schon
hervorgehoben haben, trotzdem in Manitoba [3] eine Zunahme stattgefunden hat, ist die Zunahme gering im Vergleich zur verhältnismäfsig gröfseren Zunahme der Bevölkerung.   Wenden wir uns nun
zu dem Lande, das erst seit einigen Jahren der Liebling für den
Weizenproduzenten geworden ist.   Leider ist, wie schon hervorgehoben,
die Statistik von Argentinien nicht ganz genau und zuverlässig.   Es
unterliegt jedoch keinem Zweifel, dafs die Weizenfläche während der
letzten Jahre ungemein zugenommen hat, und günstige Ernten haben
dort Argentinien zur dritten Stelle, was Weizenausfuhr betrifft,
emporgehoben.   Jetzt steht Argentinien unter den Weizen ausführenden
Ländern hinter Amerika und Rufsland und vor Indien.   Nach Angabe
des Buenos Ayres „Standard" ist die Weizenfläche von 120 000 acres
im Jahre 1850 auf 6 100 000 acres im Jahre 1893 gestiegen, während
sie 1880 nur 400 000 acres, und so spät noch als 1890 nur 2 800 000
acres betrug. [4]   Wenn wir betrachten, dafs Argentinien das einzige
Land der Welt ist, in welchem seit 1880 eine Ausdehnung und Ver-

---

[1] Agricultural Returns for the Colonies. 1895.
[2] Agricultural Returns. London 1895.
[3] Statistical Year Book of Canada. Ottawa 1894.
[4] W. E. Bear, Agricultural Production in Wheat. p. 255. London 1894.
(R. A. S. of E.)

mehrung der Weizenfläche stattgefunden hat, so müssen wir wiederum schliefsen, dafs das Land besonders günstige natürliche Vorteile für den Weizenbau besitzen mufs; es lohnt sich also dieser Untersuchung näher zu treten. In erster Linie bemerken wir eine unbegrenzte Ausdehnung von billigem Grund und Boden, von dem ein grofser Teil äufserst fruchtbar ist; allein wir beobachten gleichzeitig, dafs diese Fruchtbarkeit durch ungünstiges Klima oder durch Klima und Heuschrecken zusammen beeinflufst sein mufs, denn wir sehen, dafs die Durchschnittsernte bei einer ausnahmsweise guten Ernte, nämlich der von 1893, nur $10^1{}_2$ Bushels pro acre betrug. Die obengenannte Zeitung giebt die Durchschnittsernte auf 13 Bushels an, begeht aber den Fehler, dafs sie den Bushel zu 50 Lbs. berechnet statt zu 60 Lbs. Die Schätzung, die wahrscheinlich übertrieben ist, belief sich auf 1 920 000 „short tons" (à 2000 Lbs) oder 64 000 000 Bushels von 6 100 000 acres, was pro acre kaum $10^1{}_2$ Bushels ausmacht [1]). Nun können wir fragen: Was sind denn dann die natürlichen Vorteile? Erstens finden wir die ungeheuer grofse Goldprämie, die oft über 200 % betrug und zeitweise sich sogar auf 300 % belief. Mr. Gastrell, „of Her Majesty's Legation in Buenos Ayres", teilt uns in einem sehr interessanten Bericht über die argentinische Landwirtschaft folgendes mit:

„Während der letzten 5 Jahre hat die konstant zunehmende Goldprämie den Weizenbau ungewöhnlich rentabel gemacht.[2]) Der Weizen, ob am Platz oder für Ausfuhr zum Verkauf gelangend, erzielte immer einen Preis, der auf dessen Goldwert in europäischen Märkten beruhte. Dieser Preis vom Goldwert in argentinische, im Wert sehr niedrig stehende Papierwährung umgerechnet, mit welcher der Weizenproduzent alle seine Produktionskosten bestritt mit Ausnahme landwirtschaftlicher Maschinen und einiger anderer Artikel, die im Goldwert bezahlt wurden, war von gröfstem Vorteil für den Produzenten. Seine Löhne und Produktionskosten in Goldwert umgerechnet waren sehr niedrig und waren folglich seine Gewinne beim Weizenbau um so viel gröfser als er einen Goldwertpreis erzielte. Ferner war es für Ausländer, die mit Gold nach Argentinien kamen, möglich, nun ungemein günstig und billig zu kaufen, denn der Wert des Grund und Bodens in schlechtem Papierdollar war nicht gestiegen. Auf diese Weise dehnte sich der Weizenbau ungeheuer aus und

---

[1]) W. E. Bear. Agricultural Production in Wheat, p. 255. London 1894. (R. A. S. of E.)

[2]) Mr. Gastrell. Report on agriculture of Argentina. London 1893.

existierte eine Nachfrage nach gesteigertem Kapital und Arbeitaauf-
wand, um den Weizenbau noch mehr auszudehnen."

Ein weiterer Vorteil ist die fast ganz ebene Fläche des ganzen
Landes, was den leichten, billigen und bequemen Transport ermöglicht
wo Wege und Bahnen existieren. Der Mangel an Waldungen hat
zur Folge, dafs das Inangriffnehmen jungfräulichen Bodens leicht und
billig ist, obgleich gleichzeitig der Mangel an Brennmaterial ein bedeutender Nachteil ist und zur Folge hat, dafs Bahnfrachten sich
höher stellen als es sonst der Fall sein würde. Die Hauptschwierig-
keit liegt darin, dafs die Arbeitskräfte in manchen Teilen derart
mangeln, dafs oft die Ernte verloren geht, weil nicht rechtzeitig geerntet werden konnte.

Bei weitem die gröfste Zahl der Einwanderer sind Italiener.
Diese kommen sehr gut vorwärts, während, wie uns Mr. Gastrell mit-
teilt, der Engländer aus den arbeitenden Klassen nicht auf einen
grünen Zweig kommt. Die Arbeiten werden zum gröfsten Teil durch
Italiener ausgeführt, da die Eingeborenen ungern landwirtschaftliche
Arbeiten ausführen und sehr träge und faul sind. Die Produktionskosten beim Weizenbau hängen davon ab, ob die Arbeiten durch den
kleinen Mann mit Hilfe seiner Familie oder durch Lohnarbeit ausgeführt werden. In letzterem Fall schätzt man die Produktionskosten
pro acre auf 21 s 6 d, d. h. in Säcken auf der nächsten Bahnstation
abgeliefert. Mr. Gastrell schätzt die Produktionskosten inkl. Transport
bis zur Küste, Kommissionen und Maklerspesen auf 32 s 6 d pro acre.
Er führt weiter aus, dafs, wenn man die Getreidepreise von 1893 zu
Grunde legt, d. h. 10 s pro 220 Lbs., sich ein Gewinn von 1 £ pro
Hektar oder 8 s pro acre herausstellt; das sei aber eine niedrig ge-
griffene Zahl, meist würde sie viel mehr ausmachen. In obiger Berechnung legt er einen Ertrag von 13 Bushels pro acre zu Grunde,
was als ein hoher Durchschnittsertrag anzusehen ist. Zieht man diesen
etwas hoch gegriffenen Ertrag in Betracht, so mufs der durchschnittliche
Reingewinn pro acre im Jahre 1893 klein gewesen sein, namentlich wo
der Arbeitslohn in Bargeld bezahlt wurde. Wenn die Erweiterung
der Weizenfläche also von den gröfseren Besitzern abhängig wäre, die
hohe und viele Löhne in Bargeld zahlen müssen, so würde die Zunahme des Weizenbaues viel geringer sein; allein wir werden sehen,
dafs dies nicht der Fall ist. Es ist von keiner grofsen Bedeutung, das
Areal des kultivierten Ackers in Argentinien anzugeben. Der
Statistiker Mr. Fliett schätzt die Fläche auf ca. 240 000 000 acres,
allein die Schätzung von Mr. Gastrell ist eine niedrigere. Er teilt uns

mit, dafs der Weizenbau aufserhalb einer gewissen Sphäre ganz unrentabel sei; jetzt ist die Entfernung 300 „miles" von der Bahn geworden. Er führt weiter fort und sagt, dafs es nicht wahrscheinlich sei,
dafs ein grofser Bruchteil des landwirtschaftlich in Angriff genommenen
Bodens angebaut wird, da die zur Weide und Zucht benutzte Fläche,
die einen beträchtlichen Teil des ganzen kultivierten Bodens ausmacht, sich eher ausdehnen wird. Allein er ist der Meinung, dafs
die Italiener in Argentinien, wahrscheinlich bei einem noch niedrigeren
Weizenpreis als der im Jahre 1893, noch fortfahren würden, Weizen
zu bauen, da es dort die einzige Kultur ist, die sie verstehen. Diese
Thatsache führt uns wiederum einen Vorteil in der billigen Weizenproduktion vor, den wir in Betracht ziehen müssen.

Die „Review of the River Plate"[1]) macht die folgenden sehr
interessanten Bemerkungen über die Verhältnisse, die wir oben besprochen haben: „Die kolossale Ausdehnung der argentinischen Weizen-
felder scheint hauptsächlich der Arbeit italienischer Kolonisten zu
verdanken zu sein; vielleicht mit Ausnahme der Chinesen giebt es
keine Nation, die so anhaltend Arbeiten verrichten kann als die
Italiener, und keine Nation begnügt sich mit der schlechten Lebensweise, spart sich so viel vom Munde ab und ist so gierig auf den
Erwerb von etwas Geld. Aus diesem Grunde wird ungemein viel
Arbeit auf den Weizenbau verwandt, und so kommt es, dafs der sog.
„chacarrero", der mehr Sinn hat für das Geldverdienen und -erwerben
als für die Verschwendung desselben, seinen ganzen Reingewinn wieder
in Grund und Boden und Maschinen anlegt. Es wäre in diesen Fällen
unmöglich, eine Berechnung der Produktionskosten des Weizens
machen zu wollen, da man die Arbeit des Italieners nicht mit
anderer Tagelohnarbeit vergleichen kann, da der Italiener noch bei
Mondschein pflügt und mit seiner ganzen Familie in der Ernte von
morgens 4 Uhr bis abends 7 Uhr in einer tropischen Sommerhitze
arbeitet."

Allein es wird uns mitgeteilt, dafs die eingeborenen Farmer von
Argentinien keine Kenntnisse des Landbaues und des Fruchtwechsels
besitzen; es sei denn, dafs sie ihre Kenntnisse erweitern, werden sie
bald herausfinden, dafs der Grund und Boden in seinen Erträgen
zurückgeht und mehr und mehr unproduktiv wird. Dabei ist der ein-
geborene Farmer in Argentinien kein Freund des Ackerbaues, so dafs
die Ausdehnung des Ackerlandes von der Einwanderung abhängig ist.

---

[1]) W. E. Bear, Agricultural Production in Wheat. p. 257. London 1894.
(R. A. S. of E.)

Die Hauptfrage betreffs Argentinien ist die, ob die durch die
momentane Währung hervorgerufene Prämie, welche die Landwirte
dort geniefsen, fortdauern wird oder nicht. Der Gouverneur von
Santa Fé[2]) sagte in seiner Ansprache an den Kongrefs im Jahre
1893: „Unsere wachsende Wohlhabenheit haben wir hauptsächlich
dem Fallen im Papierwerte unseres Geldes zuzuschreiben und diese
Thatsache war eine kolossale Stütze für den Produzenten." In Bezug
auf die Prämie teilt uns auch Mr. Gastrell mit: „Sollte die heute
existierende Prämie auf Gold zurückgehen und wie einst wiederum auf
Pari stehen, so wäre die ganze Landwirtschaft, die heute sich so riesig
ausdehnt und im Blühen begriffen ist, zweifellos in Frage gestellt und
würde sicher ungeheuer leiden und zurückgehen müssen; dasselbe gilt von
allen jetzt in Argentinien so vielfach aufblühenden Industriezweigen."

Auch möchten wir hier fragen, ob, wenn auch die Goldprämie
in Argentinien nicht fallen sollte, die Prämie nicht mit der Zeit ver-
schwinden wird, indem alle, die Geld zu erhalten haben, sei es für
Land, Lohn oder Ware, die Entschädigung der Prämie verlangen
werden. Jedenfalls können wir sagen, dafs die heutige auffallende
landwirtschaftliche Blütezeit nicht auf sicherer solider Basis ruht.

Wir haben bis jetzt die natürlichen und künstlichen Vorteile verschiedener Länder in gewissen Produktionsrichtungen betrachtet. Ich
möchte nun wiederum einen Blick auf England werfen, um zu
zeigen, dafs es auch innerhalb Englands Grenzen grofse Verschiedenheit und Unterschiede in den natürlichen und künstlichen Vorteilen
giebt. Diese Thatsche wird nur zu oft von Leuten ignoriert, die
einen kleinen Bauernstand in England schaffen möchten. Güter in der
Gröfse von 20 acres und weniger sind meist nur rentabel, wenn sie
zur Produktion von Milch, Käse, Gemüse und Obst verwandt
werden. Eine kleine Milch- oder Molkereiwirtschaft wird sich nur
rentieren, wo eine günstige Verkaufsgelegenheit für Milch existiert
oder wo der Boden zur Produktion von Käse prima Qualität geeignet
ist. Die Butterproduktion mag sich rentieren, wo genügender Absatz
in einer gröfseren Stadt existiert; allein die Nachteile dieser Industrie
auf kleinen Gütern und im Kleinen sind uns allzugut bekannt, und
es giebt nur sehr wenige kleine Molkereiproduzenten, die regelmäfsig
ganz gleichmäfsig gute Butter zum Verkauf bringen können. Der
Besitzer eines 20 acres grofsen Gutes ist nicht imstande, aus der
Butterfabrikation sich den Lebensunterhalt für sich und seine Familie

[2]) W. E. Bear. Agricultural Production in Wheat, p. 257. London 1894.
(R. A. S. of E.)

zu schaffen, namentlich wenn er die Butter zu Engrospreisen verkaufen oder sie in einer Molkerei fabrizieren lassen muß. Unter den günstigsten Verhältnissen ist dieser Industriezweig kein besonders rentabler. Für Käse kommt die Entfernung vom Markt weniger in Betracht, und unter den Kleinbesitzern sind mitunter die am besten daran, die Stiltonkäse fabrizieren.

Es giebt eigentlich keinen Grund, warum dieser Stiltonkäse nicht im allgemeinen und auch in anderen Gegenden fabriziert wird als gerade da, wo er einheimisch ist. Wir finden auch Beweise dafür, daß guter Stiltonkäse auch fern von der ursprünglichen Heimat gemacht werden kann, da ausgezeichneter Stilton in Yorkshire, Bucks und Hampshire fabriziert wird. Aber auch im „Stiltondistrict" giebt es Güter, wo kein guter Stilton zu fabrizieren ist, weil die Weiden zu üppig und reich sind und sich mehr zur Fabrikation von Butter oder zum Mästen von Vieh eignen. Das ist die Erfahrung der Farmer aus dortiger Gegend und ihre Meinung ist auf Grund ihrer langjährigen Praxis beachtenswert. Für die Produktion von Gemüse braucht man einen ganz besonders geeigneten Boden oder die Nähe eines guten Absatzmarktes, um den Anbau rentabel zu machen; dies gilt um so mehr vom kleinen Besitzer. In einigen Teilen von Cornwall sind die Vorteile des Klimas hervorragend günstige für den Gemüsebau, allein die Entfernung zum Markt ist in vielen Fällen zu groß und das Gemüse verträgt in vielen Fällen einen langen Bahntransport nicht.

Bevorzugte Länderstriche in Bedfordshire und in einigen Distrikten in Hunts und Sussex produzieren Kartoffeln und anderes Gemüse so ungemein gut, daß große Entfernungen und Transportkosten die Rentabilität nicht ausschließt. Direkt neben diesen für den Gemüsebau so günstigen Gegenden finden wir wieder Länderstriche mit Thonuntergrund, der einen rentablen Gemüsebau ausschließt.

England neigt heute zum Parzellenbesitz in der Nähe der Städte. Auf diesen Parzellen wird der Gemüsebau hoch intensiv betrieben und die Konkurrenz ist auch in diesem Betriebe außerordentlich schwierig geworden. Geeignete Lage und geeigneter Boden sind Grundbedingungen für einen rentablen Gemüsebau.

Sogar auf der Insel Axholme, wo der Boden möglichst günstig für den Gemüsebau ist, haben die Produzenten daselbst schon schwere Zeiten durchmachen müssen, weil die meisten hohe Transportkosten zahlen müssen. Beim Obstbau kommen Lage, Höhe, Boden, Klima des Distriktes und Nähe des Marktes sehr in Betracht. Viele der älteren

Obstgärten wurden in den Thälern angelegt mit der Überzeugung, daſs dies die beste Lage sei und dem Obst Schutz biete; allein seitdem hat man die Erfahrung gemacht, daſs gerade die Thäler für den Obstbau am gefährlichsten sind, da die feuchte Luft sich dort ansammelt und Fröste in den Thälern viel mehr Schaden machen. Jetzt zieht man in England eine Anhöhe mit günstiger Lage dem Thal vor. Wenn die Obstblüten mit Frost bedeckt sind und die Sonne plötzlich mit voller Kraft hervor kommt und sie bescheint, so verursachen gerade diese Strahlen einen ungeheueren Schaden, indem sie die ganze Obsternte in Frage stellen.

Was den Anbau der gewöhnlichen landwirtschaftlichen Nutzpflanzen anbelangt, so findet man in England, daſs der Farmer ganz genau weiſs, was für Kulturen für seinen Boden am besten passen und welche Pflanzen ihm die höchste Rente und Sicherheit des Ertrages bringen. Er weiſs z. B. ganz genau, daſs es ausgeschlossen ist. Runkelrüben im Norden von Schottland bauen zu wollen oder auf seichten kalkhaltigen Böden; auch daſs Sainfoin nicht ohne Kalk im Boden gedeiht; auch daſs Bohnen nicht auf Kiesboden oder Kartoffeln auf Thon gedeihen. In den östlichen Counties, die weniger Regen haben und weniger geeignet sind üppige Viehweiden zu werden, und wo eigentlich nur gegebener Weizenboden existiert, hilft sich jetzt der Farmer durch Anbau von geeigneten Gräsermischungen und Leguminosen aus. Die schottischen Farmer sind im allgemeinen weniger konservativ als die englischen und in Essex, der Grafschaft, die in ganz England am meisten gelitten hat durch schwer zu bewirtschaftenden. Boden und andere Verhältnisse, haben Schotten doch noch eine Rente herausschlagen können durch Anlage vorübergehender Viehweiden, die sie dann wieder in die Rotation hineinnahmen und ferner durch Einrichtung einer intensiven Milchwirtschaft nach London. Die äuſserst schwierigen Anbau-, Boden- und Betriebsverhältnisse in Essex sind allbekannt; es ist die Gegend Englands, die am meisten durch die Krisis gelitten hat, aber nach deren Zustand man durchaus nicht ganz England beurteilen darf.

In den östlichen Distrikten helfen sich die Farmer jetzt auch damit aus, daſs sie Luzerne, Ryegras und Klee bauen, um den Weizenbau teilweise zu ersetzen. Unterschiede in den natürlichen Vorteilen sehen wir am deutlichsten, wenn wir das Sinken der Gerstenpreise in England betrachten: Es ist bekannte Thatsache, daſs in gewissen Teilen des Vereinigten Königreiches es nicht möglich ist gute Braugerste zu bauen und daſs da, wo eine gute Braugerste gebaut werden kann, grofse Verschiedenheiten in der Farbe, Körperbeschaffenheit und Zusammensetzung bestehen, die je nachdem die Qualität bestimmen. Es lohnt sich heute kaum mehr in England Mahlgerste zu bauen, obgleich viele Farmer zum eigenen Gebrauch noch solche bauen. Glücklicherweise gedeiht ein vorzüglicher Hafer an denjenigen Stellen, wo eine gute Braugerste nicht fortkommt und wo man gezwungen ist, den unrentablen Weizenbau zu vermeiden. Eine Frage, die in England für den Farmer sehr wichtig ist, ist die des Futterrübenbaues. Darunter versteht er sowohl Runkelrüben, schwedische Rüben („Swedes") und Turnips. Der englische Farmer legt grofsen Wert auf seinen Rübenschlag und spielt derselbe bei ihm wohl eine ähnliche wichtige Rolle wie in Deutschland in Zuckerrübenwirtschaften die Rübenschläge. Er legt namentlich grofsen Wert auf die Sorten und das Gedeihen der verschiedenen Sorten in verschiedenen Bodenarten und Gegenden.

Die „Turnips" gedeihen in Schottland und im Norden von England besser als in den östlichen und südlichen Grafschaften und geben qualitativ und quantitativ bessere Ernten. Auf schwerem Boden baut der Farmer selten „Swedes", da er auf diesem seine Schafe nicht im Herbst, Winter und Frühjahr auftreiben kann. Ungern baut der Farmer ein gröfseres Areal Rüben auf schweres Land, da er weifs, dafs er sich nur schadet, wenn er im nassen Herbst dieselben abfahren, oder noch mehr, wenn er sie abfüttern will. Er weifs auch ganz gut, dafs Rüben dem Boden viel Stickstoff entziehen und dafs, wenn er die Fruchtbarkeit des Bodens nicht einbüfsen will, er die Rüben mit den Schafen abweiden mufs oder dem Boden später erhebliche Mengen teueren Düngers zuführen mufs, was ihm teuerer zu stehen kommt als das Abfüttern durch Schafe. Auf schwerem Boden trachtet der Farmer auf möglichst kleinem Areal die möglichst gröfsten Runkelrübenernten zu erzielen und zwar durch starke Düngung, und er zieht es vor, das gröfsere übrige Areal mit Stickstoff sammelnden Pflanzen zu bebauen.

Der englische Farmer ist kein grofser Theoretiker, aber ein äufserst praktischer Mann, der sich allen Verhältnissen anpafst und ganz genau weifs was am praktischsten ist und was er in seiner Wirtschaft zu vermeiden hat. Er wird es z. B. niemals versuchen, sein Land durch Hackfruchtbau bei schweren Bodenverhältnissen von Unkraut rein zu halten, da er weifs, dafs das zu teuer zu stehen kommt.

XII. Eisenbahntarife in England.

Nachteile für die englische Landwirtschaft durch die herrschenden Preferentialtarife.

Unreelle Konkurrenz in England. — Übertriebene Abgaben des Farmers. — Unreeller Verkauf verfälschter Produkte. — Verkauf ausländischer Produkte als einheimische.
Weizenproduktionskosten und Wirkung der See- und Bahnfrachtsätze auf den Weizenpreis.

Zweifellos hat der englische Farmer in Bezug auf Eisenbahntarife sehr zu leiden. Die Eisenbahnen in England sind sämtlich Privatgesellschaften, die eigentlich unter gar keiner Kontrolle seitens der Regierung stehen, und daher ihre Tarife nach Belieben aufstellen. Die Frage der Eisenbahntarife [1] ist eine so brennende, dafs es schwer ist, in kurzen Worten die ganze Frage zu behandeln; die Farmer sind jedoch alle darüber einig, dafs sie benachteiligt sind, und dafs fremde Waren bevorzugt werden; in wie weit dies berechtigt ist, werden wir sehen.

Die Gesamtlänge der englischen Eisenbahnen betrug 1854 nur 8053 miles; 1893 dagegen 20646 miles. [2] Das darauf verwendete Kapital betrug 1893 971323353 £ und die Bahnen rentieren sich durchschnittlich mit 3,60 %. Diese Zahlen zeigen uns, dafs in 40 Jahren das Eisenbahnnetz sich um 250 % vergröfsert hat. Das Kapital hat sich um 350 % und die Zahl der Passagiere um 800 % erhöht. Wir sehen ein „imperium in imperio" im Staat; es sind nahezu 1000 Millionen Pfund Sterling im Eisenbahnnetz mit einem

---

[1] W. M. Acworth. Railways und Traders. London 1891.
[2] Railway Returns. 1893.

24 *
35 *

Bruttoertrag von jährlich 80 Millionen Pfund Sterling angelegt. Von den 40 994 637 £, die 1893 für Fracht eingenommen wurden, betrug die Fracht für lebendes Vieh 1 364 686 £; ferner 23 209 208 £ für Waren und 16 420 743 für Mineralien.

Schon 1882 finden wir in einem Bericht von „Her Majesty's Commissioner on Agriculture 1882" folgende Klagen über ungerechte Preferentialtarife: Es wurde z. B. „englisches Holz mit 25 s und fremdes Holz mit nur 15 s 10 d für die gleiche Entfernung verfrachtet; englisches Getreide zahlte 11 s, fremdes Getreide nur 6 s für dieselbe Entfernung u. s. w." Als Erklärung hierfür gaben die Eisenbahnen damals an, dafs sie gezwungen waren, für fremde Ware Preferentialtarife zu machen, um den Warenverkehr von den Hafenstädten auf ihre Bahnen zu ziehen und um mit der Seefracht konkurrieren zu können; dafs ferner, da die fremden Waren in grofsen Massen verschickt werden, der Versand billiger stattfinden könnte, als wenn der englische Farmer nur kleine Quantitäten auf einmal abschickt und die Ware womöglich auf verschiedenen Stationen gesammelt werden müfste, nur um eine volle Wagenladung zu bekommen.

Es würde uns zu weit führen, auch nur eine kurze Darstellung der Reformen im Eisenbahnwesen und in den Tarifen vorzuführen. Vor 1888 war die Unzufriedenheit in England noch viel gröfser als sie jetzt ist; es bildete sich ein Komitee, von der Regierung unterstützt, um im Einverständnis mit den Eisenbahnen die Eisenbahntarife zu regulieren und den Wünschen und Klagen des englischen Publikums gerecht zu werden. Im Jahre 1888 erschien ein Gesetz, das den Zweck haben sollte, die Tarife auf den gesamten Bahnen gleichmäfsiger zu gestalten und die Bahnen, die bisher Monopoltarife trieben, zu zwingen, nicht mehr zu rechnen als andere Bahnen.

Allein das Gesetz, obgleich es gut gemeint war, hat thatsächlich wenig geholfen, denn gesetzlich läfst sich eben ein Tarif in England für Waren niemals feststellen.

Wir wollen nun die Preferentialtarife, wie sie heute existieren, vorführen. Dafs solche heute ebenso herrschen wie vor 1888, steht fest. Die Bahnen sind eben gezwungen, am Hafen mit den Seefrachten zu konkurrieren, um die Fracht an sich zu ziehen; aufserdem steht fest, dafs sie bestimmte Waren, die massenhaft und alltäglich verfrachtet werden, selbstredend billiger verfrachten können. Folgende Zusammenstellung zeigt uns die Unterschiede in den Tarifen der „London and South Western Railway Co." von Southampton nach London für gewisse Artikel pro ton:

	Southampton Hafen 76 miles	Southampton Stadt 76 miles		Alton 45 miles		Andover 65 miles		Botley 76 miles		Fareham 74¼ miles		Romsey 77¾ miles	
	s	s	d	s	d	s	d	s	d	s	d	s	d
Speck u. Schinken	6	17	11	13	4	16	8	19	2	17	6	19	2
Butter	6	17	11	13	4	12	3	19	2	17	6	19	2
Käse	6	17	11	14	0	16	8	19	2	17	6	19	2
Heu .	5	9	8	7	4	9	2	9	8	9	8	9	8
Hopfen	6	20	10	20	0	30	0	22	7	22	2	23	0
Schmalz	6	17	11	13	4	16	8	19	2	17	6	19	2
Wolle	6	17	11	14	0	17	6	19	2	18	4	19	7

Das Prinzip eines neueren Tarifes für grofse Quantitäten ist selbstredend richtig und sind obige 6 s-Tarife nur für grofse Quantitäten und Wagenladungen gemeint. Allein wenn ein Farmer einen Tarif haben will für gröfsere Quantitäten, giebt man ihm nur eine 15—0 %ige Ermäfsigung; dies ist wahrlich nicht gerechtfertigt; die fremde Ware erhält eine Ermäfsigung von 50—200 %, und der einheimische Farmer nur eine solche von 5—10 %! Die Eisenbahnen in England sind änfserst billig und gut für den Passagierverkehr. Die Bahnen haben billige Fahrten eingeführt und ihre Einnahmen haben sich enorm vergröfsert. Es wäre sehr erwünscht gewesen, wenn sie dasselbe System für den Frachtverkehr des Farmers eingeführt hätten. Derselbe hat ungemein zu leiden unter dem hohen Frachttarife und kann oft seine Ware gar nicht mehr mit Gewinn nach dem Markte schicken, da die Frachtsätze oft so hoch zu stehen kommen als der Wert der ganzen Ware beträgt. Der kleine Farmer sagt mit Recht, dafs die Eisenbahntarife ihn schädigen und dafs seine Konkurrenzfähigkeit im eigenen einheimischen Markt lahm gelegt ist. Es müfste eben hier die Regierung und der Staat die Macht haben, einzugreifen, um die Eisenbahnen zu zwingen, den einheimischen Farmer auf denselben konkurrenzfähigen Fufs zu stellen als den fremden Produzenten. Gesetze existieren ja, allein der Farmer hat nicht das Geld, um die Eisenbahnen zu verklagen. Die Regierung müfste dafür sorgen, dafs die Gesetze zur Ausführung gelangen, indem sie selbst die Gerichtskosten übernehmen. Nur auf dem Wege eines kostspieligen Prozesses kann der Farmer sein Recht gewinnen, während in vielen anderen juristischen Fragen eine einfache Anklage genügt, um amtliche Schritte zu veranlassen. Die Farmer haben nicht das Kapital, um Prozesse führen zu können, und müssen sich so manches gefallen lassen. Seitens der Regierung müfste eben eine Kontrolle in Bezug auf die festgesetzten Tarife eingerichtet werden. Heute machen die Bahnen so ziemlich, was ihnen gerade passt oder einfällt. Ein anderer Ausweg wäre die Verstaatlichung der Bahnen, allein eine so durchgreifende staatliche Bevormundung findet keinen Anklang, da man in England so wenig Amtliches als nur irgend möglich verlangt. Hierzu wird es wohl niemals kommen; es steht höchstens eine Vereinbarung durch staatliche Kontrolle der Tarife in Aussicht.

Unter den vielen der bis jetzt vorgeschlagenen Mittel zur Abhilfe der englischen Landwirtschaft sind einige für England undurchführbar und unmöglich, wie z. B. die Auferlegung von Zöllen auf Getreide etc.; allein unter anderen vorgeschlagenen Mitteln könnte die Regierung vieles thun zur Verhinderung unreeller Konkurrenz in England. Der englische Landwirt müfste mindestens vor der unreellen Konkurrenz des Auslandes geschützt werden. Es ist schwer genug für den Farmer, unter den heutigen landwirtschaftlichen Verhältnissen auch bei reeller Konkurrenz zu bestehen, ohne durch unreelle Konkurrenz noch mehr belästigt zu werden. Englands Märkte stehen der ganzen Welt offen; wenigstens müfste die englische Regierung dafür Sorge tragen, dafs die Konkurrenz auf diesen Märkten reell vor sich gehe! Die übertriebenen Abgaben des englischen Farmers müsten beseitigt werden; ferner die Differentialtarife, die als Prämie den ausländischen Waren aus englischen Häfen dienen; ferner müfste dafür gesorgt werden, dafs verfälschte Waren nicht als reell verkauft werden können, und schliefslich, dafs jedes Produkt unter einer anerkannten Bezeichnung verkauft werde.[1]

Es ist bewiesen worden, dafs, obgleich der Grund und Boden in manchen Fällen im Werte 25—50 % zurückgegangen ist, derselbe heute höhere Lasten zu tragen hat als vor 25 Jahren; die Abgaben sind während dieser Periode gestiegen, während der Wert gefallen ist. Im ganzen genommen ist der zwischen 1870 und 1894 zur Abgabe angenommene Wert des Grund und Bodens durchschnittlich um 15 1/2 % zurückgegangen; in derselben Zeit ist aber das Einkommen aus Grund und Boden um 30 % und mehr zurückgegangen. Folglich stehen die Abgaben in England in keinem Verhältnisse zum richtigen Werte des Grund und Bodens. Mr. Sturge berichtet[2] in seiner Abhandlung, dafs die Durchschnittsabgaben pro acre in Form von Erbschaftsabgaben, Grund- und Bodensteuer, Einkommensteuer 6 s 7 d pro acre oder 25 % des durchschnittlichen Bruttoeinkommens eines acre betrug.

---

[1] W. E. Bear, Br. farmer and his competitors. (R. A. S. of E). London 1888.
[2] Central Chamber of Agriculture. Paper by Mr. Sturge.

Aufserdem kommen noch die Kirchenabgaben mit durchschnittlich
2 s pro acre hinzu, so dafs summa summarum 8 s 7 d pro acre Abgaben auf Grund und Boden fallen oder in anderen Worten 33 %
des jährlichen Bruttowertes. In keinem der auf den englischen Märkten
konkurrierenden Länder, auch noch lange nicht in Deutschland,
existieren solche grofse Abgaben!

In Bezug auf Differentialtarife sei nur bemerkt, dafs
Preferentialtarife nicht verboten sind, und dafs jede englische
Eisenbahn solche nach Belieben einrichten kann; es existieren Gesetze
in der englischen Gesetzgebung über die Tarife; allein nur in besonderen Fällen und unter besonderen Umständen können diese Privatgesellschaften für die Hafenstädte besondere Tarife machen. Gegen
diese Preferentialtarife sträubt sich der englische Farmer mit Recht.
Es ist richtig, dafs er hierdurch in seiner Konkurrenzfähigkeit in
seinen Märkten benachteiligt wird, aber anderseits haben die Eisenbahnen das Recht, mit den Rhedereigesellschaften in Konkurrenz
zu treten.

Die Gesetzgebung in England in Bezug auf den Verkauf verfälschter Produkte würde dem englischen Farmer ganz erheblich
zu Nutzen kommen, wenn dieselbe nur einigermafsen durchgreifend
zur Ausführung gelangen würde. Thatsächlich ist der Wirkungskreis
des Gesetzes ein so verschwindend geringer, dafs die Farmer gar
keinen oder nur wenig Nutzen davon haben. Es ist nicht zu leugnen,
dafs ein grofser Prozentsatz der in England verkauften „vollen" Milch
aus einer Mischung frischer Milch und abgerahmter Milch besteht;
ferner dafs Margarine als Butter, und dafs sogenannter „filled cheese"
oder Käse aus fremden Fetten und Milch fabriziert, als reeller Käse
verkauft wird [1]. Durch diese Fälschungen ist es möglich gewesen,
kürzlich in London Milch zu 4 d pro gallon (ca. 8 Pf. pro Liter) und
Butter zu 5 d bis 6 d (40 bis 50 Pf.) pro Pfund zu kaufen. Solche
Preise sind eben so unrentabel als Weizen zu 20 s pro Quarter
(ca. 4 Mk. pro Cwt.). Es genügt nicht, dafs das Gesetz besteht und
bestimmt, dafs die Milch einen gewissen Gehalt haben mufs, sondern
die Regierung mufs auch dafür sorgen, dafs die Gesetze ausgeführt
werden. Die letzte Statistik des Jahres 1893 zeigt uns, dafs pro
Produkt nur eine Analyse pro 15 580 Einwohner in England gemacht
wurde. Im ganzen wurden 37 233 Proben analysiert; hiervon fielen
15 543 Analysen auf Milch und Butter. Das Resultat dieser Analysen

---

[1] W. E. Bear, Br. farmer and his competitors, p. 246.

zeigt uns, daſs 2310 Proben von Milch oder 14,9 %, verfälscht waren; auſserdem waren 794 Butterproben gefälscht oder 13,7 %. In London allein wurden 20,9 %, der Butterproben als verfälscht verworfen!

In Bezug auf den Prozentsatz der verfälschten Milch sagt der Bericht: „Der durch die Analyse festgestellte Prozentsatz der verfälschten Milch repräsentiert noch lange nicht die volle Ausdehnung der stattfindenden Fälschungen, denn viele Proben werden als „sehr mässig", „zweifelhaft" etc. bezeichnet." Eine Zugabe von abgerahmter Milch zur frischen Vollmilch kann stattfinden, ohne daſs die Analyse das Produkt als gefälscht verwerfen kann. Nur wenn Wasser zugesetzt wird, ist es leicht, die Fälschung festzustellen.

Der Sonntag in England scheint der beliebteste Tag zur Fälschung zu sein. Während 16,5 %, der an Wochentagen genommenen Proben als gefälscht verworfen wurden, wurden Sonntags 30 %, verworfen. An Wochentagen ist durchschnittlich $\frac{1}{6}$ der Milch gefälscht und an Sonntagen ca. $\frac{1}{3}$. In Bezug auf die Fälschungen der Butter ist anzunehmen, daſs die Statistik uns lange nicht den richtigen Anhalt giebt.[1]) Sicher ist, daſs die Zahl der Fälschungen eine bedeutend höhere ist. Leider sind die Inspektoren bekannt und bei dem nahenden Besuche eines Inspektors hat ein Händler oft Zeit, seine Butteretiquette durch eine Margarineetiquette zu ersetzen, um nicht ertappt zu werden. In einem Jahr betrugen die Anklagen wegen Fälschung in England und Wales allein 3174; in 2687 wurden Geldstrafen auferlegt und zwar zusammen 5091 £ 12 s 8 d, also durchschnittlich 1 £ 17 s 11 d. Nur in 27 Fällen wurden die Angeklagten mit 20 £ Geldstrafe gestraft; in 251 Fällen mit 5 £ und unter 10 £, und manche zahlten nur 2 s 6 d bis 10 s Strafe. Dies zeigt uns, wie gering die Geldstrafen sind, und daſs unehrliche Händler es nicht scheuen, ihre Fälschung öfter zu wiederholen und die Geldstrafe gerne bezahlen. Durch eine solche lose und schlaffe Durchführung des Gesetzes wird der Fälschung nie ein Ende gemacht werden können. Bei dem jetzigen System kennen die Händler die Inspektoren und sehen sich bei einem Besuche vor. Besser wäre es, wenn die Inspektoren von einem Ort zum andern reisen würden und den Händler unbekannt und unerwartet besuchen könnten. Allerdings wäre diese Methode teurer, aber durchgreifend. Als Norm für den Gehalt der Milch sind von der Landwirtschaftskammer folgende Zahlen vorgeschlagen worden: die Milch soll 12 %, an gesamten festen Bestandteilen enthalten und

---

[1]) W. E. Bear (R. A. S. of E.), p. 247. London 1888.

hiervon sollen 3 % Fett bilden. Natürlich wechselt der Fettgehalt der Kühe ungemein; von 55 Analysen, die Dr. Bell in England gemacht hat, haben nur vier Proben weniger als 12 °/₀ feste Bestandteile enthalten, d. h. 11,68, 11,81, 11,9 und 11,97, und nur in einem Falle betrug der Fettgehalt weniger als 3 °/₀. Der Durchschnitt von 273 einzelnen Kühen betrug aber 8,91 °/₀ an nicht fetten festen Bestandteilen und 3,99 °/₀ an Fett; der Gehalt der gemischten Molkereimilch betrug resp. 8,96 und 4 °/₀.

Bei der kürzlich stattgefundenen „British Dairy Farmers' Association" Konferenz wurde vorgeschlagen, dafs es nicht erlaubt sein solle, die Margarine mit einer butterähnlichen Farbe zu färben und dafs es verboten werde, überhaupt Margarine mit Butter zu vermengen. In Dänemark existiert ein solches Gesetz. In Schweden existiert ein ähnliches Gesetz und in den Vereinigten Staaten von Amerika ist es überhaupt verboten, Margarine zu färben. In England wird oft Margarine mit Butter vermengt und als Butter auf den Markt gebracht; namentlich ist dies der Fall bei der aus fremden Ländern eingeführten Butter. Ferner verlangte die „British Dairy Farmers' Association", dafs alle Margarinefabriken registriert und unter Kontrolle stehen sollten; ferner wurde verlangt, dafs sämtliche vom Ausland eingeführte Butter bei der Ankunft im englischen Hafen analysiert werden solle; wenigstens sollte sie einer Kontrolle unterworfen und verdächtige Sendungen analysiert werden. Thatsächlich existiert gar keine Kontrolle. Es ist hervorgehoben worden, dafs die Strafen viel zu gering sind; es müfste auch die Strafe mit jeder neuen Fälschung verdoppelt werden oder Gefängnisstrafe nach der dritten Fälschung[1]) eingeführt werden.

Auch müfste es ein Gesetz für Margarinekäse geben, der unter dem Namen „filled cheese" verkauft wird. Solche Ware müfste gesetzlich aussen blau gefärbt werden; eine sehr grofse Strafe für den Verkauf solcher Schundware als Käse müfste existieren. Die „Royal Commission of Agriculture" bestätigt in ihrem Bericht die verbreitete Verfälschung der Butter durch Margarine, und dafs der Butterhandel hierdurch geschädigt wird. In Dänemark und in den Vereinigten Staaten, wo Margarine nicht gelb gefärbt werden darf, wird sie zu einem ganz geringen Preis verkauft, während in England die Margarine gelb gefärbt wird und fast ebensoviel kostet als Butter.

Die gröfsten Butterhändler in London haben in neuerer Zeit unter

---

[1]) W. E. Bear. The Br. farmer and his competitors, p. 250.

sich die sogenannte „Butter Association" gebildet, um den reellen
Butterhandel zu schützen und um bekannte unreelle Händler zu ver-
klagen und ans Licht zu bringen, da die Regierung nicht scharf genug vorgeht. Sie haben festgestellt, dafs ein ausgedehnter unreeller
Butter- und Margarinehandel existiert; sie wollen diesem Handel ener-
gisch entgegentreten. Gleich während den ersten vier Wochen ihrer
Thätigkeit brachten sie über 50 unreelle Händler ans Licht. Diese
Association hat in London einen grofsen Wirkungskreis, da die
ersten und ältesten Butterhändler und im Butterhandel interessierten
Kaufleute Mitglieder sind; sie haben der Regierung schon manchen
guten Rat geben können. Die Hauptvorschläge, die sie jetzt noch
empfehlen, sind kurz gefafst folgende:[1]

1. Verbot der Mischung von Butter mit Margarine und zwar
gegen schwere Strafe.

2. Geldstrafen genügen nicht; eine 1—3 monatliche Gefängnisstrafe würde viel mehr nützen.

3. Verkauf von Margarine nur durch solche, die mit Vollmacht
versehen sind.

4. Einrichtung von reisenden Inspektoren ohne Uniformen.

5. Verbot des Färbens der Margarine; der Verkauf nur in nicht
butterähnlicher Form.

Das Durchschlagendste wäre das Verbot des Färbens der Margarine. Die Händler sagen jedoch, dafs die weifse Margarine nicht
so gern gekauft werden würde. Allein solche, die sie kaufen, weil sie
billig ist, würden sie um 20—50 %, billiger kaufen können, wenn sie
weifs und nicht gelb gefärbt wäre. Die Käufer können sie sich zu
Hause selbst färben, wie es thatsächlich in Dänemark geschieht, wo
der Käufer sich Farbe kauft und zu Hause seine Margarine färbt.
Nur zu leicht glaubt man, dafs Margarine ein harmloses gesundes
Nahrungsmittel ist. In den Vereinigten Staaten kann man vielfach
sehen, woraus die Oleomargarine besteht. Vielfach wird hierzu das Fett
krepierter Tiere gebraucht, und das Erhitzen dieser Fette genügt nicht,
um die schädlichen Mikroorganismen zu töten. Vielfach sind die
obigen Tiere an Tuberkulose krepiert, folglich trägt die Margarine
die Tuberkelbacillen in sich, da die inneren Organe der Tiere die
meisten Tuberkelmikroorganismen enthalten. Das Fett wird in der
gröbsten Weise abgezogen und zu Oleomargarine zusammenge-
schmolzen. Solche Teile, die sicher Tuberkelbacillen enthalten, werden

[1] W. E. Bear (R. A. S. of E.), p. 252. London 1888.

nicht einmal abgetrennt; aufserdem werden oft Fette von Schweinen. die an sogenannter „hogcholera" krepiert sind, verwendet. Hieraus sehen wir, dafs die Margarine nicht immer ein so gesundes Nahrungsmittel ist, wie es manche darstellen möchten.

Es kann keinem Menschen verboten werden, auf eigenes Risiko Margarine zu geniefsen und diese Fette zu kaufen. Allein es sollte verboten werden, Margarine an solche Leute zu verkaufen, die Butter verlangen und nie Margarine essen würden, wenn sie es nur wüfsten.

Ein; berühmter englischer Staatsmann nannte einst das Verfälschen „a form of free trade"; richtiger würde es heifsen „a form of free fraud".

Aufser dem [Verkauf von Margarine und Margarinemischungen als Butter und ferner Margarinekäse als sogenanntes „filled cheese" wird sehr viel fremdes Produkt als englisches verkauft. Das fremde Produkt ist geringwertiger und wird dennoch als teueres englisches Produkt verkauft.

Amerikanisches „chilled beef" wird als englisches verkauft. $^3/_4$ des als englischen Ursprungs verkauften Fleisches stammt aus Amerika; die Metzger erhalten englische Preise hierfür [1]). Der gröfste Teil des als „Welsh mutton" verkauften berühmten Hammelfleisches aus Wales, stammt aus Neuseeland. Manche Metzger geben sich den Anschein, als kauften sie nur englisches Fleisch aus gewissen Grafschaften, während sie fast ausschliefslich amerikanisches Fleisch verkaufen. Es wird viel amerikanisches Fleisch in Schottland nach schottischem Muster geschlachtet und nach London als schottisches Produkt verkauft. Amerikanische Schweineschlächter schlachten nach englischem Muster und schicken ihre Schinken nach dem Londoner Markt als englische „prime Wilts"!

Das „Komitee", welches 1894 hierüber berichtete, sagte in Bezug auf etwaige Hilfsmittel zur Verhinderung von solchen [1]) Fälschungen, dafs fremdes Fleisch mit dem Namen des Ursprungslandes gestempelt sein sollte, oder etwa durch Abzeichen auf dem lebenden Vieh zu erkennen sein müfste, und schlugen die elektrische Ätzung als die sicherste vor. Jedoch stimmten die Komiteemitglieder für folgende drei Mafsnahmen als die zweckmäfsigsten:

I. Die Erlaubnis und obrigkeitliche Bewilligung zum alleinigen

---

[1]) S. W. E. Bear, The Br. farmer and his competitors, p. 255.

Verkauf fremden Fleisches und dafs solche Metzger nur fremdes
Fleisch verkaufen dürften.

II. Durchgreifende Kontrolle durch Inspektoren.

III. Dafs die Landwirtschaftskommission dieselben Befugnisse in
Bezug auf Belangungen habe, wie es die anderen Handelsgerichte
haben.

Das „Komitee" hob ferner hervor, dafs vieles fremde Obst als
englisches verkauft wird; ferner dafs das fremde Obst oft unreif geerntet und ohne Geschmack als englisches verkauft wird; dafs fremde
Obsthändler ihr Obst auf englische Weise verpacken, um es als
solches verkaufen zu können; ferner dafs fremde Käse als solcher gestempelt werden müssten; dafs die eingehendste Kontrolle fremder
Milch eingeführt werde und schliefslich dafs fremde Eier als solche
gestempelt werden sollen. Letzteres würde dem Verkauf alter Eier
als frische Eier erheblich entgegentreten.

In England haben alle Fabrikate freien Eintritt und können auf
dem Weltmarkt konkurrieren. Die englischen Fabrikanten haben es
jedoch bei der Regierung durchgesetzt, dafs jedes Fabrikat ein Ur-
sprungsattest in Form eines Stempels auf sich trage, um dem Verkauf
als englisches Fabrikat entgegenzutreten. Es unterliegt keinem Zweifel,
dafs, wenn dies Gesetz auch auf essbare Produkte ausgedehnt würde,
es dem englischen Farmer sehr zu gute kommen würde und dafs den
Fälschungen jeder Art bald ein Ende gemacht sein würde.

Die Versorgung Englands mit Weizen und die Weizenpreise in England haben wir an anderer Stelle ausführlich behandelt. Ich möchte nur noch an dieser Stelle die jährlichen Weizenpreise in Grofsbritannien, Belgien, Holland und Frankreich vergleichen; ferner die Weizenpreise in verschiedenen
Weltteilen vergleichen und diese den Land- und Wasser-
früchten gegenüberstellen, soweit es mir möglich war zu ermitteln und zwar in Bezug auf die Vereinigten Staaten von Nordamerika, Rufsland und Indien und schliefslich möchte ich
noch die Produktionskosten in diesen drei Ländern mit denen
in England vergleichen.

Die Tafel I[1]) zeigt nun den Gang der Weizenpreise auf vier
europäischen Märkten seit 1869. Wir sehen hieraus, dafs die Weizenpreise auf englischen, belgischen und holländischen Märkten ziemlich

---

[1]) R. F. Crawford. Wheat Prices, p. 352. (R. A. S. of E.) London 1895.

Tafel I.

Durchschnittspreis eines Bushels Weizen (60 Lbs).

Jahrgang	Grofsbritannien Gazette-Durchschn.		Belgien Amtl. Durchschn.		Holland Hague Durchschn.		Frankreich Amtl. Durchschn.	
	s	d	s	d	s	d	s	d
1869	6	0 1/4	6	0 1/4	6	5	5	10 1/8
1870	5	10 1/4	6	5	6	5 1/4	5	9 3/8
1871	7	1	7	4	7	7	7	2 3/4
1872	7	1 1/2	7	3	7	6 3/4	6	7 1/8
1873	7	4	7	7 3/4	8	0 1/4	7	3 3/4
1874	6	11 1/2	7	2 1/2	7	7 1/4	6	11 1/2
1875	5	7 3/4	5	8	5	11	5	2 1/2
1876	5	9 1/4	6	1	6	2 1/4	5	10
1877	7	1	7	1	6	10 1/2	6	6 1/2
1878	5	9 1/2	6	3	6	4 1/4	6	6 1/2
1879	5	5 3/4	6	0	5	10 1/4	6	1 1/4
1880	5	6 1/4	6	2 1/2	6	6 3/4	6	6 1/4
1881	5	8	6	2 1/2	6	6 1/4	6	3 1/4
1882	5	7 1/4	6	0	6	3 1/4	6	0 1/4
1883	5	2 1/4	5	4 1/4	5	6 1/4	5	5
1884	4	5 1/2	4	9	5	2 1/4	5	0 1/4
1885	4	1 1/4	4	4	4	3 1/2	4	8 3/4
1886	3	10 1/4	4	1	4	3 1/4	4	11 3/4
1887	4	0 3/4	4	2	—		5	1 1/4
1888	3	11 3/4	4	2 3/4	4	1	5	5
1889	3	8 1/2	4	0	4	2	5	2 1/4
1890	3	11 3/4	4	3 1/2	4	4 3/4	5	5 1/4
1891	4	7 1/4	5	0	5	1	5	11
1892	3	9 1/4	4	2 3/4	4	7 1/4	5	1 3/4
1893	3	3 1/2	3	4 1/4	3	5 1/4	4	8
1894	2	10 1/4	2	11 1/4	2	10	—	

gleichmäfsig gefallen sind. Diese Länder können als freihändlerische Nationen angesehen werden; in Bezug auf die Zahlen sind einige Daten zu berücksichtigen:

Zwischen 1871—1873 stieg z. T. der Weizenpreis infolge des deutsch-französischen Krieges und z. T. durch die steigende Tendenz der Preise aller Produkte während dieser Zeit; Europa hatte z. Zt. kleine Weizenernten, die durch die Vereinigten Staaten ersetzt wurden. Während der Jahre 1877—1878 ist der türkisch-russische Krieg in Betracht zu ziehen. Im Jahre 1879 hatte Europa eine sehr mäfsige Weizenernte und England hatte die schlechteste Weizenernte des ganzen Jahrhunderts. Während dieses Jahres hatten die Vereinigten Staaten von Amerika eine gute Ernte, und zwar 2 Bushels über den Durchschnitt der Jahre.

Von 1877—1880 hatte Amerika vorzügliche Ernten, so dafs der Weizenversand aus den Staaten von Amerika die europäische Mifsernte mehr als deckte; daher finden wir auch den Rückgang im Weizenpreis.

1879 hatte England nur eine schwache halbe Weizenernte, und der Preis des Weizens stieg 1880 nur um ⁸/₄ d pro Bushel. 1881 stieg jedoch der Weizenpreis um 1¹/₂ d auf 5 s 8 d.

Mit Ausnahme des Jahres 1891, das Jahr der russischen Hungersnot, sehen wir, daß seit 1882 in allen drei freihändlerischen Ländern ein Rückgang im Preise merkbar ist und zwar wie folgt:

	1882		1893	
	s	d	s	d
Großbritannien	5	7¹/₂	3	3¹/₂
Belgien	6	0	3	4¹/₂
Niederlande	6	3¹/₂	3	5¹/₂

Ferner, wenn wir die Periode 1869 auf 1893 in Betracht ziehen, so finden wir eine prozentische Abnahme der Weizenpreise, wie folgt:

Großbritannien	45 %	Rückgang des Weizenpreises
Belgien	44 %	„ „ „
Holland	46 %	„ „ „

Im Jahre 1894 finden wir einen weiteren Rückgang.

Tabelle II zeigt uns noch übersichtlicher den Rückgang der Weizenpreise seit 1869, da der Weizenpreis dieses Jahres als Norm 100 angenommen ist.

Daß der Weizenpreis in Frankreich im Jahre 1886 nicht zurückgegangen ist, verdankt das Land dem erhöhten Zoll von 1¹/₄ d auf 7³/₄ d pro Bushel im Jahre 1885. Im Jahre 1887 erhöhte Frankreich wiederum den Zoll um 5¹/₄ d. Im Jahre 1894 erhöhte Frankreich den Zoll um 5¹/₄ d, so daß heute jeder Bushel Weizen, den Frankreich einführt, einen Eingangszoll von 1 s 6 d pro Bushel zu zahlen hat.

Gleichzeitig mit dem Rückgang im Weizenpreis hat der Weizenbau in England um 50 % abgenommen, so daß die Weizenproduktion Englands von 3¹/₄ Bushel pro Kopf der Bevölkerung (von 1869—71) auf 1³/₄ Bushel (von 1891—93) zurückgegangen ist.

Tafel III[1]) zeigt uns die Weizenversorgung Englands während eines Zeitraums von 30 Jahren. Die Tafel zeigt uns, daß thatsächlich keine große Überproduktion stattgefunden hat; trotzdem haben die

---

[1]) R. F. Crawford, Wheat prices, p. 353. London 1895.

Weizenpreise einen Rückgang erlitten. Abgesehen von der Währungsfrage suchen wir daher die Ursache des Rückgangs des Weizenpreises
in den verbesserten Produktionsmethoden und verbesserten Frachteinrichtungen in Verbindung mit erniedrigten
überseeischen Frachttarifen und ferner in der verbilligten
Produktion des Weizens auf jungfräulichem Boden, der an
und für sich fast nichts kostet.

Tafel II.

Durchschnittsweizenpreis per Bushel (60 Lbs.) im Vergleich zu
1869 = 100.

Jahrgang	Grofsbritannien	Belgien	Holland	Frankreich
1869	100	100	100	100
1870	85	107	100	99
1871	118	122	118	123
1872	118	120	118	113
1873	121	127	125	124
1874	116	129	119	118
1875	94	94	92	89
1876	96	101	97	99
1877	118	118	107	111
1878	96	104	100	111
1879	91	100	91	105
1880	92	103	102	111
1881	94	103	102	107
1882	93	100	98	103
1883	86	89	86	92
1884	84	79	81	86
1885	68	72	67	80
1886	64	68	67	85
1887	67	69	—	87
1888	66	70	64	92
1889	62	66	65	89
1890	66	71	69	93
1891	77	83	79	101
1892	63	70	72	88
1893	55	56	54	79
1894	47	49	44	—

Tafel IV[1]) zeigt uns die Verhältniszahlen in der Versorgung
Englands mit Weizen durch die Vereinigten Staaten, Rufsland, Indien
und andere fremde Länder und sehen wir den Prozentsatz der
Einfuhrbeteiligung. Während der letzten 15 Jahre bis 1893 haben
die Vereinigten Staaten, Rufsland und Indien die Hälfte
des in England eingeführten Weizens produziert und hiervon haben
die Vereinigten Staaten von Amerika ein Drittel ausgeführt.

---

[1]) R. F. Crawford (R. A. S. of E.), p. 357. London 1895.

Tafel III.

Weizenversorgung Englands während eines Zeitraums von 30 Jahren.

Zeitperiode	Angebaute Fläche in England	Durchschnittliche Bevölkerung	Durchschnitt einheimischer Produkte	Durchschnittl. Einfuhr weniger d. Ausfuhr	Durchschnittl. Totalzufuhr	Durchschnittszufuhr pro Kopf d. Bevölkerung (2 Bushels pro acre für Saatgut abgerechnet).	Prozentsatz der Nettoeinfuhr zur Totalzufuhr
	acres		Bushels	Bushels	Bushels	Bushels	
1864—66	3 664 511	29 911 773	122 583 088	53 393 880	175 976 968	5,64	30,34
1865—67	3 649 655	30 147 874	105 228 672	59 426 232	164 654 904	5,22	36,09
1866—68	3 751 098	30 415 621	95 857 888	65 724 856	161 582 744	5,06	40,67
1867—69	3 857 977	30 962 462	102 479 552	74 651 192	177 130 744	5,52	42,14
1868—70	3 902 223	30 974 930	109 953 112	71 484 904	181 438 016	5,61	39,39
1869—71	3 862 202	31 263 502	113 331 777	72 870 464	186 202 221	5,71	41,51
1870—72	3 814 749	31 562 137	102 227 960	74 434 264	176 662 224	5,35	42,13
1871—73	3 780 281	31 869 142	95 391 376	83 923 352	179 314 728	5,39	46,80
1872—74	3 780 186	32 184 516	90 845 848	89 739 832	180 585 680	5,38	49,69
1873—75	3 671 704	32 505 941	94 018 952	97 530 968	191 549 920	5,66	50,91
1874—76	3 489 732	32 846 756	90 922 528	98 302 928	189 225 456	5,54	51,95
1875—77	3 319 831	33 204 897	87 262 744	107 124 504	194 387 248	5,65	55,10
1876—78	3 275 702	33 573 236	84 261 864	106 288 136	190 550 000	5,48	55,77
1877—79	3 253 064	33 940 757	85 532 640	119 387 936	204 920 676	5,84	58,29
1878—80	3 168 008	34 289 753	77 299 760	122 028 272	199 328 032	5,63	61,21
1879—81	3 029 794	34 619 977	71 096 072	129 421 056	200 517 128	5,62	64,54
1880—82	3 065 617	34 921 275	68 141 552	134 189 312	202 330 864	5,82	66,40
1881—83	2 948 080	35 196 769	75 727 128	144 805 616	220 532 744	6,26	65,66
1882—84	2 875 923	35 459 879	77 153 688	141 539 848	218 693 536	6,17	64,72
1883—85	2 672 320	35 729 395	79 460 888	142 103 856	221 564 744	6,05	64,13
1884—86	2 553 858	36 017 202	77 789 024	130 037 168	207 826 192	5,63	62,57
1885—87	2 432 834	36 308 688	74 367 760	139 032 280	213 400 040	5,74	65,15
1886—88	2 471 212	36 597 091	72 498 128	138 562 048	211 060 176	5,63	65,65
1887—89	2 533 431	36 885 383	72 748 176	147 092 584	219 840 760	5,82	66,90
1888—90	2 565 456	37 180 430	75 508 216	148 526 752	224 034 968	5,88	66,29
1889—91	2 473 463	37 485 519	75 484 600	154 058 984	229 543 584	5,99	67,11
1890—92	2 391 282	37 796 060	73 861 352	164 134 904	237 996 256	6,17	68,96
1891—93	2 215 355	38 115 017	67 717 160	171 536 408	239 253 568	6,16	71,69

Tafel IV.

Versorgung des englischen Weltmarktes mit Weizen aus verschiedenen Ländern.

Perioden	Summa	Engl. Weizen	Ver. Staaten	Russland	Indien	Andere Länder
1869—73	100	54,97	16,37	13,29	0,24	15,13
1874—78	100	46,89	25,42	8,60	2,60	16,49
1879—83	100	34,16	40,20	6,99	5,69	12,96
1884—88	100	35,38	34,50	8,57	8,42	13,13
1889—93	100	29,41	36,90	11,00	8,13	14,56

Die Entwickelung des Weizenbaues in den Vereinigten Staaten von Amerika werden wir später eingehend besprechen. Wir werden zeigen, wie im Westen sich der Weizenbau ausgedehnt hat, während er jetzt im Osten nachläfst. Sobald der Weizenpreis in Europa stieg, fand sofort in Amerika eine Ausdehnung des Weizenbaues statt; dies haben wir am deutlichsten während der russischen Hungersnot in den Jahren 1890—92 gesehen. Namentlich zeigt der Staat Dakota eine wunderbar rasche Weizenausdehnung. 1882 baute Dakota nur 720 000 acres Weizen an; 10 Jahre später finden wir in Dakota 5 000 000 acres an Weizen. Der Weizenertrag ist durchschnittlich ein sehr niedriger; im ganzen betrug seit 1869 der Durchschnittsertrag 9,86 bis 14,86 Bushels pro acre. In England beträgt der Durchschnitt über das Doppelte, d. h. über 30 Bushels gegenüber 11 Bushels als Durchschnittsernte in Amerika. — Die Landwirtschaftskammer in den Vereinigten Staaten von Amerika stellte im Jahre 1893 Untersuchungen über die Produktionskosten des Weizenbaues in verschiedenen Teilen Amerikas an. Das Resultat finden wir in den statistischen Berichten vom März 1894. Diese sind ganz interessant und wohl als zuverlässig anzusehen, da sie durch 23 000 Landwirte und 4000 Staatsbeamte ausgeführt wurden. Die Produktionskosten schwankten von 35 s 8 d pro acre in Dakota, bis 5 £ 9 s 9 d in Connecticut. Im ganzen genommen waren die Durchschnittsproduktionskosten für die ganzen Vereinigten Staaten von Amerika pro Bushel 3 s 10 d; in South Dakota betrugen sie nur 2 s 8 d pro Bushel; in den westlichen Staaten zusammen betrugen die Produktionskosten 3 s 3 d pro Bushel von 1890—93.

Tafel V[1]) zeigt uns nur den Weizenpreis in Chicago und New-York in 3 jährigen Durchschnitten seit 1869; ferner den Unterschied zwischen diesen Preisen und den Frachtpreisen von Chicago nach New-York.

Die Frachtsätze sind hier ganz besonders interessant. Bis 1881 traten sowohl in den Preisen als auch in den Frachtsätzen bedeutende und merkliche Veränderungen ein. Wir sehen bis 1881 durchweg einen Rückgang der Frachtsätze und von diesem Jahre ab stammt auch die landwirtschaftliche Krisis Englands. Während der Periode 1869—83 fielen die überseeischen Transportkosten ganz enorm. Infolge der ermäfsigten Frachten finden wir auch, dafs sich die Weizenpreise in Chicago und New-York allmählich genähert haben.

---

[1]) R. F. Crawford, Wheat prices (R. A. S. of E.), p. 359. London 1895.

V. Weizenpreise in den Vereinigten Staaten von Amerika.

Jahr-gänge	Chicago Preis pro Bushel	New York Preis pro Bushel	Unter-schied im Preis	Fracht von Chicago nach New York Durchschnitt pro Bushel		
				Seefracht u. Kanal	Seefracht u. Eisenbahn	Eisenbahn allein
	s d	s d	s d	s d	s d	s d
1869—71	3 9	5 10	1 1	10¹₂	1 0	1 4¹₂
1872 - 74	4 2	5 4¹₂	1 2	9¹₂	1 0	1 3¹₂
1875—77	4 2	4 10	8	5¹₄	7	10
1878—80	4 0	4 9	9	5¹₂	6¹₄	9
1881—83	4 5¹₄	4 11	5¹₂	4	5¹₂	7¹₂
1884—86	3 3	3 7	4	3¹₂	5	7¹₄
1887—89	3 4	3 9	5	3¹₂	5¹₄	7¹₄
1890—92	3 8³₄	4 2	5¹₄	2³₄	4	7¹₂

Was nun Rufsland betrifft[1]), so bildet die Ackerfläche
ca. 26 %₀ der gesamten Fläche. 370 000 000 acres gehören den
Bauern und 202 000 000 acres gehören dem Adel. Die Hauptweizen-
ernte findet in südlichen und südöstlichen Teilen statt auf dem fruchtbaren schwarzen Boden, der unter dem Namen „Chernoziom" bekannt ist.

Die Ausfuhr Rufslands an Weizen in fünfjährigen Perioden seit
1869 war folgende:

1869—73	266 087 000	Bushels (60 Lbs.)
1874—78	321 220 000	„
1879—83	337 665 000	„
1884—88	430 712 000	„
1889—93	591 497 000	„

Wir sehen, dafs trotz des rückgängigen Preises die Ausfuhr
Rufslands enorm zugenommen hat!

Nach Angabe von Dr. Mertens in einem Vortrag, den der
russische Finanzminister hielt, baut der russische Bauer in erster Linie
seine Äcker zum nötigen Unterhalt seiner Familie: den übrigen Teil
bebaut er mit Weizen. Er und seine Familie besorgen die ganze Arbeit
und der Landmann rechnet die Kosten des Weizenbaues durch Ver-
anschlagung seiner eigenen Arbeit gar nicht. Im Jahre 1888 stellte
das russische Ministerium Untersuchungen über die Produktionskosten
verschiedener Halmfrüchte an. Das Resultat dieser Untersuchungen

---

[1]) R. F. Crawford, Wheat prices, p. 359. London 1895.

ergab, dafs die veranschlagten Produktionskosten von Weizen auf
schwarzem Boden zwischen 1 s 7½ d und 3 s 4½ d schwanken oder
durchschnittlich sich auf ca. 2 s 6 d pro Bushel belaufen. Der jährliche
Gesindelohn beträgt hier 7—16 £ (140—320 Mk.); der durchschnittliche Tagelohn in den südlichen Steppen ist ca. 11¼ d (fast 1 Mk.);
in der Erntezeit beträgt der Tagelohn 2 s 3 d (2 Mk. 25 Pf.) pro Tag.
Im Chernoziomgebiet schwankt der Lohn von 8 d (66 Pf.) bis 1 s (1 Mk.)
in der Erntezeit pro Tag.

Im allgemeinen mangelt es in Rufsland an Transportmitteln,
sonst hätte sich der Weizenbau schon längst mehr ausgedehnt; bis
vor kurzem mufste sämtliches Getreide per Achse, Kanal oder Fluss
nach dem Hafen gebracht werden; folglich war der Weizenbau auf
die Flufsgebiete zum grofsen Teil beschränkt. Wie langsam sich das
Eisenbahnwesen in Rufsland ausgedehnt hat, zeigt die Statistik; Rufsland besitzt nur 1 Meile Eisenbahngeleise auf je 105 Quadratmeilen
Land. Der gröfste Teil des Weizens wird per Flufs ausgeführt. Auf
der Wolga zwischen Rybinsk und Samara sind die Frachtsätze seit
1878 um 50 % gefallen. Während derselben Periode sind die Bahnfrachtsätze ebenso zurückgegangen.[1])

Tafel VI zeigt uns die Frachtsätze von Odessa nach
London, wie sie von dem „Board of Trade" veröffentlicht sind[1]):

		s	d		s	d			d		d
Januar	1872	1	2¹₈	bis	1	3¹₄	Januar	1883	7¹₄		
	1873		11¹₄					1884	5¹₄	bis	5³₄
	1874	1	0³₄					1885	4³₄		
	1875		8	„		8³₄		1886	3³₄	„	4
	1876		10¹₂	„		11¹₄		1887	4³₄	„	5¹₄
	1877							1888	5¹₂	„	6
	1878	1	0¹₄	„	1	0³₄		1889	6	„	7¹₄
	1879		5³₄	„		6³₄		1890	5³₄	„	6¹₂
	1880		6³₄	„		7¹₄		1891	4¹₄		
	1881		6³₄					1892	3		
	1882		8					1893			

In den 25 Jahren sehen wir eine Verminderung der Frachtsätze
um 50 %.

Die Produktionskosten scheinen in Rufsland noch billiger zu sein
als in den Vereinigten Staaten von Amerika und zwar infolge des
fruchtbaren schwarzen Bodens, der zum grofsen Teil noch nicht bebaut
wird und bis nach Sibirien hinein reicht. Sollte das Bahnnetz Rufs-

---

[1]) R. F. Crawford, Wheat prices (R. A. S. of E.), p. 361. London 1895.

25*

36*

lands sich noch weiter nach dem Osten ausdehnen, so wäre Rufsland imstande, die Vereinigten Staaten auf dem englischen Weizenmarkt ganz zu verdrängen und sogar erheblich zu unterbieten.

Was nun die Weizenproduktion in Indien betrifft[1]), so hat Dr. Watt in seinem „Dictionary of the Economic Products of India" den Weizenbau eingehend behandelt; aus diesem Werke und aus Mr. O'Conners Berichte an die indische Regierung entnehmen wir folgende Notizen:

Das britisch-indische Reich baut 20 000 000 acres an Weizen; aufserdem werden 5 700 000 acres durch einheimische Staaten gebaut, im ganzen zusammen ca. 26 500 000 acres. Der Durchschnittsertrag ist 10 Bushels pro acre gegenüber 30 Bushels pro acre in England. Vor 1880 war die indische Ausfuhr nur gering; seit dem Jahre 1881 hat sich die Ausfuhr zwischen 14 Millionen und 58 Millionen Bushels pro Jahr gehalten. Tafel VII zeigt uns den Weizenexport aus Indien seit 1880.

Jahrgang	Bushels	Jahrgang	Bushels
1880—81	13 995 000	1886—87	42 356 000
1881—82	36 884 000	1887—88	26 129 000
1882—83	26 288 000	1888—89	33 540 000
1883—84	39 039 000	1889—90	26 729 000
1884—85	29 818 000	1890—91	27 620 000
1885—86	39 706 000	1891—92	58 026 000
		1892—93	27 950 000

In dem „Dictionary of Economic Products" finden wir eine Reihe von Angaben über die Produktionskosten: Sie schwanken zwischen 12 Rupien in den Provinzen von Bombay bis 31 Rupien in den Nordwestprovinzen und Oudh. Im Berichte der Regierung von Indien über Weizenproduktion im Jahre 1883 finden wir die Produktionskosten pro acre in den Nordwestprovinzen auf 18 Rupien festgesetzt; bei Annahme des normalen Wertes der Rupie wäre das 3 s 7 d pro Bushel; bei Annahme des Kurswertes für 1892—93 beträgt die Summe 2 s 4 d.

In Bezug auf Frachten in Indien bestätigt Dr. Watt[1]), dafs die Frachtermäfsigungen seit 1871 in Indien ebenso grofse gewesen sind als in Amerika. Im Bericht der „Gold and Silver Commission" finden wir die Frachtsätze für Weizen zwischen Jubbulpore und Bombay während der Jahre 1873 und 1887; diese zeigen eine Ermäfsigung von 47 °/₀. Einige Berichte der „Calcutta Chamber of

---

[1]) R. F. Crawford, Wheat prices. p. 362. London 1895.

Commerce" deuten auf eine Frachtermäfsigung von ca. 30 % zwischen Calcutta und Cawnpore während derselben Periode.

Seefrachten zwischen Bombay und England während der 14 Jahre von 1873—86 wurden um 60 % ermäfsigt, während die Seefrachten von Bombay, Calcutta. Madras und Kurachee nach englischen Häfen seit 1885 um 20—30 % abgenommen haben.

Tafel VIII [1]) zeigt uns den Goldpreis des Weizens in Calcutta neben dem deklarierten Wert des indischen Weizens, der in England eingeführt wurde; ferner die Frachtsätze von Calcutta nach England von 1885 bis 1893:

VIII. Indischer Weizen, Preise und Frachten pro Bushel.

Jahrgang	Durchnittspreis des Weizens in Calcutta		Durchschnittswert des eingeführten indischen Weizens in England		Differenz	Frachten Calcutta nach England
	s	d	s	d	d	d
1885	2	10	4	0	14	12¹⁄₄
1886	2	9	3	10	13	10
1887	2	10¹⁄₄	3	10³⁄₄	12¹⁄₄	10¹⁄₄
1888	3	0¹⁄₄	4	0¹⁄₂	12	11
1889	3	1	3	11¹⁄₂	10	12
1890	3	3	4	1	10	10
1891	3	5	4	6¹⁄₂	13¹⁄₂	13¹⁄₂
1892	3	2¹⁄₄	4	1¹⁄₂	10³⁄₄	9

Die Tafel zeigt uns, dafs die Differenz im Preise zwischen zwei Verkaufszentren hauptsächlich in den Transportkosten besteht.

In den vorhergehenden Zeilen ist der Versuch gemacht worden, die Hauptpunkte des Weizenbaues in den drei Hauptproduktionsländern während der letzten 25 Jahre zu zeigen. Seit 1890 ist nun Argentinien als Hauptproduzent hinzugetreten. Jungfräulicher Boden und niedere Produktionskosten sind die Hauptfaktoren der Entwickelung des Weizenbaues in diesem Lande. Nach Angabe des „Board of Agriculture" [2]) belaufen sich die Produktionskosten des Weizens in Argentinien auf 1 s 5 d pro Bushel bei einer Goldprämie von über 200 %; allein ohne Goldprämie ist es wahrscheinlich, dafs der Weizenbau in Argentinien erheblich nachlassen würde, und es ist nicht vorauszusehen, wie lange diese noch für Argentinien dauern wird.

---

[1]) R. F. Crawford. Wheat supplies (R. A. S. of E.). p. 363. London 1895.
[2]) The Journal of the Board of Agriculture, p. 72. London 1895.

Aus dem oben Gesagten über die Frachtentransportkosten in und aus den Vereinigten Staaten, Rufsland und Indien, sowie über die Produktionskosten des dortigen Weizenbaues wollen wir nun versuchen, einige Schlüsse zu ziehen. Als Ursache aller dieser Umwälzungen können wir auf keinen einzelnen Faktor deuten; es sind eine Reihe von Faktoren, welche dies Faktum zusammen hervorrufen. Zweifellos spielt eine Hauptrolle die billigere Produktionsfähigkeit einzelner Ländereien mit jungfräulichem Boden; diese Ausdehnung des Weizenbaues ist Hand in Hand gegangen mit der Ausdehnung der Transportwege und Verbilligung der Frachten. Vergleichen wir nun die oben genannten Produktionskosten in den verschiedenen Ländern mit den Produktionskosten in England. Angaben hierüber finden wir in der landwirtschaftlichen Kommission des Duke of Richmond im Jahre 1881—82[1]); es schwanken die Angaben zwischen 5 £ pro acre in Yorkshire und 16 £ pro acre in Surrey. Wir wollen die Angaben von Lincolnshire und Suffolk als typische Weizenproduzenten als Norm annehmen, nämlich durchschnittlich 7 £ 10 s pro acre. Nehmen wir nun 7 £ pro acre als Durchschnitt aller englischen Grafschaften an, so kämen wir auf 4 s 8 d pro Bushel Weizen zu stehen. Die Lage des englischen Farmers in Bezug auf Produktionskosten stellt sich nun im Vergleich zu anderen Ländern wie folgt; wir nehmen England als 100 an:

Produktionskosten.

| England | Ver. Staaten von Amerika | | Rufsland | Indien |
	Westliche Staaten	Dakota		
100	70	57	54	66

Der Reihe nach folgen sich die Länder wie folgt:

1. Rufsland 54
2. V. S. v. A. Dakota 57
3. Indien 66
4. V. S. v. A. (Westen) 70
5. England 100

Wir sehen, dafs Rufsland und Dakota den Weizen um die Hälfte billiger produzieren können als England.

Der Preis wird zum grofsen Teil durch die Entfernung vom Weltmarkt und durch die Höhe der Transportkosten bedingt. Wir haben gezeigt, dafs die Transportkosten seit 1869 erheblich zurückgegangen sind und zwar um ca. 50 %. Hier haben wir also zwei Hauptfaktoren in der Weizenproduktion:

[1]) R. F. Crawford. Wheat prices (R. A. S. of E.), p. 364. London 1895.

I. Billige Produktionsfähigkeit,

II. Billige Transportkosten.

Diese zwei Hauptfaktoren haben entschieden zum gröfsten Teil den Weizenpreis so kolossal heruntergedrückt. Eine weitere Ursache des Rückgangs ist die, dafs zwischen 1881—85 und ferner zwischen 1891—94 mehr Weizen auf dem englischen Markt angeboten wurde als je zuvor während der letzten 30 Jahre. Während derselben Periode fanden auch Ansammlungen von Weizen statt in Holland, Belgien, Deutschland, Frankreich und Italien.

Wir schliefsen folglich:

I. Dafs der Rückgang im Weizenpreis gleichmäfsig in fast allen europäischen Staaten stattgefunden hat.

II. Als Ursache hierfür finden wir die Aufschliefsung neuer Weizengebiete und Ausdehnung des Weizenbaues, wo die Produktionskosten niedriger als sonstwo sind.

III. Unsere Untersuchung ergiebt, dafs diese Wendung 1882 ihren Anfang nahm.

IV. Gleichzeitig mit dem Beginne des Rückgangs im Weizenpreis seit 1882 fand eine kolossale Ausdehnung des Weizenbaues westlich des Mississippiflusses und namentlich in Dakota statt.

V. Als Grundursache des Rückgangs im Weizenpreis ist der Rückgang der Transportkosten anzusehen; der Rückgang des Weizenpreises kann als eine Annäherung der Weizenpreise zwischen einführenden und ausführenden Ländern bezeichnet werden und zwar durch ermäfsigte Transportkosten. Folglich ist der Rückgang hauptsächlich ein Rückgang der Transportkosten gewesen.

VI. Eine weitere Ursache für den Rückgang des Weizenpreises ist die, dafs seit 1881—88 und ferner seit 1890 auf dem Weizenmarkt mehr Weizen pro Kopf der Bevölkerung angeboten wird. Mit andern Worten: Das Angebot pro Kopf der Bevölkerung ist in diesen Perioden gestiegen.

Welche grofse Wirkung die Getreidefrachten aus Amerika und anderen getreidebauenden Ländern auf den Rückgang des Getreidepreises halten, haben wir in einem früheren Kapitel gesehen. In Bezug auf Deutschland brauchen wir nur hervorzuheben, dafs

---

[1] Hauptmann a. D. M. H. Schweder-Berlin 1895. (Abhandlungen über Transportverhältnisse.) — S. die Zeitschrift „Die Schmalspurbahn“ No. 12. S. D. L. Presse XXII. Jahrgang Nr. 85.

die Eisenbahnfracht pro Tonne für die 1528 km lange Strecke von
Chicago nach New York nur 21,28 Mk. beträgt, während sie in
Preußen 41 Mk. betragen würde; ferner dafs die Wasserfracht im
Laufe der Jahre von New York nach Liverpool pro Tonne Weizen
von 17,79 Mk. im Jahre 1870 auf 9 Mk. im Jahre 1892 zurückgegangen ist, also der D.Ctr. amerikanischen Weizens für 90 Pf. nach
Europa gebracht wird. Hauptmann a. D. M. H. Schweder berechnet
die Transportsätze auf Tonnenkilometer, tokm (1 Tonne zu 36,75 Bushels)
wie folgt: Eisenbahnfracht für Getreide auf der ca. 1528 km
langen Strecke Chicago—New-York im Durchschnitt der Jahre 1870
bis 1892 0,0199 Mk. pro tokm (Tonnenkilometer); Wasserfracht
auf derselben Strecke durch den Michigan-Huron-Erie-See (ca. 2500 km)
im Durchschnitt der Jahre 1890—92 0,0035 Mk. pro tokm; Wasserfracht über den Ozean von New York bis Liverpool (ca. 6500 km)
im Durchschnitt der Jahre 1870—1892 0,0023 Mk. pro tokm.
Vergleichshalber wäre die Strecke Eydtkuhnen—Saarbrücken
über Frankfurt—Bingerbrück ca. 1528 km; es würde hier kosten an
Getreidefracht pro Tonne im 10 Tonnenwaggon ca. 69,96 Mk. also pro tokm
0,0458 Mk., im 5 Tonnenwaggon ca. 77,60 Mk. also pro tokm 0,0508 Mk.
Eine Wasserstrafse von 2500 km wäre die von Königsberg nach
Mannheim durch den Sund, Kattegat und Skagerrak via Rotterdam
rheinaufwärts. Graf Klinckowstroem berechnet in der Sitzung des
Herrenhauses vom 27. März die Getreidefracht auf dieser Strecke pro
Tonne auf 19,20 Mk. oder pro tokm 0,0077 Mk. Von Stettin nach
Berlin beträgt die Wasserfracht pro tokm 0,015 Mk. Hauptmann
Schweder zeigt uns ferner:

I. dafs die Nordamerikanischen Getreidebahnfrachten vom Jahre
1870—92 sich um mehr als die Hülfte verringert haben, und dafs
die Binnenschiffahrtsfrachten in den Jahren 1890—92 etwa ¹/₄ der
Bahnfrachten betragen haben;

II. dafs die überseeischen Wasserfrachten nach Europa von
1870—92 sich gleichfalls auf die Hälfte verringerten und 1892
etwa ¹/₁₀ der Landfrachten und ⁴/₁₀ der Binnenschiffahrtsfrachten
betrugen;

III. dafs die Bahnfrachten in Deutschland für Getreide 3,44
mal so hoch sind als in Nordamerika;

IV. dafs die Binnenwasserfrachten in Deutschland (Stettin—
Berlin) doppelt so hoch sind als die Frachten über die deutschen
Meere (Königsberg—Mannheim) und viermal so hoch als die

amerikanischen (Chicago-New-York), ja dafs sie sogar die nord-amerikanischen Bahnfrachten übersteigen;

V. dafs die Frachten über die deutschen Meere (Königsberg—Mannheim) die Frachten der Amerikaner über das Meer um das 5,57fache übertreffen.

Die Rechnung der Frachten für Weizen stellt sich wie folgt:

		ℳ	₰
Eisenbahnfracht pro To. von Chicago nach Newyork		21	32
Seefahrt New-York-Liverpool	9,00 Mk. ⎫		
Liverpool-Hamburg	1,35 „ ⎭	10	35
Fracht Chicago-Hamburg demnach		31	67

So hoch kommt nämlich in Deutschland die Eisenbahngetreide-fracht, pro To. auf 675 km: Demnach könnte ganz Ostpreufsen und Teile von Westpreufsen, Posen und Schlesien mit Chicago die Kon-kurrenz ohne Schutzzoll nicht aufnehmen, obgleich der Amerikaner 1528 km Bahnfracht und 7500 km. Wasserfracht zu zahlen hat.

Der gröfste Teil des Exportgetreides geht aber per Wasser nach New-York und stellt sich die Rechnung somit noch ungünstiger:

	ℳ	₰
Wasserfracht Chicago-New-York pro To.	8	64
Seefracht New-York-Hamburg pro To.	10	35
	18	99

Dies entspricht 395 km deutscher Bahnfracht und somit wäre ganz Ost- und Westpreufsen, Posen, Schlesien, Pommern bis Stettin ohne Schutzzoll konkurrenzunfähig.

Nun schwimmt das Getreide aus Chicago nicht nur nach Ham-burg, sondern auch den Rhein aufwärts bis Mannheim und durch den Nordostseekanal nach Stettin, ferner schwimmt Getreide aus Argen-tinien, Rufsland, Rumänien, Bulgarien, Indien und Ägypten zu, somit ist die Konkurrenzfähigkeit Deutschlands im Weizenbau mit seinen viel höheren Produktionskosten ohne Schutzzoll ausgeschlossen.

Aus vielen Gründen können die amerikanischen Bahnen das Getreide dreimal billiger verfrachten als Deutschland:

I. Die Herstellungskosten der amerikanischen Bahnen sind ge-ringer.

II. Unentgeltlicher Besitz des Grund und Bodens.

III. Der Staat beschenkt die Bahnen mit ausgedehntem Land-besitz, wodurch erhöhte Einnahmen erzielt werden.

IV. Unentgeltliche Verwendung des durchquerten Waldes zum Bahnbau.

V. Privatbesitz aller Bahnen.

Durch die Konkurrenz zwischen den verschiedenen Bahngesellschaften sind die Bahnfrachten kolossal zurückgegangen, so dafs auch heute die Rentabilität amerikanischer Bahnen äufserst gering ist und manche sogar mit Verlust arbeiten.

Hptm. Schweder giebt uns ganz interessante Jahres-Durchschnittszahlen über die Preise des Weizens an den Hauptverkehrsstellen und zwar pro Tonne.

		Weizen	Roggen	Hafer
	St. Petersburg	80,0	55,0	33,0
	Odessa	79,4	56,3	53,6
	New-York	83,9	—	—
inkl. 35 Mk. Zoll	Hamburg	138,3	124,3	130,8
	Amsterdam	111,5	95,4	—
	Königsberg	130,5	110,3	106,0
	Stettin	137,8	114,4	120,6
	Berlin	140,8	114,2	137,9
	Frankfurt a. M.	153,3	121,2	128,8
	Mannheim	154,4	125,7	126,3
	München	174,5	127,0	127,5

Diesen Preisunterschieden gegenüber bedeuten folgende niedere Wasserfrachtsätze recht wenig:

Petersburg-Mannheim ca. 22,— Mk. pro Tonne
New-York-Hamburg „ 10,35 „ „ „
Odessa-Hamburg „ 12,— „ „ „
Odessa-Mannheim „ 16,15 „ „ „

Hiermit glauben wir die Unfähigkeit des nordöstlichen Deutschlands im Weizen mit dem Weltmarkt zu konkurrieren gezeigt zu haben; nicht nur sind die Produktionskosten des ostpreufsischen Weizens gröfser als die des ausländischen Weizens, sondern auch die Transportkosten in Deutschland selbst verhindern einen nur einigermafsen rentablen Weizenbau.

Würden die Schutzzölle in Deutschland nicht existieren, so wäre der Weizenbau überhaupt unrentabel.

XIII. Die Richtung des landwirtschaftlichen Betriebes in England.

Abnahme des Weizenbaues. — Zunahme der permanenten Weide. — Abnahme der Schafhaltung. — Zunahme der Viehweidewirtschaft.

An der Hand der Statistik der „Agricultural Returns", die vom „Board of Agriculture" herausgegeben werden, wollen wir zeigen, welcher ungeheure Umschwung schon 1893 in der englischen Landwirthschaft stattgefunden; ich greife hierzu die 2 Zeitpunkte 5. Juni 1893 und 4. Juni 1892 heraus. Durch ein paar Zusammenstellungen und Tabellen möchte ich zeigen, wie der Weizenbau enorm und rapide in England abgenommen hat; England hatte z. B. nach der Statistik von der ganzen Weizenfläche des Vereinigten Königreichs in England allein angebaut:

1871—75	87.89 %
1876—80	89.76 %
1882	89.43 %
1892	91,49 %
1893	92.00 %

Also finden wir, dafs England allein 1893 92 % des Weizens, der im ganzen Königreich gebaut wird, baut; allein eine weitere Zusammenstellung zeigt uns, wie rapid der Weizenbau in England abgenommen hat, und dafs 1893 nur die Hälfte des Weizens gebaut wurde, der 1870 gebaut war. Also in weniger als 25 Jahren hat England an seiner Weizenproduktion die Hälfte eingebüfst; an Acrezahl beläuft sich die Abnahme auf 1 449 104 acres.

---

[1] Board of Agriculture, Agricultural Returns. London 1895.

		Prozentsatz.
Weizenbau Englands.		der ganzen Kulturfläche.
1873	3 247 973 acres	13,9 %
1880	2 745 733 „	11,2 %
1890	2 255 694 „	9,0 %
1892	2 102 969 „	9,4 %
1893	1 798 869 „	7,2 %

Folgende Tabelle zeigt, daß die Abnahme des Weizenbaues in Wales, Schottland und Irland viel geringer war als in England; zusammen hat England von 1892—93 allein eine Abnahme von 304 100 acres zu verzeichnen:

Weizenfläche des Vereinigten Königreichs in acres:

		1893	1892	Abnahme
England .		1 798 869	2 102 969	304 100
Wales . .		54 562	55 278	716
England und Wales .	Sa.	1 853 431	2 158 247	304 816
	Schottland	44 093	61 562	17 499
Großbritannien . . .	Sa.	1 897 524	2 219 839	322 315
	Irland . .	54 988	75 354	20 356
Vereinigtes Königreich	Sa.	1 955 213	2 298 607	343 394

Von großem Interesse ist es zu wissen, ob diese Abnahme für England in gewissen Grafschaften größer war als in anderen.

Die Statistik zeigt uns aufs deutlichste, wie sich der Verlust verteilt; sie zeigt uns, daß jede Grafschaft Englands 1893 weniger Weizen gebaut hat als im Jahre 1892. Für jede Grafschaft ist einzeln die Weizenfläche angegeben. Wir sehen hieraus, daß die östlichen Provinzen, die so wie so mehr Weizen bauen, weil sie als sog. „Corn counties" auf Getreidebau angewiesen sind, am meisten an ihrer Weizenfläche eingebüßt haben. Lincoln, Norfolk, Essex, verloren je 20—30 000 acres, und Suffolk, Kent, York (East Riding), Cambridge und Hants verloren je 10 - 20 000 acres. Nun fragen wir uns, was aus diesen 304 100 acres geworden ist, die binnen einem Jahre von der gesamten Weizenfläche Englands abgenommen worden sind? Ohne Zweifel ist ein Teil hiervon als Brache oder unbebaute Ackerfläche liegen geblieben. Die Zusammenstellung zeigt uns, wie viel Land 1893 zu Brache verwandt wurde und wir können diese Zahlen mit 1892 vergleichen.

Wir sehen, daß in England allein die Brache um 59 248 acres zugenommen hatte. Die Statistik zeigt uns die Zunahme der Brache in den einzelnen Grafschaften und wir sehen hieraus, daß 13 Grafschaften ihre Brache um über 1000 acres vermehrten; 5 Grafschaften

d. h. Fläche an Brache oder unbebauter Ackerfläche im Vereinigten Königreich in acres:

| | 1893 | 1892 | Von 1892 auf 1893 | |
			Zunahme	Abnahme
England .	498 427	439 179	59 248	—
Wales . .	8 221	9 399	—	1 178
England und Wales . Sa.	506 648	448 578	58 070	—
Schottland	7 910	8 584	—	674
Grofsbritannien . . . Sa.	514 558	457 162	57 396	—
Irland . .	22 038	26 936	—	4 898
Vereinigtes Königreich Sa.	536 908	484 434	52 474	4 898

Essex, Kent, Lincoln, Cambridge und Norfolk vermehrten ihre Brache um je 5000 acres.

Ein weiterer Teil der verlorenen Weizenfläche ist zur „per-manenten Weide" umgewandelt worden d. h. Grasweide, die nicht in der Rotation umgebrochen wird. Folgende Zusammen-stellung zeigt uns die Zunahme dieser permanenten Weide in dem Vereinigten Königreich in acres.

	1893	1892	Zunahme
England .	13 128 378	13 036 971	91 407
Wales . .	1 998 406	1 982 930	15 476
England und Wales . Sa.	15 126 784	15 019 901	106 883
Schottland	1 365 783	1 338 249	27 534
Grofsbritannien . . . Sa.	16 492 567	16 358 150	134 417
Irland . .	11 175 844	11 142 287	33 557
Vereinigtes Königreich Sa.	27 700 381	27 533 326	167 055

Obige Zahlen zeigen uns, dafs, während die Zunahme für das Vereinigte Königreich 167 055 acres beträgt, auf England allein 91 407 acres fallen. Die Statistik zeigt uns die detaillierte Zusammen-stellung für die einzelnen Grafschaften Englands und dafs nur 4 Grafschaften ihre permanente Weide verringerten und dafs die Graf-schaften Sussex, Essex, Wilts, Cornwall, Northumberland und Glou-cester ihre permanente Weide um je über 5000 acres vermehrten.

Addieren wir nur die Zunahme der Brache und die Zunahme der permanenten Weide zusammen, so erhalten wir die Zahl 150 655 acres in England, während die Weizenfläche Englands um 304 100 acres wie wir gesehen hatten, im Jahre 1893 abgenommen hatte; allein in der Statistik ist bei der permanenten Weide unterschieden „zu Heuzwecken" und „nicht zu Heuzwecken". Letztere Weide besteht vielfach aus Schaf- und geringeren Weiden für

Rindvieh. „Aufser Kultur" kann man es nicht nennen, so lange es zu
Weidezwecken gebraucht wird und so lange es zum Teil gepflegt und
noch aufser dem Dünger des weidenden Viehes künstlich gedüngt wird.
Folgende Zusammenstellung zeigt uns die Zunahme der Weidefläche, die als „nicht zu Heuzwecken" gebraucht wird:

		1893	1892	Zunahme
	England .	9 521 460	9 202 048	319 412
	Wales . .	1 499 397	1 491 067	8 330
England und Wales . Sa.		11 020 857	10 693 115	327 742
	Schottland	1 201 230	1 175 409	25 821
Grofsbritannien . . . Sa.		12 222 087	11 868 524	353 563
	Irland . .	9 650 736	9 621 917	28 819
Vereinigtes Königreich Sa.		21 897 370	21 515 018	382 352

Die Zunahme von 319 412 acres ist gröfser als die Abnahme
an Weizen von 304 100 acres in England. Die Statistik zeigt uns in
detaillierter Zusammenstellung eine Abnahme der Fläche an „permanenter Weide" (nicht zu Heuzwecken) in nur 8 Grafschaften,
während wir beobachten, dafs die Zunahme derselben in anderen
Grafschaften sehr bedeutend ist. Somerset z. B. steht oben an
mit einer Zunahme an permanenter Weide von 32 202 acres, dann
kommt Essex mit 27 458 acres und Sussex mit 24 217 acres, 10 andre
Grafschaften zeigen eine Zunahme von 10 000 und 20 000 acres nämlich Wilts, Hants, Kent, Gloucester, Dorset, Lincoln, Berks, Oxford,
Buckingham und Cornwall. Die Abnahme der Weizenfläche in
England wird nicht gedeckt durch die Zunahme der Gerste- und
Haferfläche. 1893 baute England 42 015 acres mehr Gerste und
148 910 acres mehr Hafer als 1892, allein zusammen wären das nur
190 925 acres gegenüber einer Weizenflächen-Abnahme von 304 100
acres. Die Zahlen über die Zunahme der Haferfläche sind
ganz interessant und geben wir sie hier wie folgt an:

		1893	1894	Zunahme
	England .	1 914 373	1 765 463	148 910
	Wales . .	240 865	233 399	7 466
England und Wales . Sa.		2 155 238	1 998 862	156 376
	Schottland	1 016 518	998 683	17 835
Grofsbritannien . . . Sa.		3 171 756	2 997 545	174 211
	Irland . .	1 248 360	1 226 307	22 053
Vereinigtes Königreich Sa.		4 435 944	4 238 036	197 908

In enger Beziehung zum Weizenbau steht in England die Schafzucht und wir werden sehen, dafs die Zahl der Schafe in England

enorm zurückgegangen ist. Folgende Zusammenstellung zeigt uns die **Abnahme der Schafe** vom Juni 1892 auf Juni 1893 im Vereinigten Königreich:

	1893	1892	Abnahme
England .	16 805 280	17 993 756	1 188 476
Wales . .	3 101 890	3 197 501	95 611
England und Wales Sa.	19 907 170	21 191 257	1 284 087
Schottland	7 373 164	7 543 447	170 283
Grofsbritannien . . Sa.	27 280 334	28 734 704	1 454 370
Irland .	4 421 593	4 827 702	406 109
Vereinigtes Königreich Sa.	31 774 824	33 642 808	1 867 984

Hieraus ersehen wir, dafs England allein in einem Jahre um 1 188 476 Schafe zurückgegangen ist und dafs das Vereinigte Königreich (also inkl. Irland) um 1 867 984 weniger Schafe besitzt. Wenden wir uns der Frage zu, in welchen Teilen Englands diese ungeheuere Schafabnahme stattgefunden hat, so zeigt uns die Statistik, dafs alle Grafschaften ihre Schafherden verringert haben, nur in drei Fällen beträgt die Abnahme weniger als 10 000 Schafe pro Grafschaft. Andererseits finden wir sechs Grafschaften, die ihre Herden um je über 50 000 Stück vermindert haben und zwar Devon um 76 735, Hants 70 716, Lincoln 67 356, Somerset 62 736, Kent 51 731 und Cumberland um 51 525. Die fünf Grafschaften im Osten Englands, die als die Weizenkammer „par excellence" gelten, haben 1893 ihre Weizenfläche um 105 911 acres verringert, eine Fläche, die den dritten Teil der ganzen Weizenabnahme Englands ausmacht.

Folgende Zusammenstellung zeigt uns die Änderung, die während 1892—1893 in diesen fünf Grafschaften Englands vorgegangen ist:

Grafschaft	Abnahme der Weizen- fläche 1893	Zunahme der Gersten- fläche 1893	Zunahme der Hafer- fläche 1893	Zunahme der Brach- fläche 1893	Zunahme der per- manenten Weide nicht für Heu 1893	Abnahme der Schafe 1893
	acres	acres	acres	acres	acres	
Cambridge	11 198	3 613	2 105	7 664	5 913	19 630
Essex	23 101	4 048	8 540	11 838	27 458	26 362
Lincoln	29 333	1 923	9 386	7 948	13 371	67 356
Norfolk	23 417	6 353	8 031	5 680	3 314	22 551
Suffolk	18 862	4 341	8 878	4 462	9 093	22 081
Sa.	105 911	20 278	36 940	37 592	59 149	157 980

Durchweg findet man in England, dafs diejenigen Farmer, die allein vom Weizenbau und von ihren Schafherden abhängig waren am allerschlechtesten daran gewesen sind; ich schliefse hier selbstredend die Hochzüchter in der Schafzucht aus. Namentlich findet man also die Notlage der heutigen englischen Landwirtschaft in den östlichen Teilen des Vereinigten Königreiches, wo die Einführung einer Viehweidewirtschaft nicht so leicht, ja teils ganz ausgeschlossen ist. Wie ich schon früher angedeutet habe, sind es hauptsächlich die „Corn counties" Englands, die landwirtschaftlich darnieder liegen, während die sog. „Grazing counties" im ganzen Westen sich in ihre Lage gefunden haben und durch die angedeutete Viehweidewirtschaft wieder im **Aufblühen** begriffen sind.

Folgende Tabelle zeigt uns die Zahl der Schafe und ihre Zu- oder Abnahme während der letzten 10 Jahre in England und zwar am 4. Juni:

Jahr	Zahl	Zu- oder Abnahme (+ —)
1871—1880	18 395 620 Durchschnitt.	
1884	16 428 064	+ 833 404 seit 1883.
1885	16 809 778	+ 381 714
1886	16 402 138	— 407 640
1887	16 452 508	+ 50 370
1888	15 788 794	— 663 714
1889	15 839 882	— 51 088
1890	16 841 288	+ 1 001 406
1891	17 874 722	+ 1 033 434
1892	17 993 756	+ 119 034
1893	16 805 280	— 1 188 476

Im Jahre 1893 ist die Abnahme gröfser als die Zunahme der 2 Jahre 1891 und 1892.

Während der Jahre 1890 und 1891 fand eine grofse Zunahme der Herden statt, allein keine dieser beiden Zunahmen war so grofs als die Abnahme des Jahres 1893. Die Zahl der Schafe für das Jahr 1893 ist geringer als die Zahl der Schafe im Jahre 1890.

Wir sehen sogar, dafs England 1885 mehr Schafe hatte als im Juni 1893. Während der letzten 10 Jahre ist noch nie die Höhe der Schafzahl erreicht worden, die England durchschnittlich zwischen 1871—1880 besafs, nämlich 18 395 620. Die grofse Abnahme der Schafzucht für das Jahr 1893 fand gleichzeitig statt mit der grofsen Abnahme des Weizenareals, nämlich um 304 100 acres in England und die Anlage von 319 422 acres in permanenter Weide (nicht zu Heuzwecken).

Nichts könnte uns die **Richtung** des englischen landwirtschaftlichen Betriebes besser zeigen als obige Statistik, d. h. **Abnahme** des Weizenbaues und der Schafhaltung und **Zunahme der Viehweidewirtschaft** in Verbindung mit dem **Molkereiwesen**.

Tafel A und B zeigen uns noch in deutlichster Weise die Betriebsrichtung der englischen Landwirtschaft im Jahre 1895. Wir beobachten (Tafel A) eine Abnahme von 26,5 % des Weizenareals im Vergleich zu 1894 und eine Zunahme des Gersten-, Hafer-, Kartoffel-, Klee- und Grasbaues. Im Vergleich zu 1893 finden wir (Tafel B) die enorme Abnahme von 25,3 % an Weizen und die auffallende Zunahme von 12,5 % an Kleebau und 11,5 % an permanenter Weide.

A. 1895 mit 1894 verglichen.

Pflanzenbau und lebendes Vieh	1895	1894	Zu-nahme	Ab-nahme	Zu-nahme	Ab-nahme
	acres	acres	acres	acres	Proz.	Proz.
Weizen	1 417 641	1 927 962	—	510.321	—	26,5
Gerste	2 166 279	2 095 771	70.508	—	3,4	—
Hafer	3 295 905	3 253 401	42,504	—	1,3	—
Kartoffeln	541 217	504 454	36.763	—	7,3	—
Heu : Klee u. Rotationsgräser	2 303 431	2 121 904	181.527	—	8,6	—
Heu : Permanente Weide . .	4 760 889	4 852 442	—	91.553	—	1,9
Hopfen	58 940	59 535	—	595	—	1,0
	Nr.	Nr.	Nr.	Nr.	Proz.	Proz.
Kühe und Kalbinnen in Milch und tragend	2.485.820	2 460 086	25 734	—	1,0	—
Anderes Vieh : 2jährig u. darüber	1.431,525	1 516 672	—	85 147	—	5,6
„ „ 1 Jahr u. unter 2	1.190,368	1 217 145	—	26 777	—	2,2
„ „ unter 1 Jahr .	1.246,623	1 153 210	93 413	—	8,1	—
Summa des Rindviehes	6 354 336	6 347 113	7 223	—	0,1	—
Mutterschafe zur Zucht . . .	9 663 129	9 668 002	—	4.873	—	0,1
Andere Schafe : 1jährig u. darüber	6 334 386	6 342 730	—	8.344	—	0,1
„ „ unter 1 Jahr	9 794 680	9 850 768	—	56.088	—	0,6
Summa der Schafe	25 792 195	25 861 500		69 305	—	0,3
Sauen zur Zucht	415,210	351 119	64 091	—	18,3	—
Andere Schweine	2 469 221	2 038 907	430 314	—	21,1	—
Summa der Schweine	2 884 431	2 390 026	494 405	—	20,7	—

B. 1895 mit 1893 verglichen.

Pflanzenbau und lebendes Vieh	1895	1893	Zu-nahme	Ab-nahme	Zu-nahme	Ab-nahme
	acres	acres	acres	acres	Proz.	Proz.
Weizen	1 417 641	1 897 524	—	479 883	—	25,3
Gerste	2 166 279	2 075 097	91 182	—	4,4	—
Hafer	3 295 905	3 171 756	124 149	—	3,9	—
Kartoffeln	541 217	527 821	13 396	—	2,5	—
Heu: Klee u. Rotationsgräser	2 303 431	2 047 008	256 423	—	12,5	—
Heu: Permanente Weide . .	4 760 889	4 270 480	490 909	—	11,5	—
Hopfen	58 940	57 564	1 376	—	2,4	—
	Nr.	Nr.	Nr.	Nr.	Proz.	Proz.
Kühe und Kalbinnen in Milch und tragend	2 485 820	2 554 624	—	68 804	—	2,7
Anderes Vieh: 2jährig u. darüber	1 431 525	1 580 242	—	148 717	—	9,4
„ „ 1 Jahr u. unter 2	1 190 368	1 354 523	—	164 155	—	12,1
„ „ unter 1 Jahr .	1 246 623	1 211 287	35 336	—	2,9	—
Summa des Rindviehes	6 354 336	6 700 676	—	346 340	—	5,2
Mutterschafe zur Zucht . . .	9 663 129	10 128 676	—	465 547	—	4,6
Andere Schafe: 1jährig u darüber	6 334 386	6 911 063	—	576 677	—	8,3
„ „ unter 1 Jahr	9 794 680	10 240 595	—	445 915	—	4,4
Summa der Schafe	25 792 195	27 280 334	—	1 488 139	—	5,5
Säue zur Zucht	415 210	308 722	106 488	—	34,5	—
Andere Schweine	2 469 221	1 804 808	664 413	—	36,8	—
Summa der Schweine	2 884 431	2 113 530	770 901	—	36,5	—

XIV. Die Krisis in England, den britischen Kolonieen und Vereinigten Staaten von Nordamerika.

Wenn wir bis jetzt nur Grofsbritannien einer eingehenden landwirtschaftlichen Untersuchung unterworfen haben, so möchte ich noch zum Schlufs einen Rundblick auf die Landwirtschaft der britischen Kolonieen und den Vereinigten Staaten werfen und sehen, wie diese landwirtschaftlich bestellt sind.

Wir wollen in erster Linie die britischen Kolonieen und Indien kurz zusammenfassen und besprechen: Dafs in **Kanada** trotz des Aufblühens des Molkereiwesens, wovon ich mich persönlich eingehend überzeugt habe, allgemeine landwirtschaftliche Klagen ertönen, ist nur zu bekannt. Beweise haben wir hierfür in den Fachzeitungen alltäglich, auch bestätigt es uns das konstant gleichmäfsige Fallen der Güterpreise und der dort erzielten Produktenpreise, und noch deutlicher wird es durch den bedeutenden Rückgang der Weizenanbaufläche. 1891 finden wir ein Weizenareal von 2 277 254 acres, und das in Ontario und Manitoba, den Weizenländern „par excellence". Im Jahre 1894 finden wir nur 2 039 194 acres an Weizen. Der Rückgang in Ontario hat seit längerer Zeit gleichmäfsig stattgefunden, und es ist nur das Inkulturnehmen jungfräulichen Bodens in Manitoba und in „the North West", das die gesamte Weizenfläche für ganz Kanada auf der jetzigen Höhe gehalten hat. Aber im Jahre 1894 war das Weizenareal in Manitoba nur 6546 acres mehr als im Jahre 1893 und dasjenige in Ontario war noch sehr viel geringer, so dafs zusammen die zwei Provinzen Manitoba und Ontario nur 2 039 194

---

[1]) Statistical Year Book for Canada 1893. Ottawa 1894.

26*

37*

acres im Jahre 1894 gegenüber einem Areal von 2 274 315 im Jahre
1893 aufzuweisen haben. Ein Bericht aus Winnipeg vom Januar
1894 teilt uns mit, daſs die landwirtschaftliche Not unter den Farmern
von Manitoba groſs sei, und daſs von allen Seiten um Unterstützung
gebeten wird. Der „President of Patrons of Industry" sagt in seinem
jährlichen Bericht: „Nie in unserer Geschichte haben wir solche
schwere Zeiten durchgemacht. Die Landwirte verlieren den Mut und
viele befinden sich in Not."

Sowohl in Australien wie in Neu-Seeland[1]) wird zugegeben, daſs der Weizenbau bei den heutigen niedrigen Preisen unrentabel ist. Das Areal an Weizen für 1892—93 für ganz „Austral-
asia" inkl. Tasmania war 3 822 950 acres, im Vergleich zu 3 870 346
acres für 1889—90. In „South-Australia" zeigt uns die neueste
Zählung, daſs die landwirtschaftliche Bevölkerung in dem Jahrzehnt
von 1881—1891 abgenommen hat, und zwar ist die Zahl der in der
Landwirtschaft beschäftigten männlichen Bevölkerung um 1140 kleiner
geworden, eine Thatsache, die unstreitig den Rückgang des Landbaues anzeigt. Der Wert des landwirtschaftlichen Grund und Bodens
in Australien ist allgemein gefallen und nicht weniger ist dies in Neu-
Seeland der Fall gewesen. Im April 1894 veröffentlichte die „Land-
owner's Defence League of New South Wales" ein Manifest, welches
klarlegte, daſs in der ganzen Kolonie während der letzten 5 Jahre
nichts als Not unter den öffentlichen Gesellschaften, Gütern im
Privatbesitz und unter allen, die an der Landwirtschaft interessiert
waren, bestanden hätte." Weiter sagt der Bericht, daſs „Männer, die
vor 5 Jahren für reich gehalten wurden a conto der Güter, die sie
besaſsen, heute arm sind", und daſs „viele Gütergesellschaften, bei
denen die Ersparnisse von Tausenden angelegt waren, einfach von
der Bildfläche verschwunden sind"; und daſs endlich „im Norden,
Westen und Süden der Kolonie aus den Weidedistrikten ein gleich-
mäſsiges Klagen über die landwirtschaftliche Not verbreitet ist". Und
doch hat New South Wales von allen australischen Kolonieen den
höchsten Weizenertrag und wurde früher als die blühendste Kolonie
Australiens angesehen. Die Not ist gröſser in „South Australia" und
wahrscheinlich ebenso schlimm in Victoria. Letztere Kolonie hat sich
in der Butterausfuhr sehr hervorgethan; die Regierung hatte der
Entwickelung dieser Produktion dadurch aufgeholfen, daſs sie eine
Ausfuhrprämie auf jedes Pfund Butter, das nach Europa verschifft

---

[1]) W. E. Bear, Agric. Depression in the British Colonies (R. A. S. of E.), p. 694. 1894.

wurde, bezahlte, die je nach der Höhe des Preises stieg oder fiel; allein jetzt, da diese Ausfuhrprämie nicht mehr gezahlt wird, müssen sich die Landwirte mit einer Rente für Milch von 2³/₄ d pro Gallon (ca. 6 Pf. pro Liter) begnügen, und es ist natürlich, daſs bei einem solchen Preis ihnen der Export nicht nützen kann. Zu Anfang des Exports war der Butterpreis gleichbedeutend mit 4—5 d pro Gallon Milch und der Preisrückgang auf 2³/₄ d, ja in manchen Fällen 2¹/₄ d pro Gallon genügte, um den Molkereibetrieb unrentabel zu machen. Auch in Neuseeland ist der Preis, der heute bezahlt wird, gewöhnlich 2³/₄ d pro Gallon Milch, und die Molkereigenossenschaften haben sogar bei diesem niedrigen Milchpreis Geld zugesetzt. Die Unrentabilität des Weizenbaues in Australien und Neuseeland hat die Farmer dazu gezwungen, zum Export von Molkereiprodukten und Fleisch Zuflucht zu nehmen, allein die „Refrigerating Meat Companies" sollen in den letzten Jahren viel Geld verloren haben. In Viktoria ist der Vorschlag gemacht worden, eine Steuer von 2 s pro Hundert Schafe aufzulegen, um damit Exportprämien auf Fleisch zahlen zu können, indem die Begründung dahin lautet, daſs jetzt die Herdenbesitzer, die nicht Hammelfleisch ausführen, den Nutzen der kolonialen einheimischen Märkte haben, während diejenigen, die Hammelfleisch ausführen, durch ihre Unternehmungslust Geld verlieren; es scheint also, als ob ohne Ausfuhrprämien weder die Ausfuhr von Butter noch die Ausfuhr von Fleisch aus Viktoria sich bezahlt macht.

Das Gedeihen der Landwirtschaft in Südafrika[1]) spielt keine groſse Rolle. Der Wohlstand der englischen Kolonieen in Südafrika hängt mehr von Gold und Diamanten ab als von der Landwirtschaft; letztere hat dort nie groſse Fortschritte gemacht. Die Ausfuhr von Getreide aus dieser Weltgegend ist auch von keiner groſsen Bedeutung, obgleich die englische Kolonie „Cape Colony" eine der ältesten englischen Kolonieen ist. Nur 3 100 000 Bushels wurden im Jahre 1893—1894 an Weizen produziert und noch viel weniger Gerste und Hafer. Auffallend ist, daſs die Zahl der Schafe und des Rindviehes im Jahre 1894 geringer war als im vorhergehenden Jahre. Das deutet eher auf ein Leiden als auf ein Blühen der Landwirtschaft.

Über die Bebauer des Grund und Bodens in Indien existieren einige neuere Nachrichten von bedeutendem Wert.[2])

Die Landwirtschaft in Indien ist stets auf so niedrigem Fuſs ge-

---

[1]) W. E. Bear, Agric. Depression in the British Colonies, p. 694, 1894.
[2]) J. A. Völcker, Report on Indian Agriculture. London 1893.

wesen, dafs eine Blüte derselben eigentlich nie stattgefunden hat.[1] In den letzten Jahren hat der Weizenexport abgenommen, trotzdem gute Ernten stattgefunden hatten; es deutet doch darauf hin, dafs in den letzten Jahren der Weizenpreis auf dem europäischen Markt für die ausführenden Händler nicht hoch genug war, um die einheimischen Produzenten zu befriedigen. Der Weizen ist wohl zum grofsen Teil in Indien geblieben und dort verzehrt worden, nachdem wie dort üblich die Produzenten den Weizen in Silos aufbewahren, in der Hoffnung, dafs die Preise steigen werden, um eine Ausfuhr zu ermöglichen. Es wird angenommen, dafs jetzt noch viel Weizen in Silos aufbewahrt ist und man nur auf erhöhte Preise wartet. Die Prämie in der indischen Währung hatte den Weizenexport ins Leben gerufen und denselben während einer Reihe von Jahren aufrecht erhalten; allein in den letzten Jahren ist der Preis in Europa zu sehr gesunken, und trotz der Währungsprämie ist die Ausfuhr unrentabel gewesen, und so finden wir, dafs die Ausfuhr, die im Jahre 1891—1892 sogar 30 303 425 Cwts. betrug, im Jahre 1892—1893 auf 14 973 453 Cwts. fiel und nach Schätzungen für 1894 wiederum bedeutend gefallen ist.

Werfen wir einen Blick auf die Landwirtschaftskrisis der Vereinigten Staaten von Amerika[2]): Über die Landwirtschaft in den Vereinigten Staaten haben wir an anderer Stelle viel zu sagen gehabt; wir können uns hier ziemlich kurz fassen: Die Thatsache allein, dafs in dem Jahrzehnt von 1880—1890 die Weizenfläche im Lande abgenommen hatte, und zwar in einer Zeit, wo die Bevölkerung um 12$\frac{1}{2}$ Millionen Menschen zunahm, genügt uns, um die Unrentabilität des Weizenbaues in den Vereinigten Staaten zu beweisen. Seit 1890 hat wieder eine Abnahme von 2 750 000 acres stattgefunden, trotzdem seit 1890 die Bevölkerung wieder um 5—6 Millionen zugenommen hat. Mit der Abnahme der Weizenfläche in den Vereinigten Staaten hat dementsprechend das Grasland wieder zugenommen; wir finden einen Rückgang zur früheren wilden Weidewirtschaft, was in den Vereinigten Staaten als ein schlechtes Zeichen zu deuten ist. Die Weidefläche hat also seit 1880 um 2 500 000 acres zugenommen; die für Heuzwecke benutzte Fläche hat etwa um 24 000 000 acres in dieser Zeit zugenommen. Im Jahre 1880 finden wir 25 863 955 acres, die zu Heuzwecken benutzt wurden, und im Jahre 1893 war die Fläche auf

---

[1] R. Wallace, India. Edinb. 1888.
[2]) J. Morton, Sec. of Agric., Report of Agriculture. Washington 1893. W. E. Bear, Agric. Depression in the United States (R. A. S. of E.). p. 689, 1894.

49 613 469 acres gewachsen, und es unterliegt keinem Zweifel, dafs diese Fläche seit 1893 wieder zugenommen hat.

Obgleich die vier letzten Ernten gute gewesen sind, haben die Weizenpreise vom Jahre 1891 allein eine Rente im Weizenbau ergeben können. Wenn wir die „Commercial Returns"-Angaben, da sie gröfser sind als die amtlichen „Returns", annehmen, so finden wir einen Ertrag von kaum 17 Bushels pro acre im Jahre 1891 und 14,3, 13 und 14 Bushels pro acre für die Jahre 1892, 1893, 1894 der Reihe nach. Nach dem amtlichen Farmenpreise des Dezembers, nach Angabe des „Department of Agriculture", würde der Ertrag pro acre sich auf 14, 9, 7 und ca. 6 Dollars belaufen.

Der Preis war ungewöhnlich hoch im Jahre 1891 und der Durchschnittsertrag ein ganz aufsergewöhnlicher, so dafs ein Reinertrag dabei herauskam; allein 9 $ (ca. 37 Mk. 50 Pf.) für 1892 genügten nicht, um den amerikanischen Farmern die Arbeit bezahlt zu machen, und natürlich sind ca. 29 Mk. 16 Pf. im Jahre 1893 und ungefähr 25 Mk. pro acre von 40 ar im Jahre 1894 Preise, die nur mit Verlust verbunden sein können. Es genügt nicht die Thatsache, dafs in gewissen Gegenden der Vereinigten Staaten der Weizen sehr billig produziert werden kann; wenn das auch wahr ist, so gilt das doch nicht für das ganze Land, auch ist es kein Beweis dafür, dafs zu diesen Preisen auf die Dauer Weizen produziert werden kann. Im Jahre 1894 veranlafste die „U. S. Department of Agriculture" Untersuchungen über die Produktionskosten von Weizen bei 25 000 Farmern, und das Resultat der sämtlichen Untersuchungen war ein Ergebnis von 11 $ 69 cts. pro acre oder 48 Mk. 66 Pf. Nach dieser Annahme würde sich für das Jahr 1891 ein Reinertrag von 10 Mk. pro acre herausstellen; dagegen für die Jahrgänge 1892, 1893, 1894 stellt sich ein Mindererlös oder Manko von 11 Mk. 16 Pf., 19 Mk. 50 Pf. und ca. 23 Mk. 66 Pf. pro acre. Wo die Farmer Stroh verkaufen konnten, ist wohl weniger Verlust gewesen, vielleicht überhaupt nicht; allein nur eine ganz verschwindend kleine Zahl dieser Güterfläche wird Stroh verkaufen können. Mindestens bei der Hälfte des Komplexes wird das Stroh verbrannt: es wird nicht einmal zu Dünger gemacht, und teilweise wird die lange Stoppel einfach eingepflügt. Es sei denn, dafs das Stroh verkauft, als Häcksel verbraucht oder zu Dünger umgewandelt wird, in welchem Falle es zu gute der folgenden Frucht gebucht würde, kann man das Stroh nicht in Rechnung bringen. Die billigsten Produktionskosten zeigt uns North Dakota mit 7 $ 48 cts.

oder ca. 51 Mk. 16 Pf. pro acre; die höchsten Produktionskosten weist Massachusetts auf mit 28 $ 81 cts.

Abgesehen aber von den baren Produktionskosten des Weizens dürfen wir nicht vergessen, dafs der amerikanische Farmer, der gewöhnlich Kleinbauer ist, als notleidend zu bezeichnen ist, es sei denn, dafs er 20 Mk. pro acre Reinertrag im Weizenbau erzielen kann, und als äufserst notleidend zu bezeichnen ist, wenn der Reinertrag sich nur auf 10 Mk. beläuft.

Nach der Statistik ist die Durchschnittsgröfse einer Farm in den Vereinigten Staaten exkl. der Kleinbesitzer von 3 acres nur 136 $\frac{1}{4}$ acres, und die Durchschnittsgröfse des kultivierten Teils (d. h. also wenigstens 1 mal gepflügt) beläuft sich auf nur 78 $\frac{1}{2}$ acres. Ziehen wir nun in Betracht, dafs es nur kultiviertes Land ist, welches einen Reinertrag von nennenswerter Gröfse ergiebt, so ist es klar, dafs ein Reingwinn von 10 Mk. pro acre nicht viel mehr ausmachen würde als den Lohn eines Tagelöhners. Solche Preise und Zahlen nun, wie wir sie seit 1891 uns ausgerechnet haben, sind trostlos und führen zum Ruin; sie müssen, wenn sie sich oft wiederholen, den amerikanischen Farmer zum Bankerott bringen, wenn er den Weizenbau fortsetzt. Allein bei solchen Ergebnissen wird das Weizenareal des amerikanischen Farmers allmählich weniger werden und die Abnahme des Anbaues wird bald den Weizenpreis in die Höhe treiben.

Dafs Not unter den **Viehproduzenten der Vereinigten Staaten und im Fleischhandel** existiert [1]), wird niemand in Abrede stellen; es ist eine nur zu allgemein bekannte Thatsache, als dafs dieselbe hier einer Erläuterung bedürfe. Was die **Schafe** in den Vereinigten Staaten betrifft, so sind sie zu keiner Zeit sehr rentabel gewesen, teilweise weil der Amerikaner kein Schafzüchter ist und die Schafzucht in den Vereinigten Staaten nicht verstanden wird. Jüngst hört man viel Klagen über den Pferdehandel. Gerade die Pferdeproduktion in Amerika schien mir besonders unrentabel; die Pferdeproduzenten sagten mir, sie könnten überhaupt ihre selbstgezogenen Pferde wegen Mangel an Käufer oft nicht verkaufen; das Angebot sei gröfser als der Bedarf. Mich wunderte diese Thatsache nicht, denn jede kleine Stadt in Amerika hat jetzt elektrische oder Kabelbahn statt Pferdebahnen. Der praktische Amerikaner hat längst herausgefunden, dafs die Elektrizität billiger ist als die teure Pferdehaltung; ich war oft erstaunt über die Ausbreitung der Elektrizität sogar in den

[1]) W. E. Bear, Agric. Depression in the United States, p. 690, 1894.

kleinsten Dörfern. Die Produktion, die sich noch am besten während der letzten 2—3 Jahre bezahlt gemacht hat, war in den Vereinigten Staaten die Schweinezucht, teilweise durch den so riesig zu deckenden Bedarf und teilweise durch die billigen Getreidepreise. Der Farmer hat in vielen Fällen es für rentabler gefunden, seinen Weizen, Getreide und Mais an Schweine zu verfüttern als für den Export zu Schleuderpreisen zu verkaufen. Wenn in England die Fleischpreise ungewöhnlich niedrig waren, konnte man oft in den amerikanischen Zeitungen über die Verluste im Fleischexport nachlesen, und zwar Verluste seitens der Grofshändler, trotzdem die Viehproduzenten und Viehmäster ihr Vieh zu Schleuderpreisen an die Grofshändler abgaben. In Bezug auf Schafe teilte eine amerikanische Zeitung mit, dafs die Produzenten nur noch 2 cts. pro Lb. leb. Gewicht für ihre Hammel und 12 cts. für ungewaschene Wolle von den Grofshändlern bezahlt erhielten. Diese Preise würden genügen, um Schafherdenbesitzer zu veranlassen, ihre Schafherden zu verkleinern oder gar, wenn möglich, ganz eingehen zu lassen. Ebenso wie in England findet man in den Vereinigten Staaten, dafs die Molkereiindustrie von allen landwirtschaftlichen Betrieben am wenigsten gelitten hat; allein die Vereinigten Staaten sind in der Molkereiproduktion sehr zurückgegangen, teilweise durch die Konkurrenz K a n a d a s, das r e e l l e r e Waren nach England schickt, während sich vielfach die Amerikaner den englischen Markt durch schlechte unreelle Molkereiprodukte selbst verdorben haben.

Die Klagen, die ich persönlich seitens der amerikanischen Farmer hörte, würden allein ein Buch füllen; allein ich will mich hier auf einige Daten aus einem Bericht des „Senate Committee on Agricultural Depression" beschränken, welche im April 1892 zusammentraf und 1894 einen Bericht drucken liefs. In erster Linie machen wir aufmerksam auf die Statistik der Grund- und Bodenwerte und Taxationen zur Besteuerung. Diese Taxationen geschehen auf verschiedene Weise in den verschiedenen Staaten und gehen in verschiedenen Jahren vor sich: teilweise finden wir die Werte des Kultur- und Naturbodens separat angegeben, und teilweise zusammengerechnet. Im Staate Illinois z. B. fiel der Wert eines acre Kulturbodens von 20 $ 81 cts. pro acre im Jahre 1874 auf einen Durchschnittswert von 11 $ 18 cts. im Jahre 1892, im Staate Minnesota von 8 $ 8 cts. im Jahre 1878 auf 7 $ 88 cts. im Jahre 1892, in Nebraska von 4 $ 60 cts. im Jahre 1885 auf 3 $ 72 cts. pro acre im Jahre 1892; in Kansas finden wir einen Wertrückgang von 14 %, seit 1884, in Pensylvania einen Rückgang von 25—30 %, während der letzten 20 Jahre; in New York State finden wir einen Rückgang von 33 %, in nur ganz wenig Jahren, in New England ist eine Wertverminderung von 30 % seit 1875 verzeichnet. In Missouri allein unter den sämtlichen Staaten wird eine Wertsteigerung des Grund und Bodens seit 1884 verzeichnet; ein vollständiger Bericht aller Staaten ist noch nicht erschienen.

Der Wert des Viehes auf den Farmen in den Vereinigten Staaten im ganzen genommen mit Ausschliefsung der Milchkühe ist von 23 $ 52 cts. im Jahre 1884 auf 15 $ 24 cts. im Jahre 1892 gefallen; der Wert der Milchkühe ist von 31 $ 37 cts. auf 21 $ 75 cts. zurückgegangen; Pferde fielen im Werte von 74 $ 64 cts. auf 61 $ 22 cts.; dagegen soll der Wert der Schafe von 2 $ 37 cts. auf 2 $ 66 cts. und ebenfalls der Wert der Schweine von 5 $ 57 cts. auf 6 $ 41 cts gestiegen sein. Die Zahlen für gewisse Zeitperioden zeigen einen Wertrückgang bei Ochsen, Kühen, Pferden und Schweinen während der Perioden 1868—1872 und 1888—1892 und während derselben Perioden keine Änderung im Werte der Schafe an.

Es ist nicht nötig, aus den Tabellen den grofsen Rückgang des Wertes des Weizens, der nur allzubekannt ist, hervorzuheben; wir wollen nur betonen, dafs, während der „loco"-farm Wert der Weizenernte während der 10 Jahre 1870—1880 zwischen 10 $ 86 cts. bis 15 $ 27 cts. schwankte, dieser Wert nur zweimal auf 10 $ seit 1883 stand und dafs in den 10 Jahren 1883—1893 der Durchschnittsfarmenwert der Weizenernte nur eine Kleinigkeit über 8 $ stand. Mit Hilfe einer Tabelle, die die Preise von verschiedenen Gruppen von allen möglichen Artikeln von Nahrungsmitteln während einer Reihe von Jahren vergleicht, zeigt uns der Bericht, dafs, während der Rückgang in den Preisen von 1883—1893 ungefähr 10 % war, man bei Berechnung der landwirtschaftlichen Erzeugnisse für sich allein einen Rückgang der Preise von über 30 % findet. Die Schätzungen der Produktionskosten bei Weizen in verschiedenen zur Berechnung gewählten Staaten übertreffen um ein beträchtliches die Einnahmen der letzten Jahre.

Unter den Ursachen giebt das Komitee an: die Konkurrenz des Auslandes und gewisser „bonanza farms" in gewissen Staaten, sowie die Erniedrigung der Weizenpreise durch die Börsenspekulation, durch das bekannte „Option system", weiter die Übersteuerung des Grund und Bodens, ferner die nachteilige Wirkung von „Rings", „Combines" und „Trusts" der grofsen Händler, die den Farmer ausbeuten, und endlich die grofse hypothekarische Schuldenlast der Mehrzahl

der amerikanischen Farmer, die ungeheuer hohen Zinsen, die der
Grund und Boden gar nicht tragen kann, und schliefslich die noch zu
hohen Bahnfrachten, die in manchen Gegenden höher sind als der
Wert der Ware, wo die Bahnen ohne Konkurrenz das Frachtmonopol
in den Händen haben.

Aus unseren Ausführungen wird klar geworden sein, dafs die
landwirtschaftliche Krisis in England, wenn auch noch nicht vorbei,
doch zum grofsen Teil überstanden ist, und dafs die Landwirtschaft
auf gesunder Basis steht; dafs schliefslich die Pächter und Gutsbesitzer
sich in ihre neue Lage hineingefunden haben, wenn auch mit vorübergehenden schweren Verlusten. Dafs die landwirtschaftliche Basis Englands gesünder ist als z. B. die heutige Basis Deutschlands, ist klar. In
Deutschland haben die Güter, bei den immer noch zu hoch geschraubten
Güterpreisen, noch lange nicht ihren Wert den Zeiten gemäfs geändert. Die Güter haben meist einen viel zu hoch angesetzten Ver-
kaufs- und Verpachtungspreis und können unmöglich bei solchen hoch
gehaltenen Preisen rentieren; auch sind sie meist mit viel zu hohen
Hypothekenschulden belastet; sie können kaum die Zinsen dieser
Hypotheken erschwingen und natürlich bleibt für die Verzinsung des jeweiligen Besitzerkapitals und für Unternehmergewinne gar nichts übrig;
endlich kommt die unausbleibliche Subhastation, die den Gütern auf
Jahre hinaus schadet, denn der ehemalige Besitzer, so lange er sich
noch irgendwie halten konnte, thut es auf Kosten des Grund und
Bodens, indem er die letzte Kraft aus dem Gut aussaugt. Es ist also
klar, dafs die landwirtschaftliche Krisis für D e u t s c h l a n d ungemein
v i e l s c h w e r e r zu ertragen ist als für England. Abgesehen von den
zu teuer übernommenen Gütern und von den schweren Schulden hat
Deutschland noch den Nachteil, dafs es an den Getreidebau gebunden
ist; es kann die Wirtschaftsweise nicht von heut auf morgen ändern,
wie es der englische Farmer, sich den Verhältnissen anpassend, that,
weil Deutschland kein See- und Küstenklima besitzt und es ihm einfach unmöglich wäre, den Acker in üppige Viehweiden umzuwandeln;
das Gras würde eben nicht wachsen.

Dafs die landwirtschaftliche Krisis in England zuerst und viel
früher eingetreten ist als in Deutschland und anderen Ländern, steht
fest. Den ersten Anprall der Krisis mufste die englische Landaristokratie durch Reduzierung der Pacht tragen, dann mufsten auch
die Pächter ihren Teil des Verlustes, aber nur den geringeren Teil, auf
sich nehmen. Allmählich änderte, wie wir gesehen haben, der englische
Farmer seinen Betrieb, er richtete immer mehr und mehr Viehweide-

wirtschaft ein, was ihm grofse Verluste, die bei allen Betriebsänderungen unvermeidlich sind, kostete; die Getreidewirtschaften nahmen an Zahl ab und jetzt glauben wir behaupten zu können, dafs, wenn auch in den „Corn counties" Englands noch schwere Zeiten durchgemacht werden müssen, die englischen Farmer in den „Grazing counties" jetzt prosperieren und teilweise sogar Geld verdienen. Durch Einschränkung des Getreidebaues und Ausdehnung des Futterbaues zum Zweck der Einrichtung von Molkereiwirtschaften wird auch bald der östliche Teil Englands in ein gesunderes Fahrwasser gelangen, dann wird man auch behaupten können, dafs England die landwirtschaftliche Krisis überstanden hat und dafs die Landwirtschaft wieder aufblüht. Von Jahr zu Jahr ist es der Landaristokratie klarer geworden, dafs sie auf alle Fälle sich den guten Püchterstand erhalten mufs und man mufs sagen, sie haben keine Opfer gescheut, sei es durch Nachlafs von Pachten oder Unterstützung mit Geld, und namentlich während unnormaler Dürrjahre oder nasser Jahrgänge ist es ihnen in den meisten Fällen vortrefflich gelungen. Schliefslich kann man sagen, dafs die Güter- und Pachtpreise in England heute vollständig zeitgemäfs geworden sind, und dafs Güter und Pachten eher billig als zu teuer sind. Durch die Krisis sind Aristokratie und Püchterstand immer enger verbunden und ihr Zusammenwirken eine Notwendigkeit geworden.

XV. Erläuterungstafeln.

Tafel 1. Werte der Einfuhr landwirtschaftlicher Nahrungsmittel vom Jahre 1884—1893. [1])

Jahre	Gruppe 1. Leb. Vieh Schafe, Schweine	Gruppe 2. Rind-, Hammel-, Schweine-Fleisch, Speck, Schinken, Eier, Butter, Käse etc.	Gruppe 3. Weizen und Weizenmehl	Gruppe 4. Gerste, Hafer, Mais, Mehl, Hopfen, Reis, Zucker etc.	Gruppe 5. Obst (roh), Nüsse und Gemüse	Summa aller Gruppen
	£	£	£	£	£	£
1884	10 504 877	39 736 081	30 065 577	43 090 450	6 519 290	129 916 275
1885	8 734 754	38 110 303	33 736 358	42 162 070	6 009 119	128 752 604
1886	7 142 397	36 101 454	26 137 681	37 359 579	6 178 176	112 919 287
1887	6 149 048	38 193 960	31 365 802	36 814 160	6 927 895	118 850 865
1888	7 727 694	40 339 136	31 526 720	42 290 236	6 703 486	128 587 272
1889	10 359 832	46 060 430	31 054 410	47 365 155	6 884 787	141 724 014
1890	11 216 311	48 957 496	32 658 132	43 943 599	7 514 692	144 290 170
1891	9 246 398	49 503 337	39 633 091	47 693 979	8 311 209	154 388 014
1892	9 362 135	53 745 375	37 125 355	46 790 767	8 473 694	155 497 326
1893	6 351 704	54 857 020	30 831 538	47 444 542	8 076 013	147 560 810

Durchschnittszahlen.

	£	£	£	£	£	£
1861—65	3 515 823	12 198 335	18 806 256	25 338 480	2 044 547	61 903 441
66—70	4 528 203	15 044 181	22 628 516	32 398 540	2 469 991	77 069 431
71—75	5 613 583	23 332 813	30 963 009	44 321 935	4 352 181	108 573 521
76—80	7 608 135	34 028 331	36 425 905	51 286 382	6 934 185	136 282 938
81—85	9 804 119	38 746 164	38 651 903	48 048 195	6 352 008	141 602 384
86—90	8 519 056	41 930 483	30 548 549	41 554 546	6 721 807	129 274 441
91—93	8 320 079	52 701 911	35 863 328	47 309 762	8 286 972	152 482 052

[1]) Board of Agriculture. Agric. Returns for Great Britain. London 1895.

Tafel II. Einfuhr - Quantitäten

Gruppe 1.

Anzahl					
Tiere	1884	1885	1886	1887	1888
	Nr.	Nr.	Nr.	Nr.	Nr.
Leb. Rindvieh	425 507	373 078	319 622	295 961	377 088
„ Schafe	945 042	750 896	1 038 965	971 404	956 210
„ Schweine	26 437	16 522	21 351	21 965	24 509

Gruppe 2.

Quantitäten					
Bezeichnungen	1884	1885	1886	1887	1888
Rindfleisch, frisch Cwts.	878 350	902 951	806 867	656 194	836 659
„ gesalzen „	212 389	238 915	190 723	218 054	226 943
„ sonstwie konserv.* „	* —	* —	* —	* —	* —
Hammelfleisch, frisch „	503 194	572 868	653 447	783 114	988 010
„ konserviert* „	* —	* —	* —	* —	* —
Schweinefleisch, frisch „	58 897	70 508	81 005	153 364	243 842
„ gesalzen „	278 628	313 128	290 691	273 619	245 511
Speck . . . . . „	2 761 721	3 177 274	3 264 795	3 005 160	2 863 804
Schinken „	656 710	881 180	946 034	922 442	730 408
Sonstiges Fleisch {gesalzen od. frisch} „	18 472	27 776	41 528	43 680	56 998
{konserviert ausser gesalzen*} „	* 450 990	* 527 759	* 431 992	* 520 239	* 542 318
Sa. des Fleisches Cwts.	5 819 351	6 712 359	6 707 082	6 573 806	6 734 493
Fisch . . . . . Cwts.	1 336 422	1 520 570	1 679 197	1 604 667	1 907 644
Kaninchen . . . . „	—	—	104 322	117 168	99 890
Eier in Tausenden	993 609	1 002 788	1 035 171	1 090 089	1 126 793
Schmalz . . . . . Cwts.	699 827	871 210	895 463	907 634	885 036
Butter . . . . } „	2 475 436	2 401 373	1 543 566	1 513 134	1 671 433
Margarine . . . }			887 974	1 276 140	1 139 743
Käse . . . . . „	1 927 139	1 833 832	1 734 890	1 836 789	1 917 616
Milch, kondensiert oder preserviert } „	—	—	—	—	352 332

*) Vor dem Jahre 1890 wurden konserviertes Rindfleisch (nicht gesalzen) und konserviertes Hammelfleisch zu „Sonstiges Fleisch, konserviert ausser gesalzen" gerechnet.

der Gruppe 1 und 2. 1884—1893.

Gruppe 1.

Anzahl					
1889	1890	1891	1892	1893	Tiere
Nr.	Nr.	Nr.	Nr.	Nr.	
555 222	642 596	507 407	502 237	340 045	Leb. Rindvieh
677 958	358 458	344 504	79 048	62 682	„ Schafe
25 324	4 036	542	3 826	138	„ Schweine

Gruppe 2.

Quantitäten					
1889	1890	1891	1892	1893	Beziehungen
1 385 752	1 854 593	1 920 511	2 079 637	1 808 051	Cwts. Rindfleisch, frisch
262 468	274 726	247 759	275 394	200 514	„ „ gesalzen
* —	551 098	554 235	567 991	385 727	„ „ sonstwie kons.
1 225 058	1 656 419	1 662 994	1 699 966	1 971 500	„ Hammelfleisch, frisch
* —	78 409	65 073	68 412	83 882	„ „ konserviert
117 468	45 249	127 518	132 107	182 091	„ Schweinefleisch, frisch
269 232	254 857	226 798	228 354	186 901	„ „ gesalzen
3 503 264	3 790 570	3 510 209	3 881 378	3 198 887	„ Speck
980 844	1 209 446	1 204 803	1 253 132	988 411	„ Schinken
82 862	103 878	113 357	150 573	177 509	„ (gesalzen od. frisch konserv. Sonstiges Fleisch
* 641 705	105 304	156 953	163 098	121 191	„ ausser gesalzen
8 468 653	9 924 549	9 790 210	10 500 042	9 304 664	Cwts. Sa. des Fleisches
1 988 029	2 295 974	2 355 370	2 550 617	2 319 838	Cwts. Fisch
123 874	143 645	103 685	107 630	103 823	„ Kaninchen
1 131 900	1 234 950	1 275 397	1 336 730	1 325 518	in Tausend. Eier
1 192 654	§1 273 236	§1 051 284	§1 239 051	§1 118 106	Cwts. Schmalz
1 927 842	2 027 717	2 135 607	2 183 009	2 327 474	„ Butter
1 241 690	1 079 856	1 235 430	1 305 350	1 299 970	„ Margarine
†1 907 999	†2 144 074	†2 041 325	†2 232 817	†2 077 462	„ Käse
339 892	407 426	444 666	481 374	501 006	„ (Milch, kondens. od. preserviert

§) Exklusive künstliches Schmalz.
†) Exklusive künstlichen Käse.

Tafel III. Verbrauch pro Kopf der Bevölkerung an eingeführten Nahrungsmitteln von 1873—1893; ferner Durchschnittszahlen während verschiedener Perioden in Lbs.

Jahr	Zahl der Bevölkerung im Vereinigten Königreich	Fleisch exkl. Kaninchen, Geflügel und Wild			
		Frisches Rindfleisch, Hammelfleisch, Schweinefleisch	Speck und Schinken	Anderes Fleisch, frisch gesalzen oder sonstwie konserviert	Sa.
	Nr.	Lbs.	Lbs.	Lbs.	Lbs.
1873	32 177 550	0,2	10,4	2,9	13,5
1874	32 501 517	0,2	8,8	3,1	12,1
1875	32 838 758	0,2	9,0	2,5	11,7
1876	33 199 994	0,7	10,7	3,3	14,7
1877	33 575 941	1,6	9,4	3,7	14,7
1878	33 943 773	1,7	14,2	3,9	19,8
1879	34 302 557	2,0	16,0	4,5	22,5
1880	34 622 930	2,4	17,3	4,8	24,5
1881	34 934 476	2,7	14,8	4,4	21,9
1882	35 206 617	2,2	9,2	3,4	14,8
1883	35 449 721	3,4	11,7	4,0	19,1
1884	35 724 231	4,5	10,7	3,0	18,2
1885	36 015 601	4,8	12,6	3,4	20,8
1886	36 313 582	4,8	13,0	2,9	20,7
1887	36 599 143	4,9	12,0	3,2	20,1
1888	36 881 271	6,3	10,9	3,3	20,5
1889	37 178 929	8,2	13,5	3,8	25,5
1890	37 484 764	10,6	14,9	4,1	29,6
1891	37 797 013	11,0	14,0	4,0	29,0
1892	38 106 675	11,5	15,1	4,3	30,9
1893	38 431 586	11,5	12,2	3,4	27,1

Durchschnitt

		Weizen (Körner)	Weizen (Mehl)	Mais und Maismehl	Hafer u. Hafermehl	Andere Körner u. Mehle	Summa	Reis	Kartoffel
		Lbs.	Lbs.	Lbs.	Lbs.	Lbs.	Lbs.	Lbs.	Lbs.
1861—65	29 459 465	106	21	39	22	36	224	12	3
1866—70	30 696 335	116	16	50	33	40	255	15	5
1871—75	32 189 540	152	19	68	41	55	335	22	16
1876—80	33 929 039	174	28	122	44	57	425	22	28
1881—85	35 466 129	186	46	88	42	62	423	23	11
1886—90	36 891 538	170	48	101	47	70	436	18	7
1891—93	38 111 758	193	58	94	46	75	466	17	9

Durchschnitt

Zucker	Frisches Rindfleisch, Hammelfleisch, Schweinefleisch	Speck und Schinken	Anderes Fleisch, frisch gesalzen oder sonstwie konserviert	Summa	Schmalz	Butter u. Margarine	Käse	(Eier Anzahl)	
Lbs.	Lbs.	Lbs.	Lbs.	Lbs.	Lbs.	Lbs.	Lbs.		
41	0,1	4,2	1,6	5,9	1,3	3,9	2,9	9	1861—65
45	0,2	2,3	1,7	4,2	0,9	4,3	3,4	14	1866—70
57	0,2	7,8	2,9	10,9	1,8	4,8	4,7	19	1871—75
64	1,7	13,5	4,0	19,2	2,5	6,2	5,7	22	1876—80
74	3,5	11,8	3,6	18,9	2,5	7,2	5,7	26	1881—85
76	7,0	12,9	3,4	23,3	3,1	8,7	5,8	31	1886—90
80	11,3	13,8	3,9	29,0	3,3	10,3	6,2	34	1891—93

Tafe IV. Anzahl und Wert der eingeführten Pferde aus fremden Ländern und englischen Kolonieen 1884—1893; ferner Durchschnittszahlen verschiedener Jahre.

Jahr	Fremde Länder		Englische Kolonieen		Summa	
	Zahl	Wert	Zahl	Wert	Zahl	Wert
	Nr.	£	Nr.	£	Nr.	£
1884	—	—	97	5662	12929	256789
1885	12926	189962	97	5662	13023	195624
1886	10846	183041	180	6860	11026	189901
1887	11278	183175	363	14504	11641	197679
1888	11281	184679	224	7945	11505	192624
1889	13668	268653	164	8735	13832	277388
1890	18981	318654	305	17252	19286	335906
1891	20520	379293	1152	52975	21672	432268
1892	19179	350007	1815	75394	20994	425401
1893	11787	301330	1920	75489	13707	376819
Durchschnitte						
	Nr.	£	Nr.	£	Nr.	£
1861—65	—	—	—	—	1511	38303
1866—70	—	—	—	—	1785	45369
1871—75	—	—	—	—	14336	505905
1876—80	—	—	—	—	24541	713528
1881—85	—	—	—	—	11028	219643
1886—90	13211	227640	247	11059	13458	238699
1891—93	17162	343543	1629	67953	18791	411496

Tafel V. Zahl der eingeführten Pferde aus fremden Ländern und britischen Kolonieen im Jahre 1893.

Ausfuhrländer	Hengste	Stuten	Fohlen	Summa
	Nr.	Nr.	Nr.	Nr.
Algerien	—	1	2	3
Argentinien	1	97	238	339
Belgien	17	47	293	357
Dänemark	104	814	846	1764
Egypten	—	4	5	9
Frankreich	101	157	213	471
Deutschland	1	888	4737	5626
Holland	184	260	809	1253
Marokko	6	—	—	6
Norwegen	—	4	127	131
Portugal	—	—	1	1
Rufsland	—	129	371	501
Spanien	—	—	5	5
Schweden	—	1	1	2
Vereinigte Staaten von Amerika	59	184	1076	1319
Fremde Länder Sa.	477	2586	8724	11787
Australasien	1	2	2	5
Kanada	12	354	1449	1815
Kapland	—	—	2	2
Kanalinseln	2	31	23	56
Gibraltar	4	1	14	19
Britisch Ostindien	9	1	1	11
Malta	—	4	7	11
Britisch Westindien	—	1	—	1
Britische Kolonieen Sa.	28	394	1498	1920
Sa.	505	2980	10222	13707

Tafel VI. Quantität jeder Art eingeführten Fleisches des Vereinigten König-

Ausführende Länder	Rindfleisch			Hammelfleisch		Schweine
	frisch	gesalzen	konserviert aufser gesalzen	frisch	konserviert	frisch
	Cwts.	Cwts.	Cwts.	Cwts.	Cwts.	Cwts.
Fremde Länder						
Argentinische Republik .	35383	242	7075	515611	2266	3868
Österreich	—	—	—	—	—	—
Belgien	60	25	5605	38917	—	25246
Kanarische Inseln . . .	—	—	—	—	—	—
Chili	—	—	750	—	—	2
Dänemark	56205	148	5	2913	1	4330
Egypten	—	—	—	—	—	—
Frankreich	11	177	235	2701	29	25556
Deutschland	88	1403	336	17068	5	19
Holland	90	90	294	197266	—	120147
Inseln im Indischen Meer	—	—	254	—	—	—
Italien	—	22	—	—	—	—
Madagaskar	—	—	123	—	—	—
Marokko	—	—	—	—	—	2
Norwegen	3	98	442	7	19	3
Portugal	—	60	—	—	—	—
Rumänien	—	—	—	—	—	2
Rufsland	—	40	93	—	—	2
Spanien	—	—	—	—	—	1
Schweden	496	50	4	42	—	491
Türkei	—	—	—	—	—	—
Ver. Staaten von Amerika	1489949	187927	286310	117	2014	2191
Uruguay	—	—	18812	—	—	—
Fremde Länder Summa	1582285	190282	320338	774642	4334	181860
Britische Kolonieen — Australasien						
Neu Süd-Wales . .	4200	42	30776	197995	63323	81
Queensland	206783	2620	31203	57006	5445	22
Victoria	—	—	245	32157	360	—
Australien Summa	210983	2662	62224	287158	69128	103
Neu-Seeland . . .	14686	334	634	900300	9012	128
Tasmanien	—	—	—	—	—	—
Australasien: — Summa	225669	2996	62858	1187458	78140	231
Kanada	84	7236	2475	—	1406	—
Kanal-Inseln	13	—	15	—	—	—
Falklandinseln . . .	—	—	—	2400	—	—
Britisch Ost-Indien . .	—	—	35	—	—	—
Malta	—	—	—	—	—	—
Neufundland	—	—	6	—	2	—
Britische Kolonieen Summa	225766	10232	65389	1196858	79548	231
Summa	1808051	200514	385727	1971500	83882	182091

reichs aus fremden Ländern und britischen Kolonieen während des Jahres 1893.

fleisch gesalzen	Speck	Schinken	Sonstiges nicht spezialisiertes Fleisch		Summa	Ausführende Länder
			frisch oder gesalzen	konserviert, außer gesalzen		
Cwts.	Cwts.	Cwts.	Cwts.	Cwts.	Cwts.	
—	—	—	3 916	15 899	584 260	Argentinische Republik
—	—	—	—	5	5	Österreich
31	1 253	261	9 887	4 242	85 527	Belgien
—	—	—	28	—	28	Kanarische Inseln
—	—	—	—	—	752	Chili
66 685	711 854	7 270	14 580	62	864 233	Dänemark
—	—	—	—	4	4	Egypten
725	961	61	9 166	2 995	42 017	Frankreich
746	9 744	1 446	674	862	32 391	Deutschland
2 427	24 639	147	110 865	1 624	457 589	Holland
—	—	—	—	49	303	Inseln im Indischen Meer
7	6	4	5	2 588	2 632	Italien
—	—	—	—	—	123	Madagaskar
—	—	—	—	3	5	Marokko
9	770	—	46	2 480	3 877	Norwegen
—	—	33	—	—	93	Portugal
—	—	—	—	—	2	Rumänien
—	16 823	—	187	1 071	18 216	Rußland
—	15	148	—	9	173	Spanien
2 932	62 339	293	62	18	66 727	Schweden
—	—	—	—	2	2	Türkei
110 800	2 177 293	920 961	21 865	53 524	5 252 951	Ver. Staaten von Amerika
—	—	—	—	7 962	26 774	Uruguay
184 542	3 005 097	930 624	171 281	93 399	7 438 684	{ Fremde Länder Summa
—	—	—	801	2 445	299 663	Neu-Süd-Wales
—	5	—	2 296	926	306 306	Queensland
—	—	5	1	8 369	41 137	Victoria
—	5	5	3 098	11 740	647 106	Australien Summa
70	6	2	1 828	12 728	989 728	Neu-Seeland
—	—	—	1	781	781	Tasmanien
70	11	7	4 926	25 249	1 587 615	Australasien: — Summa
2 287	193 773	57 780	1 099	2 458	268 598	Kanada
—	2	—	37	20	87	Kanal-Inseln
—	—	—	—	—	9 400	Falklandinseln
—	—	—	106	44	245	Britisch Ost-Indien
2	4	—	—	21	27	Malta
—	—	—	—	—	8	Neufundland
2 359	193 790	57 787	6 226	27 792	1 865 980	{ Britische Kolonieen Summa
186 901	3 198 887	988 411	177 509	121 191	9 304 664	Summa

Fremde Länder — Britische Kolonieen — Australasien

27*
38*

Tafel VII. Zahl des eingeführten lebenden Rindviehes, Schafe und Schweine aus fremden Ländern und britischen Kolonieen im Jahre 1893.

Ausfuhrländer	Rindvieh				Schafe	Schweine
	Ochsen u. Bullen	Kühe	Kälber	Sa.		
Argentinien	6 862	20	—	6 882	22 365	—
Chili	—	—	—	—	694	—
Dänemark	—	—	—	—	29 227	—
Norwegen	34	7	—	41	6 807	—
Spanien	—	—	—	—	—	1
Ver. St. v. Amerika	248 825	66	1	248 892	—	—
Fremde Länder Sa.	255 721	93	1	255 815	59 093	1
Kanada	81 202	1690	3	82 925	3 589	137
Kanalinseln	110	1125	70	1 305	—	—
Brit. Kolonieen Sa.	81 312	2815	73	84 230	3 589	137
Gesamtsumme	337 033	2908	74	340 045	62 682	138

Tafel VIII. Fleischeinfuhr aller Art (frisch, gesalzen oder sonstwie konserviert, inkl. Speck und Schinken) in das Vereinigte Königreich aus fremden Ländern und Britischen Kolonieen während der Jahre 1889—1893.

Ausfuhrländer	1889	1890	1891	1892	1893
	Cwts.	Cwts.	Cwts.	Cwts.	Cwts.
Neu Süd-Wales	55 816	137 924	148 252	263 206	299 663
Queensland	36 939	55 685	127 143	111 105	308 306
Süd-Australien	25	—	—	162	—
Victoria	5 939	7 579	7 825	20 330	41 137
West-Australien	—	—	—	—	—
Australien Sa.	98 719	201 188	283 220	394 803	647 106
Fidschiinseln	—	—	—	—	—
Neuseeland	678 776	929 222	1 047 438	864 630	939 728
Tasmanien	—	—	—	525	781
Australasien Sa.	777 495	1 130 410	1 330 658	1 259 958	1 587 615
Argentinien	414 796	455 501	572 963	613 525	584 260
Belgien	98 175	117 349	111 579	83 797	85 527
Kanada	376 476	462 821	267 924	373 027	268 598
Chili	2	1 091	—	817	752
Dänemark	661 133	517 473	637 177	749 433	864 233
Falklandinseln	—	5 445	10 776	10 183	9 400
Frankreich	15 324	13 430	13 142	28 039	42 017
Deutschland	159 056	132 351	45 904	33 284	32 391
Gibraltar	2	16 050	3	—	—
Holland	249 989	202 006	253 313	369 604	457 589
Ostindien	3	—	640	709	245
Italien	97	44	263	68	2 632
Norwegen	3 114	2 806	2 289	3 277	3 877
Rußland	6 901	26 644	17 687	11 097	18 216
Schweden	72 949	79 353	55 974	52 494	66 727
Vereinigte Staaten	5 575 591	6 721 448	6 427 051	6 871 549	5 252 951
Uruguay	56 836	39 624	42 354	38 270	26 774
Andere Länder	714	708	513	911	860
Sa.	8 468 653	9 924 549	9 790 210	10 500 042	9 304 664

Tafel IX. Quantitäten der eingeführten Butter, Margarine, Käse, Milch (kondensiert oder preserviert) und Eier aus fremden Ländern und britischen Kolonien im Jahre 1893:

Ausführende Länder	Quantitäten				
	Butter Cwts.	Margarine Cwts.	Käse Cwts.	Milch (wie oben) Cwts.	Eier Stück
Argentinien . . .	6	—	—	—	—
Österreich . . .	—	—	—	—	21 600
Belgien	34 049	1 784	15 829	19 139	241 883 040
Kanarische Inseln	2	—	—	—	96 600
Dänemark . . .	934 787	307	61	—	130 681 560
Egypten	- -	—	—	4	42 360
Frankreich . . .	468 317	41 302	58 346	264 285	458 476 320
Deutschland . .	164 985	12 111	2 965	5 384	255 498 480
Griechenland . .	—	—	3	—	—
Holland	142 811	1 229 737	269 364	152 645	3 619 440
Italien	1 111	—	143	1 601	14 400
Marokko	—	—	—	—	1 965 960
Norwegen . . .	22 576	14 011	218	44 705	—
Portugal	—	13	8	—	6 361 680
Rufsland	53 880	98	862	487	182 953 800
Spanien	—	—	—	—	5 010 600
Schweden . . .	267 401	170	577	2 219	3 269 640
Türkei	12	—	3	—	975 240
Ver. Staaten v. A.	22 930	350	645 235	9 551	3 623 160
Fremde Länder Sa.	2 112 867	1 299 883	993 614	500 020	1 297 493 880
Australien und Neu-Seeland	169 439	2	37 114	818	3 360
Aden	2	—	—	—	—
Kanada	43 160	—	1 046 704	—	24 884 880
Kapland	—	—	—	6	—
Kanal-Inseln . .	310	7	15	—	2 714 040
Gibraltar	2	—	—	—	422 160
Ostindien	1 672	3	—	16	—
Malta	22	—	15	—	—
Neufundland . .	—	75	—	—	—
Westindien . . .	—	—	—	145	—
Brit. Kolonieen Sa.	214 607	87	1 083 848	985	28 024 440
Sa.	2 327 474	1 299 970	2 077 462	501 005	1 325 518 320

(Brit. Kolonieen)

Tafel X. Quantitäten der eingeführten Wolle (Schaf, Lamm und Alpaca) des Vereinigten Königreichs aus fremden Ländern und britischen Kolonien von 1889—1893; ferner die Totaleinfuhr und Totalausfuhr an Wolle den Überschuß der Einfuhr zeigend.

Ausführende Länder		1889	1890	1891	1892	1893
		Lbs.	Lbs.	Lbs.	Lbs.	Lbs.
Australasien	Neu-Süd-Wales . . .	152 267 520	127 402 559	165 465 000	181 836 921	150 096 324
	Queensland	38 050 268	44 141 456	50 592 000	69 863 100	59 403 300
	Süd-Australien . . .	42 814 220	35 625 588	49 221 000	44 625 340	41 779 015
	Victoria	91 367 360	98 300 002	92 653 966	99 785 836	93 429 673
	West-Australien . .	7 973 479	11 328 780	8 015 000	6 420 836	6 870 701
	Australien Summa	332 472 847	316 798 385	365 946 966	402 532 033	351 578 713
	Fidschi-Inseln . . .	339 000	69 490	—	—	—
	Neu-Seeland	92 059 544	95 632 598	104 848 000	104 738 400	117 038 512
	Tasmanien	6 432 000	6 271 131	6 932 520	6 135 360	3 750 000
Australasien . . . . . Summa		431 303 391	418 771 604	477 727 486	513 405 793	472 367 225
Kapland		70 265 229	64 864 918	72 253 483	63 028 792	66 582 036
Brit. Ost-Indien	Bombay . . .	31 821 165	32 016 656	32 823 788	34 335 181	29 999 644
	Straits Settlements	340 217	1 207 942	2 099 779	1 845 647	187 180
	Andere Teile . .	437 519	1 013 988	980 303	1 427 429	2 618 050
Natal		19 923 909	22 357 008	24 408 586	19 042 496	18 068 600
Türkei		21 312 123	17 458 657	17 817 973	22 774 784	14 683 027
Rußland { Nördlicher Teil . . .		12 852 798	12 558 240	16 512 038	9 965 034	4 292 047
Südlicher Teil . . .		31 389 654	12 227 260	21 870 816	14 438 123	6 076 975
Frankreich		24 531 311	10 873 788	12 270 828	17 060 677	13 441 975
Peru		7 024 490	5 253 336	6 624 477	6 437 346	7 365 646
Belgien		12 422 797	6 088 363	5 278 520	5 371 777	6 752 755
Chili		1 583 219	2 772 690	2 000 180	4 232 159	5 786 925
Argentinische Republik . .		4 717 653	2 347 626	3 716 074	6 014 490	5 659 442
Falkland-Inseln		1 991 702	1 977 400	3 553 972	2 698 729	5 185 309
Deutschland		5 190 082	6 733 552	4 751 067	5 570 720	3 194 238
China		2 194 763	2 370 603	4 018 957	2 907 146	2 449 812
Dänemark		1 268 484	1 459 355	1 710 991	2 182 318	1 429 815
Egypten		3 456 350	2 298 243	1 515 298	1 570 915	2 007 525
Marokko		2 552 596	2 654 110	2 279 143	2 333 810	1 991 707
Portugal		2 193 695	1 556 813	1 414 862	1 716 534	1 633 595
Andere Länder		9 121 890	4 165 979	3 785 455	4 686 224	6 174 196
Summa: Eingeführt		700 903 057	633 028 131	720 014 070	743 046 104	687 947 464
Summa: Ausgeführt		363 647 360	340 712 303	384 224 656	430 828 993	346 369 110
Überschuß an Ausfuhr		337 255 697	292 315 828	335 789 414	312 217 111	341 578 354

Tafel XI. Quantitäten an eingeführtem Heu und Stroh im Vereinigten Königreich aus fremden Ländern und britischen Kolonieen in den Jahren 1892 und 1893.

Ausführende Länder		Heu		Stroh	
		1892	1893	1892	1893
		tons	tons	tons	tons
Fremde Länder	Algerien	3 274	731	11	414
	Argentinische Republik	961	24 594	—	—
	Belgien	90	3 436	1 812	258
	Kanarische Inseln	—	1	—	—
	Chili	346	3 614	—	3
	Dänemark	2 291	4 252	1 352	4 666
	Egypten	—	—	—	4
	Frankreich	3 526	1 234	42 660	2 679
	Deutschland	4 290	2 188	8 974	5 835
	Holland	19 403	28 332	14 863	11 907
	Norwegen	2 225	1 674	15	2
	Portugal	—	61	—	5
	Rußland	2	27 694	17	5
	Spanien	—	144	—	2
	Schweden	121	235	—	—
	Türkei	—	220	—	—
	Vereinigte Staaten von Amerika .	11 588	101 132	4	424
Fremde Länder **Summa**		48 117	199 542	69 708	26 304
Britische Kolonieen	Australasien	—	49	—	—
	Kanada	13 120	63 175	—	30
	Britisch Ost-Indien	—	69	—	3
	Malta	—	9	—	—
	Neufundland	—	206	—	—
Britische Kolonieen **Summa**		13 120	63 508	—	33
Gesamtsumme		61 237	263 050	69 708	26 337

Tafel XII. Durchschnittspreise von Rindvieh und Schafen pro 8 Lbs.
1893 und Durchschnitts-

Jahr	Rindvieh											
	Fremdes						Britisches					
	Geringe Qualität		2. Qualität		1. Qualität		Geringe Qualität		2. Qualität		1. Qualität	
	s	d	s	d	s	d	s	d	s	d	s	d
1875	3	10	5	0	5	9	3	10	5	7	6	2
1876	4	3	5	2	5	8	4	4	5	5	6	0
1877	4	4	5	2	5	8	4	6	5	6	5	11
1878	4	6	5	3	5	9	4	6	5	6	6	0
1879	4	1	4	8	5	2	4	1	4	11	5	6
1880	4	3	5	1	5	7	4	6	5	5	5	11
1881	4	0	4	7	5	0	4	5	5	1	5	6
1882	4	0	5	0	5	5	4	4	5	7	6	0
1883	4	3	5	1	5	6	4	1	5	7	6	1
1884	4	0	4	9	5	2	3	11	5	4	5	9
1885	3	10	4	4	4	10	3	3	4	9	5	3
1886	3	1	3	10	4	3	3	0	4	3	4	10
1887	2	11	3	4	3	10	2	4	3	8	4	5
1888	2	4	3	8	4	2	2	4	4	2	4	11
1889	2	4	3	10	4	3	2	4	4	5	4	10
1890	2	4	3	10	4	3	2	9	4	4	4	10
1891	3	0	3	10	4	5	2	11	4	4	4	11
1892	3	0	3	8	4	2	2	10	4	1	4	9
1893	—		—		—		—		4	1	4	9
Durchschnitte												
1866—70	3	6	—		—		—		—		5	4
1871—75	4	3	—		—		—		—		6	1
1786 - 80	4	3	5	1	5	7	4	5	5	4	5	10
1881—85	4	0	4	9	5	2	4	3	5	3	5	9
1886—90	2	7	3	8	4	2	2	8	4	2	4	9
1891—93	—		—		—		2	10	4	2	4	10

(„sinking the offal") auf dem Metropolitanmarkt in den Jahren 1875 bis preise verschiedener Perioden.

Jahr	Schafe					
	Fremde			Britische		
	Geringe Qualität	2. Qualität	1. Qualität	Geringe Qualität	2. Qualität	1. Qualität
	s d	s d	s d	s d	s d	s d
1875	4 5	5 5	6 1	5 2	6 5	6 11
1876	4 8	5 9	6 4	5 5	6 6	7 0
1877	—	—	—	5 6	6 6	6 11
1878	—	—	—	5 4	6 4	6 10
1879	4 6	5 2	5 8	5 5	6 1	6 7
1880	4 9	5 6	6 0	5 6	6 4	6 10
1881	4 11	5 6	6 0	5 8	6 4	6 9
1882	5 4	5 11	6 4	6 1	6 9	7 2
1883	5 6	6 0	6 5	6 2	6 9	7 3
1884	4 11	5 4	5 9	5 6	5 11	6 5
1885	4 1	4 7	5 0	4 6	5 2	5 8
1886	3 9	4 8	5 4	4 2	5 5	6 0
1887	3 3	4 0	4 5	3 7	4 8	5 3
1888	3 2	4 6	5 5	3 3	4 11	5 10
1889	3 9	5 4	5 11	3 6	5 7	6 4
1890	4 6	5 0	5 6	4 6	5 6	6 3
1891	3 5	4 3	5 1	3 9	5 3	5 10
1892	—	—	—	3 9	4 11	5 7
1893	—	—	—	3 8	4 8	5 5
Durchschnitte						
1866—70	3 6	—	—	—	—	5 8
1871—75	4 10	—	—	—	—	6 7
1876—80	—	—	—	5 5	6 4	6 10
1881—85	4 11	5 6	5 11	5 7	6 2	6 8
1886—90	3 8	4 8	5 4	3 10	5 3	5 11
1891—93	—	—	—	3 9	4 11	5 7

Tafel XIII. Durchschnittswert pro Kopf der in das Vereinigte Königreich eingeführten Pferde, Rindvieh, Schafe und Schweine aus fremden Ländern und britischen Kolonieen vom Jahre 1873—1893; ferner der Durchschnittswert pro Kopf derselben während einzelner Perioden.

Jahre	Pferde			Rindvieh									Schafe			Schweine		
				Ochsen u. Bullen			Kühe			Kälber								
	£	s	d	£	s	d	£	s	d	£	s	d	£	s	d	£	s	d
1873	32	17	6	20	4	11	18	17	10	4	19	0	2	2	9	2	19	9
1874	44	10	6	19	19	9	19	4	6	4	14	7	2	2	5	3	2	1
1875	38	1	7	21	10	3	18	15	11	4	15	3	2	4	4	3	10	8
1876	29	2	8	21	0	9	18	14	11	4	14	9	2	2	9	3	19	
1877	30	12	10	21	16	5	17	9	10	4	15	7	2	8	2	4	7	5
1878	30	9	6	22	12	1	16	16	0	4	17	6	2	8	8	3	11	9
1879	25	13	7	21	17	6	16	17	9	4	14	8	2	7	8	3	9	11
1880	25	4	8	22	0	11	18	5	7	4	14	11	2	8	1	3	9	10
1881	22	5	7	21	15	2	19	9	11	4	13	1	2	6	10	3	7	5
1882	24	0	6	21	4	11	19	10	1	4	13	10	2	5	6	3	13	5
1883	20	7	5	21	11	4	19	14	3	4	13	3	2	5	1	3	8	6
1884	19	17	3	21	19	10	19	12	0	4	14	6	2	5	5	3	3	7
1885	15	0	5	21	2	10	19	6	11	4	11	2	2	3	3	3	16	6
1886	17	4	6	18	1	2	13	5	10	3	18	8	1	18	8	2	19	4
1887	16	19	8	17	6	11	12	12	3	3	17	5	1	13	10	2	18	7
1888	16	14	10	17	17	2	12	15	4	3	12	10	1	16	4	3	1	0
1889	20	1	0	18	8	2	12	5	7	3	16	8	1	15	3	3	15	3
1890	17	8	4	18	0	11	12	2	2	3	19	11	1	18	10	3	11	9
1891	19	18	11	18	7	5	13	5	6	3	13	4	1	18	6	3	6	9
1892	20	5	3	18	9	8	14	18	6	3	18	2	1	11	10	3	5	2
1893	*27	9	10	18	8	8	16	16	11	4	5	11	1	8	3	2	19	10

Durchschnitte

Jahre	Pferde			Ochsen u. Bullen			Kühe			Kälber			Schafe			Schweine		
1861—65	25	5	10	17	5	0	15	16	2	4	11	5	1	16	7	1	16	7
1866—70	24	18	7	18	13	9	16	17	10	4	13	9	1	14	6	3	6	10
1871—75	33	3	6	19	15	5	17	3	7	4	5	3	2	1	11	3	4	11
1876—80	28	4	8	21	17	6	17	12	10	4	15	6	2	7	1	3	15	8
1881—85	20	6	3	21	10	10	19	10	8	4	13	2	2	5	3	3	9	11
1886—90	17	13	8	17	18	10	12	11	8	3	17	1	1	16	7	3	5	2
1891—93	22	11	4	18	8	7	15	0	4	3	19	2	1	12	10	3	3	11

* Der Durchschnittswert der Hengste war 1893 159 £ (ca. 3200 Mark), der Stuten 20 £ und der Jährlinge 23 £.

Tafel XIV. Durchschnittspreise von Rind- und Hammelfleisch pro Lb. auf dem Metropolitanmarkt und anderen Märkten während einiger Perioden von Jahren zwischen 1866—1893.

		Metropolitan-markt leb. („sinking the offal")	London (Centralmarkt) tot	Liverpool tot	Glasgow tot
		d	d	d	d
Rindfleisch	1866—70	5¹⁄₄—8	4³⁄₄—7	5 —7¹⁄₄	—
	1871—75	6³⁄₄—9¹⁄₂	5¹⁄₄—8	5¹⁄₄—7⁷⁄₂	6¹⁄₄—7³⁄₄
	1876—80	6³⁄₄—8¹⁄₄	4³⁄₄—7⁷⁄₄	5¹⁄₄—7¹⁄₄	6¹⁄₄—7³⁄₂
	1881—85	6 —8³⁄₄	4¹⁄₂—7¹⁄₄	4¹⁄₂—6³⁄₄	6¹⁄₄—7³⁄₄
	1886—90	3⁷⁄₂—7¹⁄₂	3¹⁄₄—6¹⁄₄	3¹⁄₄—5⁷⁄₄	4³⁄₄—5⁷⁄₄
	1891—93	4¹⁄₄—7¹⁄₄	3¹⁄₂—6³⁄₄	2⁷⁄₄—5³⁄₄	3¹⁄₄—5³⁄₄
Hammelfleisch	1866—70	5¹⁄₄— 8¹⁄₂	5 —7³⁄₄	—	—
	1871—75	7¹⁄₄— 9³⁄₄	5⁶⁄₄—8³⁄₄	6³⁄₄—8¹⁄₄	6⁷⁄₄—8
	1876—80	7 —10¹⁄₄	4⁷⁄₄—9	7 —9	6 —7¹⁄₄
	1881—85	7³⁄₈—10	5 —8⁷⁄₄	6¹⁄₄—8³⁄₄	6¹⁄₄—7³⁄₄
	1886—90	5¹⁄₂— 8⁷⁄₄	3³⁄₄—7³⁄₄	5¹⁄₄—7³⁄₄	6¹⁄₄—7¹⁄₄
	1891—93	5³⁄₄— 8³⁄₄	3 —7¹⁄₂	4³⁄₄—7	5¹⁄₂—7³⁄₄

Tafel XV. Durchschnittspreise der Wolle in jedem Jahr von 1873—93 pro Lb.

Jahrgang	Britische Wolle					Australische Wolle	Süd-afrikanische Wolle
	Leicester	Kreuzung	Southdown	White Cheviot	White Highland		
	d	d	d	d	d	d	d
1873	—	—	23	17 —20	—	15¹⁄₄	16¹⁄₄
1874	—	—	—	15 —17	—	14³⁄₄	16¹⁄₄
1875	—	—	18¹⁄₄	17¹⁄₄—18	—	16¹⁄₄	16¹⁄₄
1876	—	—	17¹⁄₂	15 —17¹⁄₂	—	15¹⁄₄	15⁷⁄₂
1877	—	—	16¹⁄₂	14 —15	—	15	15³⁄₄
1878	—	—	15¹⁄₂	13¹⁄₂—16	—	14¹⁄₂	15¹⁄₄
1879	—	—	13	—	—	14¹⁄₂	14¹⁄₂
1880	—	—	14¹⁄₂	15 —16	7 —7¹⁄₄	14³⁄₄	15¹⁄₄
1881	—	—	15¹⁄₂	13¹⁄₂—15	6 —6¹⁄₄	14³⁄₄	15
1882	—	—	14	13³⁄₄—14	6¹⁄₄—7	12¹⁄₄	14¹⁄₄
1883	9 — 9¹⁄₄	9¹⁄₂—10¹⁄₄	10³⁄₄ 14	13 —14	5³⁄₄—6¹⁄₄	12³⁄₄	14¹⁄₄
1884	8³⁄₄— 9¹⁄₄	9 — 9¹⁄₂	10 —13¹⁄₂	13 —14	5³⁄₄—6¹⁄₄	12¹⁄₄	13¹⁄₂
1885	8¹⁄₂— 9	8³⁄₄— 9	9 —12¹⁄₄	11¹⁄₄—14	5¹⁄₄—6	10¹⁄₂	9¹⁄₄
1886	9 — 9¹⁄₄	9¹⁄₄—10³⁄₄	9¹⁄₄—12¹⁄₂	11¹⁄₄—13¹⁄₄	5¹⁄₄—6	9¹⁄₄	9¹⁄₄
1887	9³⁄₄—10¹⁄₄	10 —11¹⁄₄	10¹⁄₄—12³⁄₄	11³⁄₄—14	5¹⁄₄—6¹⁄₂	10¹⁄₂	10¹⁄₄
1888	9¹⁄₄—10	9³⁄₄—10¹⁄₄	9¹⁄₄—11³⁄₄	11³⁄₄—14	5¹⁄₂—6¹⁄₄	10¹⁄₄	9¹⁄₄
1889	9¹⁄₄—10¹⁄₂	10¹⁄₄—11	10¹⁄₄—12¹⁄₄	12 —14	5¹⁄₄—6¹⁄₄	10¹⁄₄	10
1890	10 —10¹⁄₂	10³⁄₄—11³⁄₄	11 —13	12 —14	5¹⁄₄—6¹⁄₄	11	10¹⁄₄
1891	9¹⁄₄—10	10 —10³⁄₄	10¹⁄₂—13	11 —14	5¹⁄₄—6¹⁄₄	9³⁄₄	9³⁄₄
1892	8¹⁄₂— 9	9¹⁄₄—10¹⁄₄	10¹⁄₄—12¹⁄₄	10 —14	5¹⁄₄—6	9	9¹⁄₄
1893	8¹⁄₄— 9¹⁄₄	9¹⁄₄—10¹⁄₄	10¹⁄₄—12	10 —13¹⁄₂	5 —6	8³⁄₄	9¹⁄₄

Tafel XVI. Durchschnittswerte verschiedener Produkte während der Durchschnittswerte während

Jahre	Rindfleisch frisch per Cwt.			Rindfleisch gesalzen per Cwt.			Hammelfleisch frisch per Cwt.			Schweinefleisch frisch per Cwt.			Schweinefleisch gesalzen per Cwt.			Speck per Cwt.		
	£	s	d	£	s	d	£	s	d	£	s	d	£	s	d	£	s	d
1873	2	6	11	1	18	5		—		2	12	8	2	3	8	2	0	11
1874	2	10	10	1	18	4		—		2	11	5	2	2	9	2	5	9
1875	2	15	7	1	19	6		—		2	11	4	2	3	2	2	12	3
1876	2	14	3	1	19	6		—		2	13	10	2	2	0	2	13	6
1877	2	14	5	1	19	2		—		2	14	11	1	19	7	2	7	10
1878	2	12	11	1	18	1		—		2	9	1	1	13	1	1	18	7
1879	2	13	4	1	14	6		—		2	5	0	1	9	11	1	14	4
1880	2	11	11	1	16	10		—		2	6	1	1	12	7	2	0	0
1881	2	13	2	1	18	10		—		2	6	10	1	14	9	2	5	10
1882	2	15	7	2	3	3	3	7	1	2	9	0	1	19	5	2	13	0
1883	2	16	2	2	3	9	2	18	10	2	12	6	1	18	8	2	13	1
1884	2	14	1	1	19	8	2	16	1	2	11	10	1	13	6	2	9	2
1885	2	11	11	1	17	10	2	11	10	2	12	5	1	12	2	2	0	6
1886	2	6	1	1	13	2	2	3	0	2	9	5	1	9	8	1	17	8
1887	2	5	0	1	10	6	2	0	1	2	9	4	1	8	8	2	2	2
1888	2	5	10	1	10	9	1	19	3	2	5	10	1	9	4	2	4	9
1889	2	3	8	1	7	11	2	2	0	2	8	11	1	9	0	2	1	7
1890	2	2	4	1	7	9	2	1	8	2	8	6	1	6	10	1	16	10
1891	2	2	1	1	8	8	1	19	6	2	7	6	1	6	1	1	17	11
1892	2	2	5	1	8	3	2	0	6	2	6	11	1	6	10	2	0	10
1893	2	2	4	1	7	9	1	19	3	2	10	0	1	10	11	2	13	0

Durchschnitte

Jahre	£	s	d	£	s	d	£	s	d	£	s	d	£	s	d	£	s	d
1861—65	2	9	5	1	12	2		—		3	5	6	2	2	7	2	4	2
1866—70	2	17	3	2	3	1		—		3	1	11	2	14	7	2	18	9
1871—75	2	10	0	1	18	6		—		2	9	0	2	3	5	2	5	10
1876—80	2	13	4	1	17	7		—		2	9	9	1	15	5	2	2	10
1881—85	2	14	2	2	0	8	2	18	5	2	10	6	1	15	8	2	8	4
1886—90	2	4	7	1	10	0	2	1	2	2	8	5	1	8	8	2	0	7
1891—93	2	2	3	1	8	3	1	19	9	2	8	2	1	7	11	2	3	11

Jahre 1873—93 in das Vereinigte Königreich eingeführt; ferner einiger Perioden.

Schinken per Cwt. £ s d	Schmalz per Cwt. £ s d	Butter per Cwt. £ s d	Margarine per Cwt. £ s d	Käse per Cwt. £ s d	Eier per 120 s d	Kartoffeln per Cwt. s d	Jahre
2 14 8	2 4 4	5 8 9		3 0 0	8 7	5 8	1873
2 15 2	2 7 3	5 11 9		3 0 5	8 7	5 2	1874
2 19 5	3 0 6	5 15 10		2 17 10	8 3	4 6	1875
2 19 9	2 16 3	5 17 1		2 15 4	8 4	5 9	1876
2 13 11	2 9 8	5 16 7		2 17 8	7 11	5 11	1877
2 8 0	1 19 4	5 10 10		2 10 3	7 8	5 5	1878
2 3 9	1 13 10	5 1 6		2 2 9	7 2	5 9	1879
2 6 6	1 19 11	5 4 5		2 17 4	7 2	5 10	1880
2 9 0	2 11 5	5 6 2		2 17 0	7 4	5 5	1881
2 15 7	2 15 11	5 4 8		2 16 1	7 1	6 8	1882
3 0 6	2 12 7	5 0 10		2 14 4	6 11	6 1	1883
2 19 1	2 3 10	5 1 4		2 11 10	7 0	6 8	1884
2 10 10	1 16 10	4 16 3		2 4 4	7 0	6 3	1885
2 7 5	1 14 5	5 5 5	3 6 8	2 4 7	6 8	5 10	1886
2 11 11	1 15 4	5 5 10	3 0 9	2 9 1	6 9	7 0	1887
2 12 10	2 1 1	5 6 7	2 17 4	2 7 5	6 6	6 8	1888
2 11 1	1 16 5	5 6 3	2 18 10	2 7 0	6 7	7 10	1889
2 7 5	1 12 10	5 4 6	2 17 1	2 6 5	6 8	7 4	1890
2 6 4	1 12 9	5 8 7	2 17 7	2 7 2	6 7	7 6	1891
2 7 4	1 15 10	5 9 8	2 16 11	2 8 6	6 10	6 4	1892
2 18 5	2 10 2	5 9 7	2 16 2	2 9 8	7 0	6 5	1893

Durchschnitte

Schinken per Cwt. £ s d	Schmalz per Cwt. £ s d	Butter per Cwt. £ s d	Margarine per Cwt. £ s d	Käse per Cwt. £ s d	Eier per 120 s d	Kartoffeln per Cwt. s d	Jahre
2 4 1	2 9 6	5 0 6		2 10 0	6 2	4 6	1861—65
3 1 1	3 5 0	5 9 6		3 1 1	6 2	5 3	1866—70
2 16 3	2 10 5	5 9 3		2 18 1	8 2	5 3	1871—75
2 10 5	2 3 10	5 10 1		2 12 8	7 8	5 9	1876—80
2 15 0	2 8 1	5 1 10		2 12 9	7 1	6 3	1881—85
2 10 2	1 16 0	5 5 9	3 0 2	2 6 11	6 8	6 11	1886—90
2 10 8	1 19 7	5 9 3	2 16 11	2 8 5	6 10	6 9	1891—93

Tafel XVII. Quantitäten eingeführter Produkte

Art	1884	1885	1886	1887	1888
	Cwts.	Cwts.	Cwts.	Cwts.	Cwts.
Weizen	47 306 156	61 498 864	47 435 806	55 802 518	57 261 363
Eingeführtes Weizenmehl	15 095 301	15 832 843	14 689 560	18 063 234	16 910 442
Weizenmehl in Getreide umgerechnet	19 604 287	20 832 688	19 586 080	24 409 775	23 164 989

			Quantitäten		
Art	1884	1885	1886	1887	1888
	Cwts.	Cwts.	Cwts.	Cwts.	Cwts.
Gerste	12 953 015	15 366 160	13 713 637	14 239 566	21 305 350
Hafer	12 921 806	13 057 189	13 485 233	11 462 943	18 770 686
Mais	24 780 464	31 526 735	31 011 565	31 167 325	25 370 164
Roggen	220 579	341 195	296 941	785 261	1 332 267
Buchweizen . . .	64 858	82 505	104 109	67 780	101 548
Bohnen	3 520 572	3 517 987	2 808 149	2 488 962	3 013 978
Erbsen	1 938 969	2 021 996	2 048 336	2 992 357	2 434 376
Sa.	56 400 323	65 913 827	63 467 970	66 204 194	72 328 364
	Cwts.	Cwts.	Cwts.	Cwts.	Cwts.
Hafermehl	429 157	485 697	337 153	159 015	57 145
Maismehl	16 062	13 722	10 065	5 522	14 745
Anderes Mehl . . .	353 057	267 510	120 714	731 424	589 048
Sa.	798 276	766 929	467 932	895 961	660 938
	Cwts.	Cwts.	Cwts.	Cwts.	Cwts.
Reis	6 579 458	5 588 650	6 557 213	5 019 512	6 189 644
Sago und Sagomehl	346 188	364 307	479 903	445 456	426 346
Zucker (roh und raffiniert) . . . Cwts.	23 886 552	24 745 605	22 505 711	25 006 678	24 729 150
Melassen . . . „	412 004	392 875	430 490	305 475	345 894
Malz . . . Qrs.	442	1 007	5 037	623	429
Hopfen . . . Cwts.	256 777	266 952	153 759	145 122	216 608

Art	1884	1885	1886	1887	1888
Obst (roh):	Bushels	Bushels	Bushels	Bushels	Bushels
Äpfel	2 679 800	2 387 685	3 261 460	1 944 460	3 796 592
Orangen und Citronen	4 944 535	4 356 739	4 388 291	4 807 360	4 861 061
Kirschen Trauben Birnen Pflaumen Anderes Obst	2 381 960	2 822 401	2 601 334	2 478 101	3 039 060
Sa.	10 006 295	9 566 825	10 251 085	9 229 921	11 696 713
Nüsse:	Cwts.	Cwts.	Cwts.	Cwts.	Cwts.
Mandeln . .	81 205	81 326	78 015	99 973	81 403
Gemüse:					
Kartoffeln	2 444 160	2 299 934	2 707 889	2 763 357	2 388 807
	Bushels	Bushels	Bushels	Bushels	Bushels
Zwiebeln .	3 037 406	3 537 616	3 633 587	3 645 922	3 484 990

in England während der Jahre 1884—1893.

1889	1890	1891	1892	1893	Art
Cwts.	Cwts.	Cwts.	Cwts.	Cwts.	
58 551 887	60 474 180	66 312 962	64 901 799	65 461 988	Weizen.
					Eingeführtes Weizen-
14 672 082	15 773 336	16 723 003	22 106 009	20 408 168	mehl.
					Weizenmehl in Ge-
20 377 891	21 907 411	23 226 393	30 702 790	28 344 678	treide umgerechnet.

			Quantitäten		
1889	1890	1891	1892	1893	Art
Cwts.	Cwts.	Cwts.	Cwts.	Cwts.	
17 400 910	16 677 988	17 465 698	14 277 342	22 844 562	Gerste.
15 990 567	12 727 186	16 600 394	15 661 394	13 954 986	Hafer.
36 192 325	43 437 834	26 825 625	35 381 224	32 902 503	Mais.
595 001	579 124	466 284	574 891	726 173	Roggen
129 646	100 940	177 892	131 142	107 290	Buchweizen.
3 579 579	3 344 918	3 672 413	4 429 933	3 946 985	Bohnen.
1 695 179	1 842 488	2 419 381	2 501 492	2 302 443	Erbsen.
75 583 207	78 710 478	67 627 687	72 957 418	76 784 942	Sa.
Cwts.	Cwts.	Cwts.	Cwts.	Cwts.	
262 088	285 040	171 711	414 866	343 487	Hafermehl.
20 118	47 545	55 700	173 664	70 784	Maismehl.
250 387	330 394	420 938	363 371	246 561	Anderes Mehl.
532 593	662 979	648 349	951 901	660 832	Sa.
Cwts.	Cwts.	Cwts.	Cwts.	Cwts.	
6 585 779	5 957 555	6 198 979	6 271 699	5 449 602	Reis.
444 581	557 018	548 797	638 810	611 506	Sago und Sagomehl.
					Zucker (roh und raffi-
26 528 407	25 694 141	27 534 579	26 916 318	27 582 653	niert) . . . Cwts.
391 475	563 687	569 380	616 041	584 747	Melassen . . . „
1 371	1 960	258	726	4 509	Malz . . . . Qrs.
199 384	188 028	195 266	187 507	204 392	Hopfen . . . Cwts.

1889	1890	1891	1892	1893	Art
Bushels	Bushels	Bushels	Bushels	Bushels	„ Obst (roh):
3 612 316	2 574 957	3 147 373	4 514 700	3 459 984	Äpfel.
				⌠4 593 127	Orangen.
5 847 521	5 746 135	5 178 676	6 763 276	⌡1 081 620	Citronen.
			⌠216 990	346 148	Kirschen.
			761 968	978 505	Trauben.
2 178 886	3 584 668	3 490 226	637 211	915 212	Birnen.
			412 984	777 142	Pflaumen.
			⌡841 022	1 079 794	Anderes Obst.
11 638 723	11 905 760	11 816 275	14 148 151	13 231 532	Sa.
Cwts.	Cwts.	Cwts.	Cwts.	Cwts.	Nüsse :
129 736	98 546	116 585	106 856	131 393	Mandeln.
					Gemüse:
1 864 426	1 940 100	3 192 836	3 008 336	2 828 125	Kartoffeln.
Bushels	Bushels	Bushels	Bushels	Bushels	
3 854 453	3 871 195	4 281 046	4 420 276	4 671 809	Zwiebeln.

Tafel XVIII. Quantitäten an eingeführtem Weizen, Gerste, Hafer und Angabe der Bezugs-

Ausführende Länder	Körnerfrucht						
	Weizen	Gerste	Hafer	Mais	Roggen	Buch-weizen	Bohnen
	Cwts.	Cwts.	Cwts.	Cwts.	Cwts.	Cwts.	Cwts.
Algerien	—	48 592	—	—	—	—	32 020
Argentinien	7 845 587	29 688	6 767	231 956	583	—	6 269
Österreich	3	393 609	—	—	—	—	6 269
Belgien	10 474	40 695	853	600	200	—	287
Brasilien	26 100	116	—	—	—	—	—
Bulgarien	—	44 750	—	362 808	—	—	3 715
Kanarische Inseln	—	—	—	—	—	—	—
Chili	2 580 147	388 083	2 718	10	5 960	—	558
China	—	—	—	—	—	—	?
Kolumbien	41 120	—	—	—	—	—	—
Dänemark	1 339	463 486	175 111	—	2 309	18	1 131
Egypten	10 586	114 887	—	—	14 318	—	1 973 613
Frankreich	1 452	205 681	6 493	38	14 290	79 672	4 318
Deutschland	362 086	461 685	399 053	19 622	14 688	42	237 454
Griechenland	—	—	—	—	—	—	—
Holland	79 551	135 424	166 955	—	—	394	18 866
Italien	40	10 080	--	—	—	380	26 107
Madeira	—	136	—	—	—	—	—
Mexiko	—	40	—	—	—	—	—
Marokko	5 469	250 612	—	127 253	—	—	754 087
Norwegen	—	980	19 019	—	20	—	?
Persien	4 000	3 400	—	—	—	—	118 651
Portugal	—	—	—	—	—	—	—
Rumänien	89 272	1 411 124	35 350	15 690 482	5 020	—	31 890
Nordrußland	43 207	229 155	7 557 146	—	9 732	26 308	81 890
Südrußland	10 018 781	13 380 930	683 432	2 945 750	311 161	—	?
Spanien	530	4 176	800	—	—	—	30 988
Schweden	—	91 554	2 890 220	—	—	—	82 558
Türkei	103 552	3 501 401	182 311	949 355	63 850	—	578 189
Ver. St. v. Amerika (Ost)	21 165 660	180 904	876 441	9 232 364	181 035	—	?
Ver. St. v. Amerika (West)	11 697 188	1 405 537	—	—	—	—	?
Uruguay	32 745	—	260	—	—	—	—
Fremde Länder Sa.	53 518 949	22 796 725	13 012 920	29 560 238	623 165	106 814	?
Neu-Süd-Wales	—	—	—	—	—	—	
Queensland	—	—	3 440	—	—	—	
Südaustralien	667 482	—	10 950	—	—	—	
Victoria	1 084 994	—	22 980	—	—	—	
Australien Sa.	1 752 476	—	37 370	—	—	—	
Neuseeland	873 112	100	174 776	—	7 382	—	
Australasien Sa.	2 589 568	100	212 146	—	7 382	—	
Kanada	3 157 355	18 743	729 911	3 260 851	95 635	—	
Kanalinseln	—	—	—	—	—	—	
Britisch Ostafrika	—	—	—	2 102	—	—	
Hongkong	—	—	—	—	—	—	
Brit. Ostindien (Bengalen)	982 976	—	—	47 129	—	—	
„ „ (Bombay)	5 213 120	28 994	—	11 624	—	—	
„ „ (Madras)	—	—	—	—	—	—	
Malta	—	—	—	5 000	—	—	
Natal	—	—	—	15 559	—	—	
Neufundland	—	—	—	—	—	—	
Britische Kolonien Sa.	11 943 089	47 837	942 057	3 342 266	?	—	
Sa.	65 461 988	22 844 562	13 954 986	32 902 588	?	?	

Fremde Länder (seitlich) · Britische Kolonien · Australasien

anderen Körnerfrüchten und an Weizen-, Hafer- und anderen Mehlen mit
länder im Jahre 1893.

Körnerfrucht		Mehl				Ausführende Länder
Erbsen	Sa. Körnerfrucht	Weizen-mehl	Hafer-mehl	Andere Mehle	Su. Mehl	
Cwts.	Cwts.	Cwts.	Cwts.	Cwts.	Cwts.	
—	80612	—	—	4200	4200	Algerien
—	8114581	10262	—	92174	102436	Argentinien
1400	401281	1099614	—	3870	1103484	Österreich
1686	54745	3084	2	6224	9310	Belgien
—	26216	—	—	—	—	Brasilien
—	411273	—	—	—	—	Bulgarien
248	248	—	—	—	—	Kanarische Inseln
6410	2983881	760	—	5740	6500	Chile
—	—	—	—	21	21	China
—	41120	—	—	—	—	Kolumbien
203	643597	691	—	2453	3144	Dänemark
4905	2118309	1584	—	—	1584	Egypten
2160	313994	52355	—	15637	67992	Frankreich
61110	1555740	116164	1456	47311	164931	Deutschland
—	—	19	—	—	19	Griechenland
98784	491974	980	34	4762	5776	Holland
10	33707	10654	—	2884	13538	Italien
—	136	—	—	—	—	Madeira
—	40	—	—	—	—	Mexiko
287	1138548	—	—	—	—	Marokko
8	20027	228	—	3	231	Norwegen
—	7460	—	—	—	—	Persien
—	148861	—	—	—	—	Portugal
—	17231248	—	—	—	—	Rumänien
180123	8077560	698	255	16983	17936	Nordrußland
—	27350054	473	—	10018	10491	Südrußland
2	66496	—	—	—	—	Spanien
—	3004326	—	24	—	24	Schweden
4672	5383280	224	20	11975	12219	Türkei
515325	32151837	16709104	249987	85765	17014856	Ver. St. v. Amerika (Ost)
—	12502725	1286497	—	5333	1291830	Ver. St. v. Amerika (West)
—	33005	—	—	—	—	Uruguay
877333	124394881	19293391	251778	315353	19860522	Fremde Länder — Sa.
1070	1070	3966	—	8	3974	Neu-Süd-Wales
—	3440	—	—	—	—	Queensland
—	678432	3554	—	—	3554	Südaustralien
113529	1223833	19532	—	75	19607	Viktoria
114599	1906775	27052	—	83	27135	Australien — Sa.
17920	1082825	3003	—	528	3531	Neuseeland
132519	2989600	30055	—	611	30666	Australasien — Sa.
878075	8140681	1080955	91709	528	1173192	Kanada
—	516	936	—	—	936	Kanalinseln
—	2102	—	—	—	—	Britisch Ostafrika
—	—	—	—	8	8	Hongkong
299849	1329954	—	—	220	220	Brit. Ostindien (Bengalen)
114617	5368355	2800	—	625	3425	„ „ (Bombay)
50	50	—	—	—	—	„ „ (Madras)
—	5832	—	—	—	—	Malta
—	15559	—	—	—	—	Natal
—	—	31	—	—	31	Neufundland
1425110	17852049	1114777	91709	1992	1208478	Britische Kolonieen — Sa.
2302443	142246930	20408168	343487	317345	21069000	Sa.

(Randvermerke: Fremde Länder — Australasien — Britische Kolonieen)

Tafel XIX. Durchschnittswert pro Imperial-Quarter (480 Lbs.) des eingeführten Weizens in England mit Angabe der Bezugsländer und Britischen Kolonieen von 1889—1894:

Ausführende Länder	Durchschnittwert pro Imperial-Quarter											
	1889		1890		1891		1892		1893		1894	
	s	d	s	d	s	d	s	d	s	d	s	d
Argentinien	31	1	32	1	38	3	31	7	26	11	22	0
Österreich	37	9	—		. .		—		—		—	
Bulgarien	28	5	31	6	34	9	30	6	—		—	
Chili	33	10	—		38	7	33	5	26	9	23	6
Egypten	27	4	28	9	32	3	31	1	24	8	18	7
Frankreich	31	1	—		38	2	29	7	--		25	10
Deutschland	33	9	34	1	37	9	32	4	30	4	24	5
Persien	31	7	30	9	35	1	35	11	—		--	
Rumänien	32	8	33	5	36	11	28	10	25	11	22	9
Rußland { Norden Hafen	32	1	34	4	37	11	30	3	27	6	21	11
Süden	32	2	32	11	37	11	28	11	26	4		
Türkei	30	1	29	7	35	1	31	4	24	4	21	8
Ver. Staaten v. Amerika { Häfen Atlantischer	32	9	34	4	39	1	33	1	27	10	23	8
Stiller Ozean	35	1	34	5	39	10	35	3	28	11	24	1
Britisch Indien	31	8	32	7	36	4	33	0	28	5	22	11
Britisch Nordamerika . .	34	3	35	2	38	8	31	11	27	10	23	5
Neuseeland	35	10	35	2	41	3	32	10	27	11	24	3
Südaustralien	39	3	36	3	39	11	35	8	30	8		
Victoria	38	6	36	1	40	9	35	4	30	9		
Andere Länder	31	5	31	11	36	9	31	10	26	7	22	11
Alle Länder	32	11	33	5	38	1	32	10	27	9	22	11

Tafel XX. Durchschnittswert per Imperial-Quarter der eingeführten Gerste in dem Vereinigten Königreich mit Angabe der
Bezugsländer während der Jahre 1888—1893.

Ausführende Länder	Durchschnittwert pro Imperial-Quarter										
	1888		1889		1890		1891		1892		1893
	s	d	s	d	s	d	s	d	s	d	s d
Algier	25	0	23	4	23	2	24	9	22	6	—
Österreichisches Gebiet .	28	3	28	9	31	4	31	4	28	11	26 1
Bulgarien	19	0	18	8	19	6	21	11	24	0	15 6
Chili	25	7	24	9	25	10	25	1	27	7	26 1
Dänemark	26	2	27	7	28	1	27	1	26	3	24 0
Egypten	19	1	22	0	20	6	21	10	21	11	22 6
Frankreich	28	1	27	5	27	11	29	1	26	5	27 1
Deutschland	26	9	27	11	29	2	29	6	29	10	27 0
Holland	30	8	28	10	28	1	29	8	31	9	27 9
Marokko	—		—		—		22	10	20	3	15 5
Rumänien	19	9	19	6	19	10	23	6	21	3	17 8
Rußland	17	4	16	9	19	3	23	0	16	6	15 3
Schweden	24	0	27	7	26	5	25	8	26	7	24 1
Tripolis	—		—		23	4	23	1	23	6	—
Tunis	—		—		—		24	3	25	3	22 11
Türkei	23	1	20	9	21	10	24	7	23	1	21 6
Ver. Staaten von Amerika	30	5	29	7	25	11	26	8	28	4	23 9
Britisch Indien	—		—		—		—		—		21 1
Britisch Nordamerika .	—		—		24	10	25	1	22	2	22 4
Neuseeland	—		—		31	8	30	7	24	4	25 0
Andere Länder . . .	20	10	24	2	18	11	21	1	21	11	23 3
Alle Länder	20	4	20	5	21	4	24	4	21	7	18 1

Imperial-Quarter = 8 Bushels à 50 Lbs.

Tafel XXI. Durchschnittswert pro Imperial-Quarter des eingeführten
Hafers im Vereinigten Königreich mit Angabe der Bezugsländer
und Britischen Kolonieen in jedem Jahr von 1888—1893.

Andere Länder	Durchschnittswert pro Imperial-Quarter										
	1888		1889		1890		1891		1892		1893
	s	d	s	d	s	d	s	d	s	d	s d
Belgien	—		—		—		20	2	18	8	14 11
Dänemark	16	9	15	5	18	7	18	8	18	1	19 1
Frankreich	15	7	17	8	16	9	20	6	19	0	18 8
Deutschland	14	7	15	10	16	5	18	0	17	10	17 9
Holland	16	1	17	3	19	1	19	10	19	3	18 9
Norwegen	14	2	16	10	16	10	17	6	19	3	18 4
Rumänien	12	10	—		—		—		16	10	15 10
Rußland	13	5	15	6	17	0	18	0	17	1	16 10
Schweden	15	7	16	4	17	4	18	8	17	4	17 11
Türkei	—		—		—		19	5	16	4	15 11
Ver. Staaten von Amerika	—		16	2	17	2	18	10	18	7	16 6
Britisch Nordamerika . .	13	8	16	7	17	0	19	8	17	1	17 3
Neuseeland	—		—		20	10	20	0	20	5	19 8
Victoria	—		—		—		21	4	21	1	18 1
Andere Länder	12	3	17	1	15	2	20	8	19	7	16 9
Alle Länder	13	8	15	7	17	1	18	4	17	10	17 2

Imperial-Quarter = 8 Bushels à 39 Lbs.

Tafel XXII. Jährlicher Durchschnittspreis b r i t i s c h e n Getreides pro Quarter (8 Bushels) von 1874—94 auf den Hauptmärkten Englands und Wales; ferner die höchsten und niedrigsten wöchentlichen Notierungen und die Durchschnittspreise des b r i t i s c h e n Getreides in Perioden von Jahren seit 1861.

Jahre	Weizen Jahresdurchschnitt	Weizen Höchster	Weizen Niedrigster	Gerste Jahresdurchschnitt	Gerste Höchster	Gerste Niedrigster	Hafer Jahresdurchschnitt	Hafer Höchster	Hafer Niedrigster
	s d	s d	s d	s d	s d	s d	s d	s d	s d
1874	55 9	63 9	43 5	44 11	49 11	39 1	28 10	32 0	25 5
1875	45 2	53 10	40 11	38 5	45 6	31 4	28 8	32 11	23 4
1876	46 2	50 8	42 8	35 2	40 2	30 11	26 3	31 2	23 10
1877	56 9	68 9	50 1	39 8	44 2	32 5	25 11	29 0	23 4
1878	46 5	52 4	39 0	40 2	44 8	30 9	24 4	28 5	20 7
1879	43 10	50 5	37 7	34 0	43 2	24 0	21 9	26 7	19 2
1880	44 4	48 4	39 5	33 1	37 7	25 7	23 1	28 2	20 2
1881	45 4	55 2	40 9	31 11	35 8	26 11	21 9	24 6	19 5
1882	45 1	51 3	39 2	31 2	36 11	25 10	21 10	25 9	19 1
1883	41 7	43 10	39 0	31 10	35 0	25 6	21 5	24 1	19 1
1884	35 8	39 0	30 5	30 8	32 8	27 1	20 3	23 5	18 10
1885	32 10	38 1	30 2	30 1	32 6	24 10	20 7	23 6	18 1
1886	31 0	33 11	29 0	26 7	29 7	22 4	19 0	21 4	16 7
1887	32 6	36 4	28 5	25 4	29 7	20 5	16 3	17 9	14 7
1888	31 10	38 1	30 0	27 10	32 5	18 8	16 9	20 9	15 5
1889	29 9	31 2	27 11	25 10	31 3	19 5	17 9	20 6	16 2
1890	31 11	36 6	29 8	28 8	32 3	22 6	18 7	20 5	17 3
1891	37 0	41 8	32 3	28 2	31 3	24 4	20 0	22 4	17 6
1892	30 3	36 4	25 8	26 2	29 5	21 1	19 10	22 2	16 3
1893	26 4	27 10	24 8	25 7	29 6	20 3	18 9	22 3	16 8
1894	22 10	26 4	17 6	24 6	29 2	16 5	17 1	20 5	13 3

Periode	Weizen Durchschnitt der Periode	Weizen Höchster	Weizen Niedrigster	Gerste Durchschnitt der Periode	Gerste Höchster	Gerste Niedrigster	Hafer Durchschnitt der Periode	Hafer Höchster	Hafer Niedrigster
	s d	s d	s d	s d	s d	s d	s d	s d	s d
1861—65	47 6	62 1	37 10	32 11	40 7	27 2	21 11	26 10	18 7
1866—70	54 8	74 7	40 7	38 11	49 7	30 3	25 6	31 4	19 10
1871—75	54 8	64 7	40 11	39 5	49 11	30 3	26 3	32 11	21 7
1876—80	47 6	68 9	37 7	44 8	44 8	24 0	24 3	31 2	19 2
1881—85	40 1	55 2	30 2	31 2	36 11	24 10	21 2	25 9	18 1
1886—90	31 5	38 1	27 11	26 10	32 5	18 8	17 8	21 4	14 7
1891—94	29 1	41 8	17 6	26 1	31 3	16 5	18 11	22 4	13 3

Imperial-Quarter = 8 Bushels, 1 Weizen-Bushel = 60 Lbs., 1 Gersten-Bushel = 50 Lbs., 1 Hafer-Bushel = 39 Lbs.

Tafel XXIII. Jährlicher Durchschnittspreis pro Imperial-Quarter britischen Weizens, Gerste und Hafers in England und Wales von 1786—1820.

Jahrgang	Weizen		Gerste		Hafer	
	s	d	s	d	s	d
1786	40	0	25	1	18	6
1787	42	5	23	4	17	2
1788	46	4	22	8	16	1
1789	52	9	23	6	16	6
1790	54	9	26	3	19	5
1791	48	7	26	10	18	1
1792	43	0	27	7	16	9
1793	49	3	31	1	20	6
1794	52	3	31	9	21	3
1795	75	2	37	5	24	5
1796	78	7	35	4	21	10
1797	53	9	27	2	16	3
1798	51	10	29	0	19	5
1799	69	0	36	2	27	6
1800	113	10	59	10	39	4
1801	119	6	68	6	37	—
1802	69	10	33	4	20	4
1803	58	10	25	4	21	6
1804	62	3	31	0	24	3
1805	89	9	44	6	28	4
1806	79	1	38	8	27	7
1807	75	4	39	4	28	4
1808	81	4	43	5	33	4
1809	97	4	47	0	31	5
1810	106	5	48	1	28	7
1811	95	3	42	3	27	7
1812	126	6	66	9	44	6
1813	109	9	58	6	38	6
1814	74	4	37	4	25	8
1815	65	7	30	3	23	7
1816	78	6	30	11	27	2
1817	96	11	49	4	32	5
1818	86	3	53	10	32	5
1819	74	6	45	9	28	2
1820	96	10	33	10	24	2

Tafel XXIV. Jährlicher Durchschnittspreis pro Imp.-Quarter jedem Jahr von 1821—1894; ferner die seit 1821 jähr-

Jahr	Durchschnittspreis			Verkaufte Quantitäten		
	Weizen	Gerste	Hafer	Weizen	Gerste	Hafer
	s d	s d	s d	Qrs.	Qrs.	Qrs.
1821	56 1	26 0	19 6	1 581 646	971 904	1 342 737
1822	44 7	21 10	18 1	2 191 807	1 276 930	1 629 769
1823	53 4	31 6	22 11	2 194 886	987 048	1 433 237
1824	63 11	36 4	24 10	2 253 765	1 439 024	1 360 599
1825	68 6	40 0	25 8	2 033 100	1 527 822	1 440 697
1826	58 8	34 4	26 8	1 888 894	1 151 100	972 707
1827	58 6	37 7	28 2	2 074 716	1 183 264	762 578
1828	60 5	32 10	22 6	2 770 782	1 649 955	1 972 500
1829	66 3	32 6	22 9	2 576 129	1 610 161	2 270 972
1830	64 3	32 7	24 5	3 152 857	2 114 921	2 062 712
1831	66 4	38 0	25 4	2 810 792	2 025 239	1 987 816
1832	58 8	33 1	20 5	3 296 381	1 953 672	2 203 828
1833	52 11	27 6	18 5	3 576 653	2 360 403	2 256 844
1834	46 2	29 0	20 11	3 768 002	2 154 243	2 241 807
1835	39 4	29 11	22 0	3 927 620	2 033 980	2 285 868
1836	48 6	32 10	23 1	4 393 025	2 429 579	2 376 315
1837	55 10	30 4	23 1	3 889 007	2 070 763	2 121 572
1838	64 7	31 5	22 5	4 064 305	2 480 312	2 299 188
1839	70 8	39 6	25 11	3 174 680	2 403 251	1 932 140
1840	66 4	36 5	25 8	3 850 278	2 291 427	2 015 170
1841	64 4	32 10	22 5	3 913 927	2 225 460	2 205 719
1842	57 3	27 6	19 3	4 091 235	2 576 616	2 202 099
1843	50 1	29 6	18 4	5 302 297	2 777 494	2 218 931
1844	51 3	33 8	20 7	5 456 307	2 834 407	1 989 790
1845	50 10	31 8	22 6	6 666 240	2 468 489	2 000 952
1846	54 8	32 8	23 8	5 958 963	2 938 398	1 672 948
1847	69 9	44 2	28 8	4 637 617	2 041 130	960 234
1848	50 6	31 6	20 6	5 399 834	2 401 737	1 022 875
1849	44 3	27 9	17 6	4 453 983	2 099 821	851 080
1850	40 3	23 5	16 5	4 687 247	2 235 271	866 082
1851	38 6	24 9	18 7	4 487 041	2 333 711	940 008
1852	40 9	28 6	19 1	4 854 513	2 389 489	947 550
1853	53 3	33 2	21 0	4 560 912	2 474 206	880 408
1854	72 5	36 0	27 11	3 913 257	2 267 997	765 438
1855	74 8	34 9	27 5	5 256 874	2 608 862	816 688
1856	69 2	41 1	25 2	5 046 736	2 678 936	701 159

britischen Weizens, Gerste, Hafers in England und Wales in
lich verkauften Quantitäten an Weizen, Gerste und Hafer.

Jahr	Durchschnittspreis			Verkaufte Quantitäten		
	Weizen	Gerste	Hafer	Weizen	Gerste	Hafer
	s d	s d	s d	Qrs.	Qrs.	Qrs.
1857	56 4	42 1	25 0	5 243 940	2 262 733	537 364
1858	44 2	34 8	24 6	5 203 948	2 434 373	482 766
1859	43 9	33 6	23 2	5 498 202	2 410 326	503 356
1860	53 3	36 7	24 5	4 623 257	1 787 056	495 880
1861	55 4	36 1	23 9	4 289 665	2 392 872	624 898
1862	55 5	35 1	22 7	3 588 085	2 281 930	702 957
1863	44 9	33 11	21 2	4 493 471	2 487 660	571 086
1864	40 2	29 11	20 1	4 992 800	2 599 316	508 742
1865	41 10	29 9	21 10	3 579 623	1 768 277	217 315
1866	49 11	37 5	24 7	3 134 557	1 723 646	254 722
1867	64 5	40 0	26 0	2 724 673	1 575 733	284 776
1868	63 9	43 0	28 1	2 679 908	1 665 506	249 867
1869	48 2	39 5	26 0	2 816 106	1 388 195	161 707
1870	46 11	34 7	22 10	3 398 655	1 841 678	206 091
1871	56 8	36 2	25 2	3 274 885	1 767 298	197 122
1872	57 0	37 4	23 2	2 582 108	1 592 553	184 375
1873	58 8	40 5	25 5	2 441 943	1 734 922	192 693
1874	55 9	44 11	28 10	2 392 110	1 937 659	168 587
1875	45 2	38 5	28 8	2 515 098	1 488 818	122 312
1876	46 2	35 2	26 3	2 201 993	1 834 537	148 878
1877	56 9	39 8	25 11	1 942 688	1 795 049	176 092
1878	46 5	40 2	24 4	2 141 759	1 732 075	184 041
1879	43 10	34 0	21 9	2 022 125	1 421 244	161 693
1880	44 4	33 1	23 1	1 607 908	1 591 925	164 791
1881	45 4	31 11	21 9	1 738 255	1 631 504	211 444
1882	45 1	31 2	21 10	1 903 858	1 873 820	211 799
1883	41 7	31 10	21 5	2 901 146	2 575 528	408 471
1884	35 8	30 8	20 3	2 833 132	3 149 341	492 918
1885	32 10	30 1	20 7	2 739 515	2 765 500	383 042
1886	31 0	26 7	19 0	2 739 822	2 474 466	367 083
1887	32 6	25 4	16 3	2 496 124	2 589 667	309 478
1888	31 10	27 10	16 9	2 427 881	1 911 835	255 726
1889	29 9	25 10	17 9	2 945 408	3 329 814	415 783
1890	31 11	28 8	18 7	3 439 699	3 327 991	599 033
1891	37 0	28 2	20 0	3 248 743	3 255 518	561 713
1892	30 3	26 2	19 10	3 052 879	3 493 634	492 166
1893	26 4	25 7	18 9	2 620 060	3 366 056	575 522
1894	22 10	24 6	17 1	1 956 824	2 729 348	565 747

Tafel XXV. Quantitäten der ausgeführten britischen Produkte aus dem Vereinigten Königreich nach dem Auslande von 1888—1893.

Art	1888	1889	1890	1891	1892	1893
Lebendes Vieh:	Nr.	Nr.	Nr.	Nr.	Nr.	Nr.
Ochsen, Bullen, Kühe und						
Kälber	2 371	1 710	1 245	1 402	2 405	3 109
Schafe und Lämmer . .	8 779	8 017	7 768	9 059	7 436	7 734
Schweine	455	3 523	8 560	1 361	284	412
	12 880	14 266	12 916	11 234	11 233	11 961
Tiere ohne Angabe . .	9 880	15 683	14 723	23 693	36 448	25 360
	Cwts.	Cwts.	Cwts.	Cwts.	Cwts.	Cwts.
Fleisch: Rind-, Schwein-,						
Speck und Schinken . .	70 760	88 664	111 486	96 097	83 724	78 187
Butter	25 719	25 191	24 510	21 492	14 077	14 640
Käse	12 796	12 852	12 211	12 092	11 385	10 917
Milch (kondensierte) . .	—	67 825	61 491	62 934	61 442	67 063
Kartoffeln	—	—	—	—	617 747	1 752 454
Getreide etc.:	Cwts.	Cwts.	Cwts.	Cwts.	Cwts.	Cwts.
Weizen	64 564	121 109	143 105	159 688	90 270	43 023
Gerste	18 490	22 785	28 293	19 406	27 557	20 139
Hafer	87 121	100 986	96 022	66 881	34 405	244 211
Roggen	250	44	300	28 197	8 254	193
Bohnen	10 409	1 654	720	1 294	1 116	1 352
Erbsen	14 639	16 697	15 359	21 418	15 414	33 681
Sa.	195 473	263 275	283 859	296 884	177 006	342 599
Mehle:	Cwts.	Cwts.	Cwts.	Cwts.	Cwts.	Cwts.
Weizen	187 844	215 203	222 124	213 086	219 023	240 952
Hafer	24 690	29 076	34 127	37 025	42 946	46 419
Biscuit und Brot . Cwts.	194 678	206 791	228 545	213 772	217 202	218 606
Malz . . . . Qrs.	90 611	93 723	80 528	78 557	75 534	74 025
Hopfen . . . . Cwts.	8 289	10 293	6 164	5 763	5 798	11 584
Flachs und Hanf „	39 721	34 741	31 519	33 676	34 816	39 270
Samen aller Art „	213 190	227 090	214 670	232 281	215 024	242 577
Fett, Stearin, und						
animal. Fett . . „	402 636	374 363	472 150	417 265	441 728	505 462
Häute (roh) . . „	121 710	72 792	85 850	73 464	74 796	94 613

Tafel XXVI. Quantitäten und Werte der ausgeführten britischen und fremden Produkte aus dem Vereinigten Königreich während des Jahres 1893.

Art	Quantitäten			Werte		
	Produkt des Ver. Königreichs	Fremdes und Kolonialprodukt	Sa.	Produkt des Ver. Königr.	Fremdes und Kolonialprodukt	Sa.
	Nr.	Nr.	Nr.	£	£	£
Ochsen, Bullen, Kühe u. Kälber	3 109	25	3 134	65 477	510	65 987
Schafe und Lämmer	7 734	9	7 743	58 040	27	58 067
Schweine	412	4	416	2 487	12	2 499
Fleisch {Rind-, Schweine-, Speck und Schinken	Cwts. 78 187	Cwts. 233 237	Cwts. 311 424	£ 329 413	£ 440 651	£ 770 064
Hammel (frisch) . . .	—	712	—	—	1 282	—
konserviert { Rind	—	45 672	—	—	120 327	—
anders als { Hammel . .	—	2 771	—	—	5 330	—
durch Salzen} Andere Arten	—	10 198	—	—	31 885	—
Ohne Angabe	—	252	—	—	443	—
Butter	14 640	65 924	80 564	85 936	372 873	458 809
Käse	10 917	63 095	74 012	44 051	195 696	239 747
Milch (kondensierte)	67 063	101 690	168 753	140 784	215 836	356 620
	Nr.	Nr.	Nr.			
Eier	—	3 416 040	—	—	8 958	—
	Cwts.	Cwts.	Cwts.			
Kartoffeln	1 752 454	32 707	1 785 161	336 714	8 322	345 036
Getreide etc.:	Cwts.	Cwts.	Cwts.	£	£	£
Weizen	43 023	654 374	697 397	14 942	219 113	234 055
Gerste	20 139	14 892	35 031	12 064	4 057	16 121
Hafer	244 211	12 286	256 497	76 696	4 392	81 088
Roggen	193	3 165	3 358	66	1 273	1 339
Mais	—	73 242	73 242	—	19 792	19 792
Bohnen	1 352	23 835	25 187	689	9 166	9 855
Erbsen	33 681	70 196	103 877	18 852	27 128	45 980
Sa.	342 599	851 990	1 194 589	123 309	284 921	408 230
Mehle:	Cwts.	Cwts.	Cwts.	£	£	£
Weizen	240 952	218 141	459 093	109 033	117 549	226 582
Hafer	46 419	1 091	47 510	44 623	849	45 472
Mais	—	572	572	—	252	252
	Cwts.	Cwts.	Cwts.	£	£	£
Biscuit und Brot	218 606	—	—	594 437	—	—
	Qrs.	Qrs.	Qrs.			
Malz	74 025	316	74 341	145 634	792	146 426
	Cwts.	Cwts.	Cwts.			
Hopfen	11 584	7 092	18 676	79 884	33 694	113 578
Flachs und Hanf	39 270	583 340	622 610	219 352	820 560	1 039 912
Samen aller Art	242 577	—	—	361 717	695 030	1 056 747
Fett, Stearin- und animal. Fett	505 462	565 323	1 070 785	731 561	793 202	1 524 763
Häute (roh)	94 613	362 480	457 093	130 391	782 162	1 012 553
Felle:	Nr.	Nr.	Nr.	£	£	£
Schaf- und Lämmerfelle . . .	5 103 744	5 365 047	10 468 791	318 616	466 338	784 954
Sonstige Felle	—	401 002	—	165 076	34 648	199 724
Sa.	—	5 766 049	—	483 692	500 986	984 678
	Lbs.	Lbs.	Lbs.	£	£	£
Wolle: Schaf- und Lämmerwolle	16 049 900	345 793 611	361 843 511	634 275	13 293 766	13 928 041
	Loads	Loads	Loads			
Holz	566	21 968	22 524	4 236	119 379	123 615

Tafel XXVII. Quantitäten und Wert der aus dem Vereinigten Königreich ausgeführten Wolle (Schaf und Lamm) mit Angabe der einführenden Länder und der produzierenden Länder für das Jahr 1893.

Einführende Länder	Quantitäten			Werte		
	Produkt des Ver. Königreichs	Fremdes und Kolonial-Produkt	Summa	Produkt des Ver. Königreichs	Fremdes und Kolonial-Produkt	Summa
	Lbs.	Lbs.	Lbs.	£	£	£
Fremde Länder						
Österreich	3 000	36 580	39 580	103	1 048	1 151
Azoren	—	1 000	1 000	—	30	30
Belgien	967 100	76 047 490	77 014 590	42 185	2 969 904	3 012 089
Brasilien	—	176 782	176 782	—	6 214	6 214
Dänemark	12 100	98 373	110 473	526	3 907	4 433
Frankreich	1 299 400	75 708 776	77 008 176	58 384	2 969 607	3 027 991
Deutschland	3 122 900	85 450 797	88 573 697	143 377	3 575 577	3 718 954
Griechenland	6 300	—	6 300	525	—	525
Holland	1 456 700	51 325 401	52 782 101	61 865	1 855 855	1 917 720
Italien	39 300	645 400	684 700	2 259	20 853	23 112
Japan	4 500	436 346	440 846	218	23 989	24 207
Norwegen	189 500	65 016	254 516	11 096	3 028	14 124
Portugal	109 100	146 958	256 058	5 857	7 931	13 788
Rumänien	12 300	4 592	16 892	328	120	448
Rußland (Nord)	628 800	477 533	1 106 333	36 775	23 169	59 944
Spanien	159 800	46 400	206 200	12 166	1 943	14 109
Schweden	149 500	349 880	499 380	8 128	13 742	21 870
Türkei	4 400	172 400	176 800	250	11 370	11 620
Ver. Staaten v. Amerika	7 210 500	52 686 306	59 896 806	223 962	1 733 700	1 957 662
Fremde Länder Summa	15 375 200	343 876 030	359 251 230	608 004	13 221 987	13 829 991
Br. Kolonien						
Kanada	579 000	1 823 415	2 402 415	22 267	67 585	89 852
Kapland	—	50	50	—	6	6
Kanalinseln	—	244	244	—	18	18
Brit. Indien: Bengal	56 300	—	56 300	2 459	—	2 459
Bombay	38 000	500	38 500	1 502	16	1 518
Neufundland	1 400	8 400	9 800	43	545	588
Neuseeland	—	84 972	84 972	—	3 614	3 614
Britische Kolonieen: Summa	674 700	1 917 581	2 592 281	26 271	71 779	98 050
Gesamtsumme	16 049 900	345 793 611	361 843 511	634 275	13 293 766	13 928 041

Tafel XXVIII. An Zahl, Wert und Durchschnittswert der aus dem Vereinigten Königreich ausgeführten britischen Pferde mit Angabe der einführenden Länder für das Jahr 1893.

	Einführende Länder	Stück	Wert	Durchschnittswert pro Stück		
			£	£	s	d
Fremde Länder	Argentinien	51	4 875	95	11	9
	Österreich	3	300	100	0	0
	Belgien	4 871	106 086	21	15	7
	Brasilien	26	5 245	201	14	7
	Chili	5	912	182	8	0
	Dänemark	77	6 670	86	12	6
	Egypten	17	1 925	113	4	8
	Frankreich	1 907	125 165	65	12	8
	Deutschland	383	17 463	45	11	11
	Holland	3 543	64 171	18	2	3
	Italien	4	100	25	0	0
	Mexiko	1	150	150	0	0
	Marokko	4	45	11	5	0
	Norwegen	3	255	85	0	0
	Portugal	21	1 735	82	12	5
	Rufsland	9	1 115	123	17	9
	Spanien	5	516	103	4	0
	Schweden	61	5 340	87	10	10
	Türkei	11	1 860	169	1	10
	Ver. Staaten von Amerika	511	125 050	244	14	4
	Uruguay	5	600	120	0	0
	Fremde Länder: Summa	11 518	469 578	40	15	5
Britische Kolonieen	Australasien { Neu-Südwales . .	8	1 500	187	10	0
	Viktoria	11	5 000	454	10	10
	Australasien Summa	19	6 500	342	2	1
	Kanada	230	17 094	74	6	5
	Kapland	50	5 954	119	1	7
	Ceylon	1	100	100	0	0
	Kanalinseln	90	2 466	27	8	0
	Gibraltar	5	940	188	0	0
	Britisch Guyana	5	185	37	0	0
	Britisch Indien: Bengal .	8	972	121	10	0
	„ „ Bombay .	12	920	76	13	4
	Malta	2	78	39	0	0
	Natal	8	2 205	275	12	6
	Neufundland	4	280	70	0	0
	Westindien, brit. Inseln .	10	490	49	0	0
	Brit. Kolonieen: Summa	444	38 184	86	0	0
	Gesamtsumma	11 962	507 762	42	9	0

Tafel XXIX. Anzahl der Pferde, des Rindviehs, der Schafe und Schweine in

Länder	Pferde					
	1888	1889	1890	1891	1892	1893
	St.	St.	St.	St.	St.	St.
Ver. Königreich (b) (c)	1 936 702	1 945 396	1 964 911	2 026 170	2 067 549	2 079 587
Australasien	1 485 923	1 554 758	1 709 665	1 786 844	1 835 648	1 870 058
Österreich	—	—	1 548 197	—	—	—
Ungarn	(h) 1 748 859	—	—	—	—	—
Belgien	(g) 271 974	—	—	—	—	—
Kanada (d)	596 218	618 795	659 636	678 459	688 814	685 187
Kapland	(i) 266 120	(i) 295 440	313 747	(l) 444 147	360 458	340 323
Dänemark	375 533	—	—	—	—	410 639
Frankreich (e)	2 891 919	2 881 153	2 862 273	2 883 460	2 852 032	2 767 648
Deutschland	—	—	—	—	3 836 256	—
Holland	273 600	276 200	273 100	271 900	271 200	—
Italien	—	—	(k) 720 000	—	—	—
Rumänien	563 744	—	594 962	—	—	—
Rußland (Europ.) (f) .	19 663 336	—	—	—	—	—
Schweden	482 096	479 992	487 429	489 045	493 952	—
Norwegen	—	—	150 873	—	—	—
Ver. Staat. v. Amerika	13 663 294	14 213 837	14 976 017	15 498 140	16 206 802	16 081 139

Länder	Rindvieh					
	1888	1889	1890	1891	1892	1893
	St.	St.	St.	St.	St.	St.
Ver. Königreich (b)	10 268 600	10 272 765	10 789 858	11 343 686	11 519 417	11 207 554
Australasien	9 136 178	9 671 214	10 978 039	11 828 401	12 419 961	12 637 252
Österreich	—	—	8 643 936	—	—	—
Ungarn	(h) 4 879 038	—	—	—	—	—
Belgien	(g) 1 382 815	—	—	—	—	—
Kanada (d)	1 928 638	1 891 899	1 894 712	1 978 815	2 029 140	2 057 882
Kapland	(i) 1 292 039	(i) 1 505 845	1 524 113	(l) 2 210 834	1 969 411	1 929 800
Dänemark	1 459 527	—	—	—	—	1 696 190
Frankreich	13 377 368	13 518 252	13 562 685	13 661 533	13 364 434	12 154 641
Deutschland	—	—	—	—	17 555 694	—
Holland	1 493 900	1 490 100	1 532 800	1 532 100	1 528 400	—
Italien	—	—	(k) 5 000 000	—	—	—
Rumänien	2 406 017	—	2 520 380	—	—	—
Rußland (Europ.) (f) .	24 609 264	—	—	—	—	—
Schweden	2 349 098	2 331 433	2 399 491	2 420 110	2 482 922	—
Norwegen	—	—	1 004 191	—	—	—
Ver. Staat. v. Amerika	50 331 042	52 801 907	52 895 239	54 067 590	52 378 283	53 095 568

a) Inkl. Lämmer.   b) Inkl. Kanalinseln und Isle of man.   c) Pferde, nur landwirtschaftlich
f) Polen ausgeschlossen.   g) 1880.   h) 1884; ausgeschlossen sind Kroatien,

verschiedenen Ländern vom Jahre 1888—1893, soweit zu ermitteln möglich war.

Schafe (a)						Länder
1888	1889	1890	1891	1892	1893	
St.	St.	St.	St.	St.	St.	
28 938 716	29 484 774	31 667 195	33 533 988	33 642 808	31 774 824	Ver. Königreich (b)
96 134 041	101 319 506	114 084 069	124 292 563	119 214 095	116 159 732	Australasien
—	—	3 186 787	—	—	—	Österreich
(h)10 594 831	—	—	—	—	—	Ungarn
(g) 365 400	—	—	—	—	—	Belgien
1 349 044	1 344 180	1 339 695	1 693 751	1 850 473	1 935 938	Kanada (d)
(i)13 177 285	13 953 445	13 202 779	(i)16 706 106	16 793 865	15 124 753	Kapland
1 225 196	—	—	—	—	1 246 552	Dänemark
22 630 620	21 996 731	21 658 416	21 687 609	21 504 956	20 275 716	Frankreich
—	—	—	—	13 589 612	--	Deutschland
778 000	772 000	819 300	810 600	732 200	—	Holland
—	—	(k)6 900 000	—	—	—	Italien
4 973 280	—	5 002 380	—	—	—	Rumänien
44 465 454	—	—	—	—	—	Rußland (Europ.)(f)
1 349 807	1 338 193	1 350 804	1 345 337	1 352 330	—	Schweden
—	—	1 412 295	—	—	—	Norwegen
42 599 079	44 336 072	43 431 136	44 938 365	47 273 553	45 048 017	Ver. St. v. Amerika

Schweine						Länder
1888	1889	1890	1891	1892	1893	
St.	St.	St.	St.	St.	St.	
3 815 643	3 905 865	4 362 040	4 272 764	3 265 898	3 278 030	Ver. Königreich (b)
1 075 316	1 043 743	1 171 039	1 070 219	1 027 509	1 027 714	Australasien
—	—	3 549 700	—	—	—	Österreich
(h) 4 803 639	—	—	—	—	—	Ungarn
(g) 646 875	—	—	—	—	—	Belgien
819 079	835 469	1 140 559	1 156 316	996 974	1 012 022	Kanada (d)
(i) 142 479	159 834	148 609	(l) 288 190	225 407	228 764	Kapland
770 785	—	—	—	—	829 131	Dänemark
5 846 578	6 037 743	6 017 238	6 096 232	6 337 100	5 860 592	Frankreich
—	—	—	—	12 174 288	—	Deutschland
485 000	493 500	578 700	547 400	543 900	—	Holland
—	—	(k) 1 800 00	—	—	—	Italien
796 807	—	926 124	—	—	—	Rumänien
9 242 997	—	—	—	—	—	Rußland (Europ.)(f)
610 469	621 635	644 861	655 073	682 178	—	Schweden
—	—	120 737	—	—	—	Norwegen
50 301 592	51 602 780	50 625 106	52 398 019	46 694 807	45 206 498	Ver. St. v. Amerika

benutzte. Roh- und Zuchtstuten. d) Nur Provinz Ontario. e) Landwirtschaftlich benutzt. Slavonien. i) Approximativ. k) Geschätzt. l) Zählungszahlen.